经以院士
科技前奏
贺教育部
重大攻关项目
心里上...

教育部哲学社會科學研究重大課題攻關項目

学习过程与机制研究
——我国学习双机制理论与实验

THE STUDIES OF LEARNING PROCESS AND ITS MECHANISM:
THE DUAL MECHANISM THEORY OF LEARNING AND ITS EXPERIMENTS

莫 雷
等著

经济科学出版社
Economic Science Press

图书在版编目（CIP）数据

学习过程与机制研究：我国学习双机制理论与实验/莫雷等著.
—北京：经济科学出版社，2012.8
教育部哲学社会科学研究重大课题攻关项目
ISBN 978 – 7 – 5141 – 1864 – 3

Ⅰ. ①学…　Ⅱ. ①莫…　Ⅲ. ①学习理论（心理学）– 研究
Ⅳ. ①G442

中国版本图书馆 CIP 数据核字（2012）第 079315 号

责任编辑：王　娟
责任校对：王凡娥
版式设计：代小卫
责任印制：邱　天

学习过程与机制研究
——我国学习双机制理论与实验
莫　雷　等著
经济科学出版社出版、发行　新华书店经销
社址：北京市海淀区阜成路甲 28 号　邮编：100142
总编部电话：88191217　发行部电话：88191537
网址：www. esp. com. cn
电子邮件：esp@ esp. com. cn
北京中科印刷有限公司印装
787 × 1092　16 开　33.5 印张　630000 字
2012 年 8 月第 1 版　2012 年 8 月第 1 次印刷
ISBN 978 – 7 – 5141 – 1864 – 3　定价：83.00 元

首席专家和课题组成员名单

（按姓氏笔画为序）

张积家　王瑞明　冷　英
王穗苹　刘志雅　何先友

编审委员会成员

总 序

哲学社会科学是人们认识世界、改造世界的重要工具，是推动历史发展和社会进步的重要力量。哲学社会科学的研究能力和成果，是综合国力的重要组成部分，哲学社会科学的发展水平，体现着一个国家和民族的思维能力、精神状态和文明素质。一个民族要屹立于世界民族之林，不能没有哲学社会科学的熏陶和滋养；一个国家要在国际综合国力竞争中赢得优势，不能没有包括哲学社会科学在内的"软实力"的强大和支撑。

近年来，党和国家高度重视哲学社会科学的繁荣发展。江泽民同志多次强调哲学社会科学在建设中国特色社会主义事业中的重要作用，提出哲学社会科学与自然科学"四个同样重要"、"五个高度重视"、"两个不可替代"等重要思想论断。党的十六大以来，以胡锦涛同志为总书记的党中央始终坚持把哲学社会科学放在十分重要的战略位置，就繁荣发展哲学社会科学做出了一系列重大部署，采取了一系列重大举措。2004 年，中共中央下发《关于进一步繁荣发展哲学社会科学的意见》，明确了新世纪繁荣发展哲学社会科学的指导方针、总体目标和主要任务。党的十七大报告明确指出："繁荣发展哲学社会科学，推进学科体系、学术观点、科研方法创新，鼓励哲学社会科学界为党和人民事业发挥思想库作用，推动我国哲学社会科学优秀成果和优秀人才走向世界。"这是党中央在新的历史时期、新的历史阶段为全面建设小康社会，加快推进社会主义现代化建设，实现中华民族伟大复兴提出的重大战略目标和任务，为进一步繁荣发展哲学社会科学指明了方向，提供了根本保证和强大动力。

　　高校是我国哲学社会科学事业的主力军。改革开放以来，在党中央的坚强领导下，高校哲学社会科学抓住前所未有的发展机遇，紧紧围绕党和国家工作大局，坚持正确的政治方向，贯彻"双百"方针，以发展为主题，以改革为动力，以理论创新为主导，以方法创新为突破口，发扬理论联系实际学风，弘扬求真务实精神，立足创新、提高质量，高校哲学社会科学事业实现了跨越式发展，呈现空前繁荣的发展局面。广大高校哲学社会科学工作者以饱满的热情积极参与马克思主义理论研究和建设工程，大力推进具有中国特色、中国风格、中国气派的哲学社会科学学科体系和教材体系建设，为推进马克思主义中国化，推动理论创新，服务党和国家的政策决策，为弘扬优秀传统文化，培育民族精神，为培养社会主义合格建设者和可靠接班人，做出了不可磨灭的重要贡献。

　　自 2003 年始，教育部正式启动了哲学社会科学研究重大课题攻关项目计划。这是教育部促进高校哲学社会科学繁荣发展的一项重大举措，也是教育部实施"高校哲学社会科学繁荣计划"的一项重要内容。重大攻关项目采取招投标的组织方式，按照"公平竞争，择优立项，严格管理，铸造精品"的要求进行，每年评审立项约 40 个项目，每个项目资助 30 万～80 万元。项目研究实行首席专家负责制，鼓励跨学科、跨学校、跨地区的联合研究，鼓励吸收国内外专家共同参加课题组研究工作。几年来，重大攻关项目以解决国家经济建设和社会发展过程中具有前瞻性、战略性、全局性的重大理论和实际问题为主攻方向，以提升为党和政府咨询决策服务能力和推动哲学社会科学发展为战略目标，集合高校优秀研究团队和顶尖人才，团结协作，联合攻关，产出了一批标志性研究成果，壮大了科研人才队伍，有效提升了高校哲学社会科学整体实力。国务委员刘延东同志为此做出重要批示，指出重大攻关项目有效调动各方面的积极性，产生了一批重要成果，影响广泛，成效显著；要总结经验，再接再厉，紧密服务国家需求，更好地优化资源，突出重点，多出精品，多出人才，为经济社会发展做出新的贡献。这个重要批示，既充分肯定了重大攻关项目取得的优异成绩，又对重大攻关项目提出了明确的指导意见和殷切希望。

　　作为教育部社科研究项目的重中之重，我们始终秉持以管理创新服务学术创新的理念，坚持科学管理、民主管理、依法管理，切实增强服务意识，不断创新管理模式，健全管理制度，加强对重大攻关项目的选题遴选、评审立项、组织开题、中期检查到最终成果鉴定的全过程管理，逐渐探索并形成一套成熟的、符合学术研究规律的管理办法，努力将重大攻关项目打造成学术精品工程。我们将项目最终成果汇编成"教育部哲学社会科学研究重大课题攻关项目成果文库"统一组织出版。经济科学出版社倾全社之力，精心组织编辑力量，努力铸造出版精品。国学大师季羡林先生欣然题词："经时济世　继往开来——贺教育部重大攻关项目成果出版"；欧阳中石先生题写了"教育部哲学社会科学研究重大课题攻关项目"的书名，充分体现了他们对繁荣发展高校哲学社会科学的深切勉励和由衷期望。

　　创新是哲学社会科学研究的灵魂，是推动高校哲学社会科学研究不断深化的不竭动力。我们正处在一个伟大的时代，建设有中国特色的哲学社会科学是历史的呼唤，时代的强音，是推进中国特色社会主义事业的迫切要求。我们要不断增强使命感和责任感，立足新实践，适应新要求，始终坚持以马克思主义为指导，深入贯彻落实科学发展观，以构建具有中国特色社会主义哲学社会科学为己任，振奋精神，开拓进取，以改革创新精神，大力推进高校哲学社会科学繁荣发展，为全面建设小康社会，构建社会主义和谐社会，促进社会主义文化大发展大繁荣贡献更大的力量。

教育部社会科学司

3

前　言

本 书是教育部哲学社会科学研究重大课题攻关项目"儿童、青少年学习的认知过程与学习能力培养研究"的最终成果。

2006 年"儿童、青少年学习的认知过程与学习能力培养研究"获批教育部哲学社会科学研究重大课题攻关项目。在研究选题上，学习的认知过程研究不仅是教育心理学领域的关键问题，而且是发展心理学乃至整个心理学科的重大问题；儿童、青少年学习能力的培养，是心理与教育科学在理论与应用层面需要解决的核心问题。对于这样一个具有重要意义与研究价值的课题，我们在大量前期研究的基础上，在四年的时间里进行了近百个实验研究，在实验研究的基础上进行理论探讨，形成了关于学习过程与机制研究的原创性理论"学习双机制理论"，最终写成本著作《学习过程与机制研究——我国学习双机制理论与实验》。

学习是有机体在后天生活过程中获得经验的过程，作为人类个体的学习过程，本质上就是人类"种的成就"的获得过程，人类"种的成就"分为两个方面：第一方面是知识经验，第二方面是心理机能，因此，对学习的研究包括两大方面：第一方面，个体获得人类已形成的知识经验的过程的研究；第二方面，个体获得人类已形成的心理机能的过程的研究。这两大问题的研究在学术界分为三个重大领域：第一个领域是教育心理学的学习理论领域，探讨个体获得人类已形成的知识经验的过程；第二个领域是涉及心理学、生物学、哲学、逻辑学等多个领域的个体发生认识论领域，探讨个体心理机能尤其是思维的发生的过程，也就是探讨个体从无到有地获得人类已形成的心理机能的过程；第三个领域是涉及教育学、心理学等领域的学生能力培养领域，探讨个体心理机能基本形成后如何进一步发展与提高的过程，也就是探讨如何在教学过程培养学生能力的过程。

以上三个领域所要解决的核心问题，都是学术界最为关注的、投入精力最多的重大问题，也是研究难度最大、争议最多的重大问题。学习双机制理论，就是包括上述三个领域的研究的关于学习过程与学习机制的理论，它以学习机制为核心，对上述三个领域的核心问题做出了创新性的解答。

学习双机制理论分为三个组成部分：第一部分是关于个体心理机能形成的理论，第二部分是关于个体经验学习的信息加工过程的理论，第三部分是关于个体能力培养的理论。根据这个思路，本书的第一编总结与梳理了国内外有关个体如何获得新的知识经验的过程的理论，然后对学习问题的各种研究以及观点、理论进行梳理，在这个基础上简要地介绍学习双机制理论的基本框架；第二编系统阐述了学习双机制理论关于学习机能形成的研究，对基于学习双机制理论的幼儿书面语言机能培养实验和基于学习双机制理论的幼儿科学思维机能培养实验进行了详细介绍；第三编系统阐述了学习双机制理论关于知识学习过程的研究，在阐述学习双机制理论关于知识学习过程的观点的基础上，对基于学习双机制理论的文本阅读过程实验研究和基于学习双机制理论的类别与推理过程实验研究进行了详细介绍；第四编在梳理国内外关于能力训练与培养研究的基础上，阐述了学习双机制理论关于学生能力培养的基本观点，提出了"本源性教学理论"，并系统阐述了学习双机制理论关于学习能力培养的本源性教学模式；第五编对学习认知过程研究进行了总结并对未来的发展进行了展望。本著作从理论上对学习双机制理论进行了详细阐述，而且用系统的实验研究证明了该理论的合理性。

总的来看，本著作立足这三大领域问题的研究前沿，通过理论构建与大规模的系统实验研究，形成了具有原创性的"学习双机制理论"，具有一定的理论意义与学术价值。

摘　要

　　对学习的研究包括对个体获得知识经验过程的研究与个体获得心理机能过程的研究两个方面，这两方面的研究在学术界分为三个重大领域：第一个领域是教育心理学的学习理论领域，探讨个体获得人类已形成的知识经验的过程；第二个领域是涉及心理学、生物学、哲学等多个学科的个体发生认识论领域，探讨个体心理机能的发生过程，也就是探讨个体从无到有地获得人类已形成的心理机能的过程；第三个领域是涉及教育学、心理学科的教学理论领域，探讨个体心理机能基本形成后如何进一步发展与提高的问题，也就是探讨如何在教学过程中培养学生能力的问题。

　　以上三个领域所要解决的核心问题，都是学术界最为关注的、投入精力最多、争议最大的重大问题。本专著《学习的过程与机制研究——我国学习双机制理论与实验》以学习机制为核心，系统阐述了学习双机制理论与实验研究，对上述三个领域的重大问题做出了创新性的解答。

　　本专著分为五编，主体部分是第二、第三、第四编：分别阐述了学习双机制理论三个组成部分的理论与实验。

　　第一编绪论。包括第一章"学习与学习理论概述"，概述了学习心理研究的问题，涉及的领域及其相关的理论，然后概要性地介绍学习双机制理论的整体框架。

　　第二编"学习双机制理论关于心理机能形成的研究"。阐述了学习双机制理论关于个体学习机能获得的理论观点，以及根据这个理论观点所进行的两个系列的实验研究。

本编共包括三章：第二章"学习双机制理论关于个体心理机能形成的理论构想"，主要总结分析国外关于个体心理机能形成的不同派别的理论，在这个基础上阐述了学习双机制理论关于个体心理机能形成的理论构想，主要观点是：个体心理机能的形成，需要主体在机能形成的关键期与机能载体交互作用才能实现。联结性机能可以由主体直接作用客体实现；而运算性机能的实现，则需要主体在社会传递下从外部进行机能载体所蕴含的智慧活动，然后内化为个体的心理机能。后面两章根据这个理论构想，系统地设计教育实验探讨儿童书面语言机能与科学思维机能的形成过程，以验证学习双机制理论关于个体心理机能形成的构想。第三章"基于学习双机制理论的幼儿书面语言机能培养实验"，阐述了对幼儿书面认字阅读机能（主要是联结性机能）的培养的实验研究，验证学习双机制理论关于联结性机能形成的理论观点。第四章"基于学习双机制理论的幼儿科学思维机能培养研究"，阐述了对幼儿科学思维运算性机能的培养的实验研究，验证了学习双机制理论关于运算性机能形成的理论观点。

第三编"学习双机制理论关于经验获得过程的研究"。阐述了学习双机制理论关于知识经验学习过程的基本观点，以及根据这个理论观点所进行的两大系列的实验研究。

本编共包括三章：第五章"学习双机制理论关于经验获得学习的理论构想"，在总结分析国外关于个体知识学习过程的不同派别的理论的基础上提出学习双加工理论关于经验学习过程的理论构想，主要观点是：个体获得经验的过程按照机制的性质可以分为联结性学习与运算性学习，学习者根据不同的学习内容与学习条件启用不同机制的学习方式，形成不同的表征，不同机制的学习会表现出不同的特点与规律，现实的学习活动往往是这两种不同机制学习过程的交织。后面两章根据这个理论构想系统地设计实验对阅读学习与类别学习的认知过程进行研究，以验证学习双机制理论关于知识经验学习的基本观点。第六章"基于学习双机制理论的文本阅读过程实验研究"主要阐述了基于学习双机制理论所提出的阅读过程双加工理论以及根据这个理论所进行的系统的实验研究，研究结果表明，文本阅读信息加工过程符合学习双机制理论关于经验学习过程的设想，支持了学习双机制理论的基本观点。第七章"基于学习双机制理论的类别学习过程实验研究"主要阐述了基于学习双机制理论的基本观点进行的类别学习过程的实验研究，研究结果表明，类别学习信息加工过程符合学习双机制理论关于经验学习过程的设想，支持了学习双机制理论的基本观点。

第四编"学习双机制理论关于学习能力培养的研究"。阐述了学习双机制理论关于学习能力培养的研究。

本编共包括三章：第八章"国内外关于能力训练与培养的研究"，主要总结分析国外关于专门的能力培养与训练方案。第九章"教学过程学生能力培养的教学理论派别"，主要介绍国外关于学生知识学习与能力培养的各派教学理论。在这个基础上，第十章"学习双机制理论关于学生能力培养的理论构想"，在总结分析了教学过程中培养学生能力的各个教学理论派别的基础上，提出了学习双机制理论关于学生能力培养的理论构想，主要观点是：应该按照人类知识生产过程进行优选式全程重复的教学途径设计，应该遵循人类生产联结性知识与生产运算性知识的过程的性质设计课堂教学活动，根据知识的不同性质引导学生进行不同的智力活动，让学生在知识学习过程中发展人类生产该知识所形成的能力尤其是创新能力。

第五编"总结与展望"。包括第十一章"学习过程与机制研究的总结与展望"，对学习过程与机制的研究进行总结与概览。

Abstract

The studies on human learning involve both the acquisition of knowledge and the acquisition of mental function. More specifically, the studies in question can be divided into three main domains. The first domain addresses the learning theories of educational psychology, focusing on the process in which individuals obtain knowledge. The second mainly concerns the individual genetic epistemology involving psychology, biology, philosophy, and so on, which focuses on the genesis of mental function, or more specifically, the process in which an individual acquires the human mental function from birth. The third is about the teaching theories on the basis of pedagogy and psychology, which explores how to further enhance the mental function after it is formed, in other words, how to develop students' ability by teaching.

The core issues in these three domains have received much attention and become the most controversial topics studied and discussed by researchers all over the word. In this book, we present an innovative insight into these issues by demonstrating the Dual Mechanism Theory of Learning and its serial experiments systematically.

This book is divided into five parts. Part 2, 3 and 4, which constitute the bulk of the book, introduce the three components of the Dual Mechanism Theory of Learning and its experiments respectively.

Part One: Introduction

The first Chapter, "Introduction to Learning and Learning Theory", serves as a general introduction to the learning psychology, including its major research issues, and related theories. In addition, a brief description of the framework of the Dual Mechanism Theory of Learning is also provided.

Part Two: Studies on the Forming of the Mental Function: In a Perspective of the Dual Mechanism Theory of Learning

In this part, we address the acquisition of individual mental function from the perspective of the Dual Mechanism Theory of Learning. Moreover, two series of experiments designed to verify this theory are also introduced.

This part is comprised of three chapters. In Chapter 2, "The Theoretical Construct about the Formation of the Mental Function based on the Dual Mechanism Theory of Learning", we summarize the different theories of the formation of mental function and demonstrate the theoretical construct of the Dual Mechanism Theory of Learning which mainly suggests that in order to develop mental function, it is essential for the interaction between subject and the function carrier to occur in the critical period of function development. The associative function can be acquired by subjects' operating objects directly. But the acquisition of the operational function requires subjects to perform externally the mental activities contained inside the carrier in the context of social transmission, and then internalize the external activity into their own inner mental function. In the following two chapters, we introduce the designs of two series of experiments based on the theoretical construct, which aim at providing substantial evidence in support of the Dual Mechanism Theory of Learning by investigating respectively the formation of literal language function and the formation of the scientific thinking function in children. In Chapter 3, "Studies on the Forming of Literal Language Function in Young Children: Based on the Dual Mechanism Theory of Learning", the experiments of the formation of the literal language of the young children are presented, which prove our hypothesis about the formation of the associative function. In Chapter 4, "Studies of the Forming of Scientific Thinking Function in Children: Based on the Dual Mechanism Theory of Learning", we present the studies on the formation of the scientific thinking of the young children, and the results of which consolidate our viewpoints of the formation of the operational function based on the Dual Mechanism Theory of Learning.

Part Three: Studies on the Process of Knowledge Acquisition: In a Perspective of Dual Mechanism Theory of Learning

In Part Three, we propose the principles of the process of knowledge acquisition on the basis of the Dual Mechanism Theory of Learning and introduce two series of experiments based on this theory.

This part consists of three chapters. In Chapter 5, "The Theoretical Construct about the Process of Knowledge Acquisition Based on the Dual Mechanism Theory of Learning", after summarizing the existing theories of the process of knowledge acquisition, we move on to introduce the theoretical construct about the process of the knowledge acquisition based on the Dual Mechanism Theory of Learning, according to which the process of knowledge involves two distinguished mechanism types, the associative learning and the operational learning. Individuals apply the different learning mechanisms and form two kinds of representation based on different content and condition. Each of these two different kinds of learning has unique characteristics and patterns. In fact, the actual learning activity is the combination of both or the switch between them. In the following two chapters, two series of studies are presented, which focus on the text reading learning and the category learning based on the above views in order to testify the theoretical construct of the Dual Mechanism Theory of Learning. In Chapter 6, "Studies on the Text Reading: Based on the Dual Mechanism Theory of Learning", we introduce the Dual – Process Theory of Reading based on the Dual Mechanism Theory of Learning, and the systematic experiments based on the theory. The results show that the information process of text reading is consistent with the account of the process of knowledge acquisition of our theory, which lends further support to the Dual Mechanism Theory of Learning. In Chapter 7, "Studies on the Category Learning: Based on the Dual Mechanism Theory of Learning", we introduce the serial experiments of the category learning based on the Dual Mechanism Theory of Learning the results of which also show that the information process of category learning is consistent with the account of the knowledge acquisition based on the Dual Mechanism Theory of Learning, and thus provide more evidence to the theory.

Part Four: Studies on the Cultivation of Learning Ability: In a Perspective of Dual Mechanism Theory of Learning

In Part Four, we introduce the studies of the cultivation of students' learning ability based on the Dual Mechanism Theory of Learning.

This part is comprised of three chapters. In Chapter 8, "Existing Studies of Ability Training and Cultivation", we analyze the existing foreign programs in specific training and cultivation of ability. In Chapter 9, "Theories of the Ability Cultivation during Instruction", we introduce the foreign teaching theories of knowledge learning and cultivation of ability. In Chapter 10, "The Theoretical Construct of the Dual Mechanism Theory of Learning on Ability Training", after summarizing the theories of ability cultivation, we propose the theoretical construct of the ability cultivation based on the Dual Mechanism Theory of Learning. According to this theory, teaching forms should be designed by the way of repeating optimally the process of the knowledge production of human being. And the classroom teaching activity should be in accordance with the process of the production of the associative knowledge and the operational knowledge and guide

3

students to perform different intellectual activities based the nature of knowledge. In this way, students can develop their abilities, especially the creative ability.

Part Five: Summary and Prospect

This part includes Chapter 11, "Summary and Prospect of Studies of Learning Process and Its Mechanism", in which we discuss the prospect further researches of learning process and its underlying mechanism.

目 录

Contents

第一编

绪 论

第一章▶学习与学习理论概述　　3

　　第一节　学习的系统观　　3
　　第二节　学习心理研究的基本问题与学习理论　　10
　　第三节　学习双机制理论的提出及其基本理论框架　　15

第二编

学习双机制理论关于心理机能形成的研究

第二章▶学习双机制理论关于个体心理机能形成的理论构想　　23

　　第一节　国外关于个体心理机能形成的基本派别　　23
　　第二节　学习双机制理论关于个体心理机能形成的观点　　34

第三章▶基于学习双机制理论的书面语言机能培养研究　　43

　　第一节　学习双机制理论关于个体书面语言机能形成的构想　　43
　　第二节　婴幼儿书面语言培养的思路与实验方案　　54
　　第三节　婴幼儿书面语言机能培养的实验结果　　58
　　第四节　婴幼儿书面语言机能培养研究的综合分析　　78

第四章▶基于学习双机制理论的幼儿科学思维机能培养研究　　86

　　第一节　学习双机制理论关于幼儿科学思维形成的理论构想　　86

1

第二节　幼儿科学思维培养的载体设计　　91
第三节　幼儿科学思维培养的交互作用方式：微观发生法　　114
第四节　幼儿科学思维培养的实验结果与分析　　123

第三编

学习双机制理论关于经验获得过程的研究

第五章▶学习双机制理论关于经验获得学习的理论构想　　133

第一节　西方学习理论的形成与发展　　133
第二节　西方各派学习理论的基本观点　　139
第三节　学习双机制理论关于经验获得学习的理论体系　　173

第六章▶基于学习双机制理论的文本阅读过程实验研究　　193

第一节　文本阅读研究概述与文本阅读双加工理论的提出　　194
第二节　文本连贯阅读加工过程与协调性整合研究　　211
第三节　文本焦点阅读加工过程与焦点整合研究　　232
第四节　文本阅读双加工理论对西方阅读派别的统合研究　　264

第七章▶基于学习双机制理论的类别学习过程实验研究　　291

第一节　类别学习研究与学习双机制理论的类别学习观　　292
第二节　不同特征概率条件下类别学习的信息加工过程研究　　306
第三节　不同形式的类别学习的信息加工过程比较研究　　332
第四节　基于学习双机制理论的类别学习阻碍效应研究　　345

第四编

学习双机制理论关于学习能力培养的研究

第八章▶国内外关于能力的专门训练与培养研究　　369

第一节　国外关于能力的专门培养与训练研究　　369
第二节　国外关于教学过程学生能力培养的研究　　380

第九章▶当代关于教学过程学生能力培养的重要理论　　392

第一节　斯金纳的操作性条件反射学习与教学理论　　392

第二节　布鲁纳的发现学习与教学理论　395

第三节　奥苏贝尔的接受学习与教学理论　406

第四节　建构主义的建构学习与教学理论　415

第十章▶学习双机制理论关于学生能力培养的本源性教学模式　427

第一节　个体知识再生产过程的知识获得与能力培养　428

第二节　基于学习双机制理论的本源性教学理论　436

第三节　本源性教学的优选式全程重复的教学设计　442

第四节　本源性教学的知识分类与课堂教学模式　451

第五节　本源性教学的基本教学策略　463

第五编

总结与展望

第十一章▶学习过程与机制研究的总结与展望　479

参考文献　490

Contents

Part 1

Introduce

Chapter 1   Introduction to Learning and Learning Theory   3

Part 2

Studies on the Forming of the Mental Function: In a Perspective
of Dual Mechanism Theory of Learning

Chapter 2   The Theoretical Construct about the Formation of the Mental
             Function based on the Dual Mechanism Theory of Learning   23

Chapter 3   Studies on the Forming of Literal Language Function in Young
             Children: Based on the Dual Mechanism Theory of Learning   43

Chapter 4   Studies of the Forming of Scientific Thinking Function in
             Children: Based on the Dual Mechanism
             Theory of Learning   86

Part 3

Studies on the Process of Knowledge Acquisition: In a Perspective of Dual Mechanism Theory of Learning

Chapter 5 **The Theoretical Construct about the Process of Knowledge Acquisition Based on the Dual Mechanism Theory of Learning**   133

Chapter 6 **Studies on the Text Reading: Based on the Dual Mechanism Theory of Learning**   193

Chapter 7 **Studies on the Category Learning: Based on the Dual Mechanism Theory of Learning**   291

Part 4

Studies on the Cultivation of Learning Ability: In a Perspective of Dual Mechanism Theory of Learning

Chapter 8 **Existing Studies of Ability Training and Cultivation**   369

Chapter 9 **Theories of the Ability Cultivation during Instruction**   392

Chapter 10 **The Theoretical Construct of the Dual Mechanism Theory of Learning on Ability Training**   427

Part 5

Summary and Prospect

Chapter 11 **Summary and Prospect of Studies of Learning Process and Its Mechanism**   479

References   490

第一编

绪　论

第一章

学习与学习理论概述

学习心理主要探讨个体如何从后天中获得经验的问题，整个"经验"，既包括学习者主体获得的客体经验即知识，又包括学习者获得的主体经验即心理机能或学习机能。因此，这个问题不仅是教育心理学要探讨的重大问题，而且是心理科学、教育学、哲学认识论乃至整个人类科学都需要探讨的重大问题。

本章对学习心理研究的问题进行概述，将对学习的研究与学习理论分为两大类型，第一类是探讨学习者如何获得主体经验即心理机能的学习理论；第二类是探讨学习者获得客观经验的学习理论。然后对学习问题的各种研究以及理论进行梳理、总结与分析，在这个基础上简要地介绍学习双机制理论的基本理论框架。

第一节　学习的系统观

一、什么是学习

在心理学中，学习是一个非常重要的范畴。心理学家从不同的角度、用不同的措辞给予其不同的定义。学习的概念有广义与狭义之分。从广义上说，学习包括了从低等动物到人类在后天生活过程中，通过活动、练习，获得经验的过程。长期以来，许多心理学家、教育学家根据不同的理论基础或研究成果，从不同的

3

角度出发，提出了各种各样关于学习的定义。例如，心理学家鲍尔和希尔加德就认为"学习是指一个主体在某个现实情境中的重复经验引起的、对那个情境的行为或行为潜能变化。不过，这种行为的变化是不能根据主体的先天反应倾向、成熟或暂时状态（如疲劳、醉酒、内驱力等）来解释的。"[①] 行为主义心理学家往往把学习定义为有机体由于经验的结果而发生的行为的比较稳定的变化。心理学家张春兴等也认为，"学习是个体经练习或经验使其行为产生较为持久改变的历程。"[②] 心理学家山内光哉认为"学习，是由于过去的经验而获得，它不依赖于暂时的疾病、疲劳或药物等心身状态的变化，而是比较持久的行为和行为的可能性的变化。"[③] 教育学家杜威则认为，学习即经验的改造和改组的历程。总的来看，这些不同的定义，虽然角度不同，强调的重点不同，但是也有许多共识性的地方。总结人们对学习的定义的共识性的地方，我们在理解学习这个范畴时，应该注意把握好以下三个方面：

第一，学习是人与动物共有的普遍现象，无论低级动物或高级动物乃至人类，在其整个生活中都贯穿着学习。正如索里与特尔福德在《教育心理学》一书所指出那样，"可以把学习视为与生命本身并存的，一切具有高度组织形式的动物的生活就是学习"。

第二，学习是有机体后天习得经验的过程。有机体有两类行为，一类是先天遗传的种的经验，另一类是后天的、习得的经验。前一种经验的获得，是通过遗传而实现的；而学习指的是后一种经验的掌握，它要在有机体个体后天生活中实现。随着有机体所处的进化系列位置不同，两类经验在其生存中的重要性也不同。低等动物主要凭种的遗传经验来生存，习得经验对其生存的意义不大，因此，学习对其生活不是十分重要。而动物的等级越高，其遗传行为越少，学习在其生活中就越重要。

学习发生的变化有时直接表现在行为方面，有时这种变化未必立即见诸行为，可以视为行为潜能的变化或内部心理的内容与机能的变化。当然，无论是行为还是心理的变化，都是比较持久的。

第三，学习表现为个体行为由于经验而发生的较稳定的变化。学习的发生是由于经验所引起的。此种经验不仅包括外部环境刺激，也包括个体的练习，更重要的是包括个体与环境之间复杂的交互作用。有机体学习这个特征很重要，它将学习的结果与其他非学习过程的结果区别出来。有机体的行为经常会发生一定的变化，但是，有的变化是学习的结果，有的则不是。例如，有时个体由于特定的

---

① G. H. 鲍尔、E. R. 希尔加德：《学习论》，邵瑞珍等译，上海教育出版社 1987 年版，第 198 页。
② 张春兴、林青山：《教育心理学》，东华书局 1994 年版，第 64 页。
③ 山内光哉：《学习与教学心理学》，李蔚等译，教育科学出版社 1986 年版，第 5 页。

心理状态，如疲劳、醉酒而引起某些行为的变化，这只是一种临时性的变化，一旦这些特定的状态消除，这些行为的变化也就随之消失；另外，个体由于成熟等因素也会发生行为方面的比较稳定的变化，但这不是由于经验的结果，因此，也不是学习。

总结上面学术界对学习的共识，我们可以对学习下一个较为合适的定义：学习是有机体在后天生活过程中经过练习或经验而产生的行为或内部心理的比较持久的变化的过程。这个定义，也可以简要地表述如下：学习是有机体在后天生活过程中获得经验的过程。

这是关于广义学习的定义，广义学习的"广"包括两个方面：

第一方面，从学习的主体来看，广义学习的学习主体是所有有机体，既包括低级动物，也包括高级动物与人类。如果作为狭义的学习，就是指人类的学习。

第二方面，从学习获得经验的性质来看，广义学习的"经验"是广义的经验，包括两大类型，一类是客观经验，即学习者之外的知识经验；另一类是主观经验，即学习者的心理机能。因此，作为对学习过程的探讨，既包括对个体获得知识经验（客观经验）过程的探讨，也包括个体获得或形成心理机能（主观经验）过程的探讨。如果作为狭义的学习，就是指获得知识经验的学习。

综上所述，"学习"是一个复杂的范畴，因此，学术界各种理论派别对学习内涵的阐述，对学习类型的界定，对学习过程的分析，对学习问题的讨论，可能涉及的是不同的学习主体，探讨的是不同性质的经验，因此，在理解与分析不同的学习理论派别时，必须首先对它们明确定位。

二、对学习的系统分析

学习是一种极为复杂的现象，范围广泛，形式多样，层次不一，因此，对学习可以从不同的角度作不同的分析。下面，分别从学习主体、经验性质与学习类型的角度对学习进行分析。

（一）从学习主体的角度理解学习

从学习主体的角度，需要把握有机体的学习、人的学习、与学生的学习三个不同层次的学习。

广义学习是有机体共有的一般的学习，人的学习除了具有有机体学习的一般特征之外，还有其特定的特征。人的学习，无论在内容上、方式上及性质上都与其他动物有重要的区别。

首先，从内容上看，人的学习从内容上比动物广阔得多，动物的学习，仅仅是掌握个体经验，而人的学习，不仅是掌握个体经验，而且更重要的是以个体的形式掌握社会的经验。动物的活动，是一种消极的被动的适应活动，因此，每一代动物个体所积累的经验，无法以物化的形式保存下来，其个体经验随动物个体的灭亡而消失。而人类的实践活动尤其是劳动实践，是一种有意识有目的的活动，能将每一代个体的经验客体化，并且保存下来代代相传，因此每一代新的个体能够以个体化的形式掌握这些社会经验。人除了同动物那样可以在后天生活过程中获得个体经验外，还可以以个体经验的形式来掌握人类社会千百年积累形成的社会历史经验。这些知识经验首先以物化的形式凝聚在实践活动的成果与产品中，也以符号的形式储存在书本资料之中。人类个体要掌握这些社会历史经验，才能实现作为人类社会历史发展产物的人的本性与能力。

其次，从方式上看，动物的学习，主要是一个自发的过程，而人的学习是在社会的传递下，以语言为中介而实现的。正是因为人的学习主要掌握的是客体化的人类社会历史经验，因此，其学习不可能自发地实现，而要在成人的指导下进行，儿童对工具世界的关系，最初是以成人的动作为中介的，他们就是在与周围人的交往中，在成人的影响下逐渐掌握周围工具世界的事物的意义。同时，人的学习是以语言为中介实现的。语言是人们传递经验与交际的手段，也是记载人类社会历史经验的工具，个体一方面可以通过语言直接与别人进行交往，获得社会经验，另一方面通过语言获得用语言符号记载下来的关于客观世界的知识，这是一种间接的交往而获得知识。语言开辟了人类个体掌握社会历史经验的广阔的可能性。有了语言，使人不仅能掌握具体的经验，而且有可能掌握概括、抽象的经验，因为语言是使事物之间关系抽象化概括化的信号。按照巴甫洛夫学说，由于第二信号系统的出现，给人的学习带来了新的机制，而且使人的第一信号系统也具有了与动物不同的内容和方式。维果斯基认为，由于儿童掌握了语言，以此为中介，才可能由低级的以知觉过程为主的心理功能，转为高级的以抽象思维为主的心理功能（L. S. Vygotsky，1978）。

最后，从性质上看，人的学习是自觉的、有目的的、积极主动的过程。动物的生活方式是以其对外界自然条件的适应为特征的，其学习是不自觉的，只是消极被动地适应其生存的环境。而人不是消极被动地接收人类的经验，而是在积极地作用与改造周围环境的过程中，在与人们积极的交往的过程中获得知识经验的。

综上而言，我们认为，人的学习即狭义学习的定义是：学习是在社会生活实践中，在社会传递下，以语言为中介，自觉地、积极主动地掌握社会的和个体的经验的过程。

人类学习与学生学习之间是一般与特殊的关系，学生的学习是人的学习的一种特殊的形式，学生的学习既与人类的学习有共同之处，但又有其特点。

一是学生的学习以掌握间接经验为主，因此，它与人类认识客观世界的过程有所不同。人类的认识是从实践开始，而学生的学习则未必如此，他们不必要也不可能事事从直接经验开始，而可以从现有的经验、理论、结论开始。同时，尽管学生的学习也要求个人有一定的经验基础，但学生的实践活动的目的与方式也与人类认识世界的过程有所不同。因此，在教学组织和教学方法上，特别要求教师能把学校学习与实际生活和学生的原有经验相联系。如果不了解学生学习的特点，就可能使学生的学习成人化，事事要求直接经验，或是放弃指导，强调生活即教育，这都是不恰当的。

二是学生的学习是在教师的指导下，有计划、有目的和有组织地进行的。由于教师既掌握所教知识的内在联系，又了解学生学习过程的特点，因此，能够保证在较短时间内，采用特殊有效的方法，帮助学生学会学习，完成掌握前人经验和建构自己的认知结构的学习过程。

三是学生的学习具有一定程度的被动性。学生的学习与人类学习一样，应该是一个主动建构的过程。但他们的学习又不是为了适应当前的环境，而是为了适应将来的环境，当学生意识不到他当前的学习与将来的生活实践的关系时，就不愿为学习付出努力。因此教师要注意用各种方法来培养和激发学生的学习动机，提高其学习的主动性和积极性。

综上所述，学生的学习是在教师的指导下，有目的、有计划、有组织地掌握系统的科学知识和技能，发展各种能力，形成一定的世界观与道德品质的过程。

（二）从获得经验的性质的角度理解学习

从学习获得经验的性质的角度来看，不同性质的经验获得过程是不同的，必须区分获得知识经验的学习过程与获得心理机能的学习过程这两类不同的学习。

学习是有机体获得经验的过程，根据经验的性质，可以分为两种类型的经验，第一种是客观的知识经验，第二种是学习者主观经验，即心理机能。因此，作为对学习过程的探讨，可以分为对个体获得知识经验（即客观经验）过程的探讨，与个体获得或形成心理机能（即主观经验）过程的探讨，这两个过程是不同的。前者涉及的是已经具备了学习机能（心理机能）的主体是如何学习新的知识经验，例如，涉及的是机器已经存在的情况下，应该如何开动机器生产出产品的问题；后者涉及的是主体的学习机能本身是如何形成的问题，例如，涉及的是机器是如何制造出来的问题。

由此可见，对学习过程的研究包括对个体获得知识经验过程的研究与个体获得心理机能过程的研究两大方面，这两大方面的研究在学术界分为三个重要领域：第一个是教育心理学领域，重点探讨个体是如何获得知识经验，关于这个方面的研究所提出的理论，人们习惯称为"学习理论"，如西方心理学的联结派学习理论与认知派学习理论，就是这个方面的理论。第二个领域是涉及心理学、生物学、哲学等多个学科的个体发生认识论领域，探讨个体心理机能的发生过程，也就是探讨个体从无到有地获得人类已形成的心理机能的过程。关于这个方面的研究所提出的理论，称为"发生认识论"，或者称为"儿童发展理论"，皮亚杰的发生认识论、苏联维列鲁学派的关于个体高级心理机能形成的理论，就是属于这个范畴的理论。第三个领域是涉及教育学、心理学科的教学理论领域，探讨个体心理机能基本形成后如何进一步发展与提高的问题，也就是探讨如何在教学过程中培养学生能力的问题。关于这个方面的研究提出的就是教学过程如何传授知识与发展能力的教学理论。

（三）从学界对学习的分类的角度理解学习

心理学界从不同维度对学习进行分类，这些分类对于理解学习的本质也有启发。

许多心理学家从学习要掌握的具体内容的维度对学习进行分类。

我国心理学工作者一般将学习分为四类：知识的学习、技能的学习、心智的以思维为主的能力的学习以及道德品质与行为规范的学习。知识的学习，主要是掌握反映客观事物的属性、联系与关系的知识与知识体系。技能的学习主要是掌握顺利地进行活动的动作活动方式或心智活动方式。以思维为主的能力的学习主要是掌握具有高度概括特征的认识能力。道德品质与行为规范的学习则是指掌握一定的社会规范。这种分类与学校的教育实践活动相吻合，适合教育工作的实际需要。

心理学家林格伦按学习内容把学习分为三类：（1）技能和知识的学习；（2）概念学习；（3）态度的学习。

心理学家加涅也按照学习的内容把它分为五类：

（1）言语信息的学习。即学生掌握的是以言语信息传递（通过言语交往或印刷物的形式）的内容，学生的学习结果是以言语信息表达出来的。

（2）智慧技能的学习。言语信息的学习帮助学生解决"是什么"的问题，而智慧技能的学习要解决"怎么做"的问题，以处理外界的符号和信息，又称过程知识，如怎样把分数转换成小数，怎样使动词和句子的主语一致，等等。加涅认为每一级智慧技能的学习要以低一级智慧技能的获得为前提，最复杂的智慧技能则是把许多简单的技能组合起来而形成的。

（3）认知策略的学习。认知策略是学习者用以支配他自己的注意、学习、记忆和思维的有内在组织的才能，这种才能使得学习过程的执行控制成为可能。因此，从学习过程的模式图来看，认知策略就是控制过程，它能激活和改变其他的学习过程。认知策略与智慧技能的不同在于智慧技能定向于学习者的外部环境，而认知策略则支配着学习者在对付环境时其自身的行为，即"内在的"东西。简单地说，认知策略就是学习者用来"管理"他的学习过程的方式。这种使学习者自身能管理自己思维过程的内在的有组织的策略非常重要，是目前教育心理学研究中的热门课题。认知策略的培养也应该成为学校教育的重要任务之一。

（4）态度的学习。态度是通过学习获得的内部状态，这种状态影响着个人对某种事物、人物及事件所采取的行动。学校的教育目标应该包括态度的培养，态度可以从各种学科的学习中得到，但更多的是从校内外活动中和家庭中得到。加涅提出有三类态度：一是，儿童对家庭和其他社会关系的知识；二是，对某种活动的积极的喜爱的情感，如喜欢音乐、阅读、体育锻炼，等等；三是，有关个人品德的方面，如爱国家、关切社会需要和社会目标、尽公民义务的愿望，等等。

（5）运动技能的学习。运动技能又称为动作技能、如体操技能、写字技能、作图技能、操作仪器技能等，它也是能力的组成部分。

不少心理学家从学习实现的机制的角度，对学习进行分类。

苏联心理学家彼得罗夫斯基将学习分为反射学习与认知学习两个类型。所谓反射学习，是指掌握一定的刺激和反应间联系的学习。所谓认知学习，是指掌握一定知识和一定行为的学习。反射学习是人与动物共有的，而认知学习则是人所特有的。认知学习可以分为感性学习与理性学习，进一步理性学习可以分为概念学习、思维学习与技能学习。这一种分类，注重区分了人的学习与动物的学习的本质，并且注重了学习活动的性质与水平。

加涅也从学习活动的性质的角度由简到繁将它分成八类：信号学习、刺激反应学习、连锁学习、语言的联合、辨别（或多重辨别）学习、概念学习、规则学习（或原理学习）和解决问题（或高级规则）的学习。

加涅认为，这八类学习由简到繁，由低到高，排成一个层次，高级学习要以低级学习为基础。1971年，加涅对上述分类作了修正，把前四类学习合并为一类，把概念学习扩展为具体概念和定义概念的学习两类，这样共有六类：连锁学习、辨别学习、具体概念学习、定义概念学习、规则的学习和解决问题的学习。

加涅这种对学习活动的分类，实质上反映了他力图融合学习的联结派与学习的认知派的一种折衷主义的观点。

心理学家盖齐把学习分为五类：（1）应答性学习；（2）接近学习；（3）操作学习；（4）观察学习；（5）认知学习。索里和特尔福德也把学习分为五类：（1）经典性条件作用或简单联想学习；（2）工具性条件作用和尝试错误学习；（3）模仿性学习；（4）顿悟学习；（5）含有推理的学习。这些种分类与加涅的分类思路相类似。

除了前面两种分类维度对学习进行分类之外，也有人从其他角度对学习进行分类。如奥苏贝尔按学习的实现方式，将学习分为接受学习与发现学习两类；同时又根据学习材料与学习者的原有知识的关系，将学习分为机械学习与有意义学习两类；两个维度结合，可以将学习分为机械的接受学习、机械的发现学习、有意义的发现学习与有意义的接受学习四类，他强调有意义的接受学习是学生学习的主要形式。

第二节　学习心理研究的基本问题与学习理论

一、学习心理研究的意义

早在心理学尚未分化出来成为一门独立的学科时，就有不少哲学家论及学习。例如，古希腊哲学家柏拉图、亚里士多德对学习与记忆问题就进行过许多探讨，其中亚里士多德的三条联想律：邻近律、相似律和对比律，构成了后来心理学中联想主义的主要基础。而中国古代的学习心理思想更是十分丰富。例如，伟大的教育家孔子在《论语》中就谈到"学而时习之，不亦说乎"（学习后经常及时地复习，不是一件乐事吗?），"学而不思则罔，思而不学则殆"（学习中必须进行认真的思考，否则就会迷惑不解，但如果只思考而不学习，则会精神懈怠）等学习心理的问题。由此可见，古今中外思想史上已有了丰富的学习心理的思想。自从19世纪末心理学从哲学和生理学中分出来成为一门独立的学科开始，心理学界对学习的性质、过程与规律等进行了大量的研究，形成了系统的学习理论。

学习理论的研究具有重大的理论意义与应用意义。从理论意义来看，由于有机体的学习过程，实质上就是其心理的形成、变化与发展的过程，因此，对学习实质的研究，即关于学习理论的研究，一直是心理学界投入最多、花费精力最大、涉及面最广的重大课题。从应用意义来看，学习理论的研究试图解释学习是如何发生的？它是一个什么样的过程？它有哪些规律？如何才能进行有效的学习？因此，对学习理论的研究，有助于人们掌握学习的实质及其规律，改进自身的学习，更有效地通过学习来认识世界和改造世界；同时，学习理论的研究有助于学校教育工作者了解与掌握学生学习的规律，提高教学质量。

二、学习理论研究所要解决的基本问题与不同的规范

前面谈到，学习是指有机体在后天生活中获得个体经验的过程，也就是有机体的经验系统变化发展的过程，这些变化发展的实质是什么，产生这些变化发展的原因是什么，发生这些变化的心理机制是什么，这类关于学习本质的问题是学习理论所要解答的问题，对于这些问题的解答可以分为两个层面进行：

作为学习理论，它首先要解答"个体（或有机体）的经验从哪里来？"这个最基本问题，即第一个层面的问题。对这个问题的回答有两种不同的规范：一种是先验论的规范，它认为，个体的经验来自先天或遗传；另一种是学习论的规范，该规范主张个体的经验来自后天，学习是个体在后天生活中获得经验的过程。根据这两种规范，可以将个体经验获得的各种理论区分为先验论与学习论两大派别。

作为学习论的规范，它在解答个体的经验来源这个问题的基本立场是唯物的，但是，进一步要解答"个体（或有机体）如何在后天生活中获得经验？"这个重大问题，即第二层面的问题。对这个问题的回答可以分为两个方面。

第一方面是回答个体如何获得主体经验即心理机能的问题，对这方面问题的解答，有三种不同的规范：第一种是先天论的规范，认为个体的心理机能来自先天；第二种是经验论的规范，它认为个体的心理机能来自后天的经验；第三种是活动内化论的规范，它认为个体的心理机能来自外部活动的内化。其中第一种规范是第一层次问题的"天赋论"规范在解答第二层面问题的延伸，可以称为"天赋论"的二级规范，后面第二、三种规范是第一层次问题的"学习论"规范在解答第二层面问题的延伸，可以称为"学习论"的二级规范。

第二方面是回答个体如何获得客体经验的问题，对这方面问题的解答，也有两种不同的规范：一种是联结派的规范，认为学习就是联结的形成，个体或有机体是通过形成联结而获得经验；另一种是认知派的规范，认为学习是经过复杂的认知活动而形成认知结构。

关于学习理论要解答的基本问题及形成的不同规范情况见图 1-1。

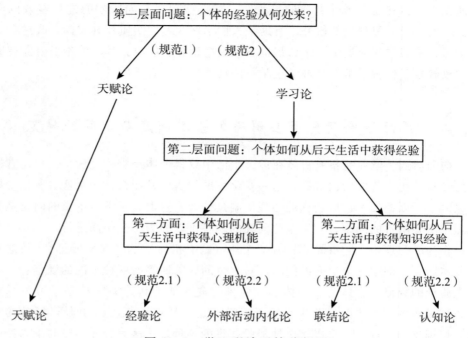

图 1 - 1　学习理论系统分析图

　　从图 1 - 1 可见，个体的学习可以分为两类，第一类型的学习是指个体获得客观经验的学习，第二类型学习则是指个体获得心理机能的学习，我们把第一种学习称为一般的学习，那么，第二种学习则可以称为"心理机能的学习"，或称为"学习机能的学习"，它涉及的是个体如何获得进行学习的机能的问题。相应地，各种关于学习实质的理论也可以分为讨论一般经验获得的学习理论与讨论学习机制获得的学习理论，按照学界的习惯，前者称为"学习理论"，后者则称为"心理机能形成理论"或"发生认识论"。作为学习理论，它是假定个体已具备了相应的学习机制的前提下讨论其获得经验的实质；作为学习机能形成理论，它则是讨论个体这种学习机制是如何获得的问题；这两个问题显然有重大的不同。诚然，有的学习理论既涉及一般的学习，也涉及讨论了学习机制的学习，即使如此，对其观点具体作分析，也可以分为关于客体经验获得的学习的见解与关于学习机能获得的见解。皮亚杰、列昂捷夫等主要讨论的是心理机能的形成问题，其理论总体上可以认为是属于"心理机能学习"理论。而以桑代克、华生、斯金纳为代表的联结派学习理论，以格式塔、托尔曼、布鲁纳为代表的认知派学习理论，以及以加涅等为代表的折中主义的理论等，尽管有时对学习机制的获得问题也发表一些看法，但总的来看，其讨论的主要是个体获得经验的过程与实质的问题，因此，它们总体上是属于一般的学习理论。应该指出，以往不少人在讨论学习理论时，往往将这两类学习理论或观点混为一谈，纠缠在一起，因而使本来就千头万绪的学习理论问题更令人难以捉摸，无法清晰地把握。

下面，我们分别总结分析学界关于心理机能或学习机能形成的理论派别与关于知识经验获得的学习理论派别。

三、国外关于学习机能形成的基本理论派别

关于个体如何获得学习机制或心理机能的问题，不仅是教育心理学领域的重大问题，而且是发展心理学乃至整个心理学科至关重要的重大问题，同时也是哲学认识论、逻辑学等学科都迫切需要解决的重大问题。

心理学界对个体心理机能形成问题，历来有不同的观点与理论，总的来说，首先可以分为唯心主义的天赋论与唯物主义的学习论。

唯心主义的天赋论认为个体的心理机能来自先天，或与生俱来，或来自成熟。哲学家莱布尼茨、康德，心理学家彪勒、霍尔等，都主张天赋论。

唯物主义的学习论都认为个体的心理机能是来自后天，是个体在后天生活过程中获得的。尽管有的学习理论派别也会掺杂了某些唯心主义的观点，但在总体上它们还是属于唯物主义的范畴。学习论各个派别在总体上都承认个体的心理机能来自后天，这个基本观点是正确的，但就个体的心理机能尤其是高级的心理机能如何来自后天这个重大问题上，又有各种不同见解，其内部又可以分为机械唯物论的经验论与活动内化论两个派别。联想主义、行为主义心理学家，都属于机械唯物的经验论，认为个体的心理机能来自对客体的把握，来自客体的经验。而皮亚杰、苏联心理学家维果茨基、列昂捷夫等则持外部活动内化的观点，认为个体的高级心理机能来自于外部活动的内化。

四、国外关于知识经验学习的基本理论派别

教育心理学领域主要研究的是获得客体经验的学习理论，即通常所说的学习理论，在这里的"学习"是狭义的学习，指有机体获得客体经验的学习。数十年来，关于学习理论的提出与争论一直是教育心理学界的主题之一，以桑代克、华生、斯金纳等为代表人物的联结学习理论，以格式塔、托尔曼、布鲁纳等为代表的各派认知学习理论，相互论争，构成了数十年心理学发展的主旋律。自20世纪五六十年代以来，一方面由于论争的双方都有其合理性但又无法涵盖对方，因而出现了企图融合两大派的折中主义理论，如加涅、推尔福特等人的理论；另一方面由于人们对这种似乎是毫无结果的论争逐步不感兴趣，后来对学习理论的

研究更多地指向具体的对学生学习过程的特点与规律的探讨，因而对学习理论的研究与论争渐趋平缓。但这并不意味着学习实质这个问题的研究已经得到解决，实际上，折中主义的学习理论只是简单地将两大派合并起来，并不能真正解决两派的论争从而科学地对学习的问题做出解释。可以说，关于学习的探讨至今还没有达到共识。

为了正确地把握各种学习理论，应该注意以下两个方面：

首先，要把握好各种学习理论的基本倾向。不同的学习理论可以根据它们对学习的基本问题的解答归为不同的派别，不同派别在解答学习的基本问题时有不同的规范。而同一派别或同一规范内部在解答次级问题时又会有不同的观点，因此在同一规范内部又会形成各种各样的分支流派。不同的理论之争，有时是不同的规范之争，有时是同一规范内部对次级问题之争。因此，我们应该具体分析，不同规范的学习理论其赖以存在的价值是什么？同一规范内部为什么会产生不同的分支流派？这就要求我们要把握住各个学习理论的核心，理清其在学习领域中对不同层面的问题采用的规范以及为什么它要采用这种规范。

其次，要把握好各种学习理论的讨论范围。学习理论主要解答有机体在后天生活过程中获得客体经验的问题，但有的理论指向的是有机体全域；有的理论指向的是学习主体中的典型领域即人的学习或学生的学习；有的理论既讨论有机体全域的学习问题，又讨论人的学习问题。因此，我们在分析各学习理论时，要首先将该理论准确定位，分析该理论主要讨论的是哪种范围的主体的学习。如果以有机体全域的学习为讨论对象的学习理论，则看它如何解答有机体整体的学习的实质问题，而又如何将这个基本看法延伸去解释人的学习；而以人的学习或者学生的学习为讨论域的学习理论，则看它如何解答学生的学习的实质问题，并且看这个观点如何渊源于其关于整个有机体学习的基本看法，两者之间有何逻辑联系。

根据前面两个基本依据，我们可以对学习理论作一个系统的分析。如前所述，学习理论要解答的是有机体如何在后天生活过程中获得客观经验问题，根据对这个问题的基本解答，可以分为联结派学习理论与认知派学习理论两大派别。

学习的联结派理论主要代表人物是桑代克、华生、巴甫洛夫、格斯里、斯金纳等。联结派学习理论的核心观点是认为，学习过程是有机体在一定条件下形成刺激与反应的联系从而获得新的经验的过程。联结派学习理论内部各种流派，在总体上表现出三个共同特点：（1）在过程上，简化了有机体学习过程的内部操作活动，将它看成由此到彼的联结。（2）在结果上，简化了有机体学习的结果，将它看成若干兴奋点形成的通道。（3）在条件上，注重学习的外部条件而忽略了内部条件。例如，在学习的动力方面，联结派注重外部强化，忽略了内部动机；在学习条件方面，注重当前情境而忽略了过去经验，等等。

与联结对立的是认知派的学习理论，学习的认知派理论主要代表人物是格式塔心理学家、托尔曼、布鲁纳、奥苏贝尔等。作为学习理论的一大派别，基本观点是认为，学习过程不是简单地在强化条件下形成刺激与反应的联结，而是由有机体积极主动地形成新的完形或认知结构的过程。因此，该派别认为，有机体获得经验的过程，是通过积极主动的内部信息加工活动形成新的认知结构的过程。总体上，认知派各派理论也有三个共同特点：（1）从学习的过程来看，它们都把学习看成复杂的内部心理加工过程。（2）从学习的结果来看，它们都主张学习的结果是形成反映事物整体联系与关系的认知结构。（3）从学习的条件来看，它们都注重学习的内部条件，强调学习者在学习过程中的主动性、积极性，注重学习者的内部动机；注重学习的认知性条件，如过去经验、背景知识、心智活动水平等；注重学习过程中信息性的反馈等。但是，对于有机体如何进行信息加工活动、认知结构的构成等问题，认知派理论内部各个流派则有不同的看法，格式塔心理学家、托尔曼、布鲁纳、奥苏贝尔等学习认知派心理学家的学习理论的相继提出，既反映出该派别对于如何用认知的观点说明有机体的学习过程的思路的发展轨迹，也反映了这些心理学家思考问题的不同角度。

从总体来说，联结派学习理论与认知派学习理论在学习的基本问题上有重要的分歧。联结派把学习看成是刺激（或情境）与反应之间联系的形成，认为学习是受外界的刺激或情境所决定，强调强化对学习的作用，用外部条件来控制学习过程，因此，它们一般都强调反复练习和复习的重要性，主张用外部的奖励与惩罚即积极的强化来控制学习。认知派则把学习看成有机体通过复杂的认知操作形成或改组认知结构，从而把握情境中事物的联系与关系，注重主观条件包括过去经验、内部动机对学习的重要作用，强调理解、积极思考与认知的作用，重视学习动机与学习态度的培养。

由于联结派学习理论与认知派学习理论都有局限性，任何一派都无法盖涵学习的全野，因此出现了越来越多的企图融合两大派的折中主义倾向，但关于学习本质的探讨至今还没有达成共识。

第三节　学习双机制理论的提出及其基本理论框架

发生认识论领域中个体心理机能发生的不同理论派别之间的相互论争与相互促进，教育心理学领域中联结派与认知派学习理论的相互论争与相互促进，不断推进对学习心理研究深入发展，尤其是推进了学习心理的实验研究的发展，涌现了大量新的研究成果，使人们对学习的过程与机制的理解逐渐深入。当前，随着认知神经科学的兴起与发展，心理科学的研究逐步进入了脑科学的时代，因而有可能在新的研究基础上对学习的实质做出比较全面、科学的分析，从而使学习理论的研究有新的进展。我国心理学工作者在系统分析国内外学习理论基础上提出的学习双机制理论，就是在当前研究背景下对学习理论进行的新探索。下面准备阐述学习双机制理论的基本体系框架。

一、学习的一般过程与学习双机制理论的提出

认知心理家提出了关于学习的一般过程的信息加工模式，该模式得到大多数学者的认同。根据这个模式，人类的学习的一般过程是：刺激信息作用于感受器，进入感觉记忆，感觉记忆经筛选将有意义的信息选出来送到工作记忆，信息在工作记忆中被加工处理，在加工处理过程中工作记忆根据需要不断地从长时记忆中激活并提取有关的知识，经加工处理后，人获得了新信息的意义，将加工的结果送到长时记忆中保存起来，同时通过反应发生器与效应器作出反应。这个过程如图 1-2 所示。

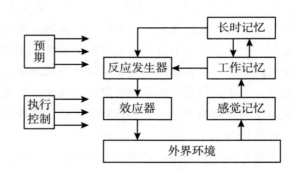

图 1-2　人类学习的一般心理机制

上面关于人的学习信息加工过程的流程图，对于科学地理解学习的实质有重要的启示。

我国心理学工作者以这个学习信息加工过程的模式为基础，在全面深入地总结分析国内外关于学习心理的实验研究成果与各派学习理论的观点的基础上，提出了学习双机制理论①，对学习的基本类型及其机制等重大问题做出了新的解释。

---

① 莫雷：《论学习理论》，载《教育研究》，1996 年第 5 期。

前面谈到，关于探讨个体学习机能获得的发生认识论领域，一直存在各派理论的论争；关于探讨个体客观经验获得的教育心理学领域，也是长期形成各种理论的纷争。然而，值得注意的是，这两个不同领域的各种理论都是专门讨论本领域的问题的，而没有哪一派理论用统一的观点同时解答两大领域的问题。而作为学习双机制理论，它是以学习机制为逻辑起点，在统一的理论观点下，同时解答个体客观经验获得的问题，个体心理机能获得的问题以及个体心理机能发展的问题，也就是说，学习双机制理论同时涉及三个领域问题的解答，涵盖了教育心理学的学习心理领域、发生认识论领域与教学论领域。

因此，作为学习理论的定位，学习双机制理论是关于人的学习的理论，是关于人类个体在后天生活过程中获得心理机能（主观经验）与知识经验（客观经验）的过程的理论。

根据认知心理学家上述对人的学习过程的描述，新的信息要为学习者所接受，关键性的环节是要在工作记忆中被加工处理。工作记忆加工处理信息的方式是不同的，根据工作记忆加工处理的不同方式，可以将人的学习机制分为两大类型：一类是联结学习机制，另一类是运算学习机制。相应地，人的学习可以分为联结性学习与运算性学习两个基本类型，对学习类型及其机制的这种理解与划分，是学习双机制理论的核心或基本的理论框架。

二、学习双机制理论关于知识经验学习的基本观点

学习双机制理论认为，人有两类学习机制，一类是联结性学习机制，另一类是运算性学习机制。联结性学习机制是指个体将同时出现在工作记忆（动物则是在机能上类似人的工作记忆的神经系统有关部分）的若干客体（包括符号或反应行为）的激活点联系起来而获得经验的那种机能或机构；运算性学习机制指有机体进行复杂的认知操作（即运算）而获得经验的那种机能或机构。个体运用不同的学习机制去获得经验，则形成不同类型的学习。因而，有机体的学习也相应地分为联结性学习与运算性学习。所谓联结性学习，是指个体通过将同时出现在工作记忆中的若干客体联系起来而获得经验的学习，例如巴甫洛夫的研究中的狗获得铃声是进食的信号的经验，等等；所谓运算性学习，是指个体通过复杂的认知操作而获得经验的学习，例如学习"三角形内角和等于180"这个命题，需要通过复杂的认知操作（推理活动）而获得。

学习双机制理论认为，联结性学习是人与动物所共有的普遍的学习方式，有机体将同时在工作记忆（或者机能上类似人的工作记忆的神经系统有关部分）中出现的若干客体或符号的激活点联结起来从而获得经验的过程，都是联结性学习。

许多心理学家提出的学习，如联想心理学家提出的联想学习，桑代克提出的试误学习，巴甫洛夫的经典性条件反射，斯金纳的操作性条件反射，班杜拉的观察学习，还有托尔曼通过实验提出的潜伏学习的现象，等等，实质上都是在不同条件下的联结性学习的具体表现，都可以用联结性学习的机制去解释。进一步分析，认知心理学家提出的陈述性知识的学习也是一种联结学习，因为这种学习的过程就是将同时出现在工作记忆的各个节点联系起来形成新命题，从而获得命题表达的经验，因此，这个命题表达的经验的学习过程，主要是依赖于联结机制而实现的联结性学习。

学习双机制理论进一步认为，有许多知识的获得不能仅仅通过在工作记忆中将若干个激活点联结起来而实现，而是需要在工作记忆中进行一系列复杂的认知活动（或称运算）才能获得。例如，儿童要获得皮亚杰的守恒经验，就需要头脑中进行逆反性或互反性的运算，而不可能仅仅通过将同时出现在工作记忆的若干激活点联结起来而实现，这种情况下的学习便是运算性学习。运算性学习就是个体在头脑中经过复杂的认知操作而获得经验的学习。

较高等的动物也具备一定的运算性学习的机能，但只是较低级的，并且也不是它们主要的学习机制。运算性学习主要是人获得经验的学习方式，体现了人的学习的主要特点。

学习双机制理论认为，联结性学习与运算性学习是辩证的统一，它们是相互结合、相互渗透不可截然分割的，实际的学习活动尽管还是可以根据其基本机制大致地归为联结性学习或运算性学习之类，但完全纯粹的联结性学习或运算性学习是没有的。简单的联结性学习如模式辨别学习过程，就包括了概括化的认知加工的环节；而复杂的运算性学习，其进行过程往往会掺杂着许多联结性学习，不断要运用过去联结性学习所获得的经验。例如学习"玩具"这个概念的过程，个体可能会多次将"玩具"这个词与若干具体的玩具，如某个布娃娃，某个小气球等形成联结，也就是经过了多次的联结性学习，在这个基础上他进行了概括（即认知活动），形成了"玩具"这个概念。可见，形成"玩具"概念的运算性学习过程中，也掺杂着许多局部的联结性学习。尽管如此，联结性学习与运算性学习毕竟是两类不同性质的学习，它们的实现机制有重要的区别，因此，这两种学习的掌握过程、保持过程及迁移过程可能都会不同的规律，以往有关的许多研究常常得出不一致甚至相反的结果，可能就是它们考察的是不同性质的学习。

三、学习双机制理论关于个体心理机能的形成与发展的基本观点

值得注意的是，前面论述明确提出，无论是联结性学习还是运算性学习，它

们实现的前提条件之一就是需要具备相应的机能，联结性机能或运算性机能。这样，学习双机制理论同样需要解答学习机能或心理机能如何形成的重大问题，需要对人的联结性机能或运算性机能是如何形成的做出解答。

如前所述，心理机能的形成问题，与"思维的起源"、"逻辑的起源"之类问题的本质是相同的，不仅是心理学科，同时也是哲学、逻辑学、人类学、生理学等学科共同关注的重大科学问题，也是世界性的难题。长期以来学术界对此众说纷纭，不同的理论学说，不同的流派不断出现，难以达成共识，从整体倾向来看，大致可以分为唯心论的先验论，唯物论的经验论以及外部活动内化理论。

作为学习双机制理论，它将学习机能或心理机能分为联结性的低级机能与运算性的高级机能两个类型，提出了个体心理机能形成的一般过程，并同时分别提出了联结性机能与运算性机能形成的特殊过程。学习双机制理论认为，个体心理机能形成需要在机能发育的关键期，由个体与蕴含了人类心理机能的载体相互作用，从而将载体蕴含的人类机能内化为个体机能；但是，对于联结性机能来说，其载体所蕴含的机能是以显性的方式直接体现的，个体通过感知过程直接与载体的物理属性交互作用，就可以形成相应的机能；而对于运算性机能来说，其载体以隐性的、静态的方式蕴含了人类的机能，个体需要在社会传递下，将载体以静态形式蕴含的机能"转译"为动态的活动，个体在外部进行这些活动的过程中，内化为个体的机能；因此，对于低级联结性机能的形成，唯物主义经验论的解释是合理的，但是，对于高级运算性机能的形成来说，外部活动内化理论的解释才是比较科学的。由此可见，学习双机制理论关于个体学习机能形成的理论观点，力图整合学术界的经验说与外部活动内化说，对个体心理机能形成问题做出更为科学的解释。

同时，学习双机制理论认为，对个体心理机能的形成问题的解答与对个体能力的发展问题的解答，应该是相通的。长期以来，学术界在探讨教学过程学生的能力培养问题时，基本上是没有将这个问题与学习机能的形成问题联系在一起。实际上，个体学习机能的形成解答的是从无到有的问题，而学习能力的发展培养解答的则是从有到优的问题，本质上都是探讨个体心理机能的发展系列问题，整体的解答思路应该是一致的。因此，学习双机制理论提出，根据知识的不同性质，学生学习过程可以分为联结性的学习活动与运算性的学习活动，对于运算性知识的教学，需要按照人类生产该知识所进行的智力活动设计教学，让个体大致重复人类生产知识的活动，这种活动方式内化为个体内部活动方式，从而形成该知识蕴含的人类的能力，实现能力的发展。这个思路，显然与前面关于个体机能形成的思路完全一致。

以上就是学习双机制理论关于心理机能的形成与能力的发展的基本理论框架。

四、学习双机制理论的组成部分与理论框架

作为一个完整的关于学习的理论，学习双机制理论可以分为三大部分：第一部分是关于个体心理机能形成的理论，在总结分析了国外关于个体学习机能形成的各派理论的基础上，提出关于个体心理机能形成的思路，并进行系统的实验研究验证这个思路。学习双机制理论关于个体心理机能形成问题的基本观点与实验研究，本书第二编的第二章、第三章、第四章将专门进行阐述。

第二部分是关于个体经验学习的信息加工过程的理论，在总结分析了国外关于个体知识经验的学习过程的各派理论的基础上，提出关于个体经验学习过程的思路，并进行系统的实验研究验证这个思路。学习双机制理论关于个体知识经验学习的过程问题的基本观点与实验研究，本书第三编的第五章、第六章、第七章将专门进行阐述。

第三部分是关于个体能力培养的理论，在总结分析了国外关于课堂教学如何在传授知识过程培养学生能力的各派学习理论的基础上，提出按照人类知识生产过程设计课堂教学的本源性教学模式，使学生在学习知识过程发展能力尤其是创新能力，并进行系统的实验研究验证这个思路。学习双机制理论关于个体能力的培养尤其是在教学过程中学生能力的培养问题的本源性教学的理论观点，本书第四编的第八章、第九章、第十章将专门进行阐述。

第二编

学习双机制理论关于心理机能形成的研究

本编阐述了学习双机制理论关于个体心理机能获得的理论观点，以及根据这个理论观点所进行的两个系列的实验研究。共包括三章，第二章主要总结分析国外关于个体心理机能形成的不同派别的理论，在这个基础上阐述了学习双机制理论关于个体心理机能形成的基本观点。第三章、第四章分别阐述了根据学习双机制理论关于个体机能形成的观点对联结性机能与运算性机能培养的实验研究，以验证学习双机制理论关于个体获得心理机能的理论构想。其中第三章阐述了对幼儿认字阅读机能即联结性机能的培养的实验研究，第四章阐述了对幼儿科学思维即运算性机能的培养的实验研究。

第二章

学习双机制理论关于个体
心理机能形成的理论构想

本章分析了国外心理机能形成研究的主要派别。国外关于心理机能或心理机能形成的理论可以分为三派，唯心主义天赋论、机械唯物主义经验论与外部活动内化理论。在分析不同理论派别的观点的基础上，本章提出了学习双机制理论关于个体心理机能形成的理论观点。学习双机制理论认为，人类心理机能有两大类，一类是联结性机能，另一类是运算性机能，人类个体形成这两种机能都需要在机能形成的关键期中，个体与蕴含该机能的载体交互作用而形成，因此，个体心理机能形成要有三个基本条件：第一是关键期，第二是机能载体，第三是主客体交互作用。然而，不同类型机能形成的主客体交互作用的方式不同：作为联结性机能，可以由主体直接作用客体来实现，符合经验论的"二项图式"的观点；而高级的运算性机能的实现，则需要主体在社会传递下从外部进行机能载体蕴含的智慧活动，然后内化为个体的心理机能，符合皮亚杰与苏联维列鲁学派提出的"三项图式"。

第一节　国外关于个体心理机能形成的基本派别

所谓机能，是指一定的生命本体所具有的活动能量。个体的心理机能，是指作为"人"这个生命结构的本体所具有的基本的认知活动的能力。

23

关于个体如何获得心理机能的问题，不仅是教育心理学领域的重大问题，而且是发展心理学乃至整个心理学科至关重要的重大问题，同时也是哲学认识论、逻辑学等学科都迫切需要解决的重大问题。

心理学界对个体心理机能形成问题，可以分为唯心主义的天赋论与唯物主义的学习论。唯心论天赋论认为个体的心理机能来自先天，或与生俱来，或来自成熟。唯物论学习论的各种理论都认为个体的心理机能是来自后天。尽管有的学习理论派别也会掺杂了某些唯心主义的观点，但在总体上它们还是属于唯物主义的范畴。学习论各个派别在总体上都承认个体的心理机能来自后天，但在个体的心理机能尤其是高级的心理机能如何来自后天这个重大问题上，又有各种不同见解，其内部又可以分为机械唯物论的经验论与活动内化论两个派别。下面我们分别阐述这些主要的理论派别的观点。

一、个体心理机能形成的先验论

心理机能形成的学习理论主要是讨论个体的学习机制的形成问题，从哲学的角度来看，这是主观与客观之间关系的重要方面，许多哲学家正是认为无法揭示人的这种认识机能的产生形式，因而不得不借助于天赋观念，从而陷入唯心主义。早在 18 世纪初，德国的哲学家莱布尼茨就认为，感觉只能提供特殊的、个别的真理，一切具有普遍必然性的知识只能从理性中产生，而这种理性则只能来自天赋的内在原则。另一位哲学家笛卡儿也认为，人的低级心理机能可以用来自后天经验的反射来解释，然而高级的心理机能的形成则无法从经验中得到说明，只能认为是天赋观念，因而陷于二元论。康德提出的先验论也是认为，人具有许多无法用经验来解释说明的范畴如时空范畴、因果范畴等，他所谓的范畴，实质上是指人类认识客观事物的内在机制。当代格式塔心理学派也认为，学习过程是人脑对情境的不断重新组织，从而使完形出现的过程。人脑这种组织能力是神经系统先天的机能。奥地利儿童心理学家彪勒则断言，儿童心理机能的发生发展过程，乃儿童的内部素质向着自己的目的有节奏的运动过程，外界环境在这里只起着促进或延缓这个过程的作用而不能改变它。类似彪勒的观点的还有德国儿童心理学家施太伦等。上述这些理论，尽管具体说法不一，但其实质都是将个体的心理机能或心理机能的形成归因于先天或遗传，否认后天经验、实践的决定作用，违背了唯物论反映论的基本原理，它们的论点已日益为科学研究的有关成果所否证。

二、个体心理机能形成的经验论

机械唯物论则力图说明人的这种心理机能是来自后天经验，但却无法科学地解释后天的经验是如何能使主体形成高级的心理机能，因为，对客体的知觉是无法引申出思维的模式的，那么，当外界的信息输入时，人脑对它们所进行分析综合、抽象概括、推理等一系列信息加工活动是如何来自后天的经验呢？这派理论难以解答。但为了维护其经验论的立场，这个派别倾向于将人的复杂的信息加工活动或复杂的心理机能简化为由此及彼的联系。简单化为联结的形成，从而能回避对人的心理机能尤其是高级的思维机能的形成这个问题的具体分析，远如早期的一些联想主义者哈特莱、穆勒等人就认为，人的一切心理活动是联想，作为联想活动的机制是很容易从人的大脑的生理机能中得到解释的。当代的行为主义心理学家也将人的各种复杂的心理活动或机能归结为刺激反应的联系，而这种条件反射的形成的机能是神经系统的机能。然而，随着心理科学的发展，人们越来越深入地认识到人的心理过程是一系列复杂的信息加工操作活动，因此，上述这种对心理过程的理解及对个体心理机能的形成的解释已日显拙劣。

也有不少心理学家意识到人的心理操作活动过程及其机能的复杂性，承认人的复杂的心理活动或机能是无法简化为联想或条件反射活动的，他们正确地认为，人的心理活动是一系列复杂的操作活动，而这些复杂的操作活动是无法从对客体的知觉中引申出来的，但是，他们由于寻求不到人的心理机能的经验起源，因此只是一般地肯定个体这种复杂的心理活动机能来自后天经验，但却回避了具体分析它如何来自后天经验，这实际上是默默地"承认存在着某种神秘的'心理能力'，这种能力在于，由于外界作用对于主体感受器的影响，在主体的脑中（作为与生理过程相平行的现象）爆发出给人照亮了世界的某种内部的光……"[①]这样，从唯物论反映论的前提出发，却不自觉地向唯心主义天赋论复归，此不能不算为一种悲剧。

三、个体心理机能形成的外部活动内化理论

唯心论的天赋论与机械唯物论的经验论都不能科学地解答人的学习机制的形成问题，而活动内化理论观点对科学地解答人的学习机制形成问题有重要的启示。这派理论主要有曼德勒的学说、皮亚杰的学说及列昂捷夫的学说。

---

① 阿·尼·列昂捷夫：《活动　意识　个性》，上海译文出版社 1982 年版，第 60 页。

（一）曼德勒的符号类似物理论

曼德勒提出"符号类似物"的思维理论，他认为，机体在外部行为的过程中，内部会产生一种对外部行为的复写或复现表象或符号类似物，以后这种符号类似物可以离开外部行为而单独提前出现，从而使机体能通过此来指导、控制行为。所谓符号类似物就是思维。

曼德勒明确地把人的心理机能的形成看作对外部活动的复写、模写，认为思维操作产生于机体内部对外部动作的复写、模写，认为内部思维操作的结构与外部动作的结构同型，它一反传统心理学将人的心理尤其是思维视为神秘莫测的暗箱的观点，抹掉了蒙在人的高级心理机能之上的神秘的灵光，将它与外部的动作联系起来，为揭示个体高级的心理机能发生之谜提供了有益的启示，这无疑是具有一定的理论意义的。但曼德勒的理论还是比较朴素、粗糙、机械的。首先，从个体思维操作的形成来看，我们也认为思维操作起源于外部活动的内化，与外部活动有相同的结构。但这种内化是一个复杂的过程，皮亚杰通过大量的实验证据证明外部动作图式内化为思维图式要经过复杂的重建构，并非曼德勒所想象的，只需在外部动作进行时通过头脑对它进行模写即可实现，并且，内化指的是外部活动的方式转化为操作内部活动的方式，而不是指某项具体的外部活动直接转为可以由内部进行。其次，从思维的性质来看，曼德勒将思维看成是对过去外部动作的模写在新的情境中提前出现，以指导、控制新情境的行为，这无疑是混淆了思维与记忆的界限，抹杀了思维的创造性与概括性，在一定程度上歪曲了思维的本质。因此，总的看来，曼德勒的思维理论并没有真正揭示外部活动对个体思维发生的意义，充其量只是含有某些合理的猜测而已。

（二）皮亚杰的发生认识论

最令人注目的个体心理机能形成的理论是皮亚杰的发生认识论。他以外部活动的内化，内外因相互作用的发展观点去解答个体思维操作的发生形成过程。皮亚杰认为，个体思维的发生过程，就是儿童在不断成熟的基础上，在主客体相互作用的过程中获得个体经验与社会经验，从而使图式不断地协调、建构（即平衡）的过程。这个过程首先从外部的感知动作开始，个体出生后，在先天的遗传图式的基础上与环境相互作用，不断地对环境作用进行同化、顺应，实现动态平衡，简单的外部动作图式相互作用、协调而成为复杂的外部动作的图式，然后外部动作图式逐步内化成为相应的运算图式，而这些内化了的图式进一步协调、发展，使个体经历前运算、具体运算两个阶段，最后到达形式运算阶段。皮亚杰对人获得客体经验的过程也作了阐述并且将它与获得学习机制的过程联系起来，皮亚杰认为，个体接触新的客体或认识对象时，首先是用原有的图式去同化它，如果同化成功，图式则丰富化了，这个过程是经验的学习过程；反之，如果原有的图式不能同化当前的对象，个体就要调整改变原来的图式，形成新的图式，使之能同化当前的对象，这个过程称为顺应，实际上这个顺应过程就是形成新的学习机制或运算方式的过程。

皮亚杰的发生认识论的根本点就是将儿童思维发生过程类比为数理系统的演进程序。他提出，根据鲍尔巴基派数学家的观点，现代数学的一切分支或形式，都是由三个基本结构（即母结构）分化及组合而形成的，这三个母结构是代数结构、序列结构与拓扑结构。从这三个母结构出发，就可以演化出现代数学的一切形式。皮亚杰根据自己的研究结果指出："我们发现在这三类数理结构和儿童运算思维中的三种结构之间存在着一种十分直接的关系。在儿童最初的运算图式中便有这三种类似的基本结构，而它们则是来自外部活动的内化。"[1] 根据皮亚杰的观点，个体出生以后，就在先天遗传图式的基础上与环境相互作用，不断对环境作用进行同化、顺应，实现动态平衡，简单的图式相互协调而成为越来越复杂的图式。到了感知运动阶段的后期，出现了具有内包关系、序列关系和一一对应关系的智慧动作图式。然后，随着符号功能的出现，将三种动作图式内化而成为三种最基本的思维图式。这样，正如代数结构、序列结构与拓扑结构可以演化出整个现代数学的各种结构一样，儿童这三个基本结构是其心理运算的逻辑形式的起点或基础，个体可以由这三个基本图式不断协调整合而建构起越来越高级的运算方式。皮亚杰的一系列重要著作都一贯地体现出上述思想。在他的晚期代表作《发生认识论》一文中，上述观点进一步明确化与系统化。他指出："在感知—运动智力中，有内包逻辑、序列逻辑和相应逻辑，而我认为，这些逻辑就是逻辑数理结构的基础。……但它们已是后来运算的开端。"[2] 在讨论这些感知—运动图式内化成为儿童思维的三个基本结构后，皮亚杰提出："现在我还想指出，在儿童思维中其他结构怎样能从两个或更多的基本结构的结合中发展出来。"[3]然后通过序列结构与内包结构相结合而产生数概念图式等例子，进一步证明在儿童思维的发展中许多其他的结构也是由这三个基本结构中的两个或三个结构相互结合而成。当然，皮亚杰始终强调，图式的协调整合，是在成熟的基础上，在主客体相互作用的过程中，不断获得个体经验与社会经验的条件下才能实现。这就是皮亚杰著名的以平衡为核心的发展四因素的动力观（所谓平衡，即在主客体相互作用的过程中图式的协调与建构）。

①③ 皮亚杰：《发生认识论》（上），傅统先译，载《教育研究》，1979 年第 3 期，第 78 页。
② 皮亚杰：《发生认识论》（下），傅统先译，载《教育研究》，1979 年第 5 期，第 28 页。

皮亚杰以数理逻辑为工具将儿童思维发展的各阶段结构化。首先是感知—运动阶段，后期出现了内包关系、序列关系与一一对应关系的智慧动作图式。然后，在前运算阶段，这三类外部动作图式内化，成为运算的基本图式。在这三个基本图式的基础上不断地协调建构，出现越来越复杂的图式，但这个阶段的图式都是半逻辑的，只具有 $Y = F(X)$ 的单向函数关系，无可逆性与守恒。到了具体运算阶段，由于图式的协调发展，儿童开始具有两种可逆操作，即互反性与逆反性，从而形成守恒概念。由于出现了可逆、守恒，儿童的思维操作开始具有运算的性质。但在这个阶段，两种可逆性的进行还是孤立的，不能将它们之间的复杂关系在一个系统内综合起来，因此只能进行"群集"运算。而随着图式在主客体相互作用过程中继续协调建构，两种可逆性可以结合起来构成四变换群，与此相应出现了运算的组合系统即所谓"格"的结构，个体达到形式运算阶段。个体思维的发生过程至此基本完成。

皮亚杰的发生认识论引起了巨大的反响，对它的评议分歧很大。我国心理学界有人认为，该理论基本上是唯心的。理由主要有两个：

（1）在认识的来源上，皮亚杰强调主客体的相互作用，特别是主体的动作活动，不谈客体的决定作用。

（2）皮亚杰认为最初的图式来自遗传，图式的发展决定于它的自己运动，与康德的先验图式相似。

我们认为，这两点理由是不足为据的。不可否认，皮亚杰的学说中有不少唯心主义的言论，但在认识论上判断一个理论的归属，关键是看它如何解答认识的源泉、认识的本质和认识的途径问题。凡主张物质世界不以人的认识而存在，是认识的源泉，认识是对客观事物的反映，就是唯物论的认识论；凡断言认识是头脑主观自生或神灵启示的产物，则属唯心主义。皮亚杰的理论是如何解答上述问题的呢？正如心理学界有的同志所指出那样，首先，皮亚杰明确肯定客观世界的存在，他指出："客体是不依赖于我们而存在的"①。"可以肯定，在被发现之前，客体就存在着，客观的结构本身也存在着。"② 同时，皮亚杰也承认认识是来自于客体，不过他强调主体要在作用于客体的过程中才能获得这种认识。他说："当我们作用于一个客体时，我们的认知就是从这个客体本身派生出来的。"并认为，物理的经验"指个体作用于物体，抽象出物体的特性。"③ 显然，皮亚杰是在承认客观事物在个体思维发生中的作用的前提下，明确地提出个体的运算方式即心理操作方式最初起源于外部动作的内化，从而客观上为将实践观贯彻到个

---

① 皮亚杰：《发生认识论原理》，胡士襄译，商务印书馆 1981 年版，第 21 页。
② 皮亚杰：《发生认识论》（上），傅统先译，载《教育研究》，1979 年第 3 期，第 74 页。
③ 皮亚杰：《发生认识论原理》，胡士襄译，商务印书馆 1981 年版，第 74 页。

体心理机能的形成方面做出了理论贡献。当然，皮亚杰的内化思想还不彻底，这点后面要作进一步的讨论。

其次，皮亚杰用内外因相互作用的发展过程去说明运算操作的建构，将个体心理机能的发生看成是在主客体相互作用下不断同化、顺应，实现动态平衡，从而逐步形成的过程，同时，皮亚杰将结构与建构统一起来，揭示了个体思维发展过程中由量变到质变的四个阶段。这些观点无疑包含着大量的辩证因素。我国心理学界已对此作了充分的肯定。

最后，皮亚杰用数理逻辑作为刻画思维发展的工具，将思维发展的各阶段的操作结构化，这也具有重要意义。正如朱智贤同志指出："思维心理学将近一百年的历史，到现阶段为止，可以说，大部分是处于描述阶段，一部分处于说明阶段，而真正从机制或结构上进行探索，则可以说是从皮亚杰的儿童思维研究开始。"

然而，皮亚杰的学说还只是接近而不是达到辩证唯物论认识论的水平。科学的认识论的创立，关键是要正确理解认识的主体——人。马克思主义认识论的创立与唯物史观的创立是密切相联的，无历史唯物主义实践的观点，则不可能真正理解人，从而不可能科学地说明人的认识，皮亚杰正是不懂得人的社会实践性，不懂得人的活动包括思维操作的社会历史性，这个方法论上的根本性缺陷必然影响他对个体思维发生的具体论述的科学性。

列昂捷夫指出："对于皮亚杰来说，研究内部思维运算起源于感觉运动性的动作的最重要理由在于，显然，不可能直接从知觉中引申出思维的运算模式，像组合、序列、集中这样一些运算，最初是在对于外界客体进行的外部动作的过程中产生，然后按照活动本身的逻辑—发生规律继续向内部思维活动方面发展。"[①] 如前所述，这一点是皮亚杰的重大贡献。但由于方法论上的局限性，皮亚杰只将外部活动的内化限制在从感知运动阶段向表象思维过渡这一段；此后，思维操作的继续建构则成为内部协调的过程，这是不正确的。因为，感知运动阶段的简单的外部动作图式只能内化成为简单的思维操作方式，这些简单的操作方式同样无法自行在内部建构出复杂的操作方式。高级的思维操作是人类千百年实践活动历史地形成的社会机能，个体要将这个社会机能转化为自己内部的机能，就必须通过复杂的外部活动即实践性的活动的内化才能实现。如果说，在感觉运动阶段的外部动作主要还是个体自发地与环境相互作用的话，那么，越往后的活动就越带有社会实践性，越不可能由个体自发地进行，而必须通过社会的传递。社会的传递使个体千百次地在外部进行各种实践性的活动，重复各种逻辑的格，从而不断

---

① 阿·尼·列昂捷夫：《活动 意识 个性》，上海译文出版社 1982 年版，第 86 页。

内化为高级的思维操作方式。因此，个体在感知运动时的外部动作内化为相应的思维操作后，其思维的进一步发展，仍是不断内化的结果。皮亚杰由于不懂得思维的社会历史性，将个体的思维发生看成主要是个人自发实现的过程，因而限制了他的眼界，使其难以认识人的高级的思维操作的形成必然要通过社会实践性活动的内化，故只看到一次内化而不是将内化看作一个不断进行的过程。这样，尽管他正确地揭示了思维操作的初始发生过程（外部活动的内化），但却只能含糊而无法科学地说明以后几个阶段思维操作的成因及发展规律，同时，皮亚杰也正是由于不懂得必须经社会传递进行实践性活动才能内化为高级的思维操作方式，因此不可能真正理解社会、环境、语言在个体思维发生中决定性的作用。人们普遍认为他不重视教育、语言等，其思想根源正是在此。

总之，皮亚杰的思维发生理论的确给予人们重大的启示，但由于思想方法的局限，致使他的学说又难免有点芜菁混杂，需要认真加以扬弃。

（三） 苏联维、列、鲁学派的活动内化论

苏联维、列、鲁派关于人的高级心理机能形成的活动理论认为，人类个体心理机能的形成过程，与动物一样，都是个体实现种的成就的过程，但两者的实现过程有本质的不同。动物对种的成就的继承是通过遗传而实现的。因为，每一动物个体在适应环境中所形成的特殊的行为经验，无法通过物化为外部对象而保存下来世代相传成为种的特性。而人的本质是实践，在实践过程尤其是劳动实践过程中，人的本质、能力外化或客体化为劳动产品，这些产品以静态的形式凝聚着人的能力与经验，这样人类积累的经验、形成的能力便可以以客体化的存在代代相传，构成了"种的经验"，因而，人类掌握种的经验的过程便出现了一种全新的形式。这些物化的人类社会历史经验对于个体而言只是一种外部存在的社会机能，个体要将这种外部的社会机能转为自己内部的心理机能，就必须在社会传递下与这些客体化的社会机能相互作用，从而内化为自己的心理活动方式或心理机能。列昂捷夫认为，人的高级心理活动方式起源于外部活动的内化，操作外界物质对象的外部形式的过程转变为在心理水平上进行的过程，就是人的高级心理机能的发生、形成过程，这个过程是主体和客体通过外部活动为中介而实现的，是三项图式。当主体原有的心理机能无法反映新客体时，此时客体的逻辑属性反馈到主体，迫使主体修正原有图式，因此外部活动是主客体相互作用的中介，外部活动高于原有图式，因为有客体逻辑的介入。这与皮亚杰的观点有一致之处，但两者又有重要的区别。首先，列昂捷夫明确地强调外部活动的客观制约性，认为外部活动决定于其所接触的对象的特点。其次，最为重要的是，他强调外部活动的实践性、社会性，强调人的高级心理机能的社会历史性，强调客体的社会文化

性，从而强调活动的社会文化性，这导致了对内化过程做出不同的解释。列昂捷夫指出，人的本质是实践，在实践过程中尤其是劳动实践过程中，主体的本质能力外化或客体化为劳动产品。主体所作用的客体不是一般的物理体，而是人们实践活动经验凝聚下来的社会文化的载体。个体实现心理机能实际上是实现千百万年的社会文化，人们开展社会文化活动其实是展开掌握凝聚在客体中社会文化的活动模式。这样，人类积累的经验、形成的能力便可以客体化的存在代代相传。每一代个体与这些成就发生关系"对它们实现符合于已在它们之中客体化的人类的活动"①，从而内化为自己的心理活动方式，实现"为人的社会历史发展之产物的那些特性与能力。"② 正是由于这样，"掌握过程的主要环节与主要条件，就是形成那些构成其真实的基础的和周围人永远应为儿童组成的动作，因为儿童自己是不可能形成它们的。"③ 列昂捷夫明确提出："人的心理过程（人的'高级心理机能'）获得了一种结构，这种结构以社会—历史的形成的方式和方法作为自己的必要环节，而这些方式和方法是在跟周围的人们进行协作和交往的过程中传递给他的。但是传递实现这种或那种过程的方式与方法，只有通过外部形式（动作或外部语言的形式）才有可能，换句话说，人所特有的高级的心理过程，只有在人与人的相互作用中才能产生，也就是作为人们之间的过程，只是以后才开始由个体独立地去实现；这时，其中某些过程便进一步失去其原有的外部形式，转化为个人心理之内的过程。"④

概而言之，就维、列、鲁派看来，人的高级心理机能是社会历史的形成物，它不可能由个体自我建构而获得，而只能来自于人类社会历史形成的实践活动的内化，个体只有在社会传递下进行实践性的外部活动，才能不断地内化为心理活动方式。因此，儿童在感知运动阶段的外部动作图式内化为简单的内部心理操作后，其心理机能的进一步获得，仍然是一个不断内化的过程。很显然，皮亚杰由于不懂得人的心理机能的社会性，因而陷于一次内化论，将人的心理机能的形成过程看作只需经由最初的外部动作的一次内化，此后便转为内部图式的协调建构；而苏联心理学家则强调了人的心理的社会性，因而必然主张不断内化论将个体心理机能的形成看作是一个在社会传递下不断内化的社会建构过程。

我国心理学界曾有人认为，列昂捷夫的内化说有一个难以克服的理论困难。因为，这个理论如果成立，基本前提就是要将外部活动与内部活动简单地划分开来。但人的外部活动总会包含着一定的内部的心理成分，"那自然也就谈不到内

① 阿·尼·列昂捷夫：《苏联心理科学》，科学出版社1962年版，第22页。
② 阿·尼·列昂捷夫：《苏联心理科学》，科学出版社1962年版，第13页。
③ 阿·尼·列昂捷夫：《苏联心理科学》，科学出版社1962年版，第23页。
④ 阿·尼·列昂捷夫：《活动 意识 个性》，上海译文出版社1982年版，第63～64页。

部活动心理由外部活动内化产生了。因为，外部活动中本来就已存在有内部的、心理的因素。"我们认为这个批评不够妥当。首先，外部活动不需要也不可能与内部调节活动简单地划分开来；我们称之为外部活动，是因为它以可见的物质形式呈现于外，而不是纯粹地属于外。正如实践活动要在认识的指导下进行，它仍可称为"感性活动"一样。任何外部活动都包含着内部调节作用这个事实，并不意味着内化说陷于困境；相反，正是由于外部活动这种主客观统一的特点，使它成为串连主客体、沟通内外因的桥梁，从而成为理解个体思维发生的钥匙。列昂捷夫指出，外部活动固然要有内部活动的调节，但不能认为外部活动只是单方面地依存于控制着它的心理映像、目的的表象—或者它的思想图式，"活动必须同人相对立的对象发生实际接触，从而使活动偏向、改变和丰富起来。"① 也就是说，在心理操作的形成过程中，外部活动的模式并不是完全由原先的内部图式控制下展开的。个体在原来图式最初的内导作用下，与活动的对象实际接触，从而受到对象的属性的制约。对象的属性通过环状结构的返回联系"侵入"主体内部，变动着原来的内导作用而形成高于原来图式的外部活动模式，这个模式内化则成为新的更高级的内部操作图式。就这个新图式而言，当然可以说是由于外部活动的内化而形成。这不仅可以说明心理操作从较低一级的形式向较高一级的形式的发展，而且也完全能在发生学意义上说明人的心理的发端。因为，个体刚问世时，其初始的外部动作固然要受内部调节，但这个时候的内导作用还不是心理上的，而只是与生俱来的抓握、吸吮等原始图式，即生理上的。个体在这种内导作用下，通过与客体的实际接触而将自己纳入对象的现实中，形成新的动作模式，并把这种现实改变为主观性的形式，这样便产生最初的心理意义上的内导控制或操作。可见，列昂捷夫的内化说并没有在内外关系的问题上陷于绝境，反而应该说是在山重水复中辟出探讨个体高级心理机能形成的新途径。

概而言之，我们认为，列昂捷夫的活动内化理论注意了以辩证唯物论和历史唯物论的基本原理为指导，强调了人的心理机能的社会性，这使他开阔了眼界，纠正了皮亚杰的理论的主要缺陷，将内化的思想贯彻到底，进一步开拓了用实践来说明个体思维发生的基本途径。应高度重视列昂捷夫的活动起源说的方法论意义。

诚然，列昂捷夫的理论还有许多不足。首先，正如我国心理学界指出的，列昂捷夫的"外部活动"这个范畴比较含糊，它包括哪些形式，与实践的关系如何等重要问题，都没有得到明确的说明，这样，造成了理论的含糊混乱并难以明确具体地讨论外部活动的内化过程。我们认为，个体的整个活动即主客体相互作

---

① 阿·尼·列昂捷夫：《活动 意识 个性》，上海译文出版社 1982 年版，第 60 页。

用的过程，可以分为三类：第一类是外部实物操作活动，这类活动基本上属于广义的实践活动（除个体出世初所自发进行的生物学水平的操作活动外）。第二类是外部符号活动，即指个体与他人之间通过外部符号（主要是外部语言）的形式所进行的活动，它实质上是对符号化的对象进行操作，第三类是内部符号活动，即个体的心理活动，主要是思维活动。它是个体自我在内部进行的（同样以符号的形式），对符号化的对象的操作。所谓外部活动，指的是前两类活动（即外部实物操作活动与外部符号操作活动），内部符号活动的方式则是这两类外部活动方式的内化。在这两类外部活动中，外部实物操作活动是基础，外部符号活动派生于外部实物活动，在开始阶段，它只是外部实物活动内化为内部符号活动过程中的一个环节；只有随着儿童心理发展进一步成熟，它才相对地独立出来构成另一条内化路线。在实际生活中，这两类外部活动常常交织在一起，它们的划分只有相对的意义。这样，个体整个活动系统是以实践活动为基础而形成的，其思维的发生，从根本上来看可以说是由实践活动内化而实现。这种看法看来能比较好地用马克思主义实践观点结合心理学研究领域的实际情况以揭示个体思维发生的过程，而非简单地停留在哲学的一般说明上。

其次，关于个体思维方式形成的内外因问题。列昂捷夫认为，鲁宾斯坦在不理解主体活动的情况下，用"外因通过内因起作用"的公式来说明心理活动的起源，则仍跳不出二项分析图的直接性假设，这个看法是对的。因为，按鲁宾斯坦的观点解释心理操作的形成，那么这个过程也不过是：客体的作用→通过主体的内部状态起作用→反应（外部动作等），这样，仍然是把外部活动看成是单方面受制于内部过程，而只要这一点不突破，则始终无法科学地说明心理活动或思维活动的产生发展。但列昂捷夫在引入主体活动后，却没有注意如何将唯物辩证法这个内外因关系的基本原理贯彻到自己的思维发生理论中去。李沂同志指出："在列昂捷夫的理论中，论述内部心理活动是由外部活动以内化机制产生时，基本上不考虑主体的内部因素在这种产生中的影响、制约作用。"[①] 这个批评是中肯的。苏联另一位心理学家加里培林根据列昂捷夫的基本思想进行了实验研究，提出了智力技能形成的五阶段说，试图具体地揭示外部活动内化为思维方式的过程及规律，无可置疑，加里培林的学说是有重要意义的。但它的主要缺陷之一就是由于受到列昂捷夫不重视内因的思想的影响，因此，忽视了在内化过程中主体内部因素的作用，离开了主体的内部过程来讨论外部活动的内化，这样，它的五阶段似乎仅仅体现了外部活动向内部的机械的输入，而未能真正揭示这个过程的实质。实际上，个体只有在身心发展的一定基础上，才能接受社会传递而进行一

---

① 李沂：《评列昂捷夫活动内化理论》，载《心理学报》，1982年第1期，第113页。

定的外部活动并实现内化。尤其重要的是，任何新的活动方式由外部转为内部的过程，必然经过与主体内部原有图式发生关系并实现协调、整合。加里培林认为新的活动方式只需通过几个步骤便可以孤立地实现从外到内，这是不正确的。对此，皮亚杰及其学派的有关观点如图式的矛盾、协调整合等是颇有道理的。并且，在我们有关的实验研究中也证明了在内化过程中新的活动方式与原有图式的矛盾、整合的重要意义。

总的来看，列昂捷夫对个体思维发生的看法只停留在一般性的理论分析之上，这些分析也还是很不完善的。同时，列昂捷夫对于与他的基本看法有关的一系列重要的具体问题，如内化的性质、个体思维发展过程中思维方式的演进程序等，都没有作进一步的研究。在具体地探讨个体思维发生的进程方面，他是不能跟皮亚杰相比的。

以上对心理学界关于个体心理机能形成的理论进行了介绍与分析。心理机能的形成问题，不仅是心理学科至关重要的重大问题，同时也是哲学认识论、逻辑学等学科都迫切需要解决的重大问题。科学地揭示个体心理机能的发生，对于"逻辑的起源"或"思维的起源"这个世界性难题的解决，具有重要意义。由于解答这个问题的难度非常高，因此，目前发生认识论领域一方面各种理论观点还是争论不休，难以形成共识，另一方面由于研究思路、研究手段、研究条件、研究技术的限制，学术界对对个体心理机能形成问题还没有真正开展实证研究，这也是这个问题的解答长期未有重要进展的原因。如何在总结分析前人研究的基础上提出新的整合性的理论观点，如何开展对这个问题的实证研究以促进研究的深入，这是学术界面临的重大任务。

第二节　学习双机制理论关于个体心理机能形成的观点

在总结与分析前人关于个体心理机能形成各派理论的基础上，学习双机制理论提出了关于人类个体心理机能形成的基本理论观点。

一、人类个体的基本心理机能

个体的心理机能，是指作为"人"这个生命结构的本体所具有的基本的认知活动的能力。个体基本心理机能主要是感知运动机能、语言机能和逻辑运算机能，其中，语言机能可以再具体分为口头语言机能和书面语言机能。

（一）感知运动机能

婴幼儿必须形成对人化环境的事物的感知与操作的机能，只有形成这种机能，个体才有可能进行模式识别与随意动作的学习，而模式识别与随意动作的学习则是人类一切学习的起点或基础，模式识别学习进一步发展成为联结学习，而随意动作进一步可以发展为复杂的随意动作系列与智慧动作，智慧动作是逻辑运算机能的起源。因此，感知运动机能是婴幼儿时期最基本也最重要的机能。

著名的儿童教育家蒙台梭利认为，婴幼儿的心理发展存在着"肉体化过程"，婴幼儿最先开始启动的机能就是基于感觉器官的机能。婴幼儿最先通过自己的感觉器官从环境中吸收必需的东西，通过所吸收的东西促进指挥各器官运作的人脑中枢及联结中枢与各器官的神经逐渐发达，完成"肉体化过程"，从而使得婴幼儿的精神得到发展，身体也开始随着意志而运动。因此，蒙台梭利非常重视儿童的感觉训练，她指出智力的培养首先要靠感觉，只有依靠感觉收集分辨事实，才能产生初步的智力活动。今天所流行的儿童感觉统合训练就是传承了蒙台梭利的思想。

（二）口头语言机能

关键时期是 1 ~ 2、3 岁。幼儿真正能理解并说出单词是在 1 岁左右，1 岁之前为语言准备期，1 岁之后为语言发展期。这个时期婴幼儿必须形成口头语言的机能，学会理解别人的语言及自己用语言表达思想。这个机能的获得对个体具有重要的意义，它的形成，使个体可以将人类千百万年积累下来的经验内化为个体的经验，实现从生物意义上的人向社会意义的人的过渡。事实上，尽管语言是一个非常复杂的规则系统，所有生理发育正常的幼儿都能够在出生之后的几年之内未经任何正式训练而获得听、说母语的能力，其发展速度是其他复杂的心理过程和心理特征难以比拟的。

（三）书面语言机能

关键期应该是 3 ~ 6、7 岁。这个时期婴幼儿应该形成书面语言的接收机能，即认字与书面阅读。这项机能的获得对个体的发展也有重大的工具性意义，它可以使婴幼儿摆脱周围狭小的交往圈子的限制，直接进入与整个人类交往的广阔天地。

（四）逻辑运算机能

其发展关键期可能在 0 ~ 6、7 岁之间。2 岁之前，幼儿主要依靠感知动作适应外部世界，构筑动作格式，将思维与动作紧密相联。这一时期形成了客体永久性的重要概念，为今后思维活动的发展奠定了基础。而到了 2 ~ 7 岁之间，由于符号功能和象征功能的出现，幼儿的思维从具体动作中摆脱出来，形成了表象思维和直观形象思维。等到 7 岁以后，幼儿形成守恒概念的时候，标志着幼儿抽象思维的开始形成。

概括地说，就逻辑运算机能来讲，婴幼儿形成随意动作之后，在主客体相互作用过程中逐步形成具有逻辑意义的智慧动作，智慧动作内化为思维操作后，随着主客体的相互作用，其内部的逻辑运算不断形成与发展起来，经历以动作思维为主，到以形象思维为主，最后进入抽象思维为主的过程。思维机能的获得对个体的发展有重要的突破性意义。

二、学习双机制理论关于个体心理机能形成一般过程的观点

在总结心理学界关于个体心理机能形成的理论与实验研究结果的基础上，学习双机制理论提出，个体心理机能（或心理机能）的形成，是个体（婴幼儿）在机能形成的关键期，通过与载体相互作用，才能形成机能。因此，婴幼儿心理机能的形成需要三个基本的条件，即关键期、机能载体和相互作用。

（一）关键期

关键期指个体发展过程中环境影响能起最大作用的时期。关键期中，在适宜的环境影响下，个体行为的习得特别容易，发展特别迅速。心理发展是否有关键期，最早起源于动物心理学家劳伦兹对动物印刻行为的研究。大量的事实及研究证明，生物体在某种行为形成中确实存在着关键期。伦内伯格（Lenneberg）在 1967 年最早提出了语言习得关键期的概念，认为在语言习得过程中存在着一段时间，由于生理因素的作用，语言习得最为容易，而过了这段时间，语言习得能力就受到一定程度的限制。自伦内伯格之后，许多研究者也通过研究证明了语言习得确实存在着关键期问题。

综合前人的研究及对关键期的认识，我们提出了一个更加丰富的定义，即所谓关键期是指有机体在成长过程中有些机能有一个特殊的形成时期，在这个特殊阶段，这方面机能的获得特别敏感，一旦有适宜的刺激或训练，该机能就会很容易形成。而如果在这个时期个体未能获得适宜的刺激或训练，这方面的机能就无法再形成或要耗费几倍甚至几十倍的努力才能形成。

国内外关于关键期的研究证据主要来自于脑损伤与语言恢复关系的研究、语

言环境受到剥夺的儿童语言行为的研究以及第二语言习得的研究等方面，综合分析这些研究证据，我们认为，人类个体不同的机能的关键期表现出不同的特点，依据这些不同的特点，我们把关键期分为潜能闪现期、机能敏感期和机能特效期三种表现。

1. 潜能闪现

有的机能的关键期，表现出"潜能闪现"的特点。在这个关键期，如果得不到及时的适宜刺激或训练，这种机能就会永久地消失，往后无论任何补救也无法恢复或无法恢复到正常水平，这类机能称为"潜能"，具有这种特点的关键期，我们称为"潜能闪现期"。它具有不可弥补性。比如说人类游泳的潜能，小猫横竖线条的知觉关键期，狼孩口头语言形成的困难，以及广东人对普通话中前鼻音与后鼻音发音不准等都是潜能闪现期存在的例子。

2. 机能敏感

有的机能的关键期，表现出"机能敏感"的特点。在这个时期，该机能的获得会相当容易，效果特别好，如果过了这个时期，获得这种机能的难度就会加大，需要花费多得多的努力，也就是说，这种机能过了这个时期后还可以获得，但需要付出更多的努力。这种机能的发展具有不等速性，这种关键期称为"机能敏感期"。在机能敏感期进行教育训练，就会事半功倍。因此注意婴幼儿发展过程中的机能敏感期，不失时机地给予相应的教育，这也是早期教育的重大任务。

3. 机能特效

有的机能在个体发展某个时期获得，对其后来该机能的发展有特别的意义，这种关键期就表现出"机能特效"的特点。个体有不少机能在婴幼儿时期也可以获得，从表面效果来说是没有什么差异的。实际上这些机能应该在婴幼儿期形成，如果按时或者提早形成，则对该机能或者对其他机能的发展有特别重要的意义；反之，如果推后形成，则对其整个发展有消极影响。也就是说，这类机能在婴幼儿时期获得最有意义。

随着对脑的研究与技术的不断发展，人们进一步对婴幼儿的关键期与脑发育的关系进行探讨，已经有较充分的研究证据表明，关键期的原因是人脑发育的规律，婴幼儿的关键期主要原因在于大脑的发育，是大脑皮层不同功能区域的发育期所引起。这样现有的科学研究证据已基本可以揭示关键期的脑机制。

大脑皮层有不同的区域，不同的区域分工不同，主管不同各种机能。例如，大致来看，视觉区域在枕叶，听觉在颞叶，运动在中央前回，语言听觉在颞叶上方靠近枕叶处，书面语言区（语言视觉区）在顶叶与枕叶交界。

脑的不同部位发育的时间不一样，当主管某种机能皮层区域的脑细胞进入发育阶段，个体对这种机能就特别敏感，这就是该机能形成的关键期，在这个时期，如果有相应的刺激或训练，则该区域的脑细胞就会正常发育，形成相应的机能；否则这部分区域的脑细胞可能会萎缩，而萎缩到一定程度后，再有刺激，也不能再发育起来，以后，个体可能就无法再形成这种机能。如小鸡的眼睛缝合实验，这就意味着相应的机能以后不能再获得或者不能再达到正常水平，这就表现为"潜能闪现"。

也有可能的情况是，当关键期过去之后，虽然相应区域的细胞已经萎缩，但如果再有适宜的刺激或训练时，已经萎缩的区域虽然不能再发育起来，但别的区域的细胞可以代管这个萎缩了的区域的功能，补偿了这个萎缩区域细胞的作用，所以，相应的机能还是可以形成，但效率要低，这就是"机能敏感"的脑机制。

也有可能的情况是，当关键期过去相应区域的细胞已经萎缩，而由别的区域可以代管这个萎缩了的区域的功能，虽然在一定程度补偿了这个萎缩区域的作用，但是，这种建立在代偿区域之上的相应的机能，始终达不到建立在本源性区域的机能所应有的高度，这就是"机能特效"的脑机制。

（二）机能载体

载体这一概念最先来源于科技领域，《现代汉语词典》中对"载体"的解释有两个，一是科学技术上指某些能传递能量或运载其他物质的物质，二是承载知识或者信息的物质形体。所谓机能载体是指，以物理形式或者符号形式承载心理机能信息的客体，可以让个体与其发生相互作用而形成其所蕴含的机能。例如，感知竖线机能，就蕴含在具有竖线的各种物体及图画中。人类个体到了形成辨认竖线条的关键期，如果在这个时机给个体提供有竖线条的物体或图画（载体）的视觉刺激，让个体与载体相互作用，就会使个体形成辨认竖线条的机能。从总体来看，感知觉机能的载体是各种自然环境与人化环境中的物理刺激物，运动机能的载体是人类主要的随意运动的动作模式，口头语言机能的载体是人类的口头语言；书面语言机能的载体是文字与文章，逻辑思维机能的载体是智慧动作、概念等运算性知识。

机能载体可以是实物形式的客体（以及它们的图片），包括自然物体、人造物体、工具等；也可以是符号形式的客体，主要指语言与用语言记载的各种知识信息。

同一种心理机能，可能有多种载体。例如，对红颜色的感知觉机能，凡是红颜色的物理体都是其载体。而同一个客体，可能蕴含多种机能。例如，一部黑色的手提电脑，既是黑颜色的机能载体，又是横竖线条的机能载体，同时也是长方形的机能载体；更重要的是，作为人类智力活动的结果，这个手提电脑的设计就包含了复杂的智慧活动，因此，它也是复杂的智慧活动的载体。

由此可见，载体对心理机能蕴含方式有两种，一种是显性的、直接的蕴含，机能信息就承载在客体的物理属性之中。例如，上面所说的那台黑色手提电脑，作为黑颜色的机能载体，机能信息就直接蕴含在它的表面颜色之中。第二种蕴含方式是隐性的、间接的，载体是以静态产品的形式蕴含了形成该产品的复杂的智力活动过程。也以这台黑色手提电脑为例，它蕴含了复杂的智慧活动信息，但是，这种智慧活动信息是隐性地蕴含在静态的成品中，并不能通过感官直接反映出来。

（三）相互作用

个体机能形成，除了具备相应的载体之外，还要有恰当的相互作用方式。如果在关键期内提供了载体，但主体没有和载体发生相互作用，是不可能形成机能的；进一步，如果个体与载体发生了相互作用，但是，其方式不恰当，那么，就会影响机能形成的效果，甚至导致机能无法形成。

总的来说，婴幼儿基本机能的形成，是主体在该机能形成的关键时期与该机能的载体进行相互作用而实现的。

三、学习双机制理论对个体心理机能形成的各派理论的整合

前面阐述了学习双机制理论关于个体心理机能形成的一般过程与基本条件的观点。然而，对个体心理机能形成的一般过程的观点，并没有解决这个过程到底是"经验直接形成"还是"外部活动内化"这个经验论与外部活动内化论的根本性的争论问题。

从上一节的对各派心理机能发生理论的观点的阐述中可以看到，无论是皮亚杰，还是苏联的维、列、鲁学派，他们在批评心理机能形成的经验论的时候，最充分且最有力的根据是，经验论无法解释个体思维或运算这类高级心理机能的形成，因为，主客体交互作用过程，对客体的知觉是无法引申出思维或运算的模式的，直接从主体与客体两个方面的交互作用来解释高级心理机能的形成，即通过主体与客体的"二项图式"来解释思维或运算机能的形成，势必走入困境，因此，必须要在"主体"、"客体"增加"活动"为中介，通过外部活动的内化，才能真正解释个体思维或运算机能的发生。尽管他们对经验论的批评是言之成理持之有据的，但是，它们只是正确批评了经验论对个体思维或运算机能形成的解释，然而，个体心理机能除了思维运算这些高级的心理机能之外，还有感知运动

机能等基本的机能，对客体的知觉固然引申不出思维与运算的模式，但是，对客体的知觉显然是可以形成知觉的模式的。也就是说，经验论关于个体心理机能的观点固然无法说明高级心理机能的形成过程，但是能够说明感知运动这类基本机能的形成过程；而皮亚杰的发生认识论与苏联维、列、鲁学派的理论关于外部活动内化的观点，并不适合解释感知运动这类基本心理机能的形成。也就是说，经验论用适合基本机能形成的解释不合理地推广到高级心理机能的形成，而皮亚杰的理论，维、列、鲁学派的理论最大的贡献就是合理地解释了高级心理机能形成，但是，这种外部活动内化的模式，其实是不适合解释感知觉等基本心理机能的形成过程的。将这两大派理论的合理因素结合起来进行整合，就有可能为科学地解释个体心理机能的形成提供一条新的思路。这就是学习双机制理论关于个体心理机能形成的基本观点的缘起。

根据学习双机制理论的核心观点，个体的学习分为联结性学习与运算性学习，与此相应，个体的心理机能即心理机能也分为联结性心理机能与运算性心理机能。我们认为，联结性心理机能的形成与运算性心理机能的形成，虽然都是需要在关键期中，由主体与机能载体交互作用从而形成相应的机能，但是由于这两种机能性质不同，因此，它们形成的条件、过程有本质的差异。作为联结性机能，可以由主体直接作用客体就可以实现，符合经验论的"二项图式"的观点；而高级的运算性机能的实现，则需要主体在社会传递下从外部进行机能载体蕴含的智慧活动，然后内化为个体的心理机能，符合皮亚杰与苏联维列鲁学派提出的"三项图式"。

（一）个体联结性心理机能的形成过程

联结性机能，是知觉水平的机能。联结性机能的载体主要是实物形式的客体，机能载体是以显性的方式蕴含着相应的机能，因此，联结性机能的形成，是一种直接的过程，只需要在关键期中，由个体直接接触机能载体，就可以形成相应的机能，可见，联结性机能的形成，符合经验论的"二项图式"。

尽管从总体上联结性机能的形成是以主体与客体直接相互作用的方式实现，但是，不同的联结性机能的形成对个体与载体相互作用方式的具体要求不同。例如，感知觉机能的形成，只需要在关键期提供了相应的载体，对婴幼儿的感官发生刺激作用，就可以使相应的机能形成。这种相互作用虽然简单，但也需要讲究方式。而运动机能的形成，其载体是人类主要动作模式（如直立行走等），要求在关键期中按照这种动作模式给予婴幼儿相应的动作训练，则可以形成相应的动作机能，这里，也必须讲究对婴幼儿动作训练的方式。而口头语言机能的形成，书面语言机能的形成，则更要讲究相互作用的方式。

（二）个体运算性心理机能的形成过程

运算性机能，是思维水平的机能，是人类千百万年形成的复杂的智力活动，是一种客体化的社会机能，机能载体既有实物形式的客体，特别是人造物客体，更有符号形式的客体；客体以隐性方式隐含着人类复杂的智能活动，因此，运算性机能的形成，是个体将人类千百年形成的社会机能内化为自己的内部机能的过程，是一个由外部活动不断内化的过程。外部活动包括外部实物活动（基本属于广义的实践范畴）与外部符号操作活动，而前者又是后者的基础。个体在身心发展的基础上，在社会传递下在外部对客体或符号化的客体进行新的操作活动，在解决主客体矛盾的过程中，这种新的外部活动方式与主体原有的图式实现协调、整合，从而内化为新的心理活动方式。这就是个体的运算性心理机能的获得过程。据此，运算性机能形成必须有两个基本条件：

第一个基本条件是必须以外部活动为中介，通过外部活动内化而实现。机能载体是以隐性形式蕴含了智能活动，这些蕴含的活动不是直接通过载体的物理属性体现出来，因此，不可能由个体直接通过与机能载体的物理属性交互作用就可以完成，个体要实现机能载体所蕴含的智能活动，就需要将机能载体所蕴含的人类活动"转译"出来，让个体在外部进行这个活动，然后将这个外部活动内化成为主体的内部活动，实现这个运算性机能。因此，运算性机能的形成，是一种外部活动内化的间接过程，符合机能形成的外部活动理论提出的"三项图式"，即"主体、客体、活动"三项图式。

第二个基本条件是社会传递。由于机能载体蕴含的智能活动，是人类千百万年形成的智能活动，是一种社会机能，它不可能由个体自发引发，而需要社会成员的"转译"，因此，这种外部活动的内化，必须有社会传递才能实现。

四、促进婴幼儿机能发展研究的基本思路

针对婴幼儿心理机能发展的三个基本条件，我们提出了促进婴幼儿心理机能形成的基本思路是：第一，研究机能形成的关键期，即要探讨关键期及提出关键期理论；第二，研究各种机能的载体问题，提出各种机能的最佳载体及提出载体理论；第三，研究各种机能形成过程的个体与载体相互作用的方式，提出婴幼儿学习理论。

（一）探讨各种机能形成的关键期

婴幼儿期是儿童心理发展的关键时期，这是学术研究领域达成的共识。那

41

么，对于具体的婴幼儿的认知机能来说，其形成的关键期到底是哪个阶段？目前，学术界还没有一个清晰的、科学的认识，有些研究者只是说，幼儿的各种机能越早形成越好，有些研究者也只是根据经验提出一些机能的大致关键期，但总体上还是比较粗略的，一般是大的机能对较长的时间段，例如，口头语言机能的关键期在 1～3 岁，感知觉机能的关键期在 0～1 岁等。这种把握过于粗略，实际上，口头语言包括许许多多小的机能，每种小机能可能对应一个比较短的时间段。例如，婴儿对各种语言声音模式的辨别机能的关键期就是在出生后几个月，如果过了这个关键期，到了出生第一年末，除了母语的辨音模式由于有相应的刺激而保留下来之外，其他语言的辨音模式就由于在关键期中得不到相应的刺激而消退。因此，到目前为止，我们基本还谈不上对关键期有这种精确的把握，那么，探讨各种机能的关键期，对于开发人类潜能，提高人类素质有极其重大的意义。

（二）探讨婴幼儿各种机能形成的最佳载体

同样，我们对于各种机能的载体的把握还只是初步的，如感知机能的载体是人化环境的各种物理刺激，运动机能的载体是各种随意运动；口头语言机能的载体是人类的口头语言；等等。这种对载体定义的范围太大，同属某种载体的事物，有的对于相应机能的形成非常有利，有的可能效果较差，例如，以口头语言机能为例，其载体固然是母语的口头语言，但是，同属口头语言范围，可以有娃娃语言，日常语言，也可以有规范表达的语言，甚至可以有文言文式的语言表达，到底用哪类口头语言为载体与婴幼儿相互作用才更有效地使他们形成口头语言机能，这其实也是非常重要的。可以说，我们目前对机能的有效载体的认识才刚刚起步，这个领域亟须进一步研究。

（三）探讨各种机能形成过程的个体与载体相互作用的有效方式

机能形成过程需要个体与载体相互作用，机能不同、载体不同，这种相互作用的模式也就不同，要一个个地进行研究。以口头语言机能形成为例，在引导婴幼儿与口头语言的载体（母语口头语言）相互作用时，是采用交流形式还是输入式或者是模仿式，是采用反馈纠正方式还是顺其自然方式；又如，在书面语言机能形成方面，到底是以利用环境潜移默化让婴幼儿无意识地与书面符号相互作用，还是让婴幼儿通过兴趣学习接受书面语言；如此等等。这个相互作用方式的研究，也是极为重要的。

第三章

基于学习双机制理论的书面
语言机能培养研究

根据学习双机制理论关于个体心理机能获得的理论构想，第三、第四章分别阐述个体联结性心理机能获得的培养与个体运算性心理机能获得的培养的实验研究。第三章主要阐述婴幼儿书面语言机能培养的系列实验研究，从而验证学习双机制理论关于联结性心理机能获得的基本观点。本章首先阐述个体形成作为联结性学习机能的书面语言机能的意义，然后阐述基于学习双机制理论确定的婴幼儿书面语言培养的思路与实验方案，最后重点阐述了婴幼儿书面语言培养的实验结果和启示。本系列实验研究结果表明，个体书面语言这个联结性机能，是由婴幼儿个体在关键期通过适合其心理发展特点的方式直接与载体相互作用而形成，符合经验论关于个体机能形成的"主体—客体"二项图式，验证了学习双机制理论关于个体联结性机能形成的理论构想。

第一节　学习双机制理论关于个体书面语言机能形成的构想

婴幼儿书面语言机能的形成，应该包括认字阅读与书写写作两个方面，认字阅读是语言信息的获取，书写写作是表达。由于婴幼儿时期手指的肌肉尚未发育成熟，注意集中程度也不高，因此书写写作可以到小学以后再学习。因此，我们谈到的婴幼儿书面语言的学习，指的是认字阅读的学习。

43

长期以来，人们对婴幼儿是否应该学习认字阅读这个问题的看法，有很大的分歧。多数人认为，儿童应该在6、7岁进小学以后才开始认字阅读，提前认字阅读必然进行机械识记和书写训练，这会影响婴幼儿的口语习得；不少人认为，认字阅读是学习知识，婴幼儿应该注重素质发展和能力形成，而不应该过早就要他们学习这些知识；还有人认为，认字阅读难度很大，这么早就让婴幼儿学习这样难的知识，不符合婴幼儿心理发展的特点和规律。正因为如此，在我国，婴幼儿书面语言的掌握，一般都在小学入学后才开始，这其实是不恰当的。实际上，个体的书面语言机能从本质来看主要是联结性心理机能，根据学习双机制理论的基本构想，这种联结性机能，是在机能形成的关键期由个体与机能载体（即文字、文本）直接接触，进行直接的交互作用，就可以形成。因此，书面语言机能完全可以也应该在婴幼儿阶段发展形成，婴幼儿书面语言机能的发展培养，不仅是必要的，而且是可能的。

一、学习双机制理论关于个体书面语言机能形成的基本观点

语言机能是人类最重要的机能之一，因此，个体语言机能的形成，是个体心理机能形成的最重要的组成部分。学习双机制理论认为，语言机能包括口头语言机能与书面语言机能，从本质来看，主要涉及辨别与联结过程，因此是联结性机能，它的形成应该符合联结性机能形成的规律。

（一）个体获得书面语言是机能的形成

认字阅读学习是知识的掌握还是机能的形成？对于这个问题，以往一直没有明确的认识，人们一直认为，认字阅读是知识学习，不宜在婴幼儿阶段开始学习，婴幼儿应该培养口头语言的能力，而书面语言应该到小学才开始学习，因为学前婴幼儿还不具备学习书面语言的身心能力，他们的辨别力还不高，无法辨别与记住复杂的字形。我们认为，这种看法是不正确的，首先需要明确，语言机能是人类个体最重要的机能之一，语言包括口头语言与书面语言，没有人会否认口头语言是人的重要机能，没有人会认为学讲话是学习知识；同样，书面语言也是人的重要机能，个体认字阅读不是学习知识，而是形成心理机能。

我们认为，书面语言是人的心理机能，主要依据有以下两方面：

首先，从口头语言与书面语言的加工方式来看，书面语言与口头语言的加工方式基本相同。人们通俗地将语言加工过程表述为"听、说、读、写"，其中"听、说"是口头语言，"读、写"是书面语言。没有人否认口头语言的获得是

机能的形成，让我们具体分析口头语言与书面语言的加工过程：先来看口头语言的加工过程，个体"听到"一句话，首先听到各个词的声音，分辨出每个词的语音模式，然后通达语义，每个词的语义连贯起来，就听懂了这句话。再看书面语言的加工过程，个体"阅读"（看到）一个句子，首先辨别出各个词，然后通达语义；每个词的语义连贯起来，就读懂了这句话。由此可见，口头语言的理解过程（即"听"的过程）与书面语言的理解过程（即"读"的过程），除了加工通道不同之外，其他过程基本相同。同样，作为表达过程，口头语言的"说"的加工过程与书面语言的"写"的加工过程，除了行为输出通道不同之外，其他过程也大致相同。书面语言的"认字"是对符号模式的辨别，固然需要通过学习，然而口头语言的"辨音"即分辨出词的语音模式，同样是学习的结果。由于书面语言与口头语言加工过程基本相同，因此，将口头语言的获得作为机能形成，而将书面语言的获得作为知识学习，显然是不合理的。

其次，从脑的机能定位来看，书面语言与口头语言都有特定的脑区作为功能区。人类大脑皮层有专门的口头语言功能区域，维尔尼克区是语言听觉的专门区域，布洛卡区主要是口头语言表达区域；同样，人类大脑皮层也有专门的书面语言功能区域。维尔尼克区与角回作为书面语言的功能区，专门识别语言符号，与视觉识别其他物体或非语言的其他符号的脑区相分离；专门主管语言的书写，与主管其他动作运动的运动区相分离。书面语言在大脑皮层有特定功能区，充分表明了书面语言是人类的一项机能，而不是一种知识。

（二）个体书面语言机能是联结性机能

学习双机制理论认为，人的学习有两种机制，一种是联结性机制，另一种是运算性机制。联结性学习机制是指个体将同时出现在工作记忆中的若干客体的激活点联系起来而获得经验的机能；运算性学习机制指有机体进行复杂的认知操作而获得经验的机能。个体运用不同的学习机制去获得经验，则形成不同的学习。

语言的获得是指学会在语义层面上理解语言符号，并能进行表达。据此，书面语言与口头语言一样，其获得过程主要是联结性学习。

首先，书面语言的"认字"与口头语言的"语音识别"从广义来说都是属于联结性学习的"模式识别"范畴。模式识别作为一种联结学习，其心理过程就是将当前要识别的客体的各部分特征在工作记忆中联结起来为一个整体，存到长时记忆中去，以后再遇到该客体时就能将它识别出来。从心理进行过程来看，对物理体（即实物）的模式识别，对语音的模式识别与对符号（汉字等）的模式识别的性质基本是相同的，在进程与难易程度上是没有很大的差异的，婴幼儿学习辨认某物体是"茶杯"与辨认出某符号是"杯"字，其心理过程基本是一

45

样的。

其次，书面语言中对句子或语篇的阅读与口头语言中倾听一句话或几句话，都是将看到的或听到的"词"连贯起来，理解每个句子或每句话所要表达的语义，然后将几个句子或几句话连贯起来，理解语篇或几句话所要表达的意义。显然，这个过程就是一个联结的过程，与联结性学习的"条件反射与连锁学习"的过程是基本一致的。

因此可以认为，书面语言机能获得过程是联结性学习，书面语言机能实质上就是联结性机能。

（三）书面语言机能早期形成对个体发展有重要意义

我们认为，婴幼儿书面语言机能的早期形成，对其下一步的发展具有三方面重要的意义。

1. 婴幼儿早期进行认字阅读，有利于促进下一步的学习

首先，婴幼儿早期进行认字阅读，有利于他们下一步学习。根据心理学的研究，儿童6、7岁时思维发展的程度应能阅读一定篇幅的内容较浅的文章或故事，这种阅读是非常必要的，一方面可以让儿童通过阅读扩大知识面；另一方面儿童经过一定量的阅读就可以过渡到写作。然而，按照原来的基础教育的设计，一年级才开始识字，到了二年级也无法阅读，写作也跟着后移，这样，这方面学习的最佳期至少延误了两年，显然是基础不够优化。因此，我们认为，认字放在学前阶段进行，使他们入学前认识1 000个左右的常用字，能阅读一般的儿童读物。这样，儿童进入小学一年级后，由于书面阅读前移了，及时给予学生规范的书面语言及文章的"脚本"（即布局谋篇的心理印象），当学生二、三年级时，常用字的书写基本掌握后，便可以开始写作了，这样便能保证不延误学生这方面学习的最佳时机。汉字记载着中华民族光辉灿烂的文化，传递着包括想象在内的无边无际的信息。婴幼儿通过掌握一定数量的汉字，就可以尽早地获得打开知识宝库的钥匙，可以自由自在地进入知识宫殿，在那里可以尽情地涉猎吸取知识营养，从而可以打破成人教什么才能学什么的被动局面，增多了获得知识的渠道。随着知识源源不断地进入婴幼儿的大脑，为他们的智力发展打下了坚实的基础。可见，婴幼儿认字能直接作为其下一步学习的基础，因此有重要的信息意义。

2. 婴幼儿早期进行认字阅读，有利于促进其多方面智能的发展

婴幼儿早期进行认字阅读，有利于促进他们多方面智力的发展。在婴幼儿时期教儿童认字阅读，可以促进他们的注意力、观察力、记忆力、想象力和思维能力的发展。首先，认字可以充分利用儿童的无意注意，及早地锻炼有意注意。一些研究表明，六岁以前的儿童比六岁以后的儿童更容易产生认字阅读的兴趣，更容易对文字符号产生敏感和偏好，这些经过早期认字训练的儿童不仅能认识许多常用字，而且有意注意的时间也比那些没有经过认字训练的儿童要长，他们大都能安静专注地阅读较长的时间，形成稳定持久的注意力。其次，认字可以使婴幼儿学会比较和辨别。婴幼儿学认字不是按照汉字的结构和笔画来学习的，而是把汉字作为一个整体来认识的，之后才逐渐地学会观察分析汉字字形结构的。这样一个认识过程在无形之中就会使他们的比较和辨别能力得到训练和培养，再加上汉字中有不少字形极为相似的字，观察稍不仔细就会认错，因此，婴幼儿要学会这些汉字，就必须认真观察、比较、辨别，从而锻炼他们对细微差异的观察力。再其次，认字可以充分利用儿童的无意记忆，及早地锻炼有意记忆。一个人的记忆力不是天生的，而是在各种游戏、学习和工作中发展起来的。婴幼儿学习认字的过程中要掌握汉字音、形、义，就需要发挥记忆力的作用，因此，婴幼儿认字无疑是对记忆力的发展的一种极好的磨炼。最后，认字还可以发展儿童的想象力和思维能力。汉字是象形文字，不少的字像实物的画像，加上文字符号都有实际代表意义，因此，学习文字符号必须有想象力的参与，必然会带动想象力的发展。另外，根据阅读内容进行简单的推理判断，或根据偏旁部首和结构猜测其读音和字义等，都可以对思维进行锻炼。个体掌握的字词越多，他的思维精密程度往往就越高。

3. 婴幼儿早期进行认字阅读，有利于促进其书面语言脑区的发育

前面已谈到，个体书面语言在大脑皮层有专门的功能脑区，语言视觉区是XXXXXX区，语言运动区是XXXXXXX区。学术界认为，人的大脑遵循着"用进废退"的原则，根据这个原则，大脑皮层各个机能区域的发育，会受到该区域是否运作或运作的程度的影响。人类个体的发展过程中，各个主要的机能区域在婴幼儿时期就开始启动并进入运作状态，从而会使主管这些机能的皮层区域得到正常地发育发展。然而，按照过去的做法，个体要进小学后才开始认字阅读，也就是说，他们的书面阅读皮层区域要到6、7岁才开始启动，这样可能会影响了个体大脑皮层书面语言区域的发育程度，而如果在婴幼儿阶段就发展其书面语言，使大脑皮层书面语言区域早期就开始启动并加入运作状态，可能会促进该区域的发育与发展。

4. 婴幼儿早期进行认字阅读，有利于促进个性的发展

婴幼儿在早期认字阅读活动中，有机会接触大量的图书、报纸以及多媒体的文字资料，在认字阅读过程中，会被图文并茂、生动形象的故事所吸引，从而产生愉悦的情感，并能与家长、老师、同伴一起分享这种快乐。因此，认字阅读活动可以培养幼儿对书籍热爱的情感态度。通过家长、老师的帮助，幼儿还可以进一步学会爱护图书、音像资料，逐步形成良好的阅读习惯。

47

同时，婴幼儿早期认字阅读可以培养儿童学习兴趣，形成爱读书、好学习的习惯以及崇尚知识的情操；可以增强他们的自信心与自我效能感；同时，婴幼儿早期认字阅读有利于他们从小培养起自学能力和自学习惯。因此，婴幼儿早期认字阅读可以促进其良好个性的形成。

（四）婴幼儿书面语言机能早期培养具备可能性

学习双机制理论认为，根据书面语言机能的性质与个体身心发展的特点，个体在婴幼儿时期形成书面语言机能是完全可能的。

1. 婴幼儿时期是书面语言机能习得发展的关键期

口头语言机能发展的关键期在婴幼儿阶段，具体来说是在 1～3 岁阶段，在这个时期，个体非常容易地学会口头语言，口头语言机能得到正常发展。然而，如果误了这个关键期，以后再有良好的教育，也无法达到正常水平。这一点已成为人们的共识。但是，婴幼儿期是否是以认字阅读为基础的书面语言机能习得的关键期，目前对这一问题的看法还不是很统一。根据心理学的原理与长期的教育实验，我们认为，婴幼儿期也是认字阅读书面语言机能形成的关键期，根据如下：

首先，从婴幼儿时期主要的学习活动来看，婴幼儿主要的学习活动是模式辨别活动，而认字实际上是模式辨别的一种；同时，婴幼儿时期对口头语言理解也是其重要的认知活动，对于书面阅读来说，只是将视觉符号转为语音信号，然后进行理解，因此，书面阅读实际上与理解口头语言的认知过程基本相同。由此可见，婴幼儿认字阅读活动从性质来看是属于以模式识别为基础的语言理解活动，而模式识别与语言理解活动关键期都在婴幼儿阶段，因此，婴幼儿的认字阅读的关键期也应该在婴幼儿阶段。

其次，从婴幼儿脑的发育来看，从出生到 6、7 岁，婴幼儿的脑重已经达到了成人的 90% 以上，大脑皮层逐步发育完善。在这个阶段，个体各种认知活动都全面开展，各种机能在大脑皮层的相应区域都已经启动并得到重要的发展。因此，书面语言这个特殊脑区的发育应该达到了启用的程度。

最后，从我们以往个案研究的结果来看，婴幼儿阶段掌握书面语言，充分表现出关键期的"机能敏感"的特点。在以往若干个案研究中发现，婴幼儿学习认字阅读，表现出以下几个特点：（1）对汉字感兴趣，一旦开始学了一部分字之后，只要一见到认识的字就读，遇到不认识的字就问，这个现象，应该是机能关键期发生自然冲动的表现。（2）学得快，记得牢，大量的汉字可以在日常生活中不知不觉地学会。

2. 婴幼儿具备了学习书面语言的基本机能

如前所述，从心理机制来看，认字阅读所进行的加工过程是辨别与联结，这是联结性学习的基本机能，婴幼儿已具备了这些基本机能。

书面语言的掌握，首先要能够"认字"。学习双机制理论认为，婴幼儿主要进行的联结性学习就是模式辨别。他们为了对刺激做出适当的反应，首先就必须识别出该刺激，因此，从某种意义上说，模式识别是婴幼儿首要的、基本的认识活动。而"认字"从本质来看是一种对书面语言符号的模式识别活动，从心理进行过程来看，对物理体（即实物）的模式识别与对符号（汉字等）的模式识别的信息加工活动是基本相同的，婴幼儿学习辨认某物体是"茶杯"与辨认出某符号是"杯"字，都是模式识别的活动。因此，婴幼儿的认字是一种模式识别的活动，与他们无时无刻在进行的对实物的模式识别活动基本上是一致的，他们完全具备了进行这种活动的能力。

在"认字"的基础上，个体需要将各个字词组合连贯起来，获得句子的意义，并进一步获得语篇的意义，这种加工活动，从本质上与加涅提出的"连锁学习"与"语言联结"基本相同，是形成若干语词的联结的活动。这种联结活动的机能，乳儿出生几天后就可以逐步形成。

由此可见，婴幼儿时期已经具备了进行认字阅读的能力，完全可以进行书面语言的学习。

二、学习双机制理论关于婴幼儿书面语言机能培养的思路

根据学习双机制理论关于个体心理机能形成过程的理论观点，书面语言机能是人类个体最重要的联结性机能，作为个体的联结性心理机能，它的形成过程都是在该机能发展的关键期，由个体直接接触机能载体，与机能载体进行直接的交互作用而实现的。据此，我们通过对个体学习认字和阅读过程的详细分析，提出了婴幼儿书面语言机能形成发展的基本思路。

（一）抓住最佳时机

婴幼儿机能发展的首要条件就是要抓住最佳时机，这一最佳时机就是关键期。我们认为，书面语言发展的关键期大致在 3～6、7 岁，因此，应该在这个年龄段引导婴幼儿掌握书面语言。但是，在 3～6、7 岁之间这一时间段过于笼统，并且，我们认为，要保证婴幼儿书面语言机能的形成真正充分利用形成的关键期，在关键期之前半年左右就应该启动认字阅读的训练。因此，我们首先要科学地确定具体哪一段是个体书面语言机能形成的最敏感阶段，或称"关键期"，然后才能进行婴幼儿书面语言机能形成的训练。

（二）确定最佳载体

婴幼儿机能形成的另外一个重要条件是机能载体。那么，什么是婴幼儿书面语言机能发展培养的最佳载体？我们认为：第一，不应该为认字而认字，认字是为了阅读，为了通过书面语言走向人类世界。因此，尽可能将认字与阅读结合起来，认字伴随着阅读进行。第二，汉字主要是 3 000 左右的常用字，而阅读材料应采用多级阅读材料，从故事图书、插图故事、童话与故事书、婴幼儿科普文章，到报纸消息报道、小说、古典白话文，等等，引导婴幼儿逐级上升，让他们尽早脱离口语成分较多的阅读材料，阅读规范语言表达的材料。第三，除了书本媒体之外，充分利用电脑多媒体软件，更好地体现认字伴随着阅读进行这个思路。

（三）采用合适的相互作用形式

婴幼儿与书面语言载体最合适的相互作用方式，对于婴幼儿书面语言机能的发展培养也是非常重要的。前面多次谈到，个体的认字阅读书面语言机能主要是联结性心理机能，根据学习双机制理论的观点，联结性机能的形成，只需要个体在关键期直接与机能载体相互作用就可以获得；但是，对于不同的联结性机能，其直接相互作用的方式是不相同的。书面语言机能虽然也是让婴幼儿直接接触文字、文本的书面材料的相互作用过程中形成，但是需要较多的时间维持这种交互作用的进行，并且由于书面语言的机能载体是语言符号，与婴幼儿日常生活接触的实物载体不同，它不能以其物理属性引发婴幼儿的注意与兴趣，因此，必须解决如何在不增加婴幼儿心理负担的情况下维持他们与这种符号载体经常性的直接相互作用的问题，也就是如何解决婴幼儿书面语言学习的心理承受力问题。

婴幼儿的学习，不仅要考虑他们是否具备进行这种学习的相应的认知能力，还有一个重要的问题是他们是否具备进行这种学习的心理承受力。我们知道，有意的学习是需要消耗脑力能量的，如果通过意志来控制自己进行学习，则消耗的脑能量更大，婴幼儿心理承受力还是非常脆弱的，他们无法承受经常性的有意学习，更不可能用意志控制自己学习。虽然婴幼儿对实物的模式辨别过程与对符号的模式辨别过程的心理机制是基本相同的，但是两个过程对脑能量的消耗可能不一样。因为，他们对实物的识别通常是在经常接触实物的过程中无意地进行的，并且由于实物的生动形象，容易引起他们的兴趣，因此，其对实物的模式识别过程主要是一种不必消耗脑力的无意学习过程。而汉字作为一种抽象的书面符号，它缺乏实物那种具体形象性，其自身的特点无法吸引婴幼儿的兴趣，如果缺乏科学的理论指导，像以往那样要婴幼儿对汉字进行认字学习，那这个过程显然就会成为一种消耗脑力的有意学习过程。因此，为了使婴幼儿进行认字活动，我们必须解决如何使他们学习汉字过程成为一种不消耗脑力的学习过程，这就是我们提出的个体脑力资源科学利用的核心问题。

根据脑力资源科学利用的观点，个体在下列四种情况下进行学习，是不需要消耗或者极少消耗脑力的：

第一，无意学习。在无意学习情况下，个体的学习不须用脑力资源。实际上，婴幼儿通过这种学习方式学到了难以统计的知识，发展了潜能。通过无意学习获得的知识不仅包括一般的日常生活经验，而且，人所接受的教育内容，也有许多是通过无意学习而获得的。所谓"潜移默化"，正是说明了外界的各种影响可以通过无意学习而被学会的事实。

第二，内隐学习。内隐学习也称为伴随学习，指个体在有意识地学习某方面内容时会无意识地自动地附带地学会一些跟学习内容同时出现的但与学习内容无关的东西。例如，要求个体注意某幅图画的内容，他记住该图画的内容的同时，可能会无意识地记住该图画的页码。在内隐学习情况下，个体的学习也不须用脑力资源。

第三，自发学习。如果个体不是出自于外部的指令或强化，而是自然而然地自动地进行某些学习探索，那么，这个过程也是不用或者极少用脑力资源。

第四，兴趣学习。即使是出自外部的指令，如果能调动起个体的兴趣，在其感兴趣的情况下进行学习，也是不用或者极少用消耗脑力资源的。兴趣是人积极探究某种事物的认识倾向，当一个人对某种事物发生兴趣后，他就能积极主动地去感知有关的事物，对事物的观察变得比较敏锐，记忆力增强，想象力丰富，情绪高涨，而不会感到疲劳。

根据上述个体脑力资源利用理论，无意学习、内隐学习、自发学习与兴趣学习，是婴幼儿与书面语言的载体直接相互作用、形成书面语言机能的适宜方式。我们在发展婴幼儿书面语言的过程中，应该注重上述四种学习途径，使婴幼儿掌握书面语言的过程成为一个不消耗脑力资源的过程，可以解决婴幼儿书面语言学习的心理承受力问题。

三、婴幼儿书面语言机能培养的总体要求和基本原则

（一）婴幼儿书面语言机能培养的总体要求

教婴幼儿认字的具体方法有许多，我们认为，在婴幼儿掌握书面语言过程中，首先应该始终贯彻学得无意、学得随意、学得乐意这一总体要求。

学得无意，就是让婴幼儿在不知不觉中学会认字阅读。应有意识地创造婴幼儿学习书面语言的环境，让他们在这种环境中不知不觉地学会汉字，学会阅读。

学得随意，就是指婴幼儿对书面语言的学习要随时随地地进行，不要局限于特定的时间、特定的地点、特定的教育者和特定的材料，可以在各种时间，利用各种机会，利用各种书面语言材料，来教婴幼儿认字阅读。

学得乐意，指要让婴幼儿觉得认字是件快乐、幸福的事情，而不是一种包袱和压力。如果教育方法的不当，使孩子觉得认字是一件苦差使，他们迫于压力，硬着头皮去认字，缺乏认字的积极性，因此，虽然也能学会一些汉字，但它是以丧失学习积极性为代价的。我们认为如果在婴幼儿认字过程中不能贯彻学得乐意的原则，以丧失学习的积极性来换取认识一些汉字，还不如不教。事实上，只要运用适合婴幼儿心理发展的科学的方法，注意教他们认字的时间、地点，考虑他们当时的需要，他们一定会对认字产生浓厚的兴趣，觉得认字其乐无穷。这不仅会促进他们的认字学习，而且，由此获得的学习的兴趣会对以后的学习产生更为深远的影响。

（二）婴幼儿书面语言机能培养的基本原则

在婴幼儿掌握书面语言机能的过程中，我们认为，还必须遵循一定的原则。

第一，快乐原则。这一原则要求在教婴幼儿认字的过程中，使他们觉得认字是一件轻松愉快、其乐无穷的事情，不能给婴幼儿硬性规定每天必须学会几个字，不完成就采取批评责备等惩罚措施，结果给孩子造成了严重的心理负担和精神压力，这样做是得不偿失的。因此，首先必须坚持快乐原则，一切不能使孩子产生认字兴趣的教学方法和内容绝不采用，更不能以强迫的方式迫使孩子去认字，而应使孩子觉得在认字的过程中就是在游戏和玩耍，让他们在一种轻松愉快的气氛中，毫不费脑力的条件下自然而然地学习认字。

第二，直观性原则。这一原则是由婴幼儿的心理发展水平决定的。心理学的研究告诉我们，婴幼儿时期儿童是以具体的动作和形象来进行思维的，离开了具体的动作和事物或事物的形象，他们是不能进行任何思维的。根据婴幼儿这一心理发展特点，在认字教学过程中必须把字与具体的事物或事物的形象或具体的动作结合起来，才能达到最理想的效果。如：要教婴幼儿认"鱼"这个字，就可以把这个字与家里养的鱼、市场买来的鱼或鱼的图片等有关鱼的具体事物和形象结合起来教，能产生良好的效果。另外，如教婴幼儿认"书"这个字，可以结合各种各样具体的书或书本上画的各种各样的书；如教"跳"这个字，就可以结合跳这个具体动作或关于跳的图片来教，都能取得良好的认字的效果。而如果像成人扫盲那样干巴巴地教认字，孩子不仅不感兴趣，而且，这些字他们也是难以识记和理解的。

第三，随时性原则。这一原则是学得随意这一总体要求的具体表现。婴幼儿认字阅读应该做到随人、随事、随物、随时、随地进行，这是婴幼儿认字的一个十分重要的原则，也是一个行之有效的方法。根据这个原则，可以见什么教什么，有什么教什么，完全可以不拘于形式和内容，只要他们感兴趣就行。每见一样新鲜的事物，婴幼儿都会有强烈的兴趣，想知道是什么，可以利用他们这种兴趣，教他们学会这些字。夏天雨后有时会出现彩虹，孩子对彩虹觉得又有趣又好玩，这时教"彩虹"二字效果最好。应抓住一切认字机会进行教学，这样，孩子不仅可学会很多字，而且，在学认字的过程中也掌握了许多知识。

第四，整体输入原则。这一原则要求我们在教婴幼儿认字的时候，应该把一个字作为一个整体教给他们，而不要去分析其结构和组成部分，不要去分析其笔画。比如说，我们要告诉婴幼儿这是"桌子"，我们就说这是一张"桌子"就够了，而不用说它是由四条腿和一个桌面组成的。同样的道理，在婴幼儿认字的时候，我们只需教给他们这是什么字就行了，如教玩具的"玩"字，就不用说它是左右结构，左边是个"王"字，右边是个"元"字，"王"字是由横、横、竖、横组成，"元"字由横、横、撇、竖弯钩组成，这样反而容易把他们弄糊涂。这样做，对婴幼儿认字是没有什么益处的。

第五，非系统性原则。这一原则指的是在教婴幼儿认字的过程中，不必要像中小学学生那样进行系统的学习。婴幼儿时期的活动也不像中小学学生那样以学习活动为主，他们这时期的活动完全是游戏活动。游戏虽然是一种有目的、有系统的社会性活动，但跟学习这种有目的的、有系统的社会性活动不完全一样，学习虽然也不创造什么财富，但它却是必须完成的社会义务，带有一定的强制性。而游戏则完全是以兴趣为转移的，也没有什么义务可言。游戏的进行也没有什么系统的，对他们在游戏中实施的教育自然也没有什么系统可言了。我们这里讲的非系统性原则主要是就教育内容而言的，身边有什么就教什么，不要考虑婴幼儿能否接受，以前是否学过简单的基础知识，要教的内容是否太难等问题。

第六，非巩固性原则。这一原则指的是在教婴幼儿认字的过程中，教了某个字或某些字后，不必要在他们一定掌握这个字或这些字以后再教新字，可以不管他们是否学会了这个字，而是继续教新字。我们并不期望婴幼儿一次就能学会一个字，也不要求他们必须掌握了所学的字以后才能接着学。如果在婴幼儿认字教育中也要求巩固性，势必会人为地增加孩子的负担，孩子学得很累，认字的积极性降低，长此下去，会完全丧失认字兴趣。

第七，分步渐进原则。在指导婴幼儿认字阅读各个环节，对他们的要求都分步进行，逐渐推进。分步渐进原则第一个要求是，婴幼儿掌握汉字时，应遵循

53

"能认—能读—能用"的程序分步渐进。能认（如，回答"指指哪一个是'妈'字?"），即要求形成字形与字音的固定联系，哪怕还不会说话的婴儿也能认字；能读（如回答"这个字怎么读?"），即在能认的基础上读准字音，它依赖于说话机能的成熟；能用（如回答"用'打'字组几个词。"），它有赖于知识的扩展和理解能力的发展。尤其值得注意的是，婴幼儿书面语言机能的发展不等于认识很多的字，而更重要的是学会阅读，因此，分步渐进的第二个要求更为重要，它要求婴幼儿认识汉字时不能停留，要立即向阅读推进。由字到句，由句到篇，由短篇到长篇。因此，要强调随句认字，随篇认字。

第八，和谐发展原则。这一原则指在教婴幼儿认字的过程中，要注意促进他们在各方面全面和谐地发展。首先，应注意让他们在语言素质的诸方面得到全面和谐的发展。对于婴幼儿，虽然对写不宜提出过早的要求，但听、说、读三方面应和谐发展，这样也为进入小学阶段的写打下良好的基础。其次，应注意让他们语言能力与智力得到和谐发展。智力是观察能力、记忆能力、想象能力和思维能力这些基本认识能力的综合体，它直接影响一个人的学习及各种活动的效率。婴幼儿时期是智力迅速发展的关键期，必须把握时机有效地培养。因此，在教孩子认字阅读时，要有意识地促进他们的智力发展，引导他们仔细观察，教会他们比较、分类，启发他们思维想象，训练他们记忆的准确性、敏捷性和牢固性。最后，应注意让孩子通过书面语言广泛接触人类世界，扩展他们的知识面，因此，应指导婴幼儿通过书本、报刊与多媒体软件阅读各种故事与科学常识，掌握多方面知识，学会做人，培养科学素质，以有利于其体、智、德、美的发展相和谐。还要重视在认字教育过程中培养孩子认真、细致、好学、虚心、专注、坚持等良好心理品质。

第二节　婴幼儿书面语言培养的思路与实验方案

前面已经提出了婴幼儿书面语言机能培养的基本思路，根据这个思路，我们制定了详细的实验方案，全面探讨婴幼儿书面语言机能的培养问题，验证我们的有关设想。

一、婴幼儿书面语言机能培养研究的总目的

简单地讲，本研究的总目的是探讨婴幼儿掌握书面语言的效果、意义与规

律。这个总目标可以具体分解成三个子目标：

第一，婴幼儿书面语言掌握效果研究。主要探讨婴幼儿期是否是书面语言机能形成的最佳期，这个期间的认字阅读训练是否真正普遍有效。

第二，婴幼儿书面语言掌握过程的规律与特点研究。主要探讨婴幼儿时期形成书面语言机能的过程的特点与规律。

第三，婴幼儿期书面语言习得对后续发展的影响研究。主要探讨婴幼儿期形成认字阅读的书面语言机能之后，对其下一步心理发展的影响的研究。

二、婴幼儿书面语言机能培养研究要解决的问题

为了实现婴幼儿书面语言机能培养研究的三个子目标，我们将他们分解为以下六个具体的研究问题：

第一，探讨婴幼儿阶段是否掌握书面语言的关键期。这方面研究要验证"婴幼儿时期是书面语言发展的关键期"这个核心设想，看是否绝大多数婴幼儿经一定时间学习后可以基本达到形成书面语言机能的水平。

第二，探讨婴幼儿书面语言掌握过程的敏感时段。本研究认为，书面语言发展的关键期大致在 3～6、7 岁，但是，这一时间段具体哪一段是个体书面语言机能形成的最敏感阶段，或称"敏感期"，应该进行探讨。

第三，比较不同年龄起步的婴幼儿认字与阅读学习的过程与特点。包括对不同年龄起步的婴幼儿经过不同学习时间的学习效果等方面进行比较。

第四，探讨婴幼儿学习汉字的最低输入量。我们设想，一旦个体学习了若干汉字，头脑里已经具备了汉字的一些"原型"与"部件"，那么，他们再学习新的汉字时就会像学习辨别实物那样容易。在以往的个案研究中已经明显地发现了这个现象。因此，本研究准备通过实验进一步探讨婴幼儿在学习汉字过程中需要掌握多少汉字才基本具备了迅速学习汉字的"原型"与"部件"，也就是汉字学习的最低输入量问题。

第五，探讨婴幼儿书面语言机能的发展是否促进大脑皮层语言视觉区域的发育。我们设想，如果在婴幼儿阶段就发展其书面语言，使大脑皮层书面语言区域早期就开始启动并加入运作状态，可能会促进该区域的发育与发展。

第六，探讨婴幼儿书面语言机能的形成对个体后续的心理素质发展的影响。在婴幼儿时期形成书面语言机能，对他们下一步进入小学后学习是否产生积极影响。我们设想，个体在婴幼儿时期形成书面语言机能，首先会促进他们其他认知能力尤其是语言与抽象思维能力的发展；同时，会促进他们非智力心理因素的发展，包括对自信心、学习兴趣等。

三、婴幼儿书面语言机能培养研究的实验框架

根据本研究的总目标、子目标和研究问题，我们设计了三个系列 12 项实验研究。

（一）婴幼儿书面语言掌握的效果研究

本系列研究主要探讨婴幼儿阶段是否是书面语言学习的关键期。具体探讨婴幼儿时期进行认字阅读等书面语言的训练，是否真正普遍有效，是否确实有效地使婴幼儿普遍地形成书面语言的机能；同时探讨这个期间婴幼儿进行认字阅读学习，是否使他们非常感兴趣。

这方面研究主要包括以下 3 项实验：

实验 1. 婴幼儿认字学习效果研究；

实验 2. 婴幼儿阅读学习效果研究；

实验 3. 婴幼儿掌握书面语言过程阅读兴趣研究。

（二）婴幼儿书面语言掌握的规律研究

如果在第一系列研究证明了婴幼儿阶段是书面语言发展的关键期，那么，本系列研究就进一步探讨婴幼儿掌握书面语言是否存在敏感期，这个敏感期在哪一年龄段，并且，从哪一年龄起步学习书面语言最有利。也就是探讨婴幼儿进行认字阅读学习的敏感期与起步年龄问题。为此，需要研究不同年龄起步的婴幼儿认字与阅读学习的过程与特点，婴幼儿认字与阅读的敏感期，婴幼儿书面语言学习的最低输入量等问题。

这方面研究主要包括以下 4 项实验：

实验 4. 不同年龄起步与不同学习时间对识字效果的影响研究；

实验 5. 婴幼儿时期识字教育最佳时段探讨；

实验 6. 婴幼儿时期阅读教育最佳时段探讨；

实验 7. 婴幼儿掌握书面语言汉字最低输入量研究。

（三）婴幼儿期书面语言习得对后续发展的影响研究

这方面研究主要探讨婴幼儿时期进行认字阅读的训练掌握书面语言机能之后，对其下一步心理发展的影响的研究。实际上就是婴幼儿书面语言机能掌握对其身心发展的特殊效果的研究，包括对其大脑的发育、学习能力尤其是语言学习

能力的发展、学习兴趣等方面的影响的研究。这方面研究主要包括以下 5 项实验：

实验 8. 婴幼儿书面语言的学习对婴幼儿大脑发育的影响；

实验 9. 婴幼儿时期书面语言习得对小学阶段语文学习的影响；

实验 10. 婴幼儿时期书面语言习得对抽象思维发展的影响；

实验 11. 婴幼儿期书面语言习得对小学阶段学习兴趣发展的影响；

实验 12. 婴幼儿期书面语言习得对自信心与自我效能感发展的影响。

四、婴幼儿书面语言机能培养研究的具体实施

确定了婴幼儿书面语言培养研究的目标和问题，设计了研究的实验系列，下面介绍本研究的具体实施。

（一）被试

本研究在广州市 20 个幼儿园进行。采用自愿报名的方式，根据每个幼儿园的规模，确定小班（3 岁组）、中班（4 岁组）与大班（5 岁组）各 50～100 人为实验组；同时根据需要确定相应的控制组作为对照。

（二）材料

我们共设计了四类材料：第一类：汉字卡片；第二类：多媒体认字游戏软件；第三类，认字阅读课本，共 8 级 16 本；第四类，多媒体阅读软件。其他还有内隐学习时根据教学要求呈现的文字材料，平时指导婴幼儿阅读的书籍等。

（三）实验程序

主要采用前面所阐述的 4 种学习形式引导婴幼儿形成书面语言机能，这四种学习形式是：第一，无意学习，通过布置符号环境等方式，让婴幼儿在日常生活与活动中不断接触汉字，不知不觉学会大量汉字。第二，内隐学习，教师在婴幼儿的各种学习中渗透汉字符号，例如，教唱歌时将歌词抄出来，边教唱歌边指着相应的字；画画时顺便在图的下方写上物体的名称；等等。并不需要提出认字的要求。这样，儿童在进行唱歌、绘画时无意识地学会了相应的汉字。第三，自发学习，提供电脑软件、各种图书等让婴幼儿自发地进行汉字学习与阅读。第四，兴趣学习，这是认字阅读最重要的学习形式，因为这种形式可以大致按照教师的目的与计划引导婴幼儿完成学习。因此，根据阅读课本的课文编写了各种认字游

戏式的活动，让教师引导婴幼儿在游戏中学习汉字与阅读。

我们将引导婴幼儿掌握书面语言的过程编成了6个程序，或称6段，每个程序综合上面4种学习方式与认字材料，每个程序正常操作时间为3~4个月。教师按照这6个程序逐个操作，全部程序完成大约要5~6个学期。

第三节　婴幼儿书面语言机能培养的实验结果

一、婴幼儿书面语言培养效果的实验研究与结果

（一）婴幼儿认字学习效果的实验研究与结果

对于婴幼儿认字，当前在国内外还是一个争议的问题。有人认为，婴幼儿识字有益无害；也有人认为，婴幼儿识字有害无益。但是，当前越来越多的观点则认为：虽然不科学的婴幼儿身心健康可能造成不利或者有害的影响，但是科学的婴幼儿汉字教育对于婴幼儿身心健康的发展是有益的。由中国优生优育协会主办、中国优生优育协会婴幼儿科学汉字教育工作委员会承办的"首届国际婴幼儿科学汉字教育学术研讨会"于2000年6月15日至18日在北京召开，代表了汉字早期教育已经得到了众多研究者的许可，并且开始得到普遍研究。

在总结前人研究结果及提出的有关理论的基础上，结合我们近十年的各种个案研究与近五年的教学研究，我们提出了学习双机制理论关于婴幼儿书面语言机能形成的基本观点。我们认为，婴幼儿是掌握书面语言的最佳时期，并提出了相应的一系列婴幼儿书面语言机能培养的实施方案。

本研究准备通过对各个年龄阶段的婴幼儿的识字教育的效果进行考察，探讨婴幼儿阶段是否是进行识字教育的最佳时期。

通过参考常用汉字字典以及常用汉字三千字量表，经过婴幼儿专家评估，选取了500个常用汉字字词，编制成婴幼儿识字量测查量表。我们使用该测查量表对实施了"婴幼儿书面语言机能培养方案"的494名婴幼儿逐个进行了识字量的测量，然后计算出每个婴幼儿的识字总量。

实验结果发现，训练时间1年的识字量显著低于训练时间2年，两者显著低于训练时间3年的识字量。这表明，随着训练时间的增长，婴幼儿的识字量水平有随之提高的趋势，科学的汉字识字教育能够促进不同年龄的婴幼儿的识字学习。

对不同训练时间的婴幼儿的识字情况进行统计分析，结果表明，儿童接受"婴幼儿书面语言机能培养方案"，在认字方面有显著的效果，并且，接受培养的时间越长，所掌握的汉字也就越多。有人可能会认为，接受训练时间越短的儿童实际年龄可能也越小，因此，上述结果没有将年龄因素分离开来。实际上，我们的实验中在每种训练时间都有各种不同年龄的儿童。本研究中我们不准备对年龄变量进行考察，我们的目的主要是要证明：第一，经过认字训练的婴幼儿，都能取得显著的效果，即使是只经过 1 年训练，识字量就达到 400 多个，可见，婴幼儿时期是认字学习的最佳期。第二，训练时间越长，识字效果越显著，这也说明婴幼儿阶段是认字学习的最佳时期。

（二）婴幼儿阅读学习效果的实验研究与结果

书面语言包括认字与阅读，认字是书面语言机能的基础，而阅读才是书面语言的本质。前面的实验对婴幼儿认字进行了研究，本实验则要考察婴幼儿的阅读问题，主要探讨婴幼儿阶段是否是进行阅读教育的最佳时期。

根据前人关于阅读水平量表编制的基本思路与要求，结合婴幼儿书面语言学习的实际，我们编制了"婴幼儿阅读水平量表"。该量表选取 5 个级别的阅读材料 50 篇，每个级别 10 篇，第一级是多幅图和简单句子组成的故事 10 篇；第二级是多幅图和许多长句子组成的故事 10 篇；第三级是无图简单故事 10 篇；第四级是无图复杂故事 10 篇；第五级是报刊文章，科普读物以及名著选段 10 篇。

在选择阅读材料时，首先粗选了近千份阅读材料，由幼儿教育第一线的工作多年的园长和教师，按照难度和婴幼儿掌握字词的广度和深度上筛选出其中的 300 篇，又经过专门从事婴幼儿教育的心理学家的审阅去掉不符合婴幼儿心理特点或者容易引起干扰的文章 80 余篇，在最后的 220 篇文章中，再按照我们制定的阅读考核五级标准再最终定稿为 50 篇文章。阅读材料内容全面性，充分照顾到了婴幼儿的年龄特点，难度上逐步上升。

该量表五级的分类标准及要求是：一级，能阅读由多幅图和简单句子组成的故事。大致理解其中的情节。其中不认识的生字量不应超过五个。二级，能阅读由多幅图和许多长句子组成的故事。理解其中情节，其中不认识的生字量不超过五个。三级，能阅读没有图的短故事。理解其中情节。其中不认识的生字量不超过五个。四级，能阅读复杂的故事。五级，能够进行成人类阅读。即能够阅读报刊文章，科普读物以及名著等作品。

具体操作方法是：首先向婴幼儿随机呈现某一级的阅读材料 1 篇，如果儿童能够流畅阅读并复述大概意思，能够基本准确回答故事后面的问题，则作为合格，进入下一个级别。如果儿童不能阅读下去，生字太多或完全不明白意思，则可以有 1 次补救机会，再随机呈现 2 篇材料，如果儿童两篇都能通过，可以进入下一个级别，否则作为不合格。儿童通过到某一个级别并且未能通过下一级的，则以该一级为能力考核最终结果，最低为 0 级；最高为 5 级。

对施测的幼儿园教师进行培训，然后对实施了"婴幼儿书面语言机能培养方案"的 338 名婴幼儿进行了阅读水平的测量。施测个别进行，由两名教师对每名儿童进行施测。每个年龄阶段以年龄整月正负 4 个月进行统计。

实验结果发现，在平均值上，经过不同训练时间的婴幼儿所达到的阅读水平不同，两两之间差异显著，具体表现为随着训练时间增多而水平级别不断提高。值得一提的是，虽然由于客观条件的限制，我们能够抽查的学习过三年的婴幼儿的绝对数量并不多，只有 20 名，但是其中有 6 名都已经达到 5 级，也就是我们的最高阅读水平要求，这就意味着，这些孩子在参加了 3 年的识字阅读训练之后，可以像正常的受过多年教育的成人一样进行自如的阅读了。虽然我们没有同时测量这些孩子的智商水平，但是据幼儿园测试的一线教师反馈的情况来看，这些达到第 5 级阅读水平的孩子要比其他的同龄的孩子聪明活跃、解决问题的时候创造力强，这也同时验证了我们的识字阅读训练会促进思维发展的实验假设，关于这个问题，后面有专题进行研究。

本实验结果表明，婴幼儿进行阅读训练可以有效地提高他们的阅读水平，并且随着阅读学习时间的增加，婴幼儿的阅读水平的不断提高，呈匀速上升的趋势。实验 1 关于婴幼儿识字的数据表明，婴幼儿识字量并不是随学习时间匀速直线增长，不同起始年龄的儿童都表现出了在学习一年时间后，识字量增长速度减慢的趋势；而本实验的数据则表明，婴幼儿的阅读水平等级的增长趋势基本上是匀速直线上升的，不同训练时间之间增加的幅度大致相同。分析识字和阅读学习曲线差异的原因，可能是识字和阅读在学习性质方面有重要的差别。汉字学习是需要记忆保持的，随着认字量不断增加，记忆任务也就不断增大，因此婴幼儿认字学习的进步就没有呈现出匀速增长的趋势；而阅读学习是不需要记忆保持的，阅读水平的提高并没有增加下一步学习的记忆负荷，因此，婴幼儿阅读水平随训练时间增加而提高就表现为匀速上升的趋势。

总体上，本实验结果表明，婴幼儿阶段地阅读训练效果确实是显著的，本研究考察的经过 3 年阅读训练的 20 名幼儿，就有 6 名达到了最高级别的阅读水平（5 级），即接近小学高年级学生的阅读水平。据此，我们认为，婴幼儿阶段是阅读学习的最佳时期。

（三）婴幼儿书面语言学习影响阅读兴趣的实验研究与结果

前面几项研究探讨了书面语言训练对婴幼儿的识字量和阅读水平的影响，结果发现，婴幼儿经过训练后，他们的识字量和阅读水平随训练时间的增加而增大（或增高），研究结果表明，婴幼儿时期是认字阅读书面语言发展关键期。

一个值得探讨的问题是，经过训练后婴幼儿的阅读兴趣和自发阅读情况如何？婴幼儿是否有较高的阅读兴趣，自发阅读的频率是否较高，这也是婴幼儿掌握书面语言的关键期的重要方面，本研究准备对这一问题进行探讨，从阅读兴趣和自发阅读两个方面对婴幼儿阶段是否掌握书面语言的最佳时期作进一步的验证。

我们选取了参加1年以上婴幼儿书面语言机能训练的402名婴幼儿，其中经过1年以上训练168人，经过2年以上训练161人，经过3年以上训练73人。参考赵守盈和叶苑等主编的学习心理自测中阅读分测验，并结合婴幼儿实际，编制了婴幼儿阅读兴趣的教师问卷与家长问卷，同时也编制了自发阅读的教师问卷与家长问卷，分别由家长与教师完成。阅读兴趣问卷分别从阅读的持久性、阅读的自主性和阅读方法等三方面了解婴幼儿阅读兴趣，婴幼儿自发阅读问卷则从其自发阅读的频率和自发阅读的强度等两个方面了解婴幼儿自发阅读的情况。该套问卷经过试测，具有较好的一致性和可靠性。

对选取的婴幼儿的阅读兴趣与自发阅读情况进行调查。主试发放问卷，并指导家长和教师如何操作和填写，教师根据自己对本班各个婴幼儿的观察进行回答，家长则根据自己对子女的观察进行回答。回收问卷后，按照问卷统计原则筛选有效问卷进行统计，共回收有效教师问卷373份，有效家长问卷373份。然后统计出每个婴幼儿不同训练时间的阅读兴趣分数和自发阅读分数。根据问卷统计出每个婴幼儿的阅读兴趣分数和自发阅读分数。阅读兴趣最高得分是34分，0～8分属于兴趣低或较低，9～16分属于兴趣一般，17～24分属于兴趣较高，24分以上属于兴趣高或很高；自发阅读最高得分是24分，1～5分属于自发阅读较少，6～10分属于自发阅读一般，11～15分属于自发阅读较多，15～20分属于自发阅读多，21分以上属于自发阅读很多。

实验结果发现，家长评定各种训练时间的婴幼儿阅读兴趣平均达到较高的程度，对实验结果的方差分析发现，不同训练时间的婴幼儿的阅读兴趣分数达到非常显著的水平，这表明，婴幼儿的训练时间不同，其阅读兴趣水平也不相同。进一步统计发现，训练时间1年组要比训练时间2年组、训练时间3年组低，训练时间2年组和训练时间3年组之间没有差异。这表明，随着训练时间的增长，婴幼儿的阅读兴趣水平有随之提高的趋势。

上述只是根据家长问卷对婴幼儿阅读兴趣情况的分析，为了更全面地反映婴幼儿的阅读兴趣情况，下面通过教师问卷对婴幼儿阅读兴趣进行分析。结果发现，教师的评定与家长的评定结果基本一致，各种训练时间的婴幼儿平均阅读兴趣均达到较高的程度，方差分析发现，不同训练时间的婴幼儿的阅读兴趣分数达到非常显著的水平,这表明,婴幼儿的训练时间不同,其阅读兴趣也不相同。进一步统计发现,在阅读兴趣方面,训练时间 1 年组要比训练时间 2 年组、训练时间 3 年组低,同时训练时间 2 年组要比训练时间 3 年组要低。这表明,随着训练时间的增加,婴幼儿的阅读兴趣水平不断增高。

通过家长和教师对经过训练的婴幼儿的阅读兴趣进行了评价,我们发现,经过训练的婴幼儿的阅读兴趣较高;而且随着训练时间的增加,其阅读兴趣水平有提高的趋势。那么,婴幼儿的自发阅读情况也是能反映书面语言发展的一个重要方面,下面我们进一步考察经过训练后的婴幼儿自发阅读情况,以便再验证婴幼儿是书面语言发展的关键期的观点。

实验结果发现,家长评定各种训练时间的婴幼儿自发阅读得分都比较高,均达到自发阅读较多的程度。方差分析结果发现,不同训练时间的婴幼儿的自发阅读分数达到非常显著的水平,这表明,婴幼儿的训练时间越长,其自发阅读程度也就越高。进一步统计发现,在自发阅读方面,训练时间 1 年组要显著低于训练时间 2 年组与 3 年组,训练时间 2 年组和训练时间 3 年组差异不显著。这表明,随着训练时间的增长,婴幼儿的自发阅读也随之逐渐增多。

上述只是根据家长问卷对婴幼儿自发阅读进行分析,为了更全面地反映婴幼儿的自发阅读情况,下面通过教师问卷对婴幼儿自发阅读进行考察。结果发现,教师的评定与家长的评定结果基本一致,各种训练时间的婴幼儿自发阅读得分都比较高,平均达到自发阅读较多的程度。方差分析结果表明,不同训练时间的婴幼儿的自发阅读分数差异达到非常显著的水平。进一步的统计发现,在自发阅读方面,训练时间 1 年组要比训练时间 2 年组与 3 年组低,差异显著,而训练时间 2 年组和训练时间 3 年组之间差异不显著。总体上,研究结果表明,随着训练时间的增长,婴幼儿的自发阅读程度也随之逐渐增加。

本研究采用教师评价和家长评价两种途径考察了经过训练后婴幼儿的阅读兴趣及自发阅读的特点,结果表明,在阅读兴趣方面,经过训练的婴幼儿阅读兴趣均较高,而且随着训练时间增加,阅读兴趣也不断提高;在自发阅读方面,经过训练的婴幼儿同样表现出较多的自发阅读行为,而且随着训练时间增加,自发阅读行为也在不断增加。

结合本研究结果与综合前面有关婴幼儿识字量与阅读水平的研究,我们认为,婴幼儿时期是书面语言发展的关键期。一个值得注意的现象是,当婴幼儿训练了 2 年以后,其阅读兴趣水平及自发阅读水平均不再有显著的提高。这可能婴幼儿经过书面语言训练 2 年后,阅读兴趣水平和自发阅读水平本身已经达到较高水平,再提高比较困难,因此出现上述结果。当然,这需要进一步研究和探讨。

二、婴幼儿书面语言学习规律的实验研究与结果

（一）不同年龄起步与不同学习时间对婴幼儿识字效果的影响研究

前面的实验对婴幼儿掌握书面语言的效果进行了系统的探讨，证明了婴幼儿阶段是书面语言掌握的最佳期的设想。本研究第二系列实验准备进一步探讨婴幼儿学习书面语言过程的特点与规律，本实验目的是研究汉字学习起步年龄与学习时间两种因素对学习效果的影响。

实验被试的选取过程是这样的，在广州市 20 个实验幼儿园中随机选取 4 所幼儿园，分别从 3 岁、4 岁起步学习书面语言的婴幼儿中随机选出参加 1 年学习的儿童 145 名，参加 2 年学习的儿童 156 人，参加 3 年学习的儿童 121 人，另外，还分别选取由 2 岁起步、5 岁起步，参加 1 年学习的婴幼儿各 40 人。

采用与实验 1 的识字量测查量表，对 4 所幼儿园的教师进行培训，由教师分别对 3 岁、4 岁开始学习书面语言的婴幼儿 1 年、2 年、3 年识字量进行测查。以每岁的整月加减 4 个月对年龄进行分段。

实验结果发现，对于各种起步年龄的婴幼儿来说，学习时间越长，掌握的识字量越大，但是，掌握识字量的效果并不是呈匀速增长的趋势，然而，不同起始年龄开始学习的婴幼儿识字量随学习时间增长而增长的趋势不同，也就是说，不同起始年龄的儿童表现出识字量增长不同的模式。3 岁组幼儿第 1 年的学习效果不如 4 岁组，但是学习第 2 年后，3 岁起步的幼儿就与 4 岁起步的幼儿的认字量差异不显著，第 3 年后更是如此。

这种不同起步年龄学习的不同趋势不应该用 4 岁起步组的儿童年龄较大因而学习能力较 3 岁起步组更强来解释，因为按照这种解释，则无法说明为什么这两种年龄起步的被试到了第 2 年以后学习效果又变得大致相同。因此，对这种结果只能用敏感期作解释：婴幼儿书面语言学习可能有一个敏感期，如果这个敏感期在 4 岁左右，那么 3 岁起步的婴幼儿经过 1 年学习还没有到达这个敏感期，而 4 岁幼儿第 1 年的学习就可以达到这个敏感期，因此 3 岁起步组与 4 岁起步组第 1 年的学习效果就有显著的差异；而到了第 2 年学习，两种年龄起步的婴幼儿都到达了敏感期，因此，3 岁起步组从第 2 年起，学习效果就与 4 岁起步组基本相同。

为了进一步证明这个敏感期假设，我们又对某幼儿园 2 岁起步被试经过 1 年和 2 年学习的识字量进行测量，其中经过 1 年学习的被试 36 人，平均识字量为235 个；经过 2 年学习的被试 28 名，平均识字量为 458 个，是一种匀速上升的趋

势。这完全符合我们前面所作的婴幼儿书面语言学习可能在 4 岁左右存在敏感期的假设。为了确证这个敏感期假设并探讨其性质，我们设计了下面两个实验。

（二）婴幼儿识字学习的敏感期研究

在上述实验中，根据不同起步年龄学习的不同趋势的结果，我们做出了婴幼儿识字阅读学习具有敏感期的设想，在整个婴幼儿阶段中，具体哪个年龄段是进行识字教育的敏感期呢？本实验准备针对这一问题进行探讨。

实验被试的选取过程是这样的，在广州市 20 个实验幼儿园中随机选取 3 个幼儿园，选出参加一年以上训练的 260 名婴幼儿。

根据本研究关于婴幼儿书面语言机能形成的基本理论与思路，结合婴幼儿实际，编制了婴幼儿识字敏感期的教师问卷与家长问卷，分别由家长与教师完成。所谓敏感期，主要指婴幼儿识字兴趣最大、识字效果最佳的时段。婴幼儿识字敏感期的两种问卷（教师与家长问卷）经过试测，具有较好的一致性和可靠性。

用婴幼儿识字敏感期问卷对锦城幼儿园等 3 所实验幼儿园的实验班婴幼儿的认字敏感时期发生的具体时间进行调查。主试发放问卷，并指导家长和教师如何操作和填写，教师根据自己对本班各个婴幼儿的观察进行回答，家长则根据自己对子女的观察进行回答。回收问卷后，按照问卷统计原则筛选有效问卷进行统计，共回收有效教师问卷 260 份，有效家长问卷 260 份。

统计了从 3、4 岁开始学习书面语言的婴幼儿识字最敏感时期的平均年龄。每个年龄阶段以年龄整月正负 4 个月进行统计。根据 260 份家长问卷，对不同年龄起步学习的婴幼儿的阅读敏感期的平均年龄进行分析，首先，98% 以上的问卷都认为婴幼儿学习书面语言的过程确实出现敏感期。

由于客观原因的影响，在本研究中没有寻找到 2 岁开始进行训练的数据，这一个原因是由于当前对婴幼儿进行早期识字训练大多开始于 3 岁，大部分家长在孩子 2 岁时并没有把他们送入幼儿园进行集体教育，2 岁婴幼儿在多数情况下都是在家里接受父母的个别教育的。

数据分析结果发现，3 岁与 4 岁的婴幼儿开始接受识字教育达到识字敏感期的时间表现出两个特点：第一，无论何时起步，两者达到敏感期的年龄差异并不大，3 岁开始接受汉字训练的儿童敏感期出现的平均年龄为 53.83 个月，4 岁开始接受汉字训练的儿童敏感期出现的平均年龄为 56.31 个月，大约都在 4.5~5 岁之间；第二，无论是 3 岁组还是 4 岁组，他们组内方差都很小：3 岁组是 1.8 个月，4 岁组是 2.4 个月。这是一个值得注意的数据，它表明，婴幼儿书面语言机能形成很可能有一个敏感期，这个敏感期主要不是受起步学习的时间的影响（当然要保证有一定的学习时间为前提），而是一个比较固定的年龄段。

值得注意的是，上述结果只是家长对婴幼儿识字情况的评价，为了更全面地反映婴幼儿的识字敏感期出现的情况，我们还通过教师问卷考察不同年龄起步的婴幼儿的识字敏感期。

根据 260 份教师问卷，对不同年龄起步学习的婴幼儿的阅读敏感期的平均年龄进行分析，同样，96% 以上的问卷都肯定了婴幼儿学习书面语言过程中出现了敏感期。

结果发现，教师问卷的调查结果与家长问卷的调查结果惊人的一致：3 岁开始接受汉字训练的儿童敏感期出现的平均年龄，教师问卷为 53.35 个月，家长问卷为 53.83 个月；4 岁开始接受汉字训练的儿童敏感期出现的平均年龄，教师问卷为 55.09 个月，家长问卷为 56.31 个月；两种问卷所得出的婴幼儿认字学习敏感期大约都在 4.5 ~ 5 岁之间。对实验数据作 2（教师/家长）×2（3 岁/4 岁）二因素方差分析，评价人之间主效应不显著，评价人与起步年龄交互作用不显著，可见，教师问卷与家长问卷完全一致，比较确凿地得出了婴幼儿认字的敏感期。这是本研究的一个重要发现。

从上面的结果可以发现，无论是 3 岁还是 4 岁开始进行识字教育，都是大约在 4.5 ~ 5 岁之间达到识字教育的敏感期，在本研究中，3 岁开始学习的幼儿达到敏感期要经过 20 ~ 25 个月，而 4 岁开始学习的幼儿达到敏感期只需要经过 8 ~ 12 个月，由此可见，婴幼儿认字敏感期当然需要经过一段学习时间才可能出现，但是，这个敏感期首先是一个年龄概念，也就是说，婴幼儿认字敏感期是一个相对稳定的年龄值，哪怕起步更早、学习时间更长，也要大致到了这个年龄段才能进入加速期（即敏感期）。本研究中，教师与家长的回答上基本一致，即婴幼儿识字的敏感期在 4.5 ~ 5 岁左右，然而，敏感期并不完全是年龄概念，并不是到达某个年龄就会自然进入敏感期，年龄并不是敏感期出现的充分条件，从本实验的结果来看，要出现敏感期，还需要一定的语言经验，因此，敏感期同时又是经验概念，需要在一定的书面语言经验积累的基础上才能产生，根据我们关于婴幼儿书面语言学习的理论设想，而这个经验主要不是指学习时间，而是指习得的语言量，这个量实质就是人们提出来的"语言最低输入量"。我们在后面的研究中要专门探讨"语言最低输入量"这个问题。

（三）婴幼儿阅读学习的敏感期研究

上述实验关于识字敏感期的研究已经证明，婴幼儿识字敏感期大约是 4.5 ~ 5 岁左右，本实验准备进一步探讨婴幼儿阅读学习的敏感期。

在广州市 20 个实验幼儿园中随机选取 3 个幼儿园，选出参加一年以上训练的 141 名婴幼儿。根据本研究关于婴幼儿书面语言机能形成的基本理论与思路，结合婴幼儿实际，编制了婴幼儿阅读敏感期的教师问卷与家长问卷，分别由家长与教师完成。婴幼儿阅读敏感期的两种问卷（教师与家长问卷）经过试测，具有较好的一致性和可靠性。

对实验幼儿园的实验班婴幼儿的阅读敏感时期发生的具体时间进行调查。主试发放问卷，并指导家长和教师如何操作和填写，教师根据自己对本班各个婴幼儿的观察进行回答，家长则根据自己对子女的观察进行回答。回收问卷后，按照问卷统计原则筛选有效问卷进行统计，共回收有效教师问卷141份，有效家长问卷141份。

根据141份家长问卷，对不同年龄起步学习的婴幼儿的阅读敏感期的平均年龄进行分析，96%以上的问卷都肯定自己的孩子学习书面语言的过程确实出现过敏感期。实验结果基本类似实验5关于婴幼儿认字学习的敏感期研究的数据，根据实验5的分析，我们同样可以提出，婴幼儿阅读学习也是很可能有一个敏感期，这个敏感期首先也是一个年龄概念，是一个比较固定的年龄段，虽然要有一定的学习经验为前提。

然而，与关于婴幼儿识字敏感期的实验数据比较，本实验关于阅读敏感期的数据有两个值得注意的特点：

第一，不同年龄起步达到敏感期的年龄差异稍为增大，3岁开始接受阅读训练的儿童敏感期出现的平均年龄为50.43个月，4岁开始接受汉字训练的儿童敏感期出现的平均年龄为55.12个月，大约都在4～5岁之间，我们认为，之所以会出现这个现象，是因为阅读必须要有一定的识字量为前提，在我们的实验中，认字与阅读训练是同步的，因此3岁起步的幼儿由于学习时间较长，认字量达到了一定程度，因此，其阅读敏感期就可能比较自然地表现出来；而4岁起步的幼儿由于学习时间较短，认字量尚未达到一定程度，因此敏感期的出现就会显得慢一些；根据这个分析，我们认为，将婴幼儿阅读敏感期定在4～4.5岁是比较恰当的。

第二，阅读敏感期出现早于认字的敏感期，这是一个值得注意的、十分有意思的现象，因为，根据经验人们都会做出识字敏感期要早于阅读敏感期的判断。实际上，这个事实虽然与我们经验判断不符合，其实也是不难理解的。认字固然是阅读的基础，但是不等于阅读敏感期非要晚于认字敏感期，因为，书面阅读从机制来看，它与对口头语言表述的理解是相似的，因此，在识字量达到一定程度的情况下，阅读敏感期先于识字敏感期，完全是可能的。

上述结果只是家长对婴幼儿阅读敏感期的判断，为了更全面地反映婴幼儿的识字敏感期出现的情况，我们还通过教师问卷考察不同年龄起步的婴幼儿的识字敏感期。

　　根据 141 份教师问卷，对不同年龄起步学习的婴幼儿的阅读敏感期的平均年龄进行分析，同样，95% 以上的问卷都认为婴幼儿学习书面语言的过程确实出现敏感期。同样，教师问卷的调查结果与家长问卷的调查结果惊人的一致：3 岁开始接受书面语言训练的儿童敏感期出现的平均年龄，教师问卷为 49.44 个月，家长问卷为 50.43 个月；4 岁开始接受书面语言训练的儿童敏感期出现的平均年龄，教师问卷为 54.75 个月，家长问卷为 55.12 个月。对实验数据作 2（教师/家长）×2（3 岁/4 岁）二因素方差分析，评价人之间主效应不显著，评价人与起步年龄交互作用不显著，可见，教师问卷与家长问卷完全一致，根据前面的分析，我们将婴幼儿阅读敏感期定在 4~4.5 岁。

　　作为这个问卷的附带提问，我们还设计了一些相关的问题，虽然已经不再有严格的统计学意义。但是对我们了解关键期婴幼儿的阅读识字特点是非常有启发的。简单归纳家长和老师的反馈，我们发现婴幼儿的阅读关键期还有如下特点，首先是对一切带有文字和阅读材料的事物表现出超乎寻常的兴趣。在看到文字和阅读材料的时候总是想尽力的把它读出来；同时复述故事和事件的能力也表现得非常明显，对阅读过的故事，可以比较大段篇幅的复述下来，再认能力也比较强。再有就是自发学习现象比较明显，在关键期的婴幼儿已经不是那种被动的由老师或者是家长教授阅读和识字的知识，他们已经有了一种对文字的强烈爱好和探索的愿望。经常主动地去翻看一些文字的材料。所以，我们对老师和家长的建议是，要在婴幼儿关键期到来的时候多准备一些丰富，难易适当的文字和阅读材料，并且耐心细致地加以辅导，对婴幼儿的阅读识字热情加以鼓励和肯定。这对他们将来的书面语言机能的发展是非常重要的。

　　关于婴幼儿阶段书面语言的敏感期的研究是非常有意义的，它不仅揭示了婴幼儿书面语言形成的重要规律，而且对于婴幼儿书面语言的培养实践有重要的意义，一旦我们了解了婴幼儿书面语言学习的敏感期，我们就可以科学地确定婴幼儿书面语言学习的起步年龄，确定开展婴幼儿书面语言教育的最佳时机，从而将婴幼儿书面语言的教育真正建立在科学的基础上。

　　然而，敏感期并不完全是年龄概念，因此，不是到达某个年龄就自然进入敏感期，年龄并不是敏感期出现的充分条件，敏感期同时又是经验概念，需要在一定的书面语言经验积累的基础上才能产生。根据我们关于婴幼儿书面语言学习的理论，这个经验主要不是指学习时间，而是指习得的语言量，这个量实质就是人们提出来的"语言最低输入量"。因此，只有把握了敏感期出现的年龄段以及语言最低输入量的情况下，我们才能科学地确定婴幼儿书面语言学习的起步时间。下面实验准备探讨"语言最低输入量"问题。

（四）婴幼儿书面语言掌握的汉字最低输入量研究

在语言学习的研究中，一个最值得注意的问题就是语言的最低输入量问题。所谓的最低输入量，是指个体在学习某种语言时，这种语言新经验的习得并不是匀速的，在开始阶段需要比较缓慢地获得该语言的很少一部分经验，就会形成迅速地、不自觉地掌握这种语言的基础或前提，使后来进行这种语言的学习变得非常容易、毫不费力。我们将掌握一种语言最低限度要具备这种语言的经验，称为"最低输入量"。

我们设想，在中文书面语言的汉字学习方面，也存在一个"最低输入量"，一旦个体学习了若干汉字，头脑里已经具备了汉字的一些"原型"与"部件"，那么，他们再学习新的汉字时就非常容易，常常会不知不觉地、迅速地学会大量的字。在以往的个案研究中已经明显地发现了这个现象。因此，本实验准备探讨婴幼儿在学习汉字过程中需要掌握多少汉字才基本具备了迅速学习汉字的"原型"与"部件"，也就是汉字学习的最低输入量问题。

实验被试来自广州市四所幼儿园，从这四幼儿园中所随机选出参加书面语言训练的 314 名婴幼儿。

编制了"婴幼儿汉字学习最低输入量教师记录表"与"婴幼儿汉字学习最低输入量家长问卷"，分别由教师与家长完成。对 314 名婴幼儿的汉字学习最低输入量进行调查。主试发放记录表或问卷，指导教师和家长按照要求完成。教师根据自己对本班各个婴幼儿的观察进行记录，家长则根据自己对子女的观察进行回答。共回收有效教师记录表 214 份，有效家长问卷 214 份。然后统计每个婴幼儿进入汉字学习加速期前所掌握的汉字数量（即最低输入量）。

对实验数据进行 2×2（评价者：家长/教师×起步年龄：3 岁/4 岁）二因素方差分析，结果表明，首先，评价者（家长/教师）因素主效应不显著，表明教师与家长的评价基本是一致的；其次，起步年龄（3 岁/4 岁）因素主效应不显著，评价者与起步年龄两因素交互作用也不显著，这个结果表明，无论何时起步认字学习，其认字的最低输入量都大致相同。也就是说，根据本实验的结果，婴幼儿在掌握 350～400 个汉字时能够进入汉字加速期，也就是说，汉字学习的最低输入量是 350～400。

尽管根据本实验的结果，3 岁起步与 4 岁起步学习汉字的最低输入量差异不显著，但是，具体的分析数据，还是表现出 4 岁起步幼儿的最低输入量比较少的趋势，可以推断，很可能是婴幼儿起步学习的时间越靠近敏感期，其最低输入量就越少。当然，也可以认为是 4 岁起步组的被试比 3 岁起步组更为成熟而导致最低输入量减少，为此，我们又补充对 5 岁起步学习的幼儿 56 人进行最低输入量的调查，结果是，家长问卷的最低输入量为 377.435，教师问卷的最低输入量为 388.504，与 4 岁起步组基本相同。由于 5 岁起步组比 4 岁起步组更为成熟，但是，在最低输入量方面没有表现出任何优势，因此，可以验证最低输入量的大小可能与学习时段距离敏感期的长短有关，当然，对于这个重大问题，还需要作进一步探讨才能得出确定的答案。

根据本实验所得出的婴幼儿汉字学习的最低输入量，结合前面实验所得出的敏感期，我们可以对婴幼儿起步学习书面语言的最佳起步年龄进行推断，由于婴幼儿书面语言敏感期的大致在 4~5 岁之间，而这个敏感期出现还需要个体达到了汉字最低输入量，这个输入量大约是 350~400 个汉字，根据实验 4 的研究结果，完成这个最低输入量大约要 8~10 个月。因此，综合以上两个指标，婴幼儿书面语言学习的最佳起点年龄应该是 3 岁左右。

三、婴幼儿书面语言习得影响后续发展的实验研究与结果

（一）婴幼儿书面语言习得影响大脑发育的实验研究与结果

人类大脑的发育既受遗传因素的影响，也受环境因素的影响。有学者认为脑内至少有 30% 的突触联系是在环境或是环境与遗传相互作用下形成的。环境对脑发育有着很重要的影响。但先前的研究大多集中在刺激剥夺对脑相应感觉区域发育的影响上，如最典型的小鸡眼睛缝合实验。很少有学者从人类高级认知功能层次上研究早期经验对个体脑发育的影响。在人类个体的发展过程中，各个主要的机能区域在婴幼儿时期就开始启动并进入运作状态，从而会使主管这些机能的皮层区域得到正常地发育发展。然而，按照习惯，中国儿童在小学阶段才开始认字阅读，也就是说，他们脑中与书面阅读相关的皮层区域要到 6、7 岁才开始启动，如此可能会延缓个体大脑皮层这个区域的发育；相反，如果在婴幼儿阶段就发展其书面语言，使大脑皮层与书面语言相关的脑区及早地接受刺激，可能会促进该区域的发育与发展。

另一方面，脑电是人类最早用于研究脑功能的一种手段，它能直接提取神经活动的信号，反映出神经元的兴奋状态。对脑电信号的分析不仅有助于脑部疾患的诊断，还能反映出个体脑功能的发展与成熟程度。目前的研究结果已经证实了在整个生命过程中，脑电活动有实质性的改变。最突出的改变发生在生命的前 20 年，同脑的成熟有关，主要表现为脑电（EEG）幅度的普遍下降，δ 频率，θ 频率等慢活动减少，α 频率增加。而对老年人，α 波反映了大脑的衰老的过程。如奥布李斯特（Obrist）研究发现正常老年人 EEG 的特点主要为 α 节律变慢、电

压趋向降低、α 指数减少。65～79 岁老年人 α 波节律平均为 9.13Hz，80 岁以上为 8.64Hz，其中约 1/4 到半数其 α 节律慢于 8Hz。小野（Ono）等人的研究也表明，老年人的智力或认知功能减退，可能与 α 节律减慢及其功率降低有关。多贝玛亚（Doppelmayr）等人研究发现 α 功率与智力有很强的正相关。沃建中等[5] 的研究也发现儿童 α 波不同成分随年龄的增长而呈现出不同的特点。

可见，脑电 α 波的变化与脑一生的发展及认知功能有着极其密切的关系，将 α 波作为研究儿童脑的发展与成熟问题的主要指标是较为合适的。因此，本研究以 α 波作为主要的分析指标，探讨对学龄前儿童提前进行书面语言学习对大脑皮层相应区域发育的影响。

本研究在广州市 20 个实验幼儿园中随机选取 6 个幼儿园。采用家长自愿报名的方式，从中随机选取已进行了 3 年 6 段书面语言学习的大班婴幼儿 20 人为实验组（这些婴幼儿认字基本达到 1 000 个，能阅读一般的故事），平均年龄 5.68 ± 0.310 岁；另随机选取没有进行书面语言学习的大班婴幼儿 20 人为对照组，平均年龄 5.695 ± 0.347 岁。同时以问卷形式了解婴幼儿的出生情况（早产、钳产、正常）、脑损伤史（有无脑炎、头部摔伤、高烧抽筋史）及家庭识字教育情况。所有非正常生产及有脑损伤史的儿童均被排除出本研究，有家庭识字教育史的儿童被排除出对照组，最后实验组的有效人数为 18 人，对照组为 17 人，所有被试均为右利手。

被试在实验前 72 小时内禁用中枢性药物及兴奋性饮料。按国际 10～20 系统安置电极，选用 Fp1、Fp2、F3、F4、C5、C6、P7、P8、O9、O10、F11、F12、T13、T14、T15、T16 共 16 个导联进行单极引导，以双耳连线为参考电极，前额正中接地保护，记录被试在正常安静闭眼状态下的自发电活动及睁眼状态下的诱发电活动。每个被试的平均采样时间为 5 分钟，走纸速度为 30mm/s。在全程选段 12 秒，对选段进行 0.1Hz～35Hz 的滤波，以系统提供的分析软件进行脑电功率谱分析。所有被试的脑电信号采集均在华侨医院脑电室由专业人员完成。所用仪器为日本光电公司 4418K 型脑电图记录仪及广州天河三瑞医疗器械公司 LQWY－NZ 型脑电地形图仪。频段区分标准如下：δ1：1.5～2.4Hz；δ2：2.6～3.8Hz；θ1：4.0～6.0Hz；θ2：6.2～7.8Hz；α1：8.0～9.0Hz；α2：9.2～10.0Hz；α3：10.2～11.0Hz；α4：11.2～13.8Hz；β1：14.0～19.8Hz；β2：20.0～30.0Hz。

对全脑 α 波优势成分分析发现，每一组被试的不同频率 α 波在全脑所占的功率百分比如图 3－1 所示。从图 3－1 可见，两组全脑 α 波不同频率的分布趋势大致相同，但其变化幅度明显不同。对照组变化较为剧烈，而实验组曲线较为平坦。对照组 α1、α2 成分的比率高于实验组，而 α3、α4 成分的比率低于实验组，但两组间的差异无统计学意义。另外，作者对各组 α 波不同成分运用非方差齐性多重比较（Dunnett）进行了检验。结果，对对照组而言，除 α3、α4 间的差异不显著外，其他 α 波不同成分间均有显著差异，α1 的比率明显高于其他三种成分，可见 α1 是对照组 α 波的优势成分。

实验组检验结果表明，α1 与 α2、α3 与 α4 间差异不显著，而 α1、α2 与α3、α4 间两两比较差异显著，说明 α1 与 α2 同时为实验组 α 波的优势成分。

在对被试的全脑 α 波优势成分分析的基础上，进一步选择了与书面语认知关系较为密切的颞顶枕三叶，对其所在导联 α 波不同频率成分的分布特点作进一步分析。

图 3-2、图 3-3 分别是两组被试左顶叶（P7）和左枕叶（O9）α 波不同频率成分的分布特点。在此两个导联上，两组被试表现出的 α 波优势成分与全脑趋势一致，即对照组的优势成分为 α1，实验组为 α1 与 α2。在 α 波不同频率成分中，对照组 α1 频率所占比率仍高于训练组，而其他三种成分所占的比率均体现出实验组高于对照组的趋势。其中，经非参数检验，两组 α4 频段所占的比率有显著差异。

图 3-4 为两组被试左颞叶（t13）α 波不同频率成分的分布特点。所不同的是，实验组除 α4 所占比率显著高于对照组，其 α3 所占比率也显著高于对照组。

另外，本研究还观察到实验组左前额叶（fp1）α4 的比率显著高于对照组。

另外，通过比较两组被试各频段各导联脑电功率谱数值发现，对照组各频段各导联脑电功率谱值均高于实验组；其中，经独立样本 t 检验，两组 δ 频段的 t13、θ 频段的 t13、α1α2 频段的 t13、fp1、f11、f12、p7、p8、t14 等导联处的功率值差异有显著意义。

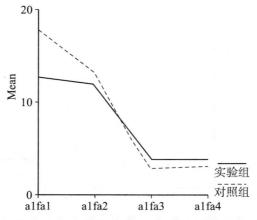

图 3-1 全脑 α 波各频段功率占总功率的百分比

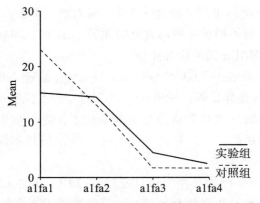

图 3-2　两组左顶叶 α 波不同频率成分的分布特点

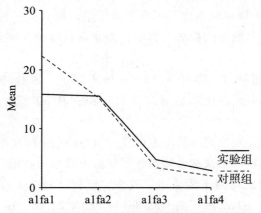

图 3-3　两组左枕叶 α 波不同频率成分的分布特点

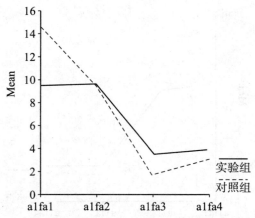

图 3-4　两组左颞叶 α 波不同频率成分的分布特点

本研究除对两组被试脑电功率谱值作定量分析外，还对脑电信号进行了定性分析。总体上，在两半球脑波的对称性、脑波调幅等方面，两组被试基本上无显著差异。但在睁闭眼诱发条件下，两组顶枕区 α 波的抑制情况显著不同。作者对此作了基本抑制、抑制不完全、抑制差、无抑制等 4 级评定。两组被试在各个等级上的人次如图 3 – 5 所示。

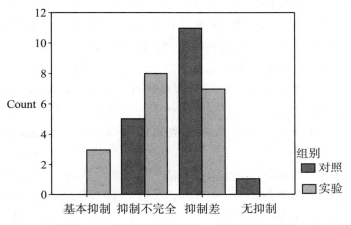

图 3 – 5　睁闭眼顶枕区 α 节律抑制情况

从图 3 – 5 可见，对照组睁眼 α 节律无抑制与抑制差的人数多于实验组（1：0；11：7），而抑制不完全的人数少于实验组（5：8）；而且，实验组有 3 人睁眼 α 节律基本抑制，但对照组在此等级上却是空白。经非参数检验（Exact Mann-Whitney Test），$P < 0.05$，即两组睁眼 α 节律抑制能力差异显著。

沃建中等研究发现儿童 α 波的优势成分随年龄变化而改变，6 岁时 8Hz 和 9Hz 成分（即 α1）为 α 波的优势成分；7、8、9 岁时 9Hz、8Hz 和 10Hz 成分（即 α1、α2）为 α 波的优势成分；10Hz 成分（即 α2）是 10 岁儿童 α 波的优势成分；10Hz 和 9Hz 成分是 11 岁儿童 α 波的优势成分；10Hz、9Hz、11Hz 和 8Hz 成分是 12 岁儿童 α 波的优势成分。而且，随着年龄的增长，儿童 α 波中的低频成分所占比率逐渐减少，而高频成分的比率逐渐增加。本研究中，对照组全脑 α 波的优势成分与沃建中等所得的结果一致。而实验组 α 波低频成分所占比率表现出高于对照组的倾向，其高频成分所占比率高于对照组。平均年龄 5.68 岁的实验组其主导频率为 α1、α2，已达到 7、8、9 岁年龄段儿童脑电的标准。

对与书面语认知相关脑区的 α 波的优势成分的进一步分析表明，对照组左侧顶、枕、颞叶的 α 波的高频成分显著低于实验组，而其低频成分显著高于实验组。

关于功率谱数值分析方面的报道较少。有学者曾研究音乐对个体脑电信号的影响，发现经过 5 年音乐训练，其所有频段所有导联处的功率值均显著低于没有经过音乐训练的对照组。本研究也得出了类似的结果，即对照组各频段各导联脑电功率谱值均高于训练组；其中，δ 频段的 t13、θ 频段的 t13、α1α2 频段的 t13、fp1、f11、f12、p7、p8、t14 等导联处的功率值差异有显著意义。马兰·兰格斯（Marlan Languis）等认为在完成同一类型的任务时，工作效率高的大脑比工作效率低的大脑在工作时耗能较少，反映在功率谱数值上，即产生较小的功率。作者推测安静状态下个体的脑电功率谱数值可能也具有此种意义，即书面语言学习可以使婴幼儿只需较低的能量维持相同的意识状态（安静清醒）。

对于睁闭眼诱发试验，正常成人为完全抑制；而婴幼儿一开始为无抑制，随着年龄的增长，逐渐由不完全抑制向抑制过渡。正常脑电睁眼 α 波的抑制情况也可以在一定程度上反映脑发育的成熟程度。本研究结果表明，经过书面语言学习的学龄前儿童，其脑电睁眼 α 波的抑制能力显著强于无书面语言学习的对照组。

有学者对 4 岁儿童实施音乐教学，结果发现 6 个月后其脑电信号表现出不同于对照儿童的特点（Malyarenko et al.）。沃建中等的研究表明，现代儿童脑电波的发展已明显超前于 20 世纪 60 年代的被试，如当今 6 岁儿童 α 波的平均频率已达到 60 年代 10 岁儿童的发展水平。不能否认，现代家长对下一代培养与教育的重视，采取越来越多的早期教育等手段正是出现此种超前的原因之一。本实验从个体脑电功率谱数值、脑电 α 波优势成分、睁眼 α 波抑制情况等三方面，初步得出了提前进行书面语言学习可以促进婴幼儿大脑尤其是与书面语认知相关的脑区的成熟及发育的数据，本研究为早期教育对脑发育的促进作用提供了积极的实验依据。

从以上结果可以看出，与一般的婴幼儿相比较，提前进行书面语言学习的婴幼儿脑电表现出如下特点：（1）脑电 α 波中的低频成分所占比率减少，而高频成分的比率增加；（2）静息状态下脑电功率谱数值下降；（3）在睁眼条件下对脑电 α 波的抑制能力更强；（4）脑电 α 波超前发展。这些研究提示，对学龄前儿童提前进行书面语言教学，可以促进其大脑皮层的发育，对与书面语认知相关脑区的促进作用尤其明显。

（二）婴幼儿书面语言习得影响后续语文学习的实验研究与结果

为探讨婴幼儿书面语言机能的形成对个体在小学阶段语文学习的影响，即探讨在婴幼儿时期形成书面语言机能，对他们下一步进入小学后对直接科目的学习是否产生积极影响，在广州市某小学随机选取婴幼儿时期已进行了 3 年 6 段书面语言学习的四年级学生 62 人，称为训练组；另随机选取没有进行书面语言学习的四年级学生 62 人，称为对照组。比较训练组与对照组的被试语文水平与写作水平。

要求教师对各个被试语文综合水平做出五级评定，以此为语文水平的指标；同时，也用被试上学期语文期末考试成绩作为指标；对两组被试语文水平进行比较。用被试本学期写作平均成绩为指标，对两组被试写作水平进行比较。

实验结果发现，对照组和训练组的语文综合平均等级之间存在着显著差异，这个结果表明，参加了早期识字阅读训练的儿童，在后来的语文学习的综合能力水平上比没有参加早期识字阅读训练的儿童要有显著的提高。这就证明了我们前文提到的，如果个体在关键期可以得到充分的培养和训练，对其今后的相关机能和心理素质的发展是非常有好处的。下面，我们又对两组的儿童的期末语文考试成绩进行比较，进一步验证本研究的基本设想。

由于我们所随机抽取的某小学实行教育改革，学生的成绩评定不再以百分制计算，而是以从 A 到 D 的等级计算，特别好的给予 A＋，比 A 稍差的给予 A－，以此类推，但是为了统计上的操作，我们就把等级赋予相应的分值，A＋为最高级，定为 10 分，逐级下降，D 记 0 分。

结果表明，训练组和对照组的期末考试语文成绩存在非常显著的差异。并且在测试之后我们还随机对训练组学生的语文老师进行情况摸底，他们反馈说，我们提到的几名学生在语文课堂上思维的流畅性和严谨性要比其他学生要好，并且在完成作业等平时表现上也非常优秀。

另外，写作能力是语文能力中的一项重要内容，儿童的写作能力发展是与其掌握和运用字词的能力、材料积累组织的能力、语言思维的能力等综合决定的。我们认为，婴幼儿阶段形成书面语言机能，不仅提高后续小学阶段的识字阅读能力，而且会提高婴幼儿的写作能力。为了验证我们的假设，我们又对上述两组儿童的作文成绩进行了统计分析。结果发现，两组的作文成绩存在显著差异，即两组儿童在写作水平上存在显著差异，参加了早期识字阅读训练的儿童，由于在关键期形成书面语言机能，接触到大量的丰富的语言材料，因此，他们的写作水平要比婴幼儿期没有受过书面语言训练的儿童要高。

综上所述，婴幼儿的书面阅读训练不仅会对婴幼儿语言能力的早期训练开发有益，更会促进其后续小学阶段对直接学科（语文科）的学习。因此，把握住书面语言形成的关键期，正确认识在关键期形成书面语言机能的意义，不失时机地使婴幼儿形成书面语言机能，对于促进个体下一步语言学习有重要意义。

（三）婴幼儿书面语言习得影响后续抽象思维发展的实验研究与结果

根据我们关于婴幼儿机能形成的理论，婴幼儿在书面语言的关键期进行识字和阅读的训练不仅对他们的书面语言机能的发展具有十分重要的意义，而且可以对婴幼儿的注意力、思维力等方面都起到良好的促进作用。实践中，人们发现一个人掌握词或概念的数量，与他的思维精密程度成正比。这就是说，一个人掌握的词越多，他的思维精密程度就越高。同样道理，儿童通过掌握一定数量的汉字，经过阅读书面材料可以进入比口语丰富得多的语言世界，对其思维能力的发展将产生重要的促进。本研究就来考察婴幼儿期书面语言的习得对其后续的抽象思维发展的影响。

实验被试来自幼儿园阶段接受 2 年以上书面语言学习的三年级学生 36 人，称为训练组；从训练组学生所在的班级内部随机抽取幼儿园阶段没有参加过书面语言学习的对照组 36 人，并不事先告诉学生和相关施测老师家长我们的目的。以防止主试效应和罗森塔尔效应的发生。

设计小学生抽象思维测验，由两组被试完成，然后分别统计出两组被试抽象思维分数并进行分析。同时，设计小学生抽象思维发展的调查问卷，分别由教师与家长完成，根据问卷统计出两组学生抽象思维发展情况进行比较。

抽象思维测验的结果表明，在早期参加过书面语言训练的学生抽象思维的能力要好于对照组的学生，两者之间差异达到显著性水平。

另外，对两组被试在教师问卷的评价分数及家长问卷的评价分数的统计检验结果未发现显著性差异。

根据家长和教师对两组学生做出的思维评价结果，从总体上看，均体现出参加过早期书面语言训练的被试要比没有参加过训练的被试抽象思维发展要好，教师的评价分数显示出两组儿童的思维水平有显著差异，虽然根据家长的评价分数，两者差异只是接近边缘显著，但是也可以大致体现出这种趋势。由于学校里的老师有更多的机会去接触进行抽象思维的儿童，比如考试，比如回答问题等，并能做横向比较；而家长与孩子接触的时候，对其思维能力方面的观察机会就少了很多；所以形成了根据教师评价两组被试差异显著，而根据家长评价两组被试分数差异尚未达显著性水平的结果。

综上所述，不论是通过儿童自己完成抽象思维测验，还是通过教师家长的观察，都可以明显看出参加早期识字阅读训练的儿童比不参加早期阅读训练的儿童在抽象思维上发展的要好，而抽象思维能力又是进一步深入学习的根基，因此，在婴幼儿期获得书面语言机能对于儿童的后续认知方面的发展，是很有促进意义的。

（四）婴幼儿书面语言习得影响小学阶段学习兴趣的实验研究与结果

根据我们关于婴幼儿书面语言机能发展的理论设想，婴幼儿经过学习初步形成书面语言机能后，不仅会对其认知方面包括语文学科的学习、抽象思维能力等有重要的促进作用，而且会对个体有关心理素质的发展也有促进作用，尤其是对学习兴趣、自信心等个性因素的发展有促进作用。本研究主要探讨婴幼儿时期掌握书面语言对学习兴趣的影响。

在广州市某小学随机选取婴幼儿时期已进行了 3 年 6 段书面语言学习的一年级学生 61 人，称为训练组；另随机选取没有进行书面语言学习的一年级学生 62 人，称为对照组。

自编小学生学习兴趣家长问卷与教师问卷，分别由家长与教师完成。经过试测，具有较好的一致性和可靠性。分别由家长和教师填写训练组和对照组两组学生的学习兴趣问卷。收回家长有效问卷 123 份（其中训练组 62 份，对照组 61 份），收回教师有效问卷 123 份（其中训练组 62 份，对照组 61 份）。

对儿童学习兴趣家长问卷中训练组和对照组儿童的学习兴趣的统计分析结果发现，训练组和对照组的学习兴趣水平差异达到非常显著的水平，训练组的学习兴趣要远远高过对照组。

值得注意的是，本研究结果只是家长对儿童学习兴趣情况的评价，为了更全面地反映儿童的学习兴趣情况，我们还通过教师评价对不同组别儿童的学习兴趣进行了分析。结果发现，不同组别婴幼儿的学习兴趣分数差异达到非常显著的水平，训练组的学习兴趣远远高于对照组。

本研究采用教师评价和家长评价两种方法考察了训练组和对照组学生学习兴趣的差异，从而探讨了婴幼儿时期掌握书面语言对其后续学习兴趣的影响。结果表明，婴幼儿期经过书面语言学习的小学生比没有经过训练的小学生学习兴趣要高，差异非常显著，这表明，婴幼儿书面语言机能的形成促进了他们学习兴趣的提高。

（五）婴幼儿书面语言习得影响小学阶段自信心发展的实验研究与结果

上述实验中，我们探讨了婴幼儿期习得书面语言对其后续阶段学习兴趣的发展的影响，本实验进一步探讨对后续阶段自信心与自我效能感发展的影响。

在广州市某小学随机选取婴幼儿时期已进行了 3 年 6 段书面语言学习的一年级学生 61 人，称为训练组；另随机选取没有进行书面语言学习的一年级学生 62 人，称为对照组。

自编小学生自信心与自我效能感问卷，实验个别进行，由教师按照问卷的项目向学生提问，然后记录他们的回答情况，计算出每个学生自信心分数。

对不同组别学生的自信心与自我效能的数据进行方差分析，结果发现，训练组和对照组的自信心和自我效能感水平差异达到非常显著的水平，其中，训练组的自信心和自我效能感水平要远远好过对照组。

本研究采用婴幼儿自评的方法考察了训练组和对照组学生的自信心和自我效能感水平差异，从而探讨了婴幼儿时期掌握书面语言对下一步学习的自信心和自我效能感的影响。结果表明，经过书面语言学习的婴幼儿进入小学阶段后，其自信心和自我效能感比婴幼儿期没有经过学习的学生要好，这表明，婴幼儿书面语言机能的形成对小学阶段的自信心和自我效能感产生了积极的影响。

第四节　婴幼儿书面语言机能培养研究的综合分析

关于婴幼儿机能发展问题，前人提出了各种理论，在第二章中，我们已经对这些研究进行了总结，并在此基础上提出了学习双机制理论的基本观点：婴幼儿各种心理机能，是在成人的指导下，由个体（婴幼儿）在机能形成的关键期与机能载体相互作用从而形成。因此，婴幼儿心理机能的形成需要三个基本的条件，即关键期、机能载体和相互作用。

根据学习双机制理论关于个体心理机能形成的主要观点，个体的心理机能分为联结性心理机能与运算性心理机能。幼儿书面语言机能主要是联结性机能，联结性机能形成的特点是，第一，难度较小，可以在较早的年龄形成；第二，最为重要的是，联结性心理机能的形成，是个体在关键期直接与机能载体交互作用就可以实现，符合经验主义的"主体—客体"二项图式。我们在系统阐述婴幼儿机能发展理论设想、婴幼儿书面语言发展机能培养的基本思路的基础之上，全面展开了婴幼儿书面语言机能培养的实验研究，共设计了 12 个实验，系统探讨了婴幼儿书面语言机能培养的问题。

实验结果表明，婴幼儿书面语言机能是个体在关键期中与书面语言载体直接进行交互作用而实现的，验证了学习双机制理论关于个体联结性心理机能形成的理论构想。下面从婴幼儿书面语言机能培养的效果、婴幼儿书面语言学习的规律和婴幼儿书面语言机能培养的意义等三个方面总结分析本项研究结果。

一、个体获得书面语言机能的效果与关键期问题

在前三个实验中我们重点从婴幼儿认字阅读学习的效果、认字阅读学习的兴趣等方面进行了探讨，力图从认知方面与情感方面验证婴幼儿阶段是否是书面语

言学习的最佳期。根据实验结果，我们对婴幼儿阶段是否掌握书面语言最佳时期这个重大问题，得出了婴幼儿阶段是掌握书面语言的最佳期这个重要结论。

对于婴幼儿认字阅读是否合适，在国内外一直有争议。本研究通过对广州市二十多所幼儿园的幼儿进行了识字阅读的培养，结果发现，无论在识字方面还是在阅读方面，婴幼儿经过训练，能够取得较显著的学习效果，如果经过 3 年左右的培养，儿童在认字阅读方面完全可以达到小学中年级乃至高年级的水平。一般来说，经书面语言 3 年学习的儿童，基本上可以自如地阅读普通的书报，并且他们所进行的书面语言学习完全是在一个轻松的、无任何负担的情境中实现的，正如他们口头语言的习得过程一样。尤其值得注意的是，婴幼儿在学习书面语言时表现出极大的兴趣，这显然是关键期的一个重要表现与标志。因此，我们得出的结论是，婴幼儿阶段是书面语言机能发展的关键期。

根据上述 3 个实验的结果，我们认为传统的关于婴幼儿时期不能进行书面语言教育的观点是错误的。传统观点认为，儿童应该在 6、7 岁进小学以后才开始认字阅读，提前认字阅读对幼儿发展不利；认字阅读是学习知识，婴幼儿应该注重素质发展，而不应该这样早就要他们学习这些知识；认字阅读难度很大，这么早就让幼儿学习这样难的知识，不符合婴幼儿心理发展特点。正因为如此，在我国，婴幼儿书面语言的掌握，一般都在小学入学后才开始，这其实是不恰当的。

本研究结果证明了，个体的书面语言机能应该在婴幼儿发展形成，婴幼儿书面语言机能的发展是可能的和可行的。本研究认为，婴幼儿主要的学习活动是模式辨别活动，而认字实际上是模式辨别的一种；书面阅读，是将视觉符号转为语音信号，然后进行理解，因此，书面阅读实际上与理解口头语言的认知过程基本相同。模式识别与语言理解活动关键期都在婴幼儿时期，因此，婴幼儿的认字阅读的关键期就在婴幼儿阶段。同时，从婴幼儿脑的发育来看，从出生到 6、7 岁，婴幼儿的脑重已经达到了成人的 90% 以上，由于个体进行各种认知活动，大脑皮层的机能区域应该在这个阶段启动。我们以往个案研究的结果来看，婴幼儿阶段掌握书面语言，充分表现出关键期的"机能敏感"的特点。在以往若干个案研究发现，婴幼儿学习认字阅读，表现出对汉字感兴趣，一旦开始学了一部分字之后，只要一见到认识的字就读，遇到不认识的字就问，这个现象，应该是机能关键期发生自然冲动的表现。学得快，记得牢，大量的汉字可以在日常生活中不知不觉地学会。同时本研究还证明了，婴幼儿完全具备了掌握书面语言的机制。从心理机制来看，认字的心理机制是模式辨别，即将当前的汉字的书面符号模式与相应的声音、意义联系起来，能够区分出与该声音及意义相联系的汉字模式。婴幼儿主要进行的联结学习就是模式辨别。他们为了对刺激作出适当的反应，首先就必须识别出该刺激，因此，从某种意义上说，模式识别是婴幼儿首要的、基本的认识活动。模式识别作为一种联结学习，其心理过程就是将当前要识别的客体的各部分特征在工作记忆中联结起来为一个整体，存到长时记忆中去，以后再遇到该客体时就能将它识别出来。从心理进行过程来看，对物理体（即实物）的模式识别与对符号（汉字等）的模式识别的进程与难易程度是没有很大的差异的，其心理过程基本是一样的，我们根本不用担心婴幼儿是否具备这种联结学习的能力。婴幼儿的认字是一种模式识别的活动，与他们无时无刻在进行的对实物的模式识别活动基本上是一致的，难度也是相当的，他们完全具备了进行这种活动的能力。

二、婴幼儿掌握书面语言的敏感期与最佳起步点问题

本研究第二系列研究包括实验4、实验5、实验6与实验7，重点探讨了婴幼儿学习书面语言的敏感期与最佳起步年龄问题，尽管在前面的实验中，我们确定了婴幼儿阶段是书面语言学习的关键期，但是，婴幼儿是一个较长的阶段，在这个阶段究竟哪一年龄是最佳的起步学习书面语言的年龄，这个问题不仅有重要的实用意义，同时对于探明婴幼儿学习书面语言的规律与特点也有重要的理论意义。

本实验4首先比较了不同年龄起步学习书面语言的婴幼儿经过不同时间学习的效果，实验结果表明，对于相同起始年龄的婴幼儿来说，学习时间越长，掌握的识字量越大，但是，掌握识字量的效果并不是呈匀速增长的趋势，实际上，不同起始年龄的儿童表现出识字量增长不同的模式，也就是说，不同年龄起步的婴幼儿不同时间学习书面语言的效果呈现了不同的上升趋势。3岁起步学习的儿童与4岁起步的儿童比较，前者在第1年学习效果显著低于后者，但是第2年起，其效果就追赶上来，两者不相上下，这种不同起步年龄学习的不同趋势暗示了，婴幼儿书面语言学习可能有一个敏感期。实验3、实验4就专门探讨了婴幼儿认字与阅读的敏感期问题，研究结果表明，识字的敏感期大约发生在4.4~5岁，而阅读的敏感期大约发生在4~4.5岁，一旦进入这个敏感期，个体书面语言的学习就会以异乎寻常的加速度迈进，由于这个敏感期在4岁以后，因此3岁起步的幼儿经1年学习尚未达到敏感期，而4岁起步幼儿在第1年的学习中已经达到了其敏感期，因此两种年龄起步在第1年就表现出不同的学习效果，而在第2年后，则由于都进入了敏感期，因此两种起步年龄的被试经两年学习后，其效果差异就不显著。为了进一步证明上述结论，我们进一步用2岁起步与5岁起步的婴幼儿学习效果与3岁、4岁起步的婴幼儿比较，结果表明，2岁起步的婴幼儿，不仅第1年与3、4岁起步的个体有显著差异，更重要的是其第2年的学习效果

还是远远比不上 3、4 岁起步的儿童；同样，5 岁起步的幼儿第 1 年的学习结果并没有比 4 岁起步组有明显的提高，这说明，首先，婴幼儿书面语言学习的敏感期首先是一个年龄概念，即它大致要在一定的年龄段才会发生；其次，更重要的是，这个概念不单纯是年龄概念，同时也是一个经验概念，个体需要有一定书面语言经验的基础上才会进入这个敏感期。为了进一步探讨敏感期作为一个经验概念的"经验"的实质，本研究实验 7 明确提出了"语言最低输入量"概念，然后对婴幼儿语言最低输入量问题进行探讨，实验结果表明，婴幼儿书面语言学习过程中确实存在"语言最低输入量"的现象，而 3 岁起步与 4 岁起步学习的幼儿，其语言最低输入量基本相同，因此，实验 7 得出了结论：婴幼儿书面语言习得的敏感期的"经验"，主要是习得语言的量的经验，而不是学习语言的时间经验。

综合第二方面研究的实验 4、实验 5、实验 6 与实验 7 的结果，本研究对婴幼儿书面语言学习的敏感期与最佳起步年龄得出了重要的结论：婴幼儿书面语言学习过程存在一个敏感期，这个敏感期首先是个年龄概念，它大约要在 4 ~ 5 岁时候才出现；同时，它又是经验概念，需要在一定的书面语言经验积累的基础上才能产生，而这个经验主要不是指学习时间，而是指习得的语言量，这个量实质就是人们提出来的"语言最低输入量"。因此，婴幼儿书面语言学习敏感期的实际出现需要满足两个条件：第一，个体大约处于 4 ~ 5 岁年龄段；第二，在该年龄段之前个体书面语言的学习已经达到了语言的最低输入量。由于婴幼儿书面语言经验达到这个最低输入量需要一定的时间，因此，综合婴幼儿书面语言学习敏感期出现的年龄段以及个体达到语言最低输入量所需要的时间，本研究认为，婴幼儿书面语言学习的最佳起步点应该定在 3 岁左右。本系列研究结果也表明，实际上，从 3 岁开始进行识字教育的婴幼儿效果的综合指标要相对高于从 2 岁和 4 岁开始的婴幼儿。在 2 岁至 3 岁，婴幼儿的识字效果表现出一个极大的跳跃。

以上是第二系列研究 4 个实验所研究的问题以及主要结果与结论。除了上述的重要结果与结论之外，本系列的研究还在一些具体方面发现了一些有意思的现象：

第一，如上所述，我们的研究结果表明，婴幼儿时期是掌握书面语言的最佳时期，值得进一步探讨的问题是，婴幼儿在哪个时段认字阅读速度会显著加快，认字阅读的兴趣显著提高，即探讨掌握书面语言的最敏感期。我们采用家长和教师两套问卷进行了研究，结果表明，婴幼儿书面语言学习的敏感期出现的时段在 4.5 岁左右，其中识字的敏感期在 4.5 ~ 5 岁，阅读敏感期在 4 ~ 4.5 岁，阅读敏感期先于识字敏感期。

第二，通过不同年龄不同学习培训时间的识字量的比较，我们发现，3 岁起开始识字的儿童的识字量增加的速度是最快的，3 岁开始进行识字教育的幼儿比 4 岁开始进行的能够更早地达到识字教育的敏感期。就其原因而言，一方面是因为在达到识字敏感期之前，3 岁起步的幼儿相对接触正规识字教育的年限要长于 4 岁起步的幼儿；另一方面更重要的可能是因为当敏感期的年龄段相对固定的情况下，3 岁开始进行识字教育的幼儿，在其敏感期的年龄段到来时更容易达到语言最低输入量。总之，儿童识字的敏感期在 4~5 岁，如果婴幼儿 3 岁就开始进行识字阅读教育的话，其更容易达到这一敏感期。

第三，本研究提出并探讨婴幼儿在汉字学习的最低输入量问题。我们认为，从模式辨别学习的过程来看，个体学会辨别一辆车的图形（假定个体过去也没有见过车）比他们学会辨别"车"字更难，因为，前者的线条与空间关系要比后者更多更复杂。然而，事实上婴幼儿辨别图画车比辨别"车"字要容易，主要是由于他们在以往经验中接触了大量的事物与图片，头脑里保存了大量的实物"原型"与"部件"，尽管他们没有见过车，但是凭据头脑中有关的实物原型，很容易就会发生迁移而对车产生了识别。由于个体以往生活中没有辨别书面符号的经历，头脑里没有汉字的"原型"与"部件"，这样，在辨别"车"字的时候会无经验可利用因而难度增大。我们设想，一旦个体学习了若干汉字，头脑里已经具备了汉字的一些"原型"与"部件"，那么，他们再学习新的汉字时就会像学习辨别汽车图片那样容易。在以往的个案研究中已经明显地发现了这个现象。因此，本研究通过实验进一步探讨婴幼儿在学习汉字过程中需要掌握多少汉字才基本具备了迅速学习汉字的"原型"与"部件"，并对汉字发生较大的兴趣，也就是汉字学习的最低输入量问题。研究结果发现，婴幼儿一般在掌握 350 个汉字以上的情况下会达到识字教育的敏感期。即在掌握 350 左右的汉字时，婴幼儿开始出现表现出对识字的高兴趣性、高敏感性。因此，由本研究结果表明，350 左右的汉字可能是婴幼儿的最低输入量。

三、婴幼儿阶段掌握书面语言对其后续发展的影响问题

本研究第三系列研究包括实验 8、实验 9、实验 10、实验 11 与实验 12，重点探讨了婴幼儿学习书面语言的对其后续发展的影响问题，包括三方面的影响效果。第一方面是婴幼儿书面语言机能形成对于他们大脑发育的影响（实验 8）；第二方面是婴幼儿书面语言机能形成对于他们认知方面发展的影响（实验 9 与实验 10）；第三方面是婴幼儿书面语言机能形成对于他们非智力因素方面发展的影响（实验 11 与实验 12）。

实验 8 用认知神经科学的方法，通过训练组与对照组脑电活动的比较，初步

探讨了书面语言学习是否对婴幼儿大脑皮层语言视觉区的发育有促进作用。学术界认为，人的大脑遵循着"用进废退"的原则，根据这个原则，大脑皮层各个机能区域的发育，会受到该区域是否运作或运作的程度的影响。人类个体的发展过程中，各个主要的机能区域在婴幼儿时期就开始启动并进入运作状态，从而会使主管这些机能的皮层区域得到正常地发育发展。然而，按照我们过去的做法，个体要进小学后才开始认字阅读，也就是说，他们的书面阅读皮层区域要到6、7岁才开始启动，我们设想，这样可能会影响了个体大脑皮层这个区域的发育程度，而如果在婴幼儿阶段就发展其书面语言，使大脑皮层书面语言区域早期就开始启动并加入运作状态，可能会促进该区域的发育与发展。因此，本实验将婴幼儿阶段学习认字阅读的儿童的皮层书面语言机能区域的结构与功能状况与没有进行这方面学习的儿童进行比较，结果表明，早期进行了书面语言学习的幼儿的大脑皮层有关区域的机能比没有进行书面语言学习的幼儿表现出更好的发育状况。只是一个值得注意的发现。

实验9与实验10探讨了书面语言机能的形成对个体有关的认知素质发展的影响，根据我们的设想，幼儿时期书面语言机能的形成不仅会促进他们在中小学阶段语文学科的学习，而且对于其认知能力的发展，包括思维、注意、记忆等认知素质的发展都会有重要影响。

实验9重点探讨了婴幼儿阶段形成书面语言机能对个体小学阶段语文学习的促进效果。结果表明，婴幼儿时期接受认字阅读训练形成书面语言机能的学生，在小学阶段语文学习显著优于没有接受书面语言训练的对照组学生，包括在写作水平上也有明显的差距。

根据我们的设想，儿童到了6、7岁时思维发展的程度应能阅读普通的文章或故事，这种阅读是非常必要的，一方面可以让儿童通过阅读扩大知识面，另一方面儿童经过一定量的阅读就可以过渡到写作。然而，目前基础教育的设计，一年级才开始识字，到了二年级也无法阅读，写作也跟着后移，这样，这方面的学习至少延误了两年，显然是基础不够优化。本研究表明，认字和阅读应该放在学前阶段进行。如果使他们入学前就能进行一般的阅读，那么，进入小学一年级后，由于书面阅读前移了，及时给予学生规范的书面语言及文章的"脚本"，当学生二、三年级时，常用字的书写基本掌握后，便可以开始写作了，这样便能保证不延误学生这方面学习的最佳时机。实验8的研究结果就充分验证了这一点。

实验10进一步探讨了婴幼儿阶段形成书面语言机能对个体小学阶段抽象思维的促进效果。结果表明，婴幼儿时期接受认字阅读训练形成书面语言机能的学生，在小学阶段抽象思维发展优于没有接受书面语言训练的对照组学生。

个体的思维发展要经历外部动作思维，到形象思维，然后再到抽象思维，抽象思维是符号思维，主要是通过语言符号进行的，因此，婴幼儿语言的发展会促进其思维的发展尤其是抽象思维的发展，这已经是心理学界的共识。但是，学术界关于婴幼儿语言发展会促进思维发展的论断，主要是指口头语言，婴幼儿书面语言的发展，是否会促进其思维尤其是抽象思维的发展？根据本研究的基本理论，回答是肯定的。因为，首先，儿童掌握书面语言，经过阅读书面材料可以进入比口语丰富得多的语言世界，更有利于思维能力的发展产生质的飞跃。其次，婴幼儿阶段如果没有掌握书面语言，那么，这个时期个体的阅读只能是看图画，这样一来，就是不断强化了他们思维的形象性；而一旦他们掌握了书面语言，就会通过书面符号的阅读来掌握信息与处理信息，这样就会促进他们不断由形象思维向抽象思维过渡，从而使抽象思维及早得到发展。实验 10 的结果证明了我们上述设想。

实际上，在我们的跟踪研究中，我们常常可以发现许多非常有说服力的现象，例如，参加书面语言培训班的儿童，进入小学后都普遍表现表现出一个特点，即不大爱看连环画故事，而喜欢看纯文字的故事；回答问题表述比较完整、清晰；等等。日本的汉字教育专家石井勋博士以他二十四年的幼儿汉字教育实践的数据证明，入学前不学汉字的幼儿的平均智商是 100，5 岁开始接受汉字的幼儿 1 年智商达 110，在 4 岁开始接受汉字，2 年则智商达 120；3 岁即开始实施 3 年汉字教育的幼儿，智商达 130 以上。因为汉字是音码、形码、义码文字，在左右脑上同时起作用，学汉字有利于左右脑的开发。这些，都可以作为本研究实验 10 的结果与结论的辅助证据。

实验 11 与实验 12 探讨了书面语言机能的形成对个体有关的非认知因素发展的影响，根据我们的设想，婴幼儿时期书面语言机能的形成不仅会促进他们认知因素的发展，而且会促进他们在小学阶段有关的个性或非智力因素的发展。

实验 11 重点探讨了婴幼儿阶段形成书面语言机能对个体小学阶段学习兴趣的促进效果。根据我们的理论设想，个体某种机能如果处于关键期，他就会对该机能的载体表现出特殊的兴趣，非常主动、积极地发起或参加形成该机能的各种活动。而这种对某种机能定向兴趣如果能保留下来并健康地发展，那么，就会迁移到相近情境中去，形成较为一般化的兴趣。在实验 3 中，我们已经对婴幼儿对认字阅读的特殊兴趣进行了探讨，结果发现，婴幼儿参加书面语言学习后，表现出对书面语言的强烈的兴趣；在这个系列的研究中，实验 8 的结果表明，在婴幼儿时期进行书面语言学习的学生，会将对书面语言的学习兴趣进行迁移与概化，在后续的学习中形成一般的学习兴趣，因此，训练组的学生学习兴趣显著高与对照组。

而实验 12 则重点探讨婴幼儿阶段形成书面语言机能对个体小学阶段自信心

与自我效能感形成的促进效果。我们认为，个体的自信心形成的最重要条件是其对周围世界的控制程度，个体感觉到自己越能控制周围世界，其自信心与自我效能感就越能健康发展。因此，婴幼儿随着书面语言的掌握，就会越来越感受到自己具备了对符号世界的操作能力，因此，其自信心与自我效能感就会越来越增强。实验结果与上述设想完全一致，婴幼儿阶段掌握书面语言的学生在自信心与自我效能感方面显著优于对照组的学生。

由于学习兴趣与自信心是个体学业成功的重要保证，是最重要的非智力因素，婴幼儿阶段掌握书面语言，可以促进这些关键性素质的发展，因此，婴幼儿书面语言的学习，对其整体发展无疑是有重要意义的。

本章小结：本章主要阐述基于学习双机制理论关于个体心理机能形成的理论构想所进行的婴幼儿书面语言机能培养的实验研究。以往很多人认为，认字阅读学习难度大，婴幼儿时期不宜学习。实际上，根据学习双机制理论的基本观点，认字阅读是形成个体书面语言机能，而书面语言机能主要是联结性机能，个体的联结性机能是通过主体在该机能发展的关键期，与机能载体直接交互作用，就可以形成。因此，只要确定婴幼儿认字阅读学习的关键期，探讨认字阅读的最佳载体，特别是探讨婴幼儿与载体直接相互作用的最合适的方式，就可以让婴幼儿顺利地形成书面语言机能。

根据学习双机制理论这个基本思路，我们设计了三个系列的实验，进行了历时三年的研究，系统探讨婴幼儿识字阅读书面语言机能培养效果，发展特点与规律。

实验研究结果表明，个体的书面语言机能应该在婴幼儿发展形成，婴幼儿书面语言机能的发展是可能的和可行的；根据学习双机制理论关于个体联结性机能形成的构想，采用适合婴幼儿心理发展特点的方式让婴幼儿直接与书面语言载体相互作用，就能有效地促进其书面语言机能的形成；婴幼儿时期形成书面语言机能，对于他们下一步的发展有重要意义。

本系列实验研究验证了学习双机制理论关于个体联结性心理机能形成的理论构想。

基于学习双机制理论的幼儿
科学思维机能培养研究

根据学习双机制理论关于个体心理机能获得的理论构想，第三、第四章分别阐述个体联结性心理机能获得的培养与个体运算性心理机能获得的培养的实验研究。第三章主要阐述婴幼儿书面语言机能培养的系列实验研究，验证学习双机制理论关于联结性心理机能获得的基本观点；第四章则主要阐述婴幼儿科学思维机能培养的实验研究，验证学习双机制理论关于运算性学习机能获得的基本观点。本章首先阐述了学习双机制理论关于个体科学思维机能培养的基本思路，以及基于这个思路确定的培养实验方案，然后阐述幼儿科学思维培养实验的实施过程，主要结果与结论。本系列实验研究结果表明，个体科学思维作为最重要的运算性心理机能，是由婴幼儿个体在关键期通过外部活动内化的方式与载体相互作用而形成，符合皮亚杰与维、列、鲁学派提出的"主体—活动—客体"三项图式，从而验证了学习双机制理论关于个体运算性机能形成的理论构想。

第一节 学习双机制理论关于幼儿科学思维形成的理论构想

一、学习双机制理论关于个体科学思维形成过程的基本观点

学习双机制理论认为，科学思维是属于个体逻辑运算机能的最重要、最高级

的组成部分，与其他方面的逻辑运算机能一样，它也是在其发展的关键期中，与该机能的载体相互作用才能形成。运算性机能与联结性心理机能不同，作为人类个体的高级心理机能，它的载体以静态的、社会产品的形式存在而蕴含了人类千百年形成的复杂智能活动，需要个体在社会传递下进行这些产品（载体）蕴含的活动，然后再逐步内化为个体的机能。因此，个体的逻辑运算机能的形成，按照列昂捷夫的说法，是一个以全新的形式实现人类"种族"机能的过程。

前面第二章在总结前人相关的理论的基础上，提出了学习双机制理论关于个体运算性高级机能形成的基本观点，这个基本观点可以概要性地表述如下：

首先个体刚出生的一个短暂时期，只有与生俱来的本能动作，如手脚乱动之类，本能动作最大的特点是无目的、不自觉的，是对环境的本能适应。

随后，新生儿个体为了适应外部环境，逐步产生了随意动作，与本能动作不同，随意动作最大的特点是目的性，是个体有意识、有目的地发生的动作，例如，新生儿伸手抓奶瓶朝向自己的嘴巴等，它是对环境的有目的的适应，但只是一种简单的适应。

进一步，新生儿个体为了适应变化的环境，就必须调整自己的动作，使之能达到一定的目的，这种调整，就是根据客体（环境）的逻辑修正原先的动作（主体逻辑）以实现对环境的适应。调整的结果，使一般的随意动作成为蕴含基本逻辑图式的智慧动作，按照皮亚杰的观点，最先出现的是具有序列关系、内包关系与一一对应关系的智慧动作，这三种逻辑关系，是后来一系列逻辑图式形成与发展的"母结构"。

个体外部动作的发展从随意动作开始，逐步向两个方向发展，一个是从简单的随意动作向复杂、精细的随意动作发展，随意动作的高级阶段是各种高难度的生产劳动操作活动、体育活动、文艺活动（舞蹈、杂技之类），等等；而智慧动作进一步发展是解决问题的各种外部活动。过去学前教育界强调动作的发展，主要指的是前一种动作的发展，而没有真正认识智慧动作发展对个体机能发展的决定性意义。实际上，个体逻辑运算机能的发展，尤其在婴幼儿时期是通过外部智慧活动的内化而实现的。因此，蕴含着各种复杂的智力活动图式的智慧活动，是个体形成逻辑运算机能的载体。个体如何与这个载体相互作用才能有效地将载体蕴含的逻辑运算机能内化为个体的机能，这个是意义最为重大、目前尚无突破性的进展的课题。我们通过对心理学最新研究成果与趋势的总结分析，提出了运用微观发生法作为个体与机能载体交互作用方式的观点，并准备在下一步通过实验研究对微观发生法培养幼儿的科学思维的效果进行验证。

图4-1展现了我们对幼儿科学思维机能形成过程的思路。

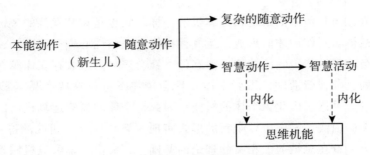

图 4 - 1　个体思维机能形成过程

二、学习双机制理论关于婴幼儿科学思维培养的思路

根据学习双机制理论关于个体心理机能形成过程的理论观点，科学思维是人类个体最重要的、关键性的运算性机能，作为个体的心理机能，它的形成与联结性机能一样，都是在该机能发展的关键期，由个体与机能载体交互作用而实现的；但是作为运算性机能，它的形成与联结性机能有重要的不同：

首先，从机能载体来看，运算性机能是人类千百年形成的复杂的智力活动，是一种社会机能，它客体化地以隐性的方式蕴含着人类复杂的智能活动，可见，运算性机能载体不是以载体的物理属性直接体现出来，而是以活动产品的形式凝聚着形成产品的活动。

其次，从相互作用的形式来看，运算性机能载体不能通过其物理属性直接引发主体的内部活动，而是需要成人将载体所隐含的活动"转译"出来，让个体在外部进行相应的活动，然后将这个外部活动内化为个体的内在活动，这是一个复杂的外部活动内化的过程。因此，个体运算性机能的形成，是在社会传递下的，由个体与机能载体相互作用，实现载体所蕴含的人类智力活动，然后内化为个体内在活动的过程，也就是外部活动内化的社会建构过程。

根据上面我们对个体逻辑运算机能（包括科学思维）形成过程的理论观点，可以提出对幼儿科学思维培养的总体思路：

（一）抓住最佳时机

无论是联结性机能还是运算性机能，其形成的首要条件就是要抓住最佳时机，这一最佳时机就是关键期。我们认为，从个体思维发生的理论观点来看，个体的科学思维形成的整个过程应该是从出生到 14、15 岁，即皮亚杰所主张的从出生开始的感知动作阶段一直到形式运算阶段，但是，是否整个过程都是关键期，或者哪一年龄段是关键期，应该说研究者意见是不一致的。

综合分析各种不同的观点与证据，我们认为，虽然从出生到13、14岁整个过程对于个体思维发展都非常重要，个体科学思维发展的启动时期应该从新生儿的动作发展开始，但是，最重要的时间段还是在3~6、7岁，理由有四方面：首先，婴幼儿从2、3岁开始，他们就会对各种现象的关系、原因表现出极大兴趣，因为个体到了3岁左右，探究的欲望充分激发，常常询问"为什么"，如"为什么月亮跟着我走?"，"为什么天下雨?"等一系列问题，常常要主动地进行各种操作世界的活动，明显表现出认识世界因果的兴趣，这正是他们科学探究思维的冲动的表现，是关键期的重要标志。其次，根据皮亚杰的观点，3岁左右的幼儿开始进入了前运算阶段，也就是这个时期才开始真正可以在内部进行运算性活动。这个时期的儿童已经完成了感知动作阶段的从外部活动形成的动作图式内化为内部图式，这样，个体具备了将外部活动的方式内化为内部活动方式的基本条件。皮亚杰认为，个体出生时只具有先天的外部活动图式，经过主客体相互作用，主体逐步建构起具有序列结构、——对应结构与内包含结构的外部智慧动作图式，这三个外部的智慧动作图式内化为主体的内部图式，形成了主体内部运算性活动的基础。由此可见，个体在3岁左右，已经具备了外部活动内化的基础。再其次，幼儿到了3岁左右，主要的大动作与比较精细的动作都基本形成，外部语言也基本掌握，基本具备进行外部的解决问题的智慧活动的条件；而语言的掌握，为思维尤其是抽象思维的发展提供了最重要的基础。最后，心理学大量研究表明，个体许多重要的思维操作，如因果、类比、归类等，都从3岁左右开始出现。而狼孩正是误过了这个关键期，因此，回到人类社会之后的教育与训练，无法使他们的思维恢复到正常状态。据此，我们认为，3~6、7岁是个体运算性机能发展形成的关键期。

（二）设计最佳载体

婴幼儿机能形成的另外一个重要条件是机能载体。那么，什么是婴幼儿科学思维机能发展的最佳载体？如上述，我们认为，科学思维机能的载体是解决问题的智慧活动，从本源来说，这类智慧活动是蕴含在实物形式的生产工具、生产产品之中，当然，也蕴含在符号形式的各学科各领域的知识之中。上述两类载体所蕴含的智慧活动，其活动的进行，需要涉及丰富的知识，因此，这些智慧活动的载体，称为本源性载体，也就是"知识丰富"的载体。对于这类载体，个体要进行其蕴含的智慧活动时，必须掌握其所要求的知识。例如，要进行"个位数乘法"所蕴含的智慧活动，就必须懂得加法、数概念等知识。

然而，如果将这些智慧活动的方式抽取出来，使之蕴含在不涉及或尽可能少涉及学科知识的客体中，例如拼七巧板，尽管蕴含了非常复杂的智慧活动，但是，涉及的知识很少。这类智慧活动的载体，根据一定目的，按照本源载体蕴含的智慧活动的方式而制造出来的，称为人造载体，也就是"知识贫乏"的载体。

应该强调的是，尽管各学科的知识都是科学思维的载体，但是，如果培养婴幼儿思维时大量使用这些载体，势必需要婴幼儿首先学会许许多多相关的知识，不仅会增加婴幼儿的负担，使婴幼儿不堪重负，而且学习相关知识需要花费大量的时间，贻误个体形成思维机能的关键时机。因此，为了有效地进行婴幼儿科学思维的培养，不适宜选择系统的学科知识之类的知识丰富载体，而应该采用知识贫乏的载体，使个体不需要掌握许多相关知识就能进行载体所蕴含的智慧活动，"轻城勿取，直捣长安"，直接形成科学思维机能。

因此，应该根据我们对科学思维机能构成的理解选择知识含量少而又蕴含了人类科学思维的基本活动的载体，设计成为整套活动方案，按照活动方案让幼儿进行活动，就能有效地促进其科学思维机能的形成。

（三）采用最佳相互作用形式

婴幼儿科学思维机能形成，需要他们与载体相互作用，将载体蕴含的智慧活动方式内化为个体的内部的智力活动方式。与其他机能不同，作为人类最高级机能思维的形成，个体与机能载体的相互作用不是一个简单的接触或模仿练习的过程，而是一个极其复杂的外部活动内化的过程。如何促进这个过程的实现，换言之，个体如何与载体交互作用，至今还是一个需要深入探索的世界性难题。

皮亚杰用"同化"与"顺应"来阐述这个过程，提出了要引起个体内部的认知矛盾，然后促进其协调建构，形成新的图式。

苏联维列鲁学派的重要代表人物加里培林提出了外部活动内化过程的智力活动的分阶段形成理论，将智力活动的内化过程分为五个阶段，并阐述如何促进各个阶段发展的教育措施。

20世纪后期，在西方发展心理学领域兴起的一种新的研究方法，即微观发生法，现在已被公认为是对儿童的认知发展进行精细研究的一种比较有效的方法。近几年来，心理学家将这种重要的研究方法应用到教学实践中作为一种思维或能力训练的有效方法，托特（Toth）等人开创性的进行了尝试，他们将微观发生法运用于课堂教学实践，用以训练小学儿童的变量控制策略（Control of Variables Strategy），取得了良好效果，从而搭建了科学研究与实践训练的桥梁。变量控制策略是科学思维中的一项重要的学习策略，托特等人的研究很好地说明了微观发生法可以应用于儿童科学思维训练的教学实践中。目前，心理学界越来越注重探讨将微观发生法运用于幼儿智力活动方式的培养。

我们结合皮亚杰、维列鲁学派等关于如何引到个体形成新的思维图式或智力活动方式的观点，形成了我们关于促进婴幼儿思维与创造力机能获得过程的微观发生法的思路，准备运用微观发生法引导幼儿进行科学创造活动，从而将载体（各种解决问题的活动）所蕴含的机能（各种科学思维活动方式）内化为个体的内部图式。这就是我们关于幼儿个体与科学思维机能载体的交互作用方式的思路。

第二节　幼儿科学思维培养的载体设计

科学思维是一种个体具有的独特的心理素质，具体表现为在实际的问题解决和科学创造发明中，个体能够灵活有效地使用新的方法或策略解决新问题以及创造出独特新颖的产品和成果。要培养幼儿的科学思维，首先要了解科学思维的构成。

一、科学思维的构成分析

科学思维是以创造性思维为核心的思维系统。创造性思维能力发展的不同水平和程度决定了一个人未来科学创造的可能性。根据儿童认知发展的研究，人的一生的思维能力的发展速度是不平衡的，是先快后慢的。特别是幼儿时期是思维能力发展的关键期，一个人创造的潜力主要取决于幼儿时期创造性思维能力的发展。许多研究已表明，幼儿时期是创造性思维能力呈快速发展的时期，但是这种发展是受各种因素制约的。因此，幼儿时期的思维能力训练是培养创造性科技人才的关键。

基于前人以及现代最新的研究成果，我们认为科学思维的本质是一种心理过程，是个体所具有的一种独特的高级认知能力，人借助思维能力反映现实的对象和现实的本质特征，并揭示现象之间的各种联系。因此，我们可将科学思维定义为在问题解决与科学创造过程中所表现出的捕捉信息和加工信息的高级认知能力。基于科学创造或发明过程中发现、构思和验证这三个基本阶段，科学思维主要应包含科学发现思维能力、科学构思思维能力和科学验证思维能力三个方面。这三个方面有机联系，相互协调，构成科学发现和创造的完整过程。科学发现思维能力是科学思维的起点，具体包含现象观察能力、问题发现能力和比较概括能力。科学构思思维能力是科学思维的核心，具体包含变通分类能力、类比联想能力和发散思考能力。科学验证思维能力是对科学构思阶段提出的假设和理论模型进行验证，具体包含科学推理能力、假设检验能力和变量控制能力。每一种高级认知能力又分为不同的能力发展层次。在这个模型中，每一类能力中又下属分为两类，例如，科学发现思维能力中的现象观察能力包含静态观察和操作观察；问题发现能力包含问题确定和问题探究；比较概括能力包含特征分析和特征归纳。科学构思思维能力中的变通分类能力包含深层分类和多维分类；类比联想能力包含关系类比和问题类比；发散思考能力包含功能发散和方法发散。而科学验证思维能力中的科学推理能力包含演绎推理和因果推理；假设检验能力包含假设提出和假设验证；变量控制能力包含变量确定和实验设计，如图 4 - 2 所示。

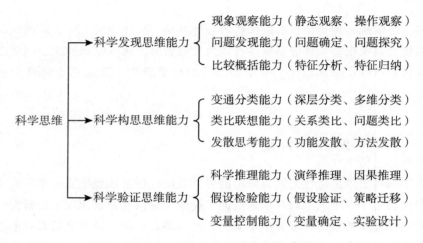

图 4 - 2　科学思维构成的理论模型

科学思维是科学发现思维能力、科学构思思维能力和科学验证思维能力的有机统一和具体的运用。在科学创造活动中，科学发现思维能力、科学构思思维能力和科学验证思维能力相辅相成、协调统一。在一个完整的科学创造中，科学发现思维能力是科学创造的起点和兴奋点，敏锐的现象观察能力为问题的发现提供了必要的保证，通过比较概括，对新的现象进行分析，激发创造的动机和灵感，诱发新的创造性的活动。从某种意义上来说，如果没有科学发现思维能力，就使科学构思思维能力和科学验证思维能力成为无源之水，无本之木。科学构思思维能力是科学发现的纵深拓展阶段，是科学创造的迸发和激化阶段，通过变通分类、类比联想和发散思考，突破固有的思维的瓶颈，基于新的角度和视野，对观察到事物进行新的整合和加工，从而构建出新的理论模型或实践的方案，推动科学理论和实践的发展。科学验证思维能力是科学创造活动中的推断和检验阶段，通过科学推理，假设检验和变量控制，儿童设计实验，提出假设，区分混淆变量和清晰变量，对假设进行检验，得出结论，并根据新的经验改变原有的科学信念和重构关于客观世界的心理模型。因此，在科学创造性思维教育实践活动中，儿童的科学发现思维能力、科学构思思维能力和科学验证思维能力应是并驾齐驱、共同发展的。

二、科学思维的各种构成因素分析

（一）现象观察能力

现象观察是一种有目的、有计划，比较持久的感知客观事物的心理过程。现象观察能力是感知觉发展的最高形式，是在综合视觉能力、听觉能力、触觉能力和嗅觉能力、方位距离知觉能力、图形辨别能力、认识时间能力等多种能力的基础上发展起来的，现象观察能力是形成智力的重要因素之一，是科学思维的构成基础。

科学创造中的现象观察主要包括静态观察和操作观察。静态观察指幼儿能按物体的颜色、形状等进行观察，并进行一定的比较，从而发现与原有经验的不同；操作观察指幼儿在有指导的情境下，进行一系列的操作活动，使儿童能按一定的顺序或方向位置观察事物的变化，发现不同，获得对科学现象的感性的经验。

观察是幼儿认识世界、增长知识的主要手段。现象观察能力是创造性科学思维活动的源泉和门户，幼儿通过现象观察，获得大量的感性材料，获得有关事物的鲜明形象，经思维活动的加工、提炼，上升到理性认识，从而促进科学创造性思维能力的发展。达尔文曾对自己进行评价："我没有突出的理解力，也没有过人的机智，只是在觉察那些稍纵即逝的事物并对其观察的能力上，我可能在众人之上。"俄国伟大的生理学家巴甫洛夫在他的实验室建筑物上刻着："观察，观察，再观察"。可见，现象观察能力对进行科学创造性活动起着至关重要的作用。因此，促进幼儿现象观察能力的发展，对其获取知识、认识世界、发展科学创新思维能力及良好的心理品质是至关重要的。

（二）问题发现能力

问题发现能力是指在认识世界的过程中主动探索、发现新问题、提出新观点的能力。问题发现能力是科学发现思维能力的核心。发现问题是解决问题的起点，培养学生的发现能力是培养创新意识的一条有效途径。布鲁纳指出："学习者优先的任务是有所发现。"他提倡发现法，主张引导学生通过自己的主动发现来学习。

问题发现能力包括问题确定和问题探究。问题确定是指在认识客观事物的过程中，能明确感知到问题，并能根据现有的信息初步的确定问题。问题探究能力则是主动探索问题和解决问题的能力。只有幼儿明确的认识到了问题的存在，才能积极地寻求方法和对策去解决问题。

问题发现能力是科学创造的基础。只有发现问题，才能激发人的求知欲和探索的动力，促进幼儿积极主动地思考新的解决方法，进行科学探索和创造。幼儿对事物充满好奇，根据幼儿心理发展的特点进行积极的引导，能极大地促进幼儿对新问题的敏锐性和洞察性。

（三）比较概括能力

比较是在头脑里确定事物间的异同点，概括是把不同事物的同一属性抽象出来加以综合形成概括表象或科学概念。比较概括能力是科学发现思维能力的重要组成部分，是实现由感性经验到理性经验提升的重要的途径。

比较概括包括特征分析和特征归纳。特征分析是根据事物的类的特征，具体化不同的个体的特征。特征归纳是能对同类事物的不同个体的特征进行总结，概括出客观事物的共同的特征。

苏联教育家乌申斯基指出："充满了支离破碎、毫无联系的知识的头脑，就像一个混乱的储藏室，在那儿连主人自己也找不到任何东西；只有体系而没有知识的头脑，则像一个小店铺，里面每一个盒子上都贴着标签，然而盒子里却空空如也。"皮亚杰的儿童认知发展理论也提出相应的观点，即有序的信息有利于幼儿吸收、加工、贮存与提取，通过同化、顺应促进认知结构的发展。通过比较概括，幼儿可以对知识进行有序的组合，形成科学的概念，实现认知结构的更新。

（四）变通分类能力

变通分类就是按不同的标准或不同的层次把事物分成不同的种类。根据共同点将事物归为较大的类，根据不同点将事物划分为较小的类，从而把事物区分为具有一定从属关系的不同的等级系统。变通分类是根据一定的标准，对事物进行有序划分和组织的过程。分类活动包含一系列复杂的思维过程，因此，变通分类能力的发展，反映了儿童思维发展，特别是科学构思思维能力的发展水平。

变通分类包括深层分类和多维分类。深层分类是忽略客观事物的表面上的

94

知觉的、非本质的特征，能在关系或结构相似的基础上对事物进行划分。多维分类是根据不同的维度灵活地对事物进行划分。变通分类能力反映了儿童思维的灵活性和变通性，儿童变通分类能力的发展能有效地促进科学构思思维能力的提高。

幼儿变通分类能力的发展表现为以下趋势：从根据事物的非本质的、表面的特征（如颜色、形状等）进行分类，发展到根据事物的功用（个别的功能和用途，如可以吃）进行分类，最后，能够根据概念，即客观事物抽象的、本质的特征进行分类。分类能力发展的一个重要标志，是儿童能够自己提出分类依据。如给儿童若干物品，儿童能够根据形状、颜色和其他特征（功用、概念等）将物品分成若干组并说出分类理由。所以，在培养儿童分类能力时，重点是使儿童能独自按照一定的标准分类，而不是由教师提出分类依据。

变通分类能力既是幼儿科学思维发展的重要方面，又对促进幼儿科学思维的发展具有重要意义。进行分类时，首先要对客观事物进行分析、综合，通过比较，发现事物之间的联系与区别，并抽象、概括出事物的一般特点与本质属性。而这一系列认识活动，都是思维的基本过程。分类也是将零散的、个别的知识系统化和条理化，从而形成有关客观世界概念的过程。因此，变通分类能力的发展对于将来理解、接受和掌握系统化的知识，形成科学、严谨的思维方式，进行科学创造活动也有很大益处。在实际生活中，变通分类能力有着广泛的应用。

（五）类比联想能力

自然界的事物之间总存在着这样或那样的关系，其中一种重要的关系是类比关系。一种事物作用于人的大脑，人们就有可能联想到与之对应的另一种事物，或者根据一组事物间的关系类比联想到另一组事物间的关系。类比联想能力是科学构思过程中一种基本的能力。

类比联想能力包括关系类比和问题类比。关系类比是在给出类比源和类比线索之间，儿童能够超越事物之间的表面特征的相似，而在关系特征上做出反应。问题类比是在给出一个源问题和解决的方法后，使儿童能根据源问题，解决类似的新问题。

爱因斯坦说："想象力比知识更重要，因为知识是有限的，而想象力概括着世界上的一切，推动着进步，而且是知识进化的源泉。"类比联想能力也是想象力的一种，随着幼儿生理、心理的发展，幼儿的认识、理解能力不断的提高，他们的类比联想能力也会不断丰富、提高，正如俄国教育学家乌申斯基所说："强烈而活跃的想象是伟大智慧不可缺少的属性。"要培养出有创造性的新世纪人才，我们就应注重从小培养孩子们的类比联想能力。

（六） 发散思考能力

发散思考能力是指无一定方向、无一定规范、不墨守成规、不囿于传统方法、由已知探索未知的思维方式。如果某个问题有很多可能的答案，那么思维就以这个问题为中心，重组所给的和记忆中的信息向四面八方自由发散，以寻求众多的解决问题的方法和答案。

发散思考能力包括功能发散和方法发散。功能发散是指儿童不囿于事物的某一具体的功能，能够巧妙和灵活的挖掘和使用该事物的其他的功能。方法发散是指对于一个问题，儿童能够从不同的角度想出不同的方法，不拘泥于一种方法。

发散思考能力是科学思维的一个重要的组成部分。从科学创造的过程看，它提出多种思想、观点、策略和假设，对科学创造性问题解决十分重要；从科学验证思维来看，众多的方法、途径或解答，能对科学创造成果做出验证。如果缺乏发散思考能力的训练，幼儿难以从认识旧事物发展到创造新事物。

（七） 科学推理能力

推理是思维的核心，它是从一个或几个已知判断推导出新的判断。它可分为演绎推理和因果推理。演绎推理是从一般到特殊的推理。因果推理是从事件结果产生的变化推测这种变化的原因的推理。

因果推理（指的是对事物经过分析、理解、判断、综合的过程得出某种结论）能力的发展，都属于人类高级认识阶段（即理性认识）的抽象逻辑思维的发展，在心理学中叫做理性认识过程。科学推理能力是科学验证思维能力的重要成分，幼儿时期培养幼儿的科学推理能力有助于幼儿未来的科学创新。

（八） 假设检验能力

人类解决问题的过程就是使用"已知"去探索"未知"的过程。人类探索未知的思维机制是使用"假设—检验"策略，即人们解决问题是形成一个假设，然后去尝试，获得反馈之后继续这种假设检验的过程。

假设检验包括假设验证和策略迁移。假设验证是指在一个问题情境中，根据已有的条件对一个假设进行验证的能力。策略迁移是指在检验一个科学假设的过程中，能根据以前的类似的假设检验方法对新的假设进行检验的能力。假设检验能力是儿童科学思维的重要的一种，它是培养儿童科学实验思维和能力的重要的方面。在幼儿时期培养儿童的假设检验能力，可以改变儿童的关于客观世界的不合理信念，对一些观念和想法进行正确的检验。

假设检验是解决问题过程中的一种重要思维方式。无论是科学家发明创造、医生诊断病情，还是学生解答难题等，都是借助于假设检验的思维策略来达到目标的。甚至有人认为幼儿学习类别概念和名词意义的过程也是借助于假设检验完成的。因此，假设检验是一种重要的思维能力，从某种程度上，它反映了一个人感知、记忆、归纳、推理等方面的综合能力，是科学思维的重要组成部分。

（九）变量控制能力

设计清晰实验并根据实验结果做出合理的推断是科学创造的一项重要技能。幼儿在设计和解释实验中对实验中所蕴含的基本逻辑的理解和解释以及习得这种策略并迁移到其他问题情境中的能力是科学思维的重要方面。

变量控制能力可以从过程和逻辑两个方面来定义。从过程上来说，它是一种实验设计能力，在这种实验设计过程中，两种实验条件之间进行单一对照，具备这一能力不仅能够设计出这一对照，而且能够区分出什么是清晰合理的实验，什么是错误混淆的实验。从逻辑方面来说，它不仅包括根据清晰实验结果做出合理推断的能力，也包括理解混淆实验内在的逻辑混淆的能力。变量控制策略是隐含在清晰实验中一种基本的策略，通过它可以做合理有效的推断。

变量控制包括变量确定和实验设计。变量确定是指儿童对于设计一个清晰合理的实验中的目标变量的确定。实验设计是指儿童合理地设定目标变量，设计科学的实验对目标变量进行检验。

任何科学实验都离不开对变量进行控制，具体包括目标变量和无关变量的控制，变量控制情况直接决定了科学实验的成功与否。变量控制能力是科学思维中的一项重要技能，在科学验证中具有重要作用，通过它，不仅可以设计出正确清晰的实验，而且可以据此做出合理有效的推断。具备了这一能力，就为未来从事科学研究打下了良好基础。

三、婴幼儿科学思维能力培养的载体设计

根据以上提出的科学思维的构成，我们设计了现象观察、问题发现、比较概括、变通分类、类比联想、发散思考、科学推理、假设检验、变量控制九个系列的活动方案，作为专门培养幼儿科学思维的载体。具体内容见表4-1。

表4－1 　　　　　　　　 **幼儿科学思维能力培养活动方案构成一览表**

能力类型	小班	中班	大班
现象观察能力	1.1 "颜色变变变"现象观察能力、问题发现能力训练 1.2 "有趣的影子"现象观察能力和好奇心训练 1.3 "荔枝与龙眼"现象观察能力训练 1.4 "我爱昆虫"现象观察能力和问题发现能力训练 1.5 "有趣的磁铁"现象观察能力和敢为性训练 1.6 "哪个装得多"现象观察能力和问题发现能力训练 1.7 "买娃娃"现象观察能力和独立性训练	2.1 "会变色的字"现象观察能力和问题发现能力训练 2.2 "小侦探——有趣的镜子"现象观察能力 2.3 "奇怪的叶子"现象观察能力和敢为性培养 2.4 "植物过冬"现象观察能力和敢为性训练 2.5 "一只脚的蜗牛"坚持性和科学观察能力训练 2.6 "羽毛与漂浮"现象观察能力和比较概况能力训练 2.7 "哪个装得多"现象观察能力和问题发现能力训练 2.8 "是沉是浮小实验"问题发现和现象观察能力训练	3.1 "三色水"好奇心和现象观察能力训练 3.2 "奇妙的七色光"现象观察能力、问题发现能力和独立性训练 3.3 "能干的放大镜"现象观察能力和敢为性训练 3.4 "土里有什么"现象观察能力和好奇心培养 3.5 "有趣的种植活动"现象观察能力和好奇心、独立性的培养 3.6 "小蝌蚪变成小青蛙"现象观察能力训练 3.7 "他们的家在哪儿?"现象观察能力和好奇心培养 3.8 "物体怎样能移动"好奇心和现象观察能力训练
问题发现能力	1.1 "哪个溶化得快"问题发现能力训练 1.2 "竖立的鸡蛋"问题发现能力和独立性和乐观性训练 1.3 "有趣的转动"问题发现能力和好奇心训练 1.4 "颜色变变变"现象观察能力、问题发现能力 1.5 "哪个装得多"现象观察能力和问题发现能力训练1	2.1 "是沉是浮小实验"问题发现和现象观察能力训练 2.2 "油和水"问题发现能力和自信心、敢为性培养 2.3 "哪个装得多"现象观察能力和问题发现能力训练活动 2.4 "钓鱼分类比赛"变通分类能力和问题发现能力训练 2.5 "食物分类"变通分类能力和问题发现能力训练 2.6 "会变色的字"现象观察能力和问题发现能力训练	3.1 "潜水艇为什么能沉浮"问题发现能力 3.2 "羽毛会防水吗?"问题发现能力和发散思考能力训练 3.3 "拆装圆珠笔"问题发现能力和变通分类能力训练 3.4 "有趣的磁铁"问题发现能力训练 3.5 "奇妙的七色光"现象观察能力、问题发现能力和独立性训练

续表

能力类型	小班	中班	大班
比较概括能力	1.1 "果实和动物"比较概括能力训练 1.2 "昆虫与动物"比较概括能力训练	2.1 "野兽与家畜"比较概括能力训练 2.2 "干果和水果"比较概况能力训练 2.3 "羽毛与漂浮"现象观察能力和比较概况能力训练	3.1 "夏季的用具和服装"比较概括能力训练 3.2 "颜色词的使用"比较概括能力和发散思考能力训练
变通分类能力	1.1 "让我们一起分一分"变通分类能力训练 1.2 "娃娃食品商店"变通分类能力训练 1.3 "图形分类"变通分类能力 1.4 "颜色分类"变通分类能力训练 1.5 "做游戏,学分类"变通分类能力训练	2.1 "钓鱼分类比赛"变通分类能力和问题发现能力训练 2.2 "水生动物"变通分类能力训练 2.3 "食物分类"变通分类能力和问题发现能力训练 2.4 "做游戏,学分类"变通分类能力训练	3.1 "鸟的分类"变通分类能力训练 3.2 "动物的运动方式"变通分类能力训练 3.3 "动物乐园"变通分类能力 3.4 "做游戏,学分类"变通分类能力训练 3.5 "拆装圆珠笔"问题发现能力和变通分类能力训练
类比联想能力	1.1 "关系类比"类比联想能力训练 1.2 "有趣的类比"类比联想能力训练 1.3 "找相同,学类比"类比联想能力训练 1.4 "词语匹配"类比联想能力训练 1.5 "有趣的列车"类比联想能力训练 1.6 "看图形,学类比"类比联想能力训练 1.7 "肿瘤和牙齿问题"类比联想能力训练 1.8 "曹冲称象"发散思考能力和类比联想能力训练	2.1 "图形"类比联想能力训练 2.2 "图形匹配"类比联想能力训练 2.3 "字词匹配"类比联想能力训练 2.4 "找相似,学类比"类比联想能力训练 2.5 "比比想想"类比联想能力训练 2.6 "碉堡和肿瘤问题"类比联想能力训练 2.7 "曹冲称象"发散思考能力和类比联想能力训练	3.1 "图形序列"类比联想能力训练 3.2 "图形配对"类比联想能力训练 3.3 "词语配对"类比联想能力训练 3.4 "词语类比"类比联想能力训练 3.5 "曹冲称象"发散思考能力和类比联想能力训练

能力类型	小班	中班	大班
发散思考能力	1.1 "图形联想"发散思考能力训练 1.2 "神奇的尾巴"发散思考能力和好奇训练 1.3 "乌鸦喝水"发散思考能力训练 1.4 "皮球掉到洞里了"发散思考能力训练 1.5 "曹冲称象"发散思考能力和类比联想能力训练1 1.6 "铅笔的妙用"发散思考能力训练	2.1 "小小魔术师"发散思考能力训练 2.2 "乌鸦喝水"发散思考能力训练 2.3 "现代乘凉工具——空调"发散思考能力和好奇心的训练 2.4 "曹冲称象"发散思考能力和类比联想能力训练2 2.5 "寻宝问题"发散思考能力训练 2.6 "司马光砸缸救人"发散思考能力和敢为、独立性培养 2.7 "羽毛会防水吗?"问题发现能力和发散思考能力训练	3.1 "希望与船的发展"发散思考能力训练 3.2 "取皮球"发散思考能力和独立性、自信心训练 3.3 "电的功能"发散思考能力训练 3.4 "高兴"与"难过"发散思考能力训练 3.5 "我给物品找用途"发散思考能力训练 3.6 "颜色词的使用"比较概括能力和发散思考能力训练 3.7 "曹冲称象"发散思考能力和类比联想能力训练3
科学推理能力	1.1 "鸟和数字"归纳推理能力训练 1.2 "海陆空交通工具"归纳推理能力训练 1.3 "数字组成"归纳推理能力训练 1.4 演绎推理能力训练 1.5 "鱼、鸟、家畜"演绎推理能力训练 1.6 "看图学推理"科学推理能力训练 1.7 "做中学推理"因果逻辑推理训练 1.8 "落球盒"因果逻辑推理训练	2.1 "动物和交通工具"演绎推理能力训练 2.2 "三段论"演绎推理能力训练 2.3 "大房子和小房子"符号推理能力训练 2.4 归纳推理能力训练 2.5 演绎推理能力训练 2.6 "熊猫百货商店"符号推理能力训练 2.7 "生活物品"推理能力训练	3.1 "仿编诗歌"归纳推理能力和好奇心训练 3.2 "谁的本领大"归纳推理和敢为性训练 3.3 "动物和交通工具"演绎推理能力训练 3.4 "句子填充"演绎推理能力训练 3.5 "拼图"空间推理能力训练 3.6 "自由拼图"空间推理能力训练 3.7 "图形组合"空间推理能力训练 3.8 "哺乳动物和昆虫"演绎推理能力训练 3.9 "三个句子"演绎推理能力训练

能力类型	小班	中班	大班
			3.10 "哺乳动物和昆虫"归纳推理能力训练 3.11 "熊猫百货商店"符号推理能力训练
假设检验能力	1.1 "老鼠和盒子"假设检验能力训练 1.2 "熊和渔夫"假设检验能力训练 1.3 "狗和保姆"假设检验能力训练 1.4 "圣诞礼物"假设检验能力训练	2.1 "老鼠和盒子"假设检验能力训练 2.2 "熊和船"假设检验能力训练 2.3 "狗兄弟和澡盆"假设检验能力训练 2.4 "斑马和圣诞树"假设检验能力训练 2.5 "老虎和门"假设检验能力训练 2.6 "河马和皮球"假设检验能力训练 2.7 "皇冠和水盆"假设检验能力训练 2.8 "猴子和树"假设检验	3.1 "盒子和老鼠"假设检验能力训练 3.2 "船和熊"假设检验能力训练 3.3 "澡盆和狗"假设检验能力训练 3.4 "树和斑马"假设检验能力训练 3.5 "瓶子和乌鸦"假设检验能力训练 3.6 "门和老虎"假设检验能力训练
变量控制能力	1.1 "有趣的天平"变量控制能力训练 1.2 "有趣的降落伞"变量控制能力训练 1.3 "弹簧盒"变量控制能力训练 1.4 "斜坡"变量控制能力训练 1.5 "物体下沉"变量控制能力训练 1.6 "有趣的橡皮筋"变量控制能力训练	2.1 "平衡秤"变量控制能力训练 2.2 "有趣的降落伞"变量控制能力训练 2.3 "弹簧盒"变量控制能力训练 2.4 "斜坡"变量控制能力训练 2.5 "物体下沉"变量控制能力训练 2.6 "有趣的橡皮筋"变量控制能力训练	3.1 "平衡秤"变量控制能力训练 3.2 "有趣的降落伞"变量控制能力训练 3.3 "弹簧盒"变量控制能力训练 3.4 "斜坡"变量控制能力训练 3.5 "物体下沉"变量控制能力训练 3.6 "有趣的橡皮筋"变量控制能力训练

四、幼儿科学思维能力培养活动方案简介

下面分别列举科学思维能力的九个因素的培养活动的课例进行说明。

（一）现象观察能力："哪个装得多"现象观察能力和问题发现能力训练（小班）

1. 活动目标

（1）通过动手操作和观察，知道同样大小的纸做成容器时，圆柱体比长方体装得多。

（2）培养幼儿的现象观察能力和问题发现能力。

2. 活动准备

（1）圆柱形的容器：杯、瓶、罐等；透明圆筒两个；透明的（等高、底边周长相同的）圆筒、长方各1个。

（2）花生、红豆若干。

（3）自制的圆柱体、长方体容器的纸板材料1份/人。

3. 活动过程

（1）设置情境，引导观察，引发策略出现。

①让幼儿看一看、摸一摸桌面上展示的各种圆柱形容器，对物体的圆柱体特性进行感知。

②出示长方体容器，提问：这两种容器有什么不同？装东西的数量会不会一样多？

（2）多次尝试，提供反馈，形成目标策略。

①教师示范实验并讲解：用花生分别装满透明的（等高、底边周长相同的）圆柱体、长方体。再将花生分别倒入两个透明的圆筒容器中，引导幼儿发现圆柱体比长方体装得多。

②游戏：哪个装得多？

选出10个小朋友后分成两组，每组5个小朋友挑选其中一种容器（圆柱体、长方体）装红豆。游戏开始，每组的5个小朋友分别利用自己的容器装满红豆，倒在另一个桶里，两组小朋友装完红豆后，比较一下哪个容器装得多，结果是圆柱体装得多。

（3）相似任务，训练巩固，促进策略迁移。

①幼儿自己动手实验。

用两张同样的纸，分别做出圆柱体和长方体。

第一次：用这两种形状的容器装花生，比较数量多少。

第二次：用这两种形状的容器装红豆，比较数量多少。

②引导幼儿讲述实验过程，并得出圆柱体容器比长方体容器的容积大的结论。

教师小结：

我们通过做小实验进行认真观察后发现，圆柱体比长方体装得多，所以日常生活中很多东西都是圆柱形的，比如我们的水杯、热水瓶、水壶，等等。只要小朋友们以后勤于观察，就会发现我们生活中的许多奥秘。

（二）问题发现能力："哪个溶化得快"问题发现能力训练（小班）

1. 活动目标

（1）通过操作活动，理解"溶化"的含义，知道不同的物质溶化的速度不同，了解一些使物质加快溶化的方法。

（2）培养幼儿发现问题的能力以及动手操作的能力。

2. 活动准备

（1）玻璃杯2个、小勺1个、木块1块、塑料片1块、铁钉1枚。

（2）冰糖2块、大小相同的肥皂2块、砂糖、盐。

3. 活动过程

（1）设置情境，引导观察，引发策略出现。

①教师进行操作实验：将木块、塑料片、铁钉、糖、盐共五样东西放入水中，用小勺搅拌后捞出水中的物品。

②组织幼儿进行小组讨论：少了什么？盐和糖可能去哪了？为什么？

③教师对幼儿的答案进行小结和归类，但不给予正确与否的反馈。

（2）多次尝试，提供反馈，形成目标策略。

①实验：在两个杯子里倒上适量的开水，组织幼儿有序品尝味道，然后分别向杯中倒入糖、盐……用小勺搅拌后再让幼儿尝尝杯中的水。

②集体讨论：A. 比较前后两杯水味道的不同；

B. 为什么会出现不同的味道？

③教师小结：糖和水都溶解在水里，所以开始没有味道的水，后来分别变成了有甜味和咸味的水。

（3）相似任务，训练巩固，促进策略迁移。

①教师操作小实验："怎样溶化得快？"

第一，将两块冰糖分别放入装有冷水和热水的玻璃杯中，观察哪一杯里的糖溶化得快（让幼儿感受杯壁温度的不同）。

第二，两块大小一样的肥皂，将其中一块切碎，分别放入水温相同的两个杯中，观察哪个杯里的肥皂溶化得快。

第三，将两勺盐同时放在水温相同的两个杯里，其中一杯用小勺搅拌，观察哪个杯里的盐溶化得快。

②集体讨论：生活中还有哪些东西能溶化在水里。

③教师小结：水有溶化东西的本领，如果要使东西溶化得快，一般有三种办法：增加水温；使溶化的东西变小；溶化时进行搅拌。

（三）比较概括能力："果实和动物"比较概括能力训练（小班）

1. 活动目标

（1）通过比较和概括，认识果实和动物的特点，学会用果实和动物等词语进行概括。

（2）培养幼儿的有目的的比较概括能力。

2. 活动准备

（1）各种果实（苹果、桃子、黄瓜、西红柿等）的实物。

（2）各种动物的图片。

3. 活动过程

（1）设置情境，引导观察，引发策略出现。

①出示各种果实的实物，让幼儿逐一仔细观察苹果、桃子、黄瓜、西红柿等。

②幼儿集体讨论：以上展示物品的特点。

（2）多次尝试，提供反馈，形成目标策略。

①教师引导幼儿从形状、颜色、味道、有无果核进行比较。

②请幼儿用一个词语对以上展示物进行总结。

③教师小结：虽然这些东西的形状、颜色、味道不同，但是它们里面都有果核，也就是种子，所以我们把凡是内部具有种子的东西都称为果实。

（3）相似任务，训练巩固，促进策略迁移。

①逐一出示动物图片，让幼儿分析其特征。

如：昆虫：两对触角、三对足、一对翅膀、两对翅膀或没有翅膀。

爬行动物：四肢短小无力，腹部贴地面爬行，身体上有带鳞片不漏水的皮，是变温动物。

②请幼儿概括出所有动物的特点：能吃东西、能长大、能运动……

③请幼儿用一个词语进行概括。

（4）游戏："比比想想"。

老师扮演一个类概念（例如：果实）角色，如说："我是果实"。幼儿扮演不同的果实（苹果、西红柿、黄瓜等），则说："我是苹果"。最后，由幼儿齐说："我们都有种子"。

（四）变通分类能力："让我们一起分一分"变通分类能力训练（小班）

1. 活动目标

（1）学习按不同层次进行分类，并通过动手操作理解包含关系。

（2）培养和训练幼儿的变通分类能力和概括能力。

2. 活动准备

（1）勺子、衣服、胶水、牛奶、果冻、水果各一的实物或图片。

（2）贴绒教具：红花1朵，黄花3朵；大树1棵，小树3棵。

（3）图片：熊猫、大象。

3. 活动过程

（1）设置情境，引导观察，引发策略出现。

①教师给幼儿出示勺子、衣服、胶水、牛奶、果冻、水果各一的实物或图片，让幼儿分别说出其名称是什么（按物品的名称分类）。

②让幼儿说一说出示的物品中，哪些是吃的，哪些是用的，分成两组。学习按物品的用途分类。

（2）多次尝试，提供反馈，形成目标策略。

①出示贴绒教具：红花1朵，黄花3朵；大树1棵，小树3棵，启发幼儿不受大小的影响，分成花、树两类。

②教师提问：A. 这些花有什么不同？（红、黄；少、多）（颜色、数量分类）

B. 是黄花多还是花多？教师带领幼儿点数黄花和花的数量，让幼儿尝试理解包含关系。

③教师提问：A. 这些树有什么不同？（大、小；少、多）（大小、数量分类）

B. 是小树多还是树多？教师带领幼儿点数小树和树的数量，让幼儿尝试理解包含关系。

（3）相似任务，训练巩固，促进策略迁移。

①教师向幼儿出示所有的教具（除牛奶、果冻、水果）并提问。

教师：我们将这些东西分为三类，想一想该怎样分？启发，引导幼儿进一步概括：花、树为植物类；熊猫、小象为动物类；勺子、衣服、胶水为生活用品类。

②角色扮演游戏:"我回自己的家":

让 3 名幼儿扮演动物家、植物家、生活用品家的门卫,让其他幼儿扮演不同的动物、植物、生活用品居住者,玩回家游戏。

(五) 类比联想能力:"大房子和小房子"类比联想能力训练(小班)

1. 活动目标

通过学具操作活动培养幼儿的类比联想能力。

2. 活动准备

小房子与大房子学具 1 套。

3. 活动过程

(1) 设置情境,引发策略出现。

①教师向幼儿介绍大房子和小房子学具,见图 4-3。

教师:小朋友,今天老师为你们请来了两个小客人,你们看看他们是谁啊?(熊哥哥和熊弟弟)

教师:他们想来和你们玩捉迷藏的游戏,你们看,他们分别住在形状相同的大房子和小房子里。

②教师进行示范操作,使幼儿熟悉大房子和小房子学具的具体操作。如果幼儿看一次操作不能够明白大小房子的关系,可反复多次操作,直到有一半左右的幼儿有所理解。

首先,让幼儿观察到熊弟弟藏在小房子的一扇门后面;

然后,要求他们寻找藏在大房子的同样位置的熊哥哥。任务目的在于幼儿能否觉察到两个相似空间(小房子和大房子)中的门的一一对应关系。

(2) 多次尝试,形成目标策略。

①组织幼儿进行具体训练活动。

教师向幼儿分别出示"知觉和空间线索"的图片三张,分别请一名幼儿根据图片中的不同线索图片将熊哥哥藏在大房子中,再让另一名幼儿来寻找熊哥哥的正确位置。此任务目的在于让幼儿依据图片线索寻找大房子中的动物玩具。

②请幼儿回答做法及原因。

③教师反馈并讲解。

教师:我们从图片中可以看出熊哥哥在哪个位置,门是什么形状的,然后我们再到小房子的相同位置、相同的门后去找熊弟弟。

④请幼儿根据刚才的讲解再次练习。

教师出示一张"知觉空间线索"的图片,然后让一个小朋友将熊哥哥玩具藏在大房子的那扇门后。而另一个幼儿的任务就是依据图片线索寻找小房子里的熊弟弟。

（3）相似任务，促进策略迁移。

①教师出示一张知觉和空间线索的图片，如上面画有动物玩具就藏在房子上端标有星星的门后，让一个小朋友将熊弟弟玩具藏在小房子的那扇门后。另一个幼儿的任务就是依据图画线索寻找大房子里的熊哥哥。

②教师反馈指导。

③教师小结：

"小朋友，今天我们通过和熊哥哥和熊弟弟玩捉迷藏的游戏，使我们知道只要看好图片上动物所在的门，就能在大房子中一样的门里找到另一个动物，所以，小朋友在大房子里找动物之前，要认真的观察小房子的样子。好了，今天熊哥哥和熊弟弟也玩累了。他们要回去休息了，小朋友们跟他们说再见吧！"

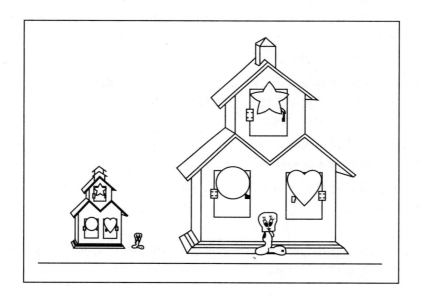

知觉和空间线索

图 4 - 3　大房子和小房子学具

（六）发散思考能力：“铅笔的妙用”发散思考能力训练（小班）

1. 活动目标

（1）通过让儿童从不同的角度思考铅笔的用途，培养幼儿发散思考的能力。

（2）让幼儿尝试对他人观点进行评价。

2. 活动准备

长短不同颜色不同的铅笔若干。

3. 活动过程

（1）设置情境，引发策略出现。

①教师向幼儿出示不同颜色的同一形状的铅笔，并提问。

教师：小朋友，我们看到的是铅笔，现在，小朋友开动脑筋，想一想，铅笔可以用来做什么？

②请幼儿回答铅笔的用途（写字、画画），并进行演示。鼓励幼儿大胆提出铅笔的不同用途。

（2）多次尝试，形成目标策略。

①教师举例示范铅笔的其他用途。如：铅笔可以用来构成正方体。

②集体讨论：你还能用它做什么？鼓励幼儿进行演示。

（3）相似任务，促进策略迁移。

①教师出示不同形状的长短不同的铅笔，并提问。

教师：这些铅笔和前面出示的铅笔有什么不同？我们能拿它来做什么？

②让幼儿尝试对不同小朋友提出的铅笔的用途进行评价，看看谁的想法最新奇、独特。

③教师小结：

小朋友们通过认真的思考，发现了铅笔有各种各样的不同的用途。在日常生活中，有许多东西都是有奇妙的用处的，小朋友们要勤思考，遇到问题多想办法解决。

（七）科学推理能力：“落球盒”科学推理能力训练（小班）

1. 活动目标

（1）知道球在自然条件下会下落，在插板的影响下，下落路径会有不同。

（2）通过学具的操作，培养幼儿的逻辑和因果推理能力、物理特性的理解能力、发现规则的能力（如物体的重力）。

2. 活动准备

落球盒学具 1 套。

3. 活动过程

（1）设置情境，引导观察，引发策略出现。

①教师向幼儿介绍落球盒。

教师：这个玩具有六个门，两个在上方，两个在左下方，两个在右下方。每一个门的正下方都有一个能插入木板的插孔。另外在两个"分路口"处也各有一个插孔。

②教师进行边讲解边范操作，说明如何操作落球盒。

③教师将插板插在落球盒上方的第二个插孔里，并提问。

教师：球可以在哪个门里找到？为什么可以在这个门里找到？

④幼儿集体讨论。

（2）多次尝试，提供反馈，形成目标策略。

①教师演示验证操作。

教师将球从落球盒的正上方洞口放下，球停在落球盒上方的第二个门里。

②教师继续演示实验操作，并提问。

教师将原插板抽出，插入中部左边插孔里。

教师：A. 现在球可以在哪个门里找到？

B. 为什么可以在这个门里找到？

③请 2~3 名幼儿回答。

④教师演示验证操作：球落到了落球盒的右边最下层的门里。

（3）相似任务，训练巩固，促进策略迁移。

①增加任务难度。

拿出两块插板，由幼儿任选两个插孔插入。

②幼儿同伴讨论，并提问：球落到了哪个门里？为什么？

③教师演示验证操作，并提示球的下落路径。

4. 材料：落球盒

本学具为一个有 6 扇门的木盒，内部中空，正面有 8 个插孔，能够插入木质插板，并配有木质插板 6 块，木球 1 个。

（八）假设检验能力："老鼠和盒子"假设检验能力训练（小班）

1. 活动目标

（1）听懂故事，并尝试在理解的基础上进行假设判断。

（2）通过口语指导反馈和实物操作反馈，使幼儿理解假设检验的任务，培养幼儿假设检验的能力。

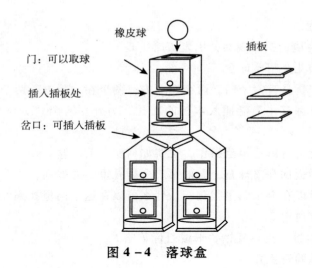

橡皮球

门：可以取球

插入插板处

岔口：可插入插板

插板

图 4-4　落球盒

2. 活动准备

两套道具：第一套：大、小不同但颜色相同的盒子各一和大小玩具老鼠各一。

第二套：大、小比例不同与第一套的不同但颜色不同的盒子各一和大小玩具老鼠各一。

3. 活动过程

（1）设置情境，引导观察，引发策略出现。

①教师向幼儿讲述故事。

教师：小朋友，今天我们一起做一个游戏，我先给你讲个小故事，故事后面都有几个小问题，请你帮助我回答，好吗？小朋友，你准备好了吗？现在，请听我讲故事。

附故事：

这是一个关于老鼠的故事。有一个小男孩住在一个漂亮的大房子里，一天，他突然知道房间里边有老鼠，但是，由于老鼠总是在晚上出来偷吃盒子里的食物，所以他看不清是大老鼠还是小老鼠。于是，他很想知道房间里老鼠是大还是小的。他想很可能是小老鼠。

②出示道具，介绍盒子开口的大小和老鼠大小之间的关系。

教师：小男孩有两个不同开口的盒子，盒子里可以放食物，一个有大的开口，一个有小的开口，这两个开口，小老鼠都能进去，但大老鼠只能进大的开口。

③确认幼儿是否掌握这种关系（让幼儿指着实物，说盒子开口的大小和老鼠的关系）。

教师：小朋友，请你回想一下我刚才讲的故事里，哪个开口的盒子，大老鼠能进去？哪个开口的盒子小老鼠能进去？（如果幼儿回答的不准确，教师需要及时纠正幼儿的错误，直到达到正确为止，至少确认三次。）

④教师向幼儿提出自发探测问题（评估幼儿是否达到第一水平的理解），幼儿集体回答。

教师：他想一定是小老鼠偷吃的食物。他有这样两个盒子可以放食物（教师指着两个盒子），那么他怎样做才能知道自己的想法是对的呢？为什么？

⑤教师向幼儿提出选择任务问题（第二个水平的理解），幼儿集体回答。

教师：他想知道房间里是不是小老鼠。（教师指着两个盒子）他应该选择哪一个开口的盒子装食物放到房间里才能知道是小老鼠偷吃了食物？为什么？

（2）多次尝试，提供反馈，形成目标策略。

①教师运用道具进行演示验证操作，并提出问题（第三个水平的理解），幼儿集体回答。

A：第一，如果幼儿在选择任务中做出的是错误的回答（比如选择了两只老鼠都能进去的大开口的盒子）。

教师就要依次演示两只老鼠分别进到大的开口的盒子里偷吃食物。

教师：好，让我们试一试。如果大老鼠进到这个大的开口的盒子里，是一定能进去的。那么小老鼠呢？没问题，它也可以进去（用道具演示）如果第二天他发现盒子里的食物不见了，那么小男孩用这个盒子，能不能知道是小老鼠偷吃的食物呢？为什么？

第二，教师接着演示正确回答时的情景（选择了正确的开口的盒子）。

教师：如果他选择了这个小开口的盒子，小老鼠可以进去偷吃食物，那么让大老鼠来试试，结果大老鼠进不去。如果第二天小男孩发现小的开口的盒子里的食物不见了，那么小男孩用这个盒子，能不能知道是小老鼠偷吃的食物呢？为什么？

B：第一，如果幼儿做出了正确回答（比如选择了小的开口的盒子），教师就开始演示下面的情景。

教师：来，我们试一下，看你们的主意好不好，如果小男孩选择了这个小的开口的盒子，小老鼠能进去，但大老鼠进不去。如果第二天他发现小的开口的盒子里的食物不见了，那么小男孩用这个盒子，能不能知道是小老鼠偷吃的食物呢？为什么？

第二，接着教师要演示一个错误回答时的情景（选择一个两只老鼠都能进去的开口的盒子）。

教师：如果大老鼠到这个开口的盒子里偷吃食物，是一定能进去的，那么小老鼠呢？没问题，它也可以进去。（用道具演示）如果第二天他发现盒子里的食物不见了，那么小男孩用这个盒子，能不能知道是小老鼠偷吃的食物呢？为什么？

②教师小结。

如果小男孩选择小老鼠能进去而大老鼠进不去的小的开口的盒子，小男孩能够知道是小老鼠偷吃的食物。相反地，如果小男孩选择两只老鼠都能进去的开口的盒子，如果第二天食物不见了，他就不能确定是大老鼠还是小老鼠。所以，小男孩应选择小老鼠能进去而大老鼠进不去的盒子，如果食物被吃掉了，那么，他就知道那是小老鼠。

（3）相似任务，训练巩固，促进策略迁移。

①出示另一套道具，介绍盒子的大小和老鼠的大小的关系。

教师：小男孩有两个不同开口的盒子，盒子里可以放食物，一个有大的开口，一个有小的开口，这两个开口，小老鼠都能进去，但大老鼠只能进大的开口。

②确认幼儿是否掌握了道具之间的关系（让幼儿指着实物，说出盒子的大小和老鼠的大小的关系）。

教师：小朋友，请你回想一下我刚才讲的故事里，大老鼠能进到哪个盒子里偷食物？小老鼠又能进哪个盒子偷食物？（如果幼儿说的不准确，教师需纠正幼儿的错误，直到准确为止。）

③其余的步骤同前。

（九）变量控制能力："斜坡"变量控制能力训练（小班）

1. 活动目标

（1）尝试发现实验变量与实验结果之间的关系。

（2）通过教学活动训练幼儿的变量控制策略，培养幼儿检测目标变量的能力。

2. 活动准备

斜坡教具8个。每4个幼儿组成一组，每组有一套斜坡装置。

3. 活动过程

（1）设置情境，引导观察，引发策略出现。

①教师介绍玩具的构成，教幼儿会玩这个玩具：撑起斜坡，斜坡上放一个小球，小球从斜坡上滚下，让幼儿观察小球能滚动多远。

②幼儿以组为单位，一起玩斜坡玩具。要求幼儿通过动手操作探索如何使球在斜坡上滚得更远。并自己动手设计一个实验，判断下坡面的长短对小球在斜坡上滚下的距离是否有影响。

③幼儿可能只设计出了一种对比实验，教师要善于启发幼儿深入理解问题，

进行反复实验，寻找多种解决方法。在幼儿设计实验的过程中，教师要善于发现幼儿是否能够正确的设计出对比实验，对错误的实验要注意问题所在。

（2）多次尝试，提供反馈，形成目标策略。

①教师指导。教师先设计一个错误实验（两个玩具的设置完全不一样），然后问学生这个设置能否检验坡面的长短会影响小球在斜坡上滚下的距离，并要求进一步解释原因。教师给学生时间与机会发表个人不同见解。教师要求学生指出两个斜坡中有哪些变量不同，并判断是否可根据这种对比确信坡面的长短对实验结果有影响。

②教师指出刚才的例子是错误的，并解释原因。因为例子中除目标变量（坡面的长短）外，另外一个变量（球的类型）也不同，所以根据最后结果的不同很难判断到底是有哪一个变量引起的。接着教师展示一个正确的例子，以与错误例子对比，然后让班级继续讨论，解释这个例子为什么是正确的（只做简单的解释，为了避免引起对其他错误源的注意，教师在讲解中没有滚球，只关注于设计正确实验的逻辑方面。）

③教师再设置一个错误例子（两个玩具的设置完全一样）并提问与最初相似的问题，以检验学生的理解情况。通过指出错误例子的错误及其依据，教师强化学生正确思考。然后再设置一个正确对比并开展与上述方法相同的讨论，以复习为什么这个对比实验能使我们确信目标变量是否有影响。

④教师对变量控制策略进行全面的讲解，如果要知道斜坡的某个变量对球在斜坡上滚动的距离是否有影响，需要设置两个斜坡，他们只在要检验的那个变量上有差异，只有作出这种对比，才能正确地确定目标变量对结果是否有影响。

⑤让幼儿根据教师的讲解再设计实验，检验下坡面的长短对小球在斜坡上滚下的距离是否有影响。反复实验，保证幼儿稳定地掌握变量控制策略。

（3）相似任务，训练巩固，促进策略迁移。

①最后要求幼儿应用刚学习的变量控制能力进行新的实验设计，在两个斜坡上设置对比比较不同变量的作用。先检验坡面长度的影响，再检验小球类型的影响。

②教师在此过程中注意观察和个别反馈与指导。

4. 材料

斜坡教具，长度为 40～60cm，宽度为 5～10cm。主要有一个木质的斜坡组成，包括：底座、支撑架、斜坡、隔板、滚动道、小球（2 个）。使用目标在于通过改变不同的变量来达到影响小球在地面上的滚动距离的作用。主要的变量有：球（橡皮球和玻璃球）、斜坡高度（高低）、斜坡长度（长短）。如图 4－5 所示（幼儿园的实物）。

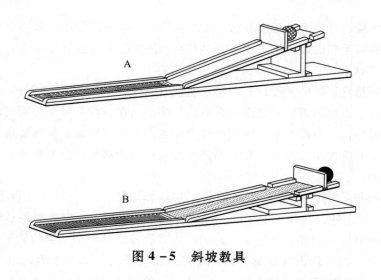

图 4-5 斜坡教具

第三节 幼儿科学思维培养的交互作用方式：微观发生法

一、微观发生法概述

微观发生法是 20 世纪后期在发展心理学领域兴起的一种新的研究方法，现在已被公认为是对儿童的认知发展进行精细研究的一种比较有效的方法。近几年来，国际上众多心理学家采用微观发生法取得了丰硕的研究成果。我国的心理学家也开始介绍和使用这种方法。我们所进行的幼儿科学思维的培养，也准备运用这种方法，以有效地促进儿童在进行外部活动过程中实现外部活动内化。

（一）微观发生法的起源

微观发生法是在传统的发生法的基础上发展起来的，实际上也是一种特殊的发生法。关于发生法的内涵，在朱智贤主编的《心理学大词典》中将其定义为"对儿童心理发展进行纵向研究的方法"，实际上就是纵向追踪法；而在张春兴的《张氏心理学辞典》中，发生法是"指对事象变化采取追溯根源及发生经过的取向去研究探索的方法"。综合这两个定义，发生法的内涵可以界定为对某种心理现象的渊源及发生发展过程进行纵向研究的方法。发生法在 20 世纪初期就已经出现在心理学家的著作里。比如，在维果茨基和皮亚杰的书里，随处可见

"发生学"或"发生法"的字样。

维果茨基在其名著《思维与语言》的序言中明确指出该书的中心任务是"对思维和言语之间的关系进行发生学的分析"。他具体从种系发生、个体发生、自我中心言语向内部言语的过渡以及概念的形成等 4 个方面探讨了思维和言语的发展及其二者的关系。最后,他得出结论:"思维与言语的关系不是一件事情而是一个过程,是从思维到言语和从言语到思维的连续往复运动。在这个过程中,思维与言语的关系经历了变化,这些变化本身在功能意义上可以被视作是一种发展。"换句话说,思维和言语的联结"是在思维和言语的演化过程中发生、变化和成长起来的"。"发生学"一词自始至终贯穿于该书之中,发生学思想的重要性具体表现在两个方面:一是对思维和言语的发生过程的研究是其核心内容;二是发生学思想起着方法论的作用,是其批判已有研究的有力武器。比如,他称斯特恩(Stern,W.)的语言发展理论的基本缺点是其"反发生学的性质",即不去探讨发现言语意义的演化过程。而维果茨基所创立的文化——历史学说,其核心问题就是高级心理机能的发生与发展问题。

皮亚杰同样因对认识的发生问题进行的卓越研究而闻名于世,"发生认识论"思想构成了其理论体系的核心。他认为,传统的认识论只顾及到高级水平的认识,换言之,只顾及到认识的某些最后结果,而看不到认识本身的建构过程。因此,他在《发生认识论原理》一书中就从认识的心理发生、生物发生等角度探讨了认识的起源问题,"从最低级形式的认识开始,并追踪这种认识向以后各个水平的发展情况,一直追踪到科学思维"。可见,发生学的思想是皮亚杰研究人类知识起源的方法论之一,他关注的同样是认知或思维的发生问题。

从发生的角度研究认知发展的思路是完全正确的,它意味着不仅要关注某种认知能力的成熟表现,而更要溯本求源,考察这种能力的"萌发"过程。

(二) 微观发生法的典型特征

微观发生法最典型的特征是,它包括从某种认知策略和技能的最初使用到一致使用,以及对一系列的质和量的变化进行观察和分析这样一个时间段。也就是说,它要对儿童认知策略和技能变化的整个动态进程进行记录、观察和分析,而非只记录策略变化的最终结果。根据西格勒和克劳力(Siegler and Crowley)的定义,该方法有 3 个关键特征:(1)观察跨越从变化开始到相对稳定的整个期间;(2)观察的密度与现象的变化率高度一致;(3)对被观察行为进行精细的反复试验分析(Trial-by-Trial Analysis),以便于推测产生质变和量变的过程。

因为微观发生法要求对正在进行的认知活动反复评估,所以它有助于详细分析儿童如何根据经验和指导改变和提高他们的认知策略和认知技能。皮亚杰学派、维列鲁学派、信息加工学派的一些学者虽然有各自的理论倾向，但是都对这种方法有浓厚的兴趣，他们开始采用这种方法进行研究。在这些研究中，西格勒及其同事的贡献最大。一方面他们对微观发生学方法进行了系统的理论发展和推广，使该方法具备了自己明确的特点及优点；另一方面他们也用该方法对策略发展、规则学习、数的守恒等进行了多项成功的研究，使人们看到这种研究的诱人前景。

（三）微观发生法的研究设计

任何一种研究方法都有其特殊性，只适用于特定的研究领域和内容，微观发生法也同样如此。具体而言，研究者如果要采用微观发生法进行研究，在研究内容有以下几点要求。第一，微观发生法是一种纵向的研究方法，它适合于研究心理现象的发生过程，最宜于研究某种心理能力、知识、策略等的形成过程，或阶段间的转换机制。因而对那些已经发展得很成熟的能力，或已经熟练掌握的知识，就不适宜用这种方法。第二，该方法的长处是收集关于变化的精细信息，因而要对整个变化期间的个体进行观察，而且要求与这一期间的变化率一致的较高的观察密度。因此，它与传统上的大年龄跨度的纵向或横断研究明显不同，而是在这些研究确定的基本发展规律的基础上，对阶段之间的转换过程或"萌芽期"的形成过程进行精细的研究。第三，为推知产生变化的过程要进行高密度的抽样，这就意味着精细的反复测量分析。这就要求研究内容应该适合进行反复测量，而且要有明确的测量指标（如对错率、反应时等），这样才能比较前前后后的变化过程。另外，还要确定认知变化的来源，能对反复测量造成的学习效应和其他干预措施的效果做出清晰的说明。最后，虽然这种方法既可以说明变化的定量一面，又可以说明定性的一面，还可以说明变化发生的条件，提供不易得到的关于短期的认知转换方面的信息，但是这种研究所花费的时间和精力通常很高，因而研究应该是"值得的"，即考虑研究的理论和实践价值。

使用微观发生法进行研究设计，其基本模式是在儿童整个认知策略和技能变化过程内进行反复观察、反复测量。一般来说，一个完整的微观发生法研究要包括若干个阶段，其中包括前测阶段、练习或干预阶段、后测或迁移阶段等。前测阶段主要是在正式实验前确定被试是否已经掌握要学习的认知任务，或者说被试在该类任务上最初的认知发展水平。练习或干预阶段主要是设计不同的条件或任务考察被试对相关策略和技能的发现及掌握过程。后测或迁移阶段主要是确定被试对实验任务的掌握和学习情况并对掌握的相关策略进行巩固。在每个实验阶段都可以收集被试的对错率、反应时、口语报告等资料。对这些资料进行认真的分析可以获得儿童认知变化的具体过程。

使用微观发生法进行研究设计，最后可以提供关于儿童认知变化过程的许多精细信息，包括变化的路线（The Path of Change）、变化的速度（The Rate of Change）、变化的幅度（The Breadth of Change）、变化的多样性（The Variability of Change Patterns）、变化的原因（The Source of Change）等多个方面。变化的路线是指阐述儿童在获得某种成熟的能力的过程中是否经历本质上不同的阶段，有哪些阶段，阶段之间的区别何在。这些问题是理解变化时首要回答问题，在发展心理学研究中要说明发展的阶段和顺序，就必须回答与变化路线有关的这些问题。变化的速度是关于变化的一个基本问题，指阐述变化是快还是慢，是突变还是渐变。比如皮亚杰的认知发展阶段论认为发展阶段是突变的结果，而学习理论大多认为变化是逐渐发生的。变化的幅度是指阐述当儿童掌握一种策略，究竟会对它进行多大程度的推广。弗拉维尔（Flavell）认为阶段理论的一个基本假定是"共同发生假定"，即认为许多认知能力是在很接近的时间内获得的，通过微观发生法实验的迁移阶段就可以考察获得的捷径策略被推广的范围，从而对"共同发生假定"进行回答。变化的多样性是指阐述各种具体的认知行为在个体身上的变化模式，主要是反映出个体差异信息。变化的原因是指阐述认知变化的原因，比如知识经验、提供知识经验的教育或环境特点等都会导致认知变化，微观发生法就有助于解释这种变化的原因。再如，各种实验条件对认知行为的影响，提供的知识经验的性质对认知行为的作用，都可以通过对实验数据的分析加以确定。

（四）微观发生法的实践应用

很多研究者在研究中使用了微观发生法，揭示了关于儿童认知发展的很多重要规律。那么，这种重要的研究方法能否应用到教学实践中作为一种思维或能力训练的有效方法，最近托特等人开创性地进行了尝试，他们将微观发生法运用于课堂教学实践，用以训练小学儿童的变量控制策略（Conrol of Variables Strategy），取得了良好效果，从而搭建了科学研究与实践训练的桥梁。变量控制策略是科学思维中的一项重要的学习策略，托特等人的研究很好地说明了微观发生法可以应用于儿童科学思维训练的教学实践中。

二、幼儿科学思维培养中微观发生法的运用

根据微观发生法的主要特征，综合国内外相关研究的成果，我们提出运用微观发生法培养儿童相应的认知机能的基本要求，整体原则与具体环节。

（一）教学实践中运用微观发生法的基本要求

教学实践中运用微观发生法特别需要注意的是要在教学过程中设定好关键性

117

的几个环节，关注儿童在关键环节上认知方面的变化，把握其新的认知策略和技能的最初出现的时机，及时提供指导和反馈，促进儿童相应的认知策略和技能从最初出现到概化的一致使用过渡。具体来说，可以概括为以下几点基本要求。

1. 设定好关键性的教学环节

在实验研究中使用微观发生法通常包括几个主要阶段，在每个阶段上都有相应的研究任务。同样，在教学实践中使用微观发生法也必须事先设定好关键性的几个教学环节，在每个环节上都要有相应的教学任务。教师在设计这些教学环节时必须明确培养目标，根据培养目标设计前后衔接、紧密联系的教学环节。

2. 关注儿童认知方面的变化

在整个教学过程中教师要特别关注每一个儿童在认知方面的变化，包括任务完成的正误情况、儿童的口语报告、儿童的反应时间等，必要时要做好记录。教师不仅要注意儿童任务完成的结果，更要关注儿童任务完成的具体过程。教师不仅要注意儿童对相关任务的正确的解决办法，更要关注他们在解决问题时错在何处，为什么会错。

3. 为每个儿童提供及时的指导和反馈

每个儿童在认知策略和技能的掌握上经常会表现出一些个别差异，教师在教学过程中要特别关注这些差异，给每一个儿童提供及时的指导和反馈。有时班上儿童较多，认知任务比较复杂，单凭老师一人可能难以照顾全体，这时可以以小组的形式进行教学，让儿童之间彼此监督。老师通过灵活的使用集体指导和个别指导，集体反馈和个别反馈，最终帮助每一个儿童都掌握相应的认知策略和技能。在整个教学过程中，要抓住时机，及时地进行反馈和指导，保证每一个环节的顺利进行。从层次上看，反馈和指导可分为直接的和隐性的；从形式上看，反馈和指导可分为语言的和操作的。要根据不同的任务要求，在不同的时机选用合适的反馈和指导方式。

4. 设计迁移任务，巩固学习效果

教师在教学活动中要设计多个任务，帮助学生及时地巩固掌握的认知策略和技能。在此基础上，这些迁移任务的完成还能够培养儿童的自信心，并使他们体验到学习的乐趣。教师在教学实践中不仅在一次教学活动中要设计多个迁移任务，在整个年级教学中，在不同年级的多个教育阶段，都要设计相应的迁移任务，以发展和提高儿童已经掌握的认知策略和技能。

（二）教学活动安排的整体原则

使用微观发生法促进儿童的认知发展，主要的载体是各种教学活动。为了体现微观发生法的主要特征，以取得良好的教学和训练效果，我们认为，在教学实践中运用微观发生法促进儿童的认知发展时，对教学活动的安排应该从整体上把握以下三个原则。

1. 每次教学活动中（单位时间内）有不同的有机联系的活动任务

这是为了保证儿童在教学活动中能够得到充分的训练，并且在多个活动任务中能够仔细观察到儿童认知方面的变化和发展。教师在教学活动前要认真设计每一个活动任务，设计的多个活动任务在具体内容上虽然不同，但在本质上体现的都是同一种具体的认知策略和技能。在教学过程中教师要认真关注每一个儿童在每一项活动任务上的具体表现，帮助他们掌握相应的认知策略和技能，并且能在近迁移水平上运用和巩固所掌握的认知策略和技能。

2. 相似的活动任务在不同单位时间内出现

这是为了保证儿童最初掌握的认知策略和技能能够得到及时的巩固和提高。教师在指导儿童通过一定的教学活动初步掌握了某种认知策略和技能以后，间隔一定时间后要及时通过新的相似的活动任务来巩固和提高学习的效果。不同单位时间内出现的活动任务本身也构成了一个培养系列，教师要认真设计这些活动系列，并仔细关注儿童在每一次培养活动中的具体表现，帮助他们巩固和提高已经掌握的认知策略和技能。如果儿童在培养系列中出现反复，教师要认真分析原因，耐心的帮助儿童进行纠正。相似的活动任务在不同单位时间内出现实际上也是培养儿童在较远的迁移水平上运用和巩固已经掌握的认知策略和技能。

3. 相似的活动任务在不同年级出现

这是为了保证儿童已经掌握的认知策略和技能能够随着年龄的增长得到进一步的发展和提高。教师在设计这些活动任务时要注意保证活动任务本质上培养的是同一种具体的认知策略和技能，但难度上由低到高逐渐提高。在教学实践中教师要注意观察儿童在这些不同难度任务上的具体表现，把握好难度递进的幅度，保证儿童在相应的认知策略和技能上得到不断的发展和提高。相似的活动任务在不同年级出现实际上也是培养儿童在远迁移水平上能够进一步发展和提高已经掌握的认知策略和技能。

（三）教学活动实施的具体环节

在一次教学活动中，使用微观发生法培养儿童的认知策略和技能，最典型的特色是关注儿童认知发展的具体过程。通过对这些过程进行结构性的分析，我们认为可以把一次教学活动分解为以下几个具体环节。

1. 设置情境，引导观察，引发策略出现

教师通过讲故事、提问相关的问题等方式设置一定的情境，引出儿童要解决的认知任务。教师要鼓励儿童大胆地思考、积极地探索、努力地解决任务。儿童可以独立探索和解决，也可以以小组为单位共同探索和解决。教师要注意观察儿童的表现，认真听取儿童问题解决的办法，从而评估儿童在此类任务上最初的认知发展水平。在这一环节上教师必须注意认知任务要介绍得清晰、明确，并保证每一个儿童都能够理解，这是儿童认知发展训练的前提条件。另外，教师要正确地引导，注意儿童相关策略的最初出现，并从单一策略扩展为多重策略，促进儿童对认知任务的理解。

2. 多次尝试，提供反馈，形成目标策略

教师要充分调动儿童的积极性，鼓励儿童多次尝试、踊跃发言、展开讨论、分析细节、解释原因。教师要特别注意儿童最早的目标策略的出现，提供及时的指导和反馈，然后教师向学生全面、详细地讲解此类任务是一种什么样的任务，完成这样的任务需要什么样的策略，再结合实例讲解要顺利地完成这种任务应该怎样做，给出具体的问题解决过程。最后再让儿童反复尝试，保证儿童掌握这一策略，并从最初使用到一致使用过渡。

3. 相似任务，训练巩固，促进策略迁移

教师由近及远设置不同迁移水平的任务，让儿童进一步解决，指导儿童灵活地运用刚刚掌握的策略，从而进一步巩固学习效果。最后教师可以结合迁移任务的解决对目标策略进行小结，如图 4 - 6 所示。

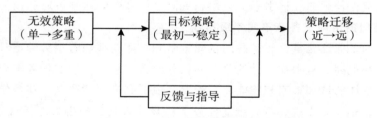

图 4 - 6　教学活动过程示意图

三、运用微观发生法培养幼儿科学思维的典型课例及分析

在上述思考的基础上，我们在幼儿园里进行了"使用微观发生法培养儿童科学思维"的实验研究。科学思维的主要构成是科学创造能力，科学创造能力的发展是儿童认知发展的一个重要方面，而变量控制能力又是儿童整个科学创造能力体系中的一个重要元素。下面介绍一个运用微观发生法训练儿童变量控制能力的典型课例，借以说明如何在教学实践中使用微观发生法促进儿童的认知发展。

（一）运用微观发生法训练儿童变量控制能力的课例

1. 活动目标

通过教学活动训练儿童的变量控制策略，培养儿童控制无关变量、检测目标变量的能力。

2. 活动对象

幼儿园大班儿童。

3. 活动准备

（1）用透明塑料做成的八个盒子，里面放有弹簧，弹簧有四种，分别在两个维度上变化：弹簧直径和长度，每种弹簧有两个。另外有四种正方块，分别在两个维度上变化：大小和材料，每种有两个。当幼儿把方块放在弹簧盒里时，里面弹簧被压缩的情况清晰可见。如图 4-7 所示。

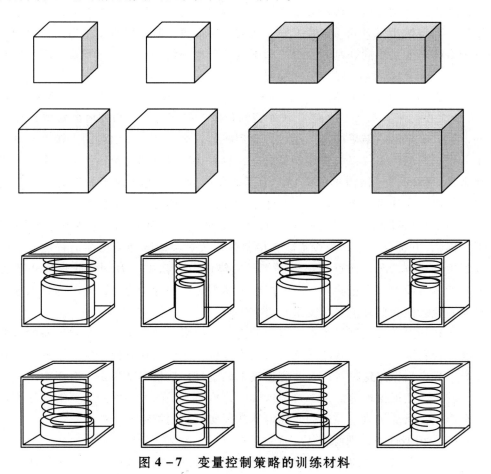

图 4-7 变量控制策略的训练材料

（2）每4个幼儿组成一组，每组有八个弹簧盒和八个方块。

4. 活动过程

（1）设置情境，引导观察，引发策略出现。

①教师拿出一个弹簧玩具，介绍玩具的构成（弹簧、方块），教会幼儿玩这个玩具：把方块放在弹簧上，弹簧会压缩，让幼儿观察弹簧能压缩多少。

②幼儿以组为单位，一起玩弹簧玩具。要求幼儿自己动手设计一个对比实验，判断方块的大小对弹簧压缩程度是否有影响。

③幼儿可能只设计出了一种对比实验，教师要善于启发幼儿深入理解问题，进行反复实验，寻找多种解决方法。在幼儿设计实验的过程中，教师要善于发现幼儿是否能够正确地设计出对比实验，对错误的实验要注意问题所在。

（2）多次尝试，提供反馈，形成目标策略。

①教师指导。教师先设计一个错误实验（两个玩具的设置完全不一样），然后问学生这个设置能否检验方块大小会影响弹簧的压缩程度，并要求进一步解释原因。教师给学生时间与机会发表个人的不同见解。教师要求学生指出两个弹簧盒中有哪些变量不同并判断是否可根据这种对比确信方块大小对弹簧压缩程度有影响。

②教师指出刚才的例子是错误的，并解释原因。因为例子中除目标变量（方块大小）外，另外三个变量（弹簧的长短、弹簧的直径和方块的材料）也不同，所以根据最后结果的不同很难判断到底是有哪一个变量引起的。接着教师展示一个正确的例子，以与错误例子对比，然后让班级继续讨论，解释这个例子为什么是正确的（只做简单的解释，为了避免引起对其他错误源的注意，教师在讲解中没有在弹簧上放方块，只关注于设计正确实验的逻辑方面）。

③教师再设置一个错误例子（两个玩具的设置中弹簧的长短和弹簧的直径不一样），并提问学生这个设置能否检验弹簧长短会影响弹簧压缩的程度，以检验学生的理解情况。通过指出错误例子的错误及其依据，教师强化学生正确思考。然后再设置一个正确对比并开展与上述方法相同的讨论，以复习为什么这个对比实验能使我们确信目标变量是否有影响。

④教师对变量控制策略进行全面的讲解，如果要知道某个变量对弹簧的压缩程度是否有影响，需要有两个弹簧，两个方块，他们只在要检验的那个变量上有差异，只有当作出这种对比，才能正确地确定目标变量对结果是否有影响。

⑤让幼儿根据教师的讲解再设计实验，检验方块的大小对弹簧压缩短程度是否有影响，反复实验，保证幼儿稳定地掌握变量控制策略。

（3）相似任务，训练巩固，促进策略迁移。

①最后要求幼儿应用刚学习的变量控制能力进行新的实验设计，选择两个弹

簧比较不同变量的作用。依次检验方块类型、弹簧直径和弹簧长短的影响。

②教师在此过程中注意观察和个别反馈与指导。

（二）典型课例的分析

在这一典型课例中，整个教学过程具体包含了三个固定的环节，即上面我们所提出的设置情境，引导观察，引发策略出现；多次尝试，提供反馈，形成目标策略；相似任务，训练巩固，促进策略迁移。实际上，任何一个使用微观发生法训练儿童认知发展的教学活动都要包含这三个环节，只是根据训练目标的不同在具体的活动内容上会存在着不同。使用"弹簧任务"训练儿童的变量控制策略是在幼儿园大班中进行的一个典型课例。实际上，在幼儿园大班中还有其他类似任务（如斜坡任务）来训练儿童的变量控制策略，而在小班和中班也各有类似的、与之对应的活动任务来训练儿童的该项策略，只是在任务的难度上有着不同，从小班到大班存在着递进关系。就弹簧任务来说，在小班只训练两个变量的控制能力（如物体大小和弹簧长短），在中班训练三个变量的控制能力（如物体大小、物体材料和弹簧长短），而在大班则训练四个变量的控制能力（如物体大小、物体材料、弹簧长短和弹簧直径）。整个幼儿园阶段活动任务的设置体现了前面指出的三个原则：每次教学活动中（单位时间内）有不同的有机联系的活动任务，相似的活动任务在不同单位时间内出现，相似的活动任务在不同年级出现。总体上看，这一典型课例体现了使用微观发生法实施教学活动的基本要求，有固定的、关键性的教学环节，在整个教学过程中，教师始终关注儿童认知方面的变化，抓住关键时机，给予及时的指导和反馈，最后设置了迁移任务，帮助儿童巩固和提高刚刚掌握的认知策略和技能。

第四节 幼儿科学思维培养的实验结果与分析

根据前面第二、第三节设计的幼儿科学思维培养的载体与基于微观发生法设计的培养活动，我们在广州市第二幼儿园对大、中、小三个年级的幼儿进行了一年的实施活动。主要目的是验证我们基于学习双机制理论提出的个体运算性机能形成的理论构想。

我们在小班、中班、大班三个年级中各实施了 60 项科学思维培养的综合活动，每星期进行两项，两个学期完成所有的活动。下面从三个方面总结实验结果。

一、教师对幼儿科学思维培养实验效果的评价

幼儿的科学思维经过一年有组织、有步骤、有计划的培养，基本已经显示出成效。为了调查幼儿这一年的科学思维发展情况，我们使用编制好的"幼儿科学思维调查问卷"，首先以教师为调查对象，请有关教师对幼儿学年开始时和学年结束时的科学思维的状况进行评定，要求务必真实回答。

（一）研究目的

从教师角度评价幼儿时期进行科学思维培养的效果，检验幼儿的科学思维是否经过培养有明显的提高。

（二）方法

1. 被试
广州市第二幼儿园所有经过一年训练的大中小班的幼儿。

2. 测试材料
采用自编的"幼儿科学思维教师调查问卷"，采用五点等级量表对幼儿科学思维的能力和人格的 15 个方面进行评价，每个方面又分别有 4 个题目，每个问卷一共有 60 道题目，其中有部分题目是反向计分。每道题目后面有 5 点等级量表，"1"为完全不符合；"2"为基本不符合；"3"为有时符合，有时不符合；"4"为基本符合；"5"为完全符合。

3. 测试程序
对广州市第二幼儿园实验班幼儿的科学思维发展情况进行调查。主试发放问卷，并指导教师如何操作和填写，教师根据自己对本班各个幼儿的观察进行回答。要求教师根据幼儿的符合程度在相应的数字上画"√"。回收问卷后，按照问卷统计原则筛选有效问卷进行统计，共回收有效教师问卷 795 份。然后统计出教师评定的每个幼儿的分数。

（三）结果与分析

根据 795 份教师问卷，对幼儿学年开始时和学年结束时的科学思维发展状况进行分析，由表 4－2 可见，科学思维训练能够促进幼儿的科学思维水平的提高，对表 4－2 的数据进行相关样本 t 检验，结果表明，教师评价幼儿的科学思维发展水平在学年结束时比学年开始时有显著的提高，$t(794) = 76.487$，$p < 0.001$。

说明教师认为幼儿的科学思维水平经过一年的培养得到了显著的提高。

表4-2　　　教师评价幼儿学年开始时和学年结束时的科学思维发展状况

项目	人数	平均分数	标准差
学年开始	795	2.8880	0.5595
学年结束	795	3.7157	0.4939

表4-3列出了教师对不同年级幼儿的科学思维的评价平均分和标准差。

表4-3　　　　　　不同年级幼儿的科学思维发展情况

年级	小班	中班	大班
人数	217	282	296
学年开始	2.76（0.58）	2.93（0.48）	2.94（0.59）
学年结束	3.70（0.51）	3.61（0.43）	3.83（0.50）

注：括号里面表示标准差

对表4-3的数据进行统计分析表明，教师评价小班幼儿的科学思维发展水平在学年结束时比学年开始时有显著的提高，$t(216)=61.3$，$p<0.001$。教师评价中班幼儿的科学思维发展水平在学年结束时比学年开始时也有显著的提高，$t(281)=37.4$，$p<0.001$。教师评价大班幼儿的科学思维发展水平在学年结束时比学年开始时有显著的提高，$t(295)=50.9$，$p<0.001$。因此，从总体上说明教师认为各个年级的幼儿的科学思维水平经过一年的培养都得到了显著的提高。

二、家长对幼儿创造力培养实验效果的评价

采用我们自己编制的"幼儿科学思维调查问卷"，我们又以幼儿家长为调查对象，请有关家长对幼儿学年开始时和学年结束时的科学思维的状况进行评定，要求务必真实回答。

（一）研究目的

从家长角度评价幼儿时期进行科学思维培养的效果，检验幼儿的科学思维是否经过培养有明显的提高。

（二）方法

1. 被试

广州市第二幼儿园所有经过一年训练的大中小班的幼儿。

2. 测试材料

采用自编的"幼儿科学思维家长调查问卷"，采用五点等级量表对幼儿科学思维的能力和人格的 15 个方面进行评价，每个方面又分别有 4 个题目，每个问卷一共有 60 道题目，其中有部分题目是反向计分。每道题目后面有 5 点等级量表，"1"为完全不符合；"2"为基本不符合；"3"为有时符合，有时不符合；"4"为基本符合；"5"为完全符合。

3. 测试程序

对二幼的实验班幼儿的科学思维发展情况进行调查。主试发放问卷，并指导家长如何操作和填写，家长根据自己对子女的观察进行回答。要求家长根据幼儿的符合程度在相应的数字上画"√"。回收问卷后，按照问卷统计原则筛选有效问卷进行统计，共回收有效家长问卷 622 份。然后统计出家长评定的每个幼儿的分数。

（三）结果与分析

表 4 – 4 列出了家长对幼儿学年开始和学年结束时科学思维发展的评价情况。

表 4 – 4　　　　家长评价幼儿学年开始时和学年结束时科学思维发展状况

项目	人数	平均成绩	标准差
学年开始	622	3.2231	0.5299
学年结束	622	3.7855	0.4737

对表 4 – 4 的统计结果表明，家长评价幼儿的科学思维发展水平在学年结束时比学年开始时有显著的提高，$t(621) = 34.395$，$p < 0.001$。说明家长同样认为幼儿的科学思维水平经过一年的培养得到了显著的提高。

表 4 – 5 列出了各个年级的情况，对表 4 – 5 数据进行统计分析表明，家长评价小班幼儿的科学思维发展水平在学年结束时比学年开始时有显著的提高，$t(204) = 24.1$，$p < 0.001$。家长评价中班班幼儿的科学思维发展水平在学年结束时比学年开始时也有显著的提高，$t(240) = 20.5$，$p < 0.001$。家长评价大班幼儿的科学思维发展水平在学年结束时比学年开始时有显著的提高，$t(175) = 16.1$，$p < 0.001$。从总体上说明家长认为各个年级的幼儿的科学思维水平经过一年的培养都得到了显著的提高。

表4-5 不同年级幼儿的科学思维发展情况

年级	小班	中班	大班
人数	205	241	176
学年开始	3.03（0.56）	3.26（0.44）	3.38（0.53）
学年结束	3.66（0.47）	3.76（0.45）	3.96（0.44）

三、科学思维培养对幼儿的促进效果

前面介绍的都是来自教师和家长对幼儿科学思维发展的评价，幼儿科学思维水平的提高，最重要的证据来自幼儿本身。我们采用"幼儿科学创造能力测验量表"对实验班幼儿的科学创造能力进行了测查，同时选取了对照组，将对照组幼儿的科学创造能力情况也进行了测查，以此来说明科学思维培养的效果。

（一）研究目的

采用自编的"幼儿科学创造能力测验量表"考查幼儿的科学创造能力发展的情况，检验幼儿的科学创造能力是否经过培养有明显的提高。

（二）研究方法

1. 被试

广州市第二幼儿园所有经过一年训练的大中小班的幼儿为实验组被试，暑假前进行测试。另外从广州市另外一所幼儿园选择年龄相对应的中班、大班幼儿和一年级小学生各30名为对照组被试，暑假后开学时统一施测。

2. 测试材料

采用自编的"幼儿科学创造能力测验量表"，里面包括能力训练的9个方面，每个方面2~4个题目，一共32个题目。其中30道题目是选择题，让幼儿根据问题选择正确的答案，选对一题得1分；2道题目让幼儿根据问题说出答案，这样的题目每题2分，测验总分36分。

3. 测试程序

对经过一年训练的第二幼儿园的实验班三个年级的幼儿和未接受系统训练的对照组的幼儿园的三个年级的幼儿进行科学创造能力测查。教师经过指导后进行施测，根据各个幼儿自己的回答进行记录，在相应的答题纸上写下每道题目的答案。回收测验后，按照测验统计原则筛选有效问卷进行统计，共回收有效问卷744份。然后计算出每个幼儿的科学创造能力的分数。

（三）结果与分析

表 4-6 列出了实验组和对照组幼儿科学创造力的分数：

表 4-6　　　　　　　　实验组与对照组幼儿科学创造力分数比较

项目	人数	平均成绩	标准差
实验组	744	23.96	4.09
对照组	90	19.09	3.70

统计结果表明，实验组幼儿科学创造能力的成绩明显的高于比对照组幼儿，$t(832)=8.55$，$p<0.001$。说明经过一年的科学思维的训练，幼儿的科学创造能力水平有显著的提高。表 4-7 分别列出了各个年级实验组与控制组幼儿科学创造力的分数。

表 4-7　　　　　不同年级实验组与对照组幼儿的科学创造力分数比较

年级	组别	人数	平均得分	t 检验
小班	实验组	211	21.43（4.62）	$t=3.94^{***}$
	对照组	30	17.97（3.52）	
中班	实验组	241	23.91（3.73）	$t=5.76^{***}$
	对照组	30	19.72（3.93）	
大班	实验组	292	25.29（3.65）	$t=5.29^{***}$
	对照组	30	19.60（3.49）	

统计分析表明，小班实验组幼儿的科学创造能力水平比对照组显著的高，$t(239)=3.94$，$p<0.001$。中班实验组幼儿的科学创造能力水平比对照组显著的高，$t(269)=5.76$，$p<0.001$。大班实验组幼儿的科学创造能力水平比对照组显著的高，$t(320)=5.29$，$p<0.001$。从总体上说明幼儿的科学创造能力水平经过一年的培养得到了显著的提高。

本章小结：幼儿科学思维的发展和培养是个体心理机能发展和培养的核心，关于个体如何形成心理机能尤其是高级心理机能的问题，不仅是教育心理学领域的重大问题，而且是发展心理学乃至整个心理学科至关重要的重大问题，同时也是哲学认识论、逻辑学等学科都迫切需要解决的重大问题。

个体高级心理机能形成问题与人类思维的起源问题密切相关，可以说属于世界性难题，目前对这个问题的研究主要还是停留在思辨的方式。皮亚杰关于个体发生认识论的研究，对于儿童"运算图式"的发展形成只是从思辨的角度提出了"遗传、环境、经验与平衡"四个影响因素，其中最有新意的是"平衡"，但是，这个概念还缺乏操作性，没有明确解答如何促进儿童新的运算图式的形成问题。而苏联维列鲁学派的代表人物之一加里培林则通过教学实验开展学生智力技能的五阶段形成的研究，力图验证维列鲁学派关于个体高级心理机能形成是"外部活动的内化"过程。然而，加里培林所进行的研究不是直接探讨个体高级心理机能形成问题，也不是严格的实验研究。总的来说，关于个体心理机能形成的问题，由于非常复杂、研究难度高，因此，学术界对这个问题尚未有实验研究。

在第二章中，我们已对前人提出的关于婴幼儿机能形成问题的各种理论与观点进行了总结与分析，并在此基础上提出学习双机制理论关于个体心理机能形成的理论构想。根据学习双机制理论的观点，个体的心理机能分为联结性心理机能与运算性心理机能，运算性机能是人类个体独有的、最重要的机能，运算性机能作为思维水平的机能，是人类千百万年形成的客体化的社会机能，机能载体以隐性方式隐含着人类复杂的智能活动。机能载体蕴含的活动不是直接通过载体的物理属性体现出来，也不能由主体对载体的物理属性的知觉模式引申出来，因此，运算性机能的形成不可能由个体直接通过与机能载体交互作用就可以实现。个体要实现机能载体所蕴含的智能活动，就需要将机能载体所蕴含的人类活动"转译"出来，让个体在外部进行这个活动，然后将这个外部活动内化成为主体的内部活动，才能实现这个运算性机能。因此，运算性机能的形成，是个体将人类千百年形成的社会机能内化为自己的内部机能的过程，是一个由外部活动不断内化的过程，符合外部活动理论提出的"三项图式"，即"主体、客体、活动"三项图式。

根据学习双机制理论关于个体高级心理机能形成的理论构想，我们设计了幼儿科学思维机能培养的实验研究，以验证学习双机制理论关于运算性学习机能获得的基本观点。本章首先阐述了基于学习双机制理论关于个体科学思维机能培养的基本思路设计的培养实验方案，这个实验方案包括对运算性学习两个重大问题：机能载体的设计问题与外部活动内化的交互作用方式的探究问题。在机能载体的设计方面，我们在前人各项经典性研究的基础上设计了三个年龄段的科学思维培养活动作为载体；在交互作用方式方面，我们根据外部活动内化的思路，融合了皮亚杰关于内部矛盾的协调建构的"平衡"的理念与苏联维列鲁学派的社会建构的理念，对西方当前发展心理研究提出的探究与培养儿童思维方式与策略的"微观发生法"进行改造，形成了本实验幼儿科学思维培养的交互作用方式"微观发生法"。根据研究方案，我们进行了为期近两年的研究，取得了一些重要成果。

本实验的结果表明，幼儿时期是科学思维形成的关键期，根据科学思维的构成设计知识含量低的系统活动作为载体，用微观发生法引导幼儿进行所设计的活动，就可以有效地促进幼儿形成科学思维的方式。本系列实验结果可以初步证明，个体科学思维作为最重要的运算性心理机能，是由婴幼儿个体在关键期通过外部活动内化的方式与载体相互作用而形成，符合皮亚杰与维、列、鲁学派提出的"主体—活动—客体"三项图式，从而验证了学习双机制理论关于个体运算性机能形成的理论构想。

由于个体运算性机能形成是一个非常复杂的问题，因此，本实验只是一个初步的研究，还需要进一步系统深入开展研究，从构思上还需要不断改进，规模上还须要进一步扩大，以取得更可靠、更有说服力的成果。

第三编

学习双机制理论关于经验获得过程的研究

本篇阐述了学习双机制理论关于知识经验获得过程的基本观点，以及根据这个理论观点所进行的两个系列的实验研究。共包括三章，第五章主要总结分析国外关于个体知识经验学习过程的不同派别的理论和学习双加工理论关于知识经验学习过程的基本观点；第六、第七章分别阐述了对文本阅读加工过程的实验研究与对类别学习的加工过程的实验研究，以验证学习双机制理论关于知识经验获得的基本观点。

第五章

学习双机制理论关于经验
获得学习的理论构想

本章总结分析了国外对知识经验获得过程的理论派别。国外关于知识经验学习过程的理论即学习理论可以分为两大派，联结派学习理论与认知派学习理论。联结派学习理论将个体经验的获得过程看成是经过条件反射之类的活动形成特定联结的过程，该派别代表性的理论是，桑代克的试误—联结说，巴甫洛夫、华生的替代—联结说，斯金纳的强化—联结说和班杜拉的观察—联结说。认知派学习理论将个体经验的获得过程看成是经过复杂的加工活动形成认知结构的过程，该派别代表性的理论是，格式塔的完形学习理论，托尔曼的符号学习理论，以及主要涉及学校学生学习的布鲁纳的发现学习理论和奥苏贝尔的同化学习理论等。本章在总结分析不同派别的学习理论的基础上提出了学习双机制理论关于知识经验学习过程的理论构想，该理论认为，个体学习可以分为联结性学习与运算性学习，联结性学习是个体将同时出现在工作记忆中的若干激活点联结起来而获得经验的学习，而运算性学习就是个体在头脑中经过复杂的认知操作而获得经验的学习，不同的学习有不同的过程、条件及其规律。在现实的学习活动中，两种学习过程常常会交织在一起或者随着学习条件不同而交替出现，需要认真进行分析。

第一节 西方学习理论的形成与发展

教育心理学领域对学习现象的探讨主要研究的是个体获得知识经验的学习过

程，即通常所说的学习理论。学习理论要解答的核心问题是有机体如何在后天生活过程中获得经验（客观经验）的问题。根据对这个问题的基本解答，可以把学习理论分为联结派学习理论与认知派学习理论两大派别。

数十年来，关于学习理论观点的争论一直是教育心理学界的主题之一，以桑代克、华生、斯金纳等为代表人物的联结学习理论和以格式塔、托尔曼、布鲁纳、奥苏贝尔等为代表的认知学习理论，相互论争，构成了数十年教育心理学发展的主旋律。

一、联结派学习理论的发展

联结派学习理论的核心观点认为，学习过程是有机体在一定条件下形成刺激与反应的联系从而获得新经验的过程。但是在刺激与反应之间的联结如何建立，这个过程受哪些因素的影响等问题上的分歧使该派内部产生多种理论。联结派的不同学习理论观点的提出，反映出该派别对于如何用联结的观点说明有机体的学习过程的思路的发展轨迹。

桑代克是联结派学习理论的鼻祖，他通过逃出樊笼的猫的实验的结果提出试误—联结说，认为学习的实质就是有机体通过尝试错误偶获成功而逐渐形成刺激与反应的联系，从而获得经验。桑代克提出的学习模式如图 5 - 1 所示。

图 5 - 1　试误—联结学习模式

巴甫洛夫与华生也认为学习是形成刺激与反应的联系，但这种联系的形成是由于条件刺激（中性刺激）与无条件刺激在时间上多次结合，使该条件刺激成为无条件刺激的信号，对无条件刺激产生替代作用，从而能引起原先只能由无条件刺激才能引起的反应，这样便形成条件刺激与反应的新联系，实现了学习。人们将这种联系的形成称为经典性条件反射。该学习理论实质上是认为，个体获得经验的过程是建立起条件刺激与反应之间的联系的过程。巴甫洛夫与华生的经典性条件反射的学习模式如图 5 - 2 所示：

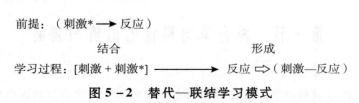

图 5 - 2　替代—联结学习模式

经典性条件反射理论的提出，对学习理论产生重大的影响。然而，这种理论要成功地解释所有的学习，其前提必须是，有机体所有的行为（反应）都可以由某个无条件刺激引发出来，但是，实际上有机体的许多动作或行为是根本无法说出是由哪一个无条件刺激引起，这样，用经典性条件反射来说明有机体的学习就受到限制。为了解脱联结主义的思路在这个问题上的困境，斯金纳的操作性条件反射学习理论产生了。

斯金纳根据自己的实验结果提出了操作性条件反射的学习理论，该理论认为，有机体的学习固然有时是通过经典性条件反射实现，但经典性条件反射只是有机体获得经验的一条非主要的途径，而有机体获得经验的主要途径是操作性条件反射。有机体在刺激情境中可以自发地作出多种行为，如果其中某个行为得到了强化，该行为在这种情境中发生的概率就会提高，不断强化的结果会形成在该情境中采用该行为的一种趋势，即形成情境与反应的联系，有机体在该情境中会倾向于作出这种行为，这就是有机体的学习。这种由于行动的结果得到强化而形成情境与反应之间的联系的过程称为操作性条件反射，个体获得经验的过程主要是操作性条件反射建立的过程。斯金纳的操作性条件反射学习理论的学习模式如图 5 - 3 所示。

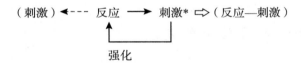

图 5 - 3　强化—联结学习模式

在斯金纳的学习模式中，有机体是处在某种情境之中，但它的行为并非刺激或情境诱发出来，而可以是自发产生的，多种自发行为中，如果某种行为得到了强化，这种行为就得以保留，从而与该情境形成联系，但这种联系是由于有机体在某种情境中的某种行为得到强化，从而形成该反应与该情境之间的联系，这种联系是反应受到强化而产生的，因此可以称为"R - S"联系，以跟经典性条件反射的"S - R"联系相区别。从斯金纳的学习模式可见，桑代克的试误说只是斯金钠的操作性条件形成的一个特例，在桑代克的试误模式中，有机体的行为（反应）是刺激诱发出来的，而刺激诱发的多种行为中，正确的行为获得成功，得到强化，因而保留下来，即形成了情境与反应的联系。这样，桑代克的试误说同样暗含了与经典性条件反射相似的前提，即有机体所有的行为（反应）都可以通过一定刺激诱发出来，因此，它在广泛地解释学习现象时同样会遇到经典性条件反射理论相同的困难。而斯金纳的操作性条件反射理论，可以避免了经典性条件反射理论这种局限，对学习现象有更广泛的解释意义。

　　然而，这些理论还是不断受到来自本派别内的批评，这类批评基本上还是持"学习是形成联结"这个基本立场，但对联结形成的过程与条件的看法不完全赞成经典性条件反射或操作性条件反射的观点。例如，有人提出，有时有机体在没有反应的情况下也可以学习，可以形成一定的条件反射；也有人提出，在无强化的情况下有机体也会实现学习；这类批评对于促使联结派学习理论作更周密的修正是有意义的。更重要的是，有人指出，在许多情况下有机体只需要通过观察也可以形成条件反射式的联结。集观察学习之大成的班杜拉，系统地提出了以观察学习为基础的社会学习理论。该理论认为，人的社会行为和思想、情感不仅受直接经验的影响，更多地受通过观察进行的间接学习即观察学习的影响。班杜拉认为，人后天习得行为主要有两种途径：一是依靠个体的直接实践活动，这是直接经验学习；另一种是间接经验学习，即通过观察他人行为而学习，这是人类行为的最重要来源，建立在替代基础上的间接学习模式是人类的主要学习形式。通过观察学习，可以使人们避免去重复尝试错误而带来的危险，避免走前人走过的弯路。班杜拉认为，传统的学习理论，如桑代克的联结理论、华生的经典性条件反射理论等几乎都局限于直接经验的学习，不能解释人类许多习得的行为，他强调间接学习即观察学习的重要性。

二、认知派学习理论的发展

　　与联结派对立的是认知派的学习理论，学习的认知派理论主要代表人物是格式塔心理学家、托尔曼、布鲁纳、奥苏贝尔等，作为学习理论的一大派别，它的基本观点是认为，学习过程不是简单地在强化条件下形成刺激与反应的联结，而是由有机体积极主动地形成新的完形或认知结构。因此，该派别认为，有机体获得经验的过程，是通过积极主动的内部信息加工活动形成新的认知结构的过程。格式塔心理学家认为，学习是有机体通过组织作用形成新情境的完形的过程；托尔曼认为，学习是有机体通过对行为的目标与取得目标的手段、达到目标的途径的认知，形成认知地图的过程；布鲁纳认为，学生的学习是学习者积极主动地进行认知操作活动（主要是概念化或类型化的思维活动），形成新的知识结构的过程；奥苏贝尔则主张，学生的学习过程是学习者通过同化活动将材料纳入原来的认知结构中去，形成新的认知结构的过程。从以下的分析中可以看到认知派发展的轨迹。

　　认知派学习理论是在批评联结派的基础上建立的，最初是沿着两条途径发展起来的：一条是现象主义的研究途径，即从独立地研究学习现象开始，根据其研究结果而得出与联结派理论相对立的认知派学习理论，格式塔心理学家走的就是这个途径。作为认知派学习理论的鼻祖，格式塔派采用了现象主义的研究方法，他们通过观察猿猴解决问题的过程提出，有机体的学习不是通过试误获得成功，而是通过神经系统的组织作用达到"顿悟"，从而建立与新情境相应的完形的过程，所谓"完形"即情境各方面各部分的联系与关系。据此，格式塔派心理学家提出了"组织—完形"说的认知派学习理论。

另一条途径是实验心理学的途径，该途径主要针对联结派的主要结论设计严格的实验进行检验，根据实验结果否定了联结派的观点进而形成认知派的学习理论。托尔曼就是沿着这个途径提出自己的学习理论。他针对经典性条件反射理论与操作性条件反射理论的必须通过强化才能学习的核心观点设计了著名的无强化学习的实验，同时针对联结派认为学习的结果是形成联结的观点设计了著名的位置学习的实验，根据研究结果，托尔曼认为，有机体的学习并非形成简单的、机械的联结，而是通过认知获得达到目的的符号及其意义，形成"认知地图"，所谓认知地图，指"目标—对象—手段"三者联系在一起的认知结构。

布鲁纳、奥苏贝尔则大致按照格式塔心理学家的研究方式或途径形成自己的学习理论，但他们主要研究的是学生的学习，因此，确切地说，他们的学习理论是根据认知派学习理论的基本观点来探讨学生学习问题的理论。他们理论的基本特点是：（1）学习的过程方面，在坚持"学习是有机体内部进行复杂的心理操作活动而获得经验"这个基本立场的基础上深入分析学生学习的内部操作过程，进一步用信息加工的理论观点来将这个过程具体化。（2）学习的结果方面，在坚持"学习是形成或发展认知结构"这个基本立场的基础上具体分析探讨学生认知结构或知识结构的构成，以往认知结构对当前学习的作用及学习所引起的认知结构的变化。

布鲁纳认为，学生学习是通过类目化的信息加工活动，积极主动地形成认知结构或知识的类目编码系统的过程。他提出，认知结构是人对外界系统感知概括的一般方式与经验结构组成的观念结构。这个结构的核心是类目编码系统，是个体处理和解决问题的一个总体模式。布鲁纳的类目包含两方面的内容：概念和规则。类目有不同水平，有的较具体，有的较一般，有的介于两者之间，这些不同的类目按照概括水平和不同关系进行层级排列，就形成了类目编码系统。学习的实质就是形成知识的类目系统。学生学习过程是类目化活动过程，所谓类目化活动，是指用原有的编码系统处理新的信息，把事物放入类目编码系统之中，或者产生新的类目系统。布鲁纳主张，这种类目化活动应该从低到高，应该给学生提供较低的目标，让学生自己去发现该一层级的类目。

奥苏贝尔则认为，学生的学习是通过同化，将当前的知识与认知结构建立非人为的、实质的联系，使知识结构不断发展的过程。他提出，认知结构是按层次

137

的形成组织起来的诸多类属者。所谓的类属者就是概念或观念，很多的类属者按层次组织起来了就是认知结构。它既是学习的结果，又是学习的基础。学习过程主要是自上而下的同化活动过程，所谓同化活动，是利用原来认知结构的恰当观念和新知识建立实质的、非人为的联系的活动，一方面使新知识被学习者理解，获得心理意义，另一方面使已有的认知结构发生改变，增加了新内容，建立了更广泛的联系。奥苏贝尔认为，同化过程中应该遵循逐渐分化和整合协调的原则。逐渐分化的原则是指首先应该学习包摄性最广、概括水平最高、最一般的观念，然后逐渐学习概括水平较低、较具体的知识，对它加以分化。奥苏贝尔认为最有效的学习是下位学习，同化过程应该由高的、包涉水平广的概念到具体概念。整合协调原则是指对认知结构的已有知识重新加以组合，通过类推、分析、比较、综合，明确新旧知识间的区别和联系，使所学知识能综合贯通，构成清晰、稳定、整合的知识体系。奥苏贝尔根据这两个教学原则，又提出了"先行组织者"这一具体的教学策略。

从总体来看，传统认知主义的学习理论虽然对学习的信息加工过程与结果的看法不同，但是，它们都认为学习者是在教师的引导下，进行掌握该知识必须进行的信息加工活动，获得统一的认识，并形成大致相同的知识结构。然而，20世纪八、九十年代发展起来的建构主义学习理论，对学习过程、学习结果和学习条件等提出了不同于传统认知主义的观点。在学习结果方面，传统认知派学习理论认为，学习的结果是形成认知结构，它是高度结构化的知识，是按概括水平高低层次排列的。建构主义则认为学习结果虽然也包括形成层级的知识，但这只是初级学习的结果，高级学习的结果是形成围绕着关键概念建构起来的网络知识结构。在学习过程方面，建构主义认为学习是学习者主动地建构内部心理表征的过程。学习者不是被动地接受外来信息，而是主动地进行选择加工，学习者不是从同一背景出发，而是从不同背景、角度出发，教师不是统一引导，完成同样的加工活动，而是在教师和他人的协助下，通过独特的信息加工活动，建构自己的意义的过程。这一建构过程不是传统认知派的社会建构过程，而是一个个人建构的过程，建构起对现实世界的意义。当前，建构主义的学习理论已经产生了越来越大的影响。

纵观认知派学习理论的发展过程，从注重有机体学习全域的格式塔的"组织—完型"学习理论到托尔曼的符号学习理论，到着重讨论学生学习的布鲁纳的"认知—发现"学习理论、奥苏贝尔的"认知—同化"学习理论，从布鲁纳、奥苏贝尔强调相同的认知过程形成相同的层级认知结构的传统认知主义，到强调个人独特的认知过程建构不同的网状知识结构的建构主义，认知派学习理论的发展也体现出一个逐步完善、逐步清晰、逐步的过程。

第二节　西方各派学习理论的基本观点

本节先介绍关于联结派学习理论的四种主要学说：桑代克的试误—联结说，巴甫洛夫、华生的替代—联结说，斯金纳的强化—联结说，班杜拉的观察—联结说。然后介绍认知派学习理论的五种主要学说中的两种：格式塔的完形学习理论，托尔曼的符号学习理论。最后介绍学习理论的新进展。

一、联结派学习理论

从桑代克的试误说到华生的经典性条件反射学说再到斯金纳的操作性条件反射学说，从通过情境刺激、反应与强化直接形成联结获得经验的条件反射理论，到通过观察间接形成联结获得经验的观察学习理论，联结派学习理论的发展可以说是逐步完善。

（一）桑代克的"试误—联结"学习理论

桑代克（Edward Lee Thorndike，1874～1949）在心理学发展史上第一个系统提出了学习理论，在随后的近半个世纪里一直支配着美国该领域的研究。

桑代克把自己的心理学称为联结主义心理学，认为心理、学习是情境与反应之间的联结。桑代克的联结理论是根据其对动物的实验结果提出的，其中最著名的是饿猫开迷箱的实验。一只饿猫被关在他专门设计的一个实验迷箱里，箱子的门紧紧关闭，箱子附近放着一条鲜鱼，箱内有一个开门的旋钮，碰到这个旋钮，门便会启开。开始的时候饿猫无法走出箱子，只是在里面乱碰乱撞，偶然一次碰到旋钮打开门，便得以逃出吃到鱼。经多次尝试错误，猫学会了碰旋钮以开箱门的行为。他的博士论文《动物的智慧：动物联想过程的实验研究》对动物实验的结果进行了总结，并提出了著名的学习的联结理论。桑代克认为，学习的实质是经过试误在刺激与反应之间形成联结，即形成 S－R 之间的联结。他说："学习即联结，心即人的联结系统"。他认为，联结指的是情境和反应之间的联结，而不是联想主义的观念之间的联想或联结，联结的形成无须观念为媒介，人生来就具有许多联结的"原本趋向"，所谓学习，就是在一定情境的影响下，唤起"原本联结"中的一种联结倾向，并使之加强。桑代克认为，刺激与反应是借助于神经连接而联结的。他的理论涉及刺激（S）与反应（R）之间的神经联结，故称为联结论，他的心理学又称为"联结心理学"（Bond Psychology）或简称为"联结主义"（Connectionism）。

桑代克认为学习过程或联结建立的过程是尝试错误的过程。他从饿猫需要拉动绳索逃出迷箱逐次尝试的学习曲线得出结论，动物的学习是通过尝试错误而逐渐发生的，联结学习的过程是渐进的"尝试与错误"直至最后成功的过程，而不是通过推理而顿悟的过程。

桑代克根据自己的研究结果，认为学习是直接的联结而不是由思考或推理为媒介而来，即学习遵循精简原则，而不是推理原则。如桑代克（1895）观察到"猫并没有仔细地观察情境，也没有细致地'思考'，就接着决定该做的事。出于本能与经验，对于该情境（限于猫饥饿时，外面摆着食物）立即引起适当的反应。"另外，桑代克（1911）在相似的研究中也得出同样的结果，"如果我们认为心理的内容包含的是情感关系，知觉的相似性，具体与抽象观念以及判断，那么根据猴子的行为使用的心理过程，我们没有发现推理的证据。由狗及猫再做同样的实验，证实这个事实，使得学习是一项推理的论证无效。我们发现动物是凭本能的反应而去使用棒条、针钩、扣环等，成功地运用了这些机械的装置，表示动物依机械特性从事推理的说法不攻自破。"

桑代克深受动物实验的影响，主张学习方面的直接选择和联结。他把动物的行为视为直接对感觉到的情境作出的反应，并且这一结论推广到人类学习，认为动物学习所展现的那种基本的机械现象对人类学习也同样适用。尽管桑代克也时常意识到人类学习的复杂性和广阔性，但他很喜欢用较简单的学习原则去理解较复杂的学习行为，这样就把人类学习的较简单形式与动物学习的形式等同起来。如桑代克指出，"由动物学习所揭示的这些简单的半机械的现象，也可以作为人类学习的基础。"桑代克这种把学习看作情境与反应的直接联结而无推理作中介的观点，显然贬低了中介推理与观念的重要性，这为随后行为主义运动埋下了伏笔。

桑代克在其前期的有关学习过程的研究中，根据大量的动物实验结果，总结出了学习的一些规律性的东西，提出了三条主要的学习律和五条从属的学习律。

三条主要的学习律是：效果律、准备律和练习律。

效果律（Law of Effect）是桑代克对教育心理学的主要贡献之一，它是指刺激与反应之间联结加强或减弱受到反应结果的影响。桑代克认为，喜悦的结果加强联结，而厌烦的结果则减弱联结。也就是说，如果一个动作跟随着情境中一个满意的变化，在类似的情境中这个动作重复的可能性将增加，但如果跟随的是一个不满意的变化，这个动作重复的可能性将减少。

准备律（Law of Readiness）是指在有机体采取行动时，促使其行动就是一项增强，而阻碍其行动则是一种烦恼。当有机体并不准备行动时，迫使其进行行动则成为一种烦恼。

练习律（Law of Exercise）认为联结的强度决定于使用联结的频次。一个学会了的刺激—反应之间的联结，练习和使用越多，就越来越得到加强，反之会变弱。练习律由作用律和失用律两部分组成。刺激和反应之间的联结因使用而强化。换句话说，不断地运用刺激情境与反应之间的联结，会强化二者之间的联结，这称为作用律。刺激和反应之间的联结因练习次数中断或不使用神经的联结而削弱，称为失用律。

五条从属的学习律是：多重反应、心向与态度、优势元素、联结变化和类比反应。

多重反应（Multiple Response）又称多变化的反应（Varied Reaction），是指某反应不能解决问题时，有机体将继续尝试其他的反应，直到找到一个能有效地解决该问题的反应为止。桑代克认为多重反应是所有学习的第一步，这和其尝试错误学习是一致的，动物尝试由第一个反应到另一个反应，直到解决了一件工作为止。在桑代克看来，很多学习基于以下事实，即有机体会倾向于维持主动，直到其反应最终解决了现存的问题为止。

心向与态度（Sets/Attitude）是指有机体学习时的某种暂时的状态，这种状态（如食物剥夺、疲劳或情绪等）决定什么因素给有机体带来烦恼或愉快。这乃是桑代克再度认定学习者进入学习情境而有所准备的重要性。什么样的动作对个体来说是满意或烦恼的因素，全在于个体的背景及其学习时的暂时状态。如长时间被剥夺食物后，饥饿的动物比已经吃饱的动物对发现食物更满意。桑代克认为，动物的驱力状态决定着使它感到满意或烦恼的因素。

优势元素指环境中不同的部分或元素会引起不同的反应与之联结。学习者能有选择地对某个问题或刺激情境中优势的或显著的要素作出反应。就是说学习者会从一个复合的模型中取出主要的项目，并以此为基础作出反应。这种处理情境中有关部分的能力，使得分析的和领悟的学习成为可能。

联结转移（Association Shifting）是指一个反应在经历了刺激情境中一系列逐变化后仍能保持不变，那么这个反应最后可以对一个全新的刺激起作用。联结转换建立在接近性的基础上，与桑代克的共同元素论有密切的关系。根据桑代克的共同元素论，在新情境中只要有足够的原情境中的元素，就会出现相同的反应。改变刺激情境的方式可采用这种办法：如桑代克举例说（1913），"以对 Abcd 产生反应开始，我们可连续消除若干元素，以及增加若干其他元素，直素对 Fghij 完全反应为止，后者可能从未产生联结。从理论中说，进展的方式从 Abcde 到 Abcef，Abcfg，到 Abcfgh，到 Abghi，到 Fghij，可获得的方式反应可能与任何情

141

境附着在一起，因为只要我们所安排的事件，在每一个步骤中，X 反应的结果，比他所中止的或所做的其他事情，更能令人感到满意即可。"另外，桑代克还用教会猫站立的例子来说明这条原则。起先，在猫面前悬挂一条鱼时，主试说："起立"。作了足够的尝试以后，鱼这个刺激可以省去，只用言语符号也会引起同样的反应。这条原则说明，学习者获得的任何反应能够与他感受的任何情境联结起来。这与条件反射作用十分相似。它与由效果律支配的尝试错误学习是不同的，联结转换不依赖于效果，而依赖于接近律的学习。

类比反应（Response by Analogy）是指对新情境的反应是以新情境同化于先前的类似学习情况为基础，并依据这两种情境的类似性作出反应的，即学习者对一个新情境就像对某个与它相似的情境一样作出反应。这里桑代克所说的相似性是指两个情境中共同的元素数目，这与其共同元素训练迁移论有关，他认为，由一个情境到另一个情境的迁移所以会发生，决定于两个情境有共同元素的程度。桑代克的共同元素迁移说在后面还会专门介绍。

以上是桑代克前期研究所提出的学习规律，这些规律是根据他关于学习实质的基本观点而形成，成为他的联结主义学习论的重要组成部分。

桑代克的学习律自提出后，受到了教育界、心理学界广泛重视，教育心理学家对他的理论观点展开了许多争论，但大多数是对桑代克理论的修正和补充。桑代克根据自己的进一步实验研究在 1930 年后对他的一些理论观点进行了修正，使其更明确，更有说服力。

桑代克可以说是教育心理学的鼻祖，他接受达尔文进化论和联想主义传统的影响，在动物实验研究的基础上提出自己的"试误—联结"学习理论，奠定了联结派学习理论的基础。桑代克做过的一系列大规模的实验研究，如他最著名的小鸡、小猫迷津实验，还有练习曲线和工作曲线等，都已成为教育心理学的经典之作。桑代克对心理学的贡献是巨大的，也是大家有目共睹的。但他认为人类与动物的基本学习方式是一样的，都是通过试误来学习的，不同的仅仅是复杂性程度不同而已，这实际上是达尔文的生物进化论在心理学上的进一步延伸。桑代克学习理论的最大弱点是过于简化了学习过程的性质，它只能解释简单的机械的学习，无法解释人类复杂的认知学习，实质上是抹杀了人的学习的主观能动性这一最突出的特征。尽管他的理论观点不是完美无缺，而且有许多观点在很长时期里引起广泛争论，但是他仍然不愧于心理学界的伟大人物之一，他留下的丰富著述，为后人的研究提供了大量可供借鉴的材料。

（二）巴甫洛夫与华生的经典性条件反射学习理论

经典性条件反射学习理论是联结派学习理论的重要流派，经典性条件反射最先由俄国著名的生理学家、诺贝尔奖金获得者巴甫洛夫（Ivan Pavlov，1870～1932）最早提出，最先是作为一种生理现象，随之引起心理学界重大的反响，人们将这种经典性条件反射作为心理现象，用来解释心理的发生。后来，由行为主义心理学家华生（John. B. Waston 1878～1958）将巴甫洛夫的经典性条件反射用来说明有机体的学习，形成了经典性条件反射的学习理论。因此，可以认为经典性条件反射学习理论的创立者是巴甫洛夫与华生。

经典性条件反射学习理论的形成过程分为两步，第一步是巴甫洛夫发现经典性条件反射，并提出经典性条件反射的原理；第二步是华生将经典性条件反射运用于学习领域，将经典性条件反射原理发展成为学习理论。

首先是巴甫洛夫对经典性条件反射的研究及有关原理的提出。

巴甫洛夫的实验方法是，把实验用的狗嘴里的唾液腺开口，用一根导管接到外面，导管连结到一个既可以测量以立方厘米计的总量，也可以记录分泌滴数的装置。实验进行时，先让狗进食，测量其唾液分泌；下一次先给狗听铃声（狗没有唾液分泌），然后紧接着喂食物，狗分泌唾液，如此重复若干此之后，只给狗听铃声，不呈现食物，狗也会分泌唾液，即铃声已经成为进食的信号，狗已经形成了铃声与进食的条件反射。一个原是中性的刺激与一个原来就能引起某种反应的刺激相结合，而使动物学会对那个中性刺激做出反应。这就是经典性条件反射的基本内容。

条件刺激并不限于听觉刺激，一切来自体内外的有效刺激（包括复合刺激、刺激物之间的关系及时间因素等）只要跟无条件刺激在时间上结合（即强化），都可以成为条件刺激，形成条件反射。新的条件反射不仅能够直接在无条件反射的基础上形成，而且一种条件反射巩固后，再用另一个新刺激与条件反射相结合，还可以形成第二级条件反射。例如，如果狗已经对铃声建立了条件反射，再把铃声和灯光一起配对呈现，经过几次试验后单独出现闪光，也会引起狗的唾液分泌。这就是通过刺激替代建立了二级条件反射。同样，还可以形成第三级条件反射。在人身上则可以建立多级的条件反射。

概而言之，有机体条件反射建立的过程是，中性刺激与无条件刺激在时间上结合，使中性刺激成为物体无条件刺激的信号，从而中性刺激替代无条件刺激，形成原来只有无条件刺激才能引起的反应。这个过程也是强化的过程，强化的次数越多，条件反射就越巩固。

巴甫洛夫进一步通过一系列研究对经典性条件反射的消退、分化、抑制问题，对条件反射的神经活动机制问题等进行了研究，提出了关于经典性条件反射的理论。

巴甫洛夫的条件反射理论在心理学界产生了重大影响，尽管他的经典性条件反射原理本身实际上就是在说明有机体经验的获得过程，然而，由于他坚持认为自己是一个生理学家而不是心理学家，因此，他没有将自己的经典性条件反射学说运用到学习领域，这一步工作则是由行为主义心理学家华生来完成的。

华生（1878～1958），作为极端的行为主义心理学家，他否认传统心理学的对象心理或意识，认为心理学的研究对象是观察到的行为。他将行为归结为肌肉活动和腺体分泌，将行为的发生归因于外在和内在的刺激，因此，华生认为心理学只研究那些能够用刺激和反应术语客观地加以描述的动作、习惯的形成、习惯的联合等，主张用刺激—反应来分析所有的行为。

华生根据其行为主义的基本观点对有机体学习进行了探讨。首先，他对桑代克的学习理论不满意，认为其尽管也使用了"刺激"、"反应"之类的术语，但仍然有许多心灵主义的成分，例如效果律，认为喜悦的结果会加强联结，而厌烦的结果会减弱联结，所谓的"满意"、"烦恼"是无法客观观察、无法控制的，将联结的建立与巩固与这些心灵主义的术语联系起来是不科学的。从行为主义心理学的客观主义立场出发，华生必然会选择巴甫洛夫的经典性条件反射原理作为完全客观地分析有机体学习行为的依据，因此，他将经典性条件反射运用于学习领域，形成了经典性条件反射学习理论。

华生根据经典性条件反射的原理做了一个著名的恐惧形成的实验。实验被试是一名叫艾波特的出生只有11个月的婴儿，首先让艾波特接触一个中性刺激小白兔，艾波特毫无害怕的表现，似乎想用手去触摸它。然后兔子出现后，紧接着就出现用铁锤敲击一段钢轨发出的使婴儿害怕的响声（无条件刺激），经过3次结合，单独出现小白兔也会引起艾波特的害怕与防御的行为反应，6次结合后，被试的反应更加强烈，随后泛化到相似的刺激，艾波特对任何有毛的东西感到害怕，如老鼠、制成标本的动物，甚至有胡子的人。在华生看来，人类出生时只有几个反射（如打喷嚏、膝跳反射）和情绪反应（如惧、爱、怒等），所有其他行为都是通过这样的条件反射建立新刺激—反应（S－R）联结而形成的。

根据这个婴儿通过经典性条件反射获得经验的实验，华生提出了经典性条件反射学习理论对于学习的实质的基本观点，他认为，有机体的学习就是通过经典性条件反射的建立，形成刺激与反应之间联结的过程。这个见解包含两方面的含义：（1）学习就是形成刺激与反应之间的联系或联结，这是联结派学习理论的基本前提。（2）联结的实现过程，是通过条件刺激与无条件刺激在时空上的结合产生了替代作用，使条件刺激与原来只能由无条件刺激才能引起的反应建立了联系，这个过程也就是经典性条件反射形成过程。第二方面含义是经典性条件反射学习理论特有的，因此，该理论也可以称为"替代—联结"学说。

尽管巴甫洛夫本人并没有专门概括学习的规律，但是巴甫洛夫的实验及所提出的条件反射原理实际上包含了许多重要的学习规律，其中最重要的是学习的消退律与学习的泛化与分化律。

1. 消退律

如果条件刺激出现多次而没有无条件刺激的强化，则已经建立的条件反射将逐渐减弱甚至消失。有趣的是，条件反射的消退带有暂时的性质，在某一种情况下，条件反射消失后不多久，就自行恢复了，而在另一种情况下，为了要达到恢复的目的，就必须再次用使条件反射与无条件反射反复结合或别的方法，不同的条件反射又会有不同的消退速度。巴甫洛夫认为条件反射的消退是一种由抑制过程所引起的较完全较长期的机能性遮断。

2. 泛化与分化律

条件反射一旦确立，其他类似最初条件刺激的刺激也可以引起条件反射，称为泛化。巴甫洛夫在实验过程中发现，有机体在开始时一般都以同样的方式与原来条件刺激相似的刺激作出反应，例如，如果原来的条件刺激是 500Hz 的音调，现在用 400Hz 或 600Hz 的音调也能引起条件反射。泛化条件反射的强度与两个条件刺激间的相似程度有关，相似程度越高，反应强度越强；相似程度下降，反应也越弱。

巴甫洛夫提出的这个泛化与分化律有重要意义，对于我们认识有机体经验的获得的规律，尤其是学生概念的掌握过程的规律，从而提高教学质量有重要的启示。

华生对学习律进行了研究，他反对桑代克的效果律，主张用频因律和近因律来解释学习。频因律是指在其他条件相等的情况下，某种行为练习得越多，习惯形成得就越迅速，练习的次数在习惯形成中起着重要作用；近因律是指当反应频繁发生时，最新近的反应比较早的反应更容易得到加强，也就是说有效的反应总是最后一个反应。因此，他把反应离成功的远近，作为解释一些反应被保留、另一些反应被淘汰的原则。

总体来看，巴甫洛夫与华生提出的经典性条件反射学习理论是有重要意义的。巴甫洛夫把比较精确而又客观的方法引入对动物学习的研究，把生理与心理统一起来，对高级心理活动进行了卓有成效的研究，对心理学界产生了巨大的影响，他提出的经典性条件反射学说，揭示了心理活动和学习活动最基本的生理机制，对科学地、唯物地说明心理活动和学习活动是有历史功绩的。华生作为行为主义心理学的创立者，他强调心理学研究的客观性、科学性，强调使用客观方法研究心理，使美国心理学从注意于意识和主观主义转变到唯物主义和客观主义，这也是有积极意义的。他将巴甫洛夫的经典性条件反射的研究引进学习领域，对有机体后天获得经验的过程作出了系统的解释，形成了经典性条件反射的学习理

145

论，对于促进对有机体学习过程的了解与研究，促进学习理论的发展，有重要的意义。即使从今天的眼光来看，用经典性条件反射确实可以对相当一部分学习现象作出科学的解释。

然而，经典性条件反射学习理论有较大的局限性，正如许多心理学家所说，经典性条件反射原理只可以解释部分较简单的低级的学习，即使是简单的学习，也不能完全用这种条件反射来解释，因为，如前面所述，这种经典性条件反射建立的前提是有机体先天就存在的相应的无条件反射；而对于复杂、高级认识过程的学习，用这种条件反射原理来解释，就会犯简单化和机械论的错误。毕竟，学习远远不局限于条件反射式学习一种形式。

应该指出，虽然巴甫洛夫与华生在经典性条件反射原理方面有许多共同之处，如都将学习看成是经典性条件反射的建立，注重刺激在引起有机体行为反应中的作用，但二者还是有重要的区别，巴甫洛夫重视探讨动物和人的行为与高级神经活动的关系，而华生则注重的是肌肉和腺体的生理学；巴甫洛夫注意到人和动物的高级神经活动的本质差异，而华生则混淆了人与动物的界限，抹杀了人类思维的特点；巴甫洛夫并不否认意识，但华生则根本否认意识和主观世界的存在。

（三）斯金纳的操作性条件反射学习理论

斯金纳（B. F. Skinner，1904~1990）的学习理论和教学思想是建立在他对操作性条件反射的实验研究的基础上的。斯金纳通常以白鼠和鸽子作为实验对象，观察它们在食物的强化作用下，学会了压杠杆（白鼠）和啄亮窗（鸽子）等操作行为的过程，并对强化的机制、原则、类型、方式做了精细的研究，提出了操作性条件反射学习理论和程序教学的思想。

1. 操作性条件反射的提出及其基本观点

斯金纳与其他行为主义者一样，认为一切行为都是由反射构成的，而反射的基本要素是刺激 S 和反应 R。

斯金纳的最大贡献是创立了操作性条件反射理论，该理论是根据他用自己发明的一种学习装置"斯金纳箱"做的经典实验提出来的。斯金纳箱内装上一操纵杆，操纵杆与另一提供食丸的装置连接。实验时把饥饿的白鼠置于箱内，白鼠在箱子里自由活动，偶然踏上操纵杆，供丸装置就会自动落下一粒食丸。白鼠经过几次尝试，会不断按压杠杆，直到吃饱为止。这时可以说，白鼠学会了按压杠杆以取得食物的反应，按压杠杆变成了取得食物的手段或者工具。所以，操作条件反射又称为工具条件反射。在操作条件反射中的学习，也就是刺激情境（操纵杆 S）与压杆反应 R 之间形成固定的联系。值得注意的是，在斯金纳的实验中，S 不是刺激，是情境；有机体在刺激情境 S 中自发地作出操作 R，行为结果获得强化物 S_1，S_1 是对有机体的操作（反应）R 的强化结果，使 R 与刺激情境 S 形成联结，即形成"R - S"的联结，提高有机体在 S 情境中作出 R 反应的概率。这就是斯金纳操作性条件反射的形成过程与实质。

根据实验研究的结果，斯金纳提出了操作性条件反射的学说，所谓操作性条件反射，是指有机体在某种情境自发作出的某种行为由于得到强化而提高了该行为在这种情境发生的概率，即形成了该反应与情境的联系。

斯金纳认为所有行为都可分为两类：应答性行为和操作性行为。应答性行为是由已知的刺激引起的，正如巴甫洛夫的经典条件反射的行为，有机体被动地对环境刺激作出反应。而操作性行为则不是由已知的刺激引起，而是由有机体自身发出的，最初是自发的行为，如吹口哨、站起来、出击、小孩丢掉一个玩具又拿起另一个玩具等，由于这些行为由于受到强化而成为在特定情境中随意的或有目的的操作，有机体主动地进行这些操作作用于环境以达到对环境的有效适应。这类行为可以利用安排结果性的（后继的）刺激（斯金纳称之为强化物、强化刺激）而得到巩固或消退。相应地，他把条件反射也分为两类：应答性条件反射（即经典性条件反射）和反应型条件反射（操作性条件反射）。经典性条件反射是刺激（S）- 反应（R）的联结，反应是由刺激引起的，而操作性条件反射则是操作（R）- 强化（S）的过程，重要的是跟随操作后的强化（即刺激）。

经典条件反射与操作性条件反射有重要的区别。经典条件反射形成的前提是，有机体所要习得的行为（反应）都可以由某个无条件刺激引发出来，这样，当该无条件刺激伴随条件刺激物同时或稍后出现，产生刺激替代作用形成条件反射；操作性条件反射中，有机体所要习得的行为（反应）是自发产生的，由于行为结果得到强化，有机体才学会在某种情境中作出特定的反应；这是两者的根本区别。斯金纳对操作性反应与应答性反应作了严格的区分，操作性反应是有机体发出的，而应答性反应是由刺激引发的，而不是被试随意发出的行为。在经典性条件反射中，无条件反应是由无条件刺激引发的，因为无条件反应与条件刺激多次结合，从而产生了条件反应。这样经典性条件反射代表的是应答性行为，它是有机体对刺激作出的反应。操作性条件反射和经典性条件反射的另外一个主要的区别是反应和强化之间的关系。经典性条件反射中，不需要动物的行为就可以得到强化，因而这种强化是必然的。但是在操作性条件反射和工具性条件反射中，强化是动物的偶然行为产生的，也就是说是否得到强化依赖于动物是否作出了合适的反应。最后，经典性条件反射与操作性条件反射两者的生物学意义也是不同的。通过经典性条件反射有机体可以使一个无关刺激作为有关刺激的信号，从而可能辨别周围世界，知道外界事件与事件之间的一定的关系，得以预见与避开有害刺激，预见与趋近有益刺激。在操作性条件反射中有机体获悉自己的行为与外界刺激的关系，从而可以操纵环境，以满足自己的需要。当然，操作性条件反射的许多规律与经典性条件反射的规律很相似，因此它们在很多地方可以相提并论。

比较桑代克的猫学习开迷箱的实验与斯金纳的白鼠学习按压杠杆取食实验可见，桑代克的发现实际上就是一种操作性条件反射，只不过他的实验中猫的行为是由箱外的鱼引发的，这样，有机体的行为的学习就必须以能以引发该行为的刺激物为前提，因此，桑代克的理论在广泛地解释学习现象时会遇到困难。而斯金纳箱的小白鼠的行为是自发产生的，这样，斯金纳的操作性条件反射就可以解释更广泛的学习现象。

2. 操作性条件反射学习理论的基本观点

进一步，斯金纳根据操作性条件反射观点对有机体学习问题进行了探讨，形成了其操作性条件反射学习理论。操作性条件反射学习理论主要包括两部分内容，一是关于学习的实质的观点，即关于有机体是如何获得新的行为经验的观点；二是关于学习的规律的观点，即如何引导有机体获得行为经验的观点，主要是连续接近方法与强化的设计与安排。

第一，关于学习实质的看法。斯金纳认为，学习是指有机体在某种情境自发作出的某种行为由于得到强化而提高了该行为在这种情境发生的概率，即形成了反应与情境的联系，从而获得了用这种反应应付该情境以寻求强化的行为经验。也就是说，学习是有机体通过操作性条件反射的建立，形成反应与情境刺激的联结，从而获得行为经验的过程。可见，操作性条件反射学习理论首先也是坚持了联结派学习理论的基本前提，认为学习就是形成情境刺激与反应之间的联系或联结，但是，它认为，主要是由于在特定情境中有机体发生的某种行为的结果得到强化而促使联结的建立，这是操作性条件反射学习理论关于联结形成的特有的看法，因此，该理论也可以称为"强化—联结"学说。

斯金纳虽然承认有机体一部分行为经验的获得是通过经典性条件反射建立刺激与反应的联结而获得，但他认为，只是很少的行为经验是通过这种方式获得。有机体的绝大部分行为经验是通过操作性条件反射建立而获得。比如，幼儿入幼儿园的第一周可能会作出许多行为，如和其他幼儿交谈、注意老师、在屋子里走动、打扰其他同学等。随着老师对他们某些行为的多次满意反应（如微笑），该行为将会出现得更为频繁，这样逐步形成他们在幼儿园的行为规范。这就是通过操作性条件反射获得行为经验。

第二，行为塑造技术与强化。斯金纳进一步认为，由于有机体绝大多数的行为都是通过操作性条件反射获得的，因此，他提出了行为塑造技术，以促进有机体的学习及新行为的形成。行为塑造技术主要由连续接近方法与强化理论组成。

（1）连续接近技术。由于在操作性条件反射建立过程中，有机体的行为是自然产生的，在其自发产生的多种行为中，如果对所期待的行为给予强化，就会形成该行为与情境刺激的联系。由此可见，操作性条件反射建立也暗含着这样的前提，即有机体在情境中会自然地作出实验者期待的准备给予强化的行为。在经典性条件反射中，无条件反应是由无条件刺激引发的，狗分泌唾液是由食物必然引出来的；而在操作性条件反射中没有特定的能够保证白鼠产生压杠杆反应的无条件刺激出现，这样，白鼠什么时候才发出压杠杆的特定行为才能使强化得以发生呢？没有引发行为反应的无条件刺激，实验者怎样使动物第一次产生所期待的反应呢？如果所要强化的是一个有机体不易自然作出的动作，例如，要训练鸽子走"8"字型，要是等它走出"8"字型才给予强化，也许需要很长的时间，甚至没等它作出这种反应，它就饿死了。因此，实验者或训练者不应消极地等待动物自然作出所期望的反应，然后给予强化，而是要应用连续接近技术来促进有机体作出所期望的行为。

所谓连续接近技术，是指通过不断强化有机体的一系列逐渐接近最终行为的反应来使它逐步形成这种行为。也就是说，实验者有选择地对有机体作出的接近最终行为的各种反应给予强化，而不是等待最终期望的那种行为自然出现后才给予强化。

以训练老鼠压杠杆为例。一个饥饿的无知的未经训练的老鼠刚被放到斯金纳箱中时，可能不容易自发地作出按杠杆的行为，它可能会在里面来回走动，嗅一嗅等，当这老鼠转向食物杯时，实验者操作一个手工盒子，送食物到食物杯中。食物的滚动声会吸引老鼠的注意，老鼠会靠近杯子去吃食物。每当老鼠接近杯子时，实验者就送一粒食物。很快这老鼠就会花大部分时间靠近杯子。因为杠杆是靠近杯子的，老鼠很容易会碰到杠杆，当它出现了第一个压杠杆动作，立即给予强化，从这时起，实验者就只在鼠碰到杠杆时才给食物强化。最终，鼠学会了压杠杆获得食物。

训练动物发出所期待产生要求的反应，是通过强化相继近似行为达到这一目的的。近似行为就是接近所要求的行为的行为。在上面的情境中，转向食物杯，接近食物杯，这些行为都是相继接近所要求的行为的。

（2）强化原理与技术。在学习或训练过程中要使学习者形成特定的反应行为，首先要使学习者作出这种行为，然后给予强化以巩固下来成为固定的反应模式，这是斯金纳根据操作性条件反射学习原理提出的行为塑造过程。上面谈的连续接近技术主要用于促使有机体作出所期待的行为，而连续接近技术的实现，以及有机体作出期待行为后如何使它成为对情境的特定反应方式，这都需要强化。

因此，强化的原理与技术是斯金纳关于学习规律的核心观点。

斯金纳认为，行为之所以发生，就是因为强化作用，形成操作性条件反射的关键就在于强化。强化决定了有机体行为方式的形成、转化的过程，也就是决定了学习的进行和学习的效果，合理地控制强化就能达到控制行为、塑造行为的目的，因此对强化的控制就是对行为的控制。斯金纳对强化的原理作了广泛精细的研究，提出了建立操作性条件反射的原则，探讨了强化的类型来源、方式等与有机体学习活动的关系。

桑代克的试误说学习理论、华生的经典性条件反射学习理论所涉及的学习主体主要是整个有机体全域，与它们不完全相同，斯金纳的操作性条件反射学习理论既注重论述有机体全域的学习，又论述人的学习尤其是学生的学习，因此，斯金纳进一步将他的学习理论系统运用到学校学生学习与教学中去，形成系统的程序教学理论，并且通过教学机器的设计，将程序教学引入学校课堂，成为当代教学理论重要派别之一。

斯金纳对学习理论领域的研究作出了重大贡献，他通过严格的实验对操作条件作用进行了深入细致的研究，提出了操作性条件反射学说，并以此为基础建立了操作性条件的学习理论，在一定程度上克服了桑代克的试误说、华生的经典性条件反射说用联结观解释学习现象的局限，从新的高度上扩展了联结派的眼界，将联结派学习理论推向了一个新的高度，斯金纳的操作性条件反射学习理论在整个西方的学习理论中占有极为重要的地位。他对强化的精细的研究加深了人们对行为习得机制的理解，使人们能成功地预测和控制行为，也为行为塑造矫正提供了一种可信的理论基础。斯金纳以他操作性学习理论为依据提出的程序教学理论，在实际的教学活动中独具魅力，对学校教育产生了极为深刻的影响，它强调了学习的程序、反馈和操作，符合学生学习的一般规律和要求，提高了行为控制和教学的效率。尤其是在计算机技术迅速发展的今天，程序教学思想已成为计算机辅助教学技术（CAI技术）的理论基础之一，为CAI技术的发展提供了基本的原则和思路。布鲁姆的掌握学习和凯勒的个人教学计划，都是受斯金纳强化理论的影响而产生的两种教学理论。可见斯金纳学习理论的影响是非常深远的。斯金纳将强化分为正强化和负强化，还研究了固定间隔、固定比例、可变间隔和可变比例四种强化程式对学习的效果，其关于强化程式的研究具有重要的理论意义，同时在教育、行为治疗等方面有广阔的应用前景。

然而，斯金纳的操作性条件反射学习理论也受到种种批评，最主要的批评是他试图以操作性条件作用原理解释人类的一切学习行为，显然是过于褊狭，同时他根据对动物的强化研究得来得结论不加区分地运用于人的学习之上，忽略了人与动物的本质的区别，这也是错误的。作为联结派学习理论之一，斯金纳显然摆脱不了联结派观念的局限，没有对学习过程尤其是学生的知识学习过程的机制和内部过程进行研究，他对学习更多地集中在对学习的一些外部条件如强化与惩罚等方面，不注重人的知识学习的内部机制。他创立的程序教学理论，不注意人的学习的内部过程和内部机制，把人的学习与动物的学习几乎等同起来，把人看成了学习机器。不少教育学家与心理学家认为，根据这种方法培养的学生，知识技能很扎实，但整个知识的统摄能力较差，创造性很差。

（四）观察学习与班杜拉的社会学习理论

联结派学习理论从桑代克的试误学说，到华生的经典性条件反射学说，再到斯金纳的操作性条件反射学说，体现了联结派学习理论的不断发展与完善。然而，这些理论都是通过有机体直接经历而形成"刺激—反应"的联结来说明它们的学习过程，然而，有人通过实验提出，动物没有直接对刺激进行反应也能形成条件反射，进行学习；有人通过实验提出，在许多情况下，动物的行为并没有得到强化，但它们也形成了相应的联结；更重要的是，有人进一步证明了，动物在观察别的动物的行为的情况下也可以实现学习。苏鲁门和特纳进行了一项证明动物观察学习的实验，他让一只狗（狗 A）听到乐音时给予电击，使狗产生逃避反应，经过 6 次结合，这个狗形成了乐音与逃避行为的条件反射。而另一只狗（狗 B）仅仅在旁边观察了狗 A 形成条件反射的过程，而没有接受任何的训练，但是，狗 B 同样形成了对乐音产生逃避行为的条件反射。其他人还进行了类似的实验。根据这类实验，有人提出，有机体固然可以通过反应进行学习，然而在许多情况下也可以通过观察进行学习，通过观察形成联结。心理学家班杜拉（A. Bandura）是观察学习理论的集大成者，他主要关注人的学习，尤其是社会行为的学习。他根据自己所进行的一系列经典研究，提出了以观察学习为基础的社会学习理论（Social Learning Theory），将联结派学习理论进一步向前推进。

班杜拉原本信奉新行为主义，面临认知主义和人本主义的挑战，自 20 世纪 60 年代后，在大量研究的基础上，他逐渐从传统的行为研究中脱离出来，提出了一系列新的思想，逐渐从偏重于外部因素作用的行为主义者向强调外在与内在因素两者并重转化，建立起具有自己特色的理论。

班杜拉以儿童的社会行为的习得为研究对象，进行了一系列重要的实验研究，系统地形成了他关于学习的基本思路，即观察学习是人的学习的最重要的形式。在他的一项经典性的实验中，让儿童分别观察现实的、电影的与卡通片中成人对玩偶的攻击行为，然后给儿童提供类似的情境，结果表明，观察过这三类成人榜样的儿童都发生了类似的攻击性行为。进一步，班杜拉进行另一项实验，在实验中将 4～6 岁的儿童分成两组，两组被试都观看成人攻击玩偶的电影，但其

151

中一组被试所看的电影最后这个发出攻击行为的成人受到别人的奖励，而另一组被试所看的电影最后是这个发出攻击行为的成人受到惩罚。然后将两组被试带到有类似情境的地方，结果表明，在自发的情况下，观察到成人攻击性受奖励的被试比观察到成人攻击性受惩罚的被试更多地表现出攻击性行为。但这并不是因为前者比后者学习得更好，因为，如果鼓励儿童模仿出电影中的成人的攻击行为时，两组被试在正确性方面没有差异。这说明，在成人榜样受到惩罚的情况下，儿童同样也学会了这种行为反应，只不过没有同样地表现出来罢了。可见成人攻击行为所得到不同结果，只是影响儿童对这种行为的表现，而对这种行为的学习没有影响。

根据实验研究的结果，班杜拉提出了以观察学习为核心的社会学习理论。如前所述，班杜拉的学习理论主要涉及的是人的社会行为方面的学习，该理论认为，人的社会行为和思想、情感不仅受直接经验的影响，更多地受通过观察进行的间接学习即观察学习的影响。班杜拉认为，人后天习得行为主要有两种途径：一是依靠个体的直接实践活动，这是直接经验学习；另一种是间接经验学习，即通过观察他人行为而学习，这是人类行为的最重要来源，建立在替代基础上的间接学习模式是人类的主要学习形式。通过观察学习，可以使人们避免去重复尝试错误而带来的危险，避免走前人走过的弯路。班杜拉认为，传统的学习理论，如桑代克的联结理论、华生的经典性条件反射理论等几乎都局限于直接经验的学习，不能解释人类许多习得的行为，他强调间接学习即观察学习的重要性。在探索和批评传统行为主义缺陷的基础上，班杜拉建立起自己的理论体系。

班杜拉虽然不否认试误学习或直接经验的作用，但他反复强调，人类的许多行为都是通过观察他人的行为及其结果而习得的。人类习得的许多东西，如语言、社会规范、态度和情感等，很难用试误学习来解释，而用观察学习来解释则很容易说得通。

观察学习是个体只以旁观者的身份，观察别人的行为表现（自己不必实际参与活动），即可获得的学习。在某些情境下，只根据观察别人的直接经验的后果，就可以在间接中学到某种行为，这种学习也称为替代学习。班杜拉指出："所有来自直接经验的学习对象，都能出现这样一个替代性基础，就是通过对别人行为的观察，观察者本身就能表现这种行为的结果。"

根据社会学习理论的观点，人类的大多数行为是通过榜样作用而习得的：个体通过观察他人行为会形成怎样从事某些新行为的观念，并在以后用这种编码信息指导行动。因此，观察者获得的实质上是榜样活动的符号表征，并以此为以后适当行为表现的指南。

班杜拉认为，观察学习并不是传统行为主义中认为的机械式反应，人在学习情境中观察模仿时，在接受刺激和表现到反应之间，有一段中介作用的内在心理历程。他认为，学习情境中的某种刺激，对学习者而言，有两种不同的性质或意义；一是名义刺激，指刺激所显示的外观特征是客观、可测量的。名义刺激的特征对情境中的每一个人而言都是一样的。二是功能刺激，指刺激足以引起个体产生内在的认知与知识。刺激的功能特征对情境中的每个人而言是不同的。

班杜拉认为，观察学习包含四个子过程：

（1）注意过程。注意过程决定了个体在众多榜样作用影响时有选择地观察哪些方面。观察者首先必须注意到榜样行为的明显特征，否则，就不可能习得这一行为。影响学习者注意的决定因素有多种：榜样作用的刺激方面有独特性、情感诱发力、复杂性、流行性、功能性价值等；在观察者本身特征方面有感觉能力、唤起水平、知觉定势和以往的强化等。

（2）保持过程，经过注意阶段，观察者通常以符号的形式把榜样表现出的行为保持在长时记忆中的。班杜拉认为，保持过程主要依存于两个系统，一个是表象系统，另一个是言语编码系统。有些行为是以表象方式保持的。由于反复展现榜样行为，最终会使观察者对榜样行为形成一种持久的、可回想的表象，这种表征系统在儿童发展的早期阶段，还缺乏言语技能时，起到非常重要的作用。但支配行为的大多数认知过程是语言的而不是映象的，即言语编码的，这种符号编码可以用容易储存的方式掌握大量的信息，促进观察学习和保持。

（3）动作再现过程，它是指把符号的表象转换成适当的行为。一般而言，学习者是通过按照榜样行为方式组织自己的反应而达到行为再现的。可以把行为实施分解为：对反应的认知组织；反应的发起；对反应的监控，以及根据信息反馈矫正反应。

（4）动机过程，社会学习理论对行为的习得（Acquisition）和表现（Performance）作了区分，习得的行为不一定都表现出来，学习者是否会表现出已习得的行为，会受强化的影响。首先是外部强化，如果按照榜样行为导致有价值的结果，而不具有无奖励或惩罚的结果，人们便倾向于表现这种行为。这是外部强化。其次是替代性强化，所谓替代性强化，是指观察者因看到榜样受强化而受到的强化。观察到的榜样行为的后果，与自己直接体验到的后果，是以同样方式影响个体是否表现出榜样行为。学习者如果观察到别人的行为受到奖励，就会倾向于表现出这种行为；反之，如果观察到他人的行为受到惩罚，就会倾向于抑制这种行为的表现。最后是自我强化，学习者对自己作出所观察的行为而产生的自我评价，也会影响对这个行为的表现，一般来说，人们倾向于作出感到自我满足的反应，而拒绝作出自己不赞成的行为，这是一种自我强化。

概而言之，班杜拉的社会学习理论关于学习的实质问题的基本看法就是，学习是指个体通过对他人的行为及其强化性结果的观察，从而获得某些新的行为反应，或已有的行为反应得到修正的过程。从这里可以看出，班杜拉的学习理论，还是将学习看成形成新的行为反应的过程，在这个问题上基本与典型的联结派学习理论是一致的，因此，心理学界多数人倾向于将他归入联结派。然而，需要强调的是，实际上班杜拉在学习问题上采取的更多是一种融合学习的联结派与认知派的立场，他提出观察学习实现过程与经典性条件反射或操作性条件反射的学习实现过程不同，在观察学习过程中，学习者不一定具有外显的操作反应，也不依赖于直接强化，这样，班杜拉必然要注重观察学习中的认知中介因素，他认为，个体通过观察运用符号系统对新的行为方式进行编码，获得榜样活动的符号表征，并在以后运用这些编码信息指导行动，这就是观察学习的实现过程。由此可见，班杜拉的社会学习理论注重行为经验形成过程的中介的认知活动，在这方面又与学习的认知派理论一致。

与传统行为主义的观点不同，班杜拉认为反应结果并不是只有加强"刺激—反应"联结的强化功能，而只视之为个体对环境认知的一种信息。他认为，当一种反应发生时，它会导致某种结果，无论这种结果是积极、消极还是中性的，都会对一个人的行为产生某种影响。这种影响可能是三重性的，即反应结果具有信息功能、动机功能和强化功能。

信息功能使个体了解哪些行为在某种条件下会导致成功或失败的结果，从而能对在某种条件下的行为结果作出假设，这种假设被用来作为未来行动的指南。

动机功能使个体能利用已经掌握的信息进行预见和期望，从而使这些信息成为行为的诱因条件。

强化功能是指反应结果能增加或减少这种反应的频率。在这点上，斯金纳等人认为反应结果会自动地或机械地产生影响，而班杜拉认为反应结果所产生的作用是受认知结构的调节的。

班杜拉对强化也作了新的解释，他认为，传统的强化只是指外部强化，而社会学习理论的强化除了外部强化外，还包括了替代强化和自我强化。替代强化是指人们通过对他人行为受到奖惩的观察而相应地调整自己的行为过程，一般说来，观察者更易于表现出受到奖励的行为，而抑制受到惩罚的行为；自我强化就是根据自己设立的一些行为标准，以自我奖惩的方式对自己的行动进行调节。自我强化是人类特有的现象。

班杜拉认为，强化不是提高行为出现概率的直接原因，在学习中没有强化也能获取有关的信息，形成新的行为模式，强化在学习中的重要作用在于它能够激发和维持行为的动机以控制和调节人的行为。这种作用是人在认知了行为与强化之间的依存关系后所产生的对下步强化的期待。班杜拉把期待区分为两种：结果期待和效能期待。

结果期待是指人对自己的某一行为会导致某一结果（强化）的推测，如果人预测到某一特定行为将会导致特定的结果（强化），那么这种行为就可能被激活和受到选择。

效能期待，亦称自我效能感，是指人对自己能够进行某一种行为的实施能力的推测或判断，即对自己行为能力的主观推断。它意味着人是否确信自己能够成功地进行带来某一结果的行为。当人确信自己有能力进行某一活动时，他就会产生高度的自我效能感，并会进行那一活动。人们一般是在预测到某一活动的好的结果及自己有能力去完成这一活动时，才努力去进行这一活动。自我效能感是班杜拉对其自我强化、自我调节概念的补充和进一步发展。

班杜拉在其理论中十分强调自我效能感，即效能期待对人们行为的调节作用。他认为人们在有了相应的知识、技能和目标（诱因、强化）时，自我效能感就成为行为的决定因素。

他还对自我效能感形成的条件、功能及其对行为的调节作用进行了大量实验研究，并指出培养自我效能感的以下途径：（1）行为的成败经验。成功经验会提高自我效能感，反之则否。（2）替代性经验。与自己相当的示范者成功时，会增加其自我效能感，反之则否。（3）言语说服。通过说服或自我指导可改变人们的自我效能感。（4）情绪和生理状态。积极和稳定的情绪和生理状态会提高自我效能感。班杜拉认为自我效能感有以下功能：（1）决定人们对活动的选择及对该活动的坚持性；（2）影响人们在困难任务前的态度；（3）影响新行为的习得及习得行为的表现；（4）影响活动时的情绪。

社会学习理论20世纪70年代在西方崛起，它在联结派条件反射学说的反应学习途径之外，提出了有机体尤其是人的行为习得的观察学习的途径，注重观察学习中的认知中介因素，将认知过程引进自己的理论体系，因而超出了联结派的范畴，融合了联结派和认知派学习理论的思想，形成了一种认知—联结主义的模式，对学习理论的发展起了重要的促进作用。他揭示了观察学习的基本规律及社会因素对个体行为形成的作用，该理论关于环境、个体与行为三元交互决定的观点，关于强化与自我效能感的见解，这对于我们从整体上认识人的行为的学习过程具有重要的启示。班杜拉的社会学习理论是建立在设计严密的实验研究基础上，与联结派其他学说不同，他的实验研究主要是以人作为被试进行，因此，他的理论对人的学习的解释就很有说服力。班杜拉的示范教学过程及其步骤，揭示了通过示范进行教学的一般规律和注意事项，具有一定的理论意义和实践意义。

综合地看，班杜拉的社会学习理论在很多地方具有开创性的意义，但它仍是一种尚未完善的理论，无论是从理论还是从实践上都仍需要进一步地探讨和研究。

二、西方认知派学习理论各种学说

认知派学习理论在具体探讨学习问题时，有不同的论域或侧重点，如格式塔的完形学习理论，托尔曼的符号学习理论主要涉及了学习的全域，而布鲁纳的发现学习理论，奥苏贝尔的同化学习理论，建构主义的学习理论，只是探讨了学校学生学习方面。因此，在把握认知派学习理论的各家学说时，应该注意它们讨论学习问题的重点与范围，把握它们对于具体问题的合理见解与局限，才能更好地分析它们从哪些方面促进了认知派的观点，把握其作为该派别的分支所具有的合理因素、存在价值与局限。下面主要介绍涉及学习全域的格式塔学习理论与托尔曼的学习理论，而布鲁纳的发现学习理论，奥苏贝尔的同化学习理论，建构主义的学习理论将在第九章阐述教学理论的时候详细介绍。

（一）格式塔的完形学习理论

格式塔心理学 20 世纪初产生于德国，主要代表人物是韦特默（M. Wertheimer）、苛勒（W. Kohler）和考夫卡（K. Koffka）等。该学派以现象学为理论基础，认为心理现象的基本特征是在意识经验中所显现的结构性或整体性，反对构造心理学的元素主义与行为主义的刺激—反应公式。格式塔学派心理学家在对知觉进行开创性研究的过程中，提出了整个心理学理论体系，学习理论是格式塔心理学理论的重要组成部分，格式塔学习理论在学习的过程、学习中产生的变化的实质以及变化的原因等方面提出了与桑代克的联结学习理论相对立的见解，成为认知派学习理论的鼻祖。

格式塔心理学家认为，学习并非形成刺激—反应的联结，而是通过主动积极的组织作用形成与情境一致的新的完形，他们认为学习过程中的解决问题，是学习者通过对情境中的事物关系的理解而构成的一种完形。无论是运动的学习、感觉的学习和观念的学习，都在于形成一种完形。

格式塔关于学习实质的看法，是建立在它对猿猴学习现象的观察的基础上。苛勒于 1913~1917 年用黑猩猩做了一系列试验，例如，在黑猩猩的笼子外放有香蕉，笼子里面放有两根短竹棒，用其中的任何一根都够不着笼子外面的香蕉。然而，黑猩猩思考一会儿，突然将两根棒子像钓鱼竿一样接起来，够着了香蕉，把香蕉拨过来。黑猩猩一旦领悟棒子接起来与远处香蕉的关系时，就一次又一次把一根棒子插进另一根棒子的末端，以便够得着远处的香蕉。对于黑猩猩的这些行为，苛勒的解释是，在遇到问题时，动物可能审视相关的条件，也许考虑一定行动成功的可能性，当突然看出两根棒子接起来与远处香蕉的关系时，它便产生了顿悟，从而解决了这个问题。

根据这类研究所观察的事实，格式塔心理学家提出了他们对有机体学习的基本看法，其认为，环境是一个不断变动的"形"，与之相应，有机体头脑里存在着与环境相对应的一个"同形"，这样有机体能与环境保持平衡。有机体周围的情境发生变化时，有机体头脑中的完形就会出现缺口，这种情况下，有机体就会重新组织知觉，通过这种组织作用，弥补缺口，产生与这个新情境一致的新的完形，也就是获得了新的经验。有机体这种组织活动就是学习，因此，学习的实质是组织或完形作用。

总的来看，格式塔学习理论关于学习本质的观点是：

第一，从学习的结果来看，学习并不是形成刺激—反应的联结，而是形成了新的完形。苛勒指出："学习在于发生一种完形的组织，并非各部分的联结。"[1]这个完形，是与新的情境相对应的，反映了情境中各事物的联系与关系。

第二，从学习的过程来看，首先，学习不是简单地形成由此到彼的神经路的联系活动，而是头脑里主动积极地对情境进行组织的过程，这种组织的方式遵循着知觉的规律。而有机体这种组织的能力，则是神经系统的机能，或称为"原始智慧的成就"。其次，就格式塔心理学家看来，学习过程这种知觉的重新组织，不是渐进的尝试与错误的过程，而是突然的顿悟，因此，学习不是一种盲目的尝试，而是由于对情境顿悟而获得成功。考夫卡说："我们以为黑猩猩并不是先有侥幸而成的解决（指尝试错误），然后对于这种解决逐步领会。我们以为它们先能领会其情境然后才有客观上的解决，所以我们可以称其为原始智慧的成就。"[2]所谓顿悟，就是领会到自己的动作和情境、特别是和目的物之间的关系，它是通过学习者重新组织或重新构建有关事物的形式而实现的。之所以产生顿悟，一方面是由于学习情境的整体性与结构性，因此，在让有机体进行学习时（包括学习实验中布置实验情境时），整个问题情境要能让有机体可以感知或把握。用这种观点来分析，行为主义所设计的实验情境，因为白鼠在迷津里无法看到各种转折与目的箱里事物之间的关系，它只好通过经验，即试误来发现这种关系，所以，白鼠的知觉重组必然是逐渐形成的过程。另一方面，他们假定脑本身具有组织的功能，能够填补缺口或缺陷。顿悟的过程就是相应的格式塔的组织（或构造）过程的主动过程，因此，在格式塔心理学家看来，学习是一种积极主

---

① 万云英：《学习心理学》，吉林教育出版社 1990 年版，第 46 页。

② 潘菽：《教育心理学》，人民教育出版社 1994 年版，第 67~68 页。

动的过程而不是盲目的、被动的过程。

格式塔心理学家看来，一个人学到些什么，是直接来源于他对问题情境的知觉。如果一个人不能辨别出各种事物之间的联系，他就不能学习，学习通常是从一种混沌的模糊状态转变成一种有意义的、有结构的状态，这就是知觉重组的过程。知觉重组是学习的核心。学习并不是把以往所有的无意义的事情任意地联结在一起，而是强调要认清事物的内在联系、结构和性质。所以，在格式塔心理学中学习与知觉几乎是同一回事。学习意味着要觉察特定情境中的关键要素，并了解这些要素是如何联系的以及识别其中内在的结构。这样一来，用知觉重组和认知重组可以解释各种各样的学习。

总的来说，格式塔学派的学习理论有重要的贡献，它强调学习过程是有机体内部进行复杂的认知活动（组织活动）而实现顿悟的过程，而不是通过试误而形成的联结活动，主张从问题情境的整体出发去知觉、学习、记忆，反对刺激—反应学习；它的知觉组织原则对学习和记忆问题有很大的作用；它提出的顿悟学习，不同于桑代克的尝试错误学习，并且对桑代克的学习理论加以批判。顿悟学习理论是它对心理学的最大的贡献。正是由于他们的研究，也激发了随后的一系列研究。他们的先驱性研究成为当今认知心理理论的经典。但是格式塔心理学和联想主义心理学之间的对立更为深刻。格式塔理论强调整体观，反对联想理论的刺激—反应的联结的思想。他们假定知觉的组织律适用于学习和记忆。记忆中储存的是知觉事件的痕迹。由于组织律决定知觉的构造，也就决定了留在记忆中的信息的结构。在学习情境中，受试者构造和"领会"问题情境的方式非常重要，如果他们能利用过去的经验，确实正确"看清了"情境，他们就会产生顿悟。

格式塔学习理论强调整体观和知觉经验组织的作用，关切知觉和认知（解决问题）的过程。他们探讨记忆是如何反映知觉组织的，以及在理解学习任务之中，或在重建模糊的记忆中，或在把学习原理迁移到新情境中，解决问题的能力是如何产生的。这对美国流行的S-R联想主义来说是适当的解毒剂和挑战，具有积极的意义，启迪了后来的认知派学习理论家们。但是，他们把知觉经验组织的作用归因于脑的先验本能，带有严重的唯心主义和神秘主义色彩，后来皮亚杰对此做了深刻的批判。

当然，作为一个心理学派别，无疑会遭到来自各方面的批评。

有些批评者认为，格式塔心理学的理论太多，以致牺牲了适当的实验研究和有经验支持的资料。也有的批评者认为，格式塔学者的实验不如行为主义理论家的实验，因为他们的实验缺乏对变量的适当控制。也有的批评是认为这个体系缺乏生理学假设的支持，也没有规定出生理学的假设。

格式塔的学习理论把学习完全归之于有机体自身的一种组织活动，根本否认对客观现实的反应过程，把认识看成是脑自生的东西，甚至不承认过去经验的作用，这是主观唯心主义的。同时把试误学习与顿悟学习完全对立起来，完全否认试误学习，这是不符合人类学习的特点的。

无论如何，格式塔心理学在心理学史上留下了不可磨灭的痕迹。它向旧的传统挑战，并为以后认知心理学的发展奠定了基础。

从以上对格式塔派学习理论的简要介绍之中，可以看出，格式塔和桑代克之间的明显对立在于顿悟和试误。

（二）托尔曼的符号学习理论

托尔曼（1886~1959）认为作为心理学家研究行为的首要兴趣应该是整体性行为，"指向一定的目的"是整体性行为的首要特征，有机体的行为总是设法获得某些事物和避免某些事物。对行为最重要的描述在于说明有机体正在做什么，目的是什么和指向何处。托尔曼认为动物和人的学习不是盲目的，而是有目的的。动物在迷津或迷笼中的尝试与错误行为显而易见是受目的即获得食物指导的。这种目的是行为的内在特征，它存在于行为之内，目的性是整体性行为的重要特征。

托尔曼于1932年首次提出了中介变量的概念，他认为，中介变量就是在有机体内正在进行的东西，包括需求变量和认知变量。需求变量本质上就是动机，包括性欲、饥饿和面临险境时安全的需要，长时间持续活动后休息的需要等。认知变量包括对客体的知觉、对探究过的地点的再认，如动作、技能等。中介变量是不能被直接观察到的，但它同可以观察到的周围事件和行为表现相关联，因此可以从这些事件和表现中推断出来。为了解释有机体对情境作出的反应，托尔曼在 S—R 公式中加进了中介变量 O，改为 S－O－R 公式。

托尔曼从这个基本立场出发，对学习领域进行了深入的探讨，值得注意的是，托尔曼对学习问题的研究，是通过严密的实验来进行的，他根据自己一系列动物迷宫实验结果，提出符号学习理论。托尔曼认为，学习是一种有目的的行为，而不是盲目的。在行为的发端原因和最后产生的行为之间，存在着某些内在的决定因素。其中最主要的决定因素就是行为的目的性和认知性，它们是行为的最后和最直接的原因，这些因素就是托尔曼首次提出的中介变量。因此，行为主义的刺激与反应的联结公式 S－R 应改为 S－O－R，其中 O 就是指有机体（Organism）的内部变化这一中介变量，以强调行为反应的内部过程的作用。

托尔曼的学习理论曾被称为符号－格式塔学说或期待学说，现在一般称之为符号学习理论或信号学习理论。该理论由于注重认知过程在学习中的重要性，因此他的学习理论属于学习的认知派，他本人也被人们尊为现代认知心理学的鼻祖之一。下面介绍托尔曼对学习问题的研究及学习理论主要观点。

1. 托尔曼关于学习问题的经典实验

托尔曼通过严格的实验研究对联结派学习理论的主要观点进行了进行检验，根据实验结果使其否证联结派的主要观点，对学习作出认知主义的解释。其中最著名的研究是针对联结派认为学习的结果是形成联结的观点设计的位置学习实验，以及针对联结派条件反射理论认为必须通过强化才能学习的观点设计的潜伏学习实验。

（1）位置学习。为了考察有机体学习结果的实质，托尔曼进行了一系列位置学习的实验。其中一个典型的实验是，训练小白鼠走迷津到达食物箱，这个迷津如图 5-4 所示。

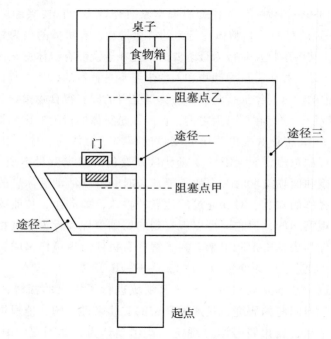

图 5-4 用于证实白鼠"顿悟"的实验迷津

在这个迷津中，从起点到终点食物箱有三条长度不等的通道：A、B、C，通道 A 最短，通道 B 次之，通道 C 最长。实验开始时，将白鼠置于出发点，然后让它们自由地在迷宫内探索。一段时间后，白鼠都学会了走三条通道，并在所有通道畅通时首选第一条通道 A 到达食物箱。然后，实验者并对各通道做一些处理，观察它们的行为，结果是，如果在 X 点阻塞，白鼠会退回来改走第二条通道 B；如果在 Y 处堵塞，白鼠则退回来选择第三条通道 C。这个结果表明，白鼠在过去的学习中已经熟悉了三个通道并按照通道 A、通道 B 与通道 C 的次序作出选择，因此，当 X 点设置阻塞阻挡了通道 A 的情况下，白鼠选择通道 B，而当 Y 点设置阻塞时，如果白鼠学会的是简单的联结的话，它们应该还是选择通道 B，发现也走不通之后才选通道 C。但实际上白鼠并没有再选通道 B 而直接选择距离最长的通道 C，这只能认为，白鼠在学习中形成的是整个迷津通道的模式。因此，托尔曼得出结论：白鼠学会的不是简单的、机械的反应动作，而是学习达到目的的符号及其所代表的意义，建立一个完整的"符号—格式塔"模式，即"认知地图"，因此，在 Y 处阻塞后，它们并没有按照简单的反应选择通道 B，而是直接选择通道 C。学习结果不是形成简单的机械的运动（Movement）反应，而是学习"达到目的的符号"及其所代表的意义。

（2）潜伏学习。1930 年，托尔曼与杭席克设计了潜伏学习的经典实验，研究白鼠走迷津过程中食物（外在强化）对学习的作用。他把白鼠分成 3 组，训练它们走出一个复杂的迷津，A 组是强化组，从第一天到最后一天，白鼠每次跑到目的箱都给予食物奖励；B 组是非强化组，该组白鼠始终没有给予食物强化；而 C 组白鼠在开始 10 天不给强化，从第 11 天开始，则像 A 组那样，白鼠每次跑到终点都给予强化。结果如图 5 - 5 所示。

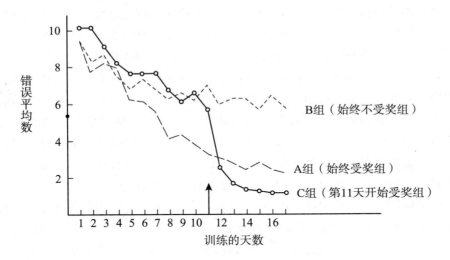

图 5 - 5　潜伏学习实验

从图 5 - 5 可见，A 组白鼠操作水平一直在提高，B 组白鼠操作水平一直较低，但是，C 组白鼠在没有得到强化的前 10 天中，操作水平与 B 组差不多，然而，从第 11 天给予强化后，操作水平骤然提高，与 A 组白鼠差不多，甚至还超出 A 组。据此，托尔曼认为，3 组白鼠的学习程度其实是相同的，没有得到强化的白鼠实际上也在学习，它们在获得外在强化之前也会学习迷津的空间关系，领

161

会了符号的意义，形成了认知地图，当到达目的箱没有获得强化的情况下，其学习结果没有显示出来，因此是"潜在学习"。也就是说，3组白鼠在前几天尝试时都形成了迷津通道的认知地图，A组获得强化，因此将学习结果表现出来，而B、C两组没有强化，它们没有表现这种学习结果。而C组白鼠一旦得到强化，它们表现出原来潜在学习的结果，这样，就显示出与A组相似的操作水平。可见，表现某种新行为，既需要有知识（通过学习获得），而且要有要求（通过强化形成），强化只是使有机体选择表现出某种行为，该行为并非通过强化才习得，学习并不是要通过强化才能实现。

2. 托尔曼关于学习问题的观点

根据对动物学习的系列研究，托尔曼提出了符号学习理论，阐述了对学习实质的基本观点。

首先，托尔曼认为，根据潜在学习实验结果，可以认为，学习并不是在强化条件下形成"S－R"的联结，有机体在没有受到强化时已经发生了学习，因此，"S－R"不是学习的结果，真正的学习结果是形成情境的"认知地图"。

根据位置学习的实验结果，托尔曼提出，作为学习结果的"认知地图"，是对局部环境的综合表象，不仅包括事件的简单顺序，而且包括方向、距离甚至时间关系的信息，是情境整体的领悟，在头脑中产生的某些类似于一张现场地图的模型，它使有机体在环境中的活动不受一系列身体运动的约束。

对于学习的过程即认知地图的形成过程，托尔曼认为，有机体在达到目的的过程中，根据预期进行尝试，不断对周围环境进行认知，学习"达到目的的符号"及其所代表的意义，在各个选择点建立了"符号—格式塔"模式，并与预期联系起来，形成"目标—对象—手段"三者联系在一起的认知结构，即形成了整体的认知地图。托尔曼实际上没有真正明确地说明这种认知地图如何由预期与"符号－格式塔"构成，其对学习内部过程的阐述还是比较含糊的。

托尔曼认为有三种定律对说明学习是需要的：第一，能力律，涉及学习者的特性、能力倾向和性格特点，这些决定着学习者能够成功掌握的任务与情境的类型。第二，刺激律，涉及材料本身所固有的条件，其各个部分的属性及其对领悟解决的帮助。第三，涉及材料呈现方式的定律，如呈现的频率，练习的分布，奖赏的运用等。

托尔曼的符号学习理论把认知主义的观点引进行为主义的学习联结理论，改变了学习联结理论把学习看成是盲目的、机械的错误观点。他重视学习的中介过程，即认知过程的研究，强调学习的认知性和目的性，这些思想对现代的认知学习理论的产生和发展产生了深远的影响。托尔曼的最大贡献是富有创造性地设计了各种严密的实验，用实验的方式对联结派学习理论进行批评并引申出对学习的认知解释，这个研究范式对现代认知心理学的诞生起到了先行的作用。

然而，总的来说，托尔曼在心理学整体观点还是行为主义的，这影响了他对学习的内在信息加工活动过程的深入探讨，他提出的目的、认知、期待等中介变量本身很难以精确的程度维系于可测的刺激反应变量，所以他的学说没有最终发展成为一种十分完整的理论体系。而且，由于他的实验研究是建立在白鼠学习基础之上的，难免忽视了人类学习与动物学习之间的本质差异，因而也遭到人们的批评。

三、学习理论研究的新进展

（一）加涅的累积学习理论

由于联结派学习理论与认知派学习理论都有局限性，任何一派都无法盖涵学习的全野，因此，西方部分心理学家提出了折中主义的学习理论，他们将学习分为包括简单的联结学习与复杂的认知学习的若干层级，力图将两大派调和起来以说明学习的全野。R. M. 加涅就是折中主义学习理论的代表人物之一。

加涅是美国心理学家，他被公认是联结主义与认知心理学派的折中主义者，他自己也认为，他实际上不是在系统论述一种新的学习理论，而是从各理论流派中吸取所需要的成分①。实际上，加涅的学习理论中除了提出兼容联结派与认知派的学习分类观点以外，还富有创见地提出关于学习的信息加工过程、学习的条件等重要观点。值得注意的是，与布鲁纳、奥苏贝尔一样，加涅主要讨论与考察的也是学生的学习问题。

1. 关于学习类型与实现条件

加涅认为："学习是反映人的心理倾向和能力的变化，这种变化要能持续一段时间，而且不能把这种变化简单地归结于生长过程"②。显然，加涅主要是从学习结果的角度提出学习的定义的，他将学习定义为后天经验而发生的较稳定的变化，这个定义其实可以为各派学习理论所接受。许多心理学教科书将学习定义为，由于经验的结果而产生的心理与行为稳定的变化，实际上就是来源于此。

加涅关于学习本质的看法的折中主义倾向，主要体现在其关于学习分类的观点上。联结派主张的是条件反射之类的联结学习，认知派强调概念形成、问题解决之类的认知学习，而加涅却认为，学习的复杂程度是不一样的，既有简单的联结学习，也有复杂的、高级的认知学习，学习按简单到复杂分为以下八种类型：

（1）信号学习：指有机体学会对某个信号或刺激作出概括性的反应，即经

———————————

① ② 施良方：《学习论》，人民教育出版社 1996 年版，第 318 页。

典性条件反射。

（2）刺激—反应学习：个体只对特殊的刺激作出某种特殊的反应，即工具性条件反射。

（3）连锁学习：一系列刺激反应动作的联合。

（4）语言的联合：一系列语言单位的联合。

（5）辨别（或多重辨别）学习：指在一组相似的刺激中能辨别各刺激所属的反应，个体变得能对相似的但仍然不同的刺激作出不同的反应。

（6）概念学习：把各种各样的刺激分成类别，并根据各类别作出反应。

（7）规则学习：规则一般由几个概念所组成，由于规则的内容不同，其类型也多种多样，规则学习实际上就是各种定理、原理的学习。

（8）解决问题的学习：指能根据过去习得的规则，经过内在思考过程而创造新的或更高级的或更高层次的原则。

加涅认为，前五类是联结学习，而后三类则是属于认知学习，后来，他又将这八种学习再修改为六种：连锁学习、辨别学习、具体概念学习、定义概念学习、规则学习、问题解决的学习，同样，第一种是联结学习，其他五种则是认知学习。

学习条件学说是加涅学习理论中最核心的内容。他认为，不同种类的学习、学习的不同阶段、学习的各种结果，都有其相应的条件。学习的条件包括两类：一类是内部条件，即指学生在开始学习某一任务时已有的知识和能力，包括对目前的学习有利的和不利的因素。这对即将进行的学习需要哪些外部条件起重要作用。另一类是外部条件，这是独立于学生之外存在的，即指学习的环境。它涉及怎样安排教学内容，怎样传递给学生，怎样给予反馈，以使学生达到理想的教育目标。下面对学习的种类、过程、结果的各自条件作以简要的说明。

加涅提出了不同类型的学习的实现条件：

（1）信号学习的条件。首先，信号刺激与无条件刺激必须几乎同时出现；其次，信号刺激与无条件刺激必须多次配对重复出现，重复次数越多，信号刺激与反应之间联结得越牢固。

（2）刺激—反应学习的条件。其一，学生作出特定的反应后必须给予强化；其二，反应与强化之间时间越短，学习发生得越迅速；其三，刺激情境必须多次出现。

（3）动作链索学习的条件。从学生内部看，这种学习是以事先习得每一个刺激—反应联结为先决条件的；从学生外部看，是要让学生按适当顺序反复练习，而且，适度的强化也是必须的。

164

（4）言语联想学习的条件。内部条件是事先已经掌握被联想到的单词和连接词；外部条件是教师按适当顺序呈现单词，并对学生的反应给予恰当反馈。

（5）辨别学习的条件。学生必须具备再认或再现各种不同的反应链索的能力。对教师而言必须对学生的反应给予及时反馈，并且需要提供较多的对比练习。

（6）概念学习的条件。具体概念的前提条件是学生已具备了辨别能力，因为概念学习通常涉及对基本辨别的概括。外部条件是教师需同时呈现该概念的例子和不属该概念范畴的例子，要求学生辨别该概念的特征。

（7）规则学习的条件。学生要掌握规则，首先要理解构成该规则的概念。否则就不可能充分理解该规则的含义。作为教师来讲，主要在于如何用言语来指导学生习得规则。一般而言，在学生已经知道该规则的内涵之后再陈述规则，效果会更好些。

（8）问题解决或高级规则学习的条件。为了解决问题，学生必须识别问题的基本特征，并能够回忆起已学过的有关规则以及有关的信息。在此类学习中，由于问题的复杂性，教师的适当的引导往往是必需的。

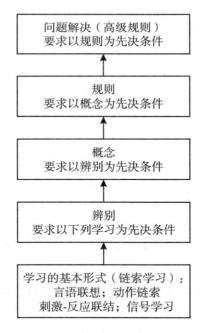

图 5 - 6　学习类型的层次与实现条件

从以上的各类学习的条件中可以看出，不同种类的学习具有累积性的特点，即前面简单类型的学习往往是后一复杂学习的条件。其基本论点是学习任何一种新的知识技能，都是与已习得的从属于它们的知识技能为基础的。为了能更清晰地体现这一点，也为了和学校的教学实际相符合，加涅将第 1～第 4 类的学习合并在一起，称为链索学习，是较低层次的学习，儿童在入学前就应掌握，而后面 5～8 类的学习则主要是学校教学中所体现的。

加涅关于学习从简单到复杂分类的观点，一般被称为学习的层次理论。

2. 关于学习的过程与实现条件

加涅将学习过程分为八个阶段：

（1）动机阶段。加涅把动机分成三类，即诱因动机、操作动机和成就动机，它们引导学生向着教师、学校和社会所期望的方向发展。

（2）领会阶段。这个阶段主要包括学习者对刺激的注意和察觉。

（3）习得阶段。习得阶段包括学习者把他的感知的东西编码储存在中枢神经系统里面。

（4）保持阶段。它是指短时记忆中编码了的知识再进入长时记忆储存起来的过程。

（5）回忆阶段。这个阶段是指搜索记忆库，并使学习过的材料得到复现的过程。

（6）概括阶段。是指把学习到的知识推广到更广泛的范围之中，使其具有更广泛的意义。

（7）操作阶段。按照学习的信息加工过程来说，就是反应发生器组织学习者的反应，并让他对已习得的知识进行操作。

（8）反馈阶段。是学习过程的最后阶段，它是通过表现出学习获得的新操作而实现的。

加涅进一步指出学习各个阶段的实现条件：

（1）动机阶段的条件。加涅认为，通过使学生内部形成一种期望，可以使学生形成动机。为了使学生形成这种期望，教师往往需要作出安排，在学生实际获得有关知识技能之前，先让学生能够达到某种目标，以便向他们表明，他们能够达到预期的目标。形成动机或期望，是整个学习过程的预备阶段。

（2）领会阶段的条件。注意是这一阶段的内在条件，当学生把所注意的刺激特征从其他刺激中分化出来，这些刺激特征就被进行知觉编码，储存在短时记忆中。这个过程就是加涅所讲的选择性知觉，很显然，要使学生能够进行选择性知觉，外部刺激的各种特征必须是可以被分化或辨别的，学生只有对外部刺激的特征作出选择性知觉后，才能进入其他学习阶段。

（3）习得阶段的条件。习得阶段涉及对新获得的刺激进行知觉编码后贮存在短时记忆中，然后再把它们进一步编码加工后转入长时记忆中。在短时记忆中暂时保存的信息，与被直接知觉的信息是不同的，在这里，知觉信息已被转化成一种最容易被贮存的形式，这种转化过程被称为编码过程。当信息进入长时记忆时，信息又要经历一次转换。这一编码过程的目的是为了便于保持信息。如用某种方式把刺激组织起来，或根据已经习得的概念对刺激进行分类，或把刺激简化成一些基本原理，这些都会有助于信息的保持。实验表明，不同的教学方式对编码的过程也具有一定影响。

（4）保持阶段的条件。加涅认为，相对于其他阶段，我们对保持阶段了解得最少，因为最不容易对它进行调查。但有几点目前是清楚的：第一，贮存在长时记忆中的信息，其强度并不因时间递增而减弱；第二，有些信息因长期失用而逐渐消退；第三，记忆贮存可能会受干扰的影响。新旧信息的混淆，往往会使信息难以提取。因此，如果对学习条件作适当安排，可以减少干扰的可能性，从而对信息保持起一定的影响。

（5）回忆阶段的条件。相对其他阶段而言，回忆或信息提取阶段最容易受外部刺激的影响。教师可以利用各种方式使学生得到提取线索，这些线索可以增强学生的信息回忆量。但作为教师，最重要的是指导学生，使他们为自己提供提取线索，从而成为独立的学习者。

（6）概括阶段的条件。一般来说，学生学习某件事情时经历的情境越多，迁移的可能性也就越大。但加涅指出，学生必须掌握其中的规则，就是说，要从一般意义上来理解这些原理。教学需要提供有利于把学习内容用于新情境的提示。"教学生迁移"就是给学生提供在不同情境中运用提取过程的机会。同样，让学生在不同情境中学习，是学习过程中迁移阶段的重要条件之一。

（7）作业阶段的条件。学习过程需要有作业阶段是不言而喻的，因为只有通过作业才能反映学生是否已习得了所学习的内容。对有些学生说来，作业的一个重要功能是为了获得反馈；但在有些学生看来，通过作业，看到自己学习的结果，能获得一种满足。

（8）反馈阶段的条件。当学生完成作业后，他马上意识到自己已达到了预期的目标，这时，教师需给以反馈，让学生及时知道自己的作业是否正确。所以，反馈阶段是受外部事件影响的，而且，信息反馈也并不定要使用"对"、"错"、"正确"或"不正确"这类词汇。在课堂教学中，教师可以使用许多微妙的方式反馈信息。

3. 关于学习的结果与实现条件

同样，加涅也是从学生学习的角度考察学习结果，将学生的学习结果分成五类：

（1）言语信息：言语信息指以言语陈述的形式存储于学习者记忆中的有关事物和组织化了的知识，这种学习结果是学习者能够再现以往所贮存的信息。

（2）智力技能：指学习者掌握概念、规则并将其应用于新情境，这是使用符号与环境相互作用的能力。言语信息与知道"什么"有关，而智力技能与知道"怎样"有关，如怎样把陈述句改成疑问句，怎样化分数为小数等。

（3）认知策略：指学习者借以调节自己的注意、记忆和思维等内部过程的技能。智力技能使学生学会运用字母、数字、词语、图形等符号与环境发生交互作用，而认知策略则是学习者对这一认知过程的控制。

（4）动作技能：指能够为完成有目的的动作使骨骼、肌肉、筋腱有组织地活动，是平稳、精确、灵活而适时的操作能力。人在学习、劳动和日常活动中都会表现出动作技能。动作技能中包含认知成分，要受到内部心理过程的控制。因而也被称为心理运动技能。

（5）态度：态度是情感的或情绪的反应，形成学习者的态度指使学习者形成影响行为选择的内部状态或倾向。学习者应侧重形成三方面的态度：一是对人际交往的态度；二是对某些活动的态度；三是对社会的态度。态度这种内部状态会影响学习者对某事、某物或某人的行动的选择，但态度一般不与特定的行为相联系，而是在一定程度上决定一定类型的行为。态度的形成以行为及其结果的言语信息为基础，即要使学生了解良好行为的意义。

同样，加涅也提出了各种学习结果的实现条件：

（1）言语信息的条件。对于言语信息的学习，加涅认为其内部条件是：在学习者的记忆中，需要出现某些先前学会了的信息，而这些信息是以某种方式互相联系起来的，即已有的知识结构。另外，学习者还要具有编码的策略。言语信息学习的外部条件是：首先要使言语信息以不同的方式呈现，使它能引起注意和知觉和选择；其次，要使语言信息在一种有关的、有意义的背景下呈现，并作有效的编码。

（2）智力技能的条件。加涅认为智力技能学习的内部条件包括：①作为新技能组成物的过去习得的技能；②用以回忆这些技能并把它们结合成为一种新形式的那些过程。智力技能学习和外部条件主要有：①在智力技能学习时，最重要的是回忆作为前提条件的技能，因为它们是新技能的组成部分；②在一些次级技能组成一个新的、较复杂的技能时，呈现言语线索使部分技能的组合有一定的顺序；③要注意对学习的智力技能作及时的复习，并安排好作间断复习的时机；④运用各种前后关系促进技能作纵向、横向的迁移。

（3）认知策略的条件。认知策略学习的内部条件是：首先学习者必须能够回忆他先前已经学过的一些规则，其次是要激活并运用学习者掌握的以及他先前已学会的那些认知策略。加涅指出，认知策略的学习不是一下子就能掌握的，因此，认知策略学习的外部条件是要通过较多机会的练习，精心培养。认知策略的学习要把语言描述与实际解决问题的过程结合起来。另外，在认知策略的学习过程中，还要注意及时的反馈。

（4）动作技能的条件。动作技能学习的内部条件是：首先必须学会这个动作技能的程序和顺序；其次是对该动作的各个组成部分分别操作的学习和练习。动作技能学习的外部条件主要有：①在动作技能学习中，回忆作为组成部分的动作技能；②提供言语的或其他指导，以向执行的路线提供线索；③安排反复的练习；④提供直接而精确的反馈，给所学的动作技能提供强化。

（5）态度的条件。加涅认为态度获得的内部条件是学习者具备适合于那种行为的一些才能，尊重或崇拜所模仿的那个人。态度获得的外部条件主要是：①在选择某项行动时，对已有的成功经验进行回忆，激励学习者建立对成功的期望。②运用学习者尊敬的或"认同"的榜样人物进行示范教育。③运用学习反馈阶段的对建立态度或改变态度的强化作用。

4. 对加涅学习理论的评价

加涅学习理论的重要特点就是融入了各家各派的观点，这一点在他对学习的基本观点中体现得尤为突出。他认识到了行为主义和认知主义各自学习观的贡献与局限，因而，在自己的理论中，他试图通过综合行为主义和认知主义不同观点，来解释学习的种类、过程及结果。例如：对学习的分类，他的几个低层次的学习，如信号学习、刺激—反应学习、动作链索以及言语链索学习，可以分别对应于华生与斯金纳的经典性条件反射与操作性条件反射，属于联结性的学习；而对于辨别学习、概念学习、原则学习及问题解决的解释又与认知派对学习的解释相一致，属于认知学习。再如：对学习过程不同阶段，动机阶段、反馈阶段明显带有行为主义的色彩，而编码阶段、保持阶段等又引入了信息加工的观点。但是，加涅对学习的基本观点仅仅局限博采各家各派之长来对学习的本质进行分析，并没有形成自己的核心理论，因此，他对学习的基本观点带有很大的折中性，这也是一些心理学家认为其理论"不足以构成真正的学习理论"的原因所在。

一般认为，加涅是学习理论从行为主义走向认知主义，并使教育心理理论认知观点得以确立。与以往行为主义者对学习的考察不同，他对学习的研究具有自己的独到之处。首先，在研究目的上，以往的行为主义者以考察学习的一般规律为己任，而加涅的学习研究的最终目的是为教学服务，开始关注教学问题，改变了过去只注重学习研究的狭隘性；在研究对象上，以往的行为主义者常常以动物为对象，即使有以人为被试的研究也是在动物简单实验的基础上进行的，而加涅的研究则直接将学习的研究对象定位为人，并且更进一步以学校中的学生的复杂的学习为研究对象，这使他的研究结果更能接近于教育教学实际；在研究方法上，以往的行为主义者以严格的实验研究为主，而加涅的研究则更注重研究时方法的生态性与自然性。正因为以上这些差别，加涅的学习理论一改长期占统治地位的刺激反应传统，提出了新的以信息加工认知观基础上的学习理论。

关于学习条件的理论，是加涅学习理论中的精华所在。加涅学习理论的重心不在于对学习的种类、过程和结果的解释，而在于对其间各种学习条件的考察。在以往的学习理论研究中，也有一些研究者，如斯金纳，对学习的条件有所涉及。但是，像加涅这样，对不同学习、学习的不同阶段、不同结果的内外条件都进行了理论性的说明，将学习条件说贯穿于整个学习理论之中，以前还未曾有过。通过学习条件理论，加涅构筑起了学习与教学之间的桥梁，对各种学习条件的深入探讨，对学习的不同层次的说明，实质上为在学习理论基础上的教学设计提供了依据，使学习理论与教学紧密地结合起来。也正是在此基础上，加涅"为学习而教学"的教学设计观才使他享誉世界，他同时也成为"教学心理学的开创者"。

（二）现代认知派关于知识分类与学习的理论

20 世纪 70 年代以来，现代认知心理学派对知识的本质及其习得机制问题进行了深入的探讨，使知识本质的研究产生了实质性的进展。现代认知派心理学家把知识定义为：个体通过与其环境相互作用后获得的信息及其组织。储存于个体内是个体的知识，储存于个体之外就为人类的知识。现代认知派心理学家 J. R. 安德森从知识获得的心理加工过程的性质与特点的角度，提出了知识分类的富有启发意义的新观点，安德森认为，个体的知识可以分为两大类，一类是陈述性知识，另一类是程序性知识（也称产生式知识）。这两类知识获得的心理过程，它们在个体头脑中的表征，它们的保持与激活的特点有着重要的不同。[①]

1. 陈述性知识及其学习过程

安德森认为，陈述性知识是关于事实"是什么"的知识，在《认知心理学词典》（Edited By M. W. Eysenck，1990）将陈述性知识定义为：个人具有有意识的提取线索，因而能直接陈述的知识。简单地说，陈述性知识就是关于事物及其关系的知识。

知识的表征指经过编码的信息在人脑中储存和表现的形式，陈述性知识以命题及其命题网络来表征的。现代认知派认为，知识的基本单元是命题，一个命题大致相当于一个观念，命题是意义，是思想和观念的单元；许多彼此联系起来的命题组成命题网络。

---

① E D Gagne. The Cognitive Psychology of School Learning. Printed in U. S. A，1985，P69 - 136.

陈述性知识的获得是在工作记忆中把几个激活了的节点联结起来形成新命题，并且新命题与命题网络中的有关命题联系起来进行储存的过程。例如，一个过去不知道"中国的首都是北京"的人，当他听到这句话时，首先激活了头脑中长时记忆的"中国"、"北京"、"首都"等几个节点（假定他头脑中已存在着这几个节点），把它们提取到工作记忆中去，然后这几个节点联系起来形成一个新的命题，再存放回长时记忆的命题网络相应的位置中去，该个体便获得了这个新的经验或新的命题。总的来看，陈述性知识的获得过程包括三个环节：（1）联结。随着命题的物理形式的刺激（声音刺激或视觉刺激）进入工作记忆中，激活了长时记忆中相应的节点同时也激活了与这些节点有关的若干旧命题，这若干节点在工作记忆中被联结起来构成了新的命题。（2）精加工。将新形成的命题与所激活的旧命题进行加工、整合，按照一定的关系构成局部的命题网络。这个加工过程常常会分析出新旧命题的联系与关系，将它们融会贯通，形成组块，在这个过程中，也常常推论出新的命题，并且根据加工的需要，还会不断激活有关的旧命题参与加工，使命题网络更广更密集。（3）组织。将精加工过程形成的局部命题网络组织进宏观的知识结构中去，也就是将工作记忆加工处理的结果放到长时记忆相应的位置中去。这就是陈述性知识获得的基本过程。

陈述性知识的提取首先需要有问题，问题可以由外界提出，也可以由学习者自己提出。下一步是问题转化为内部的命题表征，并成为激活相关知识的线索，然后通过激活的扩散使原有命题网络中相关的命题的激活。如果激活的命题能够回答所提出的问题，提取就结束了；如果激活的命题回答不了问题，而且有时间去检索的话，那么，会继续进行激活的扩散，直到查找到合适的答案。但是，如果继续检索仍然找不到答案，或者由于时间不够来不及查找，那么学习就会根据已激活的命题对问题的答案加以推测，建构出自己的回答。

2. 程序性知识及其学习过程

程序性知识则是指是如何干某事的知识，即完成某项任务的行为操作的知识。《认知心理学词典》（Edited By M. W. Eysenck，1990）将程序性知识界定为：是个人无有意识的提取线索，因而其存在的只能借助于某种作业形式间接推测的知识。人类的主要知识应该是程序性知识。

根据现代认知派的观点，程序性知识以产生式或产生式系统的形式来表征，产生式指的是条件与动作的联结，即在某一条件下会产生某一动作的规则，类似计算机"如果……那么……"的条件操作，每个程序都包括条件部分（IF...）与操作部分（THEN...），个体掌握了这种程序性知识后，一旦认知了条件，就能产生相应的操作。如进行加法运算的做法等。人脑之所以能进行计算、推理和解决问题，也是由于人们经过学习，其头脑中储存了一系列以"如果……

171

那么……"形式表征的产生式规则。产生式通过控制流而形成相互联系。当一个产生式的活动为另一个产生式的运行创造了所需要的条件时，则控制流从一个产生式流入另一个产生式，从而组合成复杂的产生式系统。

程序性知识学习过程与陈述性知识不相同，个体要学习的是在某种条件下要采取的某项操作或某系列操作程序，并能按程序完成整个操作。因此，这类学习包括两步，一步是条件认知，即学会确定"IF..."；另一步是操作步骤，即学会进行"THEN..."。条件认知的学习是学会辨别出刺激是否符合该产生式的条件，也就是学会按一定的规则（或步骤）去辨别或识别某种对象或情境，看它是否与该产生式的条件模式相匹配，也称为模式识别学习；操作步骤的学习是学会完成某活动的一系列步骤，即学会按一定的程序与规则进行一系列操作以达到目标状态的过程，也称为行动序列的学习。值得注意的是，有的产生式知识的重点在条件认知或者模式识别部分，即"IF..."部分，一旦个体能根据模式的条件辨别出刺激的模式时，就立刻能完成操作（THEN...），达到目标。例如，根据一定的规则去判断某对象是否属于某个概念的范畴（如学会判别平行四边形等），即所谓的概念行为，就是属于这类产生式。这类产生式知识，人们常称为模式辨别知识，它的学习重点是学会把握产生式的条件模式。有的产生式知识的重点在于操作步骤或行动序列部分，即"THEN..."部分，这类的产生式的条件识别比较容易，个体可以一下子将它辨别出来，但是，其操作序列部分却是一系列较复杂的操作步骤，例如学会进行多位数除以多位数的运算步骤，其条件部分的识别是比较简单的，但是，所进行的操作却是比较复杂的一系列步骤。这类产生式知识，人们常称为行动序列或技能，它的学习重点是学会流畅地完成一系列操作步骤。而在更多的情况下的产生式知识的学习，其"IF..."部分与"THEN..."部分都是复杂的操作过程，因此，掌握这个产生式知识，既要学会把握其条件模式，又要把握操作步骤。无论是条件的认知还是操作步骤的实现，其本质都是在工作记忆系统中按一定的规则要求进行一系列的程序操作，因此，这种程序操作性知识的获得过程与陈述性知识的获得过程不同，总的来看，程序性知识获得的一般过程也是包括三个环节：（1）以陈述性知识的方式表征行为序列；（2）程序化练习，经实际练习由命题表征控制下的行为序列过渡到由程序表征控制下的行为序列；（3）合成，各孤立的、小的产生式合成大的产生式系统，这个产生式系统的运作自动化、简约化。

程序性知识获得之后不容易遗忘，它的激活非常迅速且自动化，只要在工作记忆表征产生式的条件项就会自动唤起一系列的动作。

安德森关于知识的分类及其学习过程的研究，对于学习与教学理论有重要的启示，对于实际的教学也有重要的指导作用。

第三节 学习双机制理论关于经验获得学习的理论体系

联结派学习理论与认知派学习理论在学习的基本问题上有根本的分歧。联结派把学习看成是刺激（或情境）与反应之间联系的形成，认为学习是由外界的刺激或情境所决定，强调强化对学习的作用，强化形成习惯后，只要原来的或类似的刺激情境出现，习得的习惯性反应就会自动出现。因此，它们一般都强调反复练习和复习的重要性，主张用外部的奖励即积极的强化来控制学习。认知派则把学习看成有机体通过复杂的认知操作形成或改组认知结构，从而把握情境中事物的联系与关系，注重主观条件包括过去经验、内部动机对学习的重要作用，强调理解、积极思考与认知的作用，重视学习动机与学习态度的培养。这两派理论显然都有合理之处，但单纯用任何一个派别的观点来解释所有学习现象，都显得失之过偏。

应该肯定，认知派学习理论强调学习是一种积极主动的内部加工过程，这是有其重要意义的。首先，日常大量的事实与研究结果表明，有机体的复杂的学习尤其是人的复杂的学习，要经过学习者内部复杂的加工活动，而不是简单地通过神经系统在头脑里由此及彼地形成联结，例如，人们已通过大量的研究证明，无论采用哪一种强化手段，学前期儿童都不能对守恒问题作出正确的回答，因为这类知识的学习，不是通过经典性条件反射或操作性条件反射来实现，显然要经过其复杂的内部加工，而当个体不具备进行这种加工活动的机制时，这个经验则无法被接受。其次，人们也意识到，有机体所进行的复杂学习的结果是形成认知结构而不是建立一个由此及彼的简单的联系，例如，托尔曼用小白鼠做的位置学习的实验结果就充分证明这一点。由此可见，认知派学习理论对学习的实质的基本观点是有重要意义的。然而，许多心理学家都认为，认知派理论把一切学习都理解为经过复杂的加工而形成完形或认知结构，包括把巴甫洛夫的研究中狗形成了听到铃声便分泌唾液的反应这样一种最简单的学习，也看成是经过加工形成认知结构，是学会了"铃声将伴随着食物"这样一种认知加工模式。显然，这样来解释简单学习令人感到比较牵强，而如果用学习的联结说来解释这些学习则显得较为合理。可见，学习的认知说也有其片面性。

正是由于联结派学习理论与认知派学习理论都有局限性，因此，自20世纪五六十年代以来，出现了越来越多的企图融合两大派的折中主义倾向，西方部分心理学家提出了折中主义的学习理论，他们将学习分为包括简单的联结学习与复

173

杂的认知学习的若干层级，力图将两大派调和起来以说明学习的全野。例如，J. M. 索里与 C. W. 特尔福德就把学习分成五类：经典性的条件作用或简单联想学习、工具性的条件作用和尝试错误学习、模仿性学习、顿悟性学习与含有推理的学习。在这个分类中，前两种属于联结学习，后三类是属于认知学习。另一位学习心理学家 R. M. 加涅则将学习分为八类，包括：信号学习、刺激—反应的学习、连锁学习、语言的联合、辨别学习、概念学习、规则学习、解决问题的学习。加涅认为，前五类是联结学习，而后三类则是属于认知学习。概而言之，折中主义的学习理论看到了两大派的合理因素与局限，力图融合两大派理论而提出一个更为合理的理论来解释学习，这是有意义的。然而，这种学习理论只是简单地将两派关于学习的观点组合起来，并未能真正揭示这两类学习的机制及其内在联系，因而也不能对学习的实质做出令人信服的解释。

　　总的来看，自 20 世纪五六十年代以来，学习理论的发展表现出两大趋势：第一种趋势是，由于论争双方的理论都无法涵盖对方的理论，无法否定对方理论存在的价值，因而出现了企图融合两大派别的折中主义理论，如加涅、特尔福特等人的理论；第二种趋势是，由于人们逐渐认识到长久以来的两大派别的论争似乎没有结果，研究者对学习理论的研究更多地指向具体领域的学习过程的探讨，如文本阅读领域、类别学习领域、问题解决领域等，对学习理论的论争转到对各个不同领域的学习过程的研究与论争。然而，这两大趋势的出现并不意味着学习实质这个问题的研究已经得到解决，实际上，折中主义的学习理论只是简单地将两大派合并起来，并不能真正解决两派的论争从而科学地对学习的实质作出解释，可以说，关于学习实质的探讨至今还没有达成共识。

　　然而，由于两大派学习理论的相互论争相互促进，由于折中主义学习理论的启示，也由于近二三十年来心理学界对具体领域的学习过程进行了大量的研究，使人们对各种具体学习的过程与机制的理解逐渐深入，不断为在总体上解答知识经验学习的实质提供积累，因而有可能在新的研究基础上对学习的实质提出比较全面、科学的分析，从而使学习理论的研究有新的进展。20 世纪 90 年代，我国心理学工作者在总结与分析国内外各派学习理论以及关于学习过程的研究的基础上，提出了学习双机制理论[①]。

一、学习双机制理论关于个体经验学习的基本观点

　　学习双机制理论是关于人类个体在后天生活过程中获得心理机能（主观经

------

　　① 莫雷：《论学习理论》，载《教育研究》，1996 年第 5 期。

验）与知识经验（客观经验）的过程的理论。它是以学习机制为逻辑起点，在统一的理论观点下，同时解答个体知识经验获得的问题，个体心理机能获得的问题以及个体心理机能（即能力）发展的问题。因此，关于个体知识经验获得的学习过程的理论构想，是学习双机制理论的主要的或核心的组成部分。

学习双机制理论关于个体知识经验获得问题的基本观点或理论构想有五方面：

第一，从个体获得知识经验的学习的角度来看，人有两类学习机制，一类是联结性学习机制，另一类是运算性学习机制。联结学习机制是指个体将同时出现在工作记忆的若干客体（包括符号或反应行为）的激活点联系起来而获得经验的那种机能或机制；运算性学习机制指有机体进行复杂的认知操作（即运算）而获得经验的那种机能或机制。个体用不同的机制来获得经验，就形成不同类型的学习。因而，从学习机制来分，个体获得知识经验的学习相应地分为联结性学习与运算性学习。

第二，在实际的学习中，个体采用哪种类型的学习来获得经验，受到主客观因素的影响。个体会根据整个学习情境包括经验的性质、学习的条件、个人的内在条件等因素选择启用哪种机制的学习来获得经验。对于不同的知识经验，或者在不同的学习条件下，个体会运用不同的学习机制进行学习、获得经验，形成不同类型的学习。

第三，联结性学习与运算性学习的加工过程、特点与规律等方面有重大不同。在实际的学习中，同一种学习活动可能由于学习情境相关因素发生变动从而会交替启用联结性学习或运算性学习，因此，同一种学习在不同条件下进行会表现出不同的特点与规律，这是因为这种学习活动在某种条件下是联结性学习，表现出联结性学习的特点与规律；在另一种条件下是运算性学习，表现出运算性学习的特点与规律。当我们发现同一种学习活动在不同情况下表现出不同的特点或规律时，应该注意考虑是否由于学习者在不同情况下启动了不同机制的学习，从而表现出不同的特点与规律。

第四，个体通过不同机制的学习获得经验，会形成不同的表征。无论是联结性学习还是运算性学习，从表层来看在头脑中都是形成若干客体或属性的联系与关系，但是两种学习形成的表征最大的区别在于，联结性学习在形成客体或属性间的联系，只是运用了简单的联结机能直接进行了接通；而运算性学习要形成客体或属性间的联系（或关系）时，它需要进行一系列复杂的运算活动，才实现接通。因此，两种学习形成的知识表征，从表层来都是形成若干客体或属性的联系与关系，但是，作为联结性学习的表征，主要就是由这个表层构成；而作为运算性学习的表征，它的表层下面是由形成这些联系与关系过程所进行的一系列复杂的加工活动与阶段结果组成的深层。

175

第五，按照学习的内容来分，联结性学习可以分为模式识别学习、条件反射与连锁学习、代表学习与语言连锁学习、命题与命题组合学习等；而运算性学习从学习内容来分，可以分为类别学习，原理学习，推理与问题解决学习。联结性学习这四种类型构成了从表层联系层面上把握"单个对象"，到"对象－对象的关系"，到"对象－对象关系的关系"的学习系列；而运算性学习这三种类型构成了从逻辑联系层面上把握"单类对象"到"对象－对象的关系"到"对象－对象关系的关系"的学习系列；两个学习系列并不是构成加涅所认为的那种从低级到高级的层级关系。

下面准备对上述观点进一步展开阐述。

二、学习双机制理论的基本范畴：联结性学习与运算性学习

学习双机制理论纲领性的观点是按照个体进行学习的机制将学习分为联结性学习与运算性学习两种类型，然后以联结性学习与运算性学习为基本范畴，构建整个理论体系。下面分别阐述联结性学习与运算性学习两个基本范畴。

（一）联结性学习

1. 什么是联结性学习

联结性学习就是个体将同时出现在工作记忆中的若干激活点联结起来而获得经验的学习。

联结性学习是人与动物所共有的学习方式，有机体将同时在工作记忆（或者机能上类似人的工作记忆的神经系统有关部分）中出现的若干客体或符号的激活点联结起来从而获得经验的过程，都是联结性学习。"联结性学习"这个概念是在吸收西方认知派对陈述性知识的获得的学习机制的观点，并深刻地分析了联结派心理学家提出的各种学习现象而提出的，它能更深刻地反映这类学习的本质。联想心理学家提出的联想学习，桑代克提出的试误学习，巴甫洛夫的经典性条件反射，斯金纳的操作性条件反射，班杜拉的观察学习，还有托尔曼通过实验提出的潜伏学习的现象等，实质上都是在不同条件下的联结性学习的具体表现，都可以用联结性学习的机制去解释。同时，认知心理学家提出的陈述性知识的学习也是一种联结学习，因为，陈述性知识的学习过程实际上就是将同时出现在工作记忆的各个节点联系起来形成命题，因此，尽管以往这些节点的形成可能是运算性学习，但就当前这些节点形成关于事实"是什么"的新命题的过程而言，则主要是依赖于联结学习实现的。

2. 联结性学习的类型

联结性学习有不同的种类。按照联结学习的内容或联结的对象来分，可以分为以下四类：

（1）模式识别学习。个体要进行学习，最基本的前提是要识别出作为学习的最基本单元的各个对象，学习对象（包括实物与符号）是由不同部件构成的整体，识别多种部件或属性组合的对象整体（实体模式或符号模式）的学习，就是模式识别学习。

模式识别学习是将对象的部件联结成为整体，从而将该对象辨别出来的过程。在这个过程中，个体将当前作用于感官的客体各部分特征在头脑中联系起来形成整体模式，从而能将该客体与其他客体区别开来，今后再遇到这类客体时就可以将它们识别出来，也就是通常所说的知觉模式。这种模式识别的学习是最基本的学习，是一切学习的基础。例如，婴儿对母亲的脸与陌生人的脸的识别。模式识别就是实现客体各个部分的联结过程，通过模式识别，个体能够识别出由各个部件组成的实体或符号，获得对象的意义。

（2）条件反射与连锁学习。这类学习是形成实体对象与实体对象之间的联结的学习。首先是条件反射学习，前一个刺激对象与后一个刺激对象在时空上结合形成稳固的联系，既可以是刺激与反应的联结，也可以是刺激与刺激的联结，还可以是动作与动作的联结。包括经典性条件反射形成的联结，如巴甫洛夫的研究中狗形成了铃声与肉粉的联结；也包括操作性条件反射形成的联结，如斯金纳的研究中小白鼠形成了压杠杆这个动作与肉丸的联系；还有学生学习广播体操形成一个一个体操动作间的联结；还包括通过观察形成的联结，如观察学习的研究中狗通过观察形成对铃声的逃避反射等。

进一步，如果要建立联系的不是刺激与反应两个对象的联结，而是多个刺激与反应之间，或者多个对象之间、多个动作之间形成联结，就是连锁学习。

条件反射与连锁学习的过程是实现对象与对象之间的联系，该学习是形成或建立实体对象之间的关系。

（3）代表学习与语言连锁学习。代表学习是形成符号（主要是语言符号）与所代表的实体对象的联结，将符号与相对应的实体对象联系起来的学习。即建立特定事物或动作与特定符号之间的联系。如幼儿学会将"杯子"这个词与某个杯子联系起来，以后听到"杯子"，就知道这个声音符号是指那个特定的杯子。这是掌握语言的开始。但这种学习不是对词所代表的概念的学习，概念学习是运算性学习，它需要进行抽象概括等运算性活动；而在这种代表学习中，"杯子"这个词并不是一类事物的统称，而是某个特定杯子的称呼。是建立实体对象与符号一一对应的联系，在一一对应水平上获得符号的意义，在这个水平上，

177

词仅仅是特定实物对象的语言符号或标记，而不是概念的符号。

在代表学习的基础上可以进一步进行语言连锁学习，语言连锁是将若干个同时出现在工作记忆的词联结起来，形成多个词的组合，但是，学习者并不能按照语法与语义知识形成这些词组合的意义，所形成的只是语言联结符号按照一定顺序的组合，即语言连锁。例如，某幼儿学会了背"三字经"中的几句"人之初，性本善，性相远，习相近……"即使他背得非常熟练，但是，他不知道这些语句是什么意思，也不会在适合情境中用它来表达自己的思想，因此，他所获得的只是语言连锁，还不是命题。

（4）命题学习与命题组合学习。命题学习是将若干个符号对象联系起来，形成符号与符号的联结的学习。这是命题水平的联结学习。个体将若干个同时出现在工作记忆的词联结起来，形成新的命题。

命题学习有两种情况：第一种是通过形成的新命题获得该命题所表达的新信息，形成新的经验，这种命题学习称为"获得新信息的命题学习"。如某位不知道英国的首都是伦敦的学生，在学习中将"英国"、"首都"、"是"、"伦敦"等几个词联结起来形成"英国的首都是伦敦"这个新命题，通过对这个新命题的了解，从而获得一个新的信息（经验）。第二种是通过形成的新命题获得了使用这个新命题来进行意义表达，这种命题学习称为"获得表达的命题学习"。如某个不知道如何表达大雨猛烈的学生，可以在学习中将"暴雨"、"倾盆"、"落下"等几个词联结起来形成"暴雨倾盆落下"这个新命题，以后当他想表达大雨猛烈时，就可以用这个命题。

在命题学习的基础上可以进一步进行命题组合学习，命题组合是将若干个同时或相继出现在工作记忆的命题联结起来，形成多个命题语义上的连贯组合，学习者将若干个命题的语义形成连贯的意义，也就是将若干个句子的语义（句义）连贯成为语篇。

从上述联结学习的不同类型来看，最简单的联结性学习是一个具体物体的各个成分的激活点形成联系，即物体模式识别学习；最复杂的联结性学习是多个词的刺激的激活点形成联系，即陈述性知识的命题学习。按照联结的水平分，可以分为感知觉水平的联结与命题水平的联结。低等动物及人类的婴儿主要是感知觉水平的联结，命题水平的联结只是人类个体所特有的。

3. 联结性学习基本机制分析

联结性学习的机制有两方面：第一是将各种客体或构成客体的各个部件区分或识别出来的机能，即可以辨别各种客体对象或客体的各个部件。第二是将各种客体或客体的各个部件的激活点联结起来的机能，即能够将部件联系成整体，或将客体与客体联系成关系。

根据心理学、神经生理学、生理心理学等学科的研究成果，我们可以认为，有机体将同时出现在神经系统有关部分的若干对象联结起来的机能是与生俱来的，也就是说，有机体的联结学习机能是有其生理基础的，但这并不意味着人类个体一出生就可以进行所有的联结学习，因为联结学习的另一个先决条件是刺激的把握，即使是简单的联结学习，也要以辨别为前提，个体要将同时出现在工作记忆的激活点联系起来而获得经验，其基本前提是他要分辨出这些激活点的相应刺激，即能辨别出需要形成联结的各个对象（元素），否则就不可能通过建立联结而获得经验。巴甫洛夫的研究中，狗要形成铃声与进食的联系，首先就要辨别出铃声。从这个意义来说，辨别是联结学习的前提或基础，加涅的学习层级中将辨别学习排在信号学习与刺激—反应学习之后是不恰当的。刚出生的新生儿之所以不能形成条件反射，可能不是因为其不具备将两个刺激的激活点联结起来的能力，而是因为其还不能将不同的刺激区别开来的能力。

4. 联结性学习实现的条件

联结性学习实现要有三个基本条件：

第一个条件是，学习的内容没有内在逻辑性。也就是说，学习的内容的把握是不需要进行复杂的逻辑运算加工活动的。

第二个条件是，个体能够识别或把握所要联结的客体对象。在感知觉水平的联结，主要就是辨别出激活点所代表的对象，即能辨别出激活点所代表的刺激模式；而在命题水平的联结，则要在长时记忆中已形成了该命题各个词的相应的节点（即已掌握了各个词的意义）。

第三个条件是，个体能够在工作记忆中同时或连续将所要联结的客体激活并形成联系。也就是说，个体的工作记忆需要能够有足够的容量同时维持所要联结的客体的激活点，并将它们联结起来。

因此，联结性学习的难度是由两个方面因素决定的。第一方面，联结的步数，即所要联结的对象的数量，数量越多（即步数越多），难度越大。第二方面，联结对象把握的难易程度，对于实物方面的联结来说，所要联结的对象越难辨别，该联结性学习的难度就越大；对于动作方面的联结来说，每个动作越难做出来，该联结性学习的难度就越大；而对于命题水平的联结来说，组成该命题的词在学习者过去经验中已形成的意义越少，形成该命题的联结性学习也就越难。不同的联结性学习在两方面相当的情况下，其难度也大致相同。

（二）运算性学习

1. 什么是运算性学习

运算性学习就是个体在头脑中经过复杂的认知操作而获得经验的学习。

有许多知识的获得不能仅仅通过在工作记忆中将若干个激活点联结起来而实现,而是需要在工作记忆中进行一系列复杂的认知活动(或称运算)才能获得,这种情况下的学习便是运算性学习。例如,要证明两个三角形是全等三角形,首先要将处于长时记忆中的关于全等三角形的判定公理及推论恢复到工作记忆中,然后判定两个三角形对应边、对应角的关系,再判定两个三角形是否全等。显然,这个过程是一系列复杂的信息加工活动过程,这就是运算性学习。

2. 运算性学习的类型

参考加涅对认知学习的分类思路,按照运算性学习的内容来分,可以将运算性学习分为以下三类:

(1)类别学习:对具有共同性质的各种对象进行概括,形成类别或概念,并可以根据已形成的类别或概念去识别具体对象。也就是把握一类对象的共性的学习。

与联结性学习的"模式识别学习"相对应,"模式识别学习"是把握一个对象的各种外部属性的联系,而"类别学习"则是把握一类对象的逻辑(共同)属性的联系。

(2)规则学习:规则一般由几个概念所组成,是表示不同类别对象或不同概念之间的逻辑关系。如果说类别学习是把握一个类别的对象的学习,规则学习则是把握两个或多个类别的对象的逻辑关系的学习。

运算性学习的"规则学习"与联结性学习的"条件反射与对象连锁学习"相对应,"条件反射与连锁学习"是把握两个或多个对象的各种外部属性的直接联系,而"规则学习"则是把握两个或多个类别的对象或多个概念的属性的逻辑联系。

规则常常是用命题来表示的,但是,运算性学习的"规则学习"与联结性学习的"命题学习"不同。联结性学习的"命题学习"中,命题中涉及的若干个词的关系,是直接的语义联系,直接将词义联结起来就可以获得命题的语义意义;而规则实际上就是各种定理、原理,当它以命题的形式出现时,规则所涉及的若干个词的关系,是内部的逻辑关系,需要对这些词所代表的类别或概念进行复杂的运算加工,才能获得以命题形式表示出来的规则的逻辑意义。

(3)推理与问题解决的学习:把握两个或多个规则之间的联系与关系的学习,是指整合两个或多个规则的关系形成新的规则(或解决问题的方法)的过程。也可以说,推理与问题解决的学习,就是获得若干个规则之间的逻辑关系的学习。

运算性学习的"推理与问题解决学习"与联结性学习的"命题组合学习"相对应,"命题组合"是将两个或多个命题连贯起来,实现多个命题之间语义的联系；而"推理与问题解决学习"则将两个或多个规则进行整合，形成多个规则之间的逻辑联系。

3. 运算性学习基本机制分析

从前面对运算性学习的类型的分析可见，运算性学习就是个体进行复杂的加工活动把握对象的逻辑联系与关系，那么，这种复杂的加工是什么？也就是说，运算性学习的机制是什么？这是非常复杂的问题，学界对这个问题也是众说纷纭。

苏联与我国的心理学家就将人的思维操作即运算机能看成是分析、综合、抽象和概括。皮亚杰经过大量的观察与运用临床法对个体的内部运算过程进行了深入的探讨，并用数理逻辑对这个内在过程进行了分析。他认为，六、七岁前的儿童的图式（即运算方式）都是半逻辑的，只具有 $y = f(x)$ 的单向函数关系，因此无可逆性与守恒；六、七岁到十一、二岁，是具体运算阶段，个体具有互反性与逆反性两种可逆性，此时其思维操作开始具有运算的性质，但由于这两种可逆性的进行还是孤立的，因此只能进行"群集"运算；到了十一、二岁以后，随着年龄的增长，图式的协调建构，个体两种可逆性可以结合起来构成四变换群，与之相应出现了运算组合系统即所谓"格"的结构，此时则达到了形式运算的阶段。皮亚杰的分析是富有启发性的，但是，毕竟还是过于空泛，并且也不是来自严格的实证研究。现代认知心理学家对个体内部的运算性加工过程进行了大量的实证性研究，得出了许多重要的结果与结论，如对概念形成的信息加工过程的研究，对问题解决过程的信息加工活动的研究，对词的认知的信息加工活动的研究，等等，这些研究推进了对个体内部的运算活动的机制的研究，但是，它们毕竟是局部性的，较为零散，还没有对个体学习活动的运算机制做出比较系统的分析。这个领域的研究还有待于不断深化。

应该强调指出的是，较高等的动物也具备一定的运算性学习的机能，但最多只是具有一些较低级的运算性学习机能，并且也不是它们主要的学习机制。运算性学习主要是人获得经验的学习方式，体现了人的学习的主要特点。

4. 运算性学习实现的条件

个体要进行运算性学习，必须具备下列三方面基本条件：

第一个条件是，学习的内容必须是具有内在逻辑性的对象，也就是说个体面对的是具有内在逻辑性的问题情境。如果学习的内容没有内在逻辑性，那么，对学习内容的把握过程是不需要也不可能进行复杂的逻辑运算加工活动的。例如，学习"英国的首都是伦敦"这样的命题，这个信息获得不需要也不可能通过思考来获得，学习者只需要将各个节点联结起来就可以直接获得关于英国的首都的信息，因此，这个学习不可能成为运算性学习。然而，学习"三角形内角和等于180°"这个命题，学习者不仅需要将各个节点联结起来就可以直接获得该命题表达的意义，而且需要进行一系列推论，即进行一系列运算加工活动，才能理解三角形的内角和为什么会等于180°，这样，他才真正把握学习的内容。由此可见，运算性学习实现的第一个条件是学习内容是具有内在逻辑性的对象。

第二个条件是，个体必须具备实现该运算性学习的相应的运算方式或机能。我们认为，进行运算性学习，基本条件是个体必须具备相应的运算或认知活动方式，例如，要学习"玩具"这个概念（即进行概念学习），个体必须能进行一定程度的分析、综合、抽象、概括等操作，并且，他对该概念的掌握水平，取决于他所具备的这些操作方式的水平。如果个体不具备这些操作，那么，当他要学习"玩具"概念时，就有两种可能性：第一种可能是他用联结学习的方式来接受这个概念，如仅仅将"玩具"这个词与某个布娃娃联系起来，实质上并没有真正形成"玩具"的概念；另一种可能是他在社会传递下，通过外部活动的内化调整原有的认知结构，一方面形成新的认知操作方式，同时在这个过程中掌握了"玩具"这个概念，这种情况就近似皮亚杰所提出的"顺应"。关于个体这种认知活动方式的形成问题即个体学习机能的获得问题，在前面关于个体心理机能形成理论的讨论中已作了详细的阐述，这里不再重复。

第三个条件是，个体必须具备实现该运算性学习的相应的基础知识。如果要学习的新知识必须要以某些特定的知识作为基础或必备条件的话，这些知识对于新知识的学习就有直接的信息意义。例如，关于分数性质与通分等方面的知识是学习分数加减的必备基础知识，如果不具备前者，从学习整数加减之后直接就学分数加减，即使学习者已具备学习分数加减的必需的运算机制，他也无法进行相应的运算性学习。

三、现实学习活动中不同机制学习方式的启用

关于在现实或具体的学习活动中个体如何启用不同机制的学习方式来获得经验的基本观点，是学习双机制理论的最重要的组成部分。根据联结性学习与运算性学习实现的条件，可以对现实学习活动中个体如何启用不同机制学习方式这个重要问题进行总体分析。

总的来看，个体进行的是何种学习，受到三个方面因素的影响：第一是学习内容的性质；第二是学习的客观条件；第三是学习者的内部条件。

从学习内容的性质来看。个体启用何种机制的学习来获得经验，首先受到所要把握的经验的性质的影响，即受到学习内容的性质的影响。

对于只有直接联系而没有逻辑必然性的学习内容，个体会启用联结性学习的

方式进行学习。例如，巴甫洛夫的研究中狗获得铃声是进食的信号的经验，斯金纳的研究中的小白鼠获得压杠杆便可以获得肉丸的经验，还有无意义音节的学习，对偶学习，等等。对于这类没有逻辑必然性的学习内容的学习，个体不会也不可能启用运算性学习机制的。

对于有逻辑必然性的学习内容，为了把握这些经验，要求个体启用运算性学习的方式进行学习，例如，要求概括出"西红柿"、"白菜"、"马铃薯"、"青瓜"的共同点（即形成"蔬菜"的概念），个体就必须要进行分析综合、抽象概括等运算活动。

应该指出，对于一些逻辑必然性经验的学习，个体必须启用运算性学习的方式进行学习。例如，对于尚未获得守恒经验的幼儿来说，如果他们要获得长度守恒或容积守恒的经验，就必须启用运算性学习机制，进行互反性或逆反性思维，才可逆获得这种经验；如果他们未形成可逆思维，那么，不管如何进行引导，还是无法获得守恒经验的。

然而，在更多情况下，个体在获得逻辑必然性经验的学习中，既有可能运用运算性学习的机制，也有可能运用联结性学习的机制，例如学习"三角形内角和等于180°"这个命题，个体既可以通过复杂的认知操作（推理活动）而获得这个命题，也可以仅仅在工作记忆中将"三角形"、"内角"等节点（假定个体过去已形成了这些节点）联结起来形成新命题而接受下来。如果是后一种情况，那么，尽管个体过去在形成"三角形"等节点时（或者说是掌握"三角形"等概念时）可能是运算性学习，但他现在在学习"三角形内角和等于180°"这个命题时还是联结性学习。

学习双机制理论认为，在这种既可以启用运算性学习机制、又可以启用联结性学习机制进行学习的现实学习情境中，个体启用何种机制的学习，受到两方面因素的影响：第一方面是学习条件因素，第二方面是学习者主体的内部条件。

下面分别阐述这两方面因素对个体启用不同机制的学习方式的影响。

第一方面：学习条件因素。学习具有逻辑必然性知识的现实学习中，学习条件是影响不同机制学习启用的客观因素。在以往的实验研究中，可以发现学习条件影响个体对两种机制学习的启用的证据。

首先是学习时间压力。学习的时间压力会影响不同机制学习方式的选择。不少研究结果表明，由于运算性学习需要较多的时间资源，因此，个体在时间紧迫条件下往往会采用联结性机制进行学习；而在时间宽松条件下，才可能采用运算性机制进行学习。

其次是学习内容的复杂程度。即使对同一类学习内容的学习，其复杂程度高低不同，可能会影响个体对不同机制学习的启用。例如，关于文本阅读空间情景模型建构的实验结果表明，阅读一段描述几个客体相互之间的位置的材料，如果材料不复杂，描述的客体少（例如，广场、雕像、图书馆、休息室），之间位置关系不复杂，读者就会将这段材料的句子进行整合建构，在头脑中形成几个客体空间位置图式的情景模型，这是运算性学习。但是，如果描述的客体数量多（例如，广场、图书馆、休息室、雕像、客厅、两个过道等），并且它们的位置关系比较复杂，而对读者又没有任何任务要求，那么，学习者可能会采用联结性学习的方式，仅仅将这段材料的句子形成语义的连贯，即形成连贯的课文表征，而不是通过建构整合形成情景模型。

最后是学习的要求。学习完全相同的内容，但由于学习要求不同，也会影响个体对不同机制学习的启用。例如，对于 "$1+2+3+\cdots=?$" 的等差数列之和的计算公式 "（首项 + 末项）$\div 2 \times$ 项目数" 的学习，当教师要求一定要认真理解这个公式的情况下，学生会采用运算性学习，对该公式进行推导；而当教师只要求学生懂得运用这个公式快速解答这类等差数列之和的计算的情况下，学生可能就只是采用联结性学习的方式，仅仅将公式记下来，直接解答等差数列之和的计算。这样，同样的等差数列求和的公式学习，在不同的要求下个体就会启用不同机制的学习。

还有，不同的引导方式，不同的学习结果对个体的意义程度，等等，也会影响个体不同机制学习方式的启动。

第二方面：学习者内部条件因素。学习具有逻辑必然性知识的现实学习中，学习者内部条件是影响不同机制学习启用的主观因素。在以往的实验研究中，也可以发现学习者主体因素影响个体对两种机制学习的启用的证据。

个体是否具备进行相应学习的机能条件、必备知识等，会影响不同机制学习方式的启用。前面阐述运算性学习的实现条件中已明确指出，个体必须具备实现该运算性学习的相应的运算方式或机能，同时具备实现该运算性学习的相应的基础知识，才能够进行运算性学习。因此，当进行某种具有逻辑必然性的经验的学习时，是否具备相应的运算性机能，是否具备相应的基础知识，都会影响个体对不同机制学习方式的启动。

同时，个体的学习心向，也会影响其对不同机制学习方式的启用。在需要进行运算性学习的情况下，如果个体没有进行运算性学习的心向，就很可能运用较为方便的联结性学习的方式将新经验接受下来。如前所述，个体在学习 "三角形内角和等于 180°" 这个命题时，本来应该通过复杂的认知操作（推理活动）而获得这个命题，但是，如果个体没有学习兴趣，或者缺乏认真开动脑筋思考问题的习惯，或者对深刻理解学习内容的意义缺乏认识，等等，就可能无法形成进行运算性学习的心向，这样就会运用联结学习的方式，在工作记忆中将 "三角形"、"内角"等节点（假定个体过去已形成了这些节点）联结起来形成新命题而接受下来。

总的来看，在实际的学习中，个体启用哪种机制的学习来获得经验，受到学习内容、学习条件与学习者条件的综合影响。因此，同一种学习在某种情况下采用了联结性学习的方式，有时却会采用运算性学习的方式，表现为两种性质学习的交替。也就是说，具体的学习活动过程中，随着学习的主客体条件不断变化，常常会交替出现联结性学习与运算性学习。

由于联结性学习与运算性学习是两类不同性质的学习，它们的实现机制有重要的区别，因此，这两种学习的加工过程、保持过程及迁移过程可能都会不同的规律，以往有关的许多对某种学习过程的研究常常得出不一致甚至相反的结果，可能是因为不同的研究者采用的实验材料不同、实验情境不同，因此他们考察的虽然是同一种学习活动，但在不同学习条件下学习者启用了不同机制的学习，这样必然会得出不同的结果从而形成不同的观点或派别。

我们认为，个体在现实学习活动中会根据不同的学习条件启用不同机制的学习方式这个重要原理，对于研究学习的认知过程具有重大的方法论意义，它有助于对具体学习活动的信息加工过程与特点的探讨，有助于整合前人对具体学习活动的研究结果的分歧，有助于在前人研究的分歧的基础上形成更有整合性的理论。

四、两种不同机制学习的种类分析

前面已经对联结性学习与运算性学习的类型进行了分析。运算性学习与运算性学习的不同类型进行综合分析，可以看到，无论是联结性学习，还是运算性学习，它们都是要把握对象的意义，也就是也把握对象的联系或关系，只不过把握的层次不同，实现把握的机制不同。

第一是对一个（类）对象的联系的把握。联结性学习的模式辨别学习把握的是一个对象的组成部分及其联系，而运算性学习的类别学习是把握一个类别的对象的类别特征及其联系，两者把握的都是单个对象的构成成分及其联系，但是，前者是外部的组成部分及其直接联系，后者是共同特征及其逻辑联系。

第二是对两个（类）或多个（类）的对象的联系的把握。联结性学习的条件反射与连锁学习、代表学习与语言连锁学习等两类学习把握的是两个或多个对象的直接联系，而运算性学习的规则学习把握的是两个或多个类别的对象的逻辑联系。

第三是对对象关系之间的联系的把握。联结性学习的命题与命题组合学习把握的是命题（词与词的语义联系），以及命题之间的语义联系，而运算性学习的推理与问题解决学习把握的是两个或多个规则之间的逻辑联系。

这样，将联结性学习与运算性学习的按照内容维度分析的不同学习类型组合起来，我们就会得到一个非常清晰的学习系统，见图5－7。

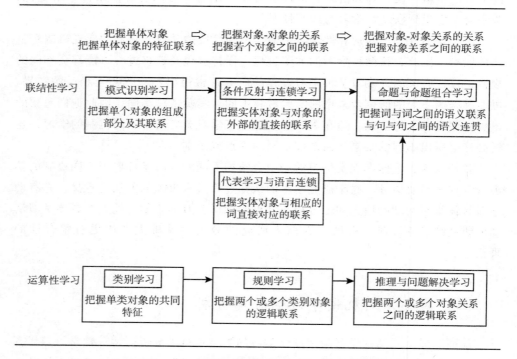

图5－7 两种不同机制学习的分类系统

根据图5－7，这个分类模式实际上从机制、内容、层次三个维度形成一个关于学习分类的系统，可以整合以往各种各样关于学习分类的观点。

五、不同机制学习的意义实现与表征构成

无论是联结性学习还是运算性学习，都要进行一定的加工活动形成经验，即把握学习对象的意义。不同的学习对象，需要实现的意义也不同。

对于不具有内在逻辑必然性的学习对象的学习，只需要把握该对象联结层面的意义就是完全实现了该学习对象的意义。例如，灯光一亮，就给予狗吃肉粉，经过多次结合，形成了灯光与进食的联系。也就是说，通过联结学习，实现了

"灯光"的信号意义。同样，对没有内在逻辑必然性的命题学习，例如，学习"美国的首都是华盛顿"这个命题，只要通过联结性学习将"美国"、"首都"、"华盛顿"等词的激活点联系起来，形成了"美国的首都是华盛顿"这个命题，理解这个命题的表达的字面意义，就是实现了学习的意义。

如果由于缺失某种条件，学习者通过联结学习无法获得学习对象的意义，这种情况的联结学习就是机械学习。例如，让出生在广州市的学生学习听到"清"（qing）字就举左手，听到"亲"（qin）就举右手，但是，如果这些学生根本就分不出"清"与"亲"两个音，那么，他们就无法实现这个学习对象的意义。又如，儿童学习"美国的首都是华盛顿"这个命题，如果他们在以往经验中还没有形成"美国"、"首都"、"华盛顿"这样的节点，他们就无法获得这个命题所表达的意义或信息，对于他们来说，这个命题只是一些词语或语音的系列。这种情况下，这个命题的联结性学习就是机械学习。

对于具有内在逻辑必然性的学习对象的学习，把握该对象联结层面的意义只是实现了该学习对象的表层意义，还需要通过运算性学习把握该对象的内在逻辑必然性，才是完全实现了学习的意义。这类知识客体的学习会有三种情况：第一种情况是，学习者进行了运算性学习，获得了学习对象的逻辑层面的意义，这是完全的意义学习，可以称为"深层意义学习"。第二种情况是，学习者只进行联结性学习获得了该学习内容的联结层面的意义，这种情况的学习，可以称为"浅层意义学习"，在教学过程中，人们有时也会将这种未能实现学习内容深层逻辑必然性意义的学习称为机械学习，但是，它毕竟与真正意义上的机械学习是有区别的。第三种情况是，由于各种原因，学习者对所学内容的联结层面意义也无法实现，这种情况的学习，就是机械学习。例如，让小学低年级学生学习"三角形内角和等于180°"这个新命题（这个命题属于"具有内在逻辑必然性"的学习内容），由于小学生在以往经验中还没有形成"三角形"、"内角"、"180°"等概念，他们就无法获得这个命题所表达的意义或信息，对于他们来说，这个命题只是一些词语或语音的系列，这个学习就是机械学习。而对于具有一定平面几何知识的中学生来说，他们可以通过联结学习机制形成"三角形内角和等于180°"这个命题，获得该知识的联结层面的意义，这种学习是"浅层意义学习"；只有通过推理证明等的活动即运用运算性学习机制进行学习，获得该命题的逻辑必然性，才是完全的意义学习。

上述关于机械学习与意义学习的分析可以用表5-1表示。

由此可见，联结性学习与运算性学习是从学习机制的维度对学习进行的划分，而意义学习与机械学习是从是否实现学习内容的意义的维度上对学习进行的划分，这两个维度是相互独立的，不能将联结性学习与机械学习联系起来，将运算性学习与意义学习联系起来。

表 5 - 1 不同类型学习与意义实现

学习对象	水平 1 没有获得任何意义	水平 2 获得联结层面的意义	水平 3 获得内在逻辑意义
不具有内在逻辑性知识客体	机械学习	意义学习	
具有内在逻辑性知识客体	机械学习	浅层意义学习	深层意义学习

    根据上面的分析，学习意义的实现有两个层次，第一个层次是联结层次的意义，实现了这一级的意义，个体可以明确了知识"是什么"或"如何干"。如果是联结性学习，获得了这个层次的意义，则可告完成。然而，如果是运算性学习，不仅要获得这个层次的意义，而且要进一步达到第二层次即运算层次的意义。所谓运算层次的意义，就是不仅要懂得新知识"是什么"或"如何干"，而且要知道"为什么如此"，即获得经验的逻辑必然性。一般来说，作为运算性学习，如果只达到联结层次的意义水平，则只是"知其然而不知其所以然"，所掌握的是缺乏逻辑必然性的经验，也是一种水平较低的掌握。作为运算性知识的掌握，应该达到运算层次的意义才是完整意义的把握。

    不论是联结性学习还是运算性学习，其目的与结果都是需要把握学习对象的意义。我们认为，所谓把握对象的意义，就是要形成客体或属性的联系或关系，个体进行学习所获得的各种各样的经验，从实质来看，就是获得客体或属性的一定关系或联系，这些联系可能是直接的、简单的，也可能是复杂的，这些联系或关系都会在头脑中形成相应的表征。但是与联结性学习最大的区别在于，联结性学习在形成这些联系是运用了简单的联结机能，直接进行接通；而运算性学习要形成各种客体或属性的联系（或关系）时，它需要进行一系列复杂的运算活动，才实现接通。这样，从经验的表征的来看，联结性学习形成的经验表征，只是单层次的形式表征；而运算性学习形成的经验表征，不仅有与联结性学习相同的表层的形式表征，而且有与表层表征相联系的深层表征，因此，运算性学习形成的经验表征，是二重表征。

    （1）表层表征的构成。经验的第一层表征即表层表征可以称为"结果性表征"，也就是直接储存了客体或属性的联系。无论是联结性学习还是运算性学习，它们所形成的经验表征的第一层，都是以表象、命题（陈述性知识）或程序（程序性知识）等各种形式体现的客体或属性之间相互联系。

    假定某幼儿通过联结性学习获得了"上课铃响要进入课室"的经验，这个经验可能是以"铃声"与"进入课室"的表象形式的联系储存在他的头脑中，也可能是以"铃声响就要进课室"这个命题形式储存在他的头脑中，也可能是以"IF...THEN..."的程序性知识储存在他的头脑中。对于个体来说，既可以是上面其中一种形式构成这个经验的表征，也可以是上面两三种形式相结合构成的这个经验的表征。

假定该幼儿通过运算性学习获得了"鸟"这个概念，这个经验可能是以"有毛的会飞的动物"这样一个命题的形式表示这个概念在他的头脑中储存，也可能是以"如果某动物有毛，如果该动物会飞，那么，它就是'鸟'"这样一个程序表示这个概念在他的头脑中储存。

（2）深层表征的构成。经验的第二层表征即深层表征可以称为"过程性表征"，它储存了在第一层表征中客体或属性所建立的联系或关系的形成过程，包括一系列复杂的运算活动以及整个运算活动过程形成的各种阶段性命题或程序。

对于联结性学习来说，客体或属性之间的联系通过它们在工作记忆中的激活点直接形成联结而建立的，这个过程直接包括在表层表征中。因此，联结性学习形成的经验表征是没有过程性的深层表征的。

对于运算性学习来说，最终形成的客体或属性之间的联系，是经过一系列复杂的运算活动而形成的，例如，获得"两直线平行同位角相等"这个原理命题的过程，就要将"两直线平行内错角相等"与"对顶角相等"等原理结合起来进行一系列推理活动，也就是说，形成"两直线平行同位角相等"这个命题经验，需要经过一系列复杂的运算活动。同样，要获得判断"三角形的高"的程序模式，就需要进行分析综合抽象概括等运算，才能领悟该程序的内在逻辑性，真正把握这个程序性知识。在形成最终的结果性表征过程的一系列运算活动及运算活动过程形成的各种阶段性的命题或程序，就构成了经验的深层表征。因此，深层表征是运算性学习获得的经验表征的主要组成部分。

综上而言，联结性学习获得的经验的表征只是单层的结果性表征；而运算性学习获得的经验的表征是二层表征，由第一层结果性表征与第二层过程性表征组成的二层表征。

联结性学习与运算性学习的意义实现，是与其经验表征的形成是一致的。对于联结性学习来说，其学习意义的实现，就是直接建立客体与属性的联系与关系，获得学习对象在联结层面的意义，形成表层表征。而对于运算性学习来说，其学习意义的实现，需要形成客体或属性的逻辑联系与关系，这个联系的形成过程，要经过一系列运算活动。因此，运算性学习不仅要形成客体或属性的直接联系，获得学习对象在联结层面的意义，形成结果性的表层表征，而且要进行一系列的运算活动形成对象的逻辑联系，获得内在的逻辑意义，这些运算过程与阶段产品就形成了过程性的深层表征。

六、联结性学习与运算性学习的关系

由于联结性学习与运算性学习是两类不同性质的学习，它们的实现机制不同，因此，这两种学习的加工过程、学习结果、保持过程及迁移过程都会有重要不同。

首先，从学习的认知过程来看，联结性学习进行的是直接的联结活动，而运算性学习的认知过程是分析综合抽象概括等复杂的认知活动。

其次，从学习的结果来看，联结性学习获得的是若干对象之间的直接联系，形成的是若干对象的直接联系的单层表征；运算性学习获得的是若干对象之间的逻辑联系，因此，它形成的是包括了若干对象联系的表层表征与这些联系建立过程所进行的运算活动及阶段结果所构成的深层表征。

同时，从学习结果的保持过程来看，联结性学习的需要保持的是各个对象建立的联结，由于这些联结是直接建立的，缺乏内在的支持系统，因此，必须按照遗忘的规律进行复习或强化，或者在特定的对象联系建立时进行各种精加工活动，增加这个对象联系的支持系统。而运算性学习的结果是建立各个对象的逻辑联系，整个建立过程需要进行复杂的信息加工活动，这些运算活动及其形成的阶段结果形成了运算性学习的深层表征，构成了表层各个对象联系的内在的支持系统，因此，运算性学习结果的保持，固然会在一定程度上受基于痕迹消退的遗忘规律的影响需要复习或强化，但是，更多受学习对象联系建立的逻辑紧密程度的影响，也就是说受到对象联系建立过程所进行的运算活动的质量及深度的影响。

最后，从迁移过程来看，联结性学习的迁移过程可能更多受两种学习所建立的联系的表面特征相似性的影响，符合心理学界提出的"共同元素说"的迁移理论；而运算性学习的迁移过程主要是受两种学习所建立的对象逻辑联系的共同性的影响，因此，更多地符合心理学界提出的"概括说"与"关系说"的迁移理论。

然而，学习双机制理论认为，联结性学习与运算性学习尽管相互区别，但又相互结合、相互渗透，不可截然分割，尽管从机制的角度探讨学习的实质的角度将学习分成了联结性学习与运算性学习，具体的学习活动尽管还是可以根据其基本机制大致地归为联结性学习或运算性学习之类，但完全纯粹的联结性学习或运算性学习是没有的。

首先，总体上是联结性学习的学习活动，某些环节常常会有掺杂了运算性学习。

以最基本的感知觉水平的联结性学习模式识别学习为例，其进行过程就包含了一定的运算学习因素。通常，个体在将某实物对象（源刺激物）的各个部分联结成为整体知觉模式的过程，同时会发生一定的概括化，最后形成的知觉模式，并不是与原来知觉的对象（源刺激物）完全严格对应的，而是有一定的概括性，因此可以识别以后出现的与源刺激物有一定差异的新的同类刺激物。例如，某婴儿从接触母亲给他喂奶的奶瓶的过程形成了对奶瓶的模式识别，以后，他看到与原来奶瓶大小不同或瓶嘴颜色不同的奶瓶，也可以将识别出来，因为他形成的是有一定概括性的知觉模式。又如，某小学生通过书本上的印刷体形成了对"中"这个语言符号的模式，以后，他看到写在黑板上很大的"中"字，或者看到不同人手写的差异较大的"中"字，他也能够识别出来。

而在命题水平上实现的联结性学习，个体将工作记忆中组成新命题的各个词的激活点联结起来，形成新命题从而获得该命题包含的新信息，这个过程主要是联结学习过程。但是，新命题形成后，个体会紧接着会自动化地激活相关的原有命题进行"精加工"活动，这种"精加工"活动通常是推理、分析、类比等运算活动，通过"精加工"将新命题与旧命题按一定关系联系起来，建立新旧命题的逻辑联系。例如，某学生通过将"维生素C"、"增加"、"白血球"三个词的激活点联结起来。形成新命题"维生素C增加白血球"之后，同时激活了三个原有的命题：命题1是"白血球消灭病毒"，命题2是"病毒引起感冒"，命题3是"维生素C防止感冒"。此时，他会通过推理等活动发现这几个命题的因果关系：病毒引起感冒，而白血球可以消灭病毒，由于维生素C增加白血球，因此，维生素C可以预防感冒。这样，新旧命题就形成因果命题网络。

可见，总体上是联结性学习的学习活动，往往会掺杂了局部的运算性学习。

其次，总体上是运算性学习的学习活动，某些环节常常也掺杂了联结性学习。

以概念的形成为例，形成新的概念，显然要经过分析、综合、抽象、概括等复杂的运算活动，因此，它主要是运算性学习。但是，在这个学习过程中，某些环节也掺杂着联结性学习。例如，儿童掌握"车"这个概念的过程，第一次他可能是将"车"这个语言符号与他接触的某部小汽车形成联结（代表学习），到了第二或第三四次将"车"与他接触的某部大卡车或某部大客车形成联结时，就会开始进行分析、综合等概括活动，形成"车"的概念。可见，"车"的概念的形成，在开始的环节中是进行了联结性学习的。

还有，以原理的学习为例，原理的掌握肯定需要进行一系列复杂的运算活动，因此，它主要是运算性学习。然而，在原理学习过程中，常常需要首先通过联结性学习形成关于原理的命题，把握原理命题的语义意义。例如，某学生学习"等腰三角形两底角相等"这个几何定理，需要进行一系列分析、推理等复杂的运算活动，因此，它主要是运算性学习。但是开始学习的时候，他需要首先将"等腰三角形"、"两"、"底角"、"相等"等词语的激活点联结起来形成"等腰三角形两底角相等"这个新命题，然后再进行运算加工活动把握这个命题包含的原理。

由此可见，总体上是运算性学习的学习活动，某些环节也包含了联结性学习。

本章对学术界关于个体经验获得的学习理论进行了全面的总结与分析，然后系统阐述了学习双机制理论关于经验获得的学习过程与实质的基本理论设想，为了验证这个基本理论构想，我们进行了两大系列的实验研究，分别探讨文本阅读学习与类别学习的过程，后面两章将分别介绍这两大系列学习过程的实验研究。

第六章

基于学习双机制理论的
文本阅读过程实验研究

学习双机制理论认为，个体知识经验的学习可以分为联结性学习与运算性学习两种类型，不同类型学习的进行过程、特点与规律有很大的不同，在实际的学习活动中，随着学习情境条件的变化，两种类型的学习常常会交织出现。本章主要阐述了基于学习双机制理论所提出的文本阅读双加工理论设想以及验证这个理论设想所进行的系统实验研究。本章共有四节，第一节概述并总结了文本阅读信息加工过程不同理论派别的观点及其实验研究，然后基于学习双机制理论提出文本阅读双加工理论的基本理论构想；第二节、第三节以及第四节分别介绍了根据这个理论构想所进行的三个系列的实验研究：第二节阐述了第一系列实验研究，探讨文本连贯阅读加工过程的性质与特点；第三节阐述了第二系列实验研究，探讨焦点阅读加工过程的性质与特点；第四节阐述了第三系列实验研究，探讨不同阅读条件对读者不同类型阅读加工的引发。关于连贯阅读加工过程的实验研究、焦点阅读加工过程的实验研究，以及对西方阅读三大派别的整合性研究。实验研究的结果表明，文本的自然阅读过程是连贯阅读与焦点阅读交织进行的双加工过程，连贯阅读主要是联结性学习，而焦点阅读主要是运算性学习，不同的阅读加工过程在阅读进程、阅读推理与情景模型的建构等方面都表现出不同的特点。研究结果验证了文本阅读双加工理论，从文本阅读信息加工过程的角度支持了学习双机制理论的基本观点。

第一节　文本阅读研究概述与文本阅读双加工理论的提出

一、文本阅读加工过程研究概述

　　文本阅读是人类独有的一种认知活动，也是人们获取信息的重要途径之一。文本阅读研究不仅有助于揭示人类认知活动的本质和规律，还可以为中小学阅读教学实践提供指导，为机器阅读、人工智能等技术的发展提供心理学基础，促进认知心理学、教育心理学和心理语言学等学科的发展。因此，文本阅读研究，既有重要的理论意义和学术价值，也有重要的实践意义和应用价值。对文本阅读中有关信息的理解和加工，一直是阅读心理研究的重要内容，是心理学界十分重视和关注的重要课题。

　　阅读的实验研究最早可以追溯到冯特建立实验心理学的时候，冯特的学生卡特尔被公认为是早期对阅读进行实验研究的中心人物。但是，从文本阅读研究的历史发展来看，对文本阅读理解问题最早进行研究的是罗曼西斯（Romances），他在 1884 年的研究中发现人们读完文章后对内容的回忆和再认效果不同，他把两者间的差异归之为"思想的潜伏"（Venezky，1984）。罗曼西斯的研究在一定程度上启发了人们对文本阅读研究的关注，其中巴特利特（Bartlett）在 1932 年的研究被公认为是实验心理学中第一个严格的文本阅读的认知研究（Lorch，1997）。在该研究中，巴特利特提出了图式（Schema）这一概念。他认为，图式是一种对过去反应的积极的组织，也可以称为是过去的经验，在阅读中，人们会利用头脑中的图式去同化阅读的信息，在回忆的时候，是对储存的结构化图式的回忆，如果人们遇到的故事与通常的理解有矛盾，人们把它放到现存的图式中就有困难，倾向于不对它加以记忆或者对它进行"规范化"，修改它的细节直到与现存图式一致（张必隐，1992；Lorch，1997；Carroll，1999）。巴特利特的图式理论在之后近三十年的研究中一直占据主导地位，正是由于他的研究，才引发了更多研究者加入到文本阅读研究领域中来。

　　到了 20 世纪 70 年代，在信息加工主流思想的引导下，现代认知心理学迅速发展，认知心理学实验研究的新范式为客观地、科学地探讨人们高级认知过程提供了方法与工具，激发了越来越多的研究者对文本阅读研究产生浓厚兴趣，这时的文本阅读研究才真正发展为实验心理学中的一个独立的领域，成为认知心理学研究的重要内容。而到了20世纪80年代以后，文本阅读研究的发展进入了鼎盛时期。文本阅读信息加工过程的研究在70年代加速发展的基础上全面推进，研究方法和技术不断更新，研究不断深入，研究者们在系统的实验研究基础上提出了关于文本阅读加工过程的各种理论，并催化了文本阅读三大理论流派的形成与论争，即建构主义理论、最低限度假设理论与记忆基础文本加工理论。总体上看，20世纪80年代以来形成的三大派理论与七八十年代提出的前期阅读理论不同，前期的各种理论主要是针对文本阅读的局部过程或局部性问题而提出理论模型，由于针对问题不同，分析角度不同，这些理论之间很少发生争论；而当前的三大派理论，是建立在对文本阅读过程的系统实验证据上的整体性理论，它们对阅读过程信息加工的本质问题持不同的观点，不断引发与推动相关的研究，形成当前文本阅读信息加工过程研究的主旋律。

二、当前文本阅读信息加工研究的主要问题与分歧概览

当前，文本阅读信息加工过程的研究最有影响的派别是：建构主义理论、最低限度假设理论与记忆基础文本加工理论，不同的理论派别对文本阅读信息加工过程本质的看法有根本性的分歧，导致了文本阅读信息加工不同派别在若干重大问题展开激烈论争，每一个论争都引发了一系列相关的研究，推进了文本阅读信息加工过程研究的深入发展，这是20世纪八九十年代以来国际心理学界关于文本阅读信息加工研究的真实场景或写照。因此，我们首先必须对当前文本阅读信息加工理论流派的根本分歧、论争问题进行分析和总结。

（一）当前文本阅读信息加工不同派别的分歧焦点

自然阅读是主动的、积极的、目标策略驱动的过程，还是被动的、消极的、自动的过程，这是当前国际心理学界不同阅读加工理论派别分歧的焦点或争论的核心问题，关于阅读信息加工过程许多重大问题的论争，都是这个分歧焦点的体现。

最低限度观和记忆基础文本加工观都认为，整个理解过程就是自动、被动、消极地维持文本连贯，建立文本连贯表征的过程。

最低限度假设理论认为，在自然阅读情况下，读者不会随着阅读过程即时地进行整合、推理以形成文章的整体表征，阅读的信息加工主要属自动化加工，在这种阅读理解过程中，读者的角色是相当消极的，他们只对那些易于获得的信息进行整合，只要当前阅读的信息能与读者工作记忆中保持的刚阅读过的若干命题进行整合保持局部连贯，则不需要再通达在长时记忆中文章先前的相关信息或读

者的背景知识相关信息，只有在当前加工的信息出现了局部连贯性中断的情况下，读者才会激活长时记忆的信息去进行整合与推理。因此，这种观点认为长时记忆信息的通达与推理发生的条件是局部连贯性的中断，读者在阅读过程中不会主动地进行精加工推理或整体连贯推理（Mckoon and Ratcliff，1992）。

记忆基础文本加工理论在阅读信息加工过程的本质的理解与最低限度假设理论是一致的，它们强调阅读是一种被动的、消极的、以维持连贯为主的过程，记忆基础文本加工理论坚持了最低限度假设理论否定主动、积极地即时建构文本情境模型的基本立场，但是，它不赞同最低限度假设理论关于阅读过程只需要维持局部连贯的观点，而是认为，在阅读过程中，即使在局部连贯性不中断的情况下，读者也会非策略地、被动地、快速地通过"共振"的方式激活长时记忆文本信息进行整合，维持整体连贯性（Albrecht and O'Brien，1993；Mckoon and Ratcliff，1998；O'Brien et al.，1998）。

与最低限度假设理论和记忆基础文本加工理论关于文本阅读信息加工过程的理解截然不同，建构主义理论强调信息整合过程的主动性和策略性，主张阅读过程是一个随着文章的内容结合读者背景知识不断地形成文章的情境模型的过程（Graesser et al.，1991）。较极端的建构主义观点认为，读者总是不停地对当前信息的意义寻求解释，并努力将当前信息与先前所有相关的信息进行完全的整合。更多的建构主义研究者则认为，阅读时读者会构建一个关于主人公完整而又不断更新的模型，当读到指向主人公特征的信息时，读者只用当前的、更新后的模型来检查这一句子，在这一过程中，更新前的背景知识不会得到自动的、消极的重新激活，这一观点被称为更新追随假设（Bower and Morrow，1990）。

总而言之，最低限度假设理论与记忆基础文本加工理论把阅读理解过程看成是一个不受读者目标和动机或阅读材料类型影响的非策略的加工过程，在这个过程中，读者主要是为了维持文本的语义连贯自动地、被动地引发语义连贯推理与整合，建立局部的或整体的语义连贯情境模型。而建构主义理论则认为阅读是一个目标驱动过程，在这个过程中读者有解释课文的普遍动机，他们试图解释课文中提到的行为、事件和状态，他们除了建构表层表征和课文基础表征之外，还建构情境水平上连贯表征，试图获得"正在发生什么"的情境模型（Graesser，et al.，1994）。这就是西方文本阅读不同派别分歧的焦点。

（二）当前文本阅读信息加工不同派别论争的三个要点

由于不同的理论流派对文本阅读信息加工过程本质的看法有根本性的分歧，因此引发了相关重大问题的激烈论争。

1. 阅读过程进行推理的性质——自动推理与策略推理之争

阅读过程中读者需要进行何种推理，最低限度假设和建构主义理论持不同意见。最低限度假设理论认为推理可能是自动进行的也可能是策略进行的，在自然阅读缺乏专门的、目标—指向的策略加工条件下，阅读中只有最低限度的自动加工推理，没有策略推理。下面这些是自动推理：第一，依靠快速获得的和容易获得的信息的推理。所谓容易获得的信息是指处于工作记忆里的信息和在长时记忆里高度活跃的信息。第二，建立当前课文的局部连贯表征的推理，这些推理包括代名词指代和因果关系推理等，自动推理发生时涉及的课文部分同时处于工作记忆之中。读者只会自动建构那些为局部连贯（最典型的是句与句之间）所必需的推理，以及基于众所周知的世界知识基础上的语义水平的推理（如"这位女孩"和"她"之间的关系）和所依赖的信息可容易且很快地从记忆中获得的推理。只有当明确的工作记忆信息和一般知识都不能建立课文的局部连贯表征时，读者才会用策略推理来建立局部连贯，他们不自动进行整体推理；或者在非常特殊的环境下，如有特定的目标取向策略，读者才会进行策略性的推理如精加工推理和整体连贯推理（McKoon and Ratcliff, 1992）。

在最低限度假设理论基础上发展起来的记忆基础文本加工理论，扩展了最低限度假设理论观点，认为即使局部连贯没有中断，读者也会进行推理；他们承认读者会形成整体连贯，会即时产生很多推理，甚至包括精加工推理，但他们认为绝大部分推理都是通过自动激活就可以完成的（Myers and O'Brien, 1998）。这与建构主义理论的主动建构观有本质的差别。

与最低限度观与记忆基础文本加工观不同，建构主义理论认为读者理解文本的过程是一个积极的、富有建设性的过程，是一个目标驱动过程，在这个过程中读者会努力地实现局部连贯和整体连贯，读者会有解释课文的普遍动机，他们试图解释课文中提到的行为、事件和状态，因此，建构主义相信在阅读中会产生大量的自动推理，为了维持整体连贯与建立情境模型，也会产生策略推理，建构主义理论把阅读看成基本的目标—指向和高策略加工。例如，对句子"三只乌龟在一块漂浮的原木上，一条鱼在它们下面游"的表征，建构主义认为应该包括鱼在原木下游的推理，这个推理是自动进行的；而最低限度假设认为这个推理不会自动进行，因为它对获得局部连贯不是必需的，鱼在原木下游的信息也不是一般知识。建构主义理论认为读者会编码三个系列的推理：（a）说明读者的理解目的的推理；（b）解释事件、行为和状态发生的原因的推理；（c）构建情境模型的局部连贯和整体连贯的推理。根据建构主义理论的观点，读者试图解释文章中的情节发生的原因，以及作者提及特定信息的原因（Graesser, Lang, Roberts, 1991；Graesser, et al., 1994）。

总体来看，当前国际心理学界关于阅读推理的观点实质上可以分为两大阵营，最低限度假设理论与记忆基础文本加工理论在阅读推理方面基本观点是一致的，可以称之为"自动推理观"或"被动推理观"，它们强调阅读是一种被动的加工过程，注重自动的、被动的推理，认为只有自动激活的连贯推理才可能在阅读过程中产生；对于精加工推理，该派别认为，只有在阅读时产生推理的支持信息是很快速可利用的情况下才会自动生成。而建构主义理论关于阅读推理的观点可以称为"主动推理观"或"策略推理观"，它虽然也承认自动化连贯推理，但是其强调的是主动的、策略的推理，认为读者在阅读过程中能即时地积极地建构维持整体连贯的推理与精加工推理。

2. 阅读过程建立文本连贯表征的水平——局部连贯与整体连贯之争

尽管最低限度假设与建构主义理论对阅读中进行的自动推理的看法不同，但这两个理论都同意在阅读过程中读者对文本的理解需要连贯的文本信息的支持，然而，在阅读过程中文本连贯表征的水平上，两者又产生了分歧。根据最低限度假设理论，文本只要维持局部连贯，读者就会继续阅读下去，而不管整体信息是否连贯，读者头脑中保持的是文本局部水平的表征。只有局部连贯中断，读者才会进行推理，才会在有必要情况下通达文本先前的信息。根据建构主义理论，读者在阅读过程把文本的大部分内容整合成一个连贯的整体，读者既需要维持局部连贯信息的支持，又需要维持整体连贯的支持，即使在局部连贯不中断的情况下，读者也会自动使用整体推理监控文本先前的和当前的信息，特别是文本因果链上信息，读者头脑中保持的既有文本局部水平的表征也有文本整体水平的表征。

在文本连贯表征水平上，建构主义理论与最低限度假设产生分歧，但与记忆基础的文本加工观达成了一致。记忆基础的文本加工观认为对每一个新的语言信息的理解是根据由记忆中唤起的信息而进行的。读者在阅读过程中不仅建立局部水平上连贯的表征，而且还在整体水平上建构连贯的表征，即情境模型。然而，在建构整体水平的表征，阅读过程中整体连贯获得的机制上，记忆基础的文本加工观又与建构主义理论产生了较大的分歧。

3. 阅读过程实现文本整体连贯的机制——自动激活与策略激活之争

建构主义理论认为阅读是一个积极的、策略加工过程，读者会对课文中发生的事件、主人公的行为和状态进行解释，通过问题解决过程通达整体信息，以获得连贯的心理表征。那就是说，读者持续搜寻局部信息和整体信息，为当前阅读的行为或事件提供充足的理由。即使在局部连贯不中断的情况下，这种为整体解释所作的搜寻也会发生，如果局部连贯或整体连贯中断，需要恢复背景信息，这种恢复必须是由建构完整的故事因果结构表征的需要而驱动的问题解决过程

198

（Graesser，1994）。而记忆基础的文本加工观认为阅读是一个消极的、非策略加工过程，课文局部连贯和整体连贯的保持，不需要读者有意识地搜寻与当前所读课文有关的信息（Myers et al.，1998），即使在局部连贯性不中断的情况下，通过信息的消极共振，读者也会通达整体信息，如果局部连贯或整体连贯中断，读者会对课文先前的信息进行恢复，这种恢复必须是自动激活的。这样建构主义理论与记忆基础的文本加工观在整体连贯获得的机制上产生了重要的分歧，简言之，前者认为阅读中整体连贯的获得是通过读者有意识的意义搜寻，策略地激活信息而实现的，后者认为整体连贯的获得是通过信息的自动激活产生共振实现的。

这个论争要点，可以展开为三个核心问题：关于信息整合研究争议的第一核心问题，即阅读过程中读者是否会即时地激活已进入长时记忆的文本信息并与当前阅读的信息进行整合，最低限度假设认为只要读者能保持局部连贯，就不需要即时激活已进入长时记忆的文本信息，而建构主义理论和记忆基础文本加工理论都认为阅读过程中即使读者能够维持局部连贯，他们也会即时地激活已经进入长时记忆的文本信息以维持整体连贯。关于信息整合研究争议围绕的第二个核心问题，即长时记忆中的信息是怎样激活的，建构主义理论认为整个文本阅读过程都是主动性的、策略性的，因此信息激活也是主动的、策略性的，但记忆基础文本加工理论认为文本阅读中的信息激活是通过共振的方式进行的，是自动的、快速的、非策略的。关于信息整合研究争议围绕的第三个核心问题，即文本阅读过程中长时记忆中的哪些信息会得到激活，建构主义理论认为阅读过程中读者会不断地对主人公的信息进行即时的更新，所以在当前阅读中只有长时记忆中的更新后的信息才会激活，但记忆基础文本加工理论认为由于共振过程是非策略的、自动化的，因此长时记忆中的所有相关信息都会得到激活，也就是说，不管更新前的信息，还是更新后的信息都会得到激活。

三、基于学习双机制理论的文本阅读双加工理论的提出与基本观点

最低限度假设与记忆基础文本加工理论都是建立在系统的实验研究基础上，而建构主义理论的观点也有大量的实验证据支撑，尽管双方都努力指责对方的实验结果是人为造成的，但实际上都无法真正否定对方的实验证据。正是由于双方的理论都是建立在大量的系统的实验研究的基础上；正是由于双方都无法否认对方的实验证据，而只能将对方的实验看成不恰当的情境，而不是不存在的情境；这启示文本阅读加工过程的研究者们，有必要在更高层面寻找到一种整合的理论。

199

文本阅读是人类重要的学习活动之一，对学习实质的整体把握，无疑会对理解文本阅读的实质有重要的方法论意义。

学习双机制理论对人的经验获得的学习过程做出的科学解释，对于我们理解文本阅读这个具体的学习活动的本质具有重要的指导意义。学习双机制理论认为，个体知识经验的学习可以分为联结性学习与运算性学习两种类型，不同类型学习的进行过程、特点与规律有很大的不同，在实际的学习活动中，有的经验学习主要是联结性学习，有的经验学习是运算性学习，但是对于很多的经验学习尤其是复杂的经验学习来说，常常随着学习情境条件的变化，会交替出现联结性学习与运算性学习。

根据学习双机制理论这个基本思路，认真分析建构主义理论、最低限度假设理论和记忆基础文本加工理论等不同派别的实验研究，不同派别的研究者在实验研究中所使用的实验材料、研究范式、情境设置都有很大的不同，学习条件上这些差异，可能就会造成读者在阅读过程采用不同机制的学习方式。例如，建构主义理论研究者就认为，对立派别许多实验由于实验设计和任务的局限，使在那些实验中的被试没有必要发挥他们的积极性来对文本进行深层加工，也不需要他们使用整体的加工策略，因此只能表现出读者在阅读中只作消极被动的反应。这样，实际上等于承认，在记忆基础文本加工理论的研究者设置的实验情境或条件下，读者会表现出消极被动的阅读加工过程。而最低限度假设理论与记忆基础文本加工理论对建构主义实验证据的指责也是如此。

根据这个分析，我们设想，文本阅读的信息加工过程，实质上也是联结性学习与运算性学习交织的过程，在一定条件下，人们可能会采用联结性学习机制进行文本阅读加工，此时的阅读过程主要表现出联结性学习的特点；而在另外一些条件下，人们可能会运用运算性学习机制进行类别学习，此时的阅读过程就会主要表现出运算性学习的特点。因此，在不同条件下的文本阅读就会有不同性质的信息加工过程，表现出不同的特点与规律。由于不同派别在实验研究中阅读材料不同，研究范式与条件不同，被试很可能会运用不同的学习机制进行阅读，从而形成了不同的研究结果。据此，我们基于学习双机制理论的基本思路提出了"文本阅读双加工理论"，将文本阅读过程看成是一个根据条件不同而交替进行连贯阅读与焦点阅读的过程。力图对文本阅读的主要争议进行整合。这就是文本阅读双加工理论的产生背景。

下面准备从三个方面阐述基于学习双机制理论形成的阅读双加工理论的基本观点。

（一）文本阅读双加工理论关于自然阅读加工过程本质的观点

文本阅读双加工理论最核心的观点是认为，自然阅读过程是连贯阅读与焦点阅读的双加工过程。

自然阅读是主动的、积极的、目标策略驱动的过程，还是被动的、消极的、自动的过程，这是当前国际心理学界不同阅读加工理论派别分歧的焦点或争论的核心问题。文本阅读双加工理论关于文本阅读信息加工过程的本质的基本观点是，文本的自然阅读过程是连贯阅读与焦点阅读的双加工过程。

在自然阅读过程中，进行何种阅读加工，主要是由阅读材料的特点（包括形式特点或信息特点）引起的。读者所阅读的材料特点不同，引发的阅读信息加工活动也不同，读者会根据阅读文本的内容与形式的性质特点，交替发生不同的加工活动。也就是说，读者在阅读中进行何种信息加工活动取决于阅读材料的性质特点，不同的阅读材料可能会导致不同的加工活动。在文本阅读中可以有类似最低限度假设与记忆基础文本加工理论提出的维持局部连贯的加工活动与通过共振激活长时记忆的信息并进行整合这样的加工活动，也可以有建构主义提出的与目标行为有关而产生的目标整合的加工活动，或者围绕主人公进行的追随建构的加工活动。前一种加工是被动的、消极的，其目的在于维持阅读信息的连贯性，称为"连贯阅读加工"；后一种加工是一个主动的、积极的建构过程，充分体现出阅读过程的主体性与策略性，称为"焦点阅读加工"。

第一种是连贯阅读加工。在自然阅读过程中，由于没有特定的阅读任务与要求，因此，读者如果进入的文本信息是没有引发焦点的信息，或者是与焦点无关的信息，读者进行的就是连贯阅读加工活动，其主要功能是维持文本语义的局部连贯或整体连贯。最低限度假设与记忆基础文本加工理论实际上主要关注的是连贯性阅读加工的性质与特点。

连贯阅读信息加工活动主要包括两个方面：第一方面，读者要使新进入的信息与保持在工作记忆中的文本信息发生联系，维持连贯性（局部连贯），只要新信息与保存在工作记忆中的信息维持局部连贯，阅读就不会中断；但是，如果新信息需要与先前信息发生专门的加工整合才能维持局部连贯（如当前信息中有代词等），此时，读者必须即时地进行推理以维持局部连贯。这就是莫库恩与拉特克利夫（Mckoon and Ratcliff）等人关于最低限度假设的实验所得出的结果与结论。第二方面，随着当前阅读的新信息的进入，该信息所蕴含的概念和命题以及存在于工作记忆中的信息都自动向长时记忆发送信号，背景信息则依据与这些信号的匹配程度快速地得到不同程度的重新激活，这样，读者不仅要将当前进入的新信息与工作记忆中保持的文本信息进行整合，维持局部连贯性，而且要对通过"共振"的方式激活的、已经进入了长时记忆的背景信息进行扫描，维持整体连贯性。如果这些激活的信息与当前信息吻合，那么就不用进行整合；但如果所激活的背景信息与当前信息有局部不吻合，读者就会进行整合。这就是奥布莱恩（O'Brien）等人关于基于记忆的文本加工理论的实验结果与结论。总的来看，连贯性阅读是自动化的、无意识的，但是，一旦文本出现矛盾，或者读者发生理解困难，都会使连贯中断，此时，读者就会有意识地激活相应的背景信息进行整合，力图消除矛盾，维持连贯性。

第二种是焦点阅读加工。在自然阅读过程中，尽管没有特定的阅读任务与要求，但是，由于阅读材料的内容或形式方面的某些性质或特点，就可能引发读者的专门关注，形成阅读焦点，例如，文本中的目标系列的信息、因果系列的信息都可能会自动引发阅读焦点，阅读焦点一旦形成，就会引发读者随后的阅读过程成为焦点加工过程。焦点阅读使读者能把握阅读文本的基本要旨，形成文本的局部或整体的关系逻辑连贯，丰富文本的有关内容。建构主义理论实际上主要关注的是焦点阅读加工的性质与特点。

焦点阅读过程中读者的信息加工活动主要也包括两个方面：第一方面，当所形成的焦点保持在工作记忆的时候，称为显性焦点，它会促使读者不断对随后的相关信息进行建构，即促进阅读过程中追随性建构的产生，这就是 Bower 等人关于更新追随假设的实验研究所得出的结果与结论。第二方面，如果该焦点及相关信息进入了长时记忆，则称为隐性焦点。隐性焦点会继续监控新进入的信息，一旦启动目标的信息出现，就会激活已经进入长时记忆中的焦点信息，然后进行整合。这也与建构主义研究者关于目标整合的研究结果与结论相符合，理查和森格（Richards and Singer，2001）的研究所提出的目标启动句对背景目标信息的激活与整合，就是隐性焦点监控下进行的信息加工活动。

文本阅读双加工理论提出了文本阅读过程是连贯阅读与焦点阅读交织的双加工过程，那么，必须说明的问题是，在实际的阅读活动中，这两种过程是如何发生，又如何交织的呢？换言之，在实际阅读活动中，连贯阅读与焦点阅读是如何进行的？

毫无疑问，任务条件下的阅读主要是焦点阅读。在具有明确要求或阅读任务的情况下，这种任务或要求就会成为阅读焦点，读者会围绕这个焦点进行阅读。然而，文本阅读信息加工理论探讨的是自然阅读的信息加工过程，在没有明确的任务或要求的情况下，读者进行何种阅读加工，主要是由所阅读的文本的性质或特点引发的。

在自然阅读过程中，读者默认的是连贯阅读，因为，连贯阅读需要读者投入的注意与认知资源比较少，自然阅读中这种连贯阅读的默认，是认知经济性原则在文本阅读中的体现。随着阅读的进行，文本的内容或形式如果出现某些性质或特点，就可能引发读者转入焦点阅读的方式，总的来说，文本的结构化程度越高、内容越紧凑、越能引起读者的注意或兴趣，就越可能引发读者的焦点阅读。

具体来说，下面几种情况往往会引发读者的焦点阅读。

第一种，文本阅读内容能引发读者疑问与探究，或者文本内容与读者个人世界知识有联系引起读者的兴趣，或者文本内容引起读者强烈的情感倾向，等等，读者就可能由连贯阅读转入焦点阅读。

第二种，高结构化的阅读材料特定的组织形式可能会引发读者的焦点阅读。建构主义理论学者们提出那样，由于文本前后文是按照一定关系组织起来，称为"垂直关系"，"垂直关系"的种类多种多样，例如文本中有的句子对其后的几个句子有管辖的关系（如说明文中的主题句）；有的文本前后是目标—行为的关系，有的文本是"前因—后果"关系，有的文本前后文是"总—分"关系，有的文本是"观点—例证"关系，等等（Kintsch and van Dijk，1978；van Dijk and Kintsch，1983），如果文本的结构清晰，读者在阅读过程体会到文本的垂直关系，就可能引发焦点阅读。

第三种，阅读材料表述形式可能会引发读者的焦点阅读。例如，有的文本起首总括性的句子，行文中为了引起读者重视的设问句子，有特殊标记的词句，等等，也有可能会引发读者的焦点阅读。

第四种，有的文本体裁容易引发读者的焦点阅读。如脚本文本比起叙事文本更容易引发读者的焦点阅读，因为，在脚本文本中，往往结构化程度高，语境程度高，内容集中紧凑，引起读者注意。

除了上述四种情况之外，还会有哪些情况容易引发读者焦点阅读，可以继续进行探讨。而一旦焦点阅读引发后，也会随着上面情况的弱化，或者文本出现与焦点无关的句子，等等，读者就可能又恢复连贯阅读。一般来说，在实际进行的自然阅读中，纯粹的连贯阅读或纯粹的焦点阅读是很少的；在大多数情况下，读者可能以连贯阅读为主，但是会间或引发焦点阅读；也可能是以焦点阅读为主，间或引发连贯阅读。这种双加工过程的交织，本身也就是认知经济性原则的体现。

（二）文本阅读双加工理论关于阅读推理的观点

阅读过程中的推理是被动地、自动地引发，还是主动地、策略地引发，这是当前文本阅读过程理论派别论争的第一个要点。文本阅读双加工理论在全面总结分析上述两大派别关于阅读推理的观点与实验研究的基础上，根据对阅读信息加工过程本质的基本看法，从新的角度提出了关于阅读推理的观点。

第一，阅读推理的产生源于阅读过程的需要，因此不同的阅读过程会倾向引发不同的推理。

文本阅读双加工理论认为，阅读过程是连贯阅读与焦点阅读交织进行的过程，不同的阅读过程中，读者的主要目的不同，不同的阅读目的会产生不同的阅读需要，因此，不同的阅读过程会倾向引发不同的推理。

在连贯阅读过程中，读者主要目的是维持文本的语义连贯，建立文本课文基础表征，因此，由维持文本连贯的需要而引发的主要是两类推理：第一，自动的局部语义连贯推理。如果他们读到的句子不能与文本中最接近的语境毫无困难地联系起来，他们就会在他们的记忆中搜索一个合适的先前语境或构建一种推理来连接"缺口"（Bloom，Fletcher，van den Broek，Reitz，Shapiro，1990），即由于局部连贯的中断自动引发维持局部连贯的推理；第二，自动的整体语义连贯推理。如果读者当前阅读的文本句子不能与共振激活的文本背景信息或语境毫无困难地联系起来，他们就会继续搜索一个合适的先前语境或构建一种推理来连接"缺口"，即由于自动激活的背景文本信息与当前信息出现缺口而自动引发的维持文本整体前后语义连贯的推理。

而在焦点阅读过程中，读者不仅要维持文本的语义连贯，更重要的是要深入把握文本逻辑联系、对文本进行解释，等等，不仅会自动地进行上述两种自动推理，更重要的要主动地进行建构性、解释性的两类推理：一是实现对局部或整体逻辑联系的目的而主动引发的推理，包括为了实现文本前后逻辑连贯而主动恢复或激活与当前文本信息构成逻辑联系的背景信息与世界知识，进行逻辑连贯推理。如长距离的目标推理，长短距离的因果推理等，目的在于建立文本局部的或整体的逻辑联系；二是实现深入的理解或解释目的的丰富化推理，包括解释事件、行为的精加工和预测事件结果的预期推理。

第二，阅读推理的产生受推理代价的影响，因此在实际阅读中，阅读推理的产生既受阅读过程的性质的影响，又受推理代价的制约。

前面关于西方不同阅读派别的阅读推理观点的介绍中可以看到，尽管最低限度假设理论与记忆基础文本加工理论强调的是自动化的、非策略的连贯推理，但是鉴于实验证据，它们也在一定程度上承认精加工推理，只不过强调这种推理只是在强语境条件下非常自动化的情况下才会产生；而建构主义理论尽管明确主张读者会由于理解、解释文本的需要会主动地、策略地即时产生精加工推理，建构情境模型，但是，该理论也没有强调这种推理会必然产生，尤其是对预期推理，更是持慎重态度。应该如何看待这个问题，文本阅读双加工理论根据认知经济性提出了"推理代价"观点，结合阅读双加工过程的观点，对这个问题提出了新见解。

文本阅读双加工理论认为，阅读过程是否会即时进行推理，既受阅读过程的性质的影响，又遵循着"以低代价换取大的收益"的"推理代价"原则，这样，推理的发生就会有四种情况：第一种，作为文本阅读理解的底线的必须进行的推理。对于这种推理，读者会即时引发；即使进行这种推理需要付出较多的认知资源（较大代价），读者也会引发这种推理。第二种，不是必须的、但不需要付出代价（如自动通达）就可以发生并有一定受益的推理，读者也会即时引发；第三种，不是必须的、需要付出一定代价（如主动引发）可以换来较大的得益（如对文本更为深刻丰富的理解）的情况下，读者也会即时进行这些推理；第四种，不是必须的、需要付出较大的资源推理，如果收益一般，读者就不会即时引发，只有受益很大、有足够的吸引力的情况下，读者才会进行这种推理。

文本阅读双加工理论认为，第一种情况，属于维持文本语义连贯的推理，是必须进行的推理，因为，维持文本的语义连贯，建立文本语义连贯表征，这是自然阅读过程读者必须进行的工作，可以称为阅读理解的"底线"，因此，当阅读过程语义连贯出现"缺口"时，读者必然即时引发这类推理。而第二、第三、第四种情况所涉及的推理，属于对文本进行解释、加深文本理解的精加工推理或者整体连贯逻辑推理，在自然阅读过程并非必须进行，这样就会出现付出与收益的权衡。当付出成本比较低的情况下，或者是读者在阅读过程中产生需要非常强烈的情况下，这类推理才会即时进行。

据此，文本阅读双加工理论认为，尽管在连贯阅读过程一般只发生必要推理，即维持当前阅读信息与局部语境或整体语境的语义连贯性所必须进行的推理，但是，在强语境并且通达相当容易的条件下，也会自动地发生精加工推理，因为，此时的精加工推理，既有一定的必要性（强语境外力推动），又不需要耗费资源（非常容易发生），也就是说，推理的代价非常小。在这种情况下，连贯阅读出现了非连贯需要的精加工推理。而当读者进行焦点阅读时，产生了解释文本或把握文本的需要，读者会主动地引发精加工推理与整体连贯推理，然而，尽管在这种情况下精加工推理的引发是出自读者焦点阅读过程的需要，但是，毕竟此时进行的是非任务的自然阅读，主体在焦点阅读中产生的解释、理解的需要的力度还是有限的，尤其在焦点不突出的情况下更是如此，这样，当推理耗费的资源太多，代价太大，而受益不大的情况下，读者也不会即时进行这种精加工推理。

以往的研究实际上已经获得了不少证明这种"认知代价"推理观的证据，只不过尚未被研究者注意并进行理论提升而已。首先，对说明文因果推理的初步研究结果明确表明，在自然阅读的情况下，当需要付出的认知资源增大的情况下，局部连贯的因果推理也不一定会即时进行。其次，对于预期推理，建构主义理论代表人物就明确认为，一般阅读条件中，预期推理不可能即时产生，因为预期推理不是建立课文整体连贯所必需的，或是解释课文中提及的行为、事件和情形发生的原因所必需的（Graesser, Singer and Trabasso, 1994）。最低限度假设理论与记忆基础文本加工理论根据研究结果也承认，读者在"推理信息可以很容易获得"的情况下可以自动化地进行整体连贯推理与精加工推理，以丰富或加深对文本的理解。也就是说，在付出资源很小的情况下，读者也会进行自动化的整体连贯推理与精加工推理。

（三）文本阅读双加工理论关于阅读过程文本表征建立的观点

前面讲到，西方不同阅读派别有三个论争要点，这三个论争要点可以进一步归结为四大争论问题：第一，自动引发必要推理还是主动进行策略推理；第二，被动建构文本局部语义连贯表征还是主动建构文本局部意义连贯表征；第三，基于"共振"被动激活背景信息还是基于策略主动激活背景信息；第四，被动地建立文本整体语义连贯表征还是主动地建构文本整体意义连贯表征。文本阅读双加工理论关于第一个争论问题即阅读推理的性质问题的基本观点，前面已经进行了阐述，下面准备阐述文本阅读双加工理论关于阅读过程文本表征建立的观点，实际上是融合了后面三个争论问题的整体看法。对于这个问题，我们从三个方面进行阐述。

1. 阅读过程建立的情境模型类型分析

肯希（Kintsch）提出的文本表征结构理论，把文本表征依次划分为字词水平的表层编码（Surface Code），语义水平的课文基础表征（Textbase）和语篇水平的情境模型（Situational Model）。其中，情境模型是文章的明确陈述与背景知识相互作用而建立关于文章内容的微观世界。情境模型的建构是成功阅读理解的关键与标志（Kintsch，1988）。文本阅读双加工理论认为，读者根据不同目的进行的推理整合，会建构不同类型的情境模型。

首先，按照情境模型涉及文本的范围或跨度来分，可以分为局部情境模型与整体情境模型，前者涉及的是维持在工作记忆的文本信息建构的情境水平的文本表征，后者涉及当前的文本信息与已经进入长时记忆的文本信息，是远跨度的文本表征。

其次，按照情境模型内容的性质分，可以分为语义连贯情境模型与意义连贯情境模型。前者是通过结合世界知识进行推理整合而建立的文本语义之间连贯吻合的表征，后者是通过结合世界知识进行推理整合而建立的关于文本信息之间各种关系的表征，或者丰富化文本重要信息的表征。

上面两个维度结合，形成四种类型的情境模型：局部语义连贯情境模型，整体语义连贯情境模型，局部意义连贯情境模型，整体意义连贯情境模型。

文本阅读双加工理论认为，不同的阅读过程，不同目的而引发的不同的推理整合，会建构不同类型的情境模型。通常，阅读过程的局部语义连贯推理（即文本局部的必要推理）建构的是局部语义连贯情境模型；阅读过程的整体语义连贯推理（即文本整体的必要推理）建构的是整体语义连贯情境模型；阅读过程局部精加工推理（即文本局部的基于知识的推理）建构的是局部意义连贯情境模型；阅读过程整体意义连贯推理（即文本整体的必要推理）建构的是整体意义连贯情境模型。

下面举例说明这四种情境模型的性质及其建立条件。

第一是局部语义连贯情境模型。例如，文本中有一段话："李明非常生气地将吴杰拉到门外，外面不少人在看热闹，李明朝着吴杰那张瘦长的脸狠狠地打了一个耳光。"读者阅读这段话的时候，语义是连贯的，因此，不需要引发推理。然而，如果这段话是这样表述："李明非常生气地将吴杰拉到门外，外面不少人在看热闹，他朝着那张瘦长的脸狠狠地打了一个耳光。"这样，文本的具体表述中就有了两个缺口，一个是"他"，需要进行代词推理，得出"他"是指"李明"；另一个是"那张瘦长的脸"，需要进行指代推理，得出是"吴杰瘦长的脸"；这两个推理都要结合前面的语境以及读者的世界知识，推理的结果是使在工作记忆中的文本信息的语义联结起来，弥补了缺口。这种推理就是实现语义连贯的必要推理，也称语义连贯推理，所建构的情境模型就是文本语义连贯情境模型。由于所建立的是处在工作记忆的文本信息的语义连贯，因此称为文本局部语义连贯情境模型。

第二是整体语义连贯情境模型。以奥布莱恩等人（1998）的研究材料为例："今天玛丽约了一个朋友吃午饭。她很早就来到餐馆。玛丽选好位置之后便坐下来开始看菜谱。玛丽耐心地等待朋友的到来。她想起她原来很喜欢这家餐馆，她过去有一段时间一直吃素食，那时她最喜欢吃椰菜花，从不吃任何用动物脂肪煎炸的食品。而现在玛丽已经不是这样了。大约 10 分钟后玛丽的朋友来了，她们俩已有几个月没见过面。她们聊了各种各样的话题，谈了大约半个多钟。后来玛丽打了个手势让餐馆侍者过来。玛丽再一次看看菜谱，她很难决定自己吃什么。玛丽点了一份面包与炸鸡块（目标句）。她把菜谱递给了朋友。玛丽的朋友很随意地点了两个自己喜欢的菜。然后她们又聊开了。她俩很惊奇居然有聊不完的话题。"当读者阅读到上面的材料的目标句"玛丽点了一份面包与炸鸡块"时，目标句与当前工作记忆的文本句子是连贯的，不会引发局部语义连贯推理，但是，同时读者会自动地通过共振激活了恢复一致版本的信息"她过去有一段时间一直吃素食"，这个信息与目标句的语义就出现不吻合，此时引发了读者语义愈合推理，读者会进一步激活恢复一致版本的另外的信息"而现在玛丽已经不是这样了"，以及有关的世界知识进行推理整合，形成了"玛丽原来有一段时间一直吃素食，但是现在玛丽已经改变了，不再只吃素食了，现在玛丽点了一份面包与炸鸡块。"这样的语义表征，这个经过文本整体语义愈合推理（维持语义连贯的必要推理）建构的文本表征，维持了当前工作记忆的文本信息与激活的已经进入了长时记忆的文本信息的语义连贯性，属于语义连贯情境模型。由于所建立的是处在工作记忆的文本信息与已经进入长时记忆的文本背景信息的语义连贯，因此称为文本整体语义连贯情境模型。

第三是局部意义连贯情境模型。例如，文本中有一段话："李明故意将吴杰从 20 层高楼推下来。三个月后，广州市中级人民法院判处李明死刑。"读者阅读这段话时，会引发两种推理，第一是信息丰富化的精加工推理，推论出"吴杰摔死了"；第二是因果关系的精加工推理，推论出"李明因为故意伤害罪，因此被判处死刑"；这两个推理都要结合前面的语境以及读者的世界知识（如法律规定故意杀人要偿命），推理的结果是使在工作记忆中的文本信息的关系建立起来，并补充了文本的重要信息。这种推理就是建构文本关系的精加工推理（或称为基于知识的推理），所建构的情境模型就是文本意义连贯情境模型。由于所建立的是处在工作记忆的文本信息的意义连贯，因此称为文本局部意义连贯情境模型。

第四是整体意义连贯情境模型。将前面关于局部意义连贯情境模型的文本修改为如下的版本："……李明故意将吴杰从 20 层高楼推下来摔死了。李明自小在北方居住，一直跟祖父祖母一起生活，祖父祖母是老实的农民，几十年从来没有与邻居乡亲红过脸。记得有一年冬天，他们见到饥寒交迫的讨饭小孩昏倒在路旁，就将孩子扶到家中，让他吃饱后，还送他一件旧棉衣。现在，祖父祖母让李明的事情惊呆了，广州市中级人民法院判处了李明死刑。"读者阅读"祖父祖母让李明的事情惊呆了，广州市中级人民法院判处了李明死刑"这段话时，会激活已经进入了长时记忆的背景信息"李明故意将吴杰从 20 层高楼推下来摔死"，此时会引发远因果关系的精加工推理，推论出"李明因为故意伤害罪，因此被判处死刑"。这个推理要结合文本的当前信息、背景信息以及读者的世界知识（如法律规定故意杀人要偿命）进行整合，建构了当前工作记忆的文本信息与激活的已经进入了长时记忆的文本信息的因果关系或意义连贯，称为语义连贯情境模型。由于所建立的是处在工作记忆的文本信息与已经进入长时记忆的文本背景信息的语义连贯，因此称为文本整体语义连贯情境模型。

以上是文本阅读双加工理论对阅读过程不同的推理所建构的情境模型类型进行的分析，这个关键问题明确之后，下面可以进一步阐述连贯阅读过程与文本表征的建立问题，以及焦点阅读过程与文本表征的建构问题。

2. 连贯阅读过程与文本表征的建立

文本阅读双加工理论认为，连贯阅读过程主要任务是形成文本连贯表征，连贯表征从范围来看，可以分为局部连贯表征与整体连贯表征，局部连贯表征从层次上可以分为课文表征水平与情境模型水平，称为局部连贯的课文基础表征与局部连贯的情境模型表征，而整体连贯表征就是情境模型水平的。

在连贯阅读过程中，根据文本新旧信息的局部连贯状况，连贯阅读会出现三种状态或出现三个层次的连贯阅读：第一种状态是流畅状态，称为流畅的连贯阅读。当新进入的文本信息与工作记忆的文本语境完全吻合情况下，读者进行的就是流畅性连贯阅读，流畅性连贯阅读即时建立的局部连贯表征是课文基础表征。第二种状态是自动整合状态，也叫做协调性整合状态，称为协调性整合的连贯阅读。当新句子进入之后，与保存在工作记忆中的几个句子之间的语义连贯出现缺口或裂缝，读者就会自动地即时发生维持局部连贯的语义整合，称为"协调性整合"。协调性整合分为两种：一种是通过局部连贯推理进行语义整合，维持语义连贯性，如代词推理、回指词推理等，这种通过局部连贯推理实现的局部连贯的整合，各派理论研究都已经达成共识，一致认可；另外一种是对意义不完全吻合的若干句子（如奥布莱恩材料）之间意义进行"局部愈合推理"而实现的局部连贯整合，这种整合是以往没有明确研究过的，是文本阅读双加工理论需要通过系统的实验进行验证的一种整合。第三种状态是意识性整合状态，称为意识性整合的连贯阅读。一旦新进入的文本句子与保留在工作记忆的若干句子语义出现严重的不一致，读者经过短暂的协调性整合无法实现连贯，此时就会有意识地激活相应的背景信息或世界知识进行整合，力图消除不一致，维持连贯性。

连贯阅读过程中整体连贯表征的建立也基本如此。根据文本新旧信息的整体连贯的状况，连贯阅读同样会出现三种状态：当新进入的文本信息与通过共振激活相关的背景信息完全吻合情况下，读者进行的就是流畅性连贯阅读，建立整体连贯的文本表征。当新进入的文本信息与通过共振激活相关的背景信息语义连贯出现缺口或裂缝时，读者就会自动地即时发生语义整合，即进入协调性整合状态。例如奥布莱恩等人（1998）对当前句子与所激活的意义不完全吻合的背景信息句子之间意义进行的整合。通过这种文本长距离信息的协调性整合，读者建立了文本的整体语义连贯表征。需要强调的是，这种长距离的信息协调整合，也是自动性，因为文本新旧信息之间的缺口或裂缝比较小，读者完全可以在很短时间自动完成整合。而一旦新进入的文本句子与保留在工作记忆的若干句子语义出现严重的不一致，读者无法经过短暂的协调性整合实现连贯，就会进入意识性连贯阅读的状态，有意识地激活相应的背景信息或世界知识进行整合，力图消除不一致，维持连贯性。

3. 焦点阅读过程与文本表征的建立

文本阅读双加工理论认为，焦点阅读是建构性阅读，主要任务是建构体现文本各种关系、深化文本内容的表征，称之为意义连贯表征，这类文本表征都是情境模型水平的表征；从范围来看，可以分为文本局部意义连贯情景模型与文本整体意义连贯情境模型；从性质来看，可以分为连续渐进的情境模型与纵向跨越的情境模型。

根据文本焦点的监控方式，焦点阅读也分为两种：第一种是阅读焦点维持在工作记忆中，由这种显性焦点控制下所进行的阅读，称为追随性建构阅读，追随性建构阅读过程建构的是连续渐进的情境模型；另一种是阅读焦点已经推进了长时记忆中，由这种隐性焦点监控下所进行的阅读，称为恢复性建构阅读，恢复性建构阅读过程建构的是纵向跨越的情境模型。

当文本信息成为读者阅读的焦点，如果该焦点信息维持在工作记忆中，成为显性焦点，它引起读者对后续相关信息的意义的期待和关注，随后的阅读不仅是维持文本的连贯，更主要是围绕这个焦点有目的地将随后进入的文本信息进行组织，并根据需要进行精加工推理等，解释课文中提到的行为、事件和状态的原因，不断建立起文本当前信息的情境模型，又不断追随新阅读的信息对已建立的文本表征进行更新，并将更新后的模型带到下一步的阅读中去，维持一个连续渐进不断更新的情境模型或网络表征。这种连续渐进的情境模型，每个片段或界面，就是体现了文本局部意义连贯的情境模型；从整个系列来看，就是体现了文本整体意义连贯的情境模型。

在文本阅读过程中，如果文本内容发生变化，新的文本信息取代原来的焦点成为当前的显性焦点，原来的焦点信息被推进长时记忆成为隐性焦点，隐性焦点会继续监控着新进入的信息，并保持易化状态，一旦文本出现与该隐性焦点相关的信息，就会立即激活恢复背景的隐性焦点信息，与当前相关信息进行建构整合。这种整合是通过主动恢复长时记忆的焦点信息，同时引发各种精加工推理主要是文本关系推理，进行整体水平的建构整合，称为恢复建构整合。恢复建构整合过程建立的是纵向跨越的情境模型，也就是文本整体意义连贯的情境模型。

文本阅读过程研究自20世纪80年代以来也一直是我国心理学研究者和心理语言学研究者非常注重研究的问题，在全面系统地总结分析国际心理学界关于文本阅读信息加工过程研究的基础上，对西方三大流派阅读理论进行整合，我们提出了关于文本阅读双加工理论的基本设想，追踪国际研究前沿，系统地展开研究，取得了一系列的重要成果。文本阅读双加工理论提出的文本的自然阅读过程是连贯阅读与焦点阅读的双加工过程的观点，不是对记忆基础文本加工理论和建构主义理论的简单相加，而是涵盖力更高、解释力更强的理论，是一个新理论。不同派别的研究者只是从各派理论出发，选取有利于验证各自理论的实验材料和范式，得出支持各自理论的数据，而文本阅读双加工理论的研究者敢于打破理论派别界限，深刻思考信息加工活动的实质和具体过程，运用不同的实验材料和范式，得出在自然阅读过程中，读者进行何种信息加工活动取决于阅读材料的性质特点，不同的阅读材料可能会导致不同的加工活动的结论，并且设计系列实验证明了在文本阅读中可以有类似最低限度假设与记忆基础文本加工理论提出的维持局部连贯的加工活动与通过共振激活长时记忆的信息并进行整合这样的加工活动——"连贯阅读加工"，也可以有建构主义提出的与目标行为有关而产生的目标整合的加工活动，或者围绕主人公进行的追随建构的加工活动——"焦点阅读加工"。因此，文本阅读双加工理论并不是简单将西方两大阅读加工理论流派的观点进行综合而成的折衷主义理论，而是有其创新的理论观点、理论框架与范畴体系的关于文本阅读信息加工的一个具有原创性的理论。

第二节　文本连贯阅读加工过程与协调性整合研究

文本阅读双加工理论将连贯阅读过程中自动地、非策略地进行的局部语义连贯整合加工与整体语义连贯整合加工统称为"协调性整合"，并进一步提出，协调性整合是连贯阅读加工的主要特点。协调性整合的概念提出后，文本阅读双加工理论的研究者围绕协调性整合进行了一系列的研究，揭示了整体的协调性整合与局部的协调性整合的性质、过程与机制，这些研究成果验证并支撑了文本阅读双加工理论的核心观点，构成了文本阅读双加工理论的主要组成部分，并进一步丰富了文本阅读双加工理论的内容，推动了文本阅读双加工理论的完善和发展。

一、文本连贯阅读协调性整合的提出

从 20 世纪 80 年代开始，文本阅读研究者特别关注文本阅读中的信息加工过程，围绕文本阅读过程中读者是否会即时地激活已进入长时记忆的文本信息并与当前阅读的信息进行整合，形成了三种最基本的理论假设，分别是建构主义理论、最低限度假设理论和记忆基础文本加工理论（Graesser et al. ，1994；Morrow et al. ，1989，1990；Mckoon & Ratcliff，1992，1998；Albrecht & O'Brien，1993；O'Brien et al. ，1998）。

20 世纪 80 年代以来，西方文本阅读研究主要围绕着上述三大理论展开，但每种理论都有自己的实验证据，所以它们之间的争议一直没有得到很好的解决。在此基础上，文本阅读双加工理论提出，文本阅读过程是连贯阅读与焦点阅读相统一的过程。最低限度假设理论与记忆基础文本加工理论主要揭示的是连贯阅读加工的性质与特点。建构主义理论主要揭示的是焦点阅读加工的性质与特点。

文本阅读双加工理论进一步提出，协调性整合是连贯阅读加工的主要特点。协调性整合有两种，一种是实现局部语义连贯的协调性整合，也称为局部协调性整合，包括以往各派研究都比较一致认可的通过局部连贯推理实现的局部连贯，也包括以往没有研究过的通过对意义不完全吻合（局部语义裂缝）的若干句子之间意义进行局部愈合推理而实现的局部语义连贯；另一种是实现整体连贯的协调性整合，即通过共振激活文本背景信息与当前意义不完全吻合（整体语义裂缝）的文本信息之间进行整合而实现的整体语义连贯（即记忆文本加工理论提出的共振激活与整合），也称为背景信息的共振整合或整体协调性整合。无论是局部协调性整合还是整体协调性整合，都是在阅读过程中为了维持文本上下文的连贯而自动地、非策略地进行的整合加工。

最低限度假设理论强调的是第一种局部语义连贯性整合，而记忆基础文本加工理论所重视的整体语义连贯性整合。文本阅读双加工理论将连贯阅读过程中这种自动地、非策略进行的局部语义连贯整合加工与整体语义连贯整合加工统称为"协调性整合"，并明确提出，协调性整合是连贯阅读加工的主要特点。协调性整合的概念提出后，文本阅读双加工理论的研究者协调性整合的性质、过程与机制进行了一系列探讨。

二、文本连贯阅读协调性整合的性质研究

协调性整合的概念提出后，文本阅读双加工理论的研究者首先对协调性整合的性质进行了一系列探讨（莫雷，王瑞明，何先友，2003；王瑞明，莫雷，李利，金花，2008）。

文本阅读双加工理论认为，协调性整合是连贯阅读加工的主要特点，并且协调性整合有两种，一种是实现局部连贯的协调性整合，也称为局部协调性整合，一种是实现整体连贯的协调性整合，也称整体协调性整合。整体协调性整合关注的是当前信息如何跟长时记忆中的文本信息进行整合，而局部协调性整合关注的则是当前信息如何跟工作记忆中的文本信息进行整合。

（一）长时记忆文本信息协调性整合的性质研究

关于当前信息是如何激活长时记忆中的文本信息并与当前信息进行整合的，记忆基础文本加工理论认为，在阅读过程中，即使局部连贯性不中断，读者长时记忆中的文本信息也会激活。当读者读到某一句子时，该句子所蕴含的概念和命

题以及存在于工作记忆中的信息都自动向长时记忆发送信号，背景信息则依据与这些信号的匹配程度而快速地得到不同程度的重新激活，读者不仅要将当前进入的文本信息与工作记忆中保持的文本信息进行整合，维持局部连贯性，而且同时通过"共振"的方式激活已经进入了长时记忆的有关文本信息进行整合，维持整体连贯性。围绕这一观点，研究者进行了一系列的研究，并获得了很多实验证据（Albrecht & O'Brien，1993；O'Brien et al.，1998）。

文本阅读双加工理论的研究者认为，记忆基础文本加工理论的研究是很有意义的，但是，在注重记忆基础文本加工理论及其研究证据的同时，必须要进一步考虑，读者通过共振激活背景信息在何种条件下要进行整合，这种整合的性质是什么，整合结果除了维持当前信息与激活的背景信息的连贯之外，是否会将所整合的信息进行建构，带到下一步的阅读中去。通过对前人研究的系统分析，文本阅读双加工理论的研究者认为，当前信息通过记忆基础文本加工理论所提出的共振方式非策略的、自动的、快速的激活先前的有关信息后，如果当前信息跟先前信息存在局部不一致或不协调，就会进一步地对前后信息全面的连贯关系进行整合以维持整体连贯，这一信息整合过程可以称之为"整体连贯协调性整合"。文本阅读双加工理论的研究者对整体协调性整合的基本设想是：协调性整合不仅维持文本的连贯，而且会使整合过程所涉及的命题结合成命题组块，从而建立其文本信息的语义连贯表征。由于整合发生前所涉及的命题是一些平行的、零散的信息，所以称之为信息点，而整合后形成的命题组块是完整的、统一的意义群，所以称之为信息块，当下一步阅读再激活这些相关信息时，它们则以信息块形式出现，新命题可以与信息块的整体信息进行整合。因此，协调性整合是一种建构性的整合，这种整合会使有关的信息表征方式得到改变，并且改变后的表征方式可以带到下一步的阅读中去。为了证明这一设想，莫雷、王瑞明和何先友（2003）设计了2个系列实验。

第一个实验首先探讨了当前信息是否能通过共振激活长时记忆中的背景信息进行协调性整合，这是验证性研究，同时也更进一步探讨了这种协调性整合是否是一个建构过程。该实验首先按照奥布莱恩（O'Brien）等人（1998）的研究设计了一致和恢复一致两种实验条件，探讨协调性整合能否发生，然后进一步探讨经过协调性整合是否会使整合所涉及的长时记忆中的有关信息建构成为组块，在下一步相应的信息再激活时，则是激活整个组块的综合信息。

根据研究设想，如果修改奥布莱恩等人的研究材料，在一致性与恢复一致条件的版本第一目标句之后再增加性质相同的第二目标句，那么，对于第一目标句，恢复一致条件下的阅读时间会显著长于一致条件下的阅读时间；然而，如果这种协调性整合的结果会使整合过程所涉及的命题（信息点）建构成命题组块（信息块），那么，在恢复一致条件下第一目标句阅读时发生的整合，就将激活的特征描述信息建构为信息块，下一步当阅读第二目标句时再激活这些信息，它们就会以信息块的形式出现，这个整体信息与第二目标句没有任何不协调，因此就不会发生协调性整合。这样，恢复一致版本第二目标句的阅读时间与一致性版本第二目标句的阅读时间就不会有显著差异。实验材料样例如表 6 − 1 所示。

表 6 − 1　　　　　长时记忆文本信息协调性整合研究的实验材料样例

介绍性段落
今天玛丽约了朋友吃午饭。/她很早就来到餐馆里等朋友。/
条件 1：一致性段落
玛丽经常来这家餐馆吃饭。/这里有她爱吃的美味食品。/玛丽从不担心自己的饮食健康。/
条件 2：恢复一致性段落
玛丽想起她过去很注意饮食健康。/相当一段时间她只吃素食。/但现在玛丽几乎什么都吃。/
屏蔽性段落
大约 10 分钟后玛丽的朋友来了。/她们俩已有几个月没见过面。/俩人一坐下来就开始聊个不停。/她们聊了各种各样的话题。/最后玛丽打了个手势让餐馆侍者过来。/她仔细地看看菜单。/
第一目标句
玛丽给自己点了一份面包和鸡块。/
过渡性段落
玛丽的朋友很随意地点了几样东西。/然后她们继续聊个不停。/直到天黑她们才依依不舍地离开。/几天后玛丽又来到了这家餐馆。/她找到一个靠窗的位置坐下。/侍者走过来很有礼貌地递上菜单。/
第二目标句
玛丽随意点了一杯果汁与一份鳕鱼。/
结束性段落
吃完以后玛丽走出餐馆。/搭了一辆出租车赶回公司上班。/
问题：玛丽约了一个朋友到家里吃饭吗？（N）

实验结果发现，对于第一目标句，恢复一致条件下目标句的阅读时间显著长于一致条件下目标句的阅读时间；对于第二目标句，恢复一致条件下目标句的阅读时间与一致条件下目标句的阅读时间差异不显著。该结果与研究设想完全相符。在一致条件下，新信息与原先工作记忆中保持的信息以及所激活的长时记忆中相关的背景信息完全吻合，读者不需要进行信息整合；而在恢复一致条件下，由于新信息虽然与原先工作记忆中保持的信息或者所激活的长时记忆中背景信息在整体上吻合，但与其中有的句子的信息不协调，读者需要启动整合解决这个不协调问题，因此，对于第一目标句，恢复一致条件下的阅读时间会显著长于一致条件下的阅读时间。然而，由于这种协调性整合的结果会使整合过程所涉及的特征描述命题（信息点）建构成命题组块（信息块），下一步阅读第二目标句时再激活这些信息，它们就会以信息块的形式出现，这个整体信息与第二目标句没有局部不协调，因此就不会发生协调性整合。这样，恢复一致版本第二目标句的阅读时间与一致性版本第二目标句的阅读时间就不会有显著差异。

然而，根据第一个实验的结果，固然可以认为是由于被试在阅读第一目标句时进行协调性整合形成了信息块，因此，第二目标句激活的是信息块，所以不需要再进行协调性整合；但是，也有这样的可能性，即由于第二目标句距离主人公特征描述的句子较远，被试读到第二目标句时，已经无法激活前面的信息，因此，无论一致性版本还是恢复一致性版本，由于阅读时都没有激活距离较远的背景信息，所以根本不发生信息整合。这样，一致性版本与恢复一致性版本的第二目标句阅读时间相等不是因为被试在阅读第一目标句时进行协调性整合形成了信息块，而是与长时记忆中的背景信息的距离延长的结果。为了确证第一个实验的结果的产生原因，莫雷等人（2003）又进行了第二个实验。

第二个实验的目的就是要探讨在目标句与特征描述句距离增大的情况下，目标句能否激活已经进入长时记忆的特征描述信息，从而对第一个实验的结果是否是距离造成的可能性作出检验。实验材料上对第一个实验的 12 篇阅读材料作了重要改动，将原来第一目标句（如"玛丽给自己点了一份面包和鸡块"）改为与主人公特征描述无关的行为（如"然后玛丽把菜单递给了她的朋友"），只有第二目标句才与前面的特征描述构成一致与恢复一致两种条件，其他方面与第一个实验相同。

第二个实验的结果发现，对于第一目标句，恢复一致条件下的阅读时间与一致条件下的阅读时间差异不显著；而对于第二目标句，恢复一致条件下的阅读时间显著长于一致条件下的阅读时间。该结果表明，目标句与主人公特征描述句的距离并不影响信息的整合，只要主人公特征描述与目标句存在局部不一致，即使距离延长，仍然会产生协调性整合。由此可见，第一个实验中得出的两种条件下第二目标句的阅读时间差异不显著的结果，并不是由于第二目标句距离特征描述句较远而无法激活已经进入长时记忆的特征描述信息，而是因为在恢复一致条件下第二目标句所激活的是特征描述的信息块，这个整体信息与目标句并没有存在局部不协调，因此没有发生协调性整合。

莫雷等人（2003）设计的两个实验对长时记忆文本信息协调性整合的性质进行了探讨，总的实验结果表明了当前信息跟长时记忆中的背景信息有局部不一致或不协调时会发生协调性整合，并且协调性整合的结果改变了先前信息的表征形式，并把这种改变了的表征带到下一步的阅读中去。

（二）工作记忆文本信息协调性整合的性质研究

先前的文本阅读理论都一致认为，读者阅读的当前信息都要跟工作记忆中的文本信息进行整合，以维持局部连贯性，并围绕这一问题进行了大量研究。但是，以往研究者们主要关注的是局部语义不完全衔接（局部语义缺口）情况下读者进行的局部连贯推理，如代词推理、回指词推理等，前人围绕局部连贯推理已经进行了大量的研究，各派理论对此都没有大的争议。诚然，局部连贯推理是局部协调性整合的一个重要方面，但是，作为通过对意义不完全吻合（也称局部语义裂缝）的若干句子之间意义进行局部愈合推理而实现的局部连贯，前人还没有研究，文本阅读双加工理论的研究者则在这一方面进行了研究，从而拓展和深化了局部协调性整合（莫雷，王瑞明，何先友，2003）。

关于局部协调性整合，莫雷等人认为，它与整体协调性整合一样，也是一种建构性的整合，这种整合会使有关的信息表征方式得到改变，并且改变后的表征方式可以带到下一步的阅读中去。只不过整体协调性整合关注的是当前信息跟长时记忆中的信息进行的协调性整合，而局部协调性整合关注的是当前信息跟工作记忆中的信息进行的协调性整合。莫雷、王瑞明和何先友（2003）设计了两个系列实验对通过局部愈合推理而实验局部连贯的局部协调性整合的性质进行了探讨。

其中第一个实验探讨文本阅读过程中工作记忆里存在的文本信息与当前阅读的句子信息存在局部不一致或不协调的情况下，是否会发生协调性整合。实验材料是对奥布莱恩等人（1998）的研究材料进行改编，每篇实验材料的结构前面部分与他们的研究材料基本相同，只是取消了不一致性条件，只有一致性与恢复一致性条件，另外将主人公行为特征描述部分改为 3 个句子。另有一个重大的改动是主人公行为特征描述部分与目标句之间 6 个句子组成的屏蔽性段落改为 1 个过渡句，从而使行为描述句与目标句同时在工作记忆中。实验例文如表 6 - 2 所示。

表 6 – 2　　　　　　工作记忆文本信息协调性整合的实验材料样例

介绍性段落
今天玛丽请她的朋友一起吃午饭。\ 她们一到餐馆侍者就热情地递上菜单。\

条件 1：一致性段落
玛丽经常来这家餐馆吃饭。/这里有她爱吃的美味食品。/玛丽从不担心自己的饮食健康。/

条件 2：恢复一致性段落
玛丽想起她过去很注意饮食健康。/相当一段时间她只吃素食。/但现在玛丽几乎什么都吃。/

过渡句
玛丽接过菜单认真看了一会儿。/

目标句
玛丽给自己点了一份面包与炸鸡块。/

结束性段落
然后将菜单递给她的朋友。/玛丽的朋友很随意地点了几样东西。/然后她们继续聊个不停。/

问题：玛丽约了一个朋友到家里吃饭吗？（N）

　　实验结果发现，恢复一致条件下目标句的阅读时间显著长于一致条件下目标句的阅读时间，此结果初步表明，阅读过程中工作记忆里保存的文本信息与当前阅读的句子信息存在局部不一致时，也会发生协调性整合。

　　在第一个实验的基础上，第二个实验进一步探讨，这种协调性整合除了建立局部连贯之外，是否也会将有关的信息建构为信息块，在后面阅读中相应的信息是以信息块的形式被激活，也就是说，工作记忆中对局部不一致信息的整合是否也是建构性的协调性整合。

　　第二个实验的实验材料是对第一个实验的阅读材料进行改编，在原来的目标句（称为第一目标句）后面增加过渡段（6句）与第二目标句（如"玛丽随意点了一杯果汁与一份鳕鱼"），同样，所增加的第二目标句与第一目标句性质相同，都是叙述主人公与前面特征有关的相同性质的行为，并且两个目标句在字数上匹配。这样，阅读第一目标句时，该句与前面主人公行为特征的描述句同时在工作记忆中，而阅读第二目标句时，前面主人公行为特征的描述句及第一目标句均进入了长时记忆。

根据研究者的设想，如果读者在第一目标句阅读时启动的协调性整合会将相关信息组成信息块，在第二目标句阅读时是以信息块的形式出现，那么，在两种版本的条件下，第一目标句的阅读时间应该有显著差异，而第二目标句阅读时间差异不显著。该实验结果证明了这一设想，对于第一目标句，恢复一致条件下目标句的阅读时间长于一致条件下目标句的阅读时间；对于第二目标句，恢复一致条件下目标句的阅读时间与一致条件下目标句的阅读时间差异均不显著。

莫雷等人（2003）设计的两个实验对工作记忆文本信息协调性整合的性质进行了探讨，实验结果表明了，当前信息跟工作忆中的文本信息有局部不一致或不协调时会发生协调性整合，并且协调性整合的结果改变了先前信息的表征形式，并把这种改变了的表征带到下一步的阅读中去。

（三）协调性整合发生的自动性研究

文本阅读双加工理论认为，文本阅读过程是连贯阅读与焦点阅读相统一的过程，协调性整合是连贯阅读加工的主要特点，它是在阅读过程中为了维持文本上下文的连贯而自动地、非策略地进行的整合加工。先前的最低限度假设理论和记忆基础文本加工理论都认为文本阅读过程中的信息加工是一个自动化的过程，这些理论跟文本阅读双加工理论中对协调性整合的设想相一致。但是这些理论都是通过先前不同信息的激活情况来推论信息加工是自动化的过程，而缺少直接的实验证据证明信息加工就是自动化的、非策略的。那么，协调性整合是否是一种自动化的过程，这实际上就是要探讨读者在阅读过程中能否意识到这种信息整合方式？对这一问题的探讨引出了意识问题：对局部不一致信息的意识加工是否是协调性整合的前提？先前的很多相关研究中都没有解决这个问题。对意识问题缺少实证研究的原因可能在于，"意识"这个词本身具有模糊性，另外也很难找到一个恰当的方法来操作所谓的对信息的意识加工（Cohen & Schooler, 1996）。操作意识加工的一种表面看来简明易懂的、同时也是最流行的方法是，用自我报告作为有无意识的指标。如果在文章阅读结束后，被试能够报告出这种不一致，他们必然是有意识地进行了加工，如果不能报告出这种不一致，那么他们很可能是没有意识到（Rinch et al., 2001）。用自我报告作为意识的指标一直存在争议，人们观点不一，但在没有找到其他更好的指标的情况下，自我报告仍然是评估意识过程的最实用、最有效的方法之一，许多研究者都继续使用它（Otero & Kintsch, 1992）。所以，文本阅读双加工理论的研究者也使用自我报告指标探讨了协调性整合是否是一种自动化的过程，即探讨被试在文本阅读过程中能否意识到这种信息整合方式（王瑞明、莫雷、李利、金花，2008）。

实验过程中为避免被试忘记意识加工的信息，必须在他们读完一篇文章后立即向他们提问，但是，这种提问会引导被试将注意转向有关信息。因此，只能让每一个被试阅读一篇实验文章，实验条件只能作为被试间变量。被试阅读一致条件、恢复一致条件或不一致条件的一篇实验材料后，进行自我报告，在问卷上呈现两个问题，分别是"你是否发现文章中有什么怪异或错误，如果有，是什么"和"请简述一下文章的主要内容"。被试将答案写在问卷上，分析被试的回答情况。如果被试在恢复一致条件下能够报告出局部不一致信息并对这些信息进行了更多的回忆说明恢复一致条件下被试能够意识到协调性整合；如果被试在恢复一致条件下不能报告出局部不一致信息，并且与一致条件相比，没有对这些信息进行更多的回忆，则说明恢复一致条件下被试没有意识到协调性整合，进而说明协调性整合是一种自动化的过程。

实验采用单因素被试间设计。自变量是阅读材料中人物特征与其目标句行为的关系：一致、恢复一致和不一致，因变量是目标句（如"玛丽给自己点了一份面包与鸡块"）和对照句（从屏蔽性段落中选择一个句子，如"她们俩已有几个月没见过面"）的阅读时间以及文章中关键信息的回忆率，另外重点分析被试阅读过程中信息加工的报告情况。

实验对目标句和对照句的阅读时间以及文章阅读理解题的回答情况进行了分析。结果表明，不一致条件下目标句的阅读时间慢于恢复一致条件下目标句的阅读时间，恢复一致条件下目标句的阅读时间又慢于一致条件下目标句的阅读时间。这与先前的研究结论一致，说明恢复一致条件下发生了协调性整合。而对照句的阅读时间上，三种条件没有显著差异，这说明三种条件下目标句阅读时间的差异并不是由于三组被试本身的差异造成的，而确实是因为实验条件造成的。

实验重点分析了三种条件下被试的书面报告指标，即分析三组被试对"你是否发现文章中有什么怪异或错误，如果有，是什么"和"请简述一下文章的主要内容"这两个问题的回答情况。对第一个问题的统计结果是一致条件组所有人都报告没有发现文章中有怪异或错误；恢复一致条件组有2人报告发现文章中有怪异或错误，但具体描述为主人公只吃素食，没有描述出主人公现在已经什么都吃了，所以这种报告是无效的，其他的人都报告没有发现文章中有怪异或错误；不一致条件组有4人报告没有发现文章中有怪异或错误，另外17人报告发现文章中有怪异或错误，并且正确的描述出先前描述主人公是素食主义者，但后来主人公却点了鸡块。另外，确定文章中与特征描述和目标行为有关的信息为关键信息，用被试文章内容回忆中关键信息句子数除以总回忆句子数作为文章中关键信息的回忆率，没有回忆出任何信息的被试数据予以删除，结果表明，不一致条件下文章关键信息的平均回忆率显著高于一致条件和恢复一致条件，而恢复一致条件下文章关键信息的平均回忆率和一致条件没有显著差异，这说明不一致条件下被试对文章关键信息进行了更多的加工，而恢复一致条件和一致条件下被试对文章关键信息的加工程度没有差异。

实验中恢复一致条件下目标句的阅读时间显著长于一致条件下目标句的阅读时间，说明恢复一致条件下目标句阅读时发生了协调性整合，这跟先前的研究结论是一致的。关键是，恢复一致条件下有效被试都报告没有发现文章中有怪异或错误，并且恢复一致条件下文章关键信息的回忆率跟一致条件没有显著差异，说明文本阅读过程中被试没有意识到局部不一致信息，没有意识到协调性整合过程，这进一步地表明文本阅读过程中的协调性整合过程是一种自动化的过程。只有在不一致条件下，多数被试才报告发现文章中有怪异或错误，并且不一致条件下文章关键信息的回忆率显著高于一致和恢复一致条件，这说明在不一致条件下被试意识到了文章中的不一致信息，并对这些信息进行了额外的意识加工。

三、文本连贯阅读协调性整合的过程研究

文本阅读过程中，为了维持局部连贯，工作记忆中的有关信息本身就处于激活状态，所以只需跟当前信息进行整合；而为了维持整体连贯，读者必须首先激活长时记忆中的有关信息，然后再跟当前信息进行整合。记忆基础文本加工理论认为，对整体连贯性的保持包括信息激活和整合两个阶段（Albrecht & Myers，1995，1998；Myers & O'Brien，1998；O'Brien et al.，1998）。激活过程是文本阅读过程中每一个新出现的短语被理解后，就以共振的方式自动地向长时记忆发送信号，从而使背景信息快速、消极地得以激活，激活量取决于背景信息与新信息中包含的概念所共有的特征的多少、有多少在文章中得到了详细的阐述以及最近出现的情况；整合过程则是把文章表征中得到激活的信息与当前信息进行进一步的加工。在前面的研究中，文本阅读双加工理论的研究者已经证明记忆基础文本加工理论所揭示的这种信息激活和整合过程就是协调性整合过程，并且通过协调性整合会把先前的有关信息进行建构并带到下一步的阅读中去。

但是，先前的研究中都始终是把激活和整合两个阶段结合起来探讨，根据恢复一致条件下目标句阅读时间延长来推测加工目标句时先前有关信息的激活和整合发生了困难。然而，这些情况下阅读时间的延长到底发生在激活阶段还是整合阶段？另外，一致条件下阅读目标句时到底有没有激活先前的有关信息？这些问题涉及了协调性整合发生的具体过程，王瑞明等人对这些问题进行了探讨（王瑞明、莫雷、吴俊、崔磊，2007）。

王瑞明等人认为，协调性整合是文本阅读过程中维持整体连贯性的一种重要

的信息整合方式，协调性整合的过程也包括激活和整合两个阶段。激活是整合发生的前提，有整合必先发生激活；但激活发生后并不一定会发生整合。激活是指当前句子所蕴含的概念、命题以及语义特征等如果与长时记忆中的有关信息存在重叠（即共有某些特征），那么就会通过共振的方式使这些信息重新活跃起来，进入工作记忆，而这一过程是非策略地、被动地和快速地，不会消耗额外的阅读时间。但整合是指当前信息与激活后的有关信息相互作用，将当前信息融入到先前对有关信息的心理表征中去，这种信息加工过程会增加额外的认知负荷，从而导致阅读时间延长，阅读理解速度的减慢主要发生在这一阶段。为了证明这一设想，王瑞明等人使用了不同的研究技术，设计了系列实验对协调性整合的过程进行了深入研究。

（一）协调性整合过程的动窗技术研究

王瑞明和莫雷等人（2007）首先使用动窗技术对协调性整合的过程进行了研究，具体研究假设是：如果激活过程确实存在，即阅读目标句时确实激活了先前的有关信息，那么不管一致条件还是恢复一致条件，如果让被试判断先前有关信息中的一个探测词是否出现过，目标句之后探测的反应时间应该显著快于目标句之前探测的反应时间；如果有关特征信息的激活不会消耗额外的阅读时间，那么与不含跟主人公目标行为有关的任何主人公特征信息的控制版本比较，一致条件下目标句的阅读时间和控制版本中目标句的阅读时间应该没有差异；如果整合过程存在并且会额外消耗阅读时间，那么恢复一致条件下目标句的阅读时间应该会显著长于一致条件和控制条件。对这一问题的探讨包括2个系列实验。

其中第一个实验首先探讨激活过程是否存在，即探讨文本阅读过程中一致和恢复一致条件下的目标句阅读是否都会自动激活与其有关的背景信息。实验中使用探测技术，从每篇文章的特征描述部分选择主人公特征描述句中出现的一个词语作为再认探测词，如果阅读目标句时被试激活了先前的有关信息，那么被试在目标句之后对探测词进行再认判断的反应时间应该快于目标句之前进行再认判断的反应时间；反之，如果阅读目标句时被试没有激活先前的有关信息，那么被试在目标句之后和之前对探测词进行再认判断的反应时间应该没有差异。

第一个实验的文章的特征描述段落有一致性（如"玛丽过一段时间就会来这家餐馆吃饭。这里有她爱吃的各种美味食品。玛丽从不担心自己的饮食健康"）和恢复一致性（如"玛丽想起过去自己一直只吃素食。这一习惯她坚持了好几年。但现在玛丽不再担心自己的饮食健康了"）两个版本，每篇文章都有一个目标句（如"玛丽给自己点了一份面包与鸡块"）。从每篇实验材料的特征描述部分选择主人公特征描述句中出现的一个词语作为再认探测词（如"担心"），并且保证这个词语只出现过一次，且都出现在特征描述段落中的第三个句子中。探测位置或者在目标句之前，即进行再认探测后接着就阅读目标句，或者在目标句之后，即读完目标句后接着就进行再认探测。

第一个实验的实验结果是，不管在一致条件还是恢复一致条件下，目标句后探测的反应时都显著快于目标句前探测的反应时，这说明不管是一致条件还是恢复一致条件，目标句阅读时都确实激活了先前的有关信息。另外，在目标句前探测时，一致条件和恢复一致条件的反应时没有差异，但在目标句之后探测时，恢复一致条件下的反应时又快于一致条件下的反应时，这可能是因为恢复一致条件下目标句阅读时发生了协调性整合，而一致条件下目标句阅读时虽然激活了先前信息，但并没有发生协调性整合，所以恢复一致条件下先前信息的加工程度高于一致条件造成的。对探测词的再认正确率进行分析，结果发现，不管在一致条件还是恢复一致条件下，目标句后探测的再认正确率跟目标句前探测的再认正确率都没有显著差异，正确率的统计分析结果说明被试不存在反应时和正确率的权衡现象。第一个实验中一致和恢复一致两种条件下目标句前探测和目标句后探测再认反应时的差异的结果，与王瑞明等人的研究设想完全相符。不仅在恢复一致条件下目标句阅读会激活先前的有关信息，在一致条件下目标句阅读也会激活先前的有关信息，说明文本阅读过程中激活过程是确实存在的。同时，目标句前探测的再认反应时两种条件差异不显著，但目标句后探测的再认反应时两种条件差异显著，表明在恢复一致条件下目标句阅读时激活了先前有关信息后又进行了整合，增加了对先前信息的加工程度，因此造成了这个结果。那么，文本阅读中先前有关信息的激活过程会不会额外消耗被试的阅读时间？协调性整合过程中被试阅读时间的延长是发生在激活阶段还是整合阶段还是两个阶段都有体现？王瑞明等人通过第二个实验对这些问题进行了深入探讨。

第二个实验中设置了三种实验条件，一致条件、恢复一致条件和控制条件，其中控制条件中的特征描述段落并没有描述与主人公目标行为有关的任何特征（如"玛丽过一段时间就会来这家餐馆吃饭。这家餐馆的环境布置得很优美。玛丽的朋友有时候也会来这里"），使用阅读时间记录法比较三种条件下目标句的阅读时间，如果一致条件下目标句的阅读时间跟控制条件没有差异，并且两者都显著快于恢复一致条件，说明先前有关特征信息的激活不会消耗额外的阅读时间，恢复一致条件下目标句阅读时间的延长主要是整合所致；如果一致条件下目标句的阅读时间长于控制条件下目标句的阅读时间，而恢复一致条件下目标句的阅读时间又显著长于一致条件下目标句的阅读时间，说明先前有关特征信息的激活也消耗额外的阅读时间，恢复一致条件下目标句阅读时间的延长在激活和整合两个阶段上都有体现。

第二个实验的结果表明，恢复一致条件下目标句的阅读时间显著长于一致条件下目标句的阅读时间，这与先前的研究结论一致，说明恢复一致条件下发生了协调性整合。关键是，控制条件下目标句的阅读时间与一致条件没有显著差异，但低于恢复一致条件下目标句的阅读时间，这说明一致条件下目标句阅读与控制条件比较，并没有额外消耗阅读时间，只有在恢复一致条件下目标句阅读时发生了协调性整合，才会导致阅读时间的延长。

在第一个实验中，一致条件和恢复一致条件下目标句后探测词的再认反应时间都显著快于目标句前探测词的再认反应时间，说明两种条件下与主人公目标行为有关的先前特征都得到了激活。而在第二个实验中，一致条件下目标句的阅读时间跟控制条件没有显著差异，但一致条件和控制条件下目标句的阅读时间都显著快于恢复一致条件下目标句的阅读时间。结合这两个实验结果，可以证明，协调性整合确实包含激活和整合两个阶段，先前有关信息的激活过程并不消耗额外的阅读时间，阅读理解速度的减慢主要发生在整合阶段。

（二） 协调性整合过程的眼动技术研究

在王瑞明和莫雷等人（2007）的研究中，还使用眼动技术在一种更自然的情境中进一步探讨了协调性整合的具体过程。在眼动技术研究中，通过比较一致条件和恢复一致条件下特征描述区、第一目标句和第二目标句的主要眼动指标的差异，可以深入揭示协调性整合中激活和整合阶段的具体特点。

眼动技术研究的实验材料改编自莫雷等人（2003）的研究，每篇正式材料仍然有一致和恢复一致两个版本，每个版本都有两个目标句，两个目标句之间有屏蔽性段落。每篇文章设有 3 个关键区，分别是特征描述部分（共 3 个句子）、第一目标句和第二目标句，其中两个目标句都基本位于每一行的中间位置，前后都至少有四个汉字。

眼动的指标很多，根据前人的有关研究，该研究中只选择三个关键区的首次注视时间（First-Pass Reading Time）、二次注视时间（Second-Pass Reading Time）、总注视时间（Total-Pass Reading Time）、引发回视率（Regressions Out）、进入回视率（Regressions In）作为因变量指标。首次注视时间的统计结果是，在三个关键区，恢复一致条件下的首次注视时间与一致条件下的首次注视时间差异都不显著。记忆基础文本加工理论认为，读者阅读一个新的句子时会自动地激活跟其有关的背景信息，激活过程是信息加工的最初过程。首次注视时间反映了读者对该关键区信息的最初加工，有研究者认为这种最初加工也就是信息激活过程（Rinch et al.，2003）。动窗实验的结果表明协调性整合包括激活和整合两个阶段，而该实验中恢复一致条件下第一目标句阅读时的首次注视时间和一致条件没有显著差异，说明两种条件下先前信息的激活过程是一样的，协调性整合所导致的阅读时间的延长并不发生在激活阶段。

二次注视时间的统计结果是，在关键区一，也就是特征描述部分，恢复一致条件下的二次注视时间显著多于一致条件下的二次注视时间；在关键区二，也就是第一目标句，恢复一致条件下的二次注视时间显著多于一致条件下的二次注视时间；在关键区三，也就是第二目标句，恢复一致条件下的二次注视时间与一致条件下的二次注视时间差异不显著。二次注视时间是读者离开某一关键区后第二次阅读该区所用的注视时间的总和，它有可能是后面阅读时又回视到该区的注视时间，也可能是该区引发回视后重读该区的时间，还有可能是整篇文章内容或部分内容第二次重读时在该区的注视时间。该实验中恢复一致条件下第一目标句阅读时的二次注视时间显著多于一致条件，这很有可能是恢复一致条件下第一目标句阅读时激活的先前信息中含有局部不一致信息从而引发被试回视前面的相关内容，然后又回来重新阅读目标句将先前信息跟当前信息进行整合造成的。而恢复一致条件下特征描述部分的二次注视时间显著多于一致条件，很有可能就是恢复一致条件下第一目标句阅读时引发被试更多的回视特征描述部分造成的。

总注视时间的统计结果是，在关键区一，也就是特征描述部分，恢复一致条件下的总注视时间显著多于一致条件下的总注视时间；在关键区二，也就是第一目标句，恢复一致条件下的总注视时间显著多于一致条件下的总注视时间；在关键区三，也就是第二目标句，恢复一致条件下的二次注视时间与一致条件下的二次注视时间差异不显著。总注视时间是某一关键区几次阅读的注视时间的总和，反映了读者对该关键区信息的所有加工活动。该实验中恢复一致条件下第一目标句阅读时的总注视时间显著多于一致条件，而恢复一致条件下第二目标句阅读时的总注视时间和一致条件没有显著差异，这一结果跟前面动窗实验的结果完全一致。说明恢复一致条件下第一目标句阅读时发生了建构性的协调性整合，将先前的有关信息建构成信息块，所以在阅读第二目标句时只激活信息块的信息，由于信息块跟当前信息没有局部的不一致，所以不再发生协调性整合。另外，恢复一致条件下特征描述部分的总注视时间显著多于一致条件，这进一步说明了恢复一致条件下第一目标句阅读时很可能引发被试更多的回视了特征描述部分。

引发回视率是读者阅读某一关键区时回视到前一关键区的比率，一般用发生了回视（该实验中只统计从某一关键区到前一个关键区的回视）的文章数比上该条件下的总文章数来表示。该实验中只设定了三个关键区，特征描述部分是第一关键区，因此不会产生研究者所关注的引发回视率；第二目标句是第三关键区，虽然可能会产生研究者所关注的引发回视率，但实际上两种条件下都没有产生研究者所关注的引发回视率；只有关键区二的恢复一致条件下产生了研究者所关注的引发回视率，所以只对关键区二的引发回视率进行统计分析。结果表明，在关键区二，也就是第一目标句，恢复一致条件下的引发回视率显著高于一致条件下的引发回视率。这一结果进一步证明了研究设想，在第一目标句阅读时，恢复一致条件下被试激活的先前信息跟当前信息存在局部不一致所以就对前面的有关信息进行回视，然后再重读当前目标句进一步进行信息的协调性整合；而一致条件下被试激活的先前信息跟当前信息没有任何不一致所以就无需对前面的有关信息进行回视，也无需进行协调性整合。同样，在第二目标句阅读时，恢复一致条件下由于第一目标句阅读时发生的协调性整合将先前的有关信息结合成信息块，所以再次激活的先前信息跟当前信息没有任何不一致，被试也就无需对前面的信息进行回视，无需再进行协调性整合了；而一致条件下被试再次激活的先前信息仍然跟当前信息没有任何不一致所以仍然无需对前面的有关信息进行回视，无需进行协调性整合。

进入回视率是读者从后面的注视区回视到当前关键区的比率，既包括从后面的关键区回视到当前关键区的比率，也包括从后面的非关键区回视到当前关键区的比率，一般用发生了回视（该实验中只统计从后面的注视区到当前关键区的回视）的文章数比上该条件下的总文章数来表示。该实验中在关键区三上，也就是第二目标句，两种条件下都没有产生研究者所关注的进入回视率，只有在关键区一和二上，产生了研究者所关注的进入回视率，所以只对关键区一和关键区二的进入回视率进行统计分析。结果表明，在关键区一，也就是特征描述部分，恢复一致条件下的进入回视率显著高于一致条件下的进入回视率；在关键区二，也就是第一目标句，恢复一致条件下的进入回视率跟一致条件下的进入回视率没有显著差异。进入回视率的结果跟引发回视率的结果基本类似，进一步确证了研究设想，由于在第一目标句阅读时，恢复一致条件下被试激活的先前信息跟当前信息存在局部不一致所以就对前面的有关信息进行回视，回视的位置就是特征描述段落，所以特征描述段落恢复一致条件下的进入回视率明显高于一致条件主要就是来自第一目标句的回视造成的。在第二目标句阅读上没有出现引发回视率，但第一目标句阅读上出现了一点进入回视率，这可能是因为来自第一目标句之后的其他位置引发被试回视第一目标句造成的。

关于协调性整合的过程，眼动实验的结果进一步表明：协调性整合确实包括激活和整合两个阶段，先前有关信息的激活并不消耗读者额外的阅读时间，协调性整合发生时阅读时间的延长主要发生在整合阶段。

四、文本连贯阅读协调性整合的条件研究

文本阅读双加工理论的研究者在先前的研究中证明了，文本阅读过程中当前

信息与长时记忆中激活的有关信息或直接存在于工作记忆中的有关信息有局部的不一致或不协调时会引发协调性整合。阅读过程中当前信息与长时记忆中激活的有关信息或直接存在于工作记忆中的有关信息有局部的不一致或不协调时会引发协调性整合，其主要实验证据就是恢复一致条件下目标句的阅读时间显著长于一致条件下目标句的阅读时间。值得进一步关注的是，恢复一致条件下先前信息首先是前后发生了改变的特征信息（即协调性信息），然后是当前信息跟先前信息存在局部不一致。那么，协调性整合的发生到底是为了协调当前信息跟先前信息的局部不一致还是仅仅是为了协调先前有关信息中前后两种发生了改变的特征信息（即协调性信息）？另外，先前研究中的当前信息跟先前信息都是与同一个主人公有关的信息，如果是不同主人公的信息，会不会发生协调性整合？这些问题涉及了协调性整合的条件，文本阅读双加工理论的研究者对这些问题也进行了探讨（王瑞明，莫雷，2004；王瑞明，莫雷，李利，金花，2008；王瑞明，莫雷，王穗苹，罗漫，2009）。

（一）长时记忆文本信息协调性整合的条件研究

整体协调性整合强调的是当前信息跟先前长时记忆中的文本信息进行的协调性整合。王瑞明和莫雷（2004）设计了两个实验对长时记忆中文本信息协调性整合的条件进行了研究。

第一个实验首先探讨长时记忆中存在与主人公目标行为有关的并发生了改变的特征信息（即协调性信息），但目标行为并没有与主人公特征信息有局部不一致或不协调时，被试能否发生协调性整合。正式实验材料构成思路与奥布莱恩等人（1998）的研究材料基本相同，只是取消了不一致条件，增加了一个控制条件。在控制性版本中，主人公的特征描述段落与恢复一致性版本相同，但目标句与之不同，它描述的是一个与主人公前后特征都一致的行为，如"玛丽给自己点了一份面包和果汁"。一致性版本的目标句与控制性版本的目标句完全相同，他们与恢复一致性版本中的目标句在句子结构和长度上都做了严格的匹配。

第一个实验的结果发现，恢复一致条件下目标句的阅读时间显著长于一致条件下目标句的阅读时间，这与先前的研究结论一致，说明恢复一致条件下发生了协调性整合。最重要的是，控制条件下目标句的阅读时间与一致条件没有显著差异，但低于恢复一致条件下目标句的阅读时间，说明控制条件下虽然长时记忆中存在改变了的有关特征信息（即协调性信息），但并没有发生协调性整合。

在第一个实验的控制条件下，虽然主人公的特征描述发生了改变，但当被试读到目标句激活这些特征时，没有发生协调性整合，阅读速度没有减慢；而只有在恢复一致条件下，由于激活后的有关信息中的个别信息与主人公的目标行为存在不一致或不协调，读者就要启动整合来对这种不一致或不协调进行相应的加工处理，所以就发生了协调性整合，导致目标句的阅读速度减慢。这个结果初步证明了研究设想，表明长时记忆中存在与主人公目标行为有关的并发生了改变的特征信息并不必然引发协调性整合，当前信息必须与长时记忆中的有关信息有局部的不一致或不协调才会引发协调性整合，协调性整合不是协调长时记忆中改变前后的有关信息，而是协调局部不一致的信息。

在第一个实验的基础上，王瑞明和莫雷等人又进一步设计了第二个实验，以确证恢复一致条件下发生的协调性整合确实是建构性的协调性整合，整合的结果是使所激活的信息点结合成信息块，当下一步阅读再激活这些信息时，它们则以信息块形式出现，新命题可以与信息块的整体信息进行整合；而控制条件下由于没有发生协调性整合，激活的信息点仍然是信息点，直到新命题与信息点有局部不一致时，才会引发协调性整合，将这些信息点整合成信息块。

第二个实验的实验材料是对第一个实验的材料进行改编，取消一致条件，只保留控制条件和恢复一致条件。每篇文章的结构前面部分与第一个实验基本相同，但文章的后半部分增加了第二个目标句（如"玛丽随意点了一杯果汁与一份鳕鱼"，原目标句作为第一目标句），控制和恢复一致两种条件下的第二目标句完全相同，并且结构和性质与恢复一致条件下第一个目标句相同。第二目标句和第一目标句之间有一个过渡性段落，由6个句子构成。其他方面跟第一个实验相同。

第二个实验的结果发现，对于第一目标句，恢复一致条件下目标句的阅读时间显著长于控制条件下目标句的阅读时间；对于第二目标句，控制条件下目标句的阅读时间显著长于恢复一致条件下目标句的阅读时间。该结果与研究设想完全相符。在恢复一致条件下，由于第一目标句的新信息与所激活的长时记忆中的有关信息存在局部的不一致，所以读者产生协调性整合，整合的结果是使原先的信息点结合成信息块；而在第二目标句上，由于新信息与所激活的长时记忆中相关的信息块在整体上是吻合的，所以这个时候就不再发生协调性整合，这与先前的研究结论是一致的。但是，本研究更重要的发现是，在控制条件下，第一目标句的新信息虽然激活了长时记忆中相关的特征信息，但由于新信息与特征改变前后的信息都一致，所以读者不发生协调性整合，原先的信息点仍然是信息点；而在第二目标句上，由于新信息与所激活的长时记忆中相关的信息点存在局部的不一致，所以这个时候就产生了协调性整合。

结合两个实验的结果，可以认为，长时记忆文本信息协调性整合的条件是当前信息必须与长时记忆中的有关信息有局部的不一致或不协调才能引发建构性的协调性整合，整体协调性整合是为了协调当前信息跟先前长时记忆中的有关信息的局部不一致或不吻合，而不是为了协调先前长时记忆中前后两种发生了改变的有关信息。另外，协调性整合确实是一直建构性的整合，协调性整合的结果不仅维持了文本的连贯，而且将相关的信息建构成整体的信息块，它们被再次激活时，就会以信息块的形式出现。

（二）工作记忆内文本信息协调性整合的条件研究

局部协调性整合强调的是当前信息跟先前工作记忆中的文本信息进行的协调性整合。关于工作记忆内文本信息协调性整合的条件，文本阅读双加工理论的研究者也进行了研究（王瑞明，莫雷，王穗苹，罗漫，2009）。

该研究也包括 2 个实验，第一个实验首先探讨工作记忆中存在与主人公目标行为有关的并发生了改变的特征信息（即协调性信息），但目标行为并没有与主人公特征信息有局部不一致或不协调时，被试能否发生协调性整合。在一致性版本中，描述的都是主人公的当前特征且与主人公后来的目标行为是完全一致的；在恢复一致性版本中先描述主人公的过去特征，再描述主人公已经改变了的当前特征，其中过去特征与其后来的目标行为不一致，当前特征与其后来的目标行为一致；在控制性版本中，主人公的特征描述段落跟恢复一致性版本相同，即仍然存在主人公的过去特征和当前特征（即协调性信息），但目标句与之不同，它描述的是一个与主人公前后特征都一致的行为。特征描述段落之后有 1 个很短的过渡句，保持信息的前后连贯，然后就是 1 个目标句，描述主人公跟其特征描述有关的某一目标行为。一致性版本的目标句与控制性版本的目标句完全相同，它们与恢复一致性版本中的目标句在句子结构和长度上都做了严格的匹配。

第一个实验的结果发现，控制条件下目标句的阅读时间与一致条件没有显著差异，但短于恢复一致条件下目标句的阅读时间，说明控制条件下虽然工作记忆中存在改变了的有关特征信息，但并没有发生协调性整合。另一方面，恢复一致条件下目标句的阅读时间显著长于一致条件下目标句的阅读时间，这与先前的研究结论一致，说明恢复一致条件下发生了协调性整合。

第二个实验在此基础上进一步确证恢复一致条件下发生的协调性整合确实是建构性的协调性整合，整合的结果是使工作记忆中的信息点结合成信息块，当下一步阅读再激活这些信息时，它们则以信息块形式出现，新命题可以与信息块的整体信息进行整合；而控制条件下由于没有发生协调性整合，信息点仍然是信息点，直到新命题与信息点有局部不一致时，才会引发协调性整合，将这些信息点整合成信息块。

第二个实验的实验材料取消一致条件，只保留控制条件和恢复一致条件。每篇文章的结构前面部分与第一个实验基本相同，但文章的后半部分增加了第二个目标句（原目标句作为第一目标句），控制和恢复一致两种条件下的第二目标句完全相同，并且结构和性质与恢复一致条件下第一个目标句相同。第二目标句和第一目标句之间有一个过渡性段落。

第二个实验的结果发现，对于第一目标句，恢复一致条件下目标句的阅读时间显著长于控制条件下目标句的阅读时间，对于第二目标句，控制条件下目标句的阅读时间显著长于恢复一致条件下目标句的阅读时间。该实验两种条件下第一目标句与第二目标句阅读时间差异的结果，与研究设想完全相符。在恢复一致条件下，由于第一目标句的新信息与工作记忆中相关信息存在局部的不一致，所以读者产生协调性整合，整合的结果是使原先的信息点结合成信息块；而在第二目标句上，由于新信息与所激活的长时记忆中相关的信息块在整体上是吻合的，所以这个时候就不再发生协调性整合，这与先前的研究结论是一致的。但是，本研究更重要的发现是，在控制条件下，虽然工作记忆中存在特征改变了的有关信息，但由于第一目标句的新信息与特征改变前后的信息都一致，所以读者不发生协调性整合，原先的信息点仍然是信息点；而在第二目标句上，由于新信息与所激活的长时记忆中相关的信息点存在局部的不一致，所以这个时候就产生了协调性整合。

结合 2 个实验的结果，可以认为，工作记忆内文本信息协调性整合的条件是当前信息必须与工作记忆中的有关信息有局部的不一致或不协调才能引发建构性的协调性整合，局部协调性整合是为了协调当前信息跟工作记忆中的有关信息的局部不一致或不吻合，而不是为了协调工作记忆中前后两种发生了改变的有关信息。另外，协调性整合确实是一直建构性的整合，协调性整合的结果不仅维持了文本的连贯，而且将相关的信息建构成整体的信息块，它们被再次激活时，就会以信息块的形式出现。

（三） 协调性整合发生的事件关联性研究

前面的研究已经表明，当前信息激活先前的有关信息后，如果当前信息跟先前信息存在语义不完全吻合，就会发生协调性整合，并且协调性整合包括激活和整合两个阶段。那么，当前信息跟先前信息的相关性的实质到底是什么？是不是当前信息跟先前信息只要有着语义上的局部不一致关系，就会进一步发生协调性整合？这些问题是非常值得探讨的，它们也涉及了协调性整合发生的条件。因此，文本阅读双加工理论的研究者对这些问题也进行了探讨（王瑞明，莫雷，李利，金花，2008）。

在解释情境模型的建构过程时，有学者提出了"事件标记模型"（Zwaan et al.，1995）。他们认为，读者在阅读故事时会根据故事事件的多个标记或维度来建构情境模型，如空间、时间、因果、主体和目标等。如果一个所要阅读的句子与当前的情境内的一个或多个事件标记不同，那么读者监控正在读的故事事件就要更新这些情境维度的任何一个指标来适应这种变化。根据这一观点，王瑞明等人（2008）认为，信息之间的相关除了记忆基础文本加工理论提出的语义相关外，还应该有事件相关，即前后信息属于同一事件上的同一个维度，如同一时间发生的事情、同一地点发生的事情、特别是同一人物上发生的事情等；对协调性整合来说，王瑞明等人认为，只有在事件相关的情况下才能发生，如果只是语义相关而没有事件相关，协调性整合就不会发生。为了证明这一设想，王瑞明等人（2008）设计了 2 个实验。

第一个实验首先探讨当前信息跟先前信息单纯有语义相关且有局部不一致时能否发生协调性整合，从而揭示协调性整合发生的信息关联性的实质。在实验材料中引入两个主人公，一个主角，一个配角，特征描述部分仍然描述主角的特征，但第一目标句描述的是配角的行为，第二目标句才描述主角的行为，这样第一目标句跟特征描述段落有语义相关，即概念特征上有重叠，但第一目标句跟特征描述段落没有事件相关，即描述的是不同人物的特征和行为，重点考察这种情况下能否发生协调性整合。如果恢复一致条件下第一目标句的阅读时间仍然慢于一致条件，说明单纯语义相关条件下就能发生协调性整合；反之，如果恢复一致条件下第一目标句的阅读时间跟一致条件没有显著差异，说明单纯语义相关条件下不能发生协调性整合。

第一个实验的每篇文章的开始部分就引出了两个主人公，一个为主角，一个为配角。然后是一个特征描述段落，有一致性和恢复一致性两个版本，接着是一个屏蔽性段落，然后是第一目标句，描述配角的跟先前主角的特征描述有关的某一行为，该目标句跟先前的特征描述段落具有语义相关关系。第一目标句之后有一个过渡性段落，然后是第二目标句，性质与第一目标句相同，只是描述的是主角的跟先前特征描述有关的某一行为，该目标句跟先前的特征描述段落既有语义相关关系，又有事件相关关系。文章最后是 2 个结束句。例文如表 6-3 所示。

表 6-3　　　　　协调性整合发生的事件关联性研究的实验材料样例

介绍性段落
今天玛丽约了里莎吃午饭。/她提前来到餐馆里等里莎。/
条件 1：一致性段落
玛丽过一段时间就会来这家餐馆吃饭。/这里有她爱吃的各种美味食品。/玛丽从不担心自己的饮食健康。/

条件2：恢复一致性段落
玛丽想起过去自己一直只吃素食。/这一习惯她坚持了好几年。/但现在玛丽不再担心自己的饮食健康了。/

屏蔽性段落
大约10分钟后里莎来了。/她们俩已有几个月没见过面。/俩人一坐下来就开始聊个不停。/他们聊了各种各样的话题。/最后玛丽打了个手势让餐馆侍者过来。/她把菜单先给了里莎。/

第一目标句
里莎给自己点了一份面包与鸡块。/

过渡性段落
玛丽很随意地点了几样东西。/然后她们继续聊个不停。/直到天黑她们才依依不舍地离开。/几天后玛丽又独自来到了这家餐馆。/她找到一个靠窗的位置坐下。/侍者走过来很有礼貌地递上菜单。/

第二目标句
玛丽随意点了一杯果汁与一份鳕鱼。/

结束性段落
吃完以后玛丽走出餐馆。/搭了一辆出租车赶回公司上班。/

问题：玛丽约了一个朋友到家里吃饭吗？（N）

　　第一个实验的结果发现，对于第一目标句，恢复一致条件下目标句的阅读时间与一致条件下目标句的阅读时间差异不显著，这说明在恢复一致条件下，当前信息跟先前信息仅有语义相关时并没有发生协调性整合。对于第二目标句，恢复一致条件下目标句的阅读时间显著长于一致条件下目标句的阅读时间，这说明在恢复一致条件下，当前信息跟先前信息既有语义相关又有事件相关时，才发生了协调性整合，这跟先前的有关研究结果是一致的。该实验两种版本条件下第一目标句与第二目标句阅读时间差异的结果，表明了协调性整合发生的信息关联性机制是当前信息跟先前信息既有语义相关又有事件相关时通过发生协调性整合，而当前信息跟先前信息仅有语义相关时并不能引发协调性整合。那么，当前信息跟先前信息仅有语义相关没有事件相关时虽然没有发生协调性整合，是否连激活也没有发生呢？接着王瑞明等人又通过第二个实验对这一问题进行了探讨。

　　第二个实验探讨文本阅读过程中一致和恢复一致条件下单纯语义相关没有事件相关时目标句阅读是否会自动激活跟其有关的背景信息。在实验材料中仍然使用两个主人公，一个主角，一个配角，特征描述部分仍然描述主角的特征，但只使用一个目标句，描述的是配角的行为。从特征描述段落中选择一个探测词（如"担心"）让被试进行再认判断，如果恢复一致条件和一致条件下目标句后探测的反应时间都显著快于目标句前探测的反应时间，说明单纯语义相关条件下仍然可以发生信息激活；反之，如果恢复一致条件和一致条件下目标句后探测的反应时间跟目标句前没有显著差异，说明单纯语义相关条件下也不发生信息激活。

第二个实验的结果发现，不管在一致条件还是恢复一致条件下，目标句后探测的反应时都显著快于目标句前探测的反应时，这说明不管是一致条件还是恢复一致条件，目标句阅读时都确实激活了先前的有关信息。而对正确率的统计分析结果说明被试不存在反应时和正确率的权衡现象。该实验一致和恢复一致两种条件下目标句前探测和目标句后探测再认反应时的差异的结果，表明不管在恢复一致条件还是一致条件，当前信息跟先前信息有语义相关但没有事件相关时都会自动激活先前的有关信息。

结合第一个实验的结果，可以进一步说明，协调性整合发生的信息关联性实质是一种事件相关性，当前信息跟先前信息仅有语义相关时，可以共振激活先前信息，但当前信息跟先前信息必须具有事件相关时，才能进一步发生协调性整合。

协调性整合的研究者围绕"协调性整合"这一概念进行了一系列的实验研究，首先探讨了文本阅读中当前信息跟长时记忆中的有关信息发生协调性整合的性质，并进一步探讨了当前信息跟直接存在于工作记忆中的有关信息发生协调性整合的性质，然后详细探讨了文本阅读中协调性整合的过程和条件（莫雷、王瑞明、何先友，2003；王瑞明、莫雷，2004；王瑞明、莫雷、吴俊、崔磊，2007；王瑞明、莫雷、李利、金花，2008；王瑞明、莫雷、王穗苹、罗漫，2009）。其中协调性整合的性质和条件反映了协调性整合的独特性，而对协调性整合的过程的深入探讨除了加深对协调性整合的认识外，更重要的是深入揭示了文本阅读中信息加工的过程，深化了文本阅读研究领域的信息加工过程研究。协调性整合的研究者通过一系列的实验证明了协调性整合是连贯阅读中的一种重要的信息加工方式，得出了许多重要研究结果，这些研究结果为文本阅读双加工理论提供了大量的实验证据，丰富了文本阅读双加工理论的内容，推动了文本阅读双加工理论的完善和发展。

第三节 文本焦点阅读加工过程与焦点整合研究

上一节已经阐述了阅读双加工理论的研究者关于连贯阅读加工与协调性整合

的研究，本章主要阐述阅读双加工理论的研究者关于焦点阅读加工与建构整合的研究。

自莫雷等人提出阅读双加工理论设想以来，阅读双加工理论的研究者开展了一系列实验研究，系统探讨连贯阅读和焦点阅读加工过程中信息的激活与整合问题。文本阅读双加工理论关于焦点阅读加工过程的观点已经在系统的实验研究中得到验证，下面概括介绍该理论关于焦点阅读加工的基本观点。

一、阅读双加工理论关于焦点阅读加工的观点

文本阅读双加工理论关于焦点阅读加工的观点并不是单纯地搬用建构主义理论的有关观点，而是在对建构主义理论和研究进行系统分析的基础上，对建构主义理论观点进行创新性整合的基础上形成的，并进行了实验验证。

从建构主义理论派别内部来看，尽管研究者对信息的整合有共识，然而在信息整合的内在机制这个关键问题上看法不一，特别是对目标信息整合上至少有三种认识：其一认为未实现目标的信息在阅读中保持了较高的通达性，比实现的目标信息更容易被激活与当前信息整合；其二认为实现目标的信息在阅读中保持了较高的通达性，比未实现的目标信息更容易被激活与当前信息整合；其三认为当前注意焦点里的目标比读者记忆里的其他目标更容易通达，读者会保持当前的目标信息并不断进行更新。阅读双加工理论的研究者认为产生分歧的原因主要有两个：第一个原因是由于对目标信息本身缺乏系统分析。阅读双加工理论的研究者对支持建构主义理论的实验材料进行了分析，发现课文中的目标信息从结构上看，可以分为包含结构和平行结构，徐和初波索（Suh and Trabasso，1993）、鲁茨和拉德万斯基（Lutz and Radvansky，1997）、马利亚诺和拉德万斯基（Magliano and Radvansky，2001）的材料模式是平行结构，理查和森格（Richards and Singers，2001）、伊万和马登（Zwaan and Madden，2004）的材料模式是包含结构。每种结构中目标信息的实现情况可能有三种：未实现、实现和曲折实现条件。研究者在实验研究中使用了不同结构的材料模式，得出了不同的结论。第二个原因是由于对目标信息被激活时在记忆中的定位不明确。阅读双加工理论的研究者从目标信息被激活时在记忆中所处的位置把目标信息的加工分为长时记忆中的加工与工作记忆中的加工，文本阅读中，进入长时记忆的目标信息的加工和处于工作记忆的目标信息的加工可能是不同的。

在系统分析与整合建构主义理论的基础上，阅读双加工理论的研究者提出"文本焦点阅读加工和信息建构整合"的基本观点。具体内容如下：

文本焦点阅读中，读者为了把握文本描述的意义，对文本中的目标、因果等

233

信息格外注意，这些信息成为读者阅读过程的焦点信息，读者在对焦点信息的监控下，不断地进行文本信息的建构整合，形成文本的局部或整体的逻辑连贯或意义连贯，把握阅读文本的基本要旨。焦点信息被加工时可能处于长时记忆或者工作记忆中，不同类型的焦点信息的整合可能有不同的方式，处于不同记忆阶段中的焦点信息的整合也可能不同。焦点阅读过程中读者的信息加工活动主要也包括两个方面：第一方面，当所形成的焦点保持在工作记忆的时候，称为显性焦点，它会促使读者不断对随后的相关信息进行建构，即促进阅读过程中追随性建构的产生，这就是鲍尔（Bower）等人关于更新追随假设的实验研究所得出的结果与结论。第二方面，如果该焦点及相关信息进入了长时记忆，则称为隐性焦点。隐性焦点会继续监控新进入的信息，一旦有启动目标的信息出现，该信息就会激活已经进入长时记忆中的焦点信息，然后进行整合。这也与建构主义研究者关于目标整合的研究结果与结论相符合，理查和森格（2001）的研究所提出的目标启动句对背景目标信息的激活与整合，就是隐性焦点监控下进行的信息加工活动。

阅读双加工理论的研究者根据对焦点结构类型和信息所处的记忆阶段的分析，将文本阅读中焦点信息的建构整合分为两类：恢复建构整合与追随建构整合。

第一种是恢复建构整合。在文本阅读过程中，形成焦点的文本信息已经进入长时记忆成为隐性焦点，但是仍然保持易化状态，一旦阅读到与之相关的新信息，就会即时激活恢复背景的焦点信息，与当前新的相关信息进行整合。这种整合是通过恢复长时记忆的焦点信息而发生的整体水平的整合，称为恢复建构整合。由于焦点信息在文本中的结构不同，有上下位的串行结构，也有平行分布的并行结构，因此，信息的整合又可以分为上位隐性焦点的串行恢复建构整合和平行隐性焦点的并行恢复建构整合。

第二种是追随建构整合。在文本阅读过程中，文本焦点信息维持在工作记忆中，作为显性焦点监控后续进入的与焦点有关的信息，围绕焦点对这些新信息进行追随性的建构整合。阅读双加工理论的研究者把这种在工作记忆显性焦点影响下进行的阅读信息的建构，称为追随建构整合。这种整合既可能是局部水平的整合，也可能是整体水平的整合。建构主义的跟踪追随假设所进行的实验研究，实质上探讨的就是这种整合。

建构性整合与协调性整合最根本的区别在于：首先，从功能来看，协调性整合主要是为了维持文章语义的连贯，形成文本语义连贯情境模型；而焦点整合主要是按照某个主题对文章各个命题、各个部分的内容以及相关的世界知识进行组织，形成文本意义连贯情境模型。其次，从性质来看，协调性整合主要是被动地、自动地、非策略地发生；而焦点阅读主要是主动地、积极地、策略地发生。

阅读双加工理论的研究者对焦点阅读和建构性整合的探讨是通过"目标"焦点信息的加工进行的，也就是说通过"目标"焦点的建构整合的探讨，揭示整个"焦点"阅读与建构整合的过程与实质。

第一方面是隐性焦点监控下的恢复建构整合。如果是目标焦点，则分为两种情况：

（1）目标串行结构的焦点恢复建构整合。在这种目标结构的文本中，首先提出总目标，然后分别提出子目标，如子目标1、子目标2等，总目标与子目标从结构上处于串行关系。在目标串行结构的记叙文中，总目标一经提出，就成为读者阅读的焦点，处于显性焦点地位，随着阅读的进行和子目标1的出现，总目标由显性焦点转换为隐性焦点，这时的子目标1成为显性焦点，当子目标2出现的时候，子目标1又成为隐性焦点，子目标2成为显性焦点，如果子目标1已经实现，这时出现与总目标相关的信息，就会激活长时记忆中的总目标信息和子目标信息，将它们恢复到工作记忆，与当前的信息进行整合，阅读双加工理论的研究者把在这种情况下，串行结构中的总目标和子目标1的信息被激活，恢复到工作记忆，与当前有关信息所进行的整合称为目标信息的串行恢复建构整合；如果子目标1尚未实现，这时出现与总目标相关的信息，就不会激活长时记忆中的总目标信息和子目标信息，也就不进行有关目标信息的恢复建构整合。

（2）目标平行结构的焦点恢复建构整合。在这种目标结构的文本中，首先提出目标，这与串行结构相同，然后描述这个目标实现或未实现，这与串行结构不同。阅读双加工理论的研究者把首先提出的目标称为"原目标"，把后来出现的目标称为"新目标"，"原目标"与"新目标"在结构上处于平行地位。在目标平行结构的记叙文中，目标一旦被提出，成为显性焦点，随着阅读的进行，转换为隐性焦点，如果原目标实现了，读者在后面的阅读中不再产生试图实现目标的预期，实现了的目标作为隐性焦点，不再被激活参与到当前的信息整合中；如果原目标未实现，未实现的原目标信息随阅读的进行由显性焦点转化为隐性焦点，但处于易化状态，一旦出现与目标有关的信息，处于易化状态的原目标隐性焦点就会从长时记忆中激活，参与到当前的阅读中，与有关目标实现的新信息进行建构性整合，阅读双加工理论的研究者把这种由未实现目标引起的长时记忆目标信息的激活而与当前平行目标信息进行的整合称为目标信息的并行恢复整合。

第二方面是显性焦点控制下的追随建构整合。无论目标焦点的串行恢复整合还是平行恢复整合，都是通过激活恢复已经进入了长时记忆中的目标焦点（隐性焦点）进行前后信息的整合，这种整合是发生在整体水平上的整合；另外，更为重要的焦点整合是，如果焦点信息处在工作记忆中，该焦点称为显性焦点，在这个显性焦点控制下，读者会对随后阅读的与焦点有关的信息不断进行建构整合。阅读双加工理论把这种在工作记忆中的阅读焦点制约下进行的建构整合称为焦点信息的追随建构整合。

二、长时记忆中焦点信息的恢复建构整合研究

阅读双加工理论的研究者是通过"目标"焦点的恢复整合的探讨，揭示整个"焦点信息"恢复整合的过程与实质的。他们根据文本的目标结构，把长时记忆中焦点信息的恢复建构整合分为两种，上位隐性焦点的串行恢复整合与平行隐性焦点的平行恢复整合。下面分别阐述这两种焦点信息整合的研究。

（一）上位隐性焦点的串行恢复整合研究

20 世纪 90 年代以来，有大量的研究支持记忆基础文本加工理论（McKoon & Gerrig，1996；Myers & O'Brien，1998 O'Brien，Albrecht，Rizzella，& Halleran，1998；Albrecht & Myers，1998；Mo Lei et al.，2001、2003、2004）。然而，同样有大量的研究证据支持建构主义理论（Suh & Trabasso，1993；Lutz & Radvansky，1997；Magliano & Radvansky，2001；Richards & Singer，2001）。例如，理查和森格（2001）提出了否认记忆基础理论支持建构主义理论的证据。该研究表明即使文本信息是局部连贯的，而且当前阅读的信息与长时记忆中的信息没有表面概念的重叠，根据记忆基础理论，当前的信息就不会激活长时记忆中的信息，而实验结果是处于长时记忆中的目标信息仍可以被激活，与当前有关目标实现的信息进行整合。

理查和森格的研究是富有启发的，尽管还不能认为这项研究结果可以否定记忆基础文本加工理论，但是根据该研究结果至少可以对记忆基础文本加工观提出两个值得思考的问题：第一，文本阅读过程除了记忆基础文本加工理论提出的通过共振激活长时记忆的信息并进行整合这个途径之外，是否还有另外的途径也可以激活背景信息参与当前的整合；第二，最低限度假设与记忆基础文本加工理论提出了否定读者随着阅读过程不断进行建构的证据，但是能否说读者在自然阅读过程中始终没有进行主动的、策略的建构活动。

基于对这两个问题的思考，莫雷和冷英（2005）提出如下的基本假设：

第一，在文本阅读过程中，随着阅读信息不同，可以有记忆基础文本加工理论提出的通过共振激活长时记忆的信息并进行整合，也可以有建构主义提出与目标行为有关而产生的目标整合。前一种整合是一种被动的、消极的整合，其目的在于维持阅读信息的连贯性，后一种整合是一个主动的、积极的建构过程，充分体现出阅读过程的主体性与概念驱动。

第二，当读者未形成焦点时，自然阅读过程是一个非整合的命题网络建立或文本基础模型建立的过程，此时，不会发生追随性的建构。而只有在焦点形成的情况下，由于显形焦点的作用，才会发生追随性的建构过程。追随性建构的结果是将命题建立成为信息块。

为了验证莫雷和冷英（2005）提出的两个基本假设，莫雷和冷英（2005；2006；2007；2008）进行了一系列的实验研究。

1. 上位隐性焦点的串行恢复激活

莫雷和冷英（2005）的实验1在理查和森格（2001）研究的基础上，探讨在子目标曲折实现的条件下，目标启动句是否可以启动目标整合，从而出现与理查和森格2001年研究相类似的结果。实验1设计两种条件：第一种条件与理查和森格的研究相同，是子目标未实现条件，在这个条件下，主人公没有完成子目标1，因此，当读到目标启动句时就不会发生整合。而第二种是曲折实现版本，与理查和森格的子目标完成版本不完全相同，在这个曲折实现版本中，先是提供子目标1没有实现的信息，接着再提供子目标1实现了的信息，由于在这种条件下子目标最终还是实现了，因此，阅读目标整合句的过程仍然应该发生目标整合，目标启动句阅读时间就应该长于未完成条件下的目标启动句，从而出现与理查和森格2001年的研究相同的结果。下面是实验1阅读材料的样例，如表6-4所示。

表6-4　　　　　上位隐性焦点的串行恢复激活研究实验材料样例1

介绍目标部分
1. 张林和王勇想出去休假。
2. 他们存了足够的钱可以开车去梅城。
3. 他们都热心滑雪，都盼望去旅行。

子目标1部分
曲折实现版本
4. 张林需要借一部车。
5. 他问了所有的朋友，没有人能借给他。
6. 张林多方努力都没有借到车。
7. 他的父亲打电话告诉他，家里的车修好可以使用。
尚未实现版本
4. 张林需要借一部车。
5. 他问了许多朋友，打听有谁能借给他。

续表

6. 张林的努力没有任何收获。
7. 朋友们都抱歉地告诉他，没有空闲的车借给他。
子目标 2 部分
8. 王勇需要在梅城预订一个房间。
9. 他打电话到旅游局询问有关订房的信息。
10. 旅游局告诉他有许多便宜的旅馆。
11. 王勇订了 80 元一晚上的便宜房间。
启动目标部分
12. 王勇收拾好行包等待出发。（目标启动句1）
13. 王勇还为长途旅行准备了午餐。（目标启动句2）
结尾部分
14. 他们计划租梅城所有的滑雪用具。
15. 天气预报说梅城刚下了 20 厘米厚的雪。

实验采用单因素被试内设计与材料内设计，研究变量是主人公子目标的完成情况，分曲折实现与未实现两种水平，因变量为目标启动句阅读时间。结果发现，曲折实现版本与未实现版本目标启动句 1 的阅读时间差异不显著；而目标曲折实现版本目标启动句 2 的阅读时间显著长于目标未实现版本。这样，该实验就在新的条件下重复了理查和森格 2001 年的研究，结果表明，曲折实现版本的目标启动句阅读时间显著长于未实现版本的目标启动句阅读时间，这个结果与理查和森格的研究相符合，进一步加强了理查和森格 2001 年的研究结果与结论的可靠性。该结果说明，在曲折实现目标的条件下，目标启动句可以促使读者激活进入了工作记忆的文本目标信息，进行目标整合。由此可见，文本阅读过程除了记忆基础文本加工理论提出的通过共振激活长时记忆的信息并进行整合这个途径之外，还有建构主义提出的通过目标实现而激活背景目标信息并进行整合的途径。

然而，理查和森格（2001）和莫雷、冷英（2005）没有进一步对目标信息整合的机制探讨得不够深入，它只揭示了目标愈合信号可以激活长时记忆中的目标信息，引发目标信息进行恢复整合，而对于这种恢复整合是自然实现的还是需要目标愈合信号启动才能实现这个关键问题没有进一步探讨，冷英和莫雷（2006c）探讨了目标信息恢复激活与整合的条件。

理查和森格（2001）认为已经实现的目标信息在阅读过程中有较高的通达性，一旦遇到相关信息就会被激活与当前信息进行整合。冷英和莫雷（2006c）的实验探讨在目标包含结构中目标信息的恢复激活是自然实现的还是需要愈合信号启动才能实现，即目标愈合信号是否是激活长时记忆中目标信息的必要条件。在冷英和莫雷（2006c）的研究中，实验 1 用中文材料做了一个验证实验，看中文条件下目标愈合信号是否也会激活长时记忆中的目标信息，即在子目标实现条件下，目标句 1 是否作为目标愈合信号，激活总目标信息，启动目标信息的整合。对子目标实现条件与子目标未实现的条件下目标句阅读时间进行比较，如果前者长于后者，则表明由于目标愈合信号的出现而启动了目标整合。冷英和莫雷（2006c）将理查和森格（2001）实验 1 的 15 篇实验故事翻译成中文，根据中文背景和阅读习惯进行了适当的修改；然后按理查和森格（2001）实验材料的编写规则组织在读研究生重新编写了 23 篇故事，这样一共有 38 篇故事材料。每篇故事分为子目标未实现版本与子目标实现版本两种，文章的结构都是：介绍总目标—子目标 1：（未实现）/（实现）—子目标 2（实现）—目标句 1—目标句 2—结尾部分，每篇故事介绍部分 3 句，子目标句 1 和子目标句 2 各 4 句，目标句 2 句，结尾部分 2 句，共由 15 句组成。阅读材料的样例如表 6 – 5 所示。

表 6 – 5　　　　上位隐性焦点的串行恢复激活研究实验材料样例 2

介绍目标部分
1. 老周和老李是多年的棋友。
2. 他们周末喜欢去俱乐部切磋棋艺。
3. 他们约好这个周末一起下围棋。

子目标 1 部分
目标实现版本
4. 老周早早吃完晚饭。
5. 他决定步行去俱乐部。
6. 当他正准备出门时一位朋友打来电话。
7. 他与朋友聊了一会儿就挂了电话。
目标未实现版本
4. 老周早早吃完晚饭。
5. 他决定步行去俱乐部。
6. 当他正准备出门时一位朋友打来电话。
7. 他与朋友聊了起来，忘记了时间。

子目标 2 部分
8. 老李得知百货店新到了一批云南产的围棋子。
9. 他很喜欢这种质感的围棋子。

10. 他看了看表，百货店还在营业。
11. 老李直接去了百货店买了一副围棋。
目标部分
12. 老李带着围棋走进了俱乐部。（目标句1）
13. 今天俱乐部里的人不多。（目标句2）
结尾部分
14. 老李喜欢安静的环境。
15. 这样的环境最适合下棋。

该实验设计两种条件：第一种是子目标实现条件，在这个条件下，主人公已经完成子目标1，当读到目标句1时就会发生目标信息的整合。因此，目标句阅读时间就应该长于未实现条件下的目标句阅读时间，而第二种条件是子目标未实现条件，在这个条件下，主人公没有实现子目标1，因此，当读到目标句1时就不会发生目标信息的整合，从而出现与理查和森格（2001）研究相同的结果。结果发现，目标实现版本与未实现版本目标句1的阅读时间差异不显著，目标实现版本目标句2的阅读时间显著长于目标未实现版本。该实验在中文条件下重复了理查和森格（2001）的研究，结果与理查和森格（2001）的实验1相符合，进一步加强了理查和森格（2001）研究结果与结论的可靠性。该结果说明，在目标实现的条件下，目标句1可以作为目标愈合句，激活进入了长时记忆的文本目标信息，然后在目标句2中进行目标整合。结果不支持记忆基础的文本加工理论，而支持建构主义理论。由此可见，文本阅读过程信息的激活除了记忆基础文本加工理论提出的共振激活之外，还有建构主义提出的通过目标实现的信息而激活背景目标信息并进行整合的途径。

从理查和森格（2001）的实验1与冷英和莫雷（2006c）实验1的结果可以看出，目标句1描述的是人物2试图达成主目标，总目标和子目标是上下位关系，当读者阅读到目标句1时，总目标已经进入长时记忆成为隐性焦点，目标句1对读者长时记忆中有关目标信息的激活起到了启动作用，使读者在阅读目标句2的时候，恢复了前面的总目标，这种恢复是串行恢复，因此，目标句1实际是目标启动句，起到了目标愈合的信号的作用。沿着这个思路，冷英等人设想，如果没有这个目标愈合信号存在，总目标是否还会被串行激活并与当前的信息进行整合，也就是说长时记忆中目标信息的激活在目标实现条件下是自然激活还是需要有目标愈合信号启动激活，这是对长时记忆中目标信息的激活的机制的探讨。冷英和莫雷（2006c）实验2探讨了这个问题。

2. 上位隐性焦点串行激活的机制

为了探讨文本阅读中长时记忆中目标焦点信息的激活是自然实现的还是需要目标愈合信号启动激活，即总目标进入长时记忆，其子目标已经全部完成，目标愈合信号尚未出现，在这种情况下，总目标是否被自动激活，恢复到工作记忆参与目标信息的整合，冷英和莫雷（2006c）在实验 2 中设计了两种条件，第一种是有总目标条件：总目标（有总目标）+ 子目标（已实现）+ 承接句（非目标愈合句）+ 结尾句；第二种是无总目标条件：总目标（无总目标）+ 子目标（已实现）+ 承接句（非目标愈合句）+ 结尾句，在这个条件下，介绍部分描述了有关主人公的一般信息，而不是目标信息。目标探测词出现在承接句 1 之后，目标探测词是出现在介绍部分的有关总目标的一个名词，如在"餐厅会面"故事中目标探测词为"会面"，在"切磋棋艺"故事中目标探测词是"棋友"。根据这个设计，如果总目标的激活是自然进行的，即使无启动目标愈合信号，长时记忆中目标信息也会被激活恢复到工作记忆中，这时对目标词进行探测，由于该词已在工作记忆中，那么，有总目标版本条件下对总目标探测词的反应就会快于无总目标条件下对总目标探测词的反应；如果总目标的激活需要目标愈合信号，那么由于该实验材料没有出现启动目标愈合句，当读到承接句时就不会激活长时记忆中的目标信息，目标词就不会处在工作记忆中，那么，有总目标条件下承接句之后对总目标的探测反应时与无总目标条件下的探测反应时差异应该不显著。下面是实验阅读材料的样例，如表 6 - 6 所示。

表 6 - 6　　　　　上位隐性焦点串行激活的机制研究实验材料样例 1

介绍目标部分
版本 1：无总体目标版本
1. 老周和老李是多年的棋友。
2. 他们周末喜欢去俱乐部切磋棋艺。
3. 这种习惯已经保持了许多年。
版本 2：有总体目标版本
1. 老周和老李是多年的棋友。
2. 他们周末喜欢去俱乐部切磋棋艺。
3. 他们约好这个周末一起下围棋。
子目标 1 部分
4. 老周早早吃完晚饭。
5. 他决定步行去俱乐部。

6. 当他正准备出门时一位朋友打来电话。
7. 他与朋友聊了一会儿就挂了电话。
子目标 2 部分
8. 老李得知百货店新到了一批云南产的围棋子。
9. 他很喜欢这种质感的围棋子。
10. 他看了看表，百货店还在营业。
11. 老李直接去了百货店买了一副围棋。
承接部分（无目标愈合信号）
12. 百货商店里人来人往。　　　探测词：棋友
13. 今天俱乐部里的人不多。
结尾部分
14. 这样的环境最适合下棋。

该实验是单因素被试内设计与材料内设计，研究变量是主人公子目标的实现情况，分尚未实现与已经实现两种水平，因变量为目标句 1 和目标句 2 的阅读时间。正式阅读材料共 24 篇，每篇都有目标尚未实现与目标实现两个版本。实验结果发现，无总目标版本与有总目标版本目标探测词的再认时间差异不显著，表明目标上下位包含结构中目标信息的激活不是自动进行的，可以认为，由于实验 2 材料没有出现启动目标愈合句，当读者读到无目标愈合信号的承接句时就不会激活长时记忆中目标信息，进行信息的整合，即使在总目标具备的情况下也是一样，因此有总目标与无总目标两种条件下的目标探测词的再认反应时间差异不显著。

然而，两种条件下目标探测词的再认时间差异不显著还有另一种解释，即尽管没有出现目标愈合句，但长时记忆中目标信息还是被激活了，之所以两种条件下目标探测词的再认时间差异不显著，是因为在无总体目标的条件和有总体目标条件下的目标探测词是相同的，都曾经出现在介绍部分，两种条件下目标探测词本身与长时记忆中的有关信息都发生了共振激活。冷英和莫雷（2006c）实验 3 检验了这种可能性。

实验 3 探讨在无总体目标条件下，子目标信息的实现是否会激活长时记忆中有关目标的信息，将长时记忆中的信息恢复到工作记忆进行信息的整合。该实验设计了两种条件，第一种是有总目标条件：总目标（有总目标）＋子目标（已实现）＋承接句（有目标愈合句）＋结尾句；第二种是无总目标条件：总目标（无总目标）＋子目标（已实现）＋承接句（有目标愈合句）＋结尾句。如果目标愈合句也会启动无总目标条件下长时记忆中有关目标的信息，由于该实验材料出现了目标愈合句，那么无目标条件下长时记忆目标中的目标信息也会被激活进行信息整合，这样，有总目标条件和无总目标条件承接句之后目标探测反应时应该没有显著差异；如果目标愈合句只能激活有总目标条件下长时记忆中的目标信息，那么有总体目标条件下就会快于无总目标条件下的目标探测反应时。结果发现有总目标版本目标探测词的再认时间显著快于无总目标版本目标探测词的再认时间，表明启动目标愈合句仅对有总体目标条件下长时记忆中的目标信息发生作用，即当有总体目标的情况下，目标愈合信号的出现会激活长时记忆中有关目标的信息，因此，有总体目标条件下快于无总目标条件下的探测反应时。可以认为，冷英和莫雷（2006c）实验 2 两种条件下目标探测词差异不显著不是由于无总体目标条件下长时记忆中的有关信息激活引起的，而是由于没有出现目标愈合句，有总体目标条件下长时记忆中有关目标的信息没有被启动激活而引起的。

实验结果总的表明：（1）在含有上下位目标信息的文本阅读中，目标愈合信号能够启动目标实现情况下长时记忆中目标信息，将有关的目标信息进行整合；（2）长时记忆中上位隐性焦点的串行激活不是自然进行的，而是需要有焦点愈合信号的启动激活，目标愈合情境是影响长时记忆目标信息通达的关键因素。

冷英和莫雷（2006c）探讨的是目标愈合信号的有无对长时记忆中目标信息通达的影响，冷英和莫雷（2007）进一步探讨了目标愈合信号的强弱对长时记忆中目标信息通达的影响。实验材料每篇文章控制两个变量：子目标 1 的实现情况和目标愈合信号的强弱，文章的结构都是：总目标—子目标 1：（未实现）/（实现）/（控制）—子目标 2 实现—目标部分（强目标愈合信号/弱目标愈合信号/无目标愈合信号）—目标句—结尾句。表 6 - 7 是实验阅读材料的样例。

表 6 - 7   上位隐性焦点串行激活的机制研究实验材料样例 2

介绍目标部分

  1. 张林和赵刚"十一"想去度假。

  2. 他们存了足够的钱可以乘坐卧铺车去海南。

  3. 他们都热心游泳，都盼望去旅行。

子目标 1 部分

目标未实现版本

  4. 张林需要去买最近一两天的票。

  5. 他去了售票处。

  6. 他看见售票处买票的人很多。

7. 他没有买到去海南的票。

目标实现版本

4. 张林需要去买最近一两天的票。

5. 他去了售票处。

6. 他看见售票处买票的人不多。

7. 他买了两张去海南的票。

控制版本

4. 张林需要去买最近一两天的票。

5. 他去了售票处。

6. 他看见买票的人排着长队。

7. 他站到了买票的队伍里。

子目标 2 部分

8. 赵刚需要在海南预订一个房间。

9. 他打电话到旅游局询问有关订房的信息。

10. 旅游局告诉他有许多便宜的旅馆。

11. 赵刚订了 80 元一晚上的便宜房间。

目标部分

强目标愈合信号版本

12. 赵刚放下电话想何时出发。　　探测词：买票

13. 赵刚为长途旅行准备了速食面。

弱目标愈合信号版本

12. 赵刚收拾好行装等待出发。　　探测词：买票

13. 赵刚为长途旅行准备了速食面。

无目标愈合信号版本

12. 赵刚收拾好房间准备做饭。　　探测词：买票

13. 赵刚为长途旅行准备了速食面。

结尾部分

14. 他们计划在海南玩一个星期。

15. 节日期间海南的气温将比较稳定。

　　采用两因素被试内设计与材料内设计，研究变量一是主人公子目标的完成情况，分尚未实现、已经实现与控制条件三种水平，研究变量二是目标愈合信号的

强弱，分强目标愈合信号、弱目标愈合信号和无目标愈合信号三种水平；因变量为目标探测词的再认时间。目标探测词是子目标1部分出现的表示子目标1的名词。如果目标愈合信号确实激活了长时记忆中有关的目标信息，那么目标实现与否就会有主效应；如果目标愈合信号是激活长时记忆中目标信息的必要条件，那么强目标愈合信号和弱目标愈合信号条件下目标探测词的再认反应时间就会快于无目标愈合信号条件下的时间，即目标愈合信号有主效应。实验个别进行，被试自己按键，句子在计算机屏幕上以窗口的方式逐句呈现。读完目标愈合句或非目标愈合句（第12句）后，呈现探测词，探测词是有关子目标1的名词，要求被试回答该词是否在前文中出现过。

实验结果表明，子目标实现与否有主效应：目标实现条件下的探测时间显著快于目标未实现条件下的探测时间；目标实现条件下的探测时间显著快于中性条件下的探测时间；目标未实现条件的探测时间显著快于中性条件下的探测时间。这个结果表明，目标愈合信号确实激活了读者阅读过的、已经进入长时记忆中的目标信息。目标愈合信号有主效应：强目标愈合信号条件下的探测时间显著快于弱目标愈合信号条件下的探测时间；强目标愈合信号条件下的探测时间显著快于中性条件下的探测时间；弱目标愈合条件的探测时间显著快于中性条件下的探测时间。这个结果表明目标愈合信号是激活长时记忆中目标信息的必要条件，如果没有目标愈合信号，长时记忆中的目标信息就不会被激活。目标实现条件和目标愈合信号有交互作用：在目标实现条件下，目标愈合信号对探测词再认时间有显著影响，其中强目标愈合信号条件下的探测时间与弱目标愈合信号条件下的探测时间没有显著差异；强目标愈合信号条件下的探测时间显著快于中性条件下的探测时间；弱目标愈合条件的探测时间显著快于中性条件下的探测时间。在目标未实现条件下，目标愈合信号对探测词再认时间有显著影响，其中强目标愈合信号条件下的探测时间显著快于弱目标愈合信号条件下的探测时间；强目标愈合信号条件下的探测时间显著快于中性条件下的探测时间；弱目标愈合条件的探测时间显著与中性条件下的探测时间没有显著差异。在控制条件下，目标愈合信号对探测词再认时间没有显著影响。这个结果表明，弱的目标愈合信号就可以激活长时记忆中已实现的目标信息，而较强的目标愈合信号才能激活长时记忆中尚未实现的目标信息。

实验结果符合预期，表明在子目标实现的条件下，如果没有目标愈合信号，长时记忆中的目标信息就不被激活，该结果支持了在目标包含结构中目标愈合信号是长时记忆中目标信息激活的必要条件的设想；在子目标未实现的条件下，目标愈合信号不能启动目标信息整合，但是如果给出更强的目标愈合信号，读者也会激活有关目标的信息与当前的信息进行整合。

冷英和莫雷（2006；2007）的结果与理查和森格（2001）的研究结果是吻合的，都表明目标愈合信号引发了处于长时记忆中目标信息的激活与整合，然而，理查和森格（2001）的研究没有进一步探讨这种激活与整合的条件，冷英和莫雷（2006；2007）进行了这方面的探讨，得出了在目标上下位包含结构的文本阅读中，目标信息表现出恢复激活的方式，目标愈合信号是目标信息恢复的必要条件，弱的目标愈合信号就可以激活长时记忆中已实现的目标信息，而较强的目标愈合信号才能激活长时记忆中尚未实现的目标信息的新的结论。

（二）平行隐性焦点的平行恢复整合研究

主人公的目标维度是情境模型研究的一个重要维度，为了理解主人公的行为，读者必须理解主人公的行为是怎样满足他们的目标的（Suh & Trabasso，1993；Lutz & Radvansky，1997），因为记叙文的情节一般都会描述主人公从事的一系列行为以及这些行为最终指向的目标（Richard & Singer，2001）。有大量的证据表明主人公的目标在阅读理解中有较高的通达性。例如徐和初波索（1993）的实验故事之一描述一个叫贝蒂的女孩，在母亲生日来临之际考虑送母亲一件礼物（目标），去百货商店没有买到合适的礼物（目标未实现版本）或已经买到合适的礼物（目标实现版本）之后，看见好朋友在织毛衣，她也开始织毛衣，如果这时出现探测问题"贝蒂想送母亲一件礼物吗?"，读者在目标未实现版本中对该问题的反应快于目标实现版本，表明未实现的目标比实现的目标更容易被通达。

徐和初波索（1993）在研究阅读中的目标推理问题时使用平行目标结构模式，他们使用的材料样例如表 6－8 所示。

表 6－8　　　　　　　　徐和初波索（1993）材料样例

(a) 未实现目标版本	
1. 从前有个女孩名叫贝蒂。	（背景）
2. 一天贝蒂发现她母亲的生日快要到了。	（引发事件）
3. 她的确想送给她母亲一件礼物。	（目标 1）
4. 她去了百货商店。	（行动 1a）
5. 她发现每一样东西都特贵。	（行动 1b）
6. 她不能给母亲买任何一件东西。	（结果 1）
7. 她感觉很遗憾。	（反应 1）
8. 几天后，贝蒂看见她的朋友在编织。	（引发事件 2a）

续表

（a）未实现目标版本	
9. 她也擅长编织。	（引发事件2b）
10. 她决定织一件毛衣。	（目标2）
11. 她从杂志上挑选了一个样式。	（行动2a）
12. 她按照说明编织。	（行动2b）
13. 最后贝蒂织成一件漂亮的毛衣。	（结果2）
14. 她把毛衣压平。	（行动3a）
15. 她小心翼翼地把毛衣叠好。	（行动3b）
16. 她把毛衣送给母亲。	（结果2）
17. 当母亲看到这个礼物时非常高兴。	（反应3）
（b）已实现目标版本	
1. 从前有个女孩名叫贝蒂。	（背景）
2. 一天贝蒂发现她母亲的生日快要到了。	（引发事件）
3. 她的确想送给她母亲一件礼物。	（目标1）
4. 她去了百货商店。	（行动1a）
5. 她发现一个别致的钱包。	（行动1b）
6. 她给母亲买了这个钱包。	（结果1）
7. 她母亲非常高兴。	（反应1）
8. 几天后，贝蒂看见她的朋友在编织。	（引发事件2a）
9. 她也擅长编织。	（引发事件2b）
10. 她决定织一件毛衣。	（目标2）
11. 她从杂志上挑选了一个样式。	（行动2a）
12. 她按照说明编织。	（行动2b）
13. 最后贝蒂织成一件漂亮的毛衣。	（结果2）
14. 她把毛衣压平。	（行动3a）
15. 她小心翼翼地把毛衣叠好。	（行动3b）
16. 她把毛衣放进衣柜，下次出去时穿。	（结果2）
17. 她非常高兴。	（反应3）

探测问题："贝蒂想送给母亲一件生日礼物吗？"

上述材料中，"背景"介绍记叙文的人物和背景条件（句子1，介绍一个叫贝蒂的女孩）。"引发事件"是记叙文中的第一个事件，并且通常是目标1的原因（句子 2，贝蒂发现她母亲的生日快到了）。"目标"陈述人物想要实现需要达成的状态（句子 3，贝蒂想送给她母亲一个礼物）。"目标"通常跟随着"行动"，"行动"试图达成一个想要的目标，这个目标与特定的状态、活动或目标物相联系（句子 4 和句子 5，贝蒂来到商店，发现所有的东西都很贵）。目标行为可以导致成功或失败的结果（句子 6，贝蒂不能给母亲买一个礼物）。结果还可能引起一个反应，这个反应可以引起其他的目标和行为，特别是在先前的目标没有实现的时候（句子 7，贝蒂感到遗憾，因为她没能给母亲买礼物）。

从这个材料模式可以看出，目标 1 和目标 2 从结构上处于平行地位，根据文本焦点阅读加工理论，在目标平行结构中，首先提出的目标是"原目标"，后来出现的目标是"新目标"，平行目标信息进行的整合是目标信息的并行恢复整合。徐和初波索（1993）实验故事中的目标结构属于平行结构，文本阅读双加工理论研究者认为在目标平行结构的记叙文中，目标一旦被提出，成为显性焦点，随着阅读的进行，转换为隐性焦点，如果原目标实现了，读者在后面的阅读中不再产生试图实现目标的预期，实现了的目标作为隐性焦点，不再被激活参与到当前的信息整合中；如果原目标未实现，未实现的原目标信息随阅读的进行由显性焦点转化为隐性焦点，但处于易化状态，一旦出现与目标有关的信息，处于易化状态的原目标隐性焦点就会从长时记忆中被激活，参与到当前的阅读中。文本阅读双加工理论研究者把在有阅读焦点的情况下，未实现的目标状态称为易化状态，因为在这种情况下，读者会对有关焦点的后续内容进行预期从而导致后来出现的与目标有关的信息，比在目标实现情况下，更容易被激活，这种激活称为"易化恢复激活"，这时激活的信息与工作记忆中的信息整合称为"平行隐性焦点的并行恢复整合"。

根据建构主义理论，如果读者遇到了一个包含目标的句子，就会使读者关注目标的实现，任何符合目标实现的接下来的目标和子目标都会与最初的目标产生因果联系。如果目标没有实现，就会产生未实现目标的平行结构，另一个平行的子目标可能与最初的目标产生因果联系。如果未实现的目标或子目标超过一个，读者就会把当前的行为与最近未实现的目标联系起来。这种情况持续到目标计划的第一个目标实现时。因此，如果一个目标还没有实现，这个目标信息将被保留，当读到与目标信息有关的信息时，这个未实现的目标信息比已经实现的目标信息更容易被激活。

徐和初波索（1993）的一系列实验表明未实现的目标比实现的目标更容易被激活。他们让被试阅读未实现版本和实现版本的记叙文。每个版本由 3 个场景组成。在未实现版本中（a），贝蒂的目标是送给母亲一件生日礼物。然而在第一个场景中她没有得到给母亲的礼物（句子 1 ~ 7），所以没有实现目标（目标

1）。所以在第二个场景中（8～15句），贝蒂织毛衣将归因于给母亲一件礼物，因为它还没有实现。在第三个场景中，这一个场景可以被认为是第一个场景的继续，贝蒂送礼物给母亲（16～17句）。

在已实现的目标版本中（b），贝蒂在第一个场景中给母亲买了一件礼物（1～7句），因此实现了这个目标。在第二个场景中，贝蒂织毛衣，但是因为她已经买了一件礼物，织毛衣的原因就改变了（8～15句）。在第三个场景中，贝蒂把毛衣叠好放进衣柜（16～17句）。在所有的版本中，第二个场景都是一样的，但是依据第一个目标是否实现，行为的原因却是不同的。相应地，根据读者所读的版本不同，故事版本的设计是看读者是否受未实现目标的影响，即时将未实现的目标与另一个与之有关的目标建立因果联系。

为了确定人们是否保持未实现目标信息的可通达性，徐和初波索（1993）在被试阅读记叙文时，对未实现目标的信息进行了探测。被试阅读3篇实现目标记叙文和3篇未实现目标记叙文，10篇填充记叙文。阅读是自定步调的。在阅读的过程中，每一篇记叙文有两个探测问题，要求被试判断句子陈述是否是正确的。一个探测问题是与目标有关的，例如，"贝蒂想送给母亲一件生日礼物吗？"另一个是与目标无关的探测问题。根据徐和初波索（1993）的研究设想，未实现的目标信息比实现的目标信息在阅读中的通达性较高，只有在强相关的条件下，未实现的目标条件的目标探测问题反应时才快于实现目标条件，如果是这样，那么，预期目标实现有主效应；目标实现与强弱相关有交互效应。实验结果符合预期，四种条件下对目标探测问题的反应时见表6-9。

表6-9　　　　　　徐和初波索（1993）不同版本目标探测
问题反应时间（ms）比较

行为与目标的相关性	目标状态	
	未实现	实现
弱相关	1 122	1 138
强相关	1 084	1 209

徐和初波索（1993）的研究是有价值的，然而，有两个问题值得进一步探讨。

第一，该研究实际上探讨了冷英和莫雷（2006b）实验设想的一个方面，即目标平行结构中平行隐性焦点的并行恢复整合研究，比较的是目标实现和未实现条件下进入长时记忆的目标焦点信息的激活，结果表明未实现的目标比已实现的目标更容易被激活。但该研究还没有探讨已经实现的目标信息是否也有易化作用，即进入长时记忆中的已经实现的隐性目标是否对当前的阅读产生影响。

249

第二，该研究使用了探测问题反应时间作为因变量指标。在阅读过程中使用探测问题，探测问题的提出有可能干扰被试的正常阅读，而对探测问题的回答必然要求读者暂时中断阅读，这与记录被试的阅读时间为因变量的实验方法对被试的影响是不同的。常用的因变量指标还有探测词的再认反应时间，它也是在阅读中打断被试的阅读，但比探测问题对被试的影响小。这是因为对探测问题的回答需要先明了问题本身，然后根据阅读的课文对问题进行回答，而探测词再认只需要回答探测词在先前阅读的课文中是否出现，所花费的认知能量少，可以说从测量方法的即时性上，探测词技术是在自然阅读研究中的即时方法，探测问题技术比探测词技术在即时性程度上低。用即时性低的探测方法探讨阅读过程中信息的即时加工问题说服力不够强。因此，冷英和莫雷（2006b）采用了即时性程度高的再认反应时法探讨平行隐性焦点的平行恢复整合研究。

1. 未实现的隐性目标焦点的平行恢复整合

冷英和莫雷（2006b）设计系列实验，对目标平行结构的记叙文本中进入长时记忆的尚未实现的隐性目标信息的平行恢复整合方式进行了系统研究。该实验探讨在含有目标信息的文本阅读中，当原目标尚未实现，新目标处于活跃状态，进入长时记忆的未实现的原目标是否对当前阅读信息的整合产生影响。除了两篇故事来自徐和初波索（1993）外，按照徐和初波索（1993）实验故事的编写规则自编了28篇故事，经评定后，选取两种条件下可能性得分有显著差异的故事20篇，作为正式实验材料。实验故事分目标实现版本与目标未实现版本两种，结构都是：介绍部分—目标部分—目标实现情况：未实现/实现—新目标部分—结尾部分。下面是阅读文本的一个样例，见表6-10。

表6-10　　　　未实现的隐性目标焦点的平行恢复整合研究材料样例

介绍部分	1. 有个女孩名叫林秀。
	2. 一天她发现母亲的生日快要到了。
目标部分	3. 林秀想送给母亲一件礼物。

目标未实现版本

4. 她去了百货商店。

5. 她发现每一样东西都特贵。

6. 她不能给母亲买任何一件东西。

7. 林秀感觉很遗憾。

目标实现版本

4. 她去了百货商店。

5. 她发现一个别致的钱包。

6. 她给母亲买了这个钱包。	
7. 她母亲非常高兴。	
故事继续部分	
8. 几天后，林秀看见她的朋友在编织。	
9. 林秀也擅长编织。	
新目标部分	
10. 她决定织一件毛衣。	
11. 她从杂志上挑选了一个样式。	
12. 她按照说明编织。	
13. 最后林秀织成了一件漂亮的毛衣。	
结尾部分	
14. 她把毛衣送给母亲。	
15. 母亲非常高兴。	
探测词：礼物	
探测位置：第 10 句后或者第 13 句后	

该实验是两因素被试内设计与材料内设计，研究变量一是主人公目标的实现情况，分实现与未实现两种水平，研究变量二是目标行为与原目标的相关程度，分强相关和弱相关（参照 Suh & Trabasso，1993），所谓强相关是指当前的目标行为与原目标的关系紧密，反之称为弱相关。因变量为探测词再认反应时间。如果被试在阅读过程中对未实现的目标进行易化恢复整合，并且验证 Suh 等（1993）的结果，那么在弱相关时，目标未实现条件下的探测词的反应时与目标实现条件没有显著差异；在强相关时，目标未实现条件下的探测词的反应时显著快于目标实现条件。结果发现，目标实现有主效应：目标未实现条件下显著快于目标实现条件下目标探测反应时；强弱相关无主效应；目标实现与目标探测词反应时交互作用显著：在弱相关时，目标未实现条件下的探测词的反应时与目标实现条件没有显著差异；在强相关时，目标未实现条件下的探测词的反应时显著快于目标实现条件。实验结果与徐和初波索（1993）的研究结果相符。

冷英和莫雷（2006b）这项实验以及徐和初波索（1993）的结果都表明未实现的目标进入长时记忆仍处于活跃状态，成为读者阅读的隐性焦点，比实现了的目标更容易通达；而这种通达受前后信息的相关程度的影响，当目标行为与原目标的相关较强时，未实现目标条件下目标探测词反应时间才显著快于实现目标条件，当目标行为与原目标的相关较弱时，两种条件下目标探测词没有显著差异。

251

然而，冷英和莫雷（2006b）上述的实验研究以及徐和初波索（1993）的实验研究只探讨了未实现目标的焦点信息通达情况；然而，已经实现的隐性目标焦点是否仍然处于这种易化状态，这也是值得研究的。冷英和莫雷（2006b）进一步设计了实验探讨已实现的目标信息的通达性，探究已经实现的隐性目标焦点的平行恢复整合问题。

2. 已实现的隐性目标焦点的平行恢复整合

冷英等认为，已实现的隐性目标焦点仍然会保持易化状态，不过其活跃程度不及未实现的目标信息，但还是强于非焦点信息。因为读者更可能对因果链上的事件进行推理和解释（Trabasso & van den Broek，1985；van den Broek et al.，1999）。基于上述分析，冷英和莫雷（2006b）设计了实验，对进入长时记忆的已实现的隐性目标焦点的平行恢复整合进行探讨。

该实验材料包括 20 篇短文，每篇实验材料分有目标版本与无目标版本两种，文章的结构都是：介绍部分—目标情况：无目标/有目标—新目标部分—结尾部分。有目标版本是目标实现版本，无目标版本没有明确说明主人公的目标。实验采用单因素被试内设计与材料内设计，研究变量是主人公的目标状态，分无总目标与有总目标两种水平，因变量为探测词的再认反应时间，探测词出现在第 14句之后。实验材料样例如表 6 - 11 所示。

表 6 - 11　　已实现的隐性目标焦点的平行恢复整合研究材料样例

介绍部分
1. 有个女孩名叫林秀。
2. 林秀是位待人热情的女孩。

无目标版本
3. 5 月 6 日是林秀母亲的生日。
4. 林秀将这个日子记得很牢。
5. 她总是送一些礼物给母亲。
6. 并且请假在家陪母亲。
7. 她还会带母亲去逛街。
8. 每次她母亲都非常高兴。

有目标版本
3. 林秀母亲的生日快要到了。
4. 她很想送给她母亲一件礼物。
5. 她去了百货商店。

6. 她发现一个别致的钱包。

7. 她给母亲买了这个钱包。

8. 她母亲非常高兴。

新目标部分

9. 有一天，贝蒂看见她的朋友在编织。

10. 贝蒂也擅长编织。

11. 她决定织一件毛衣。

12. 她从杂志上挑选了一个样式。

13. 她按照说明编织。

14. 最后贝蒂织成了一件漂亮的毛衣。

结尾部分

15. 她把毛衣送给母亲。

探测词：礼物

探测位置：第 14 句后

　　按照以上材料设计，如果进入长时记忆的已实现的隐性目标焦点仍处于活跃状态影响当前的阅读，那么有目标条件（目标已实现）下目标探测反应时就会显著快于无目标条件。实验结果发现，有目标条件下目标探测反应时显著快于无目标条件下的目标探测反应时，此表明，进入长时记忆的已经实现的隐性目标焦点仍然保持了一定的易化状态，一旦后面的阅读出现相关的信息，这个目标焦点信息也会恢复到工作记忆中参与当前信息进行整合，即发生恢复整合，只是在目标已实现的情况下通达程度比未实现目标要低。

　　综合上述两个系列研究的结果，可以表明：（1）在含有平行目标信息的文本阅读中，未实现的目标信息处于活跃状态，是阅读的隐性焦点，监控着随后的阅读。一旦出现与该目标焦点有关的信息，这个隐性焦点的信息就会被恢复与当前的信息进行整合。（2）在含有平行目标信息的文本阅读中，已实现的隐性目标焦点信息也会被恢复发生信息的整合，只是通达的程度比未实现的隐性目标焦点要低。这个结果验证了文本阅读双加工理论的观点：在阅读中隐性焦点会继续监控新进入的信息，一旦与隐性目标信息有关的信息出现，就会激活已经进入长时记忆中的隐性焦点信息，使之回到工作记忆中参与当前阅读信息的整合。

　　然而，隐性焦点信息是如何被激活的？这涉及激活机制的问题，冷英与张莉（2009）设计了实验对焦点与非焦点信息的激活问题进行探讨。

（三）尚未实现的隐性目标焦点的信息恢复的机制

前面已阐述了阅读双加工理论关于在目标尚未实现的条件下与目标已经实现的条件下隐性目标焦点的恢复整合的系列研究，研究结果表明，目标尚未实现的情况下，隐性目标焦点始终维持易化状态，可以被恢复；即使在目标已经实现的情况下，隐性目标焦点也可以被恢复。在这里，需要进一步探讨的问题是，在目标尚未实现的条件下隐性目标焦点的恢复建构与目标已经实现的条件下隐性目标焦点的恢复是否有不同的机制。

冷英和张莉（2009）提出关于未实现的隐性目标焦点信息和已实现的隐性目标焦点信息激活具有不同的机制的假设。研究者认为，未实现隐性焦点信息由于一直处于读者注意的中心，始终维持易化状态，随着阅读进程，只要出现哪怕是间接与该隐性焦点有关的信息，就会立即被激活，也就是说，未实现的隐性目标焦点信息，只要有微弱的、间接的启动信息，就会启动对隐性目标焦点的激活并进行整合，因此可以认为是积极的，主动寻求的激活恢复，或称主动恢复。而已实现隐性焦点信息不再处于读者注意的中心，虽然它也是处于事件的因果链条上，因此也维持一定的易化状态，但是，需要直接的、强有力的启动信息，才能被恢复，也就是说，已实现的隐性目标焦点信息，需要有强力的、直接的启动信息，才能启动对隐性目标焦点的激活恢复，因此可以认为是相对消极的，被动的激活恢复，或称推动恢复。

冷英和张莉的研究（2009）就是为了验证以上设想。实验材料每篇文章分目标完成版本与目标未完成版本两种，每种版本又分为弱启动和强启动（探测位置1和探测位置2）两种条件。下面是阅读文本的一个样例，见表6－12。

表6－12　尚未实现的隐性目标焦点的信息恢复的机制研究材料样例

介绍部分
1. 以前有一个男孩叫吉米。
2. 一天，他看见他的朋友汤姆骑着一辆新的脚踏车。
目标部分
3. 吉米想要一辆新的脚踏车。
目标状态
目标未实现版本
4. 他跟他的母亲说。
5. 他的母亲拒绝买一辆脚踏车给他。

续表

6. 吉米非常忧伤。	

目标实现版本

4. 他跟他的母亲说。	
5. 他的母亲买了一辆脚踏车给他。	
6. 吉米非常高兴。	

偏转部分

7. 他的母亲说他应该有自己的储蓄。	
8. 吉米想要赚一些钱。	
9. 他去一间食品杂货商店打工。	
10. 他为食品杂货店做递送员。	

（间接）弱启动句

11. 他赚了许多钱。	
探测词：脚踏车（焦点词）（探测位置1）	

（直接）强启动句

12. 他去了百货公司。	
探测词：脚踏车（焦点词）（探测位置2）	

结果句

13. 他买了一辆新的脚踏车。	

　　如果隐性目标焦点信息是主动恢复，也就是说不需要直接的强启动，那么在弱启动句后探测与强启动句后探测，探测词的再认时间应该没有显著差异，如果隐性目标焦点信息是推动恢复，也就是说需要直接的强启动，那么在弱启动句后探测与强启动句后探测，探测词的再认时间应该有显著差异。

　　实验采用两因素被试内设计与材料内设计，研究变量之一是主人公子目标的完成情况，分已实现与未实现两种水平，研究变量之二是焦点启动情况，分弱启动和强启动两种条件。因变量为焦点探测词的再认时间。结果发现，目标未实现条件下显著快于目标实现条件下目标探测反应时，目标未实现条件下的弱启动和强启动的焦点探测词的再认时间没有显著差异；目标实现条件下弱启动探测词的再认时间显著慢于强启动的再认时间。这一结果显示，未实现的隐性目标焦点处于高度易化状态，在它的监控下，读者会关注文本相关的信息，一旦相关信息出现（弱启动），就会即时激活恢复，它的激活是主动的，无论焦点启动强弱，对它的探测词的反应都没有显著差异；而已经实现的隐性目标焦点则只是一般的易

255

化状态，它的激活需要直接相关的信息启动（强启动），所以读者对弱启动的目标探测词的反应慢于强启动。

为什么已经实现的隐性目标焦点还是保持一定的易化状态？因为，作为隐性目标焦点，它是故事因果链上的重要信息（Suh & Trabasso，1993），以往研究表明，如果某信息在文章建立的因果链上，那么该信息回忆会更好，加工更快（Trabasso & van den Broek，1985）。很多研究已经确定了目标信息在记叙文理解中的重要性（Suh & Trabasso，1993；Lutz & Radvansky，1997；Magliano & Radvansky，2001）。

建构主义理论是以"意义后搜索"（Search After Meaning）原则为导向的（Graesser et al.，1994），认为读者在阅读过程中试图解释为什么文章中提到这些行为，事件和状况。冷英和张莉（2009）的实验的结果，验证了未实现的隐性目标焦点信息是自动激活，已实现的隐性目标焦点信息是推动激活的假设，与建构主义这个"意义后搜索"（Search After Meaning）原则是相符的。

三、工作记忆中焦点信息的追随建构整合研究

无论目标焦点的上位隐性焦点的串行恢复整合还是平行隐性焦点的平行恢复整合，一方面都激活长时记忆中的目标信息而进行前后信息的整合，这种整合是发生在整体水平上的整合，对课文连贯意义的维持和情境模型的建构非常重要；另一方面，焦点信息在工作记忆处于显性焦点地位，在显性焦点的制约下，读者会对随后阅读的与焦点有关的信息进行追随性建构整合，不断更新情境模型。下面介绍工作记忆中目标信息的追随建构整合。

（一）对目标信息控制下的追随建构整合的验证

冷英（2004）用伊万和马登（Zwaan and Madden，2004）的材料验证在工作记忆中目标焦点监控下的阅读，是否会随着阅读进程对有关焦点的信息进行追随建构。

伊万和马登（2004）的实验 3 只记录了目标句的阅读时间，而没有考查目标后句的阅读时间，那么，实验结果可能版本与恢复可能版本条件下目标句的阅读时间没有差异可能只发生在目标句上，由于溢出效应，很可能在目标后句上两者表现出差异，如果是这样，实验结果就支持记忆基础的文本加工理论。为了检验这种可能性，冷英（2004）采用伊万的材料，在中文条件下，重复了伊万和马登（2004）的实验，同时记录了目标句和目标后句的阅读时间。主人公实现

目标必须具备的条件是否具备与后面主人公正在实现目标构成了三种版本：不可能版本、可能版本和恢复可能版本。如果可能版本与恢复可能版本条件下目标句的阅读时间没有差异而目标后句的阅读时间有显著差异，那么就支持记忆基础理论；如果可能版本与恢复可能版本条件下目标后句的阅读时间还是没有差异，那么就支持关于工作记忆中目标信息的追随建构假设。下面是第一个实验阅读材料的样例，见表 6 – 13 所示。

表 6 – 13　　　对目标信息控制下的追随建构整合的验证研究材料样例

介绍部分

　1. 王川非常喜欢观赏鸟。

　2. 他希望有更多的鸟到他家里来。

　3. 他决定造一个鸟屋，吸引更多的鸟。

不可能条件

　4. 王川拿出一把锯子，又想起他把锤子弄丢了。

　5. 他有一段时间没有用锤子了，他不知道到哪里去找。

　6. 他查看了地下室，但什么都没找着。

　7. 找了一阵之后，他还是没有找到锤子，他放弃了。

可能条件

　8. 王川拿出他的锤子，又想起他把锯子弄丢了。

　9. 他并不着急因为他知道锯子并不重要。

　10. 他的确需要用锤子把鸟屋敲到一起。

　11. 他非常高兴他上次用完后把锤子收好了。

恢复可能条件

　12. 王川拿出一把锯子，又想起他把锤子弄丢了。

　13. 他有一段时间没有用锤子了，他不知道到哪里去找。

　14. 他查看了地下室，但什么都没找着。

　15. 找了一阵之后，他发现锤子在他父亲的工具箱里。

屏蔽部分

　16. 王川开始把他需要的其他材料放在一起。

　17. 他列了一张表，这样他就不会忘记任何东西了。

　18. 他收集了木材和他买的油漆。

　19. 他选好了一棵橡树作为鸟屋的地址。

　20. 它是一棵大树，他可以从卧室的窗口看见它。

目标部分
21. 王川开始用锤子把木板钉在一起。（目标句）
22. 锤子对于他稚嫩的胳膊实在太重了。（目标句后）

结尾
23. 鸟屋造得如此好，王川非常高兴。
24. 他迫不及待地想看鸟儿来到新鸟屋。

该实验是单因素被试内设计与材料内设计，研究变量是阅读材料中人物实现目标的条件与其目标句目标行为实现的关系，有三个水平：不可能、可能与恢复可能，因变量是目标句 1 和目标 2 句的阅读时间。正式阅读材料共 18 篇，每篇都有不可能、可能与恢复可能三个版本。

对目标句 1 的阅读时间进行方差分析。结果发现，人物实现目标的条件与其目标句目标行为实现的关系主效应显著。进一步对各条件下目标句的阅读时间进行 LSD 多重比较，结果表明，对于目标句，不可能条件下的阅读时间显著长于可能条件下的阅读时间；不可能条件下的阅读时间显著长于恢复可能条件下的阅读时间；而可能条件和恢复可能条件下的阅读时间没有显著差异。

对目标句 2 的阅读时间进行方差分析，人物实现目标的条件与其目标句目标行为实现的关系主效应显著。进一步对各条件下目标句的阅读时间进行 LSD 多重比较，结果表明，对于目标句 2，不可能条件下的阅读时间显著长于可能条件下的阅读时间；不可能条件下的阅读时间显著长于恢复可能条件下的阅读时间；而可能条件和恢复可能条件下的阅读时间没有显著差异。

该实验结果支持了在显性焦点监控下的阅读，会随着阅读进程对有关焦点的信息进行追随建构的设想，可以认为，由于显性焦点的作用，读者是在不断对有关焦点的信息进行建构，而将建构结果带到后面的阅读中去，这样，在恢复可能条件下信息的激活就不会出现协调性整合，因此恢复可能和可能两种条件下的目标句和目标后句阅读时间差异不显著。该结果表明，无论是目标句 1 还是目标句 2，都表现出相同的趋势，即不可能条件下阅读时间显著长于可能条件和恢复可能条件，而可能条件与恢复可能条件阅读时间没有显著差异，结果支持了文本阅读双加工理论关于焦点阅读的设想。

冷英（2004）关于焦点信息的追随建构整合的第一个实验是从正面考察在显性目标焦点监控下的阅读，是否发生目标信息的追随建构，第二个实验则从反面探讨这个问题。第二个实验采用第一个实验的故事，与第一个实验不同的是将恢复可能版本改为恢复不可能版本，这样主人公实现目标必须具备的条件是否具备与后面主人公正在实现目标构成了三种版本：不可能版本、可能版本和恢复不可能版本。恢复不可能条件的描述如下："王川拿出一把锯子，又想起他把锤子弄丢了。他查看了地下室，但什么都没找着。找了一阵之后，他发现锤子在他父亲的工具箱里。当他拿出锤子时发现锤柄已经断了。"如果工作记忆中在目标焦点监控下不发生目标信息的追随建构，那么恢复不可能版本条件下目标句的阅读时间就会显著长于不可能版本条件；如果工作记忆中在目标焦点监控下发生了目标信息的追随建构，那么不可能版本与恢复不可能版本条件下目标句的阅读时间就应该没有差异。

该实验是单因素被试内设计与材料内设计，研究变量是阅读材料中人物实现目标的条件与其目标句目标行为实现的关系，有三个水平：不可能、可能与恢复不可能，因变量是目标句和目标后句的阅读时间。对目标句阅读时间进行方差分析。结果发现，人物实现目标的条件与其目标句目标行为实现的关系主效应显著。进一步对各条件下目标句的阅读时间进行 LSD 多重比较，结果表明，对于目标句，不可能条件下的阅读时间显著慢于可能条件下的阅读时间；可能条件下的阅读时间显著快于恢复不可能条件下的阅读时间；而不可能条件和恢复不可能条件下的阅读时间没有显著差异。

对目标后句阅读时间进行方差分析，人物实现目标的条件与其目标句目标行为实现的关系主效应显著。进一步对各条件下目标句的阅读时间进行 LSD 多重比较，结果表明，对于目标后句，不可能条件下的阅读时间显著长于可能条件下的阅读时间；可能条件下的阅读时间显著快于恢复不可能条件下的阅读时间；而不可能条件和恢复不可能条件下的阅读时间没有显著差异。

该实验结果支持了在显性焦点监控下的阅读，会随着阅读进程对有关焦点的信息进行追随建构的设想，可以认为，由于显性焦点的作用，读者是在不断对有关焦点的信息进行建构，而将建构结果带到后面的阅读中去，这样，在恢复不可能条件下信息的激活就不会出现协调性整合，因此恢复不可能和恢复可能两种条件下的目标句和目标后句阅读时间差异不显著。

该实验结果表明，无论是目标句还是目标后句，都表现出相同的趋势，即不可能条件下和恢复不可能条件下阅读时间显著长于可能条件，而不可能条件与恢复不可能条件阅读时间没有显著差异，结果支持了文本焦点阅读关于信息追随建构的设想。

两个实验的结果表明：在不同文本条件下可能会发生不同性质的焦点信息的激活与整合，在工作记忆中目标监控下的阅读，读者会对随后进入的与目标有关的信息进行追随性的建构。

（二） 目标信息控制下的追随建构整合的综合研究

为了深入、全面地探讨在显性目标控制下的阅读是否会随着阅读进程对有关目标的信息进行追随建构这个重大问题，莫雷等（2005）进行了系列实验研究。

第一个实验对子目标直接实现与子目标曲折实现两种条件下目标启动句的阅读时间进行对比。在这两种条件下，被试阅读目标启动句时都会激活已进入长时记忆的背景目标信息进行目标整合。然而，在曲折实现条件下，如果被试阅读子目标 1 完成过程时没有进行追随建构，那么，阅读目标启动句时就会激活子目标 1 的分散信息，其中的某些不吻合信息就会引发协调性整合，这样，曲折实现条件下目标启动句阅读时间就会长于直接完成条件下的目标启动句阅读时间；相反，如果读者阅读曲折实现版本的子目标完成过程时随着阅读过程进行建构，那么，当阅读目标启动句时所激活的就是子目标进行的整体信息或信息块，这个整体块与目标启动句完全符合，因此就不会引起协调性整合，这样，曲折实现条件下与直接完成条件下目标启动句阅读时间就会相同。下面是实验阅读材料的样例，见表 6 – 14。

表 6 – 14　　　　目标信息控制下的追随建构整合的综合研究材料样例 1

介绍目标部分
1. 张林和王勇想出去休假。
2. 他们存了足够的钱可以开车去梅城。
3. 他们都热心滑雪，都盼望去旅行。

子目标 1 部分
曲折实现版本
4. 张林需要借一部车。
5. 他问了所有的朋友，没有人能借给他。
6. 张林多方努力都没有借到车。
7. 他的父亲打电话告诉他，家里的车修好可以使用。
直接实现版本
4. 张林需要借一部车。
5. 他问了许多朋友，打听有谁能借给他。
6. 张林的努力终于得到了收获。
7. 一位朋友打电话告诉他，可以使用这位朋友的小车。

子目标 2 部分
8. 王勇需要在梅城预订一个房间。
9. 他打电话到旅游局询问有关订房的信息。
10. 旅游局告诉他有许多便宜的旅馆。
11. 王勇订了 80 元一晚上的便宜房间。
启动目标部分
12. 王勇收拾好行包等待出发。（目标启动句 1）
13. 王勇还为长途旅行准备了午餐。（目标启动句 2）
结尾部分
14. 他们计划租梅城所有的滑雪用具。
15. 天气预报说梅城刚下了 20 厘米厚的雪。

结果发现目标曲折实现版本与目标直接实现版本目标启动句 1 的阅读时间差异不显著；两种版本目标启动句 2 阅读时间也没有显著差异。实验结果支持了子目标阅读过程追随建构的设想，可以认为，在子目标进行过程，读者是在不断对目标进行建构，而将建构结果带到后面的阅读中去，这样，在曲折实现条件下目标信息的激活就不会出现协调性整合，因此两种条件下的目标启动句阅读时间差异不显著。

但是，这个实验还不能排除这样的可能性，即目标启动句引发的背景信息激活，所激活的只是某目标最终是否实现的信息，并非该目标完成过程的信息，这样，在子目标直接实现与子目标曲折实现两种条件下所激活都是相同的信息，因此两者目标启动句阅读时间差异就不显著。为了检验这种可能性是否存在，研究者进行了第二个实验，该实验探讨在共振激活的条件下，显性目标焦点监控下的阅读，是否会随着阅读进程对有关目标焦点的信息进行追随建构。

根据奥布莱恩等人的研究与莫雷等人的研究，当前阅读的句子如果与已经进入长时记忆的文本信息有相同的词或观念，就会自动化地通过共振机制激活已进入长时记忆的信息，当所激活的信息与当前阅读的信息局部不吻合时（即恢复一致条件），就会发生协调性整合，这样，在恢复一致条件下阅读共振激活启动句的时间都会长于一致性条件下启动句的阅读时间。

第二个实验也是用子目标直接实现与子目标曲折实现两种条件下启动句的阅读时间进行对比，但与前面实验不同的是，该实验的启动句不是引发目标整合的目标启动句，而是与子目标完成过程有共振条件的、可以引发共振激活的共振启

261

动句，因此，子目标背景信息的激活是通过共振实现的。共振启动句如下："张林把自己的行包放在车上。（共振启动句1）张林还为长途旅行准备了午餐。（共振启动句2）"。这样，根据以往的研究以及第一个实验，如果被试在阅读子目标曲折实现版本过程进行了追随建构，将该部分信息联结成为信息块，那么，当共振启动句激活子目标完成过程的信息时，这些信息就会以整体信息块的形式被激活，由于这个信息块与共振启动句是吻合的，因此就不会发生协调性整合，这样，子目标直接实现版本与曲折实现版本的启动句阅读时间就会相同；而如果被试在阅读子目标曲折实现版本过程没有进行追随建构，那么，共振启动句激活的是子目标完成过程的各种分离信息，其中某些信息与启动句不吻合，就会引发协调性整合，这样，子目标曲折实现版本的启动句阅读时间就会显著长于直接实现版本。

结果发现，曲折实现版本与目标直接实现版本共振启动句1的阅读时间差异不显著；两种版本共振启动句2的阅读时间也没有显著差异。结果表明，在共振激活情况下，目标曲折实现版本与目标直接实现版本的共振启动句阅读时间差异不显著，这表明，被试阅读目标曲折实现版本中有关子目标1进行的信息时，追随着阅读过程不断进行建构，将该部分信息组织成为信息块，由于这个信息块与共振启动句是吻合的，因此，当它被共振激活时就没有发生协调性整合。

但是，上述结果产生还有一种可能，就是在该实验条件下被试阅读共振启动句时实际上就没有引发共振激活与整合，这样在两种条件下的共振启动句阅读时间就不会产生差异。第三个实验进一步检验了这种可能性。该实验探讨被试阅读启动句时是否会启动共振从而激活子目标进行过程的背景信息发生协调性整合。

为了探讨在本研究条件下启动句的阅读是否会启动共振从而激活已经进入长时记忆的关于子目标进行情况的背景信息，第三个实验设计了不一致（子目标未实现）与一致（子目标直接实现）两种条件版本。与第二个实验相同，该实验的启动句也是与子目标完成过程有共振条件的、可以引发共振激活的共振启动句，而不是引发目标整合的目标启动句，如果启动句的阅读可以引发共振激活子目标进行的背景信息，那么，不一致条件版本启动句阅读过程就会发生协调性整合，阅读时间就会长于一致性条件下启动句的阅读时间；反之，如果没有发生共振激活，那么，两种版本启动句阅读时间就会差异不显著。

下面是实验阅读材料的样例，见表6-15。

表 6 - 15　　　　　　目标信息控制下的追随建构整合的综合研究材料样例 2

介绍目标部分

　　1. 张林和王勇经常出去旅游。

　　2. 通常他们比较喜欢乘火车去梅城。

　　3. 他们都热心滑雪，都盼望去旅行。

子目标 1 部分

不一致（目标尚未实现）版本

　　4. 张林需要借一部车。

　　5. 他问了许多朋友，打听有谁能借给他。

　　6. 张林的努力没有任何收获。

　　7. 朋友们都抱歉地告诉他，没有空闲的车借给他。

一致性（目标直接实现）版本

　　4. 张林需要借一部车。

　　5. 他问了许多朋友，打听有谁能借给他。

　　6. 张林的努力终于得到了收获。

　　7. 一位朋友打电话告诉他，可以使用这位朋友的小车。

子目标 2 部分

　　8. 王勇需要在梅城预订一个房间。

　　9. 他打电话到旅游局询问有关订房的信息。

　　10. 旅游局告诉他有许多便宜的旅馆。

　　11. 王勇订了 80 元一晚上的便宜房间。

共振启动部分

　　12. 王勇看到张林把自己的行包放在车上。（共振启动句 1）

　　13. 张林还为长途旅行准备了午餐。（共振启动句 2）

结尾部分

　　14. 他们计划租梅城所有的滑雪用具。

　　15. 天气预报说梅城刚下了 20 厘米厚的雪。

　　结果发现，一致性版本与不一致版本启动句 1 的阅读时间差异显著；两种版本启动句 2 的阅读时间差异不显著。

　　该实验结果表明，一致性版本与不一致版本的共振启动句阅读时间差异显著，这表明，在不一致版本条件下，启动句阅读过程确实发生了共振激活，通过共振机制激活了已进入长时记忆的有关信息进行整合。因此，可以排除第二个实

263

验的结果是由于阅读启动句过程没有启动激活的可能性，维持了该结果是由于被试在目标监控下的阅读发生了追随建构的结论。

莫雷和冷英（2005）采用理查和森格（Richards and Singers，2001）的实验材料模式进行研究，研究结果表明，在目标焦点监控下的阅读，读者会对有关目标的信息进行追随建构，实验结果符合建构主义的设想，同时也证实了阅读双机制理论：阅读过程是连贯性阅读与焦点阅读的双加工过程，在阅读过程中，读者所阅读的信息不同，产生的信息加工活动也不同。读者根据阅读文本信息的性质会交替发生不同的加工活动。

冷英和莫雷（2004）还采用伊万和马登（Zwaan and Madden，2004）的实验材料模式，同样验证了读者在焦点阅读条件下对目标焦点的信息进行追随建构阅读过程。

总的来看，文本阅读双加工理论的研究者从阅读焦点这个新的角度展开的研究，用有力的证据证明了阅读双加工理论的基本观点，揭示了阅读过程是连贯性阅读与焦点阅读的双加工过程，并整合了建构主义理论和基于记忆的文本加工理论。

第四节　文本阅读双加工理论对西方阅读派别的统合研究

文本阅读双加工理论的研究者明确提出，文本阅读是双加工交织的过程，读者在不同的阅读加工活动中会表现出不同的特点与方式。在记忆基础文本加工理论研究者设计的实验情境下，读者进行的主要是连贯阅读，因此，更多地表现出消极被动的阅读方式，得出支持记忆基础文本加工理论的数据与结果；同样，在建构主义理论研究者设计的实验情境下，读者进行的主要是焦点阅读，因此，更多地表现出主动积极的阅读方式，得出支持建构主义理论的数据与结果。

如果文本阅读双加工理论这个假设成立，那么，如果将奥布莱恩（O'Brien）等人（1998）所进行的记忆基础文本加工理论的经典实验的材料，按照建构主义理论支持者的实验材料进行编排，使读者的阅读转为焦点阅读，那么，这个实验就会得出支持建构主义理论，否证记忆基础文本加工理论的结果与证据；反之，如果将伊万等人（2004）所进行的得出否证记忆基础文本加工理论的证据的实验材料，按照记忆基础文本加工理论支持者的材料进行编排，使读者的阅读转为连贯阅读，那么，这个实验就会得出支持记忆基础文本加工理论，而否证建构主义理论的结果与证据。

本节阐述的就是文本阅读双加工理论的研究者基于这个思路所进行的系列实验研究。这些研究可以说是在更高层面上对西方阅读两大派系的论争进行整合，为文本阅读双加工理论提供实验证据。

一、焦点消除条件下背景信息协调性整合再现的研究

奥布莱恩等人在 1998 年进行了一项记忆基础文本加工理论的经典性研究，该实验研究验证了记忆基础文本加工理论的合理性（O'Brien E. J. , Rizzella M. L. , Albrecht J. E. , Halleran J. G. , 1998），不支持建构主义理论。他们在研究中最主要的贡献是，使用的每一篇实验材料除了前人所设置的一致性和不一致性两个版本外，又增加了一个恢复一致性的版本，实验结果是恢复一致性版本的目标句阅读时间显著长于一致性版本，该结果支持了记忆基础文本加工理论否证了建构主义理论，因为根据建构主义理论，恢复一致性版本和一致性版本的目标句的阅读时间应该没有差异。但是，伊万等人在 2004 年的一项研究中却指出，奥布莱恩等人使用的实验材料是不能证明他们的设想的，因为实验材料中目标句部分主人公行为发生的可能性和目标句与特征描述段落字词水平上的关联性在三个版本间没有得到很好的控制，因此，得出实验结果支持记忆基础文本加工理论这个结论缺乏说服力。伊万等人认为如果在三个版本之间控制好实验材料中目标句部分主人公行为发生的可能性和目标句与特征描述段落字词水平上的关联性，那么，也可以得出符合建构主义理论假设的实验数据和结果（Zwaan & Madden, 2004）。根据这个逻辑，他们重新编制了实验材料，并按照奥布莱恩等人的实验方法重新进行了实验，实验结果是，不可能版本（对应于不一致版本）目标句阅读时间显著长于可能版本（对应于一致版本）和重新可能版本（对应于恢复一致版本），而可能版本和重新可能版本目标句的阅读时间没有显著差异。这一结果又推翻了记忆基础文本加工理论，支持了建构主义理论。伊万等人的研究对记忆基础文本加工理论提出了新的挑战。面对这个基于实验证据的质疑，奥布莱恩等人又提出，伊万等人的实验研究中所用的研究材料与奥布莱恩等人的研究材料完全不同，在这种情况下得出的结果，是无法有力地否证奥布莱恩的研究结论的（O'Brien, Cook, Peracchi, 2004）。

文本阅读双加工理论的研究者深入分析了建构主义理论和记忆基础文本加工理论这两大理论派别的实验假设、实验材料和变量控制，明确提出，读者在不同的阅读加工活动中会表现出不同的特点与方式，文本阅读是双加工交织的过程。在记忆基础文本加工理论研究者设计的实验情境下，读者进行的主要是连贯阅读，因此，更多地表现出消极被动的阅读方式，得出支持记忆基础文本加工理论

的数据与结果；而在建构主义理论研究者设计的实验情境下，读者进行的主要是焦点阅读，因此，更多地表现出主动积极的阅读方式，得出支持建构主义理论的数据与结果。基于文本阅读双加工理论的主要观点，王瑞明等人认为，伊万等人的实验研究之所以会得出否证奥布莱恩等人的研究结论的证据，可能不是因为该实验材料的内容与奥布莱恩等人的研究材料不同，而是因为它所用的阅读材料引发的是焦点阅读。如果将伊万等人的实验材料做一些技术处理，使读者阅读时转为连贯阅读，那么，这个实验就会得出支持记忆基础文本加工理论否证建构主义理论的结果与证据。因为协调性整合是连贯阅读的主要特点，所以基于上述设想，王瑞明和莫雷等设计了系列实验，就阅读加工方式的转换对背景信息协调性整合的影响进行了深入探讨（王瑞明、莫雷、贾德梅、冷英、李利、李小健，2006；王瑞明、莫雷、李利，2009）。

文本阅读双加工理论提出，文本阅读过程是连贯阅读与焦点阅读相统一的过程，文本阅读中读者何时发生何种信息加工活动，主要受文本信息类型的影响，协调性整合是连贯阅读加工的主要特点，因此文本类型必然影响到协调性整合的发生（王瑞明、莫雷、贾德梅、冷英、李利、李小健，2006）。通过对先前奥布莱恩等人（1998）和伊万等人（2004）的研究的认真分析，王瑞明等人认为他们的研究结论之所以不同，主要就在于他们所使用的研究材料的类型不同。王瑞明等人首先对文本材料类型转换对背景信息协调性整合的影响进行了探讨，其基本设想是，文本类型是影响协调性整合的重要因素，伊万等人使用的实验材料在刚开始部分就出现了一个明确的焦点信息（目标信息），即明确表明了主人公要完成一个目标，其后的目标行为跟先前的这个目标紧密相关，如"他决定建一个鸟屋"；而奥布莱恩等人使用的实验材料只是一般的叙述文本，没有明显的焦点信息，文章先描述了主人公的一种特征，最后有一个跟特征相关的行为。根据文本阅读双加工理论，在自然阅读过程中，当读者未形成焦点时，恢复一致性条件下不会发生追随性的建构和更新，读者读到目标句时发生协调性整合，所以奥布莱恩等人的研究支持了记忆基础文本加工理论；而只有在焦点形成的情况下，由于焦点信息的作用，就会对焦点之后的信息发生追随性的建构和更新过程，不再发生协调性整合，所以伊万等人的研究支持了建构主义理论。根据上述设想，王瑞明等人（2006）在两个实验中对伊万等人使用的实验材料进行了改编，去掉了材料中开始部分明确提及的焦点信息（目标信息），三个版本中对工具的描述部分修改为主人公的特征描述，考察在这种条件下能否发生协调性整合。

第一个实验首先对伊万等人使用的实验材料进行改编，探讨没有焦点信息的文本阅读中能否发生协调性整合。实验材料改编自伊万等人2004年的实验材料，主要是去掉材料中明确提及的焦点信息（目标信息），三个版本中对工具的描述部分修改为主人公的特征描述。主人公的特征描述段落同样由 4 个句子构成，可能版本和不可能版本中前两个句子是填充句，后面两个句子描述主人公的某一特征；而重新可能版本中前两个句子描述主人公过去的某一特征，后面一个句子描述主人公当前已经改变了的特征。例文如表 6 - 16 所示。

表 6 - 16　　　　　焦点消除条件下背景信息协调性整合再现的研究材料样例

介绍性段落
博比从小就非常喜欢赏鸟。/他刚搬到一个有很多鸟类居住的地方。/
第一种条件：可能版本
博比家周围的生态环境非常好。/所有的人都非常重视环保。/博比非常喜欢自己做一些手工活。/他们家的很多家具都是他自己做的。/
第二种条件：不可能版本
博比家周围的生态环境非常好。/所有的人都非常重视环保。/博比从不喜欢自己做一些手工活。/实际上他每次都请他的邻居来帮他。/
第三种条件：重新可能版本
博比以前从不自己做手工活。/每次他都请他的邻居来帮助他。/但现在博比渐渐喜欢上了手工。/实际上他已经尝试着做了一些家具。/
屏蔽段落
这个星期天博比待在家里没事。/他把自己的住处彻底清理了一遍。/博比从家中找出了一些木板和油漆。/他把它们放在了自家的院子里。/博比又找了其他一些工具。/最后他从院子里选择了一棵最好的橡胶树。/
目标句
博比开始用锤子把木板钉在一起。/
目标后句
这个锤子对于他稚嫩的胳膊来说实在是太重了。/
结尾
博比最后做成了一个鸟屋。/他希望看到所有的鸟都能够来到这个新的鸟屋里。/
问题：博比正在建一个狗屋吗？（N）

实验采用单因素被试内设计。自变量是实验材料中特征描述与目标句行为的关系，有三个水平：可能、不可能和重新可能，因变量是目标句和目标后句的阅读时间。实验结果是，不可能条件下目标句的阅读时间显著长于可能条件下的阅读时间，也显著长于重新可能条件下的阅读时间，而重新可能条件下目标句的阅读时间又显著长于可能条件下的阅读时间。对目标后句的阅读时间的统计分析结

果跟目标句的统计结果完全一样，即不可能条件下的阅读时间显著长于可能条件和重新可能条件下的阅读时间，而重新可能条件下的阅读时间又显著长于可能条件下的阅读时间。这一结果与伊万等人的研究结果不一致，而与奥布莱恩等人的研究结果一致。研究结果说明在文本阅读中，读者自动地、非策略性地激活了长时记忆中与当前信息有关的所有信息，并将当前信息跟激活的背景信息进行整合，特别是在重新可能条件下发生了协调性整合。

结合伊万等人的实验结果和该实验的结果可以说明在文本阅读过程中确实存在着两种不同的信息加工方式。当阅读材料中包含明显的焦点信息时，读者会在焦点信息的指引下主动地进行信息整合；而当阅读材料中没有焦点信息时，读者只会进行自动的、非策略性的阅读，当前信息将以共振的方式激活长时记忆中的所有有关信息并与之整合。这同时也说明文本类型确实影响了协调性整合，当阅读材料中包含明显的焦点信息时，不会发生协调性整合；只有当阅读材料中没有焦点信息时，才有可能发生协调性整合。

先前伊万等人的实验和该实验都是以目标句的阅读时间作为客观性指标来探讨文本阅读中的信息加工方式，两个实验最主要的差异在于伊万等人的实验中重新可能条件下目标句的阅读时间跟可能条件没有差异，支持了建构主义理论；而该实验中重新可能条件下目标句的阅读时间显著长于可能条件，支持了记忆基础文本加工理论。可见，检验建构主义理论和记忆基础文本加工理论的合理性最主要的是要说明重新可能条件下目标句引发的信息整合到底是哪种形式的信息整合、目标句到底是跟哪类信息进行整合。另外，文本类型影响协调性整合到底是怎么具体发生作用的。由此，王瑞明等人进一步设计了第二个实验对这一问题进行深入探讨。

王瑞明等（2006）的第二个实验进一步探讨文本阅读中的信息加工方式对协调性整合的具体影响。采用再认探测任务，选择第一个实验中重新可能条件下特征描述部分与主人公先前特征有关的一个词语作为再认探测词，分别出现在目标句之前或者目标句之后，要求被试判断该词是否在文章先前阅读中出现过。按照建构主义理论的观点，读者是主动地、策略性地将目标句信息跟更新后的信息进行整合，所以目标句阅读时不会激活更新前的信息，目标句前后探测词的再认时间应该没有差异；而按照记忆基础文本加工理论的观点，读者是自动的、非策略的激活跟目标句有关的所有信息，并与之整合，所以目标句会激活主人公先前的特征信息，目标句之后探测词的再认时间应该快于目标句之前的再认时间。

实验材料仍然是第一个实验的材料，但每篇实验材料只保留重新可能版本。从每篇实验材料的特征描述部分选择与主人公先前特征有关的一个词语作为再认探测词，并且保证这个词语只出现过一次，如前面的实验材料样例中选择的探测词是"邻居"。探测位置或者在目标句之前，即进行再认探测后接着就阅读目标句，或者在目标句之后，即读完目标句后接着就进行再认探测。实验仍然采用单因素被试内设计，但自变量是探测词的呈现位置，有两个水平：目标句之前和目标句之后，因变量是探测词的再认反应时和正确率。实验结果发现，目标句之前探测的再认反应时显著长于目标句之后探测的再认反应时，而目标句之前探测的再认正确率显著低于目标句之后探测的再认正确率，这说明被试不存在反应时和正确率的权衡现象，并且一致表明目标句阅读时确实激活了与目标句有关的所有背景信息，包括主人公的先前特征，这些特征信息一旦激活就处在被试的工作记忆当中，而没有激活时它们是处在被试的长时记忆当中，所以目标句之后探测词的反应时显著低于目标句之前探测词的反应时，而目标句之后探测词的正确率显著高于目标句之前探测词的正确率。

这一实验结果与记忆基础文本加工理论的观点相一致，说明在文本阅读中，读者自动地、非策略性地激活了长时记忆中与当前信息有关的所有信息，并将当前信息跟激活的背景信息进行整合。这一结果也进一步证明了文本类型转换对协调性整合的影响，当阅读材料中包含明显的焦点信息时，读者会在焦点信息的指引下主动地建构和更新情境模型，不发生协调性整合；而当阅读材料中没有焦点信息时，读者只会进行自动的、非策略性的阅读，当前信息将以共振的方式激活长时记忆中的所有有关信息并与之整合，这时协调性整合才有可能发生。

二、焦点增设条件下追随建构整合再现的研究

上面阐述了王瑞明等人（2006）根据文本阅读双加工理论基本设想进行的关于消除阅读焦点之后协调性整合重新出现的实验，该实验将伊万等人（2004）所进行的得出否证记忆基础文本加工理论的证据的实验材料进行某些改动，使读者阅读时转为连贯阅读，结果就得出支持记忆基础文本加工理论否证建构主义理论的结果与证据。如果将奥布莱恩等人（1998）所进行的得出否证建构主义理论的证据的实验材料进行某些改动，使读者阅读时转为焦点阅读，那么，结果会不会得出支持建构主义理论而否证记忆基础文本加工理论的结果与证据呢？根据这个思路，文本阅读双加工理论的研究者设计系列实验，将奥布莱恩等人（1998）所进行的记忆基础文本加工理论的经典实验的材料进行某些改动，在材料的介绍部分增设了焦点信息，使读者的阅读转为焦点阅读，探讨在焦点增设条件下，读者是否会对有关信息进行追随建构整合。如果读者发生了追随建构整合，那么，在恢复一致条件下，当进入长时记忆的文本信息被激活时，由于语义已经完全吻合而不会出现协调性整合，就会得出支持建构主义理论否证记忆基础

文本加工理论的结果与证据。

下面阐述文本阅读双加工理论研究者关于焦点增设条件下追随建构整合再现的系列研究。

（一）文本焦点增设条件下追随建构整合再现的实验研究

冷英和莫雷（2008）对奥布莱恩等（1998）的实验材料模式进行改编，改编后的材料模式是基于目标信息的，每一篇实验故事分为四个部分：介绍部分、屏蔽部分、目标部分和结尾部分。在介绍部分对主人公特征的描述采用了"目标启动＋目标整合"的方式，首先提出主人公的一个目标，如"玛丽去餐馆买早餐"；然后描述主人公的特点，如喜欢吃什么，主人公特点的描述与后面目标部分的目标句构成三种关系：一致性、恢复一致性或者不一致性关系。一致性版本是对主人公行为特点的叙述与后面目标句主人公的行为的描述一致，恢复一致性版本是对主人公心理与行为特点的叙述与目标句叙述一开始是不一致的，接下来的一句则说明现在这个特征已经改变为与目标行为一致的特征，不一致版本所描述的特征与后面目标句主人公的行为是矛盾的，之后描述主人公目标的实现，如"如玛丽很快就买到了喜欢吃的食品"，使介绍部分的最后一句成为目标整合句。与奥布莱恩的材料范式不同的是，在描述主人公特性的各种版本中，都加进了主人公的目标，使读者在阅读主人公行为的描述时是在目标焦点的监控下进行的。屏蔽部分、目标部分和结尾部分与奥布莱恩的材料模式相同。

该实验准备对一致性、恢复一致与不一致三个版本目标句的阅读时间进行分析，如果恢复一致版本显著慢于一致版本，两者都显著快于不一致版本，这个结果与奥布莱恩（1998）的数据模式一致，则表明读者在阅读过程中没有追随有关目标的信息即时建构和更新情境模型，因为在恢复一致版本中，对主人公心理与行为特点的叙述与目标句叙述先是不一致的，后来改变为一致的信息，读者没有把前后有关目标的信息整合成为信息块，阅读恢复一致版本的目标句时就会比读一致性版本目标句花费的时间长，读者进行的信息加工活动是连贯阅读加工；如果一致性版本与恢复一致性版本目标句的阅读时间没有显著差异，两者都显著快于不一致版本，表明在目标焦点监控下读者对有关目标的信息进行了追随建构，将前后有关目标的信息整合成为信息块，阅读一致性和恢复一致性版本的目标句的阅读时间就不会有差异，这时读者的信息加工活动是焦点阅读加工；如果得到的是目标句的阅读时间：一致版本＝恢复一致性版本＜不一致版本这个结果的话，就验证了在阅读包含目标信息的文本时读者进行的是焦点信息加工活动的设想。

实验材料每篇文章分一致性、恢复一致与不一致三个版本，每篇短文有 18 句，文章的结构都是：介绍部分：目标启动句＋主人公特征描述：（一致）/（不一致）/（恢复一致）—目标整合句—屏蔽部分—目标部分—结尾部分。下面是实验阅读材料的样例，如表 6 - 17 所示。

表 6 - 17　　文本焦点增设条件下追随建构整合再现的实验研究材料样例 1

介绍部分
1. 玛丽在一家广告公司工作。

第一种条件：一致性版本
2. 一天清晨玛丽去餐馆买早餐，（目标启动句）
3. 餐馆里有很美味的煎炸食品。
4. 玛丽对饮食完全不讲究。
5. 她最喜欢吃些方便食品与煎炸食品。
6. 她每周通常有三天在快餐店里吃。
7. 玛丽来到餐馆很快就买到了喜欢吃的食品。（目标整合句）

第二种条件：不一致性版本
2. 一天清晨玛丽去餐馆买早餐，（目标启动句）
3. 餐馆里有很美味的健康食品。
4. 玛丽非常注意饮食健康。
5. 她一直只吃素食。
6. 她从不吃任何煎炸过的食品。
7. 玛丽来到餐馆很快就买到了喜欢吃的食品。（目标整合句）

第三种条件：恢复一致性版本
2. 一天清晨玛丽去餐馆买早餐，（目标启动句）
3. 餐馆里有很美味的健康食品。
4. 她想起自己过去有段时间只吃素食。
5. 从不吃任何油腻食品。
6. 而现在她已经变得爱吃肉食了。
7. 玛丽来到餐馆很快就买到了喜欢吃的食品。（目标整合句）

屏蔽部分
8. 中午玛丽约了一个朋友来到这家餐馆吃午饭。
9. 她很早就来到餐馆等朋友。
10. 玛丽坐下来后就开始看菜谱。
11. 大约十分钟后她的朋友到了餐馆。
12. 她们聊了各种各样的话题。

271

续表

| 13. 后来玛丽示意餐馆侍者过来。 |
| 14. 玛丽再一次仔细地看了看菜谱。 |

目标部分

| 15. 玛丽给自己点了一份炸鸡套餐。（目标句1） |
| 16. 然后把菜谱递给朋友。（目标句2） |

结尾部分

| 17. 玛丽的朋友随意点了几样东西。 |
| 18. 接着她们又谈开了。 |

结果发现，对目标句1，不一致条件下的阅读时间显著长于一致条件下的阅读时间；不一致条件下的阅读时间显著长于恢复一致条件下的阅读时间；而一致条件和恢复一致条件下的阅读时间没有显著差异；对目标句2三种条件下阅读时间没有显著差异。

该实验结果支持了在目标焦点监控下的阅读，读者会随着阅读进程对有关目标的信息进行追随建构的设想，可以认为，由于目标焦点的作用，读者不断对有关目标的信息进行追随建构整合，形成相应的情境模型，这样，在恢复一致条件下信息的激活就不会出现协调性整合，因此恢复一致和一致两种条件下的目标句阅读时间差异不显著。该实验改编了奥布莱恩（1998）的实验材料，将介绍部分改为主人公的目标和目标行为的信息，这样，可以说基本上是在奥布莱恩（1998）的实验材料之上出现了读者对有关目标的信息进行了追随性的建构整合。

然而，在实验1的材料中描述主人公目标行为的最后一句（第7句）是目标整合句，这样，实验1的结果还不能说明在目标监控下的建构是随着阅读主人公有关特性描述即时进行的还是在阅读目标整合句时才发生，因此实验1的结果就有两种可能的解释，一是在目标启动句后读者进行了目标信息的建构，一是目标整合句启动了目标信息的整合，当读到目标整合句时才将前后的目标信息进行建构整合，为了检验这两种可能性，进一步设计实验2。

冷英和莫雷（2008）实验2探讨在目标焦点监控下对主人公有关特征进行的追随建构，是发生在目标整合后还是在目标焦点形成后即时进行。做了两个小实验，第一个实验采用动窗技术，第二个实验采用眼动技术。

第一个实验也是采用一致、不一致和恢复一致三种条件下，但与实验1不同的是，该实验材料的介绍部分没有出现目标整合句，如果还是发生了目标信息的追随建构整合，那么读者在阅读目标句时一致和恢复一致条件就应该没有显著差异，出现与实验 1 相同的数据模式；如果不发生目标信息的追随建构整合，而是后来遇到有关目标的信息时才发生共振激活与整合，就会出现与奥布莱恩相同的数据模式。因为，在恢复一致版本中，对主人公心理与行为特点的叙述与目标句叙述先是不一致的，后来改变为一致的信息，读者在读目标句的时候，目标句的信息会自动激活主人公特征描述部分的信息，由于前后有关目标的信息没有整合成为信息块，一致性的信息和恢复后一致性的信息都被激活，出现协调性信息整合，读恢复一致版本的目标句时就会花费比读一致性版本目标句长的时间，因为一致性版本中这时激活的是一致性的信息，如果是这样，那么恢复一致条件下目标句的阅读时间应该显著长于一致性条件下的阅读时间，出现与奥布莱恩相同的数据模式。实验材料每篇文章分一致性、恢复一致与不一致三个版本，每篇短文有 18 句，文章的结构都是：介绍部分：目标启动句 + 主人公特征描述：（一致）/（不一致）/（恢复一致）—承接部分（包括非目标整合句）—屏蔽部分—目标部分—结尾部分。实验 2 第一个小实验阅读材料的样例见表 6 – 18。

表 6 – 18　　　　　　文本焦点增设条件下追随建构整合
再现的实验研究材料样例 2

介绍部分
1. 玛丽在一家广告公司工作。
第一种条件：一致性版本
2. 一天清晨玛丽去阳光餐馆买早餐，（目标启动句）
3. 餐馆里有很美味的煎炸食品。
4. 玛丽对饮食完全不讲究。
5. 她最喜欢吃些方便食品与煎炸食品。
第二种条件：不一致性版本
2. 一天清晨玛丽去阳光餐馆买早餐，（目标启动句）
3. 餐馆里有很美味的健康食品。
4. 玛丽非常注意饮食健康。
5. 她一直只吃素食。
第三种条件：恢复一致性版本
2. 一天清晨玛丽去阳光餐馆买早餐，（目标启动句）
3. 餐馆里有很美味的健康食品。
4. 她想起自己过去有段时间只吃素食。
5. 而现在她已经变得爱吃肉食了。

承接部分
6. 一路上她已计划好要买一些自己喜欢的食品。
7. 突然一位朋友打电话约玛丽去海洋餐馆共进早餐。
8. 玛丽只好转身去海洋餐馆。（非目标整合句）
屏蔽段落
9. 玛丽来到海洋餐馆。
10. 玛丽坐下来后就开始看菜谱。
11. 大约十分钟后她的朋友到了餐馆。
12. 她们聊了各种各样的话题。
13. 后来玛丽示意餐馆侍者过来。
14. 玛丽再一次仔细地看了看菜谱。
目标部分
15. 玛丽给自己点了一份炸鸡套餐。（目标句1）
16. 然后把菜谱递给朋友。（目标句2）
结尾部分
17. 玛丽的朋友随意点了几样东西。
18. 接着她们又谈开了。

结果发现，对目标句1，不一致条件下的阅读时间显著长于一致条件下的阅读时间；不一致条件下的阅读时间显著长于恢复一致条件下的阅读时间；而一致条件和恢复一致条件下的阅读时间没有显著差异。对目标句2而言，三种条件下目标句阅读时间没有显著差异。

该实验结果支持了在目标焦点监控下的阅读，会随着阅读进程对有关目标的信息进行追随建构的设想，可以认为，实验1的结果不是由于出现了目标整合句启动了目标整合，而是读者在阅读进行中即时建构有关的目标信息。这样，在恢复一致条件下信息的激活就不会出现协调性整合，阅读目标句时不会花费比一致性条件下额外多的时间，因此恢复一致和一致两种条件下的目标句阅读时间差异不显著。

第二个实验用眼动技术验证第一个实验的结果。与动窗技术相比，眼动技术可以更精确地记录读者的阅读过程。在实验1和实验2的第一个小实验中，用动窗呈现阅读材料，读者逐句进行阅读。计算机程序可以记录到读者对阅读句子的反应时间，不能记录回视时间；如果用眼动技术，阅读材料是以整篇的形式呈现在电脑屏幕上的，读者的阅读是自然阅读，阅读过程中可以进行回视，而回视反映了读者对某个关键句的深度加工（Poynor & Morris，2003）。实验材料每篇短文有 18 句，一句为一个区，共 18 个区。每篇短文完全呈现在计算机屏幕上，每篇短文划分为两个段落：介绍部分：主人公特征描述：（一致）/（不一致）/（恢复一致）和承接部分（包括非目标整合句）为第一段（8 个区），屏蔽部分、目标部分和结尾部分为第二段（10 个区）。

结果发现：三种条件下关键区 1 的第一次平均阅读时间不论以区域为单位还是以字为单位的分析中都没有显著差异，第二次平均阅读时间在以区域为单位的分析中没有显著差异，但在以字为单位的分析中有显著差异，总平均阅读时间不论以区域为单位还是以字为单位的分析中都有显著差异。这个结果与动窗实验结果（目标句 1 的阅读时间）是吻合的。三种条件下关键区 2 的第一次平均阅读时间不论以区域为单位还是以字为单位的分析中都有显著差异，第二次平均阅读时间没有显著差异，关键区 2 的总平均阅读时间不论以区域为单位还是以字为单位的分析中都有显著差异，这个结果与动窗实验结果（目标句 2 的阅读时间）不完全吻合的，主要表现在不一致条件下的阅读时间在动窗实验中与一致和恢复一致条件没有显著差异，而在眼动实验中却表现出了差异，但是，一致条件和恢复一致条件在两种实验方式下都没有表现出差异，这正是冷英等关注的焦点问题，有了这个结果就可以支持冷英等的假设，读者在阅读进行中即时建构有关的目标信息。对于不一致条件下的阅读时间在动窗实验方式下没有表现出与其他两种条件的差异很可能是由动窗实验的局限所带来的，在动窗方式下，读者不能回视，可能的时间延迟被掩盖了。而且，相对于关键区 2，关键区 1 更为重要，因为关键区 1 包含了与已经进入长时记忆的先前信息一致或不一致的信息，记录关键区 2 主要是由于考虑到阅读中可能存在的溢出（Spill Over）效应。除了阅读时间眼动指标外，该实验还记录和分析了关键区 1 和关键区 2 的回视次数。结果发现：除了关键区 2 的区间平均回视次数没有显著差异以外，无论是关键区 1 的区内平均回视次数、关键区 1 的区间平均回视次数还是关键区 2 的区内平均回视次数，不一致条件下的平均回视次数显著多于一致条件下的平均回视次数，不一致条件下的平均回视次数显著多于恢复一致条件下的回视次数，一致条件和恢复一致条件下的平均回视次数没有显著差异。这个结果表明在恢复一致条件下，读者对有关目标的信息进行了追随性的建构，将目标信息整合成信息块带到下一步的阅读中去，当后来读到有关目标的信息时，只要这个信息与先前的信息块是协调的，读者就不需要过多地对先前的信息进行回视。可见，不同版本关键区 1 和关键区 2 的阅读时间和回视次数表明读者在工作记忆中，在目标焦点监控下对主人公有关特征进行的追随建构是即时进行的，而不是后来遇到有关目标的信息时才发生共振激活与整合。

几个实验结果表明：（1）读者在阅读过程中读者会追随目标信息建构情境模型。（2）这种建构是在目标焦点形成后即时进行的。冷英和莫雷（2008）的结果进一步体现了文本阅读的双加工理论对西方文本阅读的两大派别的整合。

（二）指导语引发焦点条件下追随建构整合再现的实验研究

文本阅读双加工理论的研究者认为，自然阅读情境下的信息加工过程主要受文本性质的影响，在文章材料没有明确的焦点信息指引的情况下，只能是自动的、非策略性的阅读。然而，在实际阅读中，有时材料中没有引发阅读焦点的信息，但是，如果被试事先知道材料的构成规律，他们也可能会采取一定的策略进行阅读，形成文本的阅读焦点，引发焦点阅读，这样他们随后的阅读活动就可能是主动的、策略性的焦点阅读活动。

根据这个设想，王瑞明等人（王瑞明、莫雷、李利，2009）从另一个角度对冷英等人（2008）的研究进行拓展，其做法是，不采用修改奥布莱恩等（1998）的实验材料使之引发阅读焦点的做法，而是采用一定指导语，通过指导语告诉被试所读材料的构成和性质，使读者的阅读过程成为焦点阅读过程，在这种条件下，探讨被试在阅读奥布莱恩等（1998）的实验材料时是否会进行追随建构整合，即时更新有关信息，在恢复一致条件下也不再发生协调性整合。该研究包括两个实验。

第一个实验沿用奥布莱恩等（1998）的实验材料，探讨通过指导语让被试事先知道阅读材料构成和性质的前提下，其阅读过程是否会发生追随建构整合，而不出现协调性整合。实验材料的结构前面部分与奥布莱恩的研究材料基本相同，只是取消了不一致性条件，只有一致性与恢复一致性条件；另外主人公行为特征描述部分都只有3个句子，一致性版本中前两个句子是填充句，后面一个句子描述主人公的某一特征；而恢复一致性版本和控制性版本中前两个句子描述主人公过去的某一特征，后面一个句子描述主人公当前已经改变了的特征。例文如表6-19所示。

表6-19　　指导语引发焦点条件下追随建构整合再现的实验研究材料样例

介绍性段落
今天玛丽约了朋友吃午饭。/她提前来到餐馆里等朋友。/

一致性段落
玛丽过一段时间就会来这家餐馆吃饭。/这里有她爱吃的各种美味食品。/玛丽从不担心自己的饮食健康。/

续表

恢复一致性段落

玛丽想起过去自己一直只吃素食。/这一习惯她坚持了好几年。/但现在玛丽不再担心自己的饮食健康了。

大约 10 分钟后玛丽的朋友来了。/她们俩已有几个月没见过面。/俩人一坐下来就开始聊个不停。/他们聊了各种各样的话题。/最后玛丽打了个手势让餐馆侍者过来。/她仔细地看了看菜单。/

目标句

玛丽给自己点了一份面包和鸡块。/

目标后句

然后将菜单递给她的朋友。/

结束性段落

玛丽的朋友很随意地点了几样东西。/然后她们继续聊个不停。/

第一个实验采用单因素被试内设计。自变量是阅读材料中人物特征与其目标句行为的关系，有两个水平：一致与恢复一致，因变量是目标句和目标后句的阅读时间。实验采用动窗技术。实验指导语如下：

该实验要求你按照自己的速度来阅读呈现在计算机屏幕上的 12 篇短文，请注意每篇短文都在前面部分描述主人公的一个重要特征，后面则会出现跟主人公的这一特征有重要关系的一个目标行为。短文以窗口的方式呈现，并且每次只呈现一句。每篇短文开始时，屏幕中心出现准备信息，当你准备好后，请按空格键，每次按键都会使前一句话消失而出现下一句话。每篇短文读完以后，会出现一串"？？？？？"，接着是一个是非判断的阅读理解题，请你根据刚刚读过的短文内容进行判断，若判断为是，则按下键盘上的"是（F）"键，若判断为否，则按下键盘上的"否（J）"键，如果你判断错误，屏幕上会呈现"错误"二字以示提示，持续 750 毫秒以后自动消失，如果你判断正确，不会有任何提示信息。一篇短文读完以后再读下一篇，每读完 6 篇文章会有 1 分钟的休息时间，如果你不想休息，可按空格键继续。为保证正确回答所有文章后面的阅读理解题目，请你务必仔细认真阅读每一个句子，每篇文章阅读过程中请不要休息。实验过程中请始终把左手食指和右手食指分别放在"是（F）"键和"否（J）"键上，拇指放在空格键上。

第一个实验的结果是，对于目标句和目标后句来说，恢复一致条件下的阅读时间跟一致条件没有显著差异。这一结果跟本研究的设想完全相符。由于在实验前通过指导语明确告诉了被试所读材料的构成和性质，所以读者在文本阅读中就

277

会即时的更新有关信息，特别是更新了其中的局部不一致信息，这样在目标句阅读时就不再发生协调性整合。那么，在恢复一致条件下目标句阅读时是否激活了先前的有关信息，并且是否只激活了更新后的信息，王瑞明等人又设计了第二个实验对这一问题进行了探讨。

第二个实验采用再认探测任务，主要探讨恢复一致条件下目标句阅读时是否激活了先前的有关信息，如果有激活，激活的是更新前的信息还是更新后的信息还是两类信息都有激活。实验材料仍然使用第一个实验的 12 篇实验材料，但每篇实验材料只保留恢复一致性版本。从每篇实验材料的特征描述部分选择两个探测词，一个是先前特征信息中出现的，如"过去"，一个是当前特征信息中出现的，如"担心"，这两个词语在文章中只出现过一次。探测位置或者在目标句之前，即进行再认探测后接着就阅读目标句，或者在目标句之后，即读完目标句后接着就进行再认探测，这样每篇实验材料实际上又可以分为四个版本，先前特征词目标句之前探测版本、先前特征词目标句之后探测版本、当前特征词目标句之前探测版本和当前特征词目标句之后探测版本。

第二个实验采用两因素被试内设计。一个自变量是探测词类型，有两个水平：先前特征探测词与当前特征探测词。另一个自变量是探测词的位置，也有两个水平：目标句前和目标句后。因变量是探测词的再认反应时和正确率。实验指导语如下：

该实验要求你按照自己的速度来阅读呈现在计算机屏幕上的 12 篇短文，请注意每篇短文都在前面部分描述主人公的一个重要特征，后面则会出现跟主人公的这一特征有重要关系的一个目标行为。短文以窗口的方式呈现，并且每次只呈现一句。每篇短文开始时，屏幕中心出现准备信息，当你准备好后，请按空格键，每次按键都会使前一句话消失而出现下一句话。每篇短文阅读过程中都会出现一串"*****"，接着出现一个探测词，要求你判断本篇短文的前面部分是否出现过这个词，若判断为是，则按下键盘上的"是（F）"键，若判断为否，则按下键盘上的"否（J）"键，如果你判断错误，屏幕上会呈现"错误"二字以示提示，持续 750 毫秒以后自动消失，如果你判断正确，不会有任何提示信息。每篇短文读完以后，还会出现一串"?????"，接着是一个是非判断的阅读理解题，请你根据刚刚读过的短文内容进行判断，判断方式同探测词，若判断为是，则按下键盘上的"是（F）"键，若判断为否，则按下键盘上的"否（J）"键，如果你判断错误，屏幕上会呈现"错误"二字以示提示，持续 750 毫秒以后自动消失，如果你判断正确，不会有任何提示信息。一篇短文读完以后再读下一篇，每读完 6 篇文章会有 1 分钟的休息时间，如果你不想休息，可按空格键继续。为保证正确回答所有文章后面的阅读理解题目，请你务必仔细认真阅读每一个句子，每篇文章阅读过程中请不要休息。实验过程中请始终把左手食指和右手食指分别放在"是（F）"键和"否（J）"键上，拇指放在空格键上。

第二个实验的结果发现，对先前特征探测词来说，目标句之后探测跟目标句之前探测反应时间没有显著差异，而对当前特征探测词来说，目标句之后探测的反应时显著快于目标句之前探测的反应时，这说明恢复一致条件下目标句阅读时只激活了主人公的当前特征信息，而先前特征信息没有激活。另外，对先前特征探测词来说，目标句之后探测的再认正确率跟目标句之前探测的再认正确率没有显著差异，而对当前特征探测词来说，目标句之后探测的再认正确率显著高于目标句之前探测的再认正确率。正确率的统计分析结果跟反应时的统计结果一致，说明被试不存在反应时和正确率的权衡现象。总的实验结果说明恢复一致条件下目标句阅读时确实激活了先前的有关信息，并且只激活了更新后的信息，而更新前的信息不再激活。结合第一个实验的结果，可以说明，文本阅读过程中如果事先告诉被试所读材料的构成和性质，那么被试的阅读过程就是一个主动的、策略性的阅读过程，被试在阅读过程中会即时的更新有关信息，当下一步阅读时只激活先前的更新后的有关信息，不再发生协调性整合。

结合上一节阐述的焦点消除条件下背景信息协调性整合再现的实验结果，可以比较有说服力地表明，西方阅读两大派别虽然都有大量的、翔实的实验证据支持，但是，它们设计的实验研究引发的是不同性质的阅读过程，因此，得出支持各自的理论的证据。而文本阅读双加工理论站在新的高度上设计的这两个方面的实验研究，直接整合了西方阅读理论派别，显示出该理论更高的盖涵性与更强的解释力。

三、焦点增设条件下追随建构整合再现的 fRMI 研究

上面系统地阐述了文本阅读双加工理论的研究者所进行的在增设焦点条件下考察追随建构整合是否再出现的研究，研究者对奥布莱恩的研究材料进行某些技术处理，使文本的某些信息可以形成阅读焦点，研究表明，由于文本这个焦点的增设，读者在阅读与奥布莱恩等（1998）基本相同的材料时发生了追随建构整合，在恢复一致条件下不再出现协调性整合，得出支持建构主义理论否证记忆基础文本加工理论的结果与证据。

为了进一步验证上述来自行为实验的研究结果，莫雷、金花等（2008）运用了 fRMI 方法对焦点增设条件下追随建构整合再现的问题再进行研究。研究者的设想是，如果对奥布莱恩等（1998）实验材料进行改动，增加主人公目标行为的表述，以形成读者的目标焦点，在这种条件下，读者就会按照这个焦点进行

追随建构，建立与更新文本表征，并将更新后的模型带到下一步的阅读中去，从而不会出现奥布莱恩等（1998）研究所得出的背景信息协调性整合的结果。

研究者根据上述研究设想，并按照 fMRI 研究的要求对奥布莱恩等人（1998）的材料范式进行改编，设计了同一主题的一致性版本、不一致性版本和恢复一致版本等三种条件。例文如表 6 - 20 所示。

表 6 - 20　　焦点增设条件下追随建构整合再现的 fRMI 研究材料样例

介绍性段落
今天玛丽约了一个朋友吃饭。/她来到餐馆后开始看菜谱。/
条件段落
第一种条件：一致性版本
玛丽这次想吃一顿自己喜欢的饭菜。她对饮食一直不是很在意。/各种类型的食物她都能吃。/她也从来不忌讳油腻食物。/
第二种条件：恢复一致版本
玛丽这次想吃一顿自己喜欢的饭菜。她有段时间坚持只吃素食。/但现在她什么食物都吃了。/她也不再忌讳吃肉类食物。/
第三种条件：不一致性版本
玛丽这次想吃一顿自己喜欢的饭菜。她一直都很注意饮食健康。/她已形成了吃素食的习惯。/她从来不吃任何肉类食品。
屏蔽段落
十分钟后她的朋友也到了。/她与她朋友很久没见面了。/两个人一见面就聊个不停。/后来她示意餐馆侍者过来。/她再一次仔细地看着菜谱。/她一时很难决定自己吃什么。/
目标句
她点了一份面包与炸鸡块。/
结尾
她的朋友随意点了两个菜。/她与她的朋友又继续闲聊。/侍者送来了她们点的东西。/她俩一边吃一边还在说。/餐馆快关门时她们才道别。/朋友叫了一辆计程车走了。/玛丽也坐车回到了家里。/她的家人都已经睡觉了。

从上面例文可见，文中条件段落对主人公行为特征的描述与文章后面主人公的行为分别构成一致、不一致和限制性三种关系：1. 一致性版本条件，该条件所描述的特征与后面目标句主人公的行为是一致的；2. 不一致性版本条件，该条件所描述的特征与后面目标句主人公的行为是矛盾的；3. 恢复一致版本条件，该条件先描述的是主人公过去所具有的与后面目标句不一致的特征，后面 1 句则

说明现在这个特征已经改变为与目标句行为一致的特征，因此，还是与目标句的行为一致。屏蔽性段落目的在于将主人公的特征信息的句子推进长时记忆中去，使这些信息成为背景，但同时又使整个故事的内容保持连贯。结尾段落在于避免目标句信号受问题句诱发的信号的污染。本研究运用动窗技术，由被试自己控制逐行呈现阅读材料，以目标句的阅读时间及诱发的 BOLD 信号变化为因变量。整个材料设计范式与奥布莱恩等人 1998 年研究基本相同，只不过在三种条件的条件段落前都增加了一句"玛丽这次想吃一顿自己喜欢的饭菜"，这是一个可以启动目标焦点阅读的句子；并且根据伊万等的批评意见做了一个重要修改，即将恢复一致条件下关于主人公特征改变的信息更加明确化，使其目标行为发生的可能性与一致性条件下基本相同，从而能避免对研究结果解释的歧义。

认知神经科学研究表明，不同的认知过程各有其特异性的皮层网络。在该实验中，不管是矛盾版本还是恢复一致版本，主人公的特征描述中与目标句不吻合的信息均已进入长时记忆，目标句与工作记忆中的信息并不矛盾。因此，根据最低限度假设，三个版本的加工方式应该是相同的（即在阅读过程中只进行局部连贯加工），相应地，三个版本下检测到的与目标句阅读相关的皮层网络也应该完全相同；根据更新追随假设，读者在阅读时随着阅读信息的进入不断建构文本的心理表征并将它带到目标句的阅读中去，由于恢复一致版本中关于主人公特征描述的整体信息建构的表征与目标句并不矛盾，那么，一致性版本与恢复一致版本下目标句的加工方式也应该没有差异，但二者与矛盾版本下的目标句加工方式有差异；根据记忆基础的文本加工理论，即使目标句信息与工作记忆中的信息能保持局部连贯，目标句的信息也会非策略地、被动地、快速地激活长时记忆中的与这些信号匹配的文本信息（共振），读者不仅要将当前进入的文本信息与工作记忆中保持的文本信息进行整合维持局部连贯性，而且要与通过"共振"的方式激活的长时记忆文本信息进行整合，维持整体连贯性，即限制性与一致版本间的加工方式也不相同。因此，通过分析三种条件下脑区激活的模式，就可以检验阅读双加工理论的设想，并从认知神经科学的角度对西方阅读派别的分歧做出整合性的解释。

本研究的另一个目的是考察与篇章认知活动相关的皮层网络。相对而言，篇章认知加工脑机制的研究远不及字词水平的普遍与成熟，一方面研究报道非常少，另一方面结果多来自于神经心理学调查，其空间分辨率相对较低，一般只能局限在半球水平，也难以分离出句子甚至字词水平的加工，而且研究结果也不一致，神经心理学研究和半视野技术的研究结果表明右半球参与篇章水平的加工（Beeman，1998；Long & Baynes，2002）；但有研究者利用脑成像技术研究没能发现右半球在篇章加工中的激活（Ferstl & Cramon，2001）。更为重要的是，迄今为止，相关的研究只涉及一般性的篇章加工的脑机制，没有能进一步对不同类型的篇章信息加工是否存在脑功能区上的差异作出探讨。在此，如样例所示，本研究设计了三类条件：一致性条件、恢复一致条件和不一致条件，另以句子串的加工为基线（分离出句子水平的加工）。利用高空间分辨率的功能性磁共振成像技术，金花等首先探讨了一致性条件（无冲突信息）下与篇章信息加工相关的特异性脑功能性，在此基础上进一步考察了在篇章前后信息出现矛盾的条件下与篇章信息加工相关的脑功能区。

该研究以 12 名健康右利手的男性志愿者为被试，平均年龄 21.7（20~25）岁。全部被试无心理疾病史或是神经障碍史，或是失去意识的脑外损史、脑出血障碍，或是服用镇静剂。全部被试的母语均为汉语。

这项实验材料以 60 个一致性版本的段落为原始段落，在此基础上衍生出相应的 60 个恢复一致版本的段落和 60 个矛盾版本的段落（见样例），每一段落有20 个陈述句和 1 个问题句组成，段落的前两句为介绍性句子，3~5 句为条件句，6~11 为屏蔽句，第 12 句为目标句，13~20 句为结尾句。每个句子的长度在10~12 个汉字间。180 个段落随机组成三套材料，每一套材料各有 20 个一致版本段落，20 个恢复一致版本的段落和 20 个矛盾版本的段落，同一段落的不同版本不同时出现在同一套材料中。另有 20 个段落作为基线任务，基线段落通过以不同的人名代替一致性版本中的主语（名词或是代词）而得到，因此，基线段落实为 20 个相继呈现但相互无关的句子。每一套材料随机分配给 12 名被试中的4 人，每一套材料中的 80 个段落以随机化顺序呈现。

实验时要求被试按自己正常的速度认真阅读逐句呈现在屏幕上的短文并尽可能理解呈现在屏幕上的短文（但不能读出声），每读完当前句按一下反应盒上红色的按钮，每次按键都会使当前句消失而出现下一句。每个段落的最后一个句子呈现结束时，屏幕上会出现一个与短文内容有关的理解题，要求被试根据刚刚读过的短文内容尽可能作出又快又准确的判断（以鼓励被试认真阅读每一个段落）；若判断为是，则按下反应盒上红色的按钮；若判断为否，则按下按反应盒上蓝色的按钮。正式测试前被试先在磁体外进行练习，以让被试熟悉实验要求和实验程序。

为了保证该实验材料中一致性版本与恢复一致版本的目标句主人公行为发生的可能性相同，以避免奥布莱恩的研究所存在的问题，研究者预先对实验材料进行了评估，将一致版本与恢复一致版本各 40 个段落组合为两套材料，每套材料各含 20 个一致性版本段落与 20 个恢复一致版本段落，同一原始段落的不同版本不同时出现在同一套材料中。将每一段落内容打印在一页纸上，正面为段落内容，反面为目标句及 7 点量表，每套材料的阅读段落随机排列。将这两套材料随机地发给 30 名华南师范大学本科学生，请他们在阅读完每一段落后，立即把纸翻到反面，请他们根据前面阅读的内容，对目标句中主人公的行为发生的可能性进行 1~7 分的评估，并要求他们不得再去看刚读过的段落。评定结果是，一致性版本目标句主人公行为发生的可能性平均分为 5.127，而恢复一致版本中目标句主人公行为发生可能性平均分为 4.968，两者差异不显著。

实验在长庚纪念医院的一台 1.5 T Magnetom Vision MRI 扫描仪（Siemens, Erlangen, Germany）上进行。刺激通过 Goggle Display System（Resonance Technology Inc., CA）呈现给被试（白底黑字，PMingLiU 35 号）。在扫描前，被试先熟悉实验程序和要求及实验环境最大限度地降低被试的焦虑情绪及保证实验结果的可靠。随后，被试仰躺在扫描床上，自发际到下巴覆盖上一个热的铸形塑性面具，并以此将被试头部紧紧固定在一个带耳槽的塑料模具中，保证其头部在扫描过程中不随意移动或转动。磁共振扫描采用单次激发 T2 加权的 EPI 扫描序列，层厚 6mm，平面分辨率为 3mm × 3mm，TR/TE/flip angle = 2000ms/60ms/90°，FOV 为 192mm × 192mm，64 × 64 的矩阵，一次全脑扫描 17 层（轴面）。结构像由 T_1 加权三维梯度回波脉冲序列采集（$1 × 1 × 1mm^3$）。

实验采用事件相关设计（Event-Related fMRI），整个实验分成 4 个 run 进行，每个 run 完成 20 个段落。

数据采用基于 Matlab（The Math Works, Inc., Natick, MA）的 SPM99 软件包（Wellcome Department of Cognitive Neurology, London, UK）进行处理。首先对数据进行切面获得时间处理以校正序列成像时切面间的获得时差。以每一被试的第 1 张像为参考重排其 T2 加权像，并在调整头动时用单插入法重新切面，由此得到一平均像。应用 EPI 模板将这一平均像进行空间标准化，随后，将这一非线性转换的平均像应用到重排后的 fMRI 时间序列数据上。应用高斯滤波对图像进行空间平滑化处理（FWHM = 8mm）。选用规范的血流反应（HDR）确定每一被试目标句事件相关的激活，以最长间隔时间的 2 倍进行高通滤波移除低频漂移，按单次扫描占总强度的比例排除仪器在一个 Session 内的信号漂移。应用 SPM 的一般线性模型对兴趣效应制模。应用 Voxel-Specific T-Tests（SPM {t}）计算出全部被试各实验条件特异性相关的脑激活区。将激活区定位于标准化了的 T1 模板像上，并借助 TD Batabase（Research Imaging Center, The University of Texas, San Antonio, TX）以 Talairach and Tournoux 术语标记激活区。激活区域内峰值点的解剖标记由 3 – D 电子脑图集自动生成（Lancaster et al., 1997）。

首先，对 12 个被试 80 个段落的理解题的准确率进行统计，平均值为 82.77%，且没有一个被试低于 75%，说明被试确实按要求认真阅读了实验材料。对不同版本下目标句阅读时间进行单因素重复测量方差分析，结果发现版本有主效应。对数据进一步作多重比较，结果发现一致版本与矛盾版本间差异显著，恢复一致版本与矛盾版本间差异显著，而一致性版本与恢复一致版本差异不显著。这个结果不支持最低限度假设，因为一致版本与矛盾版本间差异显著，表明了在局部连贯没有中断的情况下，读者也会通过共振激活文本背景信息，对前后语义不吻合进行整合；这个结果与奥布莱恩等人 1998 年的结果也不相符，因为一致性版本与恢复一致版本间差异不显著，这表明，读者在阅读条件句时对主人公的信息进行了追随建构，支持了建构主义的跟踪追随假设。由此可见，行为研究的结果验证了文本阅读双加工理论的设想：如果将奥布莱恩等人 1998 年的材料做技术处理，使之可以引发焦点阅读，就会得出符合建构主义理论的结果与证据。

但是，该研究主要目的不是获得支持阅读双加工理论的行为证据，而是要获得脑活动模式的证据。对功能成像结果进行分析，与基线条件相比，一致条件下有 5 个大的激活簇（校正 $P < 0.05$，激活范围 > 0 voxels），主要集中在颞叶和额叶（见图 6 – 1A）。第一个簇位于右颞上沟附近，其峰值在颞中回的 BA21；第二个簇出现在右颞下沟周围，共有 3 个峰值，分别落于颞叶下部的 BA20 和 21 和中部的 BA21。另 3 个激活簇位于左半球，一个在颞叶下部，有两个峰值点 BA20 和 21；一个落在颞上沟附近，峰值点出现在颞中回的 BA21，这一簇的激活还向后上扩散到颞顶交界处的 BA39；另一个激活簇出现在左额中回。两侧颞叶的激活向后延伸至颞枕交界处（BA37）。

恢复一致条件下的脑活动模式与一致条件极为接近。它诱发 4 个明显不同的激活簇（见图 6 – 1B），左右半球各两个。右半球第 1 个激活簇沿颞上沟一直延伸到颞中回后部（BA37），峰值点分别在颞中回 BA22 和 20；第 2 激活簇的峰值位于颞下回的 BA20。左半球颞叶和额叶各有一个激活簇，其中颞叶的激活簇范围较广，在颞叶中部自上而下并向后延伸到颞顶及颞枕叶交界处，出现了 4 个峰值点；而额叶的激活簇位于额中回。

矛盾条件诱发的神经活动模式与一致和限制性二类条件在激活的范围和强度上均存在着显著的不同，但最大的激活区还是分布在双侧颞叶（见图 6 – 1C）。同样与基线条件比较，矛盾条件下可以观察到 9 个不同的激活簇，4 个分布于右半球，另 5 个分布于左半球。右半球第 1 个激活簇的峰值位置出现在颞中回 BA20，21，并向上延伸到颞上回的 BA38，还向下延伸到颞下回的 BA20；第 2、第 3 两个激活簇位于右额上回的 BA9，且从额上回的背侧面一直扩散至其内侧（BA10）；第 4 个簇位于右枕叶，峰值点为舌回 BA18，19。左半球第 1 个激活簇有 9 个峰值点，主要分布在颞叶的中下部（BA20/21），并向后延伸到颞枕交界处（BA39/37）；第 2、第 3 两个激活簇位于左额叶的中上部（BA6/8/9）；第 4 个簇的峰值位于左海马回的 BA19，36；第 5 个激活簇主要分布在顶叶，峰值点分别出现于 BA40，7。

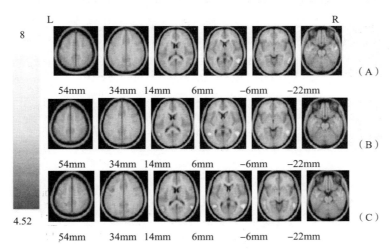

每一切面下的数字为 Talairach Z 坐标。L 指左半球，R 指右半球。

A：一致版本 vs. 基线条件，校正 $P < 0.05$，簇 > 50

B：限制性 vs. 基线条件，校正 $P < 0.05$，簇 > 50

C：矛盾 vs. 基线条件，校正 $P < 0.05$，簇 > 50

图 6 - 1　各条件与基线条件比较时 12 个被试平均的标准化脑激活像

　　为了说明实验变量的影响，金花等进行了实验条件间的配对比较（见图 6 - 2）。第一组是限制性与一致版本间的比较，结果在未校正 $P < 0.001$ 阈值水平上，没有发现与一致版本下目标句的阅读或是恢复一致版本下目标句的阅读特异性相关的皮层激活。第二组是矛盾版本与一致版本间的比较（未校正 $P < 0.001$，激活范围 > 0 voxels），结果双侧额叶，双侧颞后部颞顶枕联合处均出现了与矛盾版本特异性相关的皮层激活，其峰值点分别出现在左额中下回 BA9、11、47，左颞叶后上部 BA40，右额上回 BA9，右颞上回 BA39，和右枕舌回 BA18、19；而一致版本没有发现特异性的皮层激活。第三组是矛盾版本与恢复一致版本间的比较（未校正 $P < 0.001$，激活范围 > 0 voxels），比较结果与第二组接近，与恢复一致版本比较，矛盾版本特异性地激活了一较为广泛的皮层网络，涉及左侧额叶、双侧枕叶及颞叶后部颞顶联合处，峰值位置分别落在双侧枕舌回 BA18、右海马BA19、左额中回 BA8、左额下回 BA47 及右缘上回 BA40。

　　这项研究旨在通过文本阅读过程中皮层激活的模式差异来检验文本加工的理论并进一步探讨背景信息激活整合的实质。下面从两个方面分析实验结果。

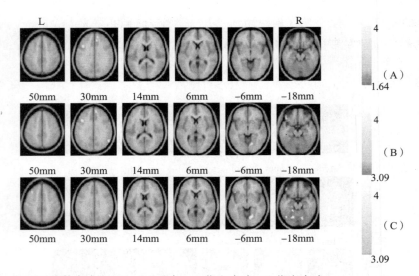

每一切面下的数字为 Talairach Z 坐标。L 指左半球，R 指右半球。

A：恢复一致版本 vs. 一致版本，未校正 P < 0.05，簇 > 50

B：矛盾版本 vs. 一致版本；未校正 P < 0.001，簇 > 50

C：矛盾版本 vs. 恢复一致版本；未校正 P < 0.001，簇 > 50。

图 6 - 2　各实验条件间比较时 12 个被试平均的标准化脑激活像

第一方面，关于参与篇章水平认知加工的皮层网络。如前言所述，出于各种原因，篇章认知加工脑机制的研究尚处于起步阶段，远不及字词水平的普遍与成熟，而且研究结果也不一致，右半球是否参与篇章加工是争议的焦点。对脑损伤病人的神经心理学调查表明，右半球损伤的病人存在篇章加工障碍，他们常常难以建构推理以整合句子和保持连贯（Beeman, 1998）；朗（Long）等的半视野技术也在正常被试身上观察到了右半球在篇章加工中发生作用的证据，他们使用"再认项目启动"范式检验了命题表征和篇章表征在两半球中的贮存，结果表明命题表征仅存在于左半球，而篇章表征存在于双侧半球（Long & Baynes, 2002）。然而，关于右半球是否参与篇章加工的问题来自功能成像研究的结果并不一致，如罗伯逊等（Robertson et al.）发现用定冠词（篇章连贯的线索）的句子串较用不定冠词的句子串在右半球额叶的激活更大（Robertson DA., Gernsbacher MA., Guidotti SJ., et al., 2000）。但费斯特尔和克拉蒙（Ferstl & Cramon）的研究使用了含两个句子的阅读材料作为篇章，没能发现右半球的任何激活（Ferstl, Cramon, 2001）。

莫雷等人认为，各研究者探讨篇章理解的脑机制研究在设计上差异是导致结果分歧的主要原因，如蒙斯特尔和克拉蒙实验中使用的是仅含两个句子的阅读材料，这样的材料很可能诱发不了篇章水平的加工。为此，他们设计了包含 20 个句子的段落；而且作为基线的段落与一致性版本间唯一的差别是基线段落中每一句子描述得都是某一独立的主体的属性或是行为，20 个句子有 20 个互不重复的主体，可以说，基线段落是由 20 个句子组成的句子串；而在一致性版本中，很多句子的主语以代词表示并指向同一主体，20 个句子以局部与整体均保持连贯的篇章形式出现。因此，一致性版本与基线条件的比较应能将与篇章水平相关的皮层活动模式从句子水平中分离出来。

结果与罗伯逊等（Robertson et al.）的实验结果基本一致。与基线条件相比，观察到文本（一致版本）特异性地激活双侧颞叶的中下部（BA20/21）并向后延伸到颞顶枕联合处（BA37/39），左额中回（BA6）也观察到激活。尼切利等（Nichelli et al.）发现阅读完一套伊索寓言后要求进行道德判断时，双侧额下回和双侧颞中回激活（Nichelli, Grafman, Pietrini, Clark, Lee and Miletich, 1995）；瓦拉克等（Valaki CE. et al.）利用再认任务检验了母语分别为汉语，英语和西班牙语者颞叶和颞顶部分脑区的神经生理活动模式（Valaki, Maestu, Simos, et al., 2004）。也发现汉语组表现出双侧对称激活的被试数的比例显著高于其他二组，表明汉语口语单词再认中该右颞顶区的参与增加。本研究结果表明汉语的篇章水平加工可能也与右颞顶区密切相关。而左颞后部的激活可能与超词汇水平（如命题表征）的语义加工有关（Baumgaertner, Weiller and Buchel, 2002）。该实验结果倾向于支持右半球参与篇章水平的语言理解的结论。

第二方面，参与文本加工过程背景信息激活与整合的皮层网络的差异性。进一步，对不同条件下目标句诱发的磁信号进行了直接配对比较，以验证文本阅读双加工理论的基本假设，从而对西方阅读的最低限度假设理论、记忆基础文本加工理论以及建构主义理论三派理论的争论做出合理的解释。

首先，研究结果不支持最低限度假设。在该实验中，三个版本中的目标句及其前面的至少 6 个句子是完全相同的，并且符合局部连贯条件，如果最低限度假设成立，则目标句只需与被试工作记忆中保持的刚阅读过的若干命题保持局部连贯，而不需要通达已进入长时记忆的文本先前信息（背景信息），这样，矛盾版本中关于主人公特点描述的与目标句矛盾的背景信息或者是恢复一致版本中关于主人公特点描述的与目标句局部不协调的背景信息都不会被激活，因此，三个版本下目标句诱发的皮层网络应该相同。结果并非如此，与矛盾版本比较，一致和恢复一致版本均有其特异性激活的脑区（分别为：双侧额叶，双侧颞后部颞顶枕联合处；左额中部及右额上回及其内侧），显然，三类版本间的皮层网络不同，这只能归因于在三种版本条件下激活了已经进入了长时记忆的关于主人公特点描述的不同背景信息因而产生了不同的认知加工。据此，可以认为，在局部连贯的情况下，读者仍然会通过共振激活了背景信息并进行整合。这个结果与奥布莱恩等人 1998 年的行为研究的结果相吻合，就这一点而言，本结果支持奥布莱恩等提出的记忆基础文本加工观所含的共振激活的观点。

然而，最重要的是，该研究结果并不支持记忆基础文本加工观，而是支持建构主义理论，这与研究者根据阅读双加工理论形成的研究设想相符合。该研究根据阅读双加工理论的设想对奥布莱恩等人 1998 年的研究材料进行引发焦点阅读的某些改动，但是，材料的内容、结构以及设计的条件与奥布莱恩等人 1998 年的研究材料基本上相同；并且根据伊万的意见加大了恢复一致条件下主人公行为发生的可能性，使之与一致性条件下的可能性相同。根据建构主义更新追随假设，在恢复一致条件下，读者在阅读关于主人公特点描述时，会随着新信息的进入不断更新相应的心理表征并将它带到随后的阅读中去，因此恢复一致版本在主人公特点的描述部分所形成的人物表征应该和一致性版本一样，这样，在这两种版本条件下，目标句激活的背景信息应该是一致的，一致性版本与恢复一致版本下目标句的背景信息激活与整合的皮层网络应该相同。而根据记忆基础文本加工观，则应该得出相反的结果。该研究比较了这两种版本条件下信息激活与整合过程的皮层网络的差异，在未校正 $P < 0.001$ 水平上，一致和恢复一致条件下均没有特异性的脑激活区，表明与这两类条件下目标句加工相关的皮层网络相同。表明读者在恢复一致条件下对条件部分句子的阅读过程中，已经对主人公的信息进行了建构，形成了整体语义连贯情境模型，因此，当阅读目标句时，虽然也会通过共振激活文本这方面的信息，但是由于条件部分建构的情境模型与这个结果符合建构主义的更新追随假设，不支持记忆基础文本加工观。

该研究进一步对三种条件的皮层网络进行了比较，以揭示文本阅读过程背景信息激活与整合活动的性质。

前面所述，在未校正 $P < 0.001$ 水平上，恢复一致条件与一致条件相比较，没有特异性的脑激活区。不管是与基线条件比较，还是与矛盾版本比较，二者的脑活动模式极为相似，其涉及的皮层网络与先前篇章研究的结果基本一致。可以认为，在这两种条件下目标句所激活的背景信息与当前信息完全协调，此时所发生只是一般的流畅性阅读，而不需要进行特异性的整合或深加工。

然而，与一致版本条件下皮层活动模式比较，不一致版本有其特异性相关的皮层网络，而一致版本没有发现特异性的皮层激活。不一致版本特异性募集的皮层网络非常广泛，包括双侧额叶及双侧颞叶后部颞顶联合处。在这些所激活的特异性脑区中，BA47 被认为与语义提取和推理生成有关（Ruff, Knauff, Fang-meier, Spreer, 2003）；而最近的研究首次为这一区域参与阅读过程中当前句子信息与读者长时记忆中的背景信息的整合提供了依据（Mason, Just, Keller and

Carpenter，2004）。这个结果表明，不一致版本条件下发生的整合比一致性版本条件复杂得多。因为，在不一致版本条件下所激活的关于主人公特点的背景信息与当前目标句描述的行为是不吻合的，因此会引发读者的特异性加工，读者需要主动地激活更多的文本背景信息与世界知识背景信息对当前信息进行整合，力图消除矛盾，此时所进行的这种特异性加工活动，是意识层面的整合。根据文本阅读双加工理论的观点，协调性整合是被动地、自动化地、无意识实现的，而意识性整合则是在文本语义信息出现严重不吻合或者不连贯而被引发的有意识的加工过程。因此，该实验结果显示的不一致条件下特异性激活的皮层区域，如 BA47 等，可能与有意识的文本整合过程有关。

综合上述研究结果与分析可见，在该研究中，文本阅读过程背景信息可以通过"共振"得到激活，但与记忆基础的文本加工观所设想得不同，激活得并非原始的课文信息，而是建构后的信息。可以推断，文本阅读过程中存在建构主义假设的更新追随现象。之所以在这个类似奥布莱恩等人 1998 年的经典研究的实验中得出支持建构主义理论的结果，是因为该研究对奥布莱恩等人（1998）的研究材料增加了目标启动句，使原来引发读者连贯阅读的材料变成引发读者的焦点阅读，因而出现上述结果。

总的来看，上述研究结果的最重要意义是验证了文本阅读双加工理论的设想，在新的高度上对西方阅读派别争论的关键证据做出整合性的解释。也就是说，奥布莱恩等人 1998 年的经典研究的证据是可靠的，但只是在被试进行连贯阅读过程才表现出的特点与模式；一旦对他们的研究做某些处理，引发读者进行焦点阅读，那么，奥布莱恩等人 1998 年的经典研究就会出现符合建构主义设想的结果。

本节阐述了文本阅读双加工理论从行为层面与认知神经科学层面对西方两大派理论所进行的整合性的研究。第一个系列，对奥布莱恩等人（1998）所进行的记忆基础文本加工理论的经典实验的材料进行一些技术处理，使读者阅读时转为焦点阅读，这个基本上是重复奥布莱恩等人经典实验的研究，却得出了支持建构主义理论否证记忆基础文本加工理论的结果与证据；第二个系列，将伊万等人（2004）所进行的得出否证记忆基础文本加工理论的证据的影响重大的实验材料做一些技术处理，消除了文本中引发阅读焦点的信息，使读者阅读时转为连贯阅读，这个基本上重复伊万等人 2004 年的经典实验的研究，得出支持记忆基础文本加工理论否证建构主义理论的结果与证据。本节的实验研究对文本阅读双加工理论的确立有非常重要的意义，它探讨西方文本阅读加工过程的两大派别实验证据分歧的根本原因，直接验证文本阅读双加工理论的合理性，该研究结果表明，阅读双加工理论可以对西方阅读两大派别的实验证据做出合理的解释，在一个更高的层面上整合了建构主义理论与记忆基础文本加工理论。

本章小结：文本阅读信息加工过程的研究，自 20 世纪末以来一直是国际心理学界研究的热点与兴奋点，研究成果不断丰富，呈几何级数剧增，各种观点各种理论纷纷涌现，目前，国际心理学界关于阅读信息加工过程的研究已经形成了建构主义理论、最低限度假设理论与记忆基础文本加工理论等流派剧烈论争的局面。在总结分析不同派别的理论观点与实验研究的基础上，我们基于学习双机制理论提出了关于文本阅读信息加工过程的理论构想。我们认为，文本阅读过程是连贯阅读与焦点阅读的双加工过程，连贯阅读主要属于联结性学习范畴，更多地表现出联结性学习的性质；而焦点阅读主要是运算性学习范畴的认知活动，因而会更多地表现出运算性学习的性质。读者所阅读的文本信息不同，所引发的信息加工活动也不同，如果进入的信息是没有引发焦点的信息，读者就进行连贯阅读加工活动；如果进入的信息是因果、目标等能引发读者注意焦点的信息，读者就进行焦点阅读加工活动，读者会根据阅读文本信息的性质会交替采用不同机制的学习加工活动，因此，即使是对同一篇文章的阅读过程，也可能交织出现这两种加工活动。最低限度假设、建构主义与记忆基础文本加工等三派理论之所以都获得支持自己的观点的实验证据，可能是因为它们的实验使用了不同的材料范式，引发了不同的信息加工过程，因而表现出不同的信息加工与整合模式。据此，我们基于学习双机制理论提出了文本阅读双加工理论构想，并进行了系统的实验研究，对文本阅读双加工理论进行验证。实验研究包括三大系列：第一系列实验研究探讨文本连贯阅读加工过程的性质与特点；第二系列实验研究探讨焦点阅读加工过程的性质与特点；第三系列实验研究探讨不同阅读条件对读者不同类型阅读加工的引发。综合以上三个系列的实验研究结果，可以充分表明，文本的自然阅读过程是连贯阅读与焦点阅读交织进行的双加工过程，连贯阅读主要属于联结性学习，而焦点阅读更多地表现出运算性学习的性质；在一定条件下，人们可能会采用连贯阅读的方式进行阅读，此时的阅读加工过程主要表现出联结学习的特点；而在另外一些条件下，人们可能会运用焦点阅读的方式进行阅读，此时的阅读加工过程会主要表现出运算性学习的特点；在不同条件下的文本阅读学习就会有不同性质的信息加工活动，在阅读进程、阅读推理与情境模型的建构等方面都表现出不同的过程、特点与规律。实验研究验证了文本阅读双加工理论，从文本阅读信息加工过程的角度支持了学习双机制理论的基本观点。

第七章

基于学习双机制理论的类别
学习过程实验研究

学习双机制理论认为，知识学习可以分为联结性学习与运算性学习，不同的学习有不同的过程、条件及其规律，在现实的学习活动中，两种学习过程是交织在一起的。本章主要阐述了基于学习双机制理论提出的关于类别学习过程的理论构想，然后根据这个理论构想从三个方面进行类别学习过程的实验研究。本章共有四节，第一节全面总结了国际心理学界关于类别学习研究的概况，分析了以往研究结果的分歧与不同派别的基本观点，然后基于学习双机制理论提出关于类别学习的理论构想。第二节、第三节与第四节分别阐述了根据学习双机制理论关于类别学习的理论构想所进行的三个方面的研究。第二节阐述类别形成过程的实验研究，第三节阐述了不同学习方式进行类别学习的实验研究；第三节阐述了类别学习的阻碍效应研究。研究结果表明，类别学习过程是运算性学习与联结性学习交织进行的过程，不同的条件会引发不同机制的学习过程，而不同机制的学习会表现出不同的特点与规律，以往的研究结果之所以产生分歧，可能是由于它们涉及了不同机制的学习。研究结果从类别学习加工过程的角度支持了学习双机制理论的基本观点，验证了学习双机制理论关于类别学习的理论构想。

第一节　类别学习研究与学习双机制理论的类别学习观

一、西方关于类别学习研究的主要派别

类别的研究最早起源于概念的研究，从马丁（Medin，1984）对人工概念和自然概念的几个重要区别进行讨论以来，或者是规则理论受到批评以来，西方已经鲜有人提到"概念"这个术语了，而更多的人转向对"类别"进行研究。并且相继提出了原型观、样例观、理论观等重要的观点。

概念和类别两个术语不完全相同，前者是和规则观相一致的。对概念的定义，邦兰（Bonrane，1966）认为，两个或两个以上的事物组合在一起，并且可以根据某个标准特征或属性，使它们和其他的事物分开，就存在一个概念。当时的心理学家们都默认把概念定义为，对事物本质特征的抽象概括的反映。这种观点和规则理论关于类别的标准特征观是一致的，因此，概念的研究只是类别研究的一个部分。然而，近20年来的研究表明，在多数情况下，类别和类别之间的区分，并没有明确的边界，没有所谓的标准特征，而是以一种边界模糊的状态存在。因此，原型观、样例观和理论观在类别研究中成为主流，而与概念相联系的标准特征观或规则观的研究已经很少了。

类别研究主要包括类别形成和类别运用的研究，前者是以学习的模式来进行，而后者是以推理或迁移的模式来进行的。类别形成，其目的是探讨类别形成的信息加工过程；类别运用，目的是根据已形成的类别知识去识别新事物的类别属性。无论类别的形成研究还是类别的运用研究，都包含规则观、原型观、样例观和理论观等主要理论观点，也都包括分类（归纳）和特征推理（演绎）等实验任务范式。

类别的研究，是目前认知心理学研究中最热点的问题之一，一方面，它是许多认知活动，包括类比、因果推理、想象、创造、归纳和预测的基础；另一方面，对此形成的各种理论观点很多，而且争论不下，存在着广阔的研究空间，并似乎预示着可能出现突破性进展的结果，下面对类别形成的主要理论进行介绍。

（一）规则观

史密斯和马丁（Smith and Medin，1981）认为，对特征进行定义，既可以在

概念层次也可以在语言层次，这是概念经典观点的本质。经典观认为，我们的概念和类别知识是清楚而标准的：我们的类别知识应该能使我们了解所遇到的客体的本质，判断其特征，然后使用这些特征准确地把客体放在适当的心理位置上。同时，认知系统具有进行假设检验的能力，以确定哪一些是标准特征，哪一些是非标准特征。例如"会飞"就不是鸟的标准特征。

布鲁纳、古德诺和奥斯丁（Brunner, Goodnow and Austin, 1956）对人工概念进行研究。他们认为，概念应该以规则的形式来表述，如果新的样例符合这个规则，那么它就是该类别成员中的一员，如果样例不符合这个规则，那么就会排除在这个概念或类别之外。概念的形成，也就是规则的确定过程。

实验的材料是使用 4 个维度各 3 个水平的图形材料。预设规则：单特征规则、合取特征规则和析取特征规则。他们使用接受范式（Reception Paradigm）和选择范式（Selection Paradigm）两种任务，前者单个呈现刺激，被试做"是"或者"否"的尝试性判断后予以正确反馈，后者一次呈现所有的刺激，自由进行选择，并获得反馈。该研究最著名的地方，是揭示了被试所使用的策略。

布鲁纳等人认为，人们使用了相当复杂的假设—检验策略来获得概念知识。这观点引来了许多批评，究竟是否使用或者如何使用这种假设—检验策略，无法考究。

早期规则观的研究都是在自身的研究范式下进行的，也就是说，没有人对基于规则这个问题表示怀疑。然而，人工概念和自然概念不同的是，现实中存在许多边界模糊的样例，如马丁（1989）提出的"抹布"是否属于家具成员问题。

因此，根据经典理论，概念和类别是由标准特征来定义的。标准特征是概念的一个组成部分，是用来确定一个具体样例是否属于该类别的必要或者充分条件。从经典理论所使用的实验材料上看，人工概念有这样的特点，然而马丁（1989）指出，自然类别没有这样的特点，某个特征随时都可以缺失而不影响该样例的类别属性，也不存在某个特征对于类别判断是充分的，即自然类别中没有一个特征能够保证绝对顺利进行分类[4]。

哲学家路德·维希（Ludwig Wttgenstein, 1953）的研究，提出了自然概念或类别具有"家族相似性"的特征。就像一个大家族的成员彼此在生理特征上相似一样。这个概念后来被原型观所引用。

（二）原型观

人工类别和自然类别的一个重要差异是，自然类别表现出一种称之为中心性的特点，而人工概念则没有。中心性指，某些类别成员对于其他成员而言是该类别中更好的样例。如鹦鹉比鸵鸟更像鸟。这种典型性效应在茹什（Rosch,

1975)；茹什和梅尔夫（Rosch and Mervis，1975）等经典的研究中得到广泛的证实。如茹什（1975）对水果类别的评价，表明橘子、苹果在水果成员中典型性最高，他认为，橘子和苹果之所以获得高典型的评价值，是因为它们具有更多的类别特征，茹什把这些具有最多类别特征的成员称之为类别的原型（Prototype）。

根据茹什的观点，原型在类别中占有特殊的地位，因为它是类别的中心。因此，关于概念的结构，茹什把概念的结构比喻为一处类似于丘陵地带的风景画面，每一座山代表一个类别，山峰的顶端代表原型，离山顶越远，离地面越近的部分表示具有较少特征的类别成员，越往下走，离原型越远，典型性就越低。两个山峰交界处成为了模糊边界，这些样例成员让你无法确定其归属。茹什的研究也表明，判断中心成员属于该类别的速度也显著比边缘成员快，而且在儿童方面差异更为显著。

茹什等开创性的研究表明，自然类别和概念与在实验室中所使用的人工概念又很大的不同。首先，自然概念不是以标准或决定性的特征为基础组织起来的，其类别成员具有一种家族相似性。其次，类别之间也没有明确、固定的划分界限，其边界是模糊的，其中有一些具体的样例既非完全属于又非完全不属于该类别。类别成员还表现有中心性，即类别中的有些成员被认为是它较好的样例。另外，中心性取决于某一类别成员所具有的共同特征数量（假定所有的具体特征在构成类别时都同等重要）。当某个特定的类别成员获得更多特征时，它就变得更具中心性。具有特征最多的类别成员则成为该类别最中心的成员，称之为类别的原型。

原型观认为在我们的大脑中储存着各种抽象的、概括的表征，即原型。原型包含了所在类别的主要特征，对某个新事物的归类是由该事物与原型的相似性所决定的。根据特征匹配可以估算出新事物与原型的相似性。如果相似性超过某一阈限，它就可以被看作该类别的一个成员，如果该事物可以归入多种可能的类别中，那么与之特征匹配率最高的类型就是其所属的类型。

原型观的主要特点有两方面：第一方面，原型观认为新目标（新事物）与原型特征之间总的相似性遵循加法原则，即原型观将目标与原型的各个特征看作是彼此独立的，从而可以把目标与原型相似的特征累积以计算总的相似性，并由此作出归类决定。但不同特征的权重不同，主要特征的权重大一些，次要特征的权重小一些。第二方面，原型观认为同一类事物的类型表征只有一个原型，这个原型是由该类型中各种样例的特征的中心趋势所构成的，它包括了这类事物的主要特征。对某个目标的归类是由目标与原型的相似性所决定的，换言之，某类事物的原型可用于对该类事物的所用样例的归类。

原型观可以解释许多归类现象。首先，原型观为典型性效应提供了比较合理的解释。归类的经典理论认为人们是按照定义特征或严格的规则对事物进行归类的，但该观点不能解释典型性效应，即某一类型的不同类型成员在典型性上是有差异的。原型观认为，典型性效应是因为典型的类别成员拥有更多类别的主要特征，得到更大的权重，从而更具典型性。其次，原型观可以解释模糊边界效应。如前所述，人们常常很难判断某一事物是否归属于某个类别，例如，人们往往难以判断"抹布"是否属于"家具"。经典理论不能解释这种现象，而原型观认为归类的依据是目标与原型之间的相似性，之所以出现上述现象是由于抹布与典型的家具，如椅子等之间相似性较低。

尽管原型观能够解释许多归类现象，但它仍然存在一些问题。首先，原型观在解释典型性效应时将类别看作是独立于特定情景之外的。但很多事实表明典型性效应是随情景而变化的。例如，在一般情景中，"鸽子"比"企鹅"更具代表性，但在特定的情景中，如当谈到"生活在南极的鸟"时，"企鹅"则比"鸽子"更具代表性。其次，原型观假定人们独立地看待某一事物的各个特征，但事实上事物的特征是或多或少联系在一起的。例如，颜色鲜艳漂亮的蘑菇往往是有毒的，而颜色不鲜艳的蘑菇可能是无毒的。

（三）样例观

近20年来，实证研究对原型观提出了挑战，新的样例观取代了原型观在归类领域的主导地位。样例观的主要观点如下：

第一，我们在认知系统中存储的是一组特定的例子和情景，而不是原型。根据原型理论，我们的大脑中存储的是抽象而概括的原型。但样例理论认为，虽然我们能够根据需要计算出哪个样例具有更多的类别特征，即原型，但这并不意味着原型是储存或编码的基础。

第二，为了对某一客体进行归类，我们会将其与类别中所有的样例进行比较，而并非仅仅只与原型进行比较。根据原型理论，当需要将新的客体归入已知的不同类别时，我们只需要将该客体与各个类别的原型进行比较即可；而样例理论则认为，在这种情况下，我们需要将该客体与各类别的所用成员进行比较，从而判断该客体属于哪个类别。

第三，样例观认为，样例与其能够归属的所有可能的类别都具有联结。根据样例观，我们保持有关于我们所碰到的所有客体样例的表象，其中每一个都与许多类别有着或多或少的权重关系，因此每个人的类别结构都不完全相同。样例观同时认为，具体样例并不固定于任何一个具体的类别结构中，每个样例或表象可以在我们的类别结构中转移，在不同时间内会成为不同类别的成员。例如，知更鸟多数时间都是"鸟"这一类别的成员，但知更鸟这一具体样例也可以在其他不是"鸟"的类别中存在。

由于样例观认为某个类型中有多个匹配样例存在，同时又保留了其他相关特征，这样对事物进行归类的依据就会大大增加。某些特征可能没有存储在原型中，但却与其他的样例相联系，因而也可以在归类时加以利用。样例说也能够解释典型性效应，但它与原型观的解释存在差异。例如，对鸽子的典型性效应的解释，原型观认为鸽子具备较多鸟类的主要特征，而样例说则认为，鸽子是鸟类中的一个典型样例。它具有很多鸟类的高频特征（经常在各种鸟的样例中出现），故和其他很多样例相似，因而比较容易被确认；而鸵鸟只与少数几个样例相似，因此不太容易被确认。

样例观还可以解释原型观遇到的两个难题：第一，典型性效应随情景发生变化的问题。样例观认为一个类型会有多个样例表征，这些样例又包含有自己独特的信息，这就使得在特定的情景中，与该情景相关的样例容易被激活。例如，"生活在南极的鸟"更多地被认为是企鹅而不是鸽子，这是因为企鹅与"生活在南极"这样的特定情景有更多的联系。第二，样例观并不把样例之间的特征看作完全独立的，它认为人们会利用样例之间的某些共同特征，例如，单凭蘑菇的原型特征无法得到有关蘑菇颜色与毒性之间有怎样的联系，但你可以利用蘑菇的不同样例所具有的特征之间的联系得到这方面的信息，尽管这方面的信息并不是在任何情况下都正确。

虽然样例观比原型观更灵活，且在近20年内已取代了原型的主导地位，但它仍存在一些问题。首先，样例观认为类别是许多样例的集合，但它无法很好地解释这些样例是如何被组合到一起的，如为什么企鹅和鹰差别很大却被划分到同一类型中，而鲨鱼和海豚虽然相似却被划分到不同的类型中。其次，样例观认为人们在归类时运用的是具体样例的表征而没有运用抽象表征，但事实表明有时人们显然运用的是抽象表征而不是具体样例。

支持样例观的实验很多，如克鲁斯科（Kruschke，1992）提出了一个类似于联结网络的类别样例理论模型，称之为ALCOVE模型。关于样例观和原型观的对比，最经典的研究，要算马丁和沙弗尔（Medin and Schaffer，1978）的研究了。该研究的技术模型，一直沿用至今。诺沙夫斯基（Nosofsky，1992）、曼迪和史密斯（Minda and Smith，2000；2002）的研究都使用了马丁等开创的4/5类别研究范式，材料如表7-1所示。

如果按照原型观，刺激A1的学习成绩会优于A2。因为A1-1110和原型A0-1111更为相似，而A2-1010和原型A0和B0具有相同的相似性。如果按照样例观，刺激A2的学习成绩会优于A1。因为A2-1010和A类别种2个样例高度相似，和B类别中所有样例都不相似（刺激A2-1010和刺激A1-1110、A3-

1011 都有 3 个特征相同）。刺激 A1 - 1110 和 A 类别中一个样例 A2 - 1010 高度相似，却和 B 类别中的 2 个样例相似，分别为 B6 - 1100、B7 - 0110。实验的结果表明，A2 学习效果优于 A1，支持了样例观。

表 7 - 1　　　　马丁和沙弗尔（1978）、诺沙夫斯基（1992）、
曼迪和史密斯（2000；2002）

刺激	维　　度			
	D1	D2	D3	D4
A1	1	1	1	0
A2	1	0	1	0
A3	1	0	1	1
A4	1	1	0	0
A5	0	1	1	1
B6	1	1	0	0
B7	0	1	1	0
B8	0	0	0	1
B9	0	0	0	0

（四）理论观

类别形成的理论观，也称为基于理论的类别观与前几种观点存在着较大的差异，主要包含如下方面：

首先是对相似性的看法。理论观认为，原型观、样例观和规则观都是建立在类别成员之间彼此相似这一基础之上，这些理论都在试图确定什么使类别成员看起来彼此相似，而相似性本身是一个不固定的术语，如马丁和沃顿梅克（Medin and Wattenmaker，1987）的研究。马丁（1989）提出了相似性的几个成分：第一，两个事物之间的相似性应随着其共有特征数量的增加而增大，随着共有特征数量的减少而降低；第二，特征与特征之间应相互独立，它们必须以相加的方式来增加相似性；第三，构成相似性的特征应处于同一抽象水平上；第四，这些原则应足以描述一个概念或类别的结构，概念在某种程度上应当是由一系列特征组成的。

关于特征之间相互独立的主张认为，典型性判断以及根据这种判断得出的原型观在不同的背景中应保持相对不变。因此，如果构成某个人"鸟"的概念和特征是独立且可加的，那么无论这个人坐在实验室还是坐在历史博物馆观察制成标本的鸟，都应该把知更鸟判断为原型。然而，背景信息影响典型性这一点已得

297

到了确认。罗斯和雪本（Roth and Shoben，1983）研究发现，在秘书休息这一背景中茶是最典型的饮料，而当背景换成卡车司机休息时，牛奶则比茶更具典型性。

针对可加性，马丁和雪本（1988）的研究表明，原型的特征是不可加的。发现小汤匙被判断为比大汤匙更具有汤匙的特性，同样，金属汤匙也被认为比木汤匙更具典型性，这会使人认为大的木制汤匙典型性相对较低。但事实并非如此，人们认为大的木制汤匙比小的木制汤匙或大的金属汤匙更典型。

瑞普斯（Rips，1989）进一步证明了相似性和类别判断之间的分离效应。在研究中瑞普斯向被试呈现关于一个物体的口头描述，实际上只告知被试该物体的一个特征，如直径。这个特征事先设定于两个类别的值之间。研究中要求被试把该物体归入两个类别之一。例如，告诉被试圆形物体的直径是 8 厘米，让他判断这个物体属于"匹萨饼"（直径约 31 厘米到 41 厘米）还是"25 美分硬币"（直径约 3 厘米）。在这一例子，虽然直径为 8 厘米的物体与硬币的大小更接近，但被试却把它判断为匹萨饼而不是硬币。本研究表明，被试运用其背景知识和信念来考虑变异性的效果，然后又运用这种知识来替代他们所知觉到的表面相似性。在另一实验中，瑞普斯告诉被试，"某动物在出生时具有许多项鸟的特征（但在向被试的描述时并没有把它标示为鸟），后来由于意外误食了被污染的食物，出现了很多类似昆虫的特征。该生物与其所属物种的一个正常成员交配，生出的后代具有正常的外表"。结果发现，被试倾向于把它判断为是一只鸟（这是它的类别）而不是昆虫，但他们同时又倾向于判断它更像一只昆虫而不像鸟。这项研究表明了用于归类的知识和构成相似性判断基础的知觉外表之间的分离。也就是说，我们显然认为是动物的本质决定了其类别，但意外事件改变了它的外表，由此似乎也改变了对它的相似性判断。该研究表明，人们可能并非总是用相似性来判断类别，有时候人们可能会使用理论性的和解释性的背景知识来进行类别判断。就本例而言，我们可能在"生出的后代具有正常的外表"这句话中隐含了这种知识。

巴萨卢（Barsalou，1983）的目标驱动范畴的研究，探讨了儿童、宠物、相册、家庭的祖传物和现金这样一些事物构成的范畴。表面上这些事物不可能很好地组合在一起，但在大火焚烧房屋的情境中，这些事物恰好落入了"被抢救物品"的范畴，当人们具有关于范畴目的的知识时，范畴的组织才变得更合理。

马丁、林奇和科莱等（Medin，Lynch and Coley et al.，1997）的研究检查了三个不同类型的树木专家的范畴表征和归纳：植物学家、公园维修工人和园林设计者。结果显示出前两组的分类很相似于那些科学分类，但园艺师的归类极大的受不同的树木在风景设计中作用的影响。然而，当要求从树木范畴和生物特征归纳时，园艺师就没有表现出这种影响，而严密地遵循科学归类进行。这一研究表明人们在不同的目标上如何运用表征是相当灵活的。

罗丝和墨菲（Ross and Murphy，1999）认为归类应研究能够与人已有知识和活动达到很好整合的概念。他们研究了人们对食物范畴的跨分类的表征，通达和推理。在食物跨分类的表征实验中，实验分三种任务进行，范畴生成任务、等级评定任务和范畴归类，结果都证实了人们采用两种范畴对食物归类，即分类范畴和脚本范畴，前者依据食物的生物特性和起源对食物分类，后者依据食物被吃的时间、场合和情境对其分类。在食物跨分类的通达实验中，相似性评定和速度启动实验采用情境依赖范畴和情境独立范畴的实验技术，证实人们可以同时通达食物的两种范畴，进行归类。在食物范畴的归纳推理实验中，显示出不同的任务人们采用不同的范畴作归纳推理，脚本范畴具有非常有力的归纳推理作用。在范畴的表征、通达实验中，被试都是首先生成和通达根据相似性而归类的分类范畴，但是在最后的推理实验中，分类和脚本范畴都是同样有力地被运用到各自相应的归纳推理情境中。这表明人们除了运用相似性的法则归类，还运用有关的情境和背景知识归类。

由此可见，原型和样例观点虽然在认知心理学中很有影响，但它们也存在着一些缺点，因为这两种方法都是基于相似性这一概念基础之上的，而相似性并没有得到经验研究的完全证实。

根据基于理论的观点，概念之所以具有其现在的结构，并不是因为人们固定地建立了相似事物的原型，而是因为人们的经验为其提供了一种关于动机、原因、"真正的"变化和"表面的"变化等的理论。相似的事物被判断为属于同一类别只是因为它们唤起了一些理论性的知识，但这些相似性随时会因引发其他不同的理论而被替代。

另外，基于理论的观点强调个人的知识和背景，即"理论"在类别结构中的重要性。根据基于理论的观点，我们会使用个人知识和对当前情景的分析来帮助进行分类。在拉波夫（Labov，1973）的一些研究中可以看到这种效应。研究中向被试呈现高度不变，宽度变化的碗形容器图片。实验中要求被试判断该图片是什么物体。结果表明，物体宽度越大，被试越可能将其判断为"碗"，而宽度越小，被试越有可能将其判断为"杯子"。在另一种条件下，要求被试想象容器内装有"马铃薯泥"（一种通常装在碗中的食物），结果表明，被试表现出与上一组被试类似的倾向，但在宽度相同的情况下，此条件下的被试更可能将容器判断为碗。显然，被试关于容器如何使用的知识影响了他对类别的判断。

（五）混合模型

规则、原型和样例观都希望通过一个普遍适用的理论来解释类别学习的认知机制，然而，由于自身均存在一些缺点，对不少的实验结果难以进行解释，为此，一些研究者试图通过折中的方法，提出一些了混合性的模型。例如规则样例混合模型，即主张类别学习具有两种学习机制，分别为规则和样例，在一定条件下启用规则学习机制，在另外的一些条件下启用样例机制。这些主张由两种以上现存学习机制来解释类别学习的理论，称之为"混合模型"。

1. 规则样例混合模型

埃里克森和克鲁斯科（Erichson and Kruschke，1998）对规则观和样例观进行了比较，提出了一个规则样例混合模型，ATRIUN 模型。埃里克森和克鲁斯科在研究中用计算机呈现一个 10×10 的矩形，见图 7-1。然后在矩形上有标号的位置上逐个呈现符号"*"作为刺激，要求被试对不同位置上所呈现的刺激归类。这些位置的刺激分别归属于四种不同的类别，分类标准如下：在纵坐标 4.5 以下（下半区），2×2 除外的 5 个位置的刺激属于 J 类，上半区对应位置的刺激为 S 类；而下半区中 2×2 位置的刺激为 L 类（例外类别），上半区对应 7×7 位置的刺激则为 F 类（例外类别）。被试作出反应之后，立即给予正误反馈。

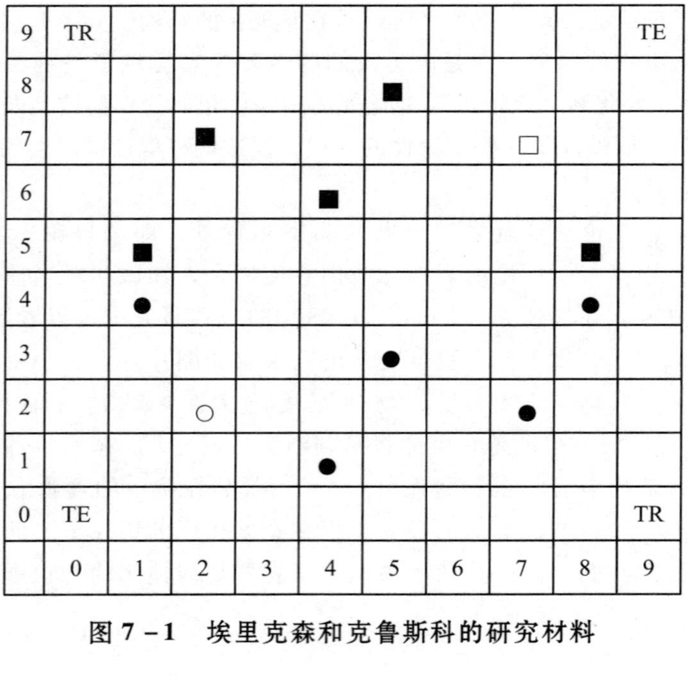

图 7-1 埃里克森和克鲁斯科的研究材料

被试接受 29 轮训练后进行迁移测试：在先前没有呈现过刺激的位置上呈现刺激点（迁移刺激），要求被试归类，然后进行统计。实验结果表明，距离例外类别越近的刺激点，被归为例外类别的可能性就越大，即迁移刺激与例外训练刺激的位置越相似，被试将其归入例外类别的可能性就越大；迁移刺激与例外训练刺激的位置相似性越小，则被试将它归入例外类别的可能性就越低；这符合样例理论的预测，说明被试是按照样例策略而不是规则来进行归类的。研究者进一步比较了被试对 TE 位置和 TR 位置刺激点反应的差异。由于 TE 位置刺激点比 TR 位置刺激点距离 2×2 位置的例外类别刺激点更近，因此，依据样例理论，被试就会将 TE 位置的刺激更多地判断为例外类别；而依据规则理论，被试对 TE 和 TR 两个位置刺激的归类应该没有显著差异。但实验结果表明，被试对两个位置刺激的归类反应没有差异，这又支持了规则理论。据此，研究者指出，单独的样例或者规则都不能有效地表述人类的归类行为，归类同时会交错地使用规则和样例两种策略。

莫雷和陈战胜（2002）还通过提高了埃里克森和克鲁斯科研究中例外类别规则的清晰性，探讨人们在归类过程中对规则策略和样例策略的运用。结果表明：当学习情境中潜在规则易于掌握时，被试倾向于运用规则策略进行归类；当潜在规则难以掌握时，被试则倾向于运用样例策略进行归类；当同时可以运用不同规则时，被试会选用更概括、更有普遍性的规则而弃用较具体、适用范围较限定的规则。归类中首选的是规则策略，只有当学习情境中潜在规则难以掌握时，才转而采用样例策略；当有多种规则可以选择时，则倾向于选择更概括、更有普遍意义的规则。

罗德和拉特克利夫（Rouder and Ratcliff，2004）、阿什比和马多克斯（Ashby and Maddox，2005）提出，类别学习中除了规则策略外，还可以采用规则加例外策略。这种学习策略是，被试寻求标准特征对绝大多数的样例进行归类的同时，记住了某些例外的样例，最后完全归类正确。如表 7-1 的 4/5 模型类别结构，先通过维度一分类，然后记住例外的 A5 和 B6，也可以完全归类正确。

2. 规则—信息整合模型（多重类别学习系统）

近年来，类别学习最活跃领域是关于多重类别学习系统（Multiple Systems in Category Learning）的研究，阿什比等（Ashby et al.，1998）认为，类别学习具有两个不同的学习系统，分别是基于规则的类别学习和信息整合的类别学习。

基于规则的类别学习指，学习者是学习一种可以用言语表述的规则，例如，让学习者分类学习一些光栅图，具体的刺激如图 7-2 中的（1），学习的材料有（2）、（3）、（4）四种，对于图 7-2 中的（2）类别结构材料，学习者会习得一种单维度规则"所有光栅密度疏的图形都是 A 类，密度密的图片都是 B 类"；对于图 7 - 2 中的（3），学习者会习得一种双维度规则 "所有光栅密度疏且右倾斜的图形都是 A 类，除此之外的图片都是 B 类"。这两种都是基于规则的类别学习，它可以是单维度规则，也可以是多维度的联合规则，关键是看能否使用言语把规则描述出来。

另外一种是信息整合的类别学习，指学习者是学习一种难以用言语表述的规则，如图 7 - 2 中的（4）。学习者虽然能够很好地对两类刺激进行分类，但无法用言语来描述他们的分类规则。

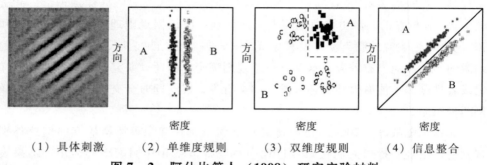

（1）具体刺激　　　（2）单维度规则　　　（3）双维度规则　　　（4）信息整合

图 7 - 2　阿什比等人（1998）研究实验材料

沃尔德伦和阿什比（Waldron and Ashby，2001）设计了四个维度的基于规则和信息整合的实验材料，四个维度分别为：背景颜色、图形形状、图形颜色和图形数量，如图 7 - 3。

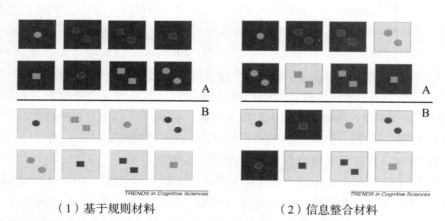

（1）基于规则材料　　　　　　　（2）信息整合材料

图 7 - 3　沃尔德伦和阿什比（2001）实验材料

对于基于规则的材料，见图 7 - 3（1），其规则是 "蓝色背景为 A，黄色背景为 B"。对于信息整合材料，图 7 - 3（2），其最佳规则是 "如果相关维度上的值的和大于 1.5，则属于类别 A，否则属于类别 B"。这个规则可以这样来构建，首先排除不相关维度，即图形形状这个维度，其他三个维度为相关维度，如果背景颜色中的"蓝色"、图形颜色中的"绿色"，和图形数量中的"两个"赋值为"1"，背景颜色中的"黄色"、图形颜色中的"红色"，和图形数量中的"一个"赋值为"0"，三个相关维度值的和大于1.5，就判断为A类别，小于1.5，就判断为B类别。也就是说，同时满足"蓝色"背景、"两个"图形，"绿色"图形这三个条件中的任两个，就判断为A；同时满足"黄色"背景、"一个"图形，"红色"图形这三个条件中的任两个，就判断为B。沃尔德伦和阿什比认为，即使人们习得了这个规则，但也无法准确地用言语描述出来，因此称之为信息整合的类别学习。

同时他们也认为，基于规则的类别学习是一种外显学习，它受工作记忆和执行注意的影响；而信息整合的类别学习是一种内隐的、自动化的学习系统，不受工作记忆和执行注意的影响。

二、学习双机制理论关于类别学习的主要观点

根据前面的阐述可见，有关类别学习的理论纷争主要来自几种观点：一是"规则理论"，认为类别是个体通过把握决定性的特征即"规则"而形成的，人们是以"规则"为标准来归类新的刺激。二是"原型理论"，认为类别学习是将特征平均，形成"原型"，新刺激的归类是通过比较其与"原型"特征的相似性程度来完成的。三是"样例理论"，认为类别学习并不会对学习过的样例进行抽象概括，而仅仅是将其储存在记忆中，新刺激的归类是通过比较其与已储存样例特征的相似性程度来完成的。

由于各派理论都得到了大量实验结果的支持，任何一个派别，只能通过自己的实验研究证明本派别观点的成立，但无法推翻另外派别的实验证据，也无法根据本派别的观点去整合其他派别的实验结果与证据。这就提示我们，这些理论可能都有部分合理性，能够解释某些条件下类别学习的现象，但是，都无法涵盖类别学习的全野。因此，解决类别学习的信息加工过程的关键在于，应该提出一个更有统整性的类别学习理论，能够整合规则观、原型观与样例观，能够在一个更高层面上对这三派理论的实验结果做出统一的解释。

事实上，有些研究者试图做这项整合工作，如上述，埃里克森和克鲁斯科（1998）等人根据实验研究的结果提出了规则样例混合模型，力图融合对规则观和样例观；阿什比等（1998）则提出多重类别学习系统，认为类别学习具有两个不同的学习系统，分别是基于规则的类别学习和信息整合的类别学习，前者大致相当于陈述性知识的学习，后者大致相当于程序性知识的学习，认为在不同情

境、不同刺激下其类别学习的性质也不同；还有诺沙夫斯基（Nosofsky）等提出规则加例外模型（RULEX，Nosofsky，Palmeri and McKinley，1994）和阿什比等人提出来的规则加决策界限理论（COVIS，Ashby et al.，1998）等等，都表现出力图包容不同的理论观点的倾向。但这些理论只是从现象上融合不同的类别理论观点，并没有从理论高度上提出新的理论对各种相关的理论进行整合，也就是说，这些力图融合不同派别的理论观点尽管提出了类别学习可能会包括多种过程，但是，没有提出一个能够解释类比学习的多种性的统合性理论。因此，当前有关类别学习的理论其实主要还是规则观、原型观与样例观三分天下。

在总结分析当前国际心理学界关于类别学习的研究与各派理论的基础上，我国心理学工作者根据学习双机制理论对类别学习过程及不同派别的争论提出了富有新意的解答。

学习双机制理论认为，人有两类学习机制：一类是联结性学习机制；另一类是运算性学习机制。联结性学习机制是指个体将同时出现在工作记忆的若干客体的激活点联系起来而获得经验的心理机制；运算性学习机制是指有机体进行复杂的认知操作（即运算）而获得经验的心理机制。从不同内容的知识的获得过程来看，有的知识主要运用联结性学习机制来获得，有的知识则需要运用运算性学习机制来获得，对于复杂的知识经验的获得过程，往往是联结性学习与运算性学习交替进行或交织进行的过程。

根据学习双机制理论这个基本观点，可以对西方关于类别学习各派理论进行分析。

一是"规则理论"。该理论认为，类别学习是通过从多个类别样例中抽象出其决定性的特征即"规则"，并以"规则"为标准来归类新的刺激，从而基于规则建构起类别的表征系统。这个信息加工过程显然主要是运算性学习的过程。

二是"原型理论"。该理论认为，人们可能是一时找不到该类别特征的决定性规律，或者不能通过单一维度进行完全正确归类，因此通过运算学习机制，从多个类别样例中概括出多个判断特征，这些判断特征组成形成"原型"，新刺激的归类是通过比较其与"原型"特征的相似性程度来完成的，类别学习实质上是学习类别的原型。当遇到一个新的样例时，哪个类别的原型与之最相似，人们会把它归类到这个类别之中。基于这个概括性的"原型"构建起该类别的表征系统。这个过程显然也需要进行一系列分析概括的信息加工活动，因此主要也是运算性学习的过程。

三是"样例理论"。该理论认为，类别学习并不会对多个类别样例进行分析综合之类的加工处理，而仅仅是将其作为一个集合储存在记忆系统中，类别学习的实质是学习类别中的每个样例，新刺激的归类是通过比较其与已储存样例特征的相似性程度来完成的。显然，这可能是人们一时找不到该类别特征的决定性规律，或者由于典型性不够运算不出原型，从而牺牲更多认知资源对每个样例进行单独识记，并以联结的方式记住的所有样例来对新的刺激进行归类。样例集合的形成主要是将各个样例作为一个整体联系起来，这个过程不需要进行复杂的信息加工活动，因此，这主要是联结性学习的过程。

还有决策界限理论。该理论认为，类别学习的实质是学习刺激的空间反应区域。当遇到一个新刺激时，被试就会判断该刺激在那个知觉区域，就会把它归类到这个区域所代表的类别中。这样，区域与区域之间通过"决策界限"来区分，类别学习就是学习决策界限，或者学习与反应相联系的区域的过程。这可能是人们采用联结学习方式，把样例结点群集合成知觉区间，特别是样例结点间存在着时空上的联系时，更容易群集成区域并以区域来对新的刺激进行归类。

由于这几派理论都有大量实验证据的支持，任何一派理论都无法推翻其他对立派别的实验结果，也就是说，上述各派理论提出的类别学习的过程都是成立的。

在全面总结分析西方关于类别学习各派理论的实质及其大量的实验研究证据的基础上，我们可以基于学习双机制理论提出关于类别学习的信息加工过程的理论构想。

第一，类别学习的信息加工过程，实质上也是联结性学习与运算性学习交织的过程。在某种条件下，人们可能会采用联结性学习机制进行类别学习，此时的类别学习过程主要表现出联结学习的特点；而在另外一些情况下，人们可能会运用运算性学习机制进行类别学习，此时的类别学习过程就会主要表现出运算学习的特点。因此，在不同条件下的类别学习就会有不同性质的信息加工过程，表现出不同的特点与规律，从而导致不同的类别理论的形成。也就是说，类别学习是一个根据条件不同而交替进行不同的信息加工活动从而形成相应的类别表征的过程。这是学习双机制理论的类别学习观的核心观点。

第二，在类别学习过程中，导致个体采用不同的学习机制进行类别学习的关键性因素是类别情景的逻辑紧密度。学习双机制理论认为，在处理具有逻辑必然性的客体的情况下，个体会采用运算性学习的方式。因为，运用运算性学习机制进行学习，既是把握具有逻辑必然性的知识客体的要求，又符合认知经济性的原则。因此，当类别材料的逻辑紧密度比较高的情况下，也就是类别材料的逻辑必然性比较高的情况下，个体会倾向于采用运算性学习的方式；而当类别成员逻辑紧密度较低的情况下，个体就会由于无法发现材料的逻辑性，因而放弃运算性学习而采用联结性学习。

我们认为，决定类别材料的逻辑紧密度的关键因素是"类别特征概率"，学习材料中类别特征概率的高低，决定了该材料的类别的清晰度与确定性，也就是逻辑紧密性。实际上，以往心理学界关于类别学习的各种研究都涉及到类别特征概率问题，但是都没有将它作为一个重要因素来考虑。认真分析前人的研究结果，就不难发现，类别学习情境中类别特征概率从大到小的变化，常常伴随着个体归类策略的不同，因此，类别特征概率是导致个体归类策略变化的决定性因素。在不同的特征概率的归类情境中，人们会使用不同抽象和复杂程度的归类策略；当特征概率为1，个体显然会采用规则策略；随着特征概率逐步降低，个体会依次采用规则加例外策略、原型相似性策略、样例相似性策略等复杂和抽象程度不同的基本归类策略。具体而言，在特征概率高的情境中，人们很可能使用规则或规则加例外的策略进行归类；随着特征概率的下降，使用规则或规则加例外进行归类的可能性在下降，使用原型相似性、样例相似性或决策界限的可能性在逐渐上升。实际上，分析以往的研究，都可以找到不少证明类别特征概率影响归类策略的证据；尤其是莫雷等关于类别特征的相似性与竞争性对归类的影响的研究（2003），就直接为上述设想提供了依据。

同时，其他的可能影响归类情境的逻辑紧密度的因素，如类别情境的学习形式，类别特征的关联性等等，也会影响个体类别学习的信息加工方式的选择。

还应该注意的是，学习者主体的一些因素也会影响类别学习过程的信息加工方式，例如主体的知识经验，发展水平等。

根据学习双机制理论关于类别学习过程的基本思路，我们就可以比较清晰地理解不同的类别学习理论及其研究结果，可以把握关于类别学习各种研究中错综复杂的结果与结论。

为了验证学习双机制理论关于类别学习的基本构想，我们进行了三个方面的系统实验研究：第一方面是关于特征概率对类别学习过程的影响研究；第二方面是不同学习方式对类别学习过程的影响研究；第三方面是类别学习的阻碍效应研究。下面第二节、第三节、第四节分别阐述这三个方面的实验研究。

第二节 不同特征概率条件下类别学习的信息加工过程研究

根据学习双机制理论基本观点对国外大量的实验研究证据进行分析，我们认为，类别学习过程可能是联结性学习与运算性学习交织进行的过程，在某种条件下，人们可能会采用联结性学习机制进行类别学习，此时的类别学习过程主要表现出联结学习的特点；而在另外一些下，人们可能会运用运算性学习机制进行类别学习，此时的类别学习过程就会主要表现出认知学习的特点。问题的关键在于，在什么情况下的类别学习是联结性学习为主，而在什么条件下的类别学习是以运算性学习为主。也就是说，是什么因素导致人们在一种情况下选择联结性学习，而在另一种情况下选择运算性学习？或者说是什么因素使得人们的类别学习结果最终形成"规则"、"原型"或"样例"？根据对三种理论派别的实验研究材料的系统分析，我们发现，这三个派别理论的实验研究所使用的类别材料有很大的差异，最显著的差异是类别材料中类别特征在类别成员以及非类别成员中出现的频次、同一种类别特征在不同成员出现时的变化程度。据此，我们认为，导致个体采用不同的学习机制进行类别学习的关键性因素很可能是"特征概率"，"特征概率"是影响个体类别学习的性质的关键性因素，决定了类别学习过程是形成"规则"过程、或是形成"原型"过程，抑或是构建"样例"集合的过程。

实际上，"特征概率"这一术语早已显现于各类文献中（Estes，1986），但研究者对其定义并不十分明确，尤其是对它在类别学习过程的作用也没有进行过研究。莫雷等（2003，2008）在前人研究的基础上，重新定义了"特征概率"，他们认为"特征概率"不仅包括"特征频次"，还包括"特征变异度"，特征概率是特征频次与特征变异度相结合的产物。特征频次又分为"正向特征频次"与"负向特征频次"，"正向特征频次"是指属于同一类别的特征在本类别样例中出现的频次，正向特征频次越高，特征概率越大；而"负向特征频次"是指属于不同类别（或对立类别）的特征在本类别样例中出现的频次，负向特征频次越高，特征概率越小。特征变异度又分为"本源特征"、"变异特征"与"连续特征"三种形态。

在不同样例之间保持相同的形态，有发生任何变化的特征，称为"本源特征"。也就是说，在所有类别的样例中，这种特征总是以同一形态出现，而不论其所属的类别。对于没有变化的本源特征，"特征概率"仅由"特征频次"决定，但先前研究者一般只考虑特征的正向频次，而忽略了特征的负向频次，而莫雷等在对特征频次的定义中则特别加入了对"负向特征"频次的考虑，认为在本源特征形态下，特征正向频次越高，特征概率越高，而特征负向频次越高，特征概率越低。

"变异特征"是一种在有限的范围内多个不连续取值的特征，即不同的样例，不论是否属于同一个类别，特征之间存在一定程度的变异。例如我们可以命名一个特征为红色，但是实际的样例中可能出现各种不同的红色：如深红、大红、浅红等。在现实生活中，我们每次所见到的东西几乎都会存在一定差异，这

307

种变异形态的特征具有了更为自然的特点，也开始显现出典型的特征中心和分布的雏形。对于变异形态的特征，由于特征存在变异，特征的确定性降低，人们必须首先辨别清楚特征，才能获得特征频次，因此特征概率是特征变异度与特征频次权衡的结果，在特征正向频次相同的情况下，特征变异程度越大，特征概率越低；在特征负向频次相同的情况下，特征变异越大，特征概率越高。

"连续特征"是一种在一定范围内连续变化的特征，即不同的样例之间表现出连续的取值变化。自然类别的特征基本都具有这种连续取值的特点，例如，根据个体的生理外观进行分类时，体型胖瘦作为其中一个维度，这里没有明确的单个数值表明体型是胖还是瘦，而是在连续体上的一种心理感受。连续特征其实可以看作是变异形态特征的进一步发展，是以典型特征为中心的一系列的变异特征，因此，连续形态的"特征概率"是由典型特征之间的距离和特征的分布（变异）共同决定的，类别特征的距离越大且分布越小，特征概率越高，类别特征的距离越小且分布越大，特征概率越低。

特征概率究竟是如何影响人们的类别学习过程的呢？莫雷和温红博（2008）认为，人们在类别学习的过程中遵循认知的经济性原则会首先选择"运算性学习"，如采用假设检验的方式学习样例，人们需要在工作记忆中不断对类别特征与类别之间的因果关系进行验证。当特征概率为100%时，即该特征是所有同类别成员都具有、而其他类别都不具有的特征，该特征在同类别成员中出现的频次是100%，在对立类别成员中出现的频次是0。在这种情况下，假设检验是顺利的，人们就会发现类别充分而必要的特征列表，这时，类别学习的结果是形成"规则"，即所有类别成员是明确的，类别之间的界限是清晰的。但现实中这种特征概率为100%的情况较少出现，更为常见的是特征概率小于100%，但总体概率也较高，即该特征是大多数同类别成员具有、其他类别的成员很少具有的特征，即该特征在类别成员出现的频次略小于100%，在对立类别成员中出现的频次略高于0。在这种情况下，人们发现所有的假设都是不能得到完全验证的，但假设在多数情况下是有效的，这时，类别学习的结果是将样例特征进行概括或平均，最终形成"原型"。这种情况下形成的类别，其成员不是完全明确的，类别的边界有一定模糊性。还有一种情况，即特征概率小于100%，但总体概率较低，即该特征是同类别成员较多具有、其他类别的成员也较少具有的特征，该特征在同类成员出现的频次较高，在对立类别成员中出现的频次比较低。这时，人们发现许多的假设都得不到证明，很难概括出一定的判别准则，因此就会放弃这种寻求一定判断准则的运算性学习方式，转而采用联结性学习，人们将注意力放在每个单独的样例上，把整个样例储存在记忆中，学习的结果仅仅是建立类别成员样例的集合，此时，其类别成员是不明确的，类别的边界也是模糊的。

根据这个设想，莫雷等人系统地进行了三个系列的实验研究：

第一系列，类别特征在成员中出现的形态没有发生任何变化的情况下，类别特征的出现频次变化所引起的特征概率变动，对类别学习过程的影响。

第二系列，类别特征的出现频次保持不变的情况下，类别特征在成员中出现的形态变化所引起的特征概率变动，对类别学习过程的影响。

第三系列，类别特征的出现频次保持不变的情况下，连续性的类别特征在成员中出现的一定范围的连续变化所引起的特征概率变动，对类别学习过程的影响。

下面分别介绍这三个系列的实验研究。

一、本源特征频次的变化引起的特征概率变动对类别学习的影响

根据莫雷等对特征概率的定义，本源特征形态下，特征概率完全取决于特征出现的频次，为证明这一观点，莫雷和温红博（2008）通过实验考察了特征概率对类别学习的影响。

莫雷和温红博（2008）的实验分为两个阶段：一是学习阶段；二是迁移阶段。在学习阶段，要求被试对随机呈现的人工昆虫进行归类，并对其归类的正误给予反馈。这些人工昆虫分为两个类别：即 A 类与 B 类。每个类别的人工昆虫都是由 5 个特征维度（Dimension，以下简称为 D）构成：触角（D1）、眼睛（D2）、翅膀（D3）、后肢（D4）和尾巴（D5）。A 类别的原型为（如图 7 - 4）：直的触角、单眼、圆翅、圆的后翅和单尾（以下皆用 0 来表示这些特征）；B 类别的原型为（如图 7 - 4）：曲的触角、双眼、方翅、方的后翅和双尾（以下皆用 1 来表示这些特征）。10 个刺激组成一轮，以 250 × 300 的像素随机呈现在 15 英寸 800 × 600 的液晶电脑屏幕上，每轮学习结束后向被试报告本轮的正确率。若被试连续两轮的归类正确率达到 100%，则学习阶段结束，否则，学习阶段在 21 轮后也自动结束。在学习阶段被试被随机分为三组，分别接受三种不同实验条件的刺激材料（其抽象结构如表 7 - 2）：一是"确定性特征"条件，类别成员具有 100% 的特征概率，即根据特征 D1，可以将两个类别完全区分开来；二是"不确定性特征高概率"条件，特征概率为 80%，即根据任何一个特征维度都只能区分 80% 的样例；三是"不确定性特征低概率"条件，特征概率为 60%，即根据任何一个特征维度都只能区分 60% 的样例。在迁移阶段，刺激由 A 类别与 B 类别的原型修改而成（三种条件下的被试所接受的刺激相同），要求被试对随机呈现的 10 个刺激进行归类（A 类或 B 类），但不提供反馈（其抽象结构如表 7 - 3），以探测被试在学习阶段形成了何种归类方式。

类别A　　　　　　　　　　　类别B

图 7 - 4　　两个类别原型

表 7 - 2　　　　　　　　　　学习阶段刺激材料抽象结构

刺激	类别 A					类别 B				
	D1	D2	D3	D4	D5	D1	D2	D3	D4	D5
确定特征概率条件										
A1	0	0	0	0	0	B1	1	1	1	1	1
A2	0	0	0	0	1	B2	1	1	1	1	0
A3	0	0	0	1	0	B3	1	1	1	0	1
A4	0	0	1	0	0	B4	1	1	0	1	1
A5	0	1	0	0	0	B5	1	0	1	1	1
不确定高特征概率条件										
A1	1	0	0	0	0	B1	0	1	1	1	1
A2	0	1	0	0	0	B2	1	0	1	1	1
A3	0	0	1	0	0	B3	1	1	0	1	1
A4	0	0	0	1	0	B4	1	1	1	0	1
A5	0	0	0	0	1	B5	1	1	1	1	0
不确定低特征概率条件										
A1	1	0	1	0	0	B1	0	1	0	1	1
A2	0	1	0	1	0	B2	1	0	1	0	1
A3	0	0	1	0	1	B3	1	1	0	1	0
A4	1	0	0	1	0	B4	0	1	1	0	1
A5	0	1	0	0	1	B5	1	0	1	1	0

表 7 - 3　　　　　　　　　测试阶段刺激材料抽象结构

测试刺激	维　度				
	D1	D2	D3	D4	D5
T1	1	0	1	0	0
T2	1	1	0	1	0
T3	1	0	1	0	1
T4	1	0	0	1	0
T5	1	1	0	0	1
T6	0	1	0	1	1
T7	0	0	1	1	0
T8	0	1	0	1	0
T9	0	1	1	1	1
T10	0	0	1	1	0

莫雷和温红博（2008）的实验逻辑是这样的：如果被试在学习阶段形成的类别表征是规则，即将 D1 作为唯一的决策标准，则被试会把 T1 ~ T5 归为 B 类，而把 T6 ~ T10 归为 A 类；如果被试在学习阶段形成的类别表征是原型（A 类别原型为 0、0、0、0、0，B 类别原型为 1、1、1、1、1），归类就是和原型比较相似性，即比较样例特征与原型特征匹配的个数，个数越多相似性越大，就越容易归入该类别，因此，这种情况下被试会把 T1、T4、T7、T8 和 T10 归为 A 类，其余的 T2、T3、T5、T6 和 T9 归入 B 类；但是如果被试在学习阶段形成的类别表征是样例，即记住了学习阶段见到的每个类别的刺激，归类就是和记住的每个类别的样例比较相似性，即比较新刺激的特征与先前呈现所有刺激特征的匹配个数，因此，这种情况下被试仍会把 T1、T4、T7 和 T8 归为 A 类，把 T2、T3、T6 和 T9 归入 B 类，但 T5 和 T10 由于与两个类别的样例相比匹配个数相同，因此会将其随机归入 A 类或 B 类。综上可知，三种条件下对 10 个新异刺激中对除 T2、T3、T7 和 T8 以外的其他 6 个刺激的分类预期各不相同，如表 7 - 4 所示，因此可根据归类结果来判定被试类别表征究竟是符合规则观、原型观，还是样例观。

结果显示，确定特征条件下的所有被试均把 T1、T4 和 T5 归为了 B 类，而把 T6、T9 和 T10 归为了 A 类，这一结果清晰地表明被试在确定特征条件下是根据 D1 维度，即运用规则，进行类别判定的。而在不确定特征条件下，无论高概率组还是低概率组的被试，他们对 T1/T4 和 T6/T9 的归类则与确定特征条件相反，这种结果符合原型观与样例观的预期。对 T5 和 T10 进一步的考察显示：在不确定特征高概率条件下，被试更多地将 T5 归为 B 类，而将 T10 归为 A 类，说明被试在不确定特征高概率条件下最终形成了原型；但在不确定特征低概率条件下，被试对 T5 和 T10 的归类则保持在随机水平，即被试几乎平均地将这两个刺激归入到 A 类或 B 类，这说明被试在不确定特征低概率条件下的表现符合样例观。

表7-4 不同概率特征条件下测试刺激的归类预期

刺激	确定特征概率 （规则观）	高特征概率 （原型理论）	低特征概率 （样例理论）
T1	B	A	A
T2	B	B	B
T3	B	B	B
T4	B	A	A
T5	B	B	A/B
T6	A	B	B
T7	A	A	A
T8	A	A	A
T9	A	B	B
T10	A	A	A/B

实验结果还显示，随着特征概率的降低，被试连续两轮完全正确分类的平均学习轮次逐步增加（分别为 3.23±1.65、9.10±4.66 和 17.57±5.50），这说明特征概率的降低导致了类别学习难度的线性增大。

综合以上实验结果可以看出，随着特征概率的升高，人们的归类方式是不断变化的。人们在归类学习中会优先采用运算性学习方式（即假设检验），当这种运算性学习发生在特征概率为 100% 的情境下，人们的假设能很快得到明确的验证，所以学习轮次较少（平均 3.23 轮），学习效率较高，最终形成了规则，而且这种规则会指导以后的类别判断。但如果遇到特征概率小于 100% 的情境，运算性学习则会受到阻碍，人们会发现假设总是不能 100% 地得到验证，若这时总体的特征概率仍然较高，虽然运算性学习不能达到确定性的效果，但大多数的假设还是能够得到验证的，所以这时人们会逐渐将样例的特征进行一定程度的抽象与平均，进而概括出一个原型，归类判断通过匹配新刺激与原型的相似性来进行。但若总体特征概率较低，人们则会转向另外一种学习模式，即联结性学习，因为这时假设多半不能得到验证，只能将大量的特征与一个个的样例建立起联结，类别判断也只能通过匹配新刺激的特征与先前样例特征的方式进行。由于人们最初选择的是运算性学习，用假设检验的方式进行类别学习，所以当这种方式奏效后，类别学习会很快成形，所以学习轮次较少（平均3.23轮）；当特征概率降低时，这种假设不得不被舍弃，采用家族相似性的策略来形成原型，所以学习轮次较多（平均9.10轮）；当特征概率继续降低时，运算性学习也已经行不通，人们不得不寻求另外一种学习方式，即联结性学习，所以学习轮次会再次增加（平均17.57轮）。可见，在本源特征形态下，特征概率的变化确实影响了被试的学习方式及最终的类别表征。

为进一步证明特征概率对类别学习的影响，莫雷和温红博（2008）又通过实验考察了被试在经典5~4类别结构与在经过改造后的6~6类别结构上的表现。5~4类别结构是马丁和谢弗尔（Medin and Schaffer，1978）为区别原型观与样例观而提出的（其抽象结构如表7-5所示）。根据这个类别结构，4个二值的维度形成了两个不同的类别，类别A和类别B。原型理论和样例理论对5~4类别结构中类别A的项目A1和A2产生了不同的分类预期：如果原型理论正确，刺激A1的学习成绩会优于A2，因为A1-1110和原型A0-1111更相似，而A2-1010和原型A0和B0具有相同的相似性。如果样例理论正确，刺激A2的学习成绩会优于A1，因为A2和A类型中两个样例高度相似（A1-1110、A3-1011），和B类型中所有样例都不相似。刺激A1和A类别中的一个样例A2-1010高度相似，却和B类别中的2个样例相似（B6-1100、B7-0110）。5~4类别结构提出后由于对类别学习理论的重大意义引发了大量研究者的兴趣（Smith and Minda，2000），即使在近年来仍然有研究者从不同角度使用5~4类别结构探讨原型理论与样例理论的区别（Johansen and Palmeri，2002；Nosofsky and Zaki，2002），研究者利用分类的行为表现、注意分配、分类的眼动和数学模型拟合等各种方法分析5~4类别结构下被试的分类行为对类别学习理论的甄别，更多的实验证据支持了样例理论。

表7-5　　　　　　　　　　　　　5~4类别结构

刺激	维　　度			
	D1	D2	D3	D4
类别 A				
A1	1	1	1	0
A2	1	0	1	0
A3	1	0	1	1
A4	1	1	0	1
A5	0	1	1	1

刺激	维 度			
	D1	D2	D3	D4
类别 B				
B6	1	1	0	0
B7	0	1	1	0
B8	0	0	0	1
B9	0	0	0	0

但也有研究者（Minda and Smith，2002；Murphy，2000，2002；Smith and Minda，2000）批评 5~4 类别结构的类别结构比率较低、样例太少或维度太少，从而导致被试在实验中学习不够充分，因而未能某些关键刺激，如 D2，以最佳的注意分配，进而导致了实验结果倾向于支持样例理论。除此之外，还有一个关键因素，那就是 5~4 类别结构中关键维度的特征概率较低，5~4 类别结构是根据被试对 A1 与 A2 的不同归类来区分原型观与样例观的，而 A1 与 A2 的唯一差别在维度 D2 上，而根据这一维度只能正确区分 9 个样例中的 5 个，这种正确率接近几率水平，即特征概率太低，所以 5~4 类别结构支持样例观完全有可能是因为关键维度 D2 的特征概率太低造成的。根据莫雷等关于特征概率与双机制学习理论的观点，特征概率低时人们倾向于采用联结性学习方式，会选择将特征与样例联结的方式来形成类别。为证明这一观点，莫雷和温红博（2008）对 5~4 类别结构进行了改造，在 A 类别中加入了 1 个样例，在 B 类别中加入了 2 个样例，从而增大了关键维度 D2 的特征概率，将 4 个维度调整为有相同的特征概率（见表 7-6），这就是"6~6 类别结构"。在这种结构中，根据 4 个维度的任意一个都可以区分 12 个样例中的 8 个，并且两类别中同样具有 2/3 比 1/3 的特征概率分布。莫雷和温红博（2008）对 5~4 类别结构与 6~6 类别结构的比较发现，当关键维度的特征概率提高后，被试的归类表现更符合原型观，接下来的部分是对其实验的具体介绍。

莫雷和温红博（2008）利用人工昆虫为实验材料比较了 5~4 类别结构与 6~6 类别结构的不同。实验材料分为两个类别，A 类别的原型为：弯曲的触角，双眼，圆翅和双尾；B 类别的原型为：平滑的触角，单眼，方翅和单尾。被试随机分为两组，分别接受两种类别结构的刺激。实验分为学习阶段与迁移阶段。在学习阶段，每轮学习结束后向被试报告本轮的正确率，若被试连续两轮的归类正确率达到 100%，则学习阶段结束，否则，学习阶段在 21 轮后也自动结束。在迁移阶段，被试在 5~4 类别结构条件下接受 9 个旧刺激和 7 个新刺激，6~6 类

别结构条件下接受 12 个旧刺激和 4 个新刺激。16 个刺激包括了 4 个二值维度类
别结构所有可能的组合。总体上来说，两种条件下的被试所接受的刺激完全相
同，均不提供反馈（迁移阶段刺激材料的抽象结构如表 7 - 7）。

表 7 - 6   **6 ~ 6 类别结构**

刺激	维 度			
	D1	D2	D3	D4
类别 A				
A1	1	1	1	0
A2	1	0	1	0
A3	1	0	1	1
A4	1	1	0	1
A5	0	1	1	1
A +	0	1	0	1
类别 B				
B6	1	1	0	0
B7	0	1	1	0
B8	0	0	0	1
B9	0	0	0	0
B + 1	0	0	1	1
B + 2	1	0	0	0

表 7 - 7   **迁移阶段 5 ~ 4 类别结构和 6 ~ 6 类别结构使用的刺激抽象结构**

刺激	维 度			
	D1	D2	D3	D4
5 ~ 4 类别结构迁移样例				
T1	1	1	1	1
T2	0	0	1	0
T3	0	1	0	0
T4	1	0	0	1
T5	1	0	0	0
T6	0	1	0	1
T7	0	0	1	1

续表

刺激	维　　度			
	D1	D2	D3	D4
6~6类别结构迁移样例				
T1	1	1	1	1
T2	0	0	1	0
T3	0	1	0	0
T4	1	0	0	1

　　结果显示，两种类别结构下的被试在学习轮次和最后一轮学习的正确率上均没有差异，表明两种类别结构的任务难度没有差异，但是学习阶段被试对 A1 和 A2 学习的正确率显示，在特征概率较低的 5~4 类别结构中，刺激 A2 的学习成绩优于刺激 A1，实验结果支持样例理论；然而在特征概率较高的 6~6 类别结构中，刺激 A1 的学习成绩优于刺激 A2，实验结果支持原型理论。而且，被试在迁移阶段的表现与学习阶段相同，都是 5~4 类别结构支持样例理论，6~6 类别结果支持原型理论。

　　由以上结果可以看出，随着特征概率的升高，被试的表现逐渐由符合样例理论转向符合原型理论，也进一步证明，随着特征概率的升高，人们逐步由联结性学习转向运算性学习，经典 5~4 类别结构支持样例理论仅仅是因为这种类别结构关键维度的特征概率太低导致的。

　　上述两个实验虽然从总体上考察了在类别特征在各个成员中出现的形态没有变化的情况下，特征频次决定的特征概率对类别学习的影响，但并未将类别成员间各特征之间的关系列入考察对象，而马克曼和罗丝（Markman and Ross，2003）曾指出，人们对类别内部信息的关系还是很敏感的，所以特征概率理论若想对以往研究作出更为强有力的解释，必须考察特征之间的关系对类别学习的影响。

　　根据前人的研究，特征之间的关系主要是并列关系、总分关系和因果关系。莫雷和温红博（2008）分别通过实验对这三种特征关系进行了考察。在考察并列关系的实验中，莫雷和温红博（2008）在知觉水平上选取了四个维度：形状、颜色、大小和轮廓线，每个维度上都是二值取值，形状：方形、圆形；颜色：红色、绿色；大小：大的、小的和轮廓线：实线、虚线。并列维度的特征可能是等权重的关系，也可能是非等权的，在非等权的特征中，权重高的称为"突出特征"。在知觉上，已有研究表明，相比其他知觉特征，"形状"是知觉突出特征，权重较高。实验根据两个类别的原型来组织，类别 A 原型（即 A0）的四个维度具有 1 特征（1、1、1、1），即方形、红色、大的和实线；类别 B 原型（即 B0）的四个维度具有 0 特征（0、0、0、0），即圆形、绿色、小的和虚线（见图 7 − 5 所示）。类别的其他样例采用了例外特征的方式构成，即 4 个维度中有大多数维度的特征与原型相同，个别样例维度的特征属于对立类别，材料都具有家族相似性的结构（实验材料的抽象结构如表 7 − 8 所示）。在形状特征高概率条件下，对立特征出现 1 次，如表 7 − 8 中的 D1 维度；在形状特征低概率条件下，对立特征出现 2 次，如表 7 − 8 中的 D4 维度，每套材料共设计 10 个样例。样例统一呈现在 15 英寸 800 × 600 的液晶电脑屏幕上，分为 200 × 200 像素（大的条件下）或 120 × 120（小的条件下）两种方式。

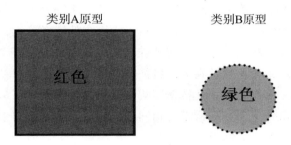

图 7 − 5　两个类别的原型

表 7 − 8　　　　　　　　　　　刺激材料的抽象结构

	类别 A					类别 B			
	D1	D2	D3	D4		D1	D2	D3	D4
A0	1	1	1	1	B0	0	0	0	0
A1	1	1	1	0	B1	0	0	0	1
A2	1	1	0	1	B2	0	0	1	0
A3	1	0	1	1	B3	0	1	0	0
A4	0	1	1	0	B4	1	0	0	1

　　实验是单因素两水平设计，自变量是并列维度中突出特征的概率，分为高概率（4/5）和低概率（3/5）两个水平。并列维度中突出特征高概率条件下，形状、颜色和大小等 3 个特征的概率都是 4/5，轮廓线的概率分布是 3/5；并列维度中突出特征低概率条件下，形状的概率分布是 3/5，颜色、大小和轮廓线等 3 个特征的概率都是 4/5。因变量是分类学习的正确率、正确判断类别表征特征的反应时。实验任务是标准分类学习范式，实验个别进行，分为两个阶段：学习阶段和测试阶段。在学习阶段，被试按键进行归类判断，并给予反馈，两类别中共

有 10 个刺激，每个刺激学习两次为一轮，每轮中刺激呈现顺序是随机的。每轮学习结束后，向被试报告本轮次的学习正确率，被试可以选择继续学习或者休息 1 分钟后继续学习。学习固定轮次 4 轮，学习阶段结束后，学生进行两轮测试，第 1 轮进行分类测试，测试刺激、呈现方式和任务等同上，不提供反馈。第 2 轮进行特征辨别测试，要求被试根据提供的维度特征，如形状、方形、颜色，等等，又快又准地判断特征最可能所属的类别，共有 4 个维度，每个维度是二值取值，共计 8 个维度特征。两次测试之间，被试可以休息 1 分钟。

结果发现，突出特征高概率条件下的被试在第 1 轮学习中的正确率显著高于突出特征低概率条件下的被试，但这种差异随着学习轮次的增加逐渐消失，两种条件下第 4 轮学习的正确率已经不存在差异。已有研究表明，形状处在知觉的中心地位，因而类别学习的开始，被试会给予它更多的注意分配，但是，如果形状这种突出知觉的概率相比其他知觉特征较低时，被试的注意分配将会受到干扰，所以会出现以上的结果：被试在突出特征低概率条件下正确率较低。然而随着学习的进一步深入，人们受到特征概率影响，逐渐对类别的内部结构有更为清晰的认识，由于两种条件下总特征概率是相同的，所以最终的类别学习的结果是没有差异的，直到测试阶段的结果仍是如此。

在剔除了错误的反应后，莫雷和温红博（2008）对被试在 4 个维度上正确反应所用的时间进行了统计分析，结果发现：在突出特征（形状）高概率条件下，被试对特征概率低（3/5）的轮廓线的反应时明显慢于对特征概率高（4/5）的形状和颜色。同样，在突出特征（形状）低概率条件下，被试对特征概率低的形状（3/5）的反应时明显慢于对特征概率高（4/5）的颜色、大小和轮廓线。这一实验结果也进一步表明，被试根据类别学习的结果进行特征判断时，特征概率起到主要作用，突出特征的概率较高时反应时短，而突出特征的概率较低时，反应时长。

随后，莫雷和温红博（2008）考察了的概率及因果关系中原因特征的概率对类别学习的影响，均得出了同样的结果，即总分关系中的整体性特征和因果关系中的原因特征这些突出特征只影响了类别学习的初级阶段（干扰了被试的注意分配），但随着学习的深入，人们的注意在逐渐变化，并开始考虑刺激的多个方面。由于自然类别中很少存在概率 100% 的确定性特征，因而，人们在不确定特征的判断中会更多地注意到每个类别中出现概率较高的特征，所以特征概率是影响最终类别学习结果的根本原因。

综合以上两个实验的结果可以看出，在本源特征形态下，当特征概率为100% 时，人们选择运算性学习，采用假设检验的策略，最终形成类别"规则"；当特征概率小于 100%，但总体概率仍然较高时，人们的运算性学习策略变为将特征概括平均，最终形成类别"原型"；当特征概率较低时，人们的运算性学习已不再用，进而选择联结性学习方式，将特征与一个个样例联结起来，最终形成类别"样例"。在比较关键特征概率较低的经典 5 ~ 4 类别结构与提高了特征概率的 6 ~ 6 类别结构的实验中，仍然得出了相同的结果，即特征概率低时人们选择联结性学习方式，形成"样例"，特征概率高时，人们选择运算性学习方式，形成"原型"。即使将特征的内部关系考虑在内，也发现突出特征只是影响了类别学习初期的注意分配，而特征概率才是决定最终学习结果的关键因素。

二、特征变异引起的特征概率变动对类别学习的影响

根据莫雷等对特征概率的定义，负向特征的频次越高，总体的特征概率越低。负向特征经常出现在"家族相似性结构范式"的设计中，这种设计是为了达到特沃斯基（1977）所提出的类别结构应该保证最大化类别内相似性，最小化类别间相似性的要求，其显著特点是：类别成员的维度上具有对立类别的特征（负向特征），如甲类别的大多数成员具有红色这个特征，而乙类别大多数成员具有黄色的特征，同时乙类别的个别成员具有与甲类别完全相同的红色。然而这种情况在自然中是罕见的，更为常见现象是即使同一类别的成员具有命名相同的特征，但特征之间都会存在差异，表现出一种分布的倾向，莫雷等将这种现象称为特征的变异。对于负向特征，其变异度越大，总体的特征概率越大。涉及特征变异的负向特征又分为两类：一是"本源性负向特征"，即负向特征与对立类别的特征完全相同；二是"变异性负向特征"，即负向特征是对立类别的变异特征。

由于前面的实验皆是在正向本源特征概率变化的基础上来验证特征概率对类别学习的影响，莫雷和温红博（2008）在接下来的实验中考察了从负向特征的角度探讨特征变异引起的特征概率的变动对类别学习的影响。实验分为 A、B 两个类别，每个类别均由四个维度组成：触角、前肢、斑纹和后腿。A 类别的原型为：直的触角、钳状前肢、竖纹和圆角后腿（皆用 1 来表示），B 类别的原型为：即曲的触角、棒状前肢、横纹和方角后腿（皆用 0 来表示）。实验有两种条件：第一种为"本源性负向特征"条件（如图 7 - 6），在这种条件下，类别特征的形态在所有出现的成员中保持相同，只是有本类别某个特征在对立类别中出现一次，即有一个负向特征；第二种为"变异性负向特征"条件（如图 7 - 7），在这种条件下，负向特征发生了一定的变化，与它出现在本类别成员的相应特征相比，在知觉上存在差异。例如，类别 A 的一个样例具有类别 B 方角后腿的特点，

但是这个类别 A 成员的方角是一种菱形，而不同于类别 B 成员所具有的正方形方角。这种家族相似性的材料设计满足了最大化类别内的相似性最小化类别间的相似性的要求。根据这种材料设计，单个特征维度只能正确分对 75% 的样例。两种实验条件下各有 8 个样例（如图 7 - 6 和图 7 - 7），所有样例统一以 250 × 300 像素的大小呈现在 15 英寸 800 × 600 的液晶电脑屏幕上。

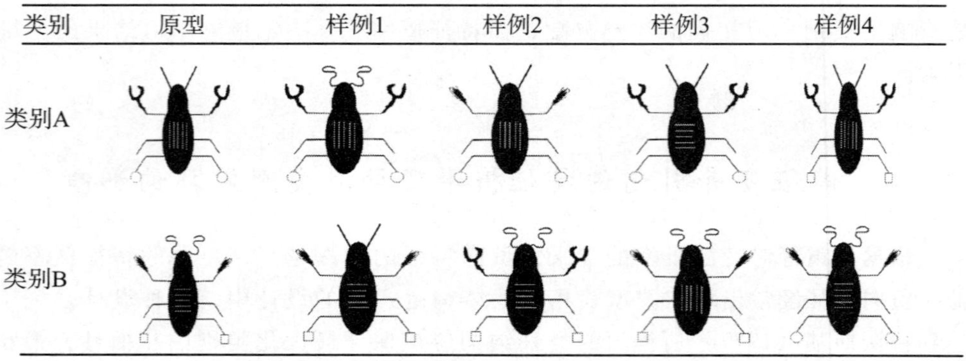

图 7 - 6　本源性负向特征条件的刺激

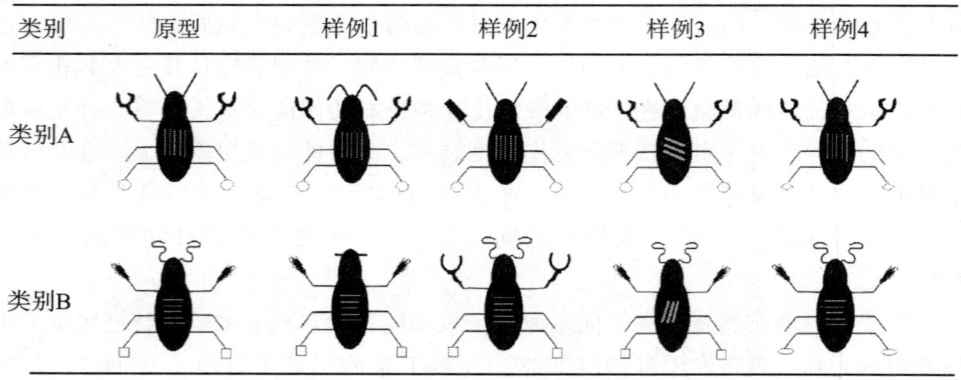

图 7 - 7　变异性负向特征条件的刺激

　　实验分为学习与迁移两个阶段，在学习阶段进行类别判断，并给予反馈，8 个刺激为一轮，若被试连续两轮学习正确率达到 100%，则结束学习，否则，学习 16 轮后也自动停止学习。迁移阶段的刺激根据上述材料修改而成，即将每个刺激的负向特征删除，只剩下与本类别原型一致的 3 个维度，两种条件下被试的测试刺激完全相同（具体刺激材料如图 7 - 8），迁移阶段呈现方式和任务等同上，不提供反馈，并且作出类别判断后对自己的类别判断的信心在 1 ~ 9 之间信心判断，1 代表绝对确信，9 代表绝对不确信。

类别	原型	样例1	样例2	样例3	样例4

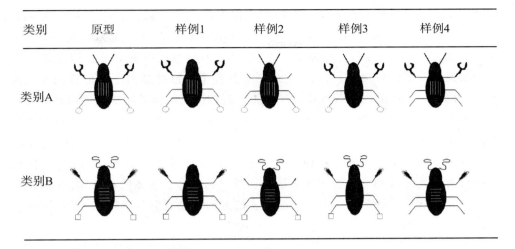

类别A

类别B

图 7 - 8　迁移阶段的刺激材料

结果发现，但在学习阶段，本源性冲突条件下的被试在学习轮次上显著高于变异性冲突条件下的被试（13.54 ± 2.45 vs. 7.30 ± 3.22）；在迁移阶段，本源性冲突条件下的被试在学习正确率上显著低于变异性冲突条件下的被试（0.84 ± 0.15 vs. 0.92 ± 0.08），但两种条件下分类信心并无差异。

这一实验结果说明，当类别成员出现负向特征时，不同的负向特征对类别学习产生了不同的影响。本源性负向特征由于与对立类别特征完全相同，因此对被试的类别学习产生了更大的干扰作用，本源性特征和变异性特征之间的差异，不论在类别学习阶段还是在类别学习后的迁移任务中，都可以观察到。实验结果表明了负向特征能够显著地影响类别学习的过程和类别学习的结果，负向特征降低了特征概率，负向特征与对立类别的一致性越高，这种干扰作用就越大。

特征概率不仅影响了类别学习的过程，同时也对形成的类别表征产生了影响。迁移阶段的材料实际上是完全吻合类别原型的，被试可以根据任何一个维度对类别进行完全正确的分类。但是结果表明两种条件下的被试表现出显著差异。本源性负向特征条件下的被试虽然通过更多努力的学习，已经能够完全正确归类，但是被试正确率较低（平均 0.84 ± 0.15），而变异性负向特征条件下的被试，则正确率较高（0.92 ± 0.08）。两种学习条件的被试在迁移任务中实际上已经表现出了近似天花板的高正确率，但是即使在这种情况下被试之间仍然存在差异。实验结果说明了负向特征变异度引起的特征概率变化对类别表征的形成产生了显著的影响，负向特征降低了特征概率，进而干扰了被试的正确归类，同样，负向特征与对立类别的一致性越高，这种干扰作用就越大。

但是莫雷和温红博（2008）的实验中存在一个问题，那就是被试在实验中可能并不一定会按照实验所设计那样来描述变异特征。如实验中定义 A 类别有"圆的后腿"，B 类别有"方的后腿"，莫雷和温红博（2008）认为椭圆和圆形都属于"圆的"，正方形和菱形都属于"方的"，但是被试可能会将其描述为"椭圆的后腿或菱形的后腿"，果真如此的话，这种情况已经超出了二值特征维度的范围，因此，实验的内部效度难以保证，这时被试可能会采用规则加例外的方式进行归类（Nosofsky，Palmeri and McKinley，1994），即本类别原型的特征加上变异性负向特征。为排除这种潜在的可能性，温红博等人（2008）在后续实验的指导语中加入了一个弱规则：即"这里有一个特征列表，可以帮助你更快作出正确判断：类别 A 通常具有直线的触角、钳状的前肢、竖条的花纹和圆的后腿；类别 B 常具有弯曲的触角、棒状的前腿、横条的花纹和方的后腿"，以期通过指导语将被试对特征的注意力保持在二值维度上。

结果发现，在提供了弱规则后，两个条件下的被试学习轮次都有显著提高，但本源性冲突条件下的被试在学习轮次上仍然显著高于变异性冲突条件下的被试（8.60 ± 3.98 vs. 5.27 ± 3.13），迁移阶段本源性冲突条件下被试的学习正确率也仍然显著低于变异性冲突条件下的被试（0.87 ± 0.15 vs. 0.96 ± 0.07），而迁移阶段的分类信心并无差异。

这一结果与先前研究的结果完全相同，虽然在提供了一个弱规则后被试在类别学习和类别判断任务中的表现都有了显著的提高，但是即使在这种接近完美的表现中，还是发现了负向特征的差异引起的特征概率的变化对类别学习和类别表征的影响，实验结果支持了负向特征降低特征概率，进而干扰类别学习和类别表征的观点。

但是，虽然上述实验的控制解决了被试可能没有认识到变异性负向特征属于对立类别的问题，但是，还是没有完全排除实验结果可能是因为被试使用了规则加例外的方法。此外，现实中人们也是难以见到完全相同的特征同时属于不同类别的现象。因而，在下面的实验中莫雷和温红博（2008）采用更具有生态效应的变异特征组成刺激，即类别样例的特征都不完全相同，不同样例在相同维度上的特征都存在一定的变异，例如（见图 7 - 9），虽然类别 A 在"头"这一维度上不同样例之间的原型都为"圆圆的"，但具体到每一个样例都是不同的，都不是标准的圆。实验分两种条件：一是"具体负向特征"条件（见图 7 - 9），即负向特征与对立类别中一个样例的特征完全相同，其他特征与同类别原型抽象意义相同，但存在知觉差异；二是"变异性负向特征"条件（见图 7 - 10），即负向特征是对立类别特征的变异特征（抽象意义相同，知觉上有差异），其他特征与第一个条件相同，都是与同类别原型抽象意义相同，但存在知觉差异。实验程序与上述第一个实验相同，测试阶段的刺激见图 7 - 11。

类别	原型	样例1	样例2	样例3	样例4

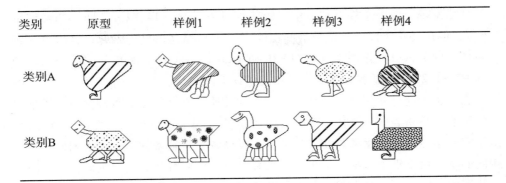

图7-9　具体负向特征条件的刺激

注：原型在学习阶段和测试阶段都不出现。

类别	原型	样例1	样例2	样例3	样例4

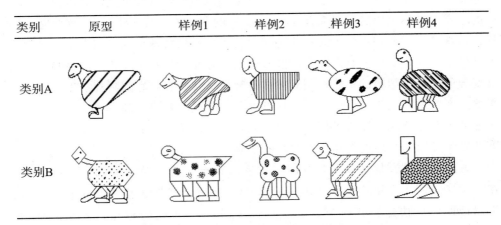

图7-10　变异负向特征条件的刺激

注：原型在学习阶段和测试阶段都不出现。

类别	原型	样例1	样例2	样例3	样例4

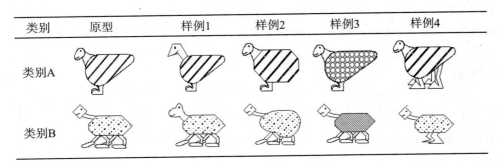

图7-11　测试阶段的刺激

注：原型在学习阶段和测试阶段都不出现。

结果发现，两种条件下被试学习的轮次没有差异（14.73 ± 2.56 vs. 14.57 ± 2.51），但在迁移阶段，被试分类的正确率与信心都存在显著差异，具体负向特征条件下的被试分类正确率（0.74 ± 0.06 vs. 0.82 ± 0.19）和信心（4.03 ± 1.52 vs. 4.97 ± 1.23）都显著低于变异性负向条件下的被试。

这一实验通过使用变异特征考察了不同性质的对立特征对类别学习和类别表征的影响，结果表明，具体负向特征对被试的类别学习产生了更大的干扰作用。由于实验学习阶段使用的是变异特征，在具体负向特征条件下，与类别原型完全相同的特征仅出现了一次。对于被试来说，具体负向特征和变异负向特征实际上是相同的，因而在类别学习阶段两种条件下的学习轮次不存在显著的差异。具体负向特征和变异负向特征之间的差异主要出现在迁移阶段。两种条件下的被试在迁移测试阶段唯一的差别是迁移阶段遇到的刺激与学习阶段的刺激是否存在着特征的重现。具体负向特征条件下，迁移阶段的刺激在三个特征上与原型完全一样，而这些特征分别在学习阶段作为对立类别的负向特征出现，而在变异负向特征条件下，迁移阶段的刺激与学习阶段的刺激存在抽象意义是相同的而知觉上是有变异的。这个细微的实验控制对被试进行类别判断和信心判断都产生了明显地影响。实验结果表明，具体负向特征条件下，被试的判断正确率和判断信心都显著地低于变异负向特征的条件。实验结果表明了负向特征引起的特征概率变化显著地影响类别学习的过程和类别学习的结果。

为避免被试在描述变异特征时不按实验设计进行，莫雷和温红博（2008）在后续实验的指导语中加入了弱规则来引导被试，即"这里有一个特征列表，可以帮助你更快作出正确判断：类别 A 通常具有直线的触角、钳状的前肢、竖条的花纹和圆的后腿；类别 B 常具有弯曲的触角、棒状的前腿、横条的花纹和方的后腿"。结果发现，学习阶段两种条件下的被试学习轮次没有显著差异（5.63 ± 1.81 vs. 6.13 ± 1.63）。在迁移阶段，两种条件下被试的分类正确率边缘显著，"具体负向特征"条件低于"变异负向特征"条件（0.82 ± 0.15 vs. 0.89 ± 0.13），但两种条件下被试的分类信心没有差异（5.32 ± 1.49 vs. 4.84 ± 1.10）。

可见，虽然在提供了一个弱规则后被试在类别学习和类别判断任务中的表现都有了显著的提高，但是还是发现了负向特征差异对类别学习和类别表征的影响，具体负向特征由于与对立类别特征完全一致而更显著地降低了特征概率，进而干扰了迁移阶段的类别学习的正确率，实验结果支持负向特征变异引起的特征概率变化影响类别学习的过程的观点。

综合以上实验结果可以看出，特征变异度影响了特征概率的变化，变异度越大，对于正向特征而言，特征变异会降低特征概率，变异度越大，特征概率就越低；对于负向特征来说，特征变异度会提高特征概率，变异度越大，其特征概率就越低。

三、连续特征的变化引起的特征概率变动对类别学习的影响

上述实验中全部采用了二值特征的刺激材料，在更自然的状态下，许多类别成员的构成特征是连续值而并非实验室多数研究中设定的二维数值，但从直觉上连续维度的特征概率是难以解释和界定的。因此不论是从实验的生态效度还是从特征概率理论本身出发都必须对此做出进一步探讨。

莫雷和温红博（2008）认为，可以将连续维度的类别特征看成以连续维度类别特征的平均值为中心的一系列变异特征。两个因素决定了连续维度特征的概率：第一个是类别中所有这一维度特征的平均值，即类别特征的中心；第二个是类别中所有这一维度特征的标准差，即类别特征的分布。根据莫雷等提出的特征频次和特征变异度决定特征概率的看法，对连续维度的特征而言，类别特征中心之间的距离相当于特征频次，距离越大相当于频次越高，特征概率越高；而类别特征的分布相当于特征变异度，分布越大相当于变异越大，特征概率越低。总之，特征中心距离与分布两者权衡决定了连续维度的特征概率。

连续维度特征概率对类别学习的影响同样得到了实验证据的支持。在莫雷和温红博（2008）的实验中，其实验刺激由 120×120 像素的色块，固定了刺激的色调，操作了饱和度和亮度两个维度从而形成了不同的刺激。类别结构为阿什比等人（Ashby et al.，1998）称之为信息整合任务的结构。类别结构的刺激产生过程是：使用 Windows Xp 操作系统的画图软件在 120×120 的正方形方框中填充颜色，颜色的色调固定在 160，亮度和饱和度在 0～240 之间变动。在亮度为横坐标、饱和度为纵坐标的空间中，首先选择横坐标亮度的取值，根据不同条件分别选取若干数值点为亮度取值。在分布较大的条件下选择了 9 个亮度值，亮度平均分布在 40～200 之间，在分布较小的条件下选择了 5 个亮度值，亮度平均分布在 80～160 之间。然后确定纵坐标饱和度的取值，取值基本符合正态分布，共 60 个刺激点，将象限平分线之上的刺激指定为类别 A，象限平分线之下的刺激指定为类别 B，每个类别各 30 个刺激点。控制刺激点到象限平分线的距离，近距离条件下，对于每个类别中横坐标上最接近象限平分线的纵坐标取值控制在相差饱和度 15，在远距离条件下，对于每个类别中横坐标上最接近象限平分线的纵坐标取值控制在相差饱和度 30。在实验中，刺激统一呈现在 15 英寸 800×600 的液晶电脑屏幕上，以 120×120 像素的大小呈现（4 种条件刺激的空间结构举

例如图 7 - 12 所示）。莫雷和温红博（2008）在分布较小的两种不同距离条件中分别选择了最接近象限平分线的 10 个刺激，进行了相似性等级评定，结果显示，实验中所设计的刺激在物理空间中的距离和分布与人们可能的心理距离具有一定的一致性。

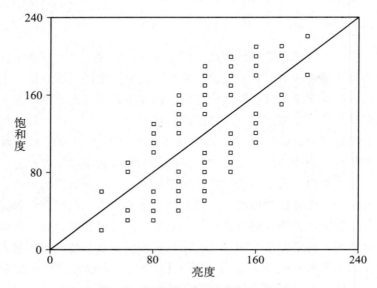

图 7 - 12　刺激空间结构散点示意图

实验有两个自变量：一个是连续维度特征的距离；另一个是连续维度特征的分布。连续维度特征的距离就是指两个类别特征中心之间的距离，分为远近两个水平，而连续维度特征的分布就是指类别特征的标准差，分为大小两个水平。两个变量组成的 4 个条件中，连续特征距离远分布小的条件，特征概率最大，连续特征距离近分布大的条件，特征概率最小，其余两种条件的特征概率位于中间。

结果发现，不同条件下的被试在学习阶段的分类正确率存在显著差异，虽然随着学习进程的深入，学习的正确率都不断上升，但不同特征概率条件下的差异并没有消失。对被试在迁移阶段类别学习的结果的统计分析显示，类别特征距离近分布大的分类正确率最低，类别特征距离远分布大和类别特征距离近分布小两种条件下分类正确率差异不大，位于中间水平，类别特征距离远分布小条件下分类正确率最高。这一结果符合特征概率对类别学习的预期，即连续维度的类别特征的距离和分布引起特征概率的变化对类别学习产生了显著的影响，不同特征概率之间类别学习具有不同的难度。类别特征距离越大、分布越小的特征概率越高，被试的类别学习也就越容易，而类别特征距离越小、分布越大的特征概率越低，类别学习也越难。以上结果表明，类别特征的距离和类别特征的分布的权衡引起的特征概率从总体上影响了分类学习。

　　莫雷和温红博（2008）在此基础上，又进一步探讨了连续维度特征的概率对类别学习过程和形成类别表征的影响。实验采用基于可能性类别结构的快速分类实验范式，考察被试对概率性反馈刺激的类别学习，探讨连续维度特征的概率对类别学习的影响。实验有两种条件，其主要的区别就是概率性反馈刺激对不同。在如图 7 - 13 的刺激结构中，将刺激 4、5、8 和 9 定为关键刺激。第一种条件是刺激 4/8 概率性反馈条件，在这种条件下刺激 4、8 分别受到概率性反馈，即在类别学习阶段，刺激 4、8 分别接受 75% 与原类别一致的反馈，其余 25% 接受到与原类别对立的类别反馈，其他所有刺激接受确定性的概率反馈。第二种条件是刺激 5/9 概率性反馈条件，在这种条件下刺激 5、9 分别受到概率性反馈，即在类别学习阶段，刺激 5、9 分别接受 75% 与原类别一致的反馈，其余 25% 接受到与原类别对立的类别反馈，其他所有刺激接受确定性的概率反馈。

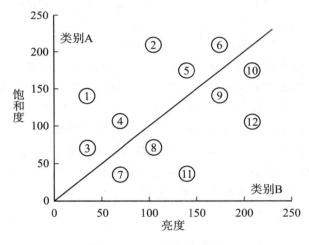

图 7 - 13　刺激示意图

　　实验刺激选自上述实验，实验是两因素 2 × 2 混合设计，被试间因素是接受概率性反馈的关键刺激对，分为两种条件，4/8 条件与 5/9 条件，被试内因素是接受反馈的方式，分为确定性反馈和概率性反馈两个水平。因变量是类别学习过程中各种刺激的正确率和反应时，以及迁移阶段不同刺激的正确率和反应时。

　　实验的程序是标准分类学习任务。实验个别进行，分为两个阶段：学习阶段和测试阶段。在学习阶段，被试被告知"实验反馈中存在一点问题，反馈偶尔会出现错误！虽然错误反馈的数目很少，但是极大增加了任务的难度，如果您发觉了这个错误，请忽略它"。每次在电脑屏幕上呈现一个刺激，要求被试进行归类，并给予反馈，每学习组块结束后，向报告被试本轮的学习正确率，被试可以选择继续学习或者休息 1 分钟后继续学习。所有刺激在每轮中出现的顺序是随机的，每两轮组成一个学习组块，被试共学习 5 个组块。

学习结束后，进入测试阶段，测试的刺激除了学习阶段的 12 个刺激外，设计了 4 个迁移刺激，每个类别各有两个迁移刺激，共 16 个刺激，测试呈现方式和任务等同上，只是不提供反馈，测试阶段共 9 轮，每轮呈现的顺序是完全随机的。两个迁移刺激与概率性反馈刺激和确定性反馈距离相同，一个刺激靠近对立类别的方向，一个刺激靠近所属类别的中心，则前者的特征概率较低，后者的特征概率较高（测试阶段的刺激如图 7－14 所示）。所有刺激根据象限平分线分为两类，象限平分线之上为类别 A，之下为类别 B。所有的刺激根据分布特点分为 6 类，其中学习过的旧刺激分为 4 类。图中标记为方框的为远刺激，即学习阶段的刺激 1、2、11 和 12，根据边界距离效应，原型观、样例观、决策界限和特征概率都预期对远刺激分类的正确率最高，反应时最短。图中标记为三角的是边缘刺激，即学习阶段的刺激 3、6、7、10，根据原型观、样例观和特征概率，由于他们与原型和其他样例距离较远，所以可以预期对边缘刺激分类的正确率将下降、反应时增加，但是根据决策界限线则不会产生这种影响。图中标记为菱形的是关键刺激，又分为确定性反馈和概率性反馈，图中标黑的表示概率性反馈，根据原型观和决策界限理论这种概率反馈将不会影响这些刺激的归类，但是根据样例观和特征概率，概率性反馈将导致被试对这些刺激的归类正确率将下降、反应时增加。图中标记为圆形的是迁移的新刺激，分为了两类，标为黑色的表示距离决策线较远，即特征概率高，标为白色的表示距离决策线较近，即特征概率低。根据决策界限理论、原型观和特征概率理论预期对这两种迁移新刺激的分类不会显著低于确定性关键刺激的分类，并且距离决策线较远的刺激分类可能更容易，

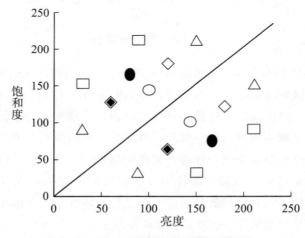

图 7－14　测试阶段刺激示意图

而距离决策线较近的可能更困难，但是根据样例观这两种迁移新刺激的分类受到概率性反馈刺激的影响，可能显著低于确定性关键刺激的分类。

结果发现：在学习阶段，两种条件最后一轮学习的分类正确率及最后一轮正确分类的反应时差异均不显著。实验结果表明经过 5 个组次的学习，两种条件下被试达到了相同的类别学习效果。

分别对六种不同类型刺激的归类正确率和反应时进行的统计分析表明：

第一，远刺激分别与边缘刺激、确定性关键刺激、概率性关键刺激、高概率迁移新刺激和低概率迁移新刺激的归类正确率和反应时差异显著，表明距离决策线越远的刺激分类的正确率越高，被试所用的时间越短。这属于边界距离效应，所有理论都对此作出了相同的预期。

第二，边缘刺激与确定性关键刺激、高概率迁移新刺激和低概率迁移新刺激的归类正确率差异显著，与确定性关键刺激、高概率迁移新刺激的正确归类的反应时差异显著，边缘刺激与概率性关键刺激的归类正确率差异不显著，但是正确归类的反应时差异显著。实验结果符合原型观、样例观和特征概率的实验预期，而不符合决策界限的实验预期。

第三，确定性反馈关键刺激与概率性反馈关键刺激的归类正确率和反应时差异显著，与高概率迁移新刺激和低概率迁移新刺激的归类正确率差异不显著，仅与高概率迁移新刺激的正确归类反应时差异显著。实验结果表明，概率性反馈影响了归类的正确率和反应时，符合样例观和特征概率对实验结果的预期，而不符合原型观和决策界限理论的实验预期。此外，迁移的两个新刺激表现出与确定性反馈刺激相同的归类能力，甚至高特征概率刺激的分类速度更快，初步表明了迁移的新刺激似乎没有受到与它们距离相同的概率性反馈刺激的影响，这个结果并不符合样例观的预期，反而可以用决策界限理论、原型观和特征概率做出合理解释。

第四，概率性反馈刺激与远刺激、确定性关键刺激、高概率迁移新刺激和低概率迁移新刺激的归类正确率和反应时差异显著，虽然与边缘刺激的正确率没有差异，但是正确归类的反应时存在显著差异。实验结果表明概率性反馈严重地影响了类别学习的结果，即使在告知被试可能存在错误反馈的情况下，概率性反馈严重干扰了被试的类别学习。这个结果符合样例观和特征概率对实验结果的预期，但是不符合原型观和决策界限理论的预期。而且在这里没有发现概率性反馈刺激对迁移新刺激的影响，迁移的新刺激反而比学习过的概率性反馈刺激具有更高的正确率和更短的加工时间。

第五，高概率迁移新刺激和低概率迁移新刺激之间的归类正确率和反应时都存在显著的差异，同时迁移的新刺激与确定性反馈刺激的归类正确率和反应时没有显著地差异，反而比概率性反馈刺激有更好的归类表现。实验结果没有出现样例观所预期地概率性反馈刺激对迁移新刺激的影响，而是表现出符合决策界限理论、原型观和特征概率预期的实验结果。

以上实验采用概率性反馈的实验技术区分了原型观、样例观、决策界限和特征概率。决策界限理论能够解释具有边界距离效应的远刺激和两种迁移的新刺激的分类，但是对边缘刺激、确定性反馈和概率性反馈的关键刺激分类都无法解释。原型观除了能够解释具有边界距离效应的远刺激和两种迁移的新刺激分类之外，还可以解释决策界限无法解释的边缘刺激的分类，但是它同样对确定性反馈和概率性反馈的关键刺激分类都无法解释。样例观对于学习过的刺激，不论是远刺激、边缘刺激，还是原型观和决策界限无法解释的确定性反馈和概率性反馈的关键刺激表现出强有力的一致解释，完全符合记忆研究中"迁移—恰当"过程的观点，但是样例观无法解释两类迁移新刺激的分类。只有特征概率对于上述所有学习阶段的旧刺激和迁移新刺激作出了恰当的预期和解释。从特征概率的角度来看，确定性反馈和概率性反馈主要的差别就是不同的反馈改变了原本相同的特征概率，导致了分类正确率的下降和反应时的增加。根据莫雷等人的特征概率观点可以看出，实验中的六种刺激特征概率的大小依次是：远刺激、确定性反馈的关键刺激或两类迁移的新刺激、边缘刺激或概率性反馈的关键刺激。人们通过类别学习可以获得类别成员之间的这种关系，特征概率对类别表征产生了显著地影响。因而人们对不同类型刺激分类之间的差异实际上就是特征概率的变化的影响。

传统的类别实验研究中最为普遍的就是使用二值维度构成分类的样例，二值维度的选择使得实验的控制变得简洁而有力，大多数的实验可以直接使用有无两个水平来谈论类别，这种便利甚至于使得个别的类别理论仅仅预期了二值维度的刺激（Ashby and Maddox，1998）。然而这种二值维度的刺激在自然类别中较少存在，自然类别中更为常见的是连续维度的刺激，因此，一个有高外部效度的理论必须能得到人们在连续维度类别学习结果的支持。莫雷人等受正态分布概念的启发，将连续维度的类别特征看成是以典型特征为中心的一系列变异特征，即对于一个连续维度的特征，两个参数决定了其特征概率：另一个是类别中所有这个维度特征的平均值，即类别特征的中心；另一个是类别中所有这个维度特征的标准差，即类别特征的分布。根据莫雷等对特征概率的定义，连续维度类别特征中心之间的距离相当于特征频次，距离越大相当于频次越高，即特征概率越高；而类别特征的分布相当于特征变异度，分布越大相当于变异越大，即特征概率越低，特征中心距离与分布两者的权衡最终决定了连续维度的特征概率。

根据这一理论构想，莫雷和温红博（2008）在上述第一个实验中操纵了两个类别特征中心之间的距离和类别特征的标准差，采用信息整合的类别学习任务考察了连续维度的特征所组成的类别特征的距离和类别特征的分布对类别学习的影响。实验结果表明连续维度类别特征的距离和类别特征的分布对类别学习产生了显著的影响，当连续维度在类别特征距离远分布小的情况下，即特征概率较高，被试的分类学习变得容易；但是当连续维度在类别特征距离近分布大的情况下，即特征概率较低，被试的分类学习变得非常困难。而莫雷和温红博（2008）在上述第二个实验中采用基于可能性类别结构的快速分类范式对比了原型观、样例观、决策界限和特征概率 4 种不同的理论，结果发现，相比其他几种理论，特征概率能更全面更有力地解释被试在连续维度类别学习中的表现。由此可见，一方面，连续维度类别特征的距离和分布的权衡引起的特征概率变化影响了被试的类别学习；另一方面，特征概率理论也为当前的类别学习理论的争论提供了一个更具有效力和启发的解释途径。

综上所述，类别学习的信息加工过程符合学习双机制理论的基本设想，类别表征最终是形成"规则"、"原型"还是"样例"取决于特征概率的大小，当特征概率为 100% 时，这时特征为确定性特征，人们在认知经济性原则的驱动下选择运算性学习，采用假设检验的策略进行类别学习，最终形成类别"规则"；当特征概率小于 100% 时，这时特征为不确定性特征，若不确定特征的概率较高，则人们的运算性学习会变化策略，由假设检验转向对特征进行概括平均，最终形成类别"原型"；若不确定特征的概率较低，则人们会放弃运算性学习，而采用联结性学习，将特征与样例一一联结，最终将类别表征为"样例"。特征频次不仅包括与同类特征相同的正向特征的出现频次，也包括与对立类别特征相同的负向特征的出现频次，前者频次越高，特征概率越大，而后者则恰好相反。

特征概率的变化不仅受到特征频次的影响，也受到特征变异度的影响。特征变异度又包括三种形态：第一种是没有变异的本源特征；第二种是非连续取值的变异特征；第三种则是有连续取值的连续维度特征。对于前两种形态的特征，特征概率是特征频次与特征变异共同决定的，而对于连续维度特征而言，特征概率则是特征中心间的距离与特征分布相权衡决定的。总之，特征概率的理论观点不仅得到了莫雷和温红博（2008）一系列实验证据的支持，也较好地解决了以往类别学习研究的理论争论，即随着特征概率的变化，人们的学习方式会有所不同，特征概率高时倾向于采用运算性学习方式，而特征概率低时，倾向于采用联结性学习方式，而类别表征也会随着特征概率变化及学习方式不同而最终形成"规则"、"原型"或"样例"。

第三节　不同形式的类别学习的信息加工过程比较研究

　　在上一节，我们阐述了关于特征概率影响个体类别学习性质的研究，揭示了随着材料中类别特征概率不同，个体采用的学习方式也不同，也就是说，类别学习是一个根据材料的特征概率不同而变换信息加工方式的过程，即联结性学习与运算性学习交织的过程。

　　在本节，我们进一步探讨不同的学习形式是否也会促使个体采用不同的信息加工方式进行类别学习。

一、不同类别学习形式比较研究的缘起

　　类别的形成，既可以通过分类任务来完成，也可以通过特征推理任务来完成。分类任务，指的是知道刺激的所有特征，推断其类属的过程；特征推理任务，指的是知道刺激的类属，以及除了一个特征以外的其他特征，要求推断该缺失特征的过程。

　　山内和马克曼（Yamauchi and Markman，1995；1998；2000；2002）对通过特征推理来学习类别进行了大量的研究。在他们的实验中，采用 4 个维度：形状、大小、颜色和位置的图形材料，每个维度有 2 个值，如图 7 - 15 的任务呈现方式和表 7 - 9 列出的实验材料结构。

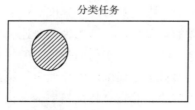

图 7 - 15　山内和马克曼（2002）实验 1 使用的分类任务和推理任务
注：▨表示红色，▩表示绿色。

表 7 - 9　　　　　　　**山内和马克曼（2002）实验 1 使用的材料构成**

	A 类						B 类				
	形状	大小	颜色	位置	类别标签		形状	大小	颜色	位置	类别标签
					学习	阶段					
A1	1	1	1	1	1	B1	0	0	0	0	0
A2	1	0	1	0	1	B2	1	0	1	1	0
A3	0	1	0	1	1	B3	0	1	0	0	0
A0	1	1	1	1	1	B0	0	0	0	0	0
					迁移	阶段					
A4	0	1	1	1	1	B4	1	0	0	0	0
A5	1	1	0	1	1	B5	0	0	1	0	0
A6	1	1	1	0	1	B6	0	0	0	1	0
						B7	0	0	1	1	0
						B8	1	1	0	0	0

注：相似刺激：A2 和 A6、A3 和 A4、A2 和 B4、A3 和 B6、B2 和 B7、B3 和 B8。

呈现 2 种类别 6 个刺激让被试学习，一组被试接受分类学习任务，另一组被试接受推理学习任务。学习的过程是，随机呈现刺激，被试对刺激的类属或者特征进行判断，然后对被试的判断予以反馈。学习结束后随机呈现 8 个迁移刺激和 6 个先前学习过的刺激，每个被试先接受分类迁移然后进行推理迁移，对被试的判断不予反馈。

如果被试是进行原型记忆，那么 A4 - A6 的迁移成绩和 B4 - B6 的迁移成绩相同；如果被试是进行样例记忆，那么 A4 - A6 的迁移成绩高于 B4 - B6 的迁移成绩；如果分类任务和特征推理任务使用不同的信息加工策略，那么在刺激 B7 和 B8 上，两种操作的成绩会显著差异。结果表明，接受分类任务的被试表现出样例记忆学习，接受推理任务的被试表现出原型记忆学习。

山内和马克曼的研究是非常有意义的，它对于我们根据学习双机制理论来理解类别学习过程有重要的启示。

我们推测认为，分类和推理学习可能启动了联结和运算两种不同的学习机制，导致了前者形成了样例，后者形成了原型的学习结果。具体表现为：分类学习把学习刺激的各个具体特征以点阵的形式进行类别存储，当对一个新的刺激进行归类的时候，把这个新的刺激的各个具体特征和原已形成的记忆结果进行点对点的联结比较，如果相似即予以激活，这样，新刺激激活了哪个类别的记忆点最多，就会把新刺激归类到这个类别之中。推理学习把学习刺激的各个具体特征抽象后以原型的形式进行类别存储，当对一个新的刺激进行归类的时候，把这个新的刺激的各个具体特征和不同类别的原型进行相似性比较，如果和哪个类别原型最相似，就归类到这个类别之中。

基于对上述类别学习理论的主要观点和典型研究的分析，我们推测，在联结式类别学习机制下，被试习得样例的类别学习结果；在运算式类别学习机制下，被试习得原型的类别学习结果。而后来由阿什比等人（1998）发展提出的双重类别学习系统，也体现了双机制学习理论的思想。而且，双重类别学习系统的比较，均集中在工作记忆、执行注意等外部因素上进行，即学习中插入外部干扰来推断类别学习的认知过程，而没有从人类学习系统的内部因素上，即学习条件、学习过程和学习结果来探讨两种学习系统的实质区别，而分类和特征推理的研究，克服了多重类别学习系统的这个缺点。

为此，我们分三方面介绍类别学习两种学习形式的比较研究：第一方面是两种形式的类别学习所形成的类别表征比较研究；第二方面是两种形式的类别学习的进行过程的比较研究。

二、不同形式的类别学习形成的表征比较研究

刘志雅和莫雷（2009）认为，分类和推理学习可能启动了联结和运算两种不同的学习机制，导致了前者形成了样例，后者形成了原型的学习结果。具体表现为：分类学习把学习刺激的各个具体特征以点阵的形式进行类别存储，当对一个新的刺激进行归类的时候，把这个新刺激的各个具体特征和原已形成的记忆结果进行点对点的联结比较，如果相似即予以激活，这样，新刺激激活了哪个类别的记忆点最多，就会把新刺激归类到这个类别之中。推理学习把学习刺激的各个具体特征抽象后以原型的形式进行类别存储，当对一个新刺激进行归类的时候，把这个新刺激的各个具体特征和不同类别的原型进行相似性比较，如果和哪个类别原型最相似，就归类到这个类别之中。

双机制学习理论中的机制一是联结学习机制，该机制下类别学习过程是，学习者把若干客体的激活点联系起来形成联结区域的过程，不同的联结区域构成不同的类别，归类时，新事物如果与某个区域更容易建立联系，则归入到该类别之中。联结式类别学习机制下习得样例结果。

样例理论的基本观点是：人储存了类别的各种样例，并将样例作为分类标准。当对某一客体进行归类时，我们会将其与类别中所有的样例进行比较。主张类别间存在着或多或少的权重关系，因此每个人的类别结构都不完全相同。而且，某个样例并不固定于某个类别中，也可以在类别间发生转移，在不同时间内

会成为不同类别的成员。刘丽虹、王才康、莫雷的研究中提出样例理论是以相似性为基础来解释类别学习的（刘丽虹等，1998）。山内和马克曼（2002）的实验结果表明接受分类任务的被试表现出样例记忆学习。在刘志雅、莫雷的研究中也得出类似的结果，在学习的结果上，分类学习倾向于进行样例记忆（刘志雅等，2009）。材料如表 7 - 10 所示。

表 7 - 10　　　　　　刘志雅和莫雷（2009）"4/5 模型"的类别结构

	类别 A					类别 B			
	专业	性格	爱好	性别		专业	性格	爱好	性别
A1	1	1	1	0	B1	1	1	0	0
A2	1	0	1	0	B2	0	1	1	0
A3	1	0	1	0	B3	0	0	0	1
A4	1	1	0	1	B4	0	0	0	0
A5	0	1	1	1					
A0	1	1	1	1	B0	0	0	0	0

注：相似刺激 A1 和 B1、A1 和 B2、A2 和 A1、A2 和 A3。

表 7 - 10 中，A1 ~ A5 和 B1 ~ B4 表示有 9 个学习样例，分为 A 和 B 两个类别，A0 和 B0 代表这两个类别的原型，每个样例由四个特征维度构成，每个特征维度有两个水平，用 0 或者 1 来表示。

9 张卡片表示 9 个学生基本情况（如图 7 - 16 所示，实际大小均为 7cm × 10cm），其中图 7 - 16 中上半部分学生将分配到 A 部门，下半部分学生分配到 B 部门。

图 7 - 16　刘志雅和莫雷（2009）具体的学习材料

考虑 4 种不同特征的组合，一共有 12 种原型（A0、B0），如 A0 可能是图 7 - 16 中的（文科、内向、体育、女生），也可以是（文科、外向、艺术、女生），等等。这样，只有两个学生接受相同的学习任务。学习阶段告知被试有 9 张卡片表示有 9 个大学生的基本情况，基本情况有不同专业（文科、理科）、性格（外向、内向）、爱好（艺术、体育）、性别（男、女），这些大学生将要参加某个社团，并且根据他们的具体情况，分到两个部门（A、B 部门）去参加工作。逐个呈现 9 个学生的基本情况（如图 7 - 16），需要他们一个个地猜测到底分配到哪个部门，通过主试的反馈进行学习，直到学习掌握了实验者安排这 9 个学生到两个部门的根据是什么。直到被试连续 4 轮中的正确率达到 89% 时停止学习，即连续 4 轮的 36 次反应中低于或等于 4 次错误时停止学习。如果被试 40 轮仍然未能达到 89% 的正确率标准，也停止学习。

如果被试习得原型，对刺激 A1 的学习成绩会优于 A2。因为 A1（1110）和原型 A0（1111）有三个特征重叠而更相似，而 A2（1010）和原型 A0 和 B0 都有两个特征重叠而具有相同的相似性。如果被试习得样例，刺激 A2 的学习成绩会优于 A1。因为 A2 和 A 类型中两个样例高相似（A1 与 A3），和 B 类型中所有样例都不相似。刺激 A1 和 A 类别中的一个样例 A2 高度相似，却和 B 类别中的 2 个样例相似（B1、B2）。

分类学习的研究结果均表明：A2 的分类迁移显著好于 A1 的分类迁移（平均正确率分别为 0.85 和 0.55），Z = - 1.897，p = 0.058（Wilcoxon 检验边缘显著）。证明了联结式类别学习机制下习得样例结果。

双机制学习理论中另外一个机制是运算式学习机制，即有机体需要进行复杂的认知操作而获得经验的机制。在类别学习中，最常表现出来的运算就是原型的抽象了。因此，该机制下类别学习的结果为原型。

这种推理学习，实质上是一种运算式的类别学习。联结性学习机制是指个体将同时出现在工作记忆的若干客体的激活点联系起来而获得经验的心理机制；运算性学习机制是指有机体进行复杂的认知操作（即运算）而获得经验的心理机制。

为此，刘志雅和莫雷（2009）的研究中，对著名的 4/5 模型类别结构的材料（表 7 - 10）进行了运算式的类别学习，如图 7 - 17 所示。

学习的过程为，逐个呈现 9 个学生的四个基本情况中的三个情况（如图 7 - 17），并且同时告诉该学生分配到了哪个部门工作，需要被试猜测每个学生的缺失情况，通过主试的反馈进行学习，也是直到学习掌握了实验者安排这 9 个学生到两个部门的根据是什么。

结果表明，推理学习的被试，A1 的推理迁移显著好于 A2 的推理迁移，差异显著 t(11) = - 5.011，p < 0.01，说明了推理学习习得类别原型。

内向 体育 男生 文科或理科？	内向 艺术 男生 文科或理科？	文科 体育 男生 外向或外向？
文科 外向 女生 体育或艺术？	文科 内向 男生 体育或艺术？	理科 外向 艺术 男生或女生？

图 7 - 17　刘志雅和莫雷（2009）部分推理学习的材料（共 36 张）

上述对 A1 和 A2 的比较中，推理迁移的正确率是使用特征一致性比率，即对缺失特征的推理是否和原样例特征一致。为了更直接比较两种学习在原型上的掌握，考察两种学习方式在所有学习刺激，原型 A0 和 B0 上的迁移结果，特征推理上我们使用原型一致性比率，即对缺失特征的推理是否和原型特征一致，结果表明：

对原型 A0、B0 的分类迁移，如果学习的结果是形成了原型，那么对这两个原型的分类迁移会显著产生作用，提高原型分类的正确率。推理学习显著比分类学习在原型的分类迁移上有更高的正确率，$t(30) = -2.45$，$p < 0.05$，说明推理学习在这种类别结构里比分类学习更容易形成原型。另外，如果根据原型理论的假设，对于某个缺失特征进行推理，就会更容易把这个缺失特征判断为原型特征，结果也表明，推理学习比分类学习更倾向于把缺失特征判断为所属类别的原型特征，$t(30) = -4.586$，$p < 0.01$，说明推理学习是一种原型学习。

为了进一步强化研究结论，统计不同学习条件下 8 种单一特征类别判断的比例，以及平均信心评定等级，比较单一特征分类迁移和完整特征分类迁移情况。

单一特征类别判断是，被试学习完后，逐个询问 4 个维度的 8 个特征，最可能属于哪个类别。如果两种学习中有某一种学习方式更容易掌握类别原型，那么这种学习方式的被试在单一特征的类别判断上就有更高的正确率。如图 7 - 17 显示的原型 A0（文科、内向、体育、女生）、B0（理科、内向、艺术、男生），掌握原型越好的被试，就更容易把文科、内向、体育、女生分到 A 类别，其他分到 B 类别，就可以更为直接的探测两种学习方式是否在原型的掌握上存在差异。由于在 B 类别里第二维度上没有典型特征（如图 7 - 17 类别中性格内向和外向的样例同样多），所以除去询问第二维度，变为 6 个问题，结果表明：

在单一特征类别判断的正确率上，推理学习显著比分类学习高，$t(30) = -2.573$，$p < 0.05$，说明推理学习在 4/5 类别结构下，比分类学习更容易掌握原

337

型。在单一特征类别判断的 5 级信心评定等级上，两种学习方式差异不显著，$t(30) = 2.035$，$p > 0.05$。

刘志雅、莫雷上述关于分类学习形成的类别表征的结果，与前人相关的结果也是一致的。艾伦和布鲁克 (Allen and Brook)、雷格尔 (Regehr) 和布鲁克等人运用复杂的类别结构区分了样例相似性效应和严格的距离 – 边界效应。他们在实验中所用的材料为假想的动物，在 5 个维度上变换特征，5 个维度中 3 个是有关维度，只要 3 个维度中有 2 个维度的特征满足某一类别的要求即可归入此类。但被试即使知道此规则，当刚刚呈现的刺激与其高度相似且属于不同的类别时，被试容易进行错误归类。该实验支持了样例理论。另外，诺沙夫斯基、克鲁斯科、辛和诺沙夫斯基、诺沙夫斯基和帕米埃里 (Nosofsky, Kruschke, Shin and Nosofsky, Nosofsky and Palmieri) 等人的研究也提供了支持样例理论的证据。

刘志雅、莫雷上述关于推理学习形成的类别表征的结果，与前人相关的结果也是一致的。例如，山内和马克曼在 2000 年的研究提出一种推理学习任务。学习的过程是逐个呈现所有的刺激和它所属的类别标签 (A 或者 B)，但每个刺激不是完整的呈现出来，而是隐秘了某个缺失的特征，要求被试推理该特征的属性。被试每次推理后，主试也即时给予正确或者错误的反馈；每个刺激的各个特征都经过推理后，并且所有的刺激经过多轮的推理后，也同样可以学习到一个新的类别知识。

刘志雅、莫雷将类别分类学习与推理学习结合比较的研究价值在于，它证明了类别学习是两种学习过程的交织，在不同学习条件下可能会引发不同性质的学习过程，从而表现出不同的性质与特点。这是学习双机制理论的基本观点。

三、不同形式的类别学习的进行过程比较研究

(一) 两种学习形式的学习效率差异的比较研究

学习效率关注达到某个预设的学习目标需要的学习条件，如学习轮次等。研究表明，不同的类别结构对类别特征推理任务与分类任务有不同影响。线性独立结构 (各类别成员与类别原型的相似性程度是均等的) 对于分类任务不是很容易，而对于推理任务就相对容易得多。相反，非线性独立结构 (各类别成员与类别原型的相似性程度不均等) 对于分类任务相对容易，但是对于推理任务就相当困难 (Yamauchi and Markman, 1998; Yamauchi, Cove and Markman, 2002)。

刘志雅和莫雷 (2009) 比较两种学习模式的学习结果的同时，也比较了两种学习模式的学习效率。类别结构如表 7 – 10，实验材料如图 7 – 16、图 7 – 17

所示。

统计达到 90% 学习标准，在不同学习条件下达到标准被试的数目。24 个分类学习被试中，有 20 个被试在 40 轮内（含 40 轮）达到了连续 4 轮 89% 正确率的学习标准，24 个推理学习被试中，有 12 个在 40 轮内达到了 89% 正确率的学习标准。卡方检验表明，两种学习方式达到该标准人数上差异显著，$X^2 = 5.667$，$df = 1$，$p < 0.05$。说明分类学习比推理学习更容易达到学习的标准。这个结果和山内和马克曼在 2002 年的研究结果相一致，说明了在非线性分离类别结构（类别内各样例和原型的相似性不均等），分类学习比推理学习更容易达到学习的标准。但是，统计达到 89% 学习标准，两种学习方式下需要的学习轮次，显著性检验表明两种学习差异不显著，$t(30) = 0.867$，$p > 0.05$。分类学习达到 89% 的正确率标准，平均需要学习 14.45 轮，而推理学习平均需要 13.17 轮。由此说明，在高学习标准的达标上，尽管分类学习比推理学习更多的人达标，但在达标的进度上，两种学习没有显著差异。

刘志雅和黄艳利（2010）研究了类别学习的样本量效应，结果发现，学习者是否知道学习材料的样本量，对学习结果没有显著的影响，却对学习效率产生显著的影响。即学习者知道学习材料的样本量，学习效率比不知道样本量的效率高。我们假定，知道学习量，为联结式学习提供了条件；而不知道学习量，可能迫使被试进行抽象特点的运算式学习。

研究材料的类别结构同表 7-10，但具体的学习刺激采用虫子，并且只进行分类学习。这些虫子在眼睛、翅膀、触角、尾巴这 4 个维度构成 4/5 模型类别结构，两类虫子的原型如图 7-18 所示，通过 Eprime 编程进行分类学习。

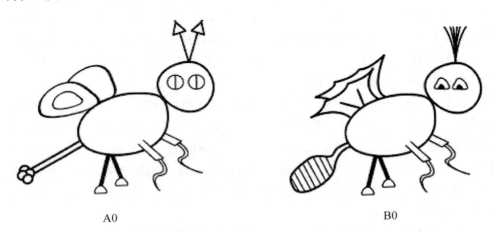

A0   B0

图 7-18　刘志雅和黄艳利（2010）实验中 A 类别和 B 类别的原型

实验分为学习阶段和迁移阶段。将被试随机分为两组，告诉其中一组被试学习样例的数量，对另一组被试则不要告诉学习样例的数量。

学习阶段，对于告知样本量的学习者，告诉其有 9 张动物的图片本属于两类 A 类和 B 类，现在顺序打乱了，要求他们一张一张地判断属于哪一类，判断后会立即给予反馈，这样依次进行直到连续三轮判断的正确率达到 90% 停止学习，这时可以说被试已经掌握了分类的依据。如果被试 40 轮仍然未能达到 90% 的正确率标准，也停止学习。对于不告知样本量的学习者，实验程序是一样的，唯一的不同是只告诉被试有若干张动物图片，这些图片本属于两类 A 类和 B 类，要求被试一张一张地判断的属于 A 类还是 B 类直到连续三轮的准确率达到 90% 时停止学习。

在学习阶段，两种学习条件（知道样本量和不知道样本量）下各有四组不同的学习材料。因此，每一种学习条件下的被试又要随机分为四组分别接受四种不同的学习材料。

迁移阶段分为两部分：分类测试和特征概率判断测试。学习阶段达到标准后进入迁移阶段，分类测试与学习阶段的方式是一样的，对原型刺激也进行测试，判断后不给予反馈，连同圆形和原来的学习样例共 11 个迁移样例。特征概率判断测试：分类测试完成后，立即进行特征概率判断。呈现一张 A4 纸，特征类别判断共 8 道题，每个维度特征各一题，如："这双眼睛 ⬡ ⬡ 更可能属于哪一类？您作出此判断的概率是多少？"

统计达到 90% 正确率的学习标准时两种学习条件所需要的学习轮次，显著性检验表明两种学习条件差异显著，$t(35) = 2.101$，$p = 0.043$。知道样本量的类别学习达到 90% 正确率平均需要学习 21.84 轮，而不知道样本量的类别学习达到 90% 正确率平均需要学习 28.22 轮。由此说明，样本量效应影响了类别学习的学习效率，知道样本量的被试类别学习的效率高于不知道样本量的被试的类别学习效率。

比较两种学习条件下学习结果，正确率分析和模型拟合分析均表明，样本量效应对类别学习的结果没有影响。

比较两种学习条件在 A1 和 A2 类别学习中的正确率。经显著性检验发现，在 A1 和 A2 的正确率显著性检验上，$F(1, 35) = 2.634$，$p > 0.05$；两种学习条件的主效应差异不显著 $F(1, 35) = 0.016$，$p > 0.05$；交互作用差异也不显著 $F(1, 35) = 0.001$，$p > 0.05$。可见，不论被试是否事先知道要学习的样本量，A2 分类的正确率总是有好于 A1 分类的正确率的趋势。说明样本量效应对类别学习的结果没有影响。

分析样本量效应影响了类别学习的效率但不影响类别学习的结果的原因，我们发现，样本量效应影响学习效率的内在机制是通过影响学习者所使用的学习策略获得的。

（二） 两种学习模式的学习策略的比较研究

通过对两种学习模式下的学习过程的比较研究，从深层次探索两种学习模式内在认知加工模式上的差异。当前，较多这方面研究关注类别学习策略的使用和信息加工过程研究。

刘志雅和莫雷（2006，2009）；刘志雅和黄艳利（2010）的研究都探讨了两种学习模式的不同的学习策略。

从刘志雅和莫雷（2009）的学习材料的特征概率上看（如表 7 - 10 所示），以单维度策略（规则策略）可以做出 69% 的正确率判断（特征概率判断在各个维度不均等，这样考虑所有特征维度的单特征维度概率），以规则加例外策略可以做出 83% 的正确率判断，以信息整合策略（如原型、三个维度的特征整合）可以作出 89% 以上的正确率。以学习单元为单位，一个学习单元等于四轮，通过比较两种学习在学习进程中，比较达到某种学习标准需要的学习单元的差异，可以发现两种学习方式在学习过程中策略运用的差异。

结果表明，学习方式和在学习的开始阶段，分类学习比推理学习更快地达到 69% 的正确率标准 t(30) = 2.590，p < 0.05，表明分类学习在学习的初始阶段更倾向使用单维度策略。随着学习的深入，两种学习在中间阶段和结束阶段都同样快地达到 83% 和 89% 的正确率的标准；t(30) = 0.052，p > 0.05；t(30) = 0.438，p > 0.05，说明两种学习在高水平策略的运用上差异不显著，推理学习呈现出潜伏学习的效果，如图 7 - 19 所示。

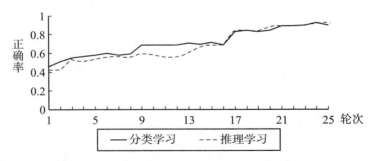

图 7 - 19   刘志雅和莫雷（2009）两种学习在各轮次反应的平均正确率

从图 7 - 19 学习的进程我们可以看到，两种学习在 69%、83% 和 89% 三种正确率标准时均表现出平稳的态势。对于分类学习的被试，学习过程可以分为四个阶段：（1）1~9 轮，正确率从 46% 上升到 69%；（2）10~17 轮，正确率稳定在 69%；（3）18~20 轮，正确率稳定在 83%；（4）21~25 轮，正确率稳定在 89%。这说明分类学习的被试在 10 轮以前并没有采用特定的策略，在 10~17

轮采用了"单一规则策略",在 18～20 轮采用了"规则加例外的策略",在 21 轮后采用了"信息整合策略"。

对于推理学习的被试,学习过程可以分为四个阶段:(1)1～14 轮,正确率从 40% 上升到 69%;(2)15～16 轮,正确率稳定在 69%;(3)17～19 轮,正确率稳定在 83%;(4)20～25 轮,正确率稳定在 89%。这说明推理学习的被试在 14 轮以前并没有采用特定的策略,在 15～16 轮采用了"单一规则策略",在 17～19 轮采用了"规则加例外的策略",在 20 轮后采用了"信息整合策略"。

刘志雅和黄艳利(2010)的研究表明,学习者预先知道样本量,比不知道样本量的学习者更快地进入高水平学习策略,如图 7－20 所示。

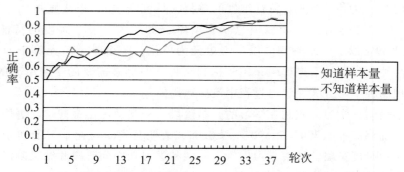

图 7－20　刘志雅和黄艳利(2010)两种学习条件的学习过程

从图 7－20 中可以看出,前 10 轮两种学习条件下被试的学习进程几乎是重合的,从第 10 轮开始产生了分离,知道样本量的被试的正确率跳跃式的上升,第一次跳跃式上升后几乎保持稳定,到 20 轮左右又一次上升达到了实验要求的标准;而不知道样本量的被试的正确率是逐渐缓慢上升的知道达到实验预定的准确率。同时,我们还发现,在第 10 轮两种学习条件产生分离的时候,其正确率正是 69.04%,说明从第 10 轮开始被试掌握了单维度规则,之后,从 11～20 轮知道样本量的被试的分类正确率稳定在 82.93%,然后达到实验预定的准确率标准;而不知道样本量的被试的分类正确率逐渐上升直到达到实验预定的准确率标准。因此我们可以认为,知道样本量的被试所使用的学习策略是规则加例外,分为三个阶段:1～10 轮掌握单维度规则;10～20 轮掌握第一个例外项目;20 轮至完成达到实验要求。而不知道样本量的被试使用的学习策略是整体相似性策略,其学习进程正如图 7－20 中所示,其正确率是逐渐上升的。

该研究发现,样本量可能是联结式学习(样例学习)的学习条件,学习者预先知道样本量,有利于学习者运用多种学习策略,更有效地达到学习目标。

（三） 两种学习模式的内部信息加工差异的比较研究

山内和马克曼（2000）的研究设计了 8 个样例、原型典型性为 3/4 的类别学习（原型典型性也是指相似性比例，即在某个类别中，所有样例含有原型特征数占总特征的比例）；山内和马克曼（2002）的研究设计了 6 个样例，原型典型性为 2/3 的类别学习。帕克和罗丝对这两个研究结论的可靠性提出质疑，认为前者设计中没有排除任务间的无关迁移效应，后者学习样例太少。刘志雅和莫雷（2006）设计了 10 个样例，原型典型性为 3/5 的非线性分离结构的类别（排除了任务间的无关迁移效应），探索两种类别学习机制的内部信息加工过程差异。材料如表 7 -11 所示。

表 7 -11　　　　　　　刘志雅和莫雷 （2006） 实验材料的类别结构

	A					B 类			
	专业	性格	爱好	性别		专业	性格	爱好	性别
					学习	阶段			
A1	1	1	1	1		B1	0	0	0	0
A2	1	0	1	0		B2	1	0	1	1
A3	0	1	0	1		B3	0	1	0	0
A4	0	1	1	0		B4	1	1	0	1
A5	1	0	0	1		B5	0	0	1	0
A0	1	1	1	1		B0	0	0	0	0
					迁移	阶段			
A6	0	1	1	1		B6	1	0	0	0
A7	1	1	1	0		B7	0	0	0	1
						B8	0	1	1	1
						B9	1	1	0	0

注：高相似刺激 A3 和 A6、A2 和 A7、A5 和 B6、A3 和 B7、B2 和 B8、B3 和 B9

根据表 7 -11，学习刺激维度一（专业）和四（性别）在 10 个学习样例中的特征相关系数为 0.6，其他维度间均为 0.2。在 B 类别的 5 个样例中，维度一和四相关是 1（表示在 B 部门里理科的学生都是女生）。通过操纵学习材料特征间的相关，研究两种学习方式在这种相关信息上学习的差异。同时也关注学习样例增多，两种学习方式达到学习标准的情况。两种学习方式在维度一和维度四上特征推理的相关系数见表 7 -12。

表7-12　　两种学习方式在维度1和维度4上特征推理的相关系数比较

学习方式	类别 A	类别 B
分类学习	0.365	-0.435
推理学习	0.357	-0.775[**]

结果表明，分类学习无论在 A 或者 B 类别学习反应判断中，维度1和维度4均未表现出显著相关，但推理学习则不然，在类别 B 的高相关维度1和维度4上，类别反应表现出显著相关，说明推理学习比分类学习更为关注单个类别内部的特征之间的相关。

刘志雅和莫雷（2006）采用新的类别结构研究了两种学习模式信息加工差异外，同时也比较了两种学习模式的学习策略、学习效率和学习结果。结果也表明，分类学习和推理学习两种学习模式，在学习策略、学习效率和学习结果上均出现显著的差异。进一步讨论分析表明，分类学习和推理学习分属不同的学习系统，即联结式学习和运算式学习系统。

上述不同形式的类别学习过程的比较研究揭示了，不同学习机制还显著影响类别学习的效率、学习策略和内部信息加工。类别学习效率与学习策略和内部信息加工是因果的关系。例如，学习效率高可能是因为学习者采用了有效的学习策略，加工了一些关键性的信息。

由于学习机制不同，不同的学习法导致了不同的学习效率。其中分类学习采用了联结式学习机制，推理学习采用了运算式学习机制，当学习材料利于进行联结式学习时，如非线性分离类别结构，分类学习效率高于推理学习，知道样本量的学习方式高于不知道样本量的学习方式；当学习材料利于进行运算式学习时，如线性分离类别结构，推理学习效率高于分类学习。

由于学习机制不同，不同学习法还导致了学习者采用了不同的学习策略。对于联结式学习优势的学习材料（刘志雅和莫雷，2006、2009；刘志雅和黄艳利，2010），分类学习比推理学习更快地采用高水平的学习策略。预先知道学习材料数量的学习条件下，学习者更快地使用高水平学习策略。这些关于类别学习策略的研究结果，都可以从双机制类别学习理论进行解释。刘志雅和莫雷（2006，2009）；刘志雅和黄艳利（2010）的研究均使用了非线性分离类别结构，这种类别结构的家族相似性相对较低，难以通过运算找到分类规律，因此属于利于进行联结学习的材料。所以，学习这种类别，由于分类学习采用的是联结式学习机制，从而更快地形成高水平策略。而且，联结式学习机制下，预先知道学习量，有利于学习者进行联结，相对来说，预先知道学习量对运算式学习影响较少。

由于学习机制不同，不同的学习法还使学习者产生信息加工上的差异。分类学习，即基于联结机制的类别学习，倾向于把每个样例看作独立的整体，关注类别间的区分性信息；而分类学习，即基于运算机制的类别学习，倾向于观察样例的细节，关注类别内部共同性信息，如类别内维度特征间的相关信息。两种学习方式的这些信息加工上的差异，解释了不同学习方式下类别学习的效率、策略，进而验证了类别学习存在联结式类别学习和运算式类别学习这两个相互关联，同时也相对独立的学习系统。

第四节　基于学习双机制理论的类别学习阻碍效应研究

前面两节我们分别阐述了关于特征概率对个体类别学习性质影响的实验研究，以及不同的学习形式对个体类别学习性质影响的实验研究，探讨个体是否会随着学习情境不同而不断变换使用联结性学习机制与运算性学习机制。本节阐述我们对类别学习阻碍效应的实验研究。该领域是类别学习研究的一个新兴的热门领域，我们通过对类别学习阻碍效应的研究，力图证明类别学习是运算性学习与联结性学习交织的过程，以整合当前关于类别学习阻碍效应研究的分歧结果。

一、阻碍效应的研究及理论解释

阻碍效应（Blocking）是学习中非常有意思的一种现象，最早是卡民（Kamin）在对老鼠的联结学习研究中发现的。卡民发现，当老鼠掌握了灯光可以预测电击的联结后，就不会再去学习声音预测电击的联结。在卡民的研究中老鼠一共经历了两个学习阶段和一个测验阶段。在第一个学习阶段，当有灯光出现时，老鼠就会遭到电击，让老鼠建立灯光和电击的条件反射，从而导致一出现灯光，老鼠就会表现出被电击的条件生理反应。在第二个学习阶段，老鼠遭到电击时，不仅有灯光出现同时还会听到一种声音，让老鼠建立灯光、声音和电击的复合条件反射。测验阶段，测验老鼠对声音同电击的联结学习强度，即声音单独出现时，老鼠是否会出现被电击的生理反应。结果发现，相对于控制组的老鼠（控制组的老鼠没有进行第一个学习阶段灯光同电击的联结学习），实验组的老鼠几乎没有掌握声音同电击的联结学习，即当声音单独出现时，老鼠没有表现出被电击的生理反应。卡民认为，实验组老鼠仅仅根据灯光就能正确预测电击，因此当灯光与声音同时出现时，老鼠不会去关注声音对电击的预测，即先前老鼠形成的灯光与电击的条件反射阻碍了老鼠建立声音同电击的条件反射，所以当声音出现时，老鼠不会表现出被电击的生理反应。

自卡民提出阻碍效应的概念后，研究者发现阻碍效应是学习中的普遍现象（Le Pelley, Oakeshott, Wills and Mclaren, 2005; Aitken, Larkin and Dickinson, 2001）。因此，研究者试图通过探讨阻碍效应来了解学习的内在机制。关于阻碍效应的机制，联结主义学习理论和认知主义学习理论也分别提出了不同的观点（Beckers et al., 2005; De Houwer et al., 2002; Lovibond et al., 2003; Mackintosh, 1975; Mitchell and Lovibond 2002; Roscola and Wagner, 1972）。

联结主义学习理论认为学习是刺激之间建立联结的过程，因此，阻碍效应的存在是不同刺激之间联结强度的竞争。认知主义学习理论认为学习受到意识和注意的控制，因此，阻碍效应的存在是理性推理的结果。

阻碍效应的联结主义学习理论主要包括莱斯科尔－瓦格纳（Rescoral-Wagner）模型（1972）、麦金托什（Mackintosh）的选择性注意学习理论（1975）、皮尔斯－霍尔（Pearce-Hall）模型（1980）和皮尔斯的联结网络模型（Aydin and Pearce, 1994; Pearce, 1987; Redhead and Pearce, 1998）。针对阻碍效应现象，联结主义的各派学习理论给出了不同的解释。

在巴甫洛夫的经典条件反射中，在给狗呈现食物时，会让狗听到一种铃声，经过反复训练后，狗就能够建立食物和铃声的条件反射，狗听到铃声就会分泌唾液。在条件反射的形成过程中，条件刺激铃声和无条件刺激食物的联结强度决定了条件反射唾液分泌的强度。莱斯科尔－瓦格纳模型对存在多个条件刺激时，不同条件刺激与无条件刺激之间联结强度的变化进行了阐述，并提出条件刺激之间对无条件刺激联结强度的竞争是导致学习中出现阻碍效应的重要原因。

麦金托什的选择注意理论（The Theory of Selective Attention），从注意的选择性角度阐释了阻碍效应存在的原因（Mackintosh, 1975）。不同条件刺激之间联结性 α（Associability）的竞争，是阻碍效应出现的根本原因，而条件刺激的联结性是由分配给该条件刺激的注意决定的。如果一个条件刺激可以很好的预测一个无条件刺激，那么对该条件刺激分配的注意就多，该条件刺激的联结性 α 就高。

皮尔斯－霍尔模型（1980）也支持条件刺激之间联结性的竞争是导致阻碍效应出现的根本原因，但是与选择注意理论不同，皮尔斯－霍尔模型认为刺激的联结性是由在条件刺激之后出现的无条件刺激的意外程度决定的，无条件刺激越意外，条件刺激的联结性就越高，如果一个条件刺激不能稳定预测无条件刺激，那么相对于可以有效并且相对稳定的预测无条件刺激的条件刺激，此条件刺激的联结性更高。

皮尔斯的联结网络模型认为，当给输入单元呈现一个新刺激时，输入单元会激活相应的完形单元，并与完形单元建立联结。联结网络模型认为，学习的过程就是建立完形单元与无条件刺激之间的联结。根据联结网络模型，阻碍效应的出现就是不同条件刺激的完形单元对无条件刺激联结强度的竞争。

纵观阻碍效应的联结主义解释，各个理论都体现出了错误驱动（Error-Briven）的核心思想。在最初发现阻碍效应时，卡民（Kamin）就用错误驱动的思想去解释阻碍效应。卡民提出，学习受到减少错误的动力驱动，当一个学习线索可以有效预测结果产出时，该学习线索的存在会阻碍其他线索与结果产出的联结学习，原因在于预测结果时，已经没有错误需要修正，因此学习就会停止。在阻碍效应的联结主义解释中，莱斯科尔 - 瓦格纳（1972）模型、麦金托什的选择性注意学习理论（1975）、皮尔斯 - 霍尔模型（1980）和皮尔斯的联结网络模型都采用了错误驱动思想的算法 Delta 规则，即认为，通过不断调整每个学习 Trial 中的联结强度，减少学习的错误，当学习错误为零时，联结强度的调整就会停止。

与联结主义学习理论不同，认知主义学习理论认为，学习过程是对刺激之间关系表征的过程。思朋斯（Spence）提出认知学习理论主要阐述如何对所处环境中的关系进行表征形成认知模型，并对认知模型进行调整（Holland，2008）。根据认知主义学习理论，人类的学习是一个存在注意控制，充满理性推理的过程，因此，阻碍效应的存在也是一个理性推理的过程（De Houwer and Beckers，2002b，2002c；De Houwer and Beckers，2003）。

在阻碍效应的认知学习理论解释中，比较具有代表性的是沃达迈和霍利奥克（Waldmann and Holyoak）的因果模型理论（Causal Model Theory，Waldmann and Holyoak，1990，1992；Waldmann，2000）和迪赫尔（De Houwer），贝克尔（Beckers）等人的推论解释观（Beckers，De Houwer，Pineno and Miller，2005；De Houwer，Vandorpe and Beckers，2005；Lovibond，Been，Mitchell，Bouton and Frohardt，2003；Mitchell and Lovibond，2002；Vandorpe，De Houwer，and Beckers，2007b）。

沃达迈和霍利奥克提出的因果模型理论认为（1990，1992），事件在学习中所扮演的因果角色，会对阻碍效应的出现产生影响。如果是根据原因事件推理可能的结果事件，那么多个可能的原因事件之间会存在竞争，所以会出现对某些原因事件的阻碍学习，如果是根据结果事件推理可能的原因事件，多个可能的结果事件之间不存在竞争，因此并不会出现阻碍效应。

迪赫尔、贝克尔等人的推论解释观认为，在学习中之所以会出现对某些线索的阻碍学习，是基于人们对该线索在学习中所处的角色进行推理后产生的结果（Beckers，De Houwer，Pineno and Miller，2005；De Houwer，Vandorpe and Beckers，2005；Lovibond，Been，Mitchell，Bouton and Frohardt，2003；Mitchell and

Lovibond，2002；Vandorpe，De Houwer and Beckers，2007b）。如果根据已有的情况推论出，某线索并不是引起结果产出的重要原因，对结果产出没有贡献，那么人们对该线索的学习就会受到阻碍，出现阻碍效应；反之，如果根据已有的情况推论出，某线索是结果产出的重要原因，对结果产出具有重要贡献时，那么人们就会对该线索进行学习，阻碍效应就会变弱。在对线索角色推理的过程中，线索自身的特性以及结果产出的特性都会影响到人们对线索角色的推理，从而对学习中的阻碍效应产生影响。

总的来看，认知主义学习理论对阻碍效应的基本观点是，学习是有机体对所处环境中的关系进行表征形成认知模型的过程，因此，与构建整体认知模型有关的线索，即使是与当前任务无关，学习者也会进行学习；只有与当前任务无关而又与认知模型无关的线索，个体才会放弃学习，表现出阻碍效应。

由此可见，基于联结学习的理论是以是否与完成任务有关来解释阻碍效应的产生，可以称为"任务定向"，是错误驱动观；而基于认知学习的理论是以是否与形成认知结构有关来解释阻碍效应的产生，可以称为"关系定向"，是认知完形驱动观。

联结主义学习理论和认知主义学习理论基于各自对学习机制的理解对学习中的阻碍效应现象进行了解释，对阻碍效应的研究起到了巨大的推动作用，但是联结主义学习理论和认知主义学习理论各执一端，互不相让，当前对阻碍效应的争论仍此起彼伏。

与认知主义学习理论的认知完形驱动观点相比较，联结主义学习理论关于阻碍效应的错误驱动观点起源更早，支持证据更多，影响更大。下面我们重点介绍类别学习研究领域中阻碍效应的研究。

二、各派类别学习理论关于阻碍效应的基本观点

大量的类别学习理论模型认为，类别学习过程受到减少错误的动力驱使，类别学习的目的就是为了最小化归类的错误，学习者通过不断修正分配在每个特征维度上的注意权重，达到最佳的分类。当归类中没有出现错误时，对特征权重的调整就会停止。因此，在类别学习过程中，人们只关注对归类样例有效的特征维度，不关注与归类无关的特征维度。从早期的基于特征的适应性网络模型（Adaptive Network Model，Gluck and Bower，1988），基于样例的注意学习覆盖图模型（ALCOVE，Attention Learning Covering Map，Kruschke，1992），基于规则的规则加例外模型（RULEX，Rule-Plus-Exception Model，Nosofsky，Palmeri and Mckinley，1994），到基于知识的 BAYWATCH 模型（Heit and Bott，2000）和 KRES 模

型（Rehder and Murphy，2003），以及非监控学习的 SUSTAIN 模型（Love，Medin and Gureckis，2004）都体现了错误驱动的思想。这些模型普遍认为，对特征权重的调整随着归类错误的消失而停止，如果在归类中没有出现错误，就不会继续对特征的权重进行调整。由此可见，几乎所有的类别学习理论中都体现了错误驱动的思想。

错误驱动的类别学习理论试图对类别学习中的阻碍效应现象进行解释，根据错误驱动的类别学习理论，如果类别中存在某个可以有效归类所有样例的特征时，该特征的存在就会阻碍对其他特征的学习，类别学习中就会出现强烈的阻碍效应。

但是，随着类别学习研究的进行，在类别学习理论中一直占据主导地位的错误驱动的类别学习理论已经很难解释当前研究中的一些类别学习现象。例如：霍夫曼和墨菲（Hoffman and Murphy）等人的研究（2006）发现，随着样例特征维度增加，人们掌握的特征维度增多，但学习速度与特征维度少时相同，而根据错误驱动的类别学习理论，特征维度增多时，所需要的注意资源增多，由于注意资源有限，当特征维度增多时，会导致类别学习相对于特征维度少时变困难（Kruschke and Johansen，1999）；霍夫曼等人的研究（2008）再次证实了，特征维度增加时，人们掌握的特征维度会增多，而根据错误驱动的类别学习理论，人们只掌握与归类有关的特征维度，因此，掌握的特征维度数与特征样例维度数的增多还是减少无关。博特（Bott）等人的研究发现，当采用完全相同的实验材料和实验程序对类别学习和预测学习中的阻碍效应进行研究时，在类别学习中人们会尽可能多的学习样例特征，没有出现阻碍效应，而在预测学习中，人们则只关注对预测有用的线索，出现了强烈的阻碍效应。根据错误驱动的类别学习理论，类别学习中也应该会出现强烈的阻碍效应（Bott et al.，2007）。布莱尔（Blair）等人 2009 年采用眼动技术对类别学习进行了研究，眼动的结果发现，在类别学习中，即使没有归类错误时，被试仍会不断的优化注意力的分配，这也说明类别学习中，不仅仅受到减少错误的驱动，类别学习还受到其他学习机制的驱动（Blair，Watson and Meier，2009）。

同时，类别学习具有的一些独特特点，也表明类别学习可能不仅仅包括错误驱动的联结学习机制，同时还包括认知学习机制。

第一，类别本身的特殊性，每个类别都由不同类型的特征构成，并且特征之间存在各种各样的关系，有研究者认为，类别和概念就是由存在相关关系的特征组成的集合（Billman and Knutson，1996）。例如，鸟会飞是因为鸟有翅膀，鸟的体重很轻；鸟之所以能够在树上建巢是因为鸟会飞。而鸟类所具有的这些特征又是跟鸟的 DNA 分不开的。雷德（Rehder）细致了类别内特征的类型，提出类别内的特征主要分为本质特征（Essential Features）和偶然特征（Accidental Features）。本质特征决定了物体是什么，而偶然特征决定了物体是怎样的。例如，对于鸟来说，本质特征就是具有鸟类的 DNA，而有翅膀、会飞、在树上建巢、唱歌和吃种子等特征则是偶然特征，在某种程度上本质特征对偶然特征具有一定的影响作用（Rehder，2003a，2003b，2007）。由于类别特征之间存在各种各样的相关关系，决定了在类别学习过程中，人们不可能仅仅关注单个特征。这点与联结学习不同，在联结学习中，每个线索之间都是独立的，线索之间不存在关系。甚至有的类别研究发现，即使采用与知识背景无关的学习材料，严格控制了特征之间的关系时，人们也会试图对样例特征之间的关系做出一个合理的解释（Medin & Ortony，1989）。甚至对于彼此之间存在矛盾冲突的特征，人们也会尽力找到一个理由对特征之间的矛盾之处进行解释（Bott and Murphy，2007）。墨菲和马丁（1985）认为，特征之间的相关关系并不是简单的联结，而是对特征之间相关关系的一个完整的因果解释。有研究者认为，因果关系是类别和概念表征的核心。安（Ahn）对自然类别和人造物类别中特征之间的因果关系进行了研究，发现在自然类别中，如果某特征在因果关系中担当了原因角色，那么该特征就是本质特征，而在人造物类别中，如果某特征在因果关系中担当了结果角色，那么该特征就是本质特征。例如，在鸟这个自然类别中，"具有鸟 DNA"这个特征是鸟所具有的其他特征的原因特征，因此对鸟类来讲，该特征就是本质特征；对于椅子这个人造物类别，"用来坐"这个特征是椅子其他特征的结果特征，因此对椅子来讲，该特征就是本质特征（Ahn，1998）。由于类别特征之间存在各种各样的联系，可能会导致人们在类别学习中不仅仅只关注与归类有关的特征。

第二，类别学习任务的独特性，在类别学习中，人们学习的目标就是尽可能多的去掌握类别。例如，人们在区分松鼠和斑马时，仅仅根据它们身上是否有斑或尾巴的形状就可以区分，但是人们还是会去尽可能的去了解它们更多的特征，从而形成松鼠和斑马的概念。因此，在类别学习中，虽然根据当前所学的几个特征，人们就可以归类样例，但是人们在学习的过程，对于该样例还具有哪些特征，以及该样例到底是怎样的，会比较感兴趣，因此，即使根据当前特征可以正确归类，人们仍会对其他的特征继续学习（Hoffman and Murphy，2006）。相对的在联结学习中，人们学习的目的就是尽可能的去做出正确的反应。因此，在联结学习中，人们只会学习对做出正确反应有用的信息。这种区别，可能是由两种学习方式下，被试产生的不同的内部动机所致。在类别学习中，人们会产生更多的内部动机，而在联结学习中主要是外部动机。同时在类别学习任务中，人们可能会试图利用已有的概念来整合新的特征信息。而已有的概念则会加速类别学习的速度，以及将特征整合到一起（Heit and Bott, 2000）。同时在类别学习任务中，由于特征之间是相关的，因此，特征之间是相互依存共同表征类别的合作关系而不是竞争的关系，那么在类别学习过程对多个特征同时学习的可能性增大，相对的在联结学习中，各个刺激线索在对结果产出预测时，彼此之间是竞争的关系，因此，如果某个刺激线索可以有效预测结果产出时，该刺激线索与结果产出之间的联结就会阻碍到其他刺激线索与结果产出之间的联结学习。

第三，类别功能的多重性。类别学习除了肩负归类的功能外，还肩负了推理和交流等功能（Anderson, Ross and Chin-Parker, 2002; Yamauchi and Markman, 1998, 2000）。归类学习的任务主要是根据样例已有的特征对样例属于的类别进行判断，推理学习的任务则是根据样例已知的特征对样例缺失的特征进行推理。因此，即使当前的任务是根据已知特征对样例进行归类判断，但是在完成归类任务的同时，人们也会考虑到将来可能会对当前所学习的类别进行缺失特征的推理。因此，在归类的过程中，人们也会尽可能多的去掌握类别特征，掌握越多的特征对将来可能需要的推理判断越有益。

正是由于类别学习所具有的自身的特殊性，导致当前对类别学习机制的研究错综复杂，各派理论也是各持其辞。因此，有必要对类别学习的机制重新进行探讨，从而获得类别学习机制的全貌。

三、学习双机制理论对类别学习阻碍效应的基本设想

学习双机制理论认为，人类现实的学习活动常常是联结学习机制和运算学习机制交织作用的过程，根据学习双机制理论，莫雷和陈琳（2009）提出，类别学习同时包括错误驱动的联结性学习过程和完形驱动的运算性学习过程。联结性类别学习的典型特点是受到减少错误的动力驱使，错误驱动的联结学习机制主导下的类别学习以迅速有效地完成归类任务为目标，因此联结学习机制主导下的类别学习是对类别样例进行的自动、快速和无意识的加工，由于人们在类别学习过程中主要关注与归类有关的特征，因此，错误驱动的联结学习机制主导下的类别学习容易出现阻碍效应。运算性类别学习的典型特点是力图构建整体图式，运算性学习机制主导下的类别学习是以构建类别特征的整体图式为目标，因此，在特征表征过程中，人们不仅关注与直接归类任务有关的特征，同时也会关注与归类无关的特征，因此，运算性学习机制主导下的类别学习不易出现阻碍效应。原先关于类别学习阻碍效应的研究之所以会出现分歧的结果与结论，是因为不同的研究创设了不同学习情境而引发不同的类别学习过程。

351

根据上述分析，可以预测，由于复杂的类别学习过程往往是联结性学习与运算性学习交织的过程，因此，在类别学习情况下，既会受错误驱动的影响，产生阻碍效应；又会受认知过程完形驱动的影响，消除阻碍效应；两种结果的汇合，会造成出现比一般的联结学习要低的阻碍效应，即弱阻碍效应。

为了检验上述关于类别学习阻碍效应的设想，莫雷和陈琳（2009）系统地设计了实验对类别学习中的阻碍效应进行了探讨，主要进行以下三个系列的实验研究：

（一）类别学习中阻碍效应发生的研究

主要探讨类别学习是否会出现阻碍效应，与以往典型的联结性学习出现阻碍效应的状况相比较有何不同，从而直接检验学习双机制理论关于类别学习过程阻碍效应的设想，并对类别学习是否联结性学习与运算性学习交织进行的过程的理论观点做出检验。

根据我们的设想，类别学习同时包括错误驱动的联结性学习和构建图式的运算性学习，因此，如果在类别学习过程中，类别内存在某个可以有效预测归类的特征维度时，该特征维度会对其他特征维度的学习产生阻碍效应，但是，与以往典型的联结性学习相比较，类别学习的阻碍效应要弱。

首先，类别学习中会产生阻碍效应，这是由错误驱动的联结学习机制调控的。受到错误驱动的联结学习机制的调控，类别学习的一个重要目标就是根据相关特征维度迅速有效的完成归类任务，因此，当类别内存在可以有效预测归类的特征维度时，该特征维度的存在就会阻碍对其他特征维度的学习，类别学习中会出现阻碍效应。其次，类别学习中阻碍效应的强度微弱，是由完形驱动的运算性学习机制调控的。受到完形驱动的调控，人们在类别学习中会试图对类别内特征之间的关系进行表征，从而获得类别结构，所以在类别学习中人们不仅会关注与归类有关的特征维度，同时也会关注与归类无关的特征维度。因此，类别学习中不会出现像联结学习一样强烈的阻碍效应，即与归类有关的特征完全阻碍了与归类无关的特征的学习。同时，如果类别学习双机制理论对类别学习机制的预测是正确的，那么类别学习中阻碍效应的特点在各种类型的类别学习材料中应该具有普遍性，即类别学习中会出现微弱的阻碍效应。

（二）类别学习中阻碍效应发生时程研究

主要探讨类别学习的阻碍效应是发生在归类判断阶段，还是发生在反馈阶段，从而进一步检验学习双机制理论关于类别学习阻碍效应的设想。

根据类别学习的双机制理论，类别学习中会出现微弱的阻碍效应，这意味着在类别学习过程中，人们不仅学习了与归类有关的特征，还学习了其他额外特征。那么对额外特征的学习是否会发生在归类判断完成后的反馈阶段？根据类别学习的双机制理论，可以对该问题进行很好的预测。由于类别学习存在意识控制的运算性学习机制，因此在类别学习过程中，即使是在正确完成归类任务后，人们倾向于尽可能多的去掌握一些特征，从而有利于对特征之间的关系进行表征。但是类别学习同时存在错误驱动的联结学习机制，因此，在类别学习中，人们对特征维度的掌握并不是无限制的进行下去，当达到一定的学习程度后，人们就会停止对特征维度的学习。所以，根据类别学习的双机制理论，类别学习中对样例特征的学习会发生在反馈阶段，但是在反馈阶段的学习是有条件的，只有在归类判断阶段没有对样例特征进行充分学习，无法对特征之间的关系进行表征，获得类别结构时，才会在反馈阶段继续对样例特征学习。如果在归类判断阶段已经对样例特征进行了充分的学习，那么就不会继续在反馈阶段进行学习。

（三）类别学习中不同学习机制的增强对阻碍效应的影响研究

本系列实验探讨的是，变化类别学习中联结性学习或运算性学习机制的分量是否会影响阻碍效应的出现。也就是说，当提高联结性学习的分量时，类别学习阻碍效应是否会增大；在提高运算性学习的分量时，类别学习阻碍效应是否会进一步减少乃至不出现。本系列研究直接从因果的角度验证学习双机制理论关于类别学习阻碍效应的设想。

本系列研究采用提高特征整合性来增强类别学习的联结性学习成分。我们认为，提高了类别的特征整合性，人们会对类别采用基于样例整体相似性的加工，而基于样例整体相似性的加工是一种自动快速非解析性的加工，必然会导致错误驱动的联结学习机制占主导，由于错误驱动的联结学习机制是自动快速的、无意识的加工过程，因此在类别学习中，人们只关注与归类有关的特征，不关注与归类无关的特征，类别学习中会出现强烈的阻碍效应。

本系列研究采用增加类别主题知识的方法来增强类别学习的运算性学习成分。我们认为，当增加了类别主题知识后，可以促进学习者运算性学习机制的增强，在完形驱动的学习机制调控下，人们在类别学习中会试图对类别内特征之间的关系进行表征，从而获得类别结构，所以在类别学习中人们不仅会关注与归类有关的特征维度，同时也会关注与归类无关的特征维度。因此，类别学习中的阻碍效应会进一步减弱乃至消失。

下面介绍莫雷和陈琳（2009）的三个系列的研究及其结果。

四、类别学习阻碍效应及其发生机制的实验研究

（一）类别学习中阻碍效应发生的研究

为了系统全面探讨类别学习中阻碍效应的特点，莫雷和陈琳（2009）先后采用文本材料类别和知觉材料类别进行考察。

在文本实验材料中，学习材料为 A、B 两类交通工具。每个类别各包括八个样例，每个样例都由八个特征维度构成，如表 7 – 13 所示。每个特征维度都是两维的，1 或 0。类别 A 中八个特征维度的典型特征都用 1 来表示，类别 B 中八个特征维度的典型特征都用 0 来表示。因此类别 A 的原型样例的抽象结构可以表示为：1 1 1 1 1 1 1 1，即表 7 – 13 中类别 A 的样例 1；类别 B 的原型样例的抽象结构可以表示为：0 0 0 0 0 0 0 0，即表 7 – 13 中类别 B 的样例 1。

表 7 – 13　　　　　　　　维度 1 为定义特征维度的抽象类别结构

类别 A								类别 B							
样例	D1	D2	D3	D4	D5	D6	D7	D8	样例	D1	D2	D3	D4	D5	D6	D7	D8
1	1	1	1	1	1	1	1	1	1	0	0	0	0	0	0	0	0
2	1	0	1	1	1	1	1	1	2	0	1	0	0	0	0	0	0
3	1	1	0	1	1	1	1	1	3	0	0	1	0	0	0	0	0
4	1	1	1	0	1	1	1	1	4	0	0	0	1	0	0	0	0
5	1	1	1	1	0	1	1	1	5	0	0	0	0	1	0	0	0
6	1	1	1	1	1	0	1	1	6	0	0	0	0	0	1	0	0
7	1	1	1	1	1	1	0	1	7	0	0	0	0	0	0	1	0
8	1	1	1	1	1	1	1	0	8	0	0	0	0	0	0	0	1

据表 7 – 13 可见，在两个类别中存在一个定义特征维度，所谓定义特征维度，即根据该特征维度就可以归类两个类别中的所有样例，即该特征维度是有效归类的特征维度。在类别内设定定义特征维度的目的就是考察定义特征维度的存在是否会阻碍其他特征维度的学习，以及阻碍效应的强度，从而可以对类别学习的双机制进行有效检验。

每个特征维度上的 1 和 0 所指代的具体特征，见表 7 – 14 所示。

表 7 – 14   特征维度 1 与 0 所指代的具体特征

特征维度	类别 A 原型（抽象表示）		类别 B 原型（抽象表示）	
D1	没安装气囊	（1）	有一个气囊	（0）
D2	牌照在车头	（1）	牌照在车尾	（0）
D3	有塑料座套	（1）	有布类座套	（0）
D4	自动挡变速	（1）	手动挡变速	（0）
D5	CD 播放器	（1）	磁带播放器	（0）
D6	是后轮驱动	（1）	是前轮驱动	（0）
D7	后备箱很小	（1）	后备箱很大	（0）
D8	有四个车门	（1）	有两个车门	（0）

    表 7 – 14 是特征维度 1（D1）为定义特征维度的实验材料，A 类别中所有样例在"有、无气囊"这个特征维度都为 1（没安装气囊），类别 B 中所有样例在该特征维度都为 0（有一个气囊）。类别中其余七个特征维度称为非定义特征维度，并且这些非定义特征维度的设置遵守"One-Away"设计，即每个样例的七个非定义特征维度中，有六个非定义特征维度是来自本类别的典型特征，而另外一个非定义特征维度是来自对立类别的典型特征，例如，在表 7 – 13 中，类别 A 的第八个样例为 1 1 1 1 1 1 1 0，该样例的非定义特征维度为第 2 ~ 8 个特征维度，其中第 2 ~ 7 个特征维度是来自本类别的典型特征，因此都用 1 表示，第八个特征维度是来自类别 B 的典型特征用 0 表示。因此，除了定义特征维度之外，根据任何一个非定义特征维度都不能对两个类别中的样例进行百分百正确的归类。表 7 – 13 是特征维度 1 做定义特征维度的实验材料，其余七个特征维度做定义特征维度的类别结构与表 7 – 13 类似，因此共有 8 套实验材料。在实验过程中，每名被试只学习其中一套实验材料。

    知觉实验材料的抽象类别结构与文本实验材料相同。只是用 A、B 两类人造昆虫代替文本实验材料中的 A、B 两类交通工具，如图 7 – 21 所示。类别 A 中八个特征维度的典型特征都用 1 表示，类别 B 中八个特征维度的典型特征都用 0 表示。类别 A 中的原型样例为：1 1 1 1 1 1 1 1；类别 B 中原型样例为：0 0 0 0 0 0 0 0。八个特征维度分别表示昆虫的触角、眼睛、前脚、翅膀、上身花纹、下身花纹、尾部和后脚。触角分为直触角（1）和弯触角（0）；眼睛分为 2 只眼睛（1）和 4 只眼睛（0）；前脚分为钳形（1）和穗形（0）；翅膀分为圆形（1）和方形（0）；上身花纹分为横纹（1）和竖纹（0）；下身花纹分为蓝色蝴蝶结（1）和白点（0）；尾部分为单尾（1）和双尾（0）；后脚分为圆形（1）和三角形（0）。图 7 – 21 中分别为类别 A 和类别 B 的原型。

355

类别A的原型　　　　　　　　　类别B的原型

图 7 - 21　类别 A 和类别 B 的原型

为了探讨在类别学习中，定义特征维度的存在是否会阻碍对其他非定义特征维度的学习。在研究中将被试分为两组：一组被试首先学习对定义特征维度的归类，即根据定义特征维度就可以分类 A、B 两个类别，称为定义特征维度预训练组；另外一组被试没有对定义特征维度进行预先学习，称为控制组。如果类别学习中存在阻碍效应，即定义特征维度的存在会阻碍对非定义特征维度的学习，那么由于定义特征维度预训练组的被试预先学习了根据定义特征维度就可以分类 A、B 类别，因此定义特征维度预训练组中的被试掌握的特征维度数会少于控制组中的被试。如果类别学习中不存在阻碍效应，那么两组被试掌握的特征维度数应该没有差异。

实验程序包括三个阶段：预训练阶段、学习阶段和单个特征测验阶段。在预训练阶段，定义特征维度预训练组的被试学习对定义特征维度的归类，控制组的被试不对定义特征维度进行学习，但是为了与定义特征维度预训练组的学习强度进行平衡，控制组的被试在预训练阶段进行 "A、B 类别" 的按键学习。在学习阶段，两组条件中的被试都需要对两个类别中的 16 个样例进行学习，学习阶段结束的标准是，被试能够在一轮学习中，可以正确归类两个类别中的所有样例。单个特征测验阶段，测量被试对每个特征维度的掌握程度。

结果发现，在文本实验材料中，定义特征维度预训练组中的被试对非定义特征维度归类的正确率（M = 0.61）低于控制组中的被试对特征维度归类的正确率（M = 0.72），说明定义特征维度预训练组的被试对非定义特征维度的掌握差于控制组中的被试对特征维度的掌握。此表明，正是定义特征维度预训练组的被试对定义特征维度的学习，阻碍了对其他非定义特征维度的学习。在知觉实验材料中，也发现了相同的实验结果。

既然定义特征维度的学习阻碍了对非定义特征维度的学习，说明类别学习中出现了阻碍效应。为了评估阻碍效应的强度，我们将定义特征维度预训练组条件中的被试对非定义特征维度归类的正确率与几率水平 0.5 进行比较。如果人们对非定义特征维度归类的正确率与几率水平 0.5 没有显著差异，则表明人们对非定义特征维度的归类是随机进行，人们没有掌握任何非定义特征维度，在预训练阶段对定义特征维度的学习完全阻碍了学习阶段对非定义特征维度的学习。如果人们对非定义特征维度归类的正确率显著高于几率水平 0.5，那就表明，尽管定义特征维度的存在阻碍了对非定义特征维度的学习，导致定义特征维度预训练组的被试对非定义特征维度归类的正确率低于控制组中的被试对特征维度归类的正确率，但是人们仍对非定义特征维度进行了学习。

文本实验材料和知觉实验材料下的结果都表明，定义特征维度预训练组中的被试对非定义特征维度归类的正确率都显著高于 0.5（M = 0.61；M = 0.66），说明类别学习中并没有出现强烈的阻碍效应，即当存在一个可以有效归类类别中所有样例的定义特征维度时，该定义特征维度的存在并没有完全阻碍对其他非定义特征维度的学习，人们仍会继续学习非定义特征维度，定义特征维度对非定义特征维度的阻碍效应比较微弱。

文本类别和知觉类别的类别学习中都出现了弱的阻碍效应，充分了证明了类别学习存在双机制的观点。

类别学习中存在错误驱动的联结学习机制，类别学习的一个重要目标就是完成归类任务，因此当类别内存在一个可以有效归类类别中所有样例的定义特征维度时，人们在类别学习过程中会对该定义特征维度分配更多的注意力，并根据该定义特征维度对样例进行归类，由于在学习的过程中减少了对其他非定义特征维度分配的注意力，导致对其他非定义特征维度的学习受到阻碍。

但是，类别学习中还同时存在意识控制的认知学习机制，导致人们在类别学习过程中会尽力对特征之间的关系进行表征，从而获得各个不同的特征是如何共同表征一个物体，因此，即使存在一个可以有效归类所有样例的定义特征维度，人们仍会对其他非定义特征维度进行关注，并试图对定义特征维度和非定义特征维度之间的关系进行表征，所以根据类别学习双机制理论，类别学习中只会出现微弱的阻碍效应。

既然在类别学习中，尽管存在一个可以有效归类所有样例的定义特征维度时，人们仍会继续学习一些非定义特征维度，那么人们对非定义特征维度的学习是仅发生在归类判断阶段，还是也会发生在归类判断完成后的反馈阶段？由于在研究过程中，在归类判断完成后的反馈阶段，会再次呈现样例，被试有条件可以继续在反馈阶段对样例非定义特征维度进行学习。如果人们会在反馈阶段继续对样例非定义特征维度进行学习，那么根据类别学习的双机制理论，类别学习双机制是如何调节人们在反馈阶段对非定义特征维度的学习？类别学习的双机制理论对于预测人们在反馈阶段对非定义特征维度的学习具有怎样的指导作用？

（二）　类别学习中阻碍效应发生时程研究

为了深入了解类别学习的双机制如何调控人们在反馈阶段对样例的学习，莫雷和陈琳（2009）对类别学习中阻碍效应发生的阶段进行了系统的探讨。

根据类别学习的双机制理论，类别学习受到意识控制的认知学习机制的调控，当在归类判断阶段人们有充足的时间对样例特征进行学习时，人们会在归类判断阶段对非定义特征维度进行学习，但是类别学习同时受到错误驱动的联结学习机制的调控，人们对非定义特征维度的学习并不会无限制的进行下去，因此，当人们在归类判断阶段对样例特征进行学习后，即使在反馈阶段被试有机会可以继续对非定义特征维度进行学习时，人们也不会在反馈阶段继续对非定义特征维度进行学习。

反之，当归类判断阶段人们没有充足的时间对样例特征学习时，受到错误驱动的联结学习机制的调控，人们首先会在限定的时间内根据定义特征维度完成归类判断任务，但是如果在反馈阶段，被试有机会可以对非定义特征维度进行学习时，受意识控制的认知学习机制的调控，即使人们根据定义特征维度已经完成了正确归类，他们也会试图尽可能地去掌握特征之间的关系，因此会表现为继续在反馈阶段对非定义特征维度进行学习。

莫雷和陈琳（2009）设计了相关实验分别对上述假设进行了验证。

为了检验归类判断阶段有充足的时间可以对样例特征进行学习时，人们是否会在反馈阶段继续对非定义特征维度进行学习，实验研究中设计了两个实验条件：有样例反馈条件和无样例反馈条件。两种实验条件的唯一区别就在于在类别学习的反馈阶段是否再次呈现先前归类判断的样例，有样例反馈条件中，在反馈阶段再次呈现先前归类判断的样例，无样例反馈条件中，在反馈阶段不再呈现先前归类判断的样例。如果人们会在反馈阶段继续对非定义特征维度进行学习，那么两种实验条件下对非定义特征维度归类的正确率应该存在显著差异；如果两种实验条件下人们对非定义特征维度归类的正确率没有显著差异，则说明人们没有在反馈阶段继续对非定义特征维度进行学习。同时为了保证被试在归类判断阶段有足够的时间对样例进行学习，在归类判断阶段被试按键自主决定归类判断的学习时间。两种实验条件在定义特征维度预训练阶段和单个特征测验阶段的实验程序完全相同。

莫雷和陈琳（2009）的结果表明，有样例反馈条件和无样例反馈条件下人们对非定义特征维度归类的正确率都显著高于几率水平 0.5，说明两种实验条件下的被试都对非定义特征维度进行了一定程度的学习。但是，两种实验条件下，人们对非定义特征维度归类的正确率没有显著差异（有样例反馈条件下对非定义特征维度归类的正确率为 0.63，无样例反馈条件下对非定义特征维度归类的正确率为 0.67），说明人们并没有在反馈阶段继续对非定义特征维度进行学习。因此，实验结果告诉我们，当在归类判断阶段人们有充足的时间对样例进行学习时，人们不会在反馈阶段继续对非定义特征维度进行学习，人们对非定义特征维度的掌握都是发生在归类判断阶段。

莫雷和陈琳（2009）的实验结果再次证明了，人们的类别学习是同时包括错误驱动的联结学习机制和意识控制的认知学习机制。人们在归类判断阶段对非定义特征维度进行了学习，表明人们的类别学习不仅仅包括错误驱动的联结学习机制。如果按照错误驱动的联结学习机制，类别学习仅仅是按照定义特征维度对样例进行归类，完成归类任务，那么即使在归类判断阶段有充足的时间对样例进行学习，人们也不会在归类判断阶段去额外学习非定义特征维度。而当归类判断阶段有充足的时间对样例学习时，人们不会继续在反馈阶段对样例进行学习，表明人们的类别学习不仅仅包括意识控制的认知学习机制。如果按照意识控制的认知学习机制，人们会尽可能多的掌握特征，因此当反馈阶段有机会可以学习非定义特征维度时，人们会继续学习。而实验结果表明，虽然人们会关注和学习非定义特征维度，但是人们对非定义特征维度的学习并不是无限制的进行下去，两种实验条件下对非定义特征维度归类的正确率分别为 0.63 和 0.67，说明人们并没有掌握所有的非定义特征维度。因此，这个实验结果支持了类别学习的双机制理论。

那么当归类判断阶段没有充足的时间对样例进行学习时，根据类别学习的双机制理论，人们是否会在反馈阶段继续对样例进行学习？

莫雷和陈琳（2009）也设计了相关的实验对该问题进行探讨。同归类判断阶段有足够的时间对样例进行学习的实验设计相同，实验包括两个条件：有样例反馈条件和无样例反馈条件。有样例反馈条件中，在反馈阶段再次呈现先前归类判断的样例，无样例反馈条件中，在反馈阶段不再呈现先前归类判断的样例。同时，在本实验中，限定被试在归类判断阶段对样例的学习时间，将每个样例的学习时间限定为 3 秒。根据预实验，3 秒的时间既保证了被试可以充分按照定义特征维度做出正确的归类判断，又不至于对非定义特征维度进行学习。实验结果发现，有样例反馈条件下的被试和无样例反馈条件下的被试各自平均仅仅经历了 2.1 轮和 1.6 轮的学习，就能够正确归类两个类别中的所有样例。虽然在归类判断阶段仅仅有 3 秒的时间可以用来归类，但是人们仍能够按照定义特征维度对样例进行正确归类，再次证明了将归类判断阶段的时间限定为 3 秒进行归类是合理的。该结果也表明，当归类判断时间被限定时，尽快准确的完成归类任务成为第一要务，错误驱动的联结学习机制变为类别学习的主导。

359

莫雷和陈琳（2009）的实验结果发现，在单个特征测验阶段，无样例反馈条件中，被试对非定义特征维度归类的正确率（M = 0.53）与几率水平（0.5）没有显著差异，说明在无样例反馈条件中，人们没有掌握任何非定义特征维度，该结果再次充分验证了，当归类判断阶段的时间设定为 3 秒时，人们仅仅可以根据定义特征维度顺利完成归类任务，但是在归类判断阶段没有时间对非定义特征维度进行关注和学习。

有样例反馈条件下，被试对非定义特征维度归类的正确率（M = 0.67）与几率水平（0.5）存在显著差异，说明在有样例反馈条件中，人们在反馈阶段对非定义特征维度进行了学习。虽然当归类判断阶段的时间设定为 3 秒时，错误驱动的联结学习机制变为主导，人们仅仅根据定义特征维度完成归类任务，无法对非定义特征维度进行关注和学习，但是在反馈阶段，当条件允许人们可以对样例进行继续学习时，受到意识控制的认知学习机制的调控，人们会在反馈阶段继续对样例进行学习。同时我们的研究还发现，人们在归类判断的前后，即在归类判断阶段和反馈阶段，对样例的学习效果相同。

上面的实验再次说明了，类别学习中的确存在双机制，而双机制的存在决定了类别学习中对样例的学习是否会发生在反馈阶段。

通过分别探讨类别学习中阻碍效应发生的特点，以及人们对非定义特征维度的学习是否会发生在反馈阶段，都得到了支持类别学习双机制的证据。在类别学习中，两种学习机制共同存在，相互制约，导致类别学习中出现微弱的阻碍效应。同时，受到类别学习双机制的制约，类别学习中对样例特征的学习是否会发生在反馈阶段取决于在先前的归类判断阶段是否对样例特征进行了充足的学习。

但是，在类别学习中如果某一种机制成为主导学习机制时，会对类别学习效果产生怎样的影响？表现为怎样的阻碍效应？莫雷和陈琳（2009）对上述相关问题进行了探讨。

（三）类别学习中不同学习机制的增强对阻碍效应的影响研究

根据类别学习的双机制理论，错误驱动的联结学习机制主导下的类别学习目标主要是完成归类任务，尽可能地减少类别学习的错误，因此，当错误驱动的联结学习机制占主导时，在类别学习中人们会只关注对归类有用的定义特征维度，而不关注非定义特征维度，因此类别学习中会出现强烈的阻碍效应。

为了论证上述观点的可靠性，莫雷和陈琳（2009）通过探讨提高特征整合性对类别学习中阻碍效应的影响，验证当错误驱动的联结学习机制占主导时，类别学习中是否会出现强烈的阻碍效应。

已有的研究表明，对于特征维度整合在一起的刺激（Integral），人们在分类过程中倾向于采用基于整体相似性的归类策略，对于特征维度分离（Sparable）的刺激，人们在归类过程中更倾向于采用基于规则的归类策略（Ashby，Alfonso-Reese，Turken and Waldron，1998）。因此，莫雷和陈琳（2009）通过提高样例特征整合性，导致被试采用基于样例整体相似性的加工策略。当样例特征整合性高时，人们对样例的加工时更容易将样例加工为一个整体，采用基于整体相似性的加工策略。

关于样例整体相似性加工的研究表明，基于样例整体相似性的加工是一种自发的，非解析的加工，是对样例进行自动整体加工的过程（Filoteo et al.，2005；Maddox and Ing，2005；Ward，1983；Zeithamova and Maddox，2006）。而相应的，错误驱动的联结学习机制的典型特点就是对类别进行自动、快速和无意识的加工。

因此，如果在类别学习过程中，人们采用基于样例整体相似性的加工策略，那么必然会导致错误驱动的联结学习机制占主导。根据错误驱动的联结学习机制，人们在类别学习中只关注对归类有用的定义特征维度，而不关注非定义特征维度，类别学习中会出现强烈的阻碍效应。

由于特征整合性影响类别学习的加工策略，而类别学习的加工策略决定了哪种类别学习机制占主导。因此，在莫雷和陈琳（2009）的研究中，通过改变特征整合性探讨错误驱动的类别学习机制占主导时，类别学习中的阻碍效应。在实验中设定了两个条件：高特征整合性条件和低特征整合性条件（控制条件）。在高特征整合性条件中，学习阶段将所有样例中每个特征维度的呈现位置都固定一致，由于每个特征维度呈现的位置都是固定不变的，人们在类别学习中，容易将特征整合在一起，进行整体相似性的加工。低特征整合性条件（控制条件）中，学习阶段所有样例中每个特征维度的呈现位置随机。实验程序与先前的研究一致，包括预训练阶段、学习阶段和单个特征测验阶段。两种实验条件下的唯一不同在于学习阶段，高特征整合性条件中，所有样例中每个特征维度的呈现位置都固定一致，而低特征整合性条件中，所有样例中每个特征维度的呈现位置随机。

莫雷和陈琳（2009）的研究结果发现，高特征整合性条件中，人们对非定义特征维度归类的正确率（M = 0.53）与几率水平（0.5）没有显著差异，说明人们没有掌握任何非定义特征维度，预训练阶段对定义特征维度的预学习完全阻碍了学习阶段对其他非定义特征维度的学习。表明当提高了特征整合性时，引发人们采用了基于样例整体相似性的加工策略，导致错误驱动的联结学习机制占主导，类别学习中出现了强烈的阻碍效应。

　　既然错误驱动的联结学习机制占主导时，类别学习中出现了强烈的阻碍效应，那么如果完形驱动的运算性学习机制占主导时，类别学习中的阻碍效应是否会消失？

　　根据类别学习的双机制理论，完形驱动的运算性学习机制，决定了人们类别学习的目标主要是通过对特征之间关系的进行表征从而获得类别结构，因此在类别学习过程中，即使存在一个可以有效归类所有样例的定义特征维度时，人们仍会对非定义特征维度进行关注和学习。因此，如果类别学习中完形驱动的运算性学习机制占主导时，定义特征维度的存在对非定义特征维度学习的阻碍就会很弱，类别学习中的阻碍效应就会消失。

　　关于知识在类别学习中的作用，已有大量的研究者进行了探讨。并且相关的研究表明，知识的存在能够促进特征之间关系的表征和类别的掌握（Murphy and Allopenna，1994；Pazzani，1991；Spalding and Murphy，1996）。当类别中存在知识时，知识的存在会增强特征之间的联系，导致特征彼此之间的激活增多，从而促进特征的学习。

　　帕扎尼（Pazzani，1991）的研究发现，如果在被试学习类别之前，首先给被试对这些类别进行解释，那么相对于没有给解释的被试，有解释的被试对类别的掌握速度会更快。墨菲和奥尔彭娜（Murphy and Allopenna，1994）的研究中也发现当类别特征之间存在知识相关时，对这些特征的掌握要快于无知识相关的特征的掌握，并且两种条件下掌握的特征维度数存在差异。

　　由于类别知识的存在可以增强特征之间的内在一致性，因此，在阻碍效应的研究范式中，如果增加类别知识，就会增强定义特征维度和非定义特征维度之间的关系，有利于人们对特征之间的关系进行表征获得类别结构，因此，当类别内存在知识时，会导致完形驱动的运算性学习机制占主导，类别学习中的阻碍效应消失。

　　莫雷和陈琳（2009）对知识作用的探讨，采用的形式是通过设定主题知识增强特征之间的联系。所谓主题知识，即在相同类别内，部分特征维度之间存在一个共同主题，导致这些特征维度之间存在一致的关系。

　　所学习的实验材料包括 A、B 两个交通工具类别，每个类别包括八个样例，每个样例各有八个特征维度。其中四个特征维度是知识特征维度（D1 - D4），所谓知识特征维度就是该四个特征维度与一定的主题（Theme）相关，例如 A 类别中的四个知识特征维度（Knowledge Dimensions）描述的都是热带气候的交通工具："非洲人使用"、"擅长在丛林湿地中行驶"、"车身漆防晒"、"车子通风散热效果好"，B 类别中的四个知识特征维度描述的都是寒冷气候的交通工具"爱斯基摩人使用"、"擅长在冰河上行驶"、"车身漆防冻"、"车子密闭保温效果好"。两个类别中其余的四个特征维度与主题无关，称为"机械特征"维度（Rote Dimensions），用 D5 – D8 表示。具体见表 7 – 15 所示。

表 7 – 15　　　　　　　　　主题知识类别的实验材料

特征维度	类别 A 原型（抽象表示）		类别 B 原型（抽象表示）	
知识特征				
D1	非洲人使用	(1)	爱斯基摩人使用	(0)
D2	擅长在雨林湿地中行驶	(1)	擅长在冰河上行驶	(0)
D3	车身漆防晒	(1)	车身漆防冻	(0)
D4	车子通风散热效果好	(1)	车子密闭保温效果好	(0)
机械特征				
D5	有气囊	(1)	没有气囊	(0)
D6	牌照在车头	(1)	牌照在车尾	(0)
D7	手动挡	(1)	自动挡	(0)
D8	后轮驱动	(1)	前轮驱动	(0)

为了探讨当类别内存在主题知识，增强了特征之间关系的表征时，是否会导致完形驱动的运算性学习机制占主导，类别学习中的阻碍效应消失，莫雷和陈琳（2009）设定了定义特征维度预训练条件与控制条件。两种实验条件的区别就在于是否在预训练阶段对定义特征维度进行学习，定义特征维度预训练条件中的被试在预训练阶段学习了根据定义特征维度对 A、B 两个类别进行归类，而控制条件中的被试在预训练阶段则进行的是"A、B 类别"的按键学习。通过比较两种实验条件下对非定义特征维度的掌握程度，就可以对阻碍效应的强度进行评估。

类别内存在主题知识时，如果在定义特征维度预训练条件中，人们已经掌握了定义特征维度可以有效归类两个类别中的所有样例，但是人们仍继续学习非定义特征维度，导致定义特征维度预训练条件下被试对非定义特征维度的掌握与控制条件下被试对非定义特征维度的掌握没有差异，表明类别学习中的阻碍效应消失，就可以支持完形驱动的运算性学习机制占主导时，类别学习中阻碍效应消失的双机制观点。

如果定义特征维度预训练条件下的被试对非定义特征维度的掌握差于控制条件下的被试对非定义特征维度的掌握，则说明，定义特征维度的预学习阻碍了对非定义特征维度的学习，类别学习中存在阻碍效应，不支持类别学习双机制的观点。

莫雷和陈琳（2009）的研究结果发现，定义特征维度预训练条件下对非定义特征维度归类的正确率（M = 0.73），显著高于几率水平 0.5，表明定义特征维度预训练条件中的被试对非定义特征维度进行了学习。同时定义特征维度预训练条件下对非定义特征维度归类的正确率与控制条件下对特征维度归类的正确率（M = 0.70）没有显著差异，表明定义特征维度预训练条件中定义特征维度的存在丝毫没有阻碍到对非定义特征维度的学习，类别学习中的阻碍效应消失。

莫雷和陈琳（2009）的研究结果充分说明，当类别内存在主题知识时，主题知识的存在会增强特征之间关系的表征，导致完形驱动的运算性学习机制占主导，类别学习中的阻碍效应消失。

为了验证该结论的可靠性，莫雷和陈琳（2009）的研究中还改变了特征的呈现方式，结果发现即使特征呈现方式不同，主题知识的存在都会增强特征之间关系的表征，导致完形驱动的运算性学习机制占主导，类别学习中的阻碍效应消失。

五、类别学习阻碍效应研究结果的启示

类别学习的机制一直受到认知心理学家的关注。而在多年的类别学习研究中，错误驱动的类别学习理论长期占据了主导地位。受到联结主义学习理论的影响，错误驱动的类别学习理论认为，类别学习过程受到减少错误的动力驱使，类别学习的目的就是为了最小化归类的错误，学习者通过不断修正分配在每个特征维度上的注意权重，达到最佳分类。当归类中没有错误出现时，对特征权重的调整就会停止。因此，在类别学习过程中，人们只关注对归类样例有效的特征维度，不关注与归类无关的特征维度。

但是随着类别学习研究的进行，错误驱动的类别学习理论已经很难解释当前研究中的一些类别学习现象，例如，在类别学习中，人们不仅仅只关注与归类有关的特征，人们会尽可能多的掌握类别特征。因此有研究者提出，在类别学习机制中除了错误驱动的类别学习机制还包括其他的认知学习机制。

莫雷和陈琳（2009）根据学习双机制理论，对类别学习机制进行了分析与全新的阐释，类别学习双机制理论认为，类别学习同时包括错误驱动的联结学习机制和完形驱动的运算性学习机制。错误驱动的联结学习机制的典型特点是类别学习受到减少错误的动力驱使，错误驱动的联结学习机制主导下的类别学习以迅速有效的完成归类任务为目标，在类别学习过程中主要关注与归类有关的特征，因此联结学习机制主导下的类别学习是自动、快速和无意识的加工。认知学习机制的典型特点是类别学习受到建立类别完形的驱动，认知学习机制主导下的类别学习是对类别内的特征进行有意识的理性表征，在类别学习过程中，不仅关注与

归类有关的特征，同时也会关注与归类无关的特征。

莫雷和陈琳（2009）对类别学习中的阻碍效应进行系统的研究，对类别学习的双机制理论进行了检验。他们一系列的研究结果都支持了类别学习的双机制理论。在类别学习中存在微弱的阻碍效应，证明类别学习既包括错误驱动的联结学习机制又包括完形驱动的运算性学习机制；类别学习中对非定义特征维度的学习是否会发生在反馈阶段，受到类别学习双机制的调控；当提高样例的特征整合性时，错误驱动的联结学习机制占主导，类别学习中出现强烈的阻碍效应；当赋予类别主题知识，增强特征之间的关系表征时，完形驱动的运算性学习机制占主导，类别学习中的阻碍效应消失。

莫雷和陈琳（2009）通过对类别学习中阻碍效应的系统研究，提出并支持了学习双机制理论关于类别学习阻碍效应的研究设想，同时也验证了学习双机制理论。

本章小结： 类别学习过程的研究，是当前国际心理学研究的热点与前沿。研究者从不同方面进行了系统的研究，取得丰硕的成果，也形成了规则观、原型观、样例观和理论观等不同派别的观点与论争。学习双机制理论认为，类别学习的信息加工过程，实质上也是联结性学习与运算性学习交织的过程。在类别材料的逻辑必然性比较高的情况下，个体可能会倾向于采用运算性学习机制进行类别学习，此时的类别学习过程就会主要表现出运算性学习的特点；而当类别成员逻辑紧密度较低的情况下，个体就会由于难以发现材料的逻辑性，因而放弃运算性学习而采用联结性学习，此时的类别学习过程主要表现出联结学习的特点。正是由于在不同条件下的类别学习就会有不同性质的信息加工过程，表现出不同的特点与规律，因而导致不同的实验结果，从而形成不同的派别。

按照学习双机制理论这个理论构想，我们从三方面进行了类别学习过程的实验研究：第一方面是类别形成过程的实验研究；第二方面是类别学习的两种策略的实验研究；第三方面是类比学习的阻碍效应研究。研究结果表明，类别学习过程也是运算性学习与联结性学习交织进行的过程，不同的逻辑紧密度等条件会引发不同机制的学习，而不同机制的学习会表现出不同的过程、特点与规律，以往实验研究结果之所以有分歧，可能是由于不同的研究涉及了不同机制的学习。总的来看，我们所进行的三方面研究结果，都验证了学习双机制理论对类别学习过程的理论构想。

第四编

学习双机制理论关于学习能力培养的研究

本编阐述了学习双机制理论关于学生能力培养的基本观点，共包括三章，第八章主要总结分析国外关于专门的能力培养与训练方案；第九章主要介绍国外关于学生知识学习与能力培养的各派教学理论；在这个基础上，第十章重点阐述学习双加工理论关于学生能力培养的理论观点。学习双机制理论认为，个体知识学习过程是知识的再生产过程，要注重遵循人类知识生产过程的性质与规律；学生学习的知识，按照人类知识生产过程的性质，可以分为联结性知识与运算性知识，这两类知识的学习，应该遵循人类生产这两类知识的过程的性质进行学习活动，才能在知识学习过程中发展人类生产该知识所需要的能力，实现知识的智能价值；这种要求学生学习要遵循人类生产知识过程的教学观点，称为"本源性教学理论"。

第八章

国内外关于能力的专门训练与培养研究

人的能力可以分为认知能力、操作能力和社交能力。本书所讨论的能力培养，除了特别说明，都是指认知能力。认知能力是指人脑加工、储存和提取信息的能力，即我们一般所讲的智力，如观察力、记忆力、想象力、思维力等。人们认识客观世界，获得各种各样的知识，主要依赖于人的认知能力。长期以来，能力培养一直是最受重视的课题，学术界不同的学科从不同的角度对能力培养问题进行了大量的研究，获得了许多成果。学术界对能力培养的研究可以分为两方面，第一方面是探讨专门的能力培养与训练问题，提出了培养各种不同能力的专门的培养或训练方案，这些培养或训练方案，是独立进行的、专门的培养方案。这类研究虽然多数是关于学生的能力培养方案，但是，它探讨的是与学科教学分离的专门对学生进行的能力培养方案，是专项性的方案，而不是在学科教学过程如何培养学生能力的思路与方案，可以称为专门的能力培养与训练方案。第二方面是研究学生学科学习与教学过程中的能力培养问题，学生主要活动是学科学习活动，因此，学科教学过程如何培养学生能力，是能力培养研究的主系列。这个方面研究提出了许多重要的理论与方案，对世界各国的教育产生了重大影响。下面两节分别介绍这两方面的研究。

第一节　国外关于能力的专门培养与训练研究

对能力的专门培养与训练的研究起步较早，20世纪30年代，克劳福德就提出了"属性罗列法"对受训者的思维能力进行训练，目前已有较多成型的培养或训练模式，包括奥斯本的头脑风暴法、符尔斯坦的工具强化训练、斯腾伯格的"应用智力"培养方案、奥斯本·帕内斯创造性问题解决训练方案等，本节重点介绍这几种代表性的培养与训练方案。

一、克劳福德的属性罗列法

属性罗列法又称为特性列举法，是促进思维流畅性的一种方法，由克劳福德于 20 世纪 30 年代提出。属性罗列法的基本思路是将事物的各种特性或属性列举出来，从中不断地分析和寻找创造、革新的可能性，它的基本过程是首先对发明创造对象的特征进行分析，然后一一列举后再探讨如何对其进行改革的方法。在属性罗列法的实际应用中，克劳福德主张可把产品的特征按名词特征、形容词特征和动词特征一一列举出来，通过研究找出如何改变这些特征从而使产品变得更好。产品的名词特征指产品的整体、部分和材料等，形容词特征指产品的功能，动词特征指产品的使用作用。

依据属性罗列法，通常在改进一个产品或开发新产品、新的生产方法、新的销售渠道、新的供应源、新的生产组织形式时，最好是先作整理，进行综合评价，使人们全面感知事物，然后相互取长补短，从中获得最佳方案。例如，要改造一把水壶，如果先把它分成各个部分：壶身、壶柄、壶盖、壶嘴、壶底、蒸汽孔等，就比整个一把壶要容易提出新的设想，也容易找出毛病，提出改进的方法。

（一）属性罗列法的使用程序

在使用属性罗列法的时候，首先要确定目标，也就是先选课题，然后把要革新的对象的特征、属性毫无遗漏的列举出来。以壶为例，一般的特征有：

1. 名词特征，即采用名词来表达的特征

部件：壶身、壶柄、壶盖、壶嘴、壶底、蒸汽孔等；

类别：茶壶、水壶、药壶、尿壶等；

材料：铝的、铁的、泥的等。

2. 形容词特征，即采用形容词来表达的特征

性质：轻、重、大、小等；

形状：圆的、扁的、长的等。

3. 动词特征，即采用动词来表达的特征

作用：浇水、装水、烧水等。

（二）属性罗列法的使用方案

在原方案的基础上，对改进方案进行分析、筛选、合并，以确定最佳方案。还是以壶为例，一般的特征有：

1. 名词特征

可提出怎样使冒出的蒸汽不烫手，怎样使焊接处更牢固，除铅以外是否还有其他更廉价的材料等。

2. 形容词特征

可提出怎样使壶更轻、外观更漂亮等。

3. 动词特征

可提出怎样使倒水更方便等。

依据属性罗列法的使用程序和使用方案，只有考虑到事物的方方面面，并把各种属性尽可能多地列举出来，使信息更加全面，产生的效果和设想才能更加完善。一个企业在研制新产品方面的工作做得好坏，往往关系到它的兴衰成败，很多成功的企业都很重视使用属性罗列法来完成这项工作。例如，在增加产量方面，要考虑能否生产更多的产品；在增加性能方面，要考虑能否使产品更加持久耐用；在选材方面，要考虑能否除去不必要的部分，能否换用更便宜的材料，能否使零件更加标准化，能否减少手工操作而搞自动化，能否提高生产效率；在销售方面，要考虑能否提高经销的魅力，能否把包装设计得更引人注意，能否按客户（顾客）的要求卖得更便宜。

总之，属性罗列法是逻辑在创造性思维中的具体运用，这个训练方法在企业中主要用于改善工程师、经理、设计师等专业人员的思维能力的。后来，很多其他领域也纷纷参照这种做法，都取得了令人满意的结果。

二、奥斯本的头脑风暴法

（一）头脑风暴法的基本概念

头脑风暴法（Brainstorming）又称为脑力激荡术或智力激荡术，它是由现代创造学的创始人、美国学者阿力克斯·奥斯本（A. F. Osborn）于 1938 年首先提出来的，并于 1953 年正式发表。头脑风暴法旨在激发创造性思维，其基本的过程是：确定问题，诊断问题，提出解决问题可能的方法，并确定哪一种方法最有效。Brainstorming 原指精神病患者头脑中短时间出现的思维紊乱现象，奥斯本用

371

它来比喻思维高度活跃，打破常规的思维方式而产生大量创造性设想的状况。头脑风暴的特点是让与会者敞开思想，使各种设想在相互碰撞中激起脑海的创造性"风暴"。它是创造性解决问题方法的来源。头脑风暴法不是分析性的，仅仅是对新对策的追求，即采取新措施来解决问题，其目的是尽可能多地提出新概念，以便选择最好的。

头脑风暴法可分为直接头脑风暴法和质疑头脑风暴法。直接头脑风暴法是在专家群体决策中尽可能激发创造性，产生尽可能多的设想的方法，质疑头脑风暴法是对前者提出的设想、方案逐一质疑，分析其现实可行性的方法。

（二）头脑风暴法的具体应用

头脑风暴活动的参加者分为三种角色：领导者即主持人、记录者和头脑风暴小组成员。领导者即主持人的任务是宣布、解释要解决的问题，说明活动规则，协调整个头脑风暴过程。记录者和主持人可以是同一人。头脑风暴小组成员是头脑风暴活动的主体，人数应不少于 5 人，但是也不能超过 10 人，理想的人数通常为 6 人或 7 人。在头脑风暴过程中，小组成员应依次发言，但每次只能表达一个想法。小组成员也可以在某一轮发言中不发表意见，但在下一轮中他仍然被要求发言。参加者在头脑风暴过程中不必解释自己的想法。

头脑风暴法的具体应用一般分为以下四个步骤：

首先，主持人介绍议题。由主持人说明进行头脑风暴活动的原因、基本规则和组织程序。写下要讨论的问题，并确保每个人完全理解这一问题并同意它的表达方式。对议题的阐明要准确到位。

其次，准备活动。主持人可以在头脑风暴活动正式开始以前提供一个 5～10 分钟的热身活动，帮助小组成员适应头脑风暴过程中可能出现的兴奋状态。热身活动应选一个中性话题，鼓励参与者变得具有创造性。主持人可以通过让小组成员讨论头脑风暴法失败的原因来结束热身活动。

再其次，进行头脑风暴活动。这是头脑风暴法中最有创造性的部分，时间一般限定在 20～25 分钟，一般会在限定的时间结束后再延长 5 分钟，效果最好，这样可以使小组成员更加珍惜时间，在短时间内想出更多创造性的想法。记录者及时地记录小组成员的想法，记录时最好记小组成员的原话，如果发言太长，可以依据原发言者的思想进行整理。

最后，对讨论进行整理，得出结论。对类似的想法进行归类、合并，并在取得小组成员同意的情况下，制定出哪个方法是解决问题的最佳方法的衡量标准，以此为标准对讨论的想法进行排序，找出解决问题的最佳想法或创意。

在应用头脑风暴法的过程中还需要注意如下几个原则：

第一，在头脑风暴活动中不存在错误答案，所有的想法都受欢迎，头脑风暴成员自由畅想，而且在头脑风暴过程中禁止对现有观点的批评。这项原则保证了自由、宽松、和谐的思维环境，也是头脑风暴法的关键所在。

第二，追求观点的数量而不是质量，鼓励狂热的和夸张的观点。头脑风暴法所有的活动都以"在规定的时间内提炼出更多的观点"为指导原则，如果头脑风暴法结束时有大量的观点，那么很有可能发现一个很好的观点。

第三，在一定时间限制内表达出自己的想法。小组成员的发言尽量要简明扼要，表达清楚自己的想法即可，不要浪费时间，以保证在限定的时间内想出更多的观点。

第四，小组成员可以在他人的思想基础上进一步自由思考，以达到思维共享、互相补充的效果。

（三）对头脑风暴法的评价

在介绍了头脑风暴法的基本概念和应用步骤之后，我们对这一方法做一个简单评价。显而易见，头脑风暴法具有如下几个优点：

第一，头脑风暴法是在轻松、自由的环境下进行的。小组成员可以毫无顾忌地畅所欲言，摆脱了学习过程中原有知识的束缚，提供了一种自由思维的模式。

第二，头脑风暴小组成员共同对某一问题进行讨论，可以形成一个活动集体，所有人都在为同一个目标而努力，有利于培养研究者之间的团队精神。

第三，在头脑风暴的过程中，可以达到资源共享和小组成员互相激发的效果。小组成员可以在他人想法的基础上进一步思考、推理，大大地提高了活动的效率，还可能受到他人想法的启发，产生意想不到的想法。

此外，头脑风暴法也存在着一些缺陷，比如：（1）一般只是提出设想而不是解决问题的过程；（2）实施的成本（时间、费用等）高；（3）要求参与者有较好的素质；（4）小组主要成员的认知风格、思维方式经常相同或相似，影响新设想的产生；（5）会议常被一两个主要人物所垄断，其他人几乎没有什么贡献。

总之，头脑风暴法开创了思维的新形式，它提出之后被广泛应用于社会生活的各个领域，特别是在激发创造性思维方面起了很大的作用。头脑风暴法在经济领域、教育领域以及研究领域等，均发挥着不可替代的作用。在经济领域中，头脑风暴法被应用于企业决策、广告策划、企业规划、市场调研等；在教育教学中，头脑风暴法被用来培养学生思维的创造性，用于教师的课题研讨等；另外，在很多社会问题的解决中，相关专家与学者也会受到邀请并组成头脑风暴组进行讨论，大多收到了意想不到的效果。

373

三、符尔斯坦的工具强化训练

对一般能力的训练，也称对智力整体的训练，最具代表性的就是符尔斯坦的工具强化训练模式。工具强化训练是由以色列心理学家 R. 符尔斯坦 1980 年提出，后来由他和美国心理学家兰德、霍夫曼、米勒和詹森（Rand，Hoffman，Miller and Jensen）等加以推广。工具强化训练是以认知结构可变性理论为基础，在"学习潜能动态评定法"的基础上发展起来的，又称为"工具丰富教程"。

工具强化训练课程设计的目的是为了对文化劣势儿童、认知缺陷儿童和学习有困难儿童进行训练，通过改变这些儿童的认知结构，使他们成为自主独立的思考者，能够创造新的观念和对观念进行加工。现在该课程的应用范围已扩大到了正常儿童。

（一）工具强化训练的目标

工具强化训练共有六个分目标，包括：

（1）矫正从认知行为中观察到的认知结构、态度和动机等功能的缺陷；

（2）训练完成各种不同要求所需要的认知操作，如再认、辨别、分类、排序或逻辑运算等；

（3）通过习惯的形成培养内在动机；

（4）使学生了解自己不同认知过程的本质和效用；

（5）激发学生对人与物的兴趣；

（6）使学生从被动接受信息变为主动产生信息。

从以上这六个目标中，我们可以看出，符尔斯坦的工具强化训练旨在把成绩低下者从消极和依赖的认知类型者改变为自发和独立的认知类型的思考者，从而完全改变他们的认知结构。这种训练的目的不是使学生补充新的知识内容，而是要改善学习过程本身；不是改变个体的环境，而是要改变学习者自身。符尔斯坦认为，个体智力水平之所以可变，主要取决于他的中介学习经验，即成人和社会文化对他的影响。他说："中介学习经验创造了个体学会怎样学习的倾向。"如果中介学习经验不足，就会影响个体的心理发展。工具强化的主要目的在于，使文化受剥夺而造成的成绩低下者，对直接作用于他的刺激进行反应，在学习和生活经验中更具有可变性。

（二）工具强化训练的主要内容

工具强化训练由一系列单元组成，每个单元都针对一种思维工具进行训练。

通过教学鼓励学生进行这样一些认知活动：信息的知觉组织、问题陈述、计划、分析、目的分析，以及当现有计划不能解决问题时，对问题进行重构。练习旨在使学生学会发现关系、规则、原理、操作和策略。作业题目的设计是以认知过程的分析为基础的，其中许多题目与心理测验题或实验室作业题相似。学术界一般把它看成是介于学科内思维训练和超内容思维训练之间的训练课程。

工具强化训练的主要内容有以下十个方面：

1. 点的结构

要学生从给出的一组范例中找出其中的结构关系和规则，然后把他们投射到未曾组织的圆点上去。该项目涉及的认知功能主要有本质关系的透射、式样和大小的辨别、有关信息的使用、策略的发展、回顾分析以及抑制冲动。

2. 空间定向

该项目主要是让学生学会正确把握空间方位之间的关系。

3. 比较

该项目主要是让学生看一幅画，然后再让他们看另外的一幅画，让他们比较后几幅与前一幅画有什么区别。

4. 分类

让学生看一些画，给画中的物体命名，然后按它们的所属范畴来分类。

5. 表征图案的设计

给学生一些广告图，让他们运用其中有颜色、形状或大小的图案在心理上重新构成一个图案。这种任务需要调动几乎所有的认知功能，一般需要比较、鉴别、分离、转换和内在表征等。

6. 家庭关系理解

将家庭的纵横和层次关系告诉学生，让他（她）将某个同时兼有几种身份的人，如同时是女儿、妻子、母亲、祖母、孙女的人，按家族中的地位和角色进行分类或再分类。

7. 时间关系

该项目是向学生提供时间概念和参照系，让他们逐步理解时间既可以看成间隙的连续，又可以看成一个维度。最初提供的时间概念是可测的固定时间，而后这个概念逐渐扩展到未来、过去和现在的相对性，从一个时态到另一个时态的单方向、不可逆转的流逝。

8. 数列

该项目是给个体一串数字，以及组成数字的规则，让他们延续数字。

9. 关系转换

该项目是一种高级的"工具"，它是根据已知的元素之间关系进行推理，从

375

而得出某些元素之间大于、等于或小于的关系。

10. 三段论推理

该项目以抽象的符号代替词语，训练个体用高度严密的形式逻辑进行推理。

（三）工具强化训练的工具与实施程序

实质上，工具强化训练的十项内容也称为十种训练工具，总结起来，可以分为三个类别，分别是：

（1）非语言个别实施的工具，包括点子组织、知觉分析和图解等；

（2）由教师读题，师生之间进行语言交流的工具，包括空间定向、比较、家庭关系、数列和演绎推理；

（3）由学生自己读题并理解的工具，包括归类、指导、时间关系分析、时间转换和表征图案设计。

而从实施程序来看，在进行工具强化训练时，首先要进行学习潜能评估，然后在实际生活场景中进行学生如何学习的训练，主要是一般性的处理信息策略的训练，在此之后再进行环境支持系统的建设，并要求个体在处理信息过程中对理解过程进行反省。

工具强化训练适用对象广泛，工具的实施不受年龄、性别、能力水平、社会经济地位的限制，此外，该训练除了能提高练习者在能力测验上的分数以及它们的学业成绩，还能提高练习者的内部动机、自尊心和自信心，已成为当前国际上最为流行的智力开发方案之一。斯腾博格曾评价说："符尔斯坦的思维工具丰富教程是目前世界上训练元成分的一个最好的工具"。

四、斯腾伯格的"应用智力"培养方案

什么是元认知？对于这一问题，国内外学者做出了不同的回答。以弗拉威尔为代表的国外学者认为，元认知是认知主体对自身心理状态、能力、任务目标和认知策略等方面的认识，同时，元认知又是认知主体对自身各种认知活动的计划、监控和调节。而斯腾伯格通过元认知与认知的比较，指出"元认知是关于认知的认知"，"认知包含着对世界的知识以及运用这种知识去解决问题的策略"，"元认知涉及对个人的知识和策略的监测、控制和理解"。

"应用智力"培养方案是斯腾伯格在他的三元智力理论基础上设计的适用于大中学生的培养方案。该方案非常强调元认知或元成分，是元认知训练的主要模式之一。

"应用智力"培养方案分为三部分：第一部分指出了智力活动背后的内部心

理过程；第二部分则探讨智力活动所运行的现实背景；第三部分主要论述创新和自主在智力操作中的作用。

"应用智力"训练方案分学生课本和教师手册两种，前者包括叙述性材料和要求学生完成的练习，后者则包括使教师将训练效果发挥到极致的指导性材料。该方案的训练内容主要指向提高学生发现潜在问题的能力，帮助他们理解对问题的不同定义是如何导致不同解决策略、如何选择策略并监控执行策略的结果的。训练方法是首先用语言描述元认知知识是什么，然后用例子证明计划、监视等元认知成分的作用，最后进行实际练习。总的来说，这一训练课程鼓励学生对自己的思维过程的反思。下面我们具体介绍此方案的内容。

在学生手册里，前几个单元主要介绍一些流行的智力理论，其中包括三元理论在内，同时还介绍其他一些智力培养方案。斯腾伯格认为，成功的培养方案离不开教师对上述信息的把握，更离不开学生对方案的理解——方案的内容是什么？它为什么有效？怎样发挥其作用？在随后的几个单元中，该方案重点根据"成分亚理论"进行训练，即训练智力活动的三种成分：元成分、操作成分和知识获得成分。每一单元的教学形式都是类似的，开始是描述与所讨论成份相关的问题；然后是解答及对解答的讨论；再后则是提供策略，以使学生用此策略增进使用所讨论成份过程的能力。在训练某种成分之初，先引入一个与该成分相关的问题。例如，为了引入元成分的概念，教师先讲述一个故事："我的一个朋友必须从康涅狄格到纽约市去乘飞机。他想先去汽车站，因为那儿有发往机场的汽车，但由于堵车，他没能按时赶到汽车站，因而错过了一班汽车，结果误了飞机。"故事的主人公由于计划不当而误事，教师就从这个例子开始，启发大家讨论元成分的本质和它对解决问题的重要意义，教师用这个例子来帮助学生认识到，从有利于解决问题的角度来给问题下定义是非常重要的。在故事中，主人公一直把他的问题定义成："按时到汽车的始发站，以便去机场。"但是，如果他把问题定义成："利用适合的交通过去，以便准时到达机场。"那么，他可能考虑到别的交通方式，如开自己的车去机场，或把车开到下个汽车站等。

每单元以与该单元主题相关的一系列练习题结束，练习题的类型各异，从心理学文献中的经典问题到日常生活情景中不良定义的问题都有。例如"元成分"训练结束时，老师布置了这样的作业："你准备参加一个求职面试。你希望自己能尽可能给人留下最佳印象。在面谈过程中，为了了解面谈的进展情况，你发觉自己不仅在监控自己的行为，也监控对方的行为。那么对方行为中的哪些迹象可以流露出他对你的看法。"问题类型上的差异和数量是训练方案的力量之一，因为它们能促进技能迁移。

整个训练方案实例丰富，深入浅出。这些实例可以起到引出理论、说明概念、提供联系等作用。教学的形式主要是提出问题和集体讨论。"应用智力"方案自提出后，已在一些地方得到施行和评价，说明人们对解题训练的可行性基本上还是趋向肯定态度，尽管目前尚未见到正式公布的统计结果。

国内学者在充分借鉴和吸收国外元认知培养经验优点的基础上，也作了一些有益的探索。例如，董奇等学者在有关儿童阅读中元认知的培养研究中发现，在专门培养训练计划的影响下，儿童随着其元认知知识的丰富和阅读元认知监控能力的提高，其阅读中思维各品质得到了很大的改善。张庆林在其设计的三阶段训练模式中针对问题解决的过程，专门编写了七条元认知训练策略来培养学生的元认知能力。另外，程素萍的元思维训练、蔡晓辉等人的思维能力训练课程也较有成效。可见，元认知与思维品质之间存在着因果关系。

五、奥斯本·帕内斯创造性问题解决训练方案

（一）方案的基本步骤

奥斯本·帕内斯提出了创造性问题解决方案（Orsborn-Parnes Creative Problem-Solving Program），该方案的要领总共有四个：（1）界定问题，即在解决问题之前彻底理解所要解决的问题，弄清已知与未知；（2）开放头脑，考虑可能的解决办法，类似于头脑风暴法中的畅所欲言直至穷思竭虑；（3）确定最佳构想，在上一步的各种方法中选择最优的解决办法；（4）付诸实施。

奥斯本·帕内斯的创造性问题解决方案是一种结构性的、综合性的方法，鼓励个体在问题解决中运用想象力。该方案假定所有个体都具有某种水平的创造力，并且创造力可以通过训练得以提高。创造性问题解决方案有六个步骤，其中综合了许多激发创造力的技术，如大脑风暴法、对偶法、酝酿、想象、延迟判断、强制关系和针对性练习等，其具体的步骤如下：

1. 发现目标

学生开展集体自由讨论法（大脑风暴法），提出问题、想法或要处理的情况；教师指导学生："列出你头脑中的人和想法、疑问或问题、目标或灵感，然后从中选出你认为最重要的想法"。

2. 发现事实

学生探索已知情况；教师引导学生："列出你对问题的所有认识，会发生什么，不会发生什么？与谁有关？问题为什么出现？何时出现？"

3. 发现问题

学生从不同的角度来考察情况；教师则训练学生："列出你所想到的有关问

题，审核目标并变换措辞，以重新定义问题"。

4. 形成想法

学生总结多种可供选择的答案；教师指导学生："延迟判断和评价"，梳理思路，列出尽可能多的解决问题的办法。

5. 发现解决办法

学生选择解决问题的最佳办法；教师指导学生：置身于问题的情景之中，列出决定最佳解决办法的评价标准，从而使更多的联系和想法明朗化。

6. 接受发现

学生制订计划，以执行这种解决方法，并获得人们的认可；教师指导学生：运用所列的标准决定最佳选择，展开集体的自由讨论，引出实施计划的特殊步骤，想象细节，将计划付诸行动，确定随之而来的后果，并在可能的情况下据此调整计划。

（二）方案的基本原则

1. 要按顺序进行训练

创造性问题解决分为六个步骤，训练要按顺序进行，前一步解决好了，依次向下一步发展，才能收到良好的效果。

2. 贯彻发散性和集中性思维的交互作用

在整个创造性问题解决过程中，要反复发挥发散性和集中性思维的作用，一般是先发散，在发散的基础上集中，贯彻在每一步中，因而在每一步强调应先想出多种替代性方法以便从中能有足够的选择性。

3. 应用大脑风暴法及其他策略

在解决问题的全过程中提倡用大脑风暴法，比如移去创造力的内部阻塞解除心理约束，延迟作判断，用隐喻、类比触发新的联结和组合，激发活跃的想象、幻想；提供心理舒展（Mind-Streching）练习的经验；丰富知识等。

4. 可以广泛使用

创造性解决问题的模式不受学科、领域（实践）的限制，适用于各专业、学科的问题的创造性解决。训练形式既可以个别进行，也可以集体班组进行。

奥斯本的创造性问题解决方案及后人对该方案的发展是一项适用且效果明显的模式，如果儿童在学习期间，他们的创造性解决问题的能力能受到训练，并有良好的发展，将来在学习或工作中能自觉、主动地应用，将是终身受益的。因此，这也是被广为推广和采用的一项模式。托伦斯曾比较过140多项有关创造力训练的研究，结果发现，以奥斯本·帕内斯创造性问题解决方案为基础的训练最为有效。

379

第二节　国外关于教学过程学生能力培养的研究

在对学习能力培养的研究和探索的过程中，除了前面所介绍的专门的培养与训练方案外，还有一种是基于学科教学的能力培养模式，即学习能力培养的教学模式。这种教学模式就是在学校的各科教学中，结合知识的传授，达到发展学生学习能力的目的。从广义上说，一部教育教学史，就是一部人类学习能力开发历程的演变史，因为无论什么样的教学理论，知识的传授，经验的继承，都是其关注的核心，而个体知识与经验的获得则是其学习能力发展的基础。从狭义上说，我们这里所指的学习能力培养的教学模式，主要指注重解决学科教学中培养学生能力的教学理论与模式。

实质上，从外国的教育史来看，理论家很早就注意到在教学过程中培养个体学习能力的问题。捷克著名的教育学家夸美纽斯就意识到，教学应该考虑儿童的特点、潜能及其发展来进行。他提出了"泛智"的概念，就是使所有的人通过接受教育而获得广泛、全面的知识，并使智慧得到普遍的发展。认为只要发展人的学习能力，人类的命运就可以改变，人类并不命中注定就是邪恶的。他进一步设计了泛智的学习和方法。泛智教育思想包含两个基本方面：一是"泛智论"；二是"教育的自然适应性"的教育自然观。"泛智论"是夸美纽斯对教育内容和教育对象的认识，而"教育的自然适应性"则可以看作是他的教育原则和教育方法。他认为教育要在各方面与"自然"相适应，教育活动"应该，并且只能从自然的作用去借鉴来"，这一原则"是我们的信仰，我们的建议，要小心注意自然的作用，要去模仿它们"。他所说的"自然"实际上包含了两个方面的含义：首先它是指自然界及其普遍法则；其次是指教育要考虑人的本性和心理发展规律。当然，由于时代和思维的局限，也不可避免地具有一些局限性，比如带有浓厚的宗教色彩、理论依据不足等，但是我们仍然不能否认他的思想的进步性和他在教育史上的地位。

瑞士教育学家裴斯泰洛齐提出"智力教育"的概念，认为人的头脑并非是感觉的被动接收器，而是一种积极的力量，它努力把得到的感受加以分析、辨别、联系和组合，形成概念——知识的真正对象。裴氏"直观教学"理论认为，智力发展的最佳程序是从朦胧的直观发展到清晰的概念。它按照直观性原则，由简到繁，实行难度分级。他"强调通过主体的能动的思考获得认识，借以发展主体的智力"。他曾在斯坦斯实践了在同一时间教育许多孩子的艺术。儿童们自己教自己，有才能的孩子被放在另外两个能力较差的孩子中间，让他一手拉一个，相互唤起内在的活力，从而使他们共同进步。可见，裴氏首先实践了"教师主导、学生主体"的原则，其中体现着"儿童中心"、"活动中心"等现代活动教学之原则的萌芽。"他在活动教学中将教育的各要素结合起来，将智育、德育和劳作融为一体，充分发挥了活动教学的智力发展价值、德育价值和技能训练的功能"。裴氏这种思想和实验给予杜威以很好的启迪，杜威在理论上和实践上发展了裴斯泰洛齐的活动教学思想，并深刻地影响了现代活动教学的各种实验。

当然，真正把对儿童的学习能力开发和常规教育结合起来，主张在日常教学活动中培养儿童的智力和学习能力，是一个发展进程，这一进程是随着心理学研究的逐步深入而演进的。在本章中，我们将首先着重介绍20世纪以来，西方心理学家和教育学家们将学习能力培养融入到日常教学之中的教学模式，主要包括杜威、布鲁纳、奥苏贝尔、萨其曼、赞可夫等人提出的基于学生能力培养的教学理论与模式。

一、西方关于学生能力培养的教学理论与模式研究

（一）杜威关于儿童中心与"做中学"的教学观

杜威是美国著名的哲学家、教育家和心理学家，他是机能主义心理学的创始人之一，又被认为是创立美国教育学的首要人物。杜威强调儿童应当有属于他自己的世界（这一世界同样表现出儿童生活的完整性和统一性）。1899年在《学校与社会》中，杜威明确提出了"儿童中心"的思想。与"儿童中心"思想相适应，杜威反对"知识中心说"，主张知识不应成为儿童活动的中心，只能成为儿童认识的工具。杜威指出，很久以来，人们形成了一种片面的知识观，认为知识来自较高级的源泉而非来自实践活动。同时，知识又与学问等同起来，有知识就是有学问。这样，儿童掌握学问的过程就成为储藏知识的过程。杜威指出，在教育中，由于人们把儿童的未成熟状态看作一种缺乏，常将教育过程看作向儿童灌输知识的过程。杜威还指出，这种把知识视为目的的观点有碍教育的发展，这种思想不仅放过思维机会不加利用，而且扼杀思维的能力。知识只是确定了的东西，它们不能提供所缺乏的东西。它们能解释问题、阐明问题、确定问题的所在，但不能提供答案；要找到问题的答案，还要进行设计、发明、创造和筹划。

关于儿童发展的问题，杜威认为，虽然儿童的发展具有主动性，但儿童还是需要教师帮助的。儿童的未成熟的特点表明了儿童对教师的一定的"依赖性"和"可塑性"。儿童的发展不仅有知识的方面，还应把培养儿童的创造性放在重

要的位置上。杜威指出，旧教育往往否认儿童的创造性活动，把所有儿童的活动都集中在教师控制下，强行使儿童获得一致性的发展。儿童在学习上和处理问题的方式上是有差异的，如果这些差异为了所谓的一致性而受到压抑，如果学校中的学习活动都必须按照单一的模式进行，就不可避免地造成学生心理上的混乱，摧毁学生的独创性。杜威分析了人们关于儿童创造性问题的误解，他认为，从教育的角度谈儿童创造性，并不是说要儿童像成人一样在自然和社会科学上有独创性的发现，而是要形成儿童态度上的独创性，即儿童的行为是根据自己的个性而不是外界的强迫产生，儿童能够根据自己的观点有所发现。杜威强调儿童的独创性和自由，并不是说儿童的行为不受外部约束，可以随意自由活动，而是说教师要注意儿童在探索、实验和行动上的灵活性，处理好儿童个性自由和外部控制的关系。在培养儿童的创造性方面，杜威特别强调教师在教学过程中教学手段的使用。他认为如果教学中太热心选择不准有发生错误机会的材料和工具，就要限制学生的首创精神，使学生的判断力减少到最低限度，并强迫学生使用远离复杂的生活情境的方法，以致学生所获得的能力毫无用处。在杜威看来，使学生形成创造和建设的态度，较之使他从事太细小和规定太严的活动，以求得外表上的完备更为重要。当然，杜威认为，培养儿童的创造性也有利于教师的发展，如教师对儿童创造性活动的关注，可以使教学成为一个有意义的过程，使教师获得新的观点，还可以使教师体验到理智伙伴的关系。

在《我们怎样思维》一书中，杜威提出了"反省思维的分析"，认为思维或反省思维实际上是一种观念，观念来自事实。当一个含有困惑或疑难的情境产生时，置身于这一情境的人，可以采取几种不同的办法开始反省。反省包含观察与暗示，事实与观察是反省中相关的不可或缺的因素。接着，杜威提出思维的五个步骤，他称之为"反省思维的五个形态"，即：（1）暗示，通过思维获得了一种可能的解决；（2）感觉的（直接经验）困难或迷惑的理智化，形成一个待解决的问题，一个必须找到答案的疑问；（3）用一个又一个的暗示，作为领导观念或假设，以发起和引导观察和其他心智活动，搜集事实材料；（4）推演观念或假设的涵义；（5）在外表的或想象的活动中检验假设。反省思维的五个形态存在于每个思维单位的两端，一端为"开始"，是一个迷惑、困难或纷乱的情境；另一端为"结束"，是一个澄清、统一和解决的情境。后来，他把他提出的思维的五个步骤在教学过程中加以展开应用，就形成了其教学的五个步骤：（1）学生要有一个真实的经验情境——一个自己感兴趣的连续的活动；（2）在这个情境内部产生一个真实的问题，作为思维的刺激物；（3）学生要占有知识，从事必要的观察，以对付这个问题；（4）学生必须一步一步地展开其所想出的解决问题的方法；（5）学生要有机会通过应用来检验其想法。这是一种"从做中学"的教学步骤，在"做"中思维，通过思维提出问题和解决问题，并在"做"中验证效果。

杜威的上述思想，目的是促使学生能动地思考问题，发现知识的情境，这为布鲁纳的"发现法"教学方法的提出奠定了基础。但是，杜威的学习思维理论和教学理论的基础，是儿童作为盲目探索的"做"，这就使他的理论缺乏科学性。

（二）布鲁纳基于发现学习的教学理论与模式

20 世纪 60 年代，面对人才培养难以适应未来生活需要的现实，以美国和苏联为代表掀起了名为"教会学生学习与思维"的教育改革，布鲁纳与苏联著名的教育家赞可夫等人首当其冲，引领此次教育改革，成为改革的急先锋。布鲁纳提出"课程改革论"成为此次改革的核心内容之一，其主要观点包括四个方面：任何学科都必须使学生掌握该学科的基本结构；任何学科都可以用适合儿童的方式及早地教给儿童，使儿童有学习的准备；提倡发现学习；培养和激发学生的学习兴趣，靠内部诱因支持学生的学习。

布鲁纳认为，"发现法"是主要的学习方法，而发现是教育儿童的主要手段。发现学习和发现教学是相辅相承的两个方面，是对传统教学法的突破。

布鲁纳的发现法教学模式主要可以归纳为以下几点：

第一，在教学方法上以启发式为主，而不再是那种传统的讲解式方法，教师在教学中尽可能地保留一些使人感兴趣的观念知识等，引导学生去自己发现它。

第二，在教学过程中，注意激发学生学习的内在动机，维持学习的积极性。

第三，发现学习的教学情境设置应符合儿童的认知发展特征，教学过程难度要适中。布鲁纳基于发现法的教学理论与模式对于当时教育领域产生重大影响，他的理论在第九章再专门进行介绍。

（三）奥苏贝尔基于接受学习的教学理论与模式

与布鲁纳不同，奥苏贝尔则提倡"接受学习"或"有意义学习"，认为以"先行组织者"为基础的讲解式教学应是教学的最主要形式。

奥苏贝尔所提倡的讲解式教学，在实际教学进程中，分为以下三个阶段：（1）提供先行组织者。以学生既有的先备知识为基础，使之与计划学习的新知识发生联结，并对计划学习的新知识，提出一个清晰而具体的架构，作为引导学生进入新知识学习的准备。（2）呈现学习材料。教师呈现教材的方式，可以讲解为主，讨论、电化教学为辅，无论采取何种方式，教师必须随时引导学生注意，而在讲解时需用语清楚、明确。（3）对教材进行讲解。在这个过程中，教师应遵循逐渐分化和整合协调两个原则，将知识进行分化，然后将分化后的知识再前后连接起来，成为一个有组织的、具有统整性与调和性的知识整体。

奥苏贝尔的教学理论对教育界也产生重大影响，他的理论在第九章再详细阐述。

（四）萨奇曼的探究训练教学模式

萨奇曼坚信知识是探究的结果，教学必须为学生开展富有成效的探究做准备。他重视好奇心在探究学习中的作用，主张在探究学习中充分利用学生的学习动机，让学生了解探究的逻辑结构，着重训练学生的探究技能，使学生学会探究。

1. 训练的目标

探究训练（Inquiry Training）源于萨奇曼（J. R. Suchman）对于独立学习者的发展的信念，其方法要求学习者积极参与科学研究。萨奇曼指出，探究训练的目标由三方面组成：（1）使学生发展起探索材料、处理材料的认知技能，以及每个学生能够自发地有效地形成探究的逻辑与因果性概念；（2）通过对具体情境的分析形成概念，发现变量间的关系，使学生展开迄今从未有过的新型的学习；（3）利用发现的喜悦和自觉探究与处理材料时所伴有的智力兴奋这两种内发性动机作用。

萨奇曼认为，所谓探究，就是"意义的追求"，就是获得个体的意识的若干侧面之间或内部关联性的新的水平。因此，探究训练法的基本过程为：（1）个体作用于环境；（2）对所得材料的处理；（3）自身知识的重新组织。

2. 训练的步骤

萨奇曼的探究训练法的最大特点在于训练学生掌握探究规则的方法。学生通过回答教师的提问，一步步地展开探究活动，最终，学生要达到自问自答，独立进行探索活动的水平。教师在其中帮助学生认识所探究问题的逻辑结构，也帮助学生形成一些有效的探究策略。

按照萨奇曼的设想，探究训练共分以下四个阶段：

第一阶段是展示问题情境。萨奇曼坚信人天生的好奇心促使人们在面对陌生现象时会尽力想找到其发生的原因。因此，他认为探究训练的第一步就是激发学生的好奇心，并积极引导学生进行探究的欲望。故探究训练首先就是向学生展示一个令其倍感惊奇的问题情境。

第二阶段是收集证明和试验所需材料的活动。在这个阶段，萨奇曼别出心裁地设计出一种特殊的提问方式，以帮助学生获取信息、建立假设。该方式要求学生提出一系列教师只给予"是"或"否"反应的问题，以避免学生要求教师对问题作解释，从而自己承担起解决问题的责任。

第三阶段是获得解释。从理解收集到的信息到从信息中获得一个清晰的解释，这其间不仅存在着其概念系统的调整，还存在着其思维的符合。因此，在这个阶段，萨奇曼认为，学生必须自己组织他们在资料搜集阶段所获得的信息，并力图解释不同的现象。

第四阶段是反思探究过程。在该阶段，学生反思他们在探究中所运用的解决问题的策略。萨奇曼曾说，如果想让一个人理解与调整自己的探究过程，那么，必须把他的注意力从他吸收与加工的信息中移开，并且指向吸收与加工这些程序本身。为此，他在探究训练中采用的技巧是插入一段所谓的"评论"，以反思和指导学生的探究。学生每个时间段的探究活动都被录制下来，教师可在学生获得解释后或是稍后某个时间向全班同学回放。每遇到一个提问就停顿，教师与学生一起讨论这个问题的优缺点。此时，学生不再专注于搜集数据和寻找解释，而是通过回顾来反思过去的思维活动。

3. 对学生探究的评价

萨奇曼强调评价者对学生的探究进行评价时，必须从探究过程与探究结果两个方面着手，忽略任何一方面都是不科学的。

第一，过程评价。萨奇曼专门设计了"提问式测验"，主要侧重于对学生探究过程的评价。在"提问式测验"中，学生整整25分钟左右的提问探究将被录音机录下来，作为评价的数据。评价主要包括呈现测试问题情境、说明测验原则与步骤、25分钟的探究三个步骤。此外，萨奇曼还制定了评价的标准。

第二，结果评价。萨奇曼认为结果测验是间接对学生探究技能的评价，它以笔试的形式进行，学生必须独立完成。他设计了三种不同水平的测验：结果测验A、结果测验B、结果测验C。结果测验A通常要在探究活动前后各进行一次，结果测验B、结果测验C在探究活动结束之后进行即可。

二、苏联关于学生能力培养的教学理论与实验

（一）维果斯基的最近发展区理论

俄罗斯在智力开发方面的研究上也有非常悠久的历史，俄国教育家乌申斯基就曾指出，小学教学应为儿童的智力发展和道德发展服务。特别是在苏联，许多心理学家都曾对智力开发问题进行了深入的研究，并形成了一些非常有特色的教学理论，引起了人们的广泛关注。

作为苏联儿童心理学与教育心理学的开创者，维果斯基非常关注儿童智力的

发展与培养问题，提出了许多极富见解的理论观点。

维果斯基的"教学"概念分为广义的和狭义的两种。广义的教学是指人通过活动和交往掌握精神生产的手段，它带有自发的性质；而狭义的教学则是有目的、有计划进行的最系统的交际形式，它"创造着"学生的发展。

他把教学按不同发展阶段分为三种类型：3 岁前儿童的教学是自发型的教学，儿童是按自身的大纲来学习的；学龄前期儿童的教学称为自发反应型教学，教学对儿童来说开始变为可能，但其要求必须属于儿童自己的需要才可以被接受；学龄期学生的教学则为反应型的教学，是一种按照社会的要求来进行的教学，以向教师学习为主要形式。

维果斯基分析批评了关于心理发展与教学关系问题的几种理论。例如，J. 皮亚杰的"儿童的发展过程不依赖于教学过程"理论；詹姆斯的"教学即发展"理论；考夫卡的二元论的发展观。他认为这些观点都没有正确估计教学在学生心理发展、特别是智力发展中的作用。他指出，由于人的心理是在掌握间接的社会文化经验中产生和发展起来的，因而在学生心理发展上，作为传递社会文化经验的教育就起着主导的作用。这就是说，人类心理的发展不能在社会环境以外进行，同样，学生心理发展离开教学也就无法实现。在社会和教学的制约下，人类或学生的心理活动，首先是属于外部的、人与人之间的活动，以后就内化为人类或学生自身的内部活动，并随着外部和内部活动相互联系的发展，就形成了人所特有的高级心理机能。

在教学与发展的关系上，维果斯基提出了三个重要的问题：一个是"最近发展区"思想；一个是教学应当走在发展前面的思想；一个是关于学习的最佳期限问题。

如前所述，维果斯基认为，至少要确定学生的两种发展水平。第一种水平是学生现有的发展水平；第二种是在有指导的情况下借成人的帮助所达到的解决问题的水平，这两种水平的差异就是"最近发展区"。教学创造着最近发展区，儿童第一种发展水平与第二种发展水平之间的动力状态是由教学决定的。

根据上述思想，维果斯基提出"教学应当走在发展的前面"。这是他对教学与发展关系问题的最主要结论。也就是说，教学"可以定义为人为的发展"，教学决定着学生智力的发展，这种决定作用既表现在智力发展的内容、水平和智力活动的特点上，也表现在智力发展的速度上。

怎样发挥教学的最大作用，维果斯基强调了"学习的最佳期限"。如果脱离了学习某一技能的最佳年龄，从发展的观点看来都是不利的，它就会造成儿童智力发展的障碍。因此，开始某一种教学，必须以学生的成熟和发育为前提，但更重要的是教学必须首先建立在正在开始尚未形成的心理机能的基础上，走在心理机能形成的前面。

（二）赞可夫的教学与发展的教改实验

作为苏联著名的心理学家和教育学家，赞可夫以其毕生的经历研究教学与儿童发展之间的关系问题。他于1952年创建了教学与发展问题实验室，并领导这个实验室达25年之久。其间，他进行了大规模的、长期的"教学与发展"的实验研究，提出了"小学教学新体系"。我们可以从其对教育目的的认识和教改实验的内容中，看到他对儿童智力培养的关心。

1. 教育的目的是为了促进儿童的全面发展

赞可夫认为教育的目的，在于促进儿童的发展，而他的"教学与发展"实验研究的核心问题，也就在于解决"发展"问题。因此，他十分重视"系统地、有目的地在学生的发展上下功夫"。

赞可夫的儿童"发展"的思想，是一个多层次的概念。他指出："我们所理解的一般发展，是指儿童个性的发展，它的所有方面的发展。因此，一般发展也和全面发展一样，是跟单一的、片面的发展相对立的"。

然而，不可否认，赞可夫是非常关注儿童的智力发展的，他曾在1958年的总结报告里指出，发展是儿童的知识和智力的统一，他认为，知识与智力既有一致性，又有差异性。我们必须在各个智力过程中锻炼学生，分析出这种工作的主要方向对于改善教学实践和科学地研究教学和发展的问题都是极其重要的。教育促进儿童的发展，主要表现在智力的发展上。

2. 赞可夫的实验教学的内容分析

赞可夫以实验研究"小学教学新体系"而著称，是坚持在教育实践中研究儿童心理学和教育心理学的典范。

要使儿童心理学的研究成果作为教育工作的科学依据，一个关键问题，是要有促进儿童心理发展的教育实验的措施。在这个方面，赞可夫的工作是出色的，他的"教学与发展"教学实验（或称发展性教学）是一项坚持在教育实践中对学生心理发展问题深入探讨的成功实验。他的研究的出发点是对传统教学理论的批判，因为传统教学的重点，只是放在如何使学生掌握现成知识及概念上，而不重视他们的智力的发展。针对传统教学中存在的实际问题，他开始了教学实验的研究。他的实验研究是紧紧围绕着学生心理发展的问题展开的。他把教学的安排比作"因"，而把学生心理的发展比作"果"，进而探讨"教学与发展"的因果关系。赞可夫按照三条线索来研究学生的心理、智力发展，这就是：观察能力、思维能力和实际操作能力。他强调在各科教学中要始终注意发展学生的逻辑思维，培养学生的思维灵活性和创造性。赞可夫的教学实验的主要思想是，以最好的教学效果来达到学生最理想的发展水平。体现这一思想并指导各科教学工作的是五条"教学论原则",即高难度、高速度、重理性、理解学习过程和对差等生要下功夫。伴随着这五条原则的是一系列的具体措施。这五条原则,都是与学生心理发展理论有关的课题。

在赞可夫的实验体系的教学论原则中,起决定作用的是以高难度进行教学的原则。"以高难度进行教学的原则的特征,并不在于提高某种抽象的'平均难度标准',而是首先在于展开学生的精神力量,使这种力量有活动余地,并给以引导"。它的意义在于,掌握一定的知识,使这些知识不仅变成学生的所有物,而且在以后的认识过程中能引起对这些知识的再思考。这就是知识的系统化,这种系统化的结构是复杂的。赞可夫的高难度原则的理论依据,是维果斯基的"最近发展区"思想。因此,赞可夫的"高难度"的原则的本意,主要是在于引起学生的思考,促进学生的特殊心理活动过程。难度是有限的,而不是无限的,其目的是要把教学建立在"最近发展区"的基础之上,以挖掘学生发展的最大潜力。

在实现高难度原则的过程中,必须依存于高速度原则。高速度原则的提出,主要是针对过去教学中"多次、单调地复习旧课,把教学进度不合理地拖得很慢",因为"这样就妨碍了以高难度进行教学"。从这个角度上说,高速度原则对于高难度原则来说是一种辅助的职能。它要求根本改变旧的复习方法,用心理学的记忆方法达到更高的巩固程度;它使教学内容的难度、范围和速度与学生"最近发展区"的实际可能相适应。但是,以高速度原则进行教学的目的,在于使学生更好地去揭示所学的各方面知识,加深知识之间的内在联系,深入理解知识,形成一定的体系,从而发展儿童的智力。可见,高速度原则要求学生不断地向更深更广的方向发展,所以它又起着重要的独立作用。由此可见,对学生掌握知识、发展智力过程说来,"这一原则与其说是具有量的特征,毋宁说主要是具有质的特征"。

重理性原则,又称"理论知识的主导作用"原则,其含义是,通过使学生理解学习过程的原理,重视理论知识的主导作用,更深刻地掌握知识。在赞可夫看来,理论知识有不同的含义,不同年级的学生,都要掌握理论知识。

他曾说过:"'理论'这个词有许多不同的含义。一般来说,'理论'这个概念是区别于实践而言的,从这个含义出发,我们所说的理论知识,是相对于那些直接反映在技巧中的知识而言的。例如,一个学生可能知道怎样进行几个数的进位加法,即知道加法怎样做,但是并不知道这种运算的规律——如加法的交换律和其他几个规律。如果学生掌握了这后一类知识,那就是掌握了理论知识"。赞可夫指出,他的重理性原则和一般的掌握知识自觉性原则既相近似,又有重大的区别。其相似之处是承认自觉性在教学过程所有环节中的必要性;强调要理解教材和能够把知识运用于实践；指出了自觉掌握知识过程中所包含的思维操作；注意到学生对学习的态度。其区别之处在于，自觉性原则所说的理解是指向外部的，即把应掌握的知识、技能和技巧作为理解的对象；而赞可夫的重理性原则是指向内部的，即指向学习活动的进行过程。

理解学习过程原则，就是强调学生要理解学习的过程。赞可夫指出，所要掌握的知识之间是怎样联系的，掌握正字法或计算操作有哪些不同的方面，错误的产生及其防止的机制如何，这些和其他许多有关掌握知识和技巧过程的问题，都是学生在学习过程中要密切注意的对象。

在教学中应该重视学生心理发展的个体差异，这就是赞可夫提出的"对于差等生要下功夫"原则的理论基础。这条原则要求教师进行有目标和有系统的工作，使班上所有的学生（包括最差的学生）都得到一般发展。赞可夫特别强调这条原则的重要性，"因为在小学的普遍实践中，对于最差的学生，他们的真正的智力活动的可能性是最少的。……学业落后的学生，不是较少地，而是显然是比其他学生更多地需要在他们的发展上系统地下功夫。"对差等生如何下功夫呢？不是加班加点，也不是增加作业量。因为差等生的负担加重后，不仅不能促进其发展，反而只能扩大他们的落后状态。所以，赞可夫主张在差等生的智力活动上多做工作。

以上五个教学原则是相互联系的。当然，这些联系不是千篇一律的，它们各在不同的方面起着作用，所起的作用和职能也有所不同。总之，赞可夫通过心理学实验，培养了一大批骨干教师，且对苏联的学制进行了改革。赞可夫在教育实践中进行的"教学与发展"实验研究之所以成功，与他所制定的五条教学论原则及其措施是分不开的。

（三）艾利康宁与达维多夫的实验教学

20 世纪 60 年代以后，艾利康宁在维果斯基思想的基础上，借鉴列昂节夫的活动理论，系统地提出其心理发展阶段论。他的学生达维多夫是这个理论的积极的推崇者，在他的许多著作中，他重申了艾利康宁的基本观点，并进一步发展了这个理论。他们按主导活动划分出六个年龄阶段：（1）直接情感的交往阶段（0~1 岁）；（2）摆弄实物的活动阶段（1~3 岁）；（3）游戏活动阶段（3~7 岁）；（4）学习活动阶段（7~11 岁）；（5）在社会公益活动系统中的交往活动阶段（11~15 岁）；（6）专业的学习活动阶段（15~17 岁）。其中 3 岁、7 岁、11~12 岁是转变年龄，或叫做危机年龄。

从 20 世纪 60 年代初期开始，在艾利康宁和达维多夫的领导下，根据其心理发展阶段论的思想，在苏联教育科学院心理学研究所的附属学校进行了实验教

389

学。这是继赞可夫之后又一较著名的教学性实验，对儿童智力培养的问题进行了非常有价值的探索。

1. 研究的理论依据

艾利康宁和达维多夫的实验教学有着一系列的理论根据。首先，他们从学生的主导活动——教学出发，提出教学应通过儿童所掌握的知识内容，来实现他在智力发展中的主导作用，也就是说，正是知识的内容，最终地决定着学生智力的发展。其次，他们从维果斯基的教学发展观出发，提出教学内容选择要走在心理、特别是思维发展的前头，以便提出更新、更高的思维发展的需要。再其次，他们从其学派的心理发展动力观出发，提出教学内容，即新要求要适合于学生心理发展的可能性。最后，他们反对布隆斯基的"学龄初期是记忆机能急剧发展"的观点，提出智力（思维）发展是学龄初期的首要任务；他们反对皮亚杰的思维发展公式（即学龄初期要重视具体思维），提出从小学起就要重视理论思维的培养；他们反对布鲁纳的"以某种形式可以在任何年龄讲授任何学科的原理"，提出教学内容要符合学生心理发展的阶段论。

2. 研究的结果

艾利康宁和达维多夫从上述观点出发，通过和助手们的积极工作，不仅在小学教学的内容上提出了一系列的根本变革，而且也确定了促使学生掌握这些知识的措施。

他们的研究取得了如下的结果：

（1）提高了教学质量，提高了学生的思维能力。在实施教学的过程中，学生所掌握知识的科学理论有了很大的提高，并奠定了他们接受现代科学的理论思维能力的基础。

（2）对于不同教学阶段的学生学习活动（即主导活动）本身的特征，进行了深入的研究，并确定了学习活动或学生的主导活动的指标。

（3）研究了发展学生思维活动的途径，探讨了教学过程中学生智力发展的比较有效的方式，挖掘了他们智力活动的潜力。他们把知识内容看作思维活动发展的基本的"推动者"，并且由此出发，来确定学生为掌握他们所拟定的内容必须进行的动作。

以上三个结果，反映了艾利康宁和达维多夫试图阐明教育与教学这种主导活动能决定儿童心理的发展过程，同时也反映了他们试图揭示这个过程的规律。

3. 对发展性教学实验的评价

艾利康宁和达维多夫的发展性教学，与赞可夫的研究一样，不仅有实践意义，而且有着较深刻的理论意义。这个实验教学以儿童心理发展阶段论为出发点，又用实验材料进一步丰富了儿童心理发展阶段论。它体现了苏联儿童心理学坚持理论联系实际的方向。

艾利康宁和达维多夫在研究中强调从小学就注重发展理论思维，他们从辩证逻辑关于认识的发展应当从抽象上升到具体的原理，批评了过去关于学生认识发展的研究，受形式逻辑和联想主义心理学的观点的限制，过多强调从具体上升到抽象，而且这种抽象只是事物的一般表象，而不是反映事物关系和本质的抽象，以致阻碍儿童认识的发展。因此，他们主张认识要着重从一般到个别，从简单的抽象到丰富的具体，强调在小学教学中要注重演绎法等。这固然对传统的教学和学生思维发展有着一定的意义，但是，他们也存在着不顾儿童思维的发展年龄阶段特点，使学生思维发展中的较晚阶段过分提前的倾向，这是不正确的。

艾利康宁和达维多夫在发展性教学中探讨了"教育与发展"的关系和中间环节的奥秘，提出知识内容，即教学内容对学生思维发展的主导作用，这无疑有一定的道理。然而作为教学过程的整体性，光有教学内容是不够的，在强调教学内容的同时，还不能忽视教师的主导作用，教法的重要性及非智力因素的培养的意义。只有动员起全部这些因素，才能体现教育的主导作用，才能使学习活动推动学生（包括思维、智力）的发展。

此外，在苏联其他心理学家的大量研究中，首先是在梅钦斯卡娅和鲍高雅夫连斯基、柳布林斯卡娅、加里培林等人的工作中，对数学与个体智力培养的问题进行了广泛的研究，这些研究工作使我们加深了对个体的智力开发问题的认识和理解。

第九章

当代关于教学过程学生能力
培养的重要理论

上一章比较全面地概括介绍了国外关于在学校的各科教学过程中结合知识的传授进行学生能力培养的研究，本章进一步重点介绍当代最有影响的关于知识传授过程中培养学生能力的教学理论：包括斯金纳的基于操作性条件反射学习的程序教学理论，布鲁纳的基于发现学习的教学理论，奥苏贝尔的基于接受学习的教学理论，以及建构主义教学理论。

第一节　斯金纳的操作性条件反射学习与教学理论

斯金纳（B. F. Skinner，1904～1990），美国心理学家，操作性条件反射理论的创立人，新行为主义的主要代表之一。

斯金纳的学习理论和教学思想是建立在他对操作性条件反射的实验研究的基础上的。斯金纳对操作性条件反射进行了长期的、系统的实验研究，根据研究结果提出了操作性条件反射的学说，所谓操作性条件反射，是指有机体在某种情境中自发作出的某种行为由于得到强化而提高了该行为在这种情境发生的概率，即形成了该反应与情境的联系。

操作性条件反射与经典条件反射有重要的区别。经典条件反射的原理是，有机体所要习得的行为（反应）都可以由某个无条件刺激引发出来，这样，当该

392

无条件刺激伴随条件刺激物同时或稍后出现，产生刺激替代作用形成条件反射。而在操作性条件反射中，有机体所要习得的行为（反应）是自发产生的，由于行为结果得到强化，有机体才学会在某种情境中作出特定的反应；这是两者的根本区别。斯金纳的操作性条件反射可以解释更广泛的学习现象。进一步，斯金纳根据操作性条件反射观点对有机体学习问题进行了探讨，形成了其操作性条件反射学习理论。

一、操作性条件反射学习理论的基本观点

斯金纳认为，学习是指有机体在某种情境自发作出的某种行为由于得到强化而提高了该行为在这种情境发生的概率，即形成了反应与情境的联系，从而获得了用这种反应应付该情境以寻求强化的行为经验。也就是说，学习是有机体通过操作性条件反射的建立，形成反应与情境刺激的联结，从而获得行为经验的过程。

斯金纳基于操作性条件反射提出了行为塑造技术，行为塑造技术主要由连续接近方法与强化技术组成。所谓连续接近技术，是指通过不断强化有机体的一系列逐渐接近最终行为的反应来使它逐步形成这种目标行为。连续接近技术主要用于促使有机体作出所期待的行为，而连续接近技术的实现，以及有机体作出期待行为后如何使它成为对情境的特定反应方式，这都需要强化。强化决定了有机体行为方式的形成、转化的过程，也就是决定了学习的进行和学习的效果，合理地控制强化就能达到控制行为、塑造行为的目的。强化技术就是关于何时、采用何种方式、采用何种强化物进行强化的一系列技术，因此，强化技术也是行为塑造技术的关键组成部分。

斯金纳的操作性条件反射理论的建立与原理，以及在操作性条件反射基础上形成的学习理论的主要观点，本书前面的第五章已经做了比较详细的介绍，这里不再重复。下面重点介绍斯金纳基于操作性条件反射学习建立的程序教学理论。

二、基于操作性条件反射学习的程序教学理论

桑代克的试误说学习理论、华生的经典性条件反射学习理论所涉及的学习主体主要是整个有机体全域，与它们不完全相同，斯金纳的操作性条件反射学习理论既注重论述有机体全域的学习，又论述人的学习尤其是学生的学习，因此，斯金纳可以将他的学习理论系统运用到学校学生学习与教学中去，形成系统的教学理论。斯金纳认为，要达到一个难度较大的行为目的，需要运用连续接近法，分很小的步子强化，难度逐步加大，这样可以由易到难逐步达到目的。为了促进人

形成情境与特定行为的联系，必须对行为进行强化。学生要形成教育者希望的行为模式，这个行为一时作不出来，可以采用连续接近法，通过设计好程序不断强化形成最终目标行为。教育的行为就是设计好教育的特定步骤的强化，形成教育者所期望的行为模式。根据这个思想斯金纳提出了程序教学法。

所谓程序教学，是指将各门学科的知识按其中的内在逻辑联系分解为一系列的知识项目，这些知识项目之间前后衔接，逐渐加深，然后让学生按照由知识项目的顺序逐个学习每一项知识，伴随每个知识项目的学习，及时给予反馈和强化，使学生最终能够掌握所学的知识，达到预定的教学目的。可见，精心设置知识项目序列和强化程序是程序教学能否成功的关键所在。

斯金纳的程序教学最先设计的是直线式程序。在直线式程序中，通过许多极小的步骤循序渐进地进行，所有的学生都是以同样的顺序通过同样的学习内容。通常利用教学机器或程序教材每次给学生少量的信息（框面），然后就这点信息提问，由学生回答。在下一个框面中，向学生提供正确答案。在学生接受正确答案后，不管其回答是否正确，继续下一步的学习，除此之外，不给学生提供任何额外的信息。学生在学习时可以自己控制速度，因此它能适合不同速度的学习者的需要。后来格罗德对斯金纳的程序进行了修正，发展了分支式程序。分支式程序每一步骤都给出几种可选答案，选择了正确答案则继续下一步的学习，选择了其他答案则转向能纠正这种错误的学习步骤，待错误得到纠正后，再进入下一步的学习。

斯金纳认为，程序教学可以利用教学机器进行，把每一知识项目编制成知识框面，通过教学机器上的窗口或屏幕呈现给学习者，并能记录学习者的回答的对错，出示下一步该学习哪一框面中的知识项目等信息。程序教学也可以通过编制成书本进行，每页呈现一项问题，并根据学生的回答指示学生下一步该学习哪一页的知识。目前以教学机器和程序教材为基础的程序教学已不多见，而更进一步发展成为计算机辅助教学（CAI）。而CAI教学的方法和基本思想还是以斯金纳的程序教学为基础的。

程序教学遵循以下原则：（1）小的步子：教材上的知识项目应该是许多具有逻辑联系的小步子，下一步与上一步间的难度、深度差异不应太大，要方便学生顺利地学习。（2）积极反应：学生对每个知识项目的问题都要作出反应（解答）。（3）及时反馈：对学生的反应及时给出反馈信息，进行强化。（4）低错误率：将错误率降到最低限度，使学生有可能每次都做出正确反应。（5）自定步调：学生可以根据自己的实际情况确定学习的进度，而不必要求每个学生同时同步学习同一知识项目。

从上述介绍不难看出，斯金纳的程序教学思想的理论依据仍然是他的操作性条件反射理论和强化原理，是这些基本的学习理论在知识学习和教学领域中的具体化。

斯金纳认为使用程序教材的机器教学具有许多传统的课堂教学所无法比拟的优点：第一，避免了传统教学中学生常会因受到教师的批评、训斥、发脾气等而造成的恐惧、反感心理。第二，强化及时，反馈及时，不像传统教学中反馈和强化太少，耽搁时间长，降低了强化的效果。第三，最大限度地照顾了个别差异，有利于教师因材施教。第四，使教师能清楚把握学生的学习过程，发现问题所在，以便进行有针对地指导。第五，机器可以记录学生的反应情况，为教师修改程序教材提供有效信息。

三、对斯金纳的学习与教学理论的评价

斯金纳是当代最有影响的心理学家之一，是行为主义的集大成者，舒尔茨在他的《现代心理学史》一书中指出："斯金纳是行为主义心理学毋庸置疑的领导人和战士，他的工作对美国现代心理学的影响，大于历史上任何其他心理学家的工作，甚至大多数批评他的人也不得不承认这一点。"

斯金纳对学习理论领域的研究作出了重大贡献，他的操作性条件反射学习理论在整个西方的学习理论中占有极为重要的地位。他通过严格的实验对操作条件作用进行了深入细致的研究，从新的高度上扩展了联结派的眼界，将联结派学习理论推向了一个新的高度，斯金纳他对强化的精细的研究加深了人们对行为习得机制的理解，使人们能成功地预测和控制行为，也为行为塑造矫正提供了一种可信的理论基础。斯金纳以他操作性学习理论为依据提出的程序教学理论，对学校教育产生了极为深刻的影响，尤其是程序教学思想已成为计算机辅助教学技术（CAI技术）的理论基础之一。

然而，斯金纳的操作性条件反射学习理论也受到种种批评，不少教育学家与心理学家认为，他创立的程序教学理论，把人的学习与动物的学习几乎等同起来，把人看成了学习机器。根据这种方法培养的学生，知识技能很扎实，但整个知识的统摄能力较差，创造性很差。他没有对学习过程尤其是学生的知识学习过程的机制和内部过程进行研究，他对学习的研究更多地集中在对学习的一些外部条件如强化与惩罚等方面，不注重人的知识学习的内部机制。

第二节　布鲁纳的发现学习与教学理论

布鲁纳（J. S. Bruner，1915～　），美国当代著名认知心理学家和教育心理

学家。布鲁纳反对以 S－R 联结和对动物的行为习得的研究结果来解释人类的学习活动，而是把研究的重点放在学生获得知识的内部认知过程和教师如何组织课堂教学以促进学生"发现"知识的问题上，他的认知－发现理论是当代认知派学习与教学理论的主要流派之一。本节主要介绍他关于学习结果（知识结构）与学习过程（知识获得）的主要观点和发现法教学模式。

一、布鲁纳学习理论与格式塔学习理论的渊源

布鲁纳学习理论与格式塔学习理论都属于认知派学习理论，前面已提到，格式塔学习理论是从分析学习现象入手，提出了与联结派不同的对学习的见解。布鲁纳的学习理论与下一节阐述的奥苏贝尔学习理论，主要也是采用格式塔的研究范式探讨学习问题并形成理论的，但是，无论是布鲁纳还是奥苏贝尔，他们主要探讨的是学生的学习而不是一般的有机体的学习。

布鲁纳与格式塔学习理论都主张，学习不是简单的在强化条件下形成刺激与反应的联结，而是有机体积极主动的形成新的完形或结构。所不同的是，在学习的结果上，布鲁纳用"认知结构"这一概念取代了格式塔的"完形"，从实质来看，"认知结构"与"完形"是一致的，都是指反映外界事物整体联系与关系并赋予其意义的一种模式，但是，格式塔提出的"完形"概念，还是比较抽象、含糊的，布鲁纳提出的"认知结构"，指的是科学知识的类别编码系统，该系统的构成是明确清晰的。在学习过程上，格式塔心理学家认为完形的形成机制是人脑先天具有的组织与趋向整体的作用；布鲁纳认为这是因为人具有分类的能力，可以通过"类目化活动"即分类活动将事物分门别类地组织起来形成整体，同样，布鲁纳关于学习过程内部信息加工活动的界定也更为具体明确。

格式塔学派关于学习过程的"组织"作用，是来自于他们对知觉研究中对有机体知觉组织的探讨，而关于学习过程内部信息加工活动的理解，则来自于对人的思维的研究。20 世纪 50 年代中期，布鲁纳及其同事进行了经典的思维研究，他们发现人具有分类的能力，分类是人的一项最基本、最普遍的认知活动，认知过程的基本操作就是对外界事物的类别化和概念化。他提出，分类具有五种认知功能：（1）对表面不同的事物作出相同的反应，使复杂环境简化；（2）使人认识事物，不能分类则不能认识事物，也不能交流知觉经验；（3）减少必要的经常性学习，其方式有二：其一是不必有实际的新的学习便能认识对象，其二是个人可以超越给定的信息；（4）为工具性活动提供方向；（5）有助于将事物相互关联，进行分类。正是因为分类具有如此重要的作用，这引起了布鲁纳的高

度重视，并将它加以发挥推广到人的学习领域，将学生学习活动过程看作是分类或类别化活动。

二、布鲁纳学习理论主要观点

总的来说，布鲁纳认为，学生知识学习，主要是通过类别化的信息加工活动，积极主动地形成认知结构或知识的类目编码系统的过程。

（一）关于认知结构的观点

布鲁纳认为，学习结果是形成认知结构，他关于认知结构的看法是与其对人类认知过程研究紧密联系的。布鲁纳在研究人的知觉过程时发现：人类知觉物体时并不仅仅是被客体的物理特征和观察的客观条件决定的，而且是在很大程度上受到个人因素如个体已有的认识经验、期待和需要状况等的影响。其中归类和推理活动在知觉中有重要意义。在布鲁纳看来人们是根据类别或分类系统来与环境相互作用的，客观世界是由大量不可辨别的物体、事件和人物组成，人类认识客观世界时，不是去发现各类事件的分类方式，而是创建分类方式，借此以简化认识过程，适应复杂的环境。当然，类别的确立并不是随心所欲的，它必须建立规则，并符合客观世界的实际情况。人们在知觉新客体时，或者是借助已有的类别来处理外来信息，或者是由外来信息形成新的类别。因此知觉一件事物，实质上就是主动地对它进行归类，而一旦将它划归为某一特定的类别，我们也就同时要根据已有经验中（或已有分类系统中）关于这一类别的固有的属性和规则，对该物体应该具备的其他特征做出预测，并对于应该如何对它进行反应作出推断，这就使得个体可以超越知觉个体中所获得的有限的具体的信息，而对新的客体和情况达到更深入更全面的认识。可见，它既是人类认识活动的依据，又是认识活动的结果，是布鲁纳知识和认知结构思想的基础。

布鲁纳认为，所谓认知结构，就是指由个体过去对外界事物进行感知、概括（即归类）的一般方式或经验所组成的观念结构，它可以给经验中的规律以意义和组织，并形成一个模式，它的主要成分是"一套感知的类别"。可见，构成认知结构的核心乃是一套类别以及类别编码系统。布鲁纳所讲的类别有两部分内容：一是指有相似属性的对象或事物，比如鸟、动物、麻雀等都是不同的类别。二是指确定某事物属于该类别的规则，即归类的依据。所有类别的概括水平是不同的，有些是具体类别，它们所包含的对象的范围较小，能描绘事物的具体属性如梨、萝卜等，有些是一般类别，它们的概括水平较高，范围广泛，描绘事物的一般属性，揭示现象的普遍规律。类别与类别之间还含有一定的联系，根据这些联系，可以对类别作出层次和关系的结构化安排，这就是对类别的编码。经过编码的许多类别构成类别编码系统，图 9 - 1 是一个动物的类别编码系统。在一个编码系统中，越是较高级的类别，它越能超越较低级类别的具体性，而具有更大的普遍适用性。

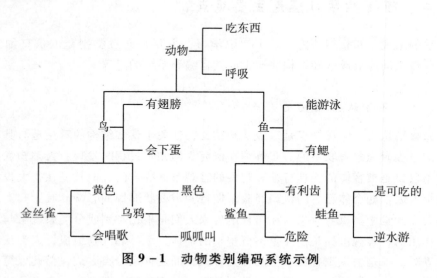

图 9 - 1　动物类别编码系统示例

布鲁纳认为，一切知识都是按编码系统排列和组织起来的。具体的知识描绘客观事物的具体特征，揭示较低级的规则，它常常受制于具体的对象和特殊的情境。只有当学生熟练掌握了许多具体知识时，才有可能把它们重新组织起来构成较高层次的规则，形成一般编码系统，获得一般的知识。一旦形成了一般编码系统，信息纳入了一种有组织有层次的结构中，学习知识的问题就不再是学习具体的类别，而是掌握编码系统的问题。这时候每一类别及各类别之间的相互关联使人能够超出给定的信息，举一反三，触类旁通，经过组织的结构化的知识也更利于保持和提取。因此，布鲁纳认为，一般类别编码在人的认知和学习过程中有着十分重要的地位。

布鲁纳认为，学生学习的结果就是形成与发展认知结构，也就是形成各学科领域的类别编码系统。认知结构既是先前学习活动过程中逐步形成的，又是理解和学习新知识的重要的内部因素和基础，因此，他非常强调认知结构的形成和对学生现有认知结构的了解在知识学习中的重要作用。

（二）关于学习过程的观点

1. 学习过程是类目化过程

布鲁纳认为，学习的实质在于学习者主动地进行加工活动形成认知结构，认知结构的主要成分是类别编码系统，学习过程主要是类目化的过程，学习者在学习过程中主要进行的信息加工活动是类目化活动，通过这种类目化活动将新知识与原有的类目编码系统联系起来，不断形成或发展新的类目编码系统。

布鲁纳指出，人们与周围世界的所有相互作用都涉及对与现有类别有关的刺激输入进行分类，如果刺激输入与人们知识结构中已有类别全然无关，那么它是很难被加工的。因此，人们是根据自己已有的类目编码系统与环境相互作用，或者是借助已有的类别来处理外来信息，或者是由外来信息形成新的类别，这种将事物置于类目编码系统之中的活动，称为类目化活动。

学习者通过类目化活动对学习材料所揭示的规则、现象、事物正确地进行类目化（概括化），把输入的刺激归为某一类别，并根据这一类别及其他相关的类别作出推理，以便在具体知识的基础上形成一般编码系统。

布鲁纳认为，一切知识都是按编码系统排列和组织起来的。具体的知识描绘客观事物的具体特征，揭示较低级的规则，它常常受制于具体的对象和特殊的情境。只有当学生熟练掌握了许多具体知识时，才有可能把它们重新组织起来构成较高层次的规则，形成一般编码系统，获得一般知识。一旦形成了一般编码系统，信息纳入了一种有组织有层次的结构中，学习知识的问题就不再是学习具体的类别，而是掌握编码系统的问题。这时候每一类别及各类别之间的相互关联使人能够超越给定的信息，举一反三，触类旁通，经过组织的结构化知识也更利于保持和提取。因此，布鲁纳认为一般类别编码系统在人的认识和学习过程中有着十分重要的地位；学习的实质就在于形成类别编码系统；学习的过程实际上就是分类（或类别化）的过程。

据此，布鲁纳进一步提出，这种类目化过程应该是自下而上的，从具体的、特殊的、包摄水平低的类目，到一般的、概括的、包摄水平高的类目，类目编码系统的形成应该是从低层次的类目到高层次的类目。因此，为了促进学生有效地进行类目化活动以形成类目编码系统，应该向他们提供较低层次的类目或事物，让学生"发现"高层的类目编码。这就是布鲁纳提倡的"发现法"学习的缘由。

2. 发现学习是学习知识的最佳方式

布鲁纳认为，学习知识的最佳方式是发现学习。所谓发现学习，是指学生利用教材或教师提供的条件自己独立思考，自行发现知识，掌握原理和规律。布鲁纳认为，尽管学生所学习的知识都是经过人类长期的实践已经知晓并证明了的事物，但是学生依靠自己的努力独立地认识和总结出原理、规律，那么对学生而言，这仍然是一种"发现"（准确地说是一种"再发现"）。在他看来，学生的这种发现和科学家在科学研究领域里对人类以前未知的现象、规律进行探索而获得的新知识的发现，其本质是一样的，都是把现象进行重新组织转换，超越现象本身，在更一般的层次上进行类别组合，从而获得新的编码系统，得到新的信息或领悟而已。他认为："不论是在校儿童凭自己的力量所作的发现，还是科学家努力于日趋尖端的研究领域所作出的发现，按其实质来说，都不过是把现象重新组织或转化，使人能超越现象再进行组合，从而获得新的领悟而已。"

布鲁纳认为发现学习具有如下特点：（1）发生较早。学龄前儿童获得初级概念的主要手段就是通过对具体事物归类而发现概念的一般属性，尽管这种学习不一定是以语言符号为中介，而可能是动作思维或形象思维的结果。发现学习是概念形成的典型方式。（2）发现学习的内容是尚无定论的实际材料，而不是现成的结论，学生不能通过教师或教科书上所讲的内容来获得知识，找出规律和原理，而必须是独立地分析事物的各种属性和联系，发现其中的规律和原理。（3）学习的过程较为复杂。学生面临的是一些显得无序的实际材料，并没有现成的方法可以照套，而是需要学生自己对材料所提供的信息加以重新组织、转换，使之与已有的认知结构发生联系，提出种种假设并加以检验，将新的发现纳入认知结构中或重构已有的认知结构。整个过程要经过复杂的独立思考、发现、整合、内化等诸各环节，有时候可能还须反复试验，多次转换。然而，正是因为这种复杂性、探索性，发现法学习能够更好地激发和培养个人主动探索知识及其结构的精神，使学习者成为自主独立的思考者、学习者与问题解决者，更快地适应社会要求。

基于上述特点，布鲁纳认为发现学习的方法有许多优点。主要表现在以下几个方面：（1）发现法能提高学生的智慧的潜能，培养学生的直觉思维。布鲁纳认为，"发现"的实质是"重新整理或改造证据，以使一个人能够超越如此重新结集的证据，达到新的洞察力。"重新组织已有的经验和现有的信息，使信息之间，信息与认知结构之间能从多个角度，按多种不同的归类规则发生关系，这实际上是一个培养学生综合分析、抽象概括、系统化等多项思维方式的活动。在此过程中，学生的各项智慧技能会得到极好的锻炼和提高，而且它往往不是依据合乎逻辑的方式，依据既定的套路去进行组织，而是需要学生采取跃进、越级、猜测等方式来进行直觉思维，而这种直觉思维无论是对于日常生活还是科学发现都是很宝贵的智力活动方式。因此，发现法学习过程的复杂性、思维方式的灵活性、独立性等对于提高学生智慧潜力是大有裨益的。（2）发现法有助于培养学生的内在动机。发现法学习过程中，也能够在发现中受到知识和知识结构本身的规律性所具有的魅力的影响，培养起对知识和学习过程本身的兴趣。学生通过大量艰苦的脑力劳动，积极地探索，能够体会到发现新知识的喜悦，不仅可以使学生有效地摆脱外部动机的作用而自觉学习，而且也会增强他们的主动学习的心向和学会知识的信心，形成独立自主地学习知识的习惯和愿望。（3）有利于培养学生发现的技巧。布鲁纳认为人只有通过解决问题的练习和努力去发现，才能学会发现的方法和技巧，一个人只有拥有相当的实践经验，才有可能从中总结学习和发现的方式，将他们提炼成技巧，在以后的情境和问题中自觉地加以迁移。（4）有利于知识的记忆保持和提取。布鲁纳认为，学生储存的信息只有经过合理的组织，才能得到最准确的保持，有明确结构的材料便于检索，有利于提取。学生在发现学习中要对材料进行大量的组织与重组工作，并找到最合理的组织方式，将材料、知识安排到认识结构中去，这种经过自己亲自发现而组织起来的信息，是最易检索的。

3. 新知识学习过程的环节

布鲁纳分析了学习知识的具体环节，认为学习每一门学科都包括三个"几乎同时发生的过程"，即新知识的获得过程、知识的转化过程及知识的评价过程。

第一是新知识的获得。是指个体运用已有的认知经验，使用新输入的信息与原有的认知结构发生联系，理解新知识所描绘的事物或现象的意义，使之与已有的知识建立各种联系。新知识可能是对学生以前知识的某种精练，比如学生在学习平面内两直线互相"垂直"的概念时，已经有见过日常生活中许多互相垂直的实例，但新学习的概念则排除了具体事例的具体特性，使学生明白"垂直"的最本质的特征是两直线相交成90°角；新知识也可能与学生原有的知识经验相矛盾，比如学生以前可能认为垂直就是一条水平直线和一条垂直直线相交。无论新旧知识关系如何，对新知识的理解都会导致对旧知识的理解的进一步的加深。

第二是知识的转化。是指对新知识进一步分析和概括，用获得的新知识对原有的认知结构进行重构，运用外推、内推或转换的方法，获得超越给定信息的更多的信息，以适应新的任务。转化的目的在于推导出更多的知识，其实质是对新知识所描述的现象或事物从不同的角度进行类别化（归类），并从与之发生相属关系的类别的相应规则中获得更多的信息。

第三是对知识的评价。这个过程是指对新知识的转化过程和结果的检阅和验证。通过评价可以检查我们对新知识的分类是否正确，运用推导出的信息解决问题是否合适，以及新形成的认知结构是否合理。因此评价常常是对新知识合理性的判断。

布鲁纳认为，学习任何一门学科，都有许多前后衔接的学习新知识的过程，每次新知识的学习也都会经历这种获得转化和评价的环节。如果这三个环节能够合理进行，对新知识的学习就可以举一反三，在新情况中能够顺利进行迁移，同时学习者的认知结构将会得到合理的建构并不断完善，具有更大的理解新知识的潜能。

401

（三）关于促进学习的条件

1. 知识的呈现方式

由于新知识的学习必须借助学习者以往的知识经验和认知结构才能顺利进行，所以布鲁纳认为要使学习者顺利地学习新知识必须选择与他当前的智力水平相适应的形式来呈现新知识。所谓新知识的呈现形式是指提供知识的技术或方法。布鲁纳认为人类有三种成功地理解知识的手段：动作再现表象、图像再现表象、符号再现表象。动作再现表象是指借助动作进行思维的工具，图像再现表象是指以表象作为思维的工具，符号再现表象是指以符号（通常是语言符号）作为思维的中介物，一般而言，以语言符号再现表象呈现的知识常常通过逻辑推理进行学习。这三种再现表象系统也是人们借以认识和表征外部世界的三种信息加工系统。虽然在个人智力发展史上，它们的出现顺序依次是动作→表象→语言，但它们之间并不能彼此代替，而是互相补充，各有所长。布鲁纳认为对于不同年龄、知识背景的学生和不同学科性质的知识而言，以哪一种形式呈现知识会直接影响学生获得知识的难易程度和正确性。而且他认为：对于一个特定的学生而言，某一项知识如果能以合适的形式呈现出来，那么应该是可以被学习者所理解的。因此，同一个原理，对于不同知识水平的学生，可以呈现不同的呈现方式让他们来学习。比如，一些教学原理，小学时可以用直观的形式学习，中学时可以进行简单的论证，大学则可以以合理体系进行学习。

2. 学习的内在动机

对于学习的动机问题，布鲁纳更倾向内部动机的激发和维持。布鲁纳认为，学习是一个积极主动的过程，学习者在学习过程中的主动性体现在他必须主动地在新知识与已有的经验和认知结构发生联系，对新现象进行归类和推理。这其中，定势和内部动机起着重大激励作用。布鲁纳注意到，学生在学习过程中如果形成一种将新知识与以往知识联系起来并根据原有认知结构对新知识加以组织的积极的观念和相应的心理准备状态（定势），则会较之那种认为学习内容是没有结构的、与以往学习无关的态度，更能有效地提高学习和理解新知识的效果。同时，布鲁纳认为，所有的学生几乎都具有学习新知识的内在愿望，这些内在愿望包括：好奇心，即在学习中表现出的求知欲；成功感，即学生总是对他们能胜任的活动倍感兴趣，而且也只有在学习过程中经过努力达到了对知识的真正占有，最能让学生产生自豪感、满足感，维持高昂的学习积极性的动力；以及人际交往中互惠的需要；等等，它们对学习活动有长久的维持力。对于外部动机的激励作用，比如奖励与惩罚、竞争中的失败和成功等，布鲁纳认为他们对于知识的学习，尤其是对少年儿童而言，虽然可能是有作用的，但是不宜过分重视。总之，布鲁纳认为，最好的学习动机莫过于对所学习的知识本身具有内在的兴趣，有新发现的自豪感和自信心，这是知识学习成功的关键。

布鲁纳很重视对学习结果反馈在提高学习效率中的作用。他认为，反馈的时间和步调是影响学习成功的重要因素，有效的反馈应出现在学生将自己的试验结果与假设相比较的时候，在此之前的反馈，会干扰学习的进行，或者不能为学生所理解，在此之后，又不能及时矫正学习中出现的问题，起不到相应的作用。另外，反馈是否有用，与学生的动机强度有关，在高焦虑的学习过程中，反馈信息几乎不起作用，仅仅告诉学生"对"和"错"，而不指出其原因，对于学习也是无益的，尤其是只告诉学生"不对"，甚至可能除了伤害学生心情之外，无一益处。布鲁纳还认为，矫正性反馈信息有可能造成学生对教师评价的依赖性，因此，教师应该考虑使学生能养成自我矫正的习惯。

三、布鲁纳的结构－发现教学理论

根据自己的学习理论，布鲁纳提出了很有影响的结构－发现教学理论。他认为，教学活动应该能最大限度地促进学生主动地形成认知结构，其教学思想最重要的是结构教学观和发现法教学模式。

（一）结构教学观

布鲁纳强调学习的结果是形成认知结构，因此他强调在学科知识的教学过程中，促使学生掌握学科的基本结构的重要性，认为教学的最终目标是促进"对学科结构的一般理解"。所谓学科的基本结构，包括基本概念、基本原理及其内部规律。布鲁纳提倡将学科的基本结构放在编写教材和设计课程的中心地位，他认为理解学科的基本结构至少有如下几个方面的好处：（1）更有利于学生理解学科的具体内容。因为多数具体的问题只是一些原理、法则的具体化或变形而已。（2）更有助于学习内容的记忆。一门学科的基本结构实际上是一种概括化较高的结构化、系统化地储存知识的较完整的网络，它本身就可以有简化记忆，利于检索和提取信息的作用。（3）有助于迁移。布鲁纳认为，所谓迁移，可以被看作将习得的编码系统应用于新事例，而学科的基本知识结构化显然本身就包含了对该学科所研究的对象的一般编码系统，这个一般编码系统已经超越了许多具体事例的特殊性和情境性，具有强大的概括力和解释力，因而也是最容易被迁移的知识。（4）有助于激发学生的学习动机和学习兴趣。布鲁纳认为好的学科结构本身就具有巨大的吸引力，能使学生产生强烈的兴趣和求知欲，让学生认为这些知识是值得学的，并从学习过程中主动进行自我激励获得自我效能感。（5）有助

403

于儿童智力的发展。

布鲁纳认为，好的学科结构可使"任何科目都能按照某种正确的方式教给任何年龄阶段的儿童。"布鲁纳认为编排教材的最佳方式是以"螺旋式上升"的形式呈现学科的基本结构，一方面便于儿童尽早学习学科的重要知识和基本结构，避免浪费年轻一代宝贵的学习时间；另一方面也有利于学生认知结构形成的连续性、渐进性。他认为，儿童的能力倾向特别是自然科学方面的智能是能较早给予发现与培养的，而任何学科的基本结构都具有普遍性和很强的基础性和再生性，因此，我们可以将学科的基本概念和原理分别以动作表象、同形再现表象、符号（语言）再现表象三种不同的形式加以呈现，以适应于不同年龄、不同智力发展水平的学生的学习能力。随着年龄的增长，教学涉及的原理、概念可能相同，但教材表现形式的直观程度逐渐降低，抽象程度不断提高，从而体现出教材的"螺旋式上升"的标志。这样就有可能打破小、中、大学在同一门学科的基本结构的学习和教学上的界限，使学生一步步地既在较低层次上为后继的学习提供可靠的、充分的知识准备，又能够一步步在较高的认识层次上掌握知识，逐渐达到学科的研究对象的一般编码系统的形成。

（二）发现法教学模式

发现法教学模式是根据发现法学习而提出的，其指导思想是教师不应当让学生处于被动接受知识的状态，教师要为学生提供一定的材料，创设问题情境，引导学生独立地发现解决问题的方法，从中发现事物之间的联系和规律，获得相应的知识，形成或改造认知结构的过程。发现法教学没有一个固定的程序和模式，灵活性和自发性都很大，具体采用什么材料和组织形式要视不同学生的特点和不同学科的知识的具体内容而定。布鲁纳认为，发现法教学模式的特点是：（1）教学是围绕一个问题情况情境展开，而不是围绕某一个知识项目展开。（2）教学中以学生的"发现"活动为主，教师起引导作用。而在传统课堂教学中，一般是以教师的讲课为主要活动。（3）没有固定的组织形式。其最大优点是能最大限度地发挥学生在学习中的主体性和创造性。

布鲁纳提出了发现法教学的基本步骤：第一，提出和明确使学生感兴趣的问题；第二，让学生对问题体验到某种程度的不确定性，以激发探究；第三，提供解决问题的各种材料和线索；第四，协助学生分析材料和证据，提出可能的假设，帮助学生对材料、线索进行分析审查，搜集和组织可用于作出判断的资料；第五，协助、引导学生审查假设得出的结论。一般引导学生对有关假设进行比较，找出最佳或可行的方法去解决问题。

在发现法教学过程中，教师的主要任务是：（1）鼓励学生有发现的自信心；

（2）激发学生的好奇心，使之产生求知欲；（3）帮助学生寻找新问题与已有经验的联系；（4）训练学生运用知识解决问题的能力；（5）协助学生进行自我评价；（6）启发学生进行对比。由此可以看出教师的主要任务在于引导学生去发现和对其发现技巧与方法的培养，而不是直接去教给学生解决问题的方法。

四、对布鲁纳的学习与教学理论的评价

布鲁纳是当代著名认知心理学家和教育心理学家，他反对以 S－R 联结和对动物的行为习得的研究来解释人类的学习活动，克服了以往学习理论根据动物实验的结果而推演到人的学习的种种缺陷，针对学生在课堂教学情境下学习各种知识的活动提出自己的学习与教学理论，把研究的重点放在学生获得知识的内部认知过程和教师如何组织课堂以促进学生"发现"知识的问题上，它强调学生学习的主动性，强调学习的认知过程，重视认知结构的形成，注重学习者的知识结构、内在动机、独立性与积极性在学习中的作用，对学习理论的发展作出了突出的贡献。他的认知－发现学习是当代认知派学习理论的主要流派之一。

然而，他的学习与教学理论也有一些失之偏颇的地方，不少人对其提出批评，主要意见有下列几方面：（1）他的学习与教学理论完全放弃知识的系统讲授，而以发现法教学来代替，夸大了学生的学习能力，忽视了知识学习活动的特殊性，忽视了知识的学习即知识的再生产过程与知识的生产过程的差异。（2）布鲁纳认为"任何科目都可以按某种正确的方式教给任何年龄的任何儿童"，这其实是不可能的。（3）人们指出，发现法运用范围有限，从学习主体来看，真正能够用发现法学习的只是极少数学生；从学科领域来看，发现法只适合自然科学的某些知识的教学，对于文学、艺术等以情感为基础的学科是不适用的；从执教人员来看，发现法教学没有现成方案，过于灵活，对教师知识素养和教学机智、技巧、耐心等要求很高，一般教师很难掌握，反而容易弄巧成拙。（4）发现法耗时过多，不经济，不宜于需要在短时间内向学生传授一定数量的知识和技能的集体教学活动。（5）发现教学法适合用于小学和中学低年级学生，因为他们主要以概念形成方式获得概念。对于中高年级的学生而言，他们获得概念的主要方式是概念的同化，因此他们学习知识的主要方式也不是发现学习，而是接受学习。然而，这些问题并不妨碍布鲁纳所提出的重视学科基本知识结构和发现法教学模式的理论对于指导教材的编写、课堂教学实践和学生学习知识的活动具有的参考价值。

第三节　奥苏贝尔的接受学习与教学理论

　　奥苏贝尔（Ausubel，1918～ ），美国当代著名的认知派教育心理学家。他致力于课堂教学中学生对言语材料学习的研究，并在此基础上提出了认知－接受学习理论。这一理论对有意义接受学习的过程与类型、知识的记忆和遗忘、学习的组织原则以及在教学中运用"先行组织者"的方法等作了详细的阐述，在教育界和心理学界享有盛誉。

　　与格式塔学习理论前期的认知派理论不同，布鲁纳和奥苏贝尔都属于当今的教育心理学家，他们主要探讨的是学生学习而不是一般有机体的学习，他们的学习理论主要建立在研究人类学习尤其是学生学习的基础上，将人的学习看成是一个主动积极地进行内部的认知操作活动形成或发展认知结构的过程，他们都反对联结主义的机械学习，强调通过教学发展学生的认知结构，培养学生的迁移能力。但由于他们对学生认知学习的性质认识不同，导致他们产生分歧，提出了不同的学习与教学理论。

　　根据 20 世纪 50 年代末发展学生创造精神和能力的时代要求，布鲁纳倡导和强调发现法，他认为学生的学习是通过类目化的信息加工活动，自己主动形成认知结构或类目编码系统的过程。在他看来，学生的学习与科学家的研究活动并不存在本质上的差别，学习是对环境的一种主动活动过程，教学必须引导学生通过发现进行学习，学生自主的学习，寻求解决问题的最佳方案，发现学科的基本概念和基本原理。

　　奥苏贝尔则是在布鲁纳之后，针对布鲁纳"发现学习"的偏颇而提出的，他认为布鲁纳的理论过分强调发现式、跳跃式学习，轻视知识的系统性、循序渐进性，而忽视系统知识的传授，由此造成学生基础薄弱、教育质量滑坡的不良后果。他主张曾被贬为"旧教育传统的残余"的接受学习法，提倡循序渐进，使学生按照有意义接受的方式获得系统的知识，形成良好的认知结构。

　　奥苏贝尔有句名言："如果我不得不把全部教育心理学还原为一条原理的话，我将会说，影响学习的唯一的最重要的因素是学习者已经知道了什么"，并且指出要"根据学生原有知识进行教学"。可以说，这一条原理是奥苏贝尔整个理论体系的核心，他所论述的所有理论都是围绕这条原理展开的。

一、奥苏贝尔学习理论主要观点

奥苏贝尔明确认为，学生的学习主要是有意义的接受学习，是通过同化将当前的知识与原来的认知结构建立实质的、非人为的联系，使知识结构不断发展的过程。有意义接受学习是学生在学校学习语言符号所代表的系统知识的主要方式，因此，他的学习理论也称为有意义语言学习理论。

（一）有意义接受学习的定义

为了阐明自己关于有意义接受学习的思想，奥苏贝尔首先明确地区分了机械学习与意义学习，接受学习与发现学习之间的关系。

奥苏贝尔指出，接受学习与发现学习的区别在于，发现学习比接受学习多了一个发现的阶段。在接受学习中，学习的内容基本上是以定论的形式传授给学生，对学习来讲，学习不包括任何发现，只要求他们把教学内容加以内化，即将新的知识结合进自己原有的认知结构之内；而在发现学习中，学习的内容不是现成地给予学生，而是在学生内化之前，必须由他们去发现这些内容，即学生的首要任务是发现，然后再将发现的内容加以内化。

多少年来，人们往往把接受学习作为批评的对象，认为接受学习必然是机械学习，发现学习必然是有意义的学习。奥苏贝尔认为，这种看法是不正确的，实际上，有意义学习与机械学习、接受学习与发现学习是从不同的角度对学习进行的划分，这是两个互相独立的维度，我们不能简单地将发现学习等同于有意义学习，把接受学习等同于机械学习，这是毫无根据的。无论是发现法学习还是接受法学习，都既有可能是有意义的，也有可能是机械的，例如照套公式解题就是一种机械的发现学习。

奥苏贝尔认为，所谓有意义学习，是针对机械学习而言的。它是指在学习知识过程中，符号所代表的新知识与学习者认知结构中已有的适当观念建立实质性和非人为性的联系的过程。所谓实质性联系，是指新符号或符号所代表的新知识观念能与学习者认知结构中已有的表象、有意义的符号、概念或命题建立内在联系，而不仅仅是字面上的联系。例如，学习"菱形是四条边都相等的平行四边形"这一新概念时，学生会在头脑中已有的"平行四边形"的概念或表象的基础上，对之加以改造，从而产生了"菱形"的表象或概念。这样，新知识"菱形"就与原有认知结构中的平行四边形之间建立了实质性联系。学生就能借助已有关平行四边形的属性特征来理解"菱形"的特征。由于新旧知识间建立的是实质性联系，而不是字面上的联系，新学习的知识就有可能摆脱字面的表述形式的限制，比如"菱形"，既可以被描述成"四条边都相等的平行四边形"，也可以说成"两条对角线互相垂直的平行四边形"，因此，在教学中教师常常把学生能否用不同的文字或符号表述出新知识的含义，作为判断学习者是否对新知识进行了有意义学习的一种重要指标。非人为性的联系，是指符号所代表的新知识与认知结构中的有关观念表象建立的是符合人们所理解的逻辑关系上的联系，而不是一种任意附加上去的联系，例如，"菱形"与"平行四边形"之间的联系就不是任意的，它符合逻辑上特殊与一般的联系。任何学习只要是在新旧知识之间建立的联系是实质性的、非人为性的，都是有意义学习的过程。划分机械学习与有意义学习的两条标准是：（1）新的知识与学生原有的认知结构是否具有实质性联系，所谓实质性联系，亦即非字面的联系，指能用同义词或其他等值符号替代而不改变意义或内容；（2）新旧知识之间是否能形成非人为的联系，非人为性亦即非任意性，指个人的新旧知识的联系合乎人们能理解的逻辑关系。任何机械学习都不具备实质性和非人为性这两条标准。

奥苏贝尔尽管没有一概反对发现学习，但是，他认为发现学习不应该成为学生学习的主要方式，理由有三方面：首先，发现学习可能浪费太多的时间，不适合作为获取大量信息的主要方式；其次，不是所有的知识都需要通过发现学习来获得，在一些学习情境中，学生必须用言语来处理各种复杂的、抽象的命题；最后，不是所有的学生都需要通过发现学习来获取知识，当意义学习的两个条件得到满足时，接受学习可以使学生更快地获取新的知识。因此，奥苏贝尔认为，学校主要应采用有意义的接受学习。

（二）有意义学习的过程与机制

与布鲁纳自下而上的类目化过程不同，奥苏贝尔强调学习过程是自上而下的同化过程，用同化来解释有意义学习的内部心理机制。同化的实质是新知识通过与已有认知结构中的起固定作用的知识或观念建立实质性的非人为的联系进而被同化到已有认知结构中来，其结果一方面使新知识被学习者理解，获得心理意义；另一方面使已有的认知结构发生改变，增加了新的内容，建立了更广泛的联系。其具体过程是：首先，学生从已有的认知结构中找到对新学习的知识起到固定作用的观念，即寻找一个同化点；其次，根据新知识与同化它的原有观念之间的关系是上下位关系，还是并列关系，将新知识置入到认知结构的合适位置上去，与原有观念建立相应的联系，接着他们还必须对新知识与原有知识进行精细的分化；最后，要在新知识与其他相应的知识之间建立联系，使之构成一个完整的观念体系，对知识的理解才能达到融会贯通，以利于运用和记忆，此时，学习者原有的认知结构也会因新知识的纳入和不断分化而更加完整和丰富。例如，学生学习"匀变速直线运动"时，首先根据匀变速直线运动的定义"加速度恒定的变速直线运动"，在已有的认知结构中找到"变速直线运动"这一知识点，由于新知识是变速直线运动派生的下位概念，将成为变速直线运动的概念范围之内的一个分支，获得一切变速直线运动的普遍特征和规律，然后它所具备的特殊性质（加速度恒定）又能使它区别于其他任何一种变速直线运动。当学生在"匀变速直线运动"一般特征和特殊性质之后，他们进一步对匀变速直线运动与以前学习的匀速直线运动、曲线运动、线性运动、平动、转动等各种运动形式的区别与联系、关系作出进一步分析、概括、最后形成一个关于运动形式的更为完整的知识体系，这个体系中的每一成员的特殊特征都和新学习的"匀变速直线运动"既有程度不一的共同点，又有明确的区分性。同时新学习的"匀变速直线运动"在认知结构中也获得了自己的固定的位置和意义，可以成为以后学习更多的新知识，比如"匀加速直线运动"、"匀减速直线运动"等的固定点。可见，新旧知识相互作用的同化过程，无论对于新知识的意义获得而言，还是对于原有认知结构的变化而言，都是一个既有量变又有质变的过程。

奥苏贝尔不仅用同化来解释新知识的意义的获得，也用同化来解释知识的保持和遗忘。他认为，新知识获得意义之后，新旧知识的相互作用并未停止，而是继续进行，这就是对新知识的保持和遗忘过程，保持和遗忘是同时进行的。在保持初期，新知识既与同化它的原有观点互相联系，又有着自己的清晰的意义，与原有知识间具有较好的可分离性，因而可以顺利地被提取和运用，然而如果长时间不复习，在意义保持的后期，新知识就会自动向同化它的比较稳定的清晰的观念还原，逐渐丧失对原有知识的可分离性，于是就发生了遗忘性同化（又称有意义遗忘）。遗忘性同化的基本规律是：从新的不稳定和不清晰的意义向认知结构中旧的稳定的清晰的观念还原；从比较具体的概括的意义向较高级的概括意义还原。可见，要想使新学习的知识不发生遗忘，最有效的办法是让它变得更稳定、更清晰、更具有概括性，这可以通过经常复习或不断使新知识成为后继的有意义学习的固定点，对其进行连续同化和逐渐分化，形成更精确的意义。

（三）有意义学习的结果

与其他认知派学习理论一样，奥苏贝尔也认为，有意义学习的结果是形成认知结构。奥苏贝尔与布鲁纳关于认知结构的见解尽管提法不同，实质上是一致的，他们都是将认知结构看作是按照概括程度高低层级组织起来的概念与规则体系。奥苏贝尔认为，认知结构是按层次的形式组织起来的诸多类属者，类属者即概念或观念，众多的类属者按照层次组织起来就是认知结构。换句话说，认知结构指学生现有知识的数量、清晰度和组织方式，它由学生当前能回想出来的事实、概念、命题、理论等构成，既是学生学习的结果，又是学生进行学习的基础。他认为，当学生把教学内容与自己的认知结构联系起来时，意义学习便发生了，因而认知结构是影响有意义的接受学习的最重要的因素。概而言之，奥苏贝尔的认知结构是指个体头脑中已形成的，按层次组织起来的，能使新知识获得意义的概念系统。

奥苏贝尔认为，要促进新知识的学习，首先要增强学生认知结构中与新知识有关的观念，因而学习内容的安排要注意两个方面：（1）要尽可能先传授具有最大包摄性、概括性和最有说服力的概念和原理，使学生能对学习内容加以组织和综合；（2）要注意渐进性，即要使用最有效的方法安排学习内容的顺序，构成学习内容的内在逻辑。

（四）有意义学习的条件

奥苏贝尔进一步提出，进行有意义学习必须具备的三个前提条件：（1）学习材料本身必须具备逻辑意义。（2）学习者必须具有有意义学习的心向。（3）学习者的认知结构中必须有同化新知识的原有的适当观念。

材料的逻辑意义是指学习材料本身与人类学习能力范围内的有关观念可以建立非人为性和实质性的联系。不难理解，如果学习材料本身不具备逻辑意义，不表征任何实在的意义，如无意义音节等，那么它也不可能通过有意义学习来掌握。需要指出的是，有逻辑意义的材料内容并不一定都是符合客观实际的正确的知识。例如"太阳每天从西边升起"，从逻辑上讲它是可以表达特定意义的，但实际上太阳不会从西边升起。一般而言，学生所学习的知识是人类认识成果的总结和概括，因此都是具有逻辑意义的。

所谓有意义学习的心向，是指学习者能积极主动地在新知识与已有适当观念之间建立联系的倾向性。学习材料具有逻辑意义，而且学习者认知结构中也存在适当观念的条件下（奥苏贝尔认为具备这两个条件时的新知识对于学习者而言是有潜在意义的知识），学习者是否具有有意义学习的心向，决定了他所进行的是否有意义学习，是否通过有意义学习使学习材料的潜在意义转化为实际意义即获得心理意义。缺乏有意义学习心向的学生，常常会面对有逻辑意义或潜在意义的材料也不会主动地寻求新旧知识间的联系，而是机械地按字面的表述死记硬背。

构成有意义学习的第三个条件来自学习者已有的认知结构。奥苏贝尔很重视认知结构在有意义学习中的重要作用，认为它是影响学生知识学习的最重要因素。认知结构对有意义学习的影响主要取决于原有知识的可利用性、新旧知识间的可辨别性以及原有知识的稳定性和清晰性。可利用性是指学习者已有的认知结构中存在可以与新知识发生意义联系的适当观念，这些观念对理解新知识的意义起着固定作用，即为新知识与原有认知结构之间提供一个契合点，使新知识能固着在原有的认知结构中，进而与认知结构中的其他有关的观念联系起来。新旧知识间的可辨别性是指新学习的材料与原有的起固定作用的知识间的可分化程度，如果新旧知识之间差异很小，不能互相区别，那么新旧知识间就极易造成混淆，新知识就会被原有的知识取代或被简单地理解成原有知识，而失去它所内含的新意义。原有的起固定作用的知识的稳定性和清晰性是指学生对原有知识的理解是否明确无误的，是否已经巩固。如果学生原有的知识意义模糊，似是而非，或者掌握得不熟练，它不仅不能为新学习的知识提供有力的固着点，而且会在新旧知识间造成混淆。

奥苏贝尔认为，只有同时满足了上述三个条件，才有可能进行有意义的学习，使新学习的材料的逻辑意义转化为对学习者的潜在意义，最终使学习者达到对新知识的理解，获得心理意义。所谓心理意义是"一个或一组符号与认知结构建立非人为的和实质性的联系引起的"，获得新知识的心理意义既是有意义学习的目的，也是它的结果。由于学习者在年龄、生活环境、个人生活经验等多方面都存在着一定的个别差异，因此，同一新知识经有意义学习，在不同学习者头脑中所获得的心理意义是不尽相同的。

（五）有意义学习的类型

奥苏贝尔根据有意义学习任务的复杂程度，把有意义学习分成有层次组织的类型：基本的有意义学习有三种：代表性学习、概念学习和命题学习，另外还有较高级的发现学习，包括知识运用、问题解决和创造。

在有意义学习中，最低层次的是代表性学习，又称表征学习，它是指"学会一些单个符号（主要是词汇）的意义或者说学习它们代表什么。"代表性学习的心理机制是使符号和它们所代表的具体事物或观念之间建立起等值的关系，比如"猫"这个符号代表是猫这种动物。尽管在语言符号的形成时期每一符号在最初用以指代某一事物时带有人为性和偶然性，但是作为知识学习对象的某个语言符号与它所代表的具体事物间的意义联系是已经固定下来的，不再具有任意性和人为性。这类学习在多数情况下带有机械学习的特点。

概念学习的实质是掌握同类事物或现象的共同关键特征或本质特征。其具体形式有两种：概念的发现和概念的同化，概念发现是学龄前儿童与小学低年级学生学习概念的主要形式，它是从许多具体实例中概括而来，比如，在看见许多皮球、玻璃珠等之后形成"球"的概念；而中、高年级学生由于有了更多可供利用的基础知识，则可以利用已有认知结构中的相应概念对新概念进行同化而获得新概念的意义,这就是概念的同化过程。比如在学习了"长方体"的基础上再学习"正方体"的概念,就可以利用长方形的概念对"正方形"概念进行同化,领会"四边相等的长方形是正方形"这个定义。

命题学习是"学习以命题形式表达的观念的新意义"。学生进行命题学习时,所学习的命题与他们认知结构中已有概念或命题会建立起联系,奥苏贝尔认为,根据新学习的命题与已有概念或命题之间的关系,可以分为有三种类型的命题学习:

第一,下位学习,新学习的知识是与已有知识的下位知识,已有的概念或命题是上位的。下位关系有两种方式:一种是派生的下位,即新知识是已有知识的一个具体例证,可以直接从已有的上位知识中派生出来,比如,学习者已经知道"所有的圆的圆心到圆上各点距离相等",再学习"某一特定的圆的两条半径等长"的定理时,就是这种情况;另一种下位关系是相关的下位关系:新知识命题不能直接从已有的上位知识中派生出来,而是要对上位知识作某种特殊的扩展、修正或限制才能得出。比如在学习了"三角形"之后又学习"直角三角形"就是对相关下位概念的有意义学习。

第二,上位学习,新学习的知识与已有知识间是一般对特殊的关系,新概念或命题是上位的,包摄性更广泛,概括水平更高,可以将一系列已有的相应概念或命题总括其下。比如学生在学会了"铜能导电"、"铁能导电"等命题之后,再学习"金属都是能导电"的这一新命题时就是在进行上位学习。学生在进行上位学习时,为了能更准确地理解新命题的意义,常常要在已有的有限的下位命题之外再补充一些例证。

第三,并列结合学习,新命题与已有命题之间并不是下位关系,也不是上位关系,而是并列关系。学生学习过程中大量的命题之间都是只具有并列关系,比如遗传和环境之间的关系,三角形的高和平行四边形高之间的关系等,它们虽然不能形成包含与被包含的关系,但它们之间仍存在着种种意义联系或某些共同的关键特征,可以根据这些并列组合的关系而使新命题与已有命题建立起意义联系,从而理解新命题的意义。在并列结合学习中,由于学生只能利用一般的和非特殊的有关内容起固定作用,因此对它们的学习和记忆都比较困难。

二、奥苏贝尔的教学理论:讲授教学法和"先行组织者"策略

奥苏贝尔根据其"认知-同化"学习理论提出整套教学理论与主张,最主要的是两个教学基本原则及据此提出的教学内容安排与先行组织者的教学策略。

（一）教学基本原则

奥苏贝尔认为，为了使学生有效地进行有意义的学习，教学过程中应该遵循逐渐分化和整合协调的教学原则。

逐渐分化的原则是指学习应该学习包摄性最广、概括水平最高、最一般的观念，然后逐渐学习概括水平较低、较具体的知识，对它加以分化。这种顺序是与人类认知结构中知识的组织和储存方式相吻合的。奥苏贝尔认为学生对各学科的知识的组织是按包摄性由高到低的层次进行的，而且从包摄性广的知识中掌握分化的知识即下位学习，要比从包摄性窄的知识掌握概括水平更高的知识即上位学习要容易得多。

整合协调原则是指对认知结构的已有知识重新加以组合，通过类推、分析、比较、综合，明确新旧知识间的区别和联系，消除可能产生的混淆，从不同角度以不同的关键特征为根据在各项新旧知识点之间建立精细的联系，使所学知识能综合贯通，构成清晰、稳定、整合的知识体系，例如学生不仅能从营养学的角度将黄豆和洋葱归入蔬菜，使之成为蔬菜这一知识系统的具体内容，也要能从植物学的角度懂得：豌豆是植物的种子，而洋葱是植物的茎。

（二）教学内容的安排

奥苏贝尔认为，根据"逐渐分化"和"整合协调"的原则，教材内容的最好编排方式是：每门学科的各个单元应按包摄性程度由大到小的顺序排列，这样前面的单元可以与后面的单元构成上位对下位的关系，也就可以为后面知识的学习提供理想的固定点。每个单元内的知识点之间也最好是按逐渐分化的方式编排，使学生能通过最简单的下位学习来理解新知识，使知识结构不断分化、丰富。

（三）先行组织者的教学策略

奥苏贝尔根据这两个教学原则，提出了"先行组织者"的教学策略，"先行组织者"策略是奥苏贝尔对知识教学的独特贡献。教师在讲授新知识之前，先给学生提供一些包摄性较广的、概括水平较高的学习材料，用学习者能理解的语言和方式来表述，以便给学习者在学习新知识时提供一个较好的固定点，将它与原有知识结构联系起来，这种预先提供的起组织作用的学习材料就叫做"先行组织者"。

先行组织者比将要学习的新内容更具有抽象性、概括性和包摄性，以便为学生即将学习的更分化、更详细、更具体的材料提供固定点，还有助于学生觉察出自己已有的认知结构中与新知识有关的其他知识，提醒学生主动将新知识与这些知识建立各方面的意义联系，从而可以从不同角度对理解新知识提供帮助。奥苏贝尔认为，先行组织者在三个方面有助于促进学习和保持信息：首先，如果设计得恰当，它们可以使学生注意到自己认知结构中已有的那些可起固定作用的概念，并把新知识建立在其之上；其次，它们通过把有关方面的知识包括进来，并说明统括各种知识的基本的原理，从而为新知识提供一种框架；最后，这种稳定的和清晰的组织，使学生不必采用机械学习的方式。

先行组织者有两类：一类是说明性组织者，用于对新知识提供一个上位的类属者；另一类是"比较性组织者"，它通过比较新知识与认知结构中类似的或邻近的知识的异同，提高二者的可辨别性，从而促进对新知识的有意义的学习，保证学生获得精确的知识。一般而言，学生在学校里的学习多数是有系统的学习，出现全新知识的时候不多，倒是知识之间容易混淆的情况很常见。因此，提供比较性组织者是教师经常用到的教学策略。提供先行组织者的方式可以灵活多样，比如上新课之前先做口头的介绍，概括前后学习内容的异同或联系，也可以详细讲解一个作为先行组织者的一般性的原理或概念，再转入新知识的学习中。

奥苏贝尔曾用实验来研究先行组织者在知识学习中的作用，结果证明，合理地使用先行组织者，不仅可以促进知识的学习，也有利于知识的保持。其他大量的短期和长期的实验研究也证明这种教学策略在分析教学任务等方面具有很强的指导意义和参考价值。

三、对奥苏贝尔学习与教学理论的评价

奥苏贝尔的认知－接受学习理论注重有意义的接受学习，突出了学生的认知结构和有意义学习在知识获得中的重要作用，对有意义接受学习的实质、条件、机制、类型等作了精细的分析，澄清了长期以来对传统讲授教学和接受学习的偏见，以及对发现学习和接受学习与意义学习和机械学习之间关系的混淆。他提出的先行组织者策略对改进课堂教学设计、提高教学效果有重要的实用价值。

然而，奥苏贝尔的理论也有值得质疑的地方。首先，从学生学习或学校教学的目标来看，他偏重学生对知识的掌握，对学生能力的培养尤其是创造能力的培养不够重视，至少在他极力倡导的学习与教学过程中看不到对这方面的分析。实际上，学生的学习，是人类知识的再生产过程，它要将人类千百万年以来形成的机能（包括所生产的知识与生产知识过程形成的能力）转化为个体的机能，而不是仅仅是理解这些知识结论。其次，从知识的类型来看，就知识的学习而论，

奥苏贝尔的教学思路也只是比较符合陈述性知识的掌握，而不适合程序性知识的掌握。最后，奥苏贝尔过于强调接受学习与讲授方法，没有给予发现学习应有的重视，实际上，许多人都认为，在学生学习知识的活动中，有意义的接受学习和有意义发现学习各具特色，各有所长，都是重要的学习方式，它们常常是相辅相成，互相补充的。一般而言，年龄小的学生由于生活经验有限，本身认知结构的局限性较大，常常是利用有意义发现法学习新知识，而到了中高年级，随着对更多知识的掌握，获得了一些较具概括性的基本观念和基本学习方法，有意义地接受学习才成为可能。考虑到学校教育的主要目的是在短时间内向学生传授大量的科学文化知识，而发现法学习无论从进展速度来讲，还是从课程设计和教具、学具的准备工作而言，都无法满足上述要求，因此，对于学生的知识学习而言，有意义接受学习是他们学习的主要方式。但是，作为发现法教学，它有利于引导学生大致重复前人知识生产的智力活动过程，促进学生智力尤其是创造力的提高，根据实际适当地运用发现法进行教学，无论对于激励学生的学习兴趣，还是对于培养学生学会思考问题的方法，都是十分有益的。同时，一项新知识采取哪种方式学习效果更好，要取决于许多主客观条件，比如，学习者已有的知识经验和认知结构。新知识是否要求迅速地传授给学生，现实的教学条件和材料准备是否充分，等等。因此，应该在实际的教学过程中，对于发现学习法也应给予足够的重视和灵活的运用，指导学生将有意义的发现学习和有意义的接受学习合理有机地结合起来，以更好地理解所学知识的意义，获得最佳的学习效果。

第四节　建构主义的建构学习与教学理论

20世纪90年代以来，随着心理学家对人类学习过程认知规律研究的不断深入，认知学习理论的一个重要分支建构主义学习理论在西方逐渐流行。建构主义是学习理论中行为主义发展到认知主义以后的进一步发展，被誉为当代教育心理学中的一场革命（Slavin，1994）。

一、建构主义学习与教学理论产生的根源

学习理论之所以会由认知主义向建构主义发展，建构主义学习理论之所以产生，是有其哲学根源、心理学根源与技术根源。

（一）哲学根源

建构主义可以上溯至康德对理性主义与经验主义的综合，康德认为，主体不能直接通向外部世界，而只能通过利用内部构建的基本的认知原则（范畴）去组织经验，从而发展知识。他相信世界的本来面目是人们无法知道的，而且也没有必要去推测它，人们所知道的只是自己的经验。尤其是进入 20 世纪 50 年代以后，受波普和库恩等人的影响，非理性主义波及科学哲学领域并且逐渐流行。库恩强调科学共同体的信念在科学革命中的决定作用，主张科学的增长是非理性的。他认为"科学只是解释世界的一种范式"，而"知识是个人的理解"。之后，随着结构主义方法论向后结构主义的转化，理性主义的绝对地位被进一步打破。如果说结构主义崇尚理性的话，那么，后结构主义则致力于批判企图凭借对客观和理性的确信来建立对世界秩序的认识的形而上学的传统，试图恢复被结构主义所忽略了的非理性事物。后结构主义认为结构主义只注重客观主义色彩而忽略了能动着、实践着的社会主体。因而后结构主义致力于恢复主观性、历史活动和实践的问题。受其影响，心理学学习理论表现为从认知主义发展到建构主义。正是站在这一点上，我们说建构主义学习理论是从认知主义中繁衍而出的，是"后认知主义"的学习理论，是非理性主义哲学思潮在学习理论中的一种体现。

（二）心理学根源

毋庸置疑，除了哲学思潮的影响之外，心理学自身的理论和流派以及来自于心理学界内部的反思是认知主义向建构主义学习理论发展的直接原因。如前所述，建构主义是认知主义的进一步发展，可以称之为"后认知主义"。在这一演变过程中，心理学中影响深刻的瑞士皮亚杰学派和苏联维列鲁学派（文化历史学派）先后在美国的流行起到了至关重要的推动作用。关于儿童的认知是如何发展、人的心理机能是怎样形成等问题，皮亚杰认为是通过自我建构，维果茨基（L. S. Vygotsky）认为是通过社会作用，不断建构，即社会建构。

对建构主义学习理论的形成发生影响的首先是皮亚杰关于儿童的认知发展理论，即活动内化论。皮亚杰认为，学习是一种"自我建构"。个体思维的发生过程，就是儿童在不断成熟的基础上，在主客体相互作用的过程中获得个体经验与社会经验，从而使图式不断地协调、建构（即平衡）的过程。他强调的是主体心理机能的形成，而不是经验，其主要缺陷在于没有解决好客体问题，过于强调生物性，没有了解人的社会历史性，可以说是一次内化说或一次内化的个人建构过程，是不全面的，个体不可能自发协调心理机能，应该是不断内化的过程。尽管如此，皮亚杰仍不失为认知研究领域中最有影响的一位心理学家，他的发生认识论原理在有关儿童认知发展学说中可以说构成了一个时代，他关于建构的思想是当代建构主义学习理论的重要基础之一。

20世纪七八十年代，现代认知派学习理论的主要代表人物布鲁纳等把苏联著名教育心理学家维果茨基及其创立的文化历史学派引进到美国，这无疑在代表西方主流心理学的美国心理学界引起强烈反响，给占据统治地位的现代认知派注入了新鲜血液，同时也引发了各方面心理学家的反思。在学习理论领域表现为认知主义向建构主义的进一步发展。维果茨基认为学习是一种"社会建构"，强调认知过程中学习者所处社会文化历史背景的作用，重视"活动"和"社会交往"在人的高级心理机能发展中的地位。在他看来，过去心理机能的形成是二项图式，客体不能简单理解为物理体，人和动物都能实现种的属性的继承，但动物主要靠遗传来实现，不能外化为客体。人是有目的进行活动的，可以把自己的经验客体化，最根本的是工具，其次是书面语言，如笔这一书写工具，把所有复杂思维活动以静态的形式凝聚动态活动，代代经验客体化，代代相传。人的学习机制形成是经验的传递过程。因此，关于人的高级心理机能的发展，应当从历史的观点，而不是抽象的观点，不是在社会环境之外，而是在同它们的作用的不可分割的联系中，加以理解。

建构主义正是融合了皮亚杰的"自我建构"和维果茨基的"社会建构"并有机地运用到学习理论研究中来，在此基础上提出了"意义建构"。

（三）技术根源

事实上，建构主义学习理论早在20世纪80年代已有人提出，但其教学方法在当时的教学条件下无法得到满足与实现，因而未能成为主流。90年代以后，多媒体计算机和基于Internet的网络通信技术为建构主义学习理论的成熟和发展提供了可能和保障。

二、建构主义学习理论的基本观点

尽管以往的认知主义与联结主义在学习本质上存在根本分歧，但它们基本上都是客观主义的，主张分析人类行为的关键是对外部事件的考察，他们认为世界是由客观实体、其特征以及客观事物之间的关系所构成，教学的目标在于帮助学习者习得这些事物及其特征，使外部客观事物内化为其内在的认知结构。所不同的只是联结派认为学习是通过联结把握客体意义，认知派认为学习是通过信息加工把握客体意义。而建构主义则是非客观主义的，虽然其在本体论问题上没有过多地进行讨论，但是在认识论上则肯定是非客观的，因为它认为学习是通过信息

417

加工活动建构对客体的解释，个体是根据自己的经验建构知识的。认知主义认为学习是全体学生在教师的指导下，通过相同的信息加工活动，形成相同知识或认知结构。建构主义认为，不能把学生设想为具有共同起点、共同背景通过共同过程达到共同目标，学习者是以原有知识经验为背景接受学习的，不仅是水平不同，更关键是类型和角度不同，不能设想所有人都一样，而应以各自背景作为产生新知识的生长点；正因为如此，不能对学生掌握知识领域作典型的、结构化的、非情境化的假设，知识不是统一的结论，而是一种意义的建构，因此，即使学习的是相同的知识，学习者所进行的信息加工活动也不同，最后建构的知识意义也不同，关于每个人按各自的理解方式建构对客体的认识，故是个体化、情境化的产物，而不像认知主义与联结主义那样把客体作为规范的东西。学习是每个学生从自身角度出发，建构起对某一事物的各自看法，在此过程中，教师只是起辅助作用。从这个基本前提出发，建构主义提出了自己独特的学习理论。由于建构主义还是一个新兴的派别，还没有形成一个基本统一的理论体系，内部派系林立，各讲一套，然而，通过这些五花八门的观点，仍然可以看出它们大致相同的规范。下面列出建构主义各种关于学习问题的观点与表述：

（1）学习是学习者利用感觉吸收并且建构意义的活动过程，这一过程不是被动地接受外部知识，而是同学习者接触的外部世界相互作用的结果（J. Dewey）。

（2）学习包括建构意义和建构意义系统两个部分（L. B. Resnick）。

（3）建构意义的至关重要的活动是人的智力，它发生在人的大脑中。利用人的物理活动传递经验也许对学习来说是需要的，尤其对孩子来讲，但它是不足够的。我们必须投入与物理活动一样多的智力活动才可以保证意义的建构（Dewey）。

（4）学习是一种社会活动。个体的学习同其他人，如教师、同伴、家庭、偶然相识者等关系密切，而像戴维（Dewey）指出的那样，传统教育更加倾向于将学习者同社会分离，倾向于将教育看成是学习者与目标材料之间一对一的关系。相反，进步主义教育意识到学习的社会性、同其他个体之间的对话、交流已成为完整学习体系的一部分。

（5）学习是在一定情境中发生的。我们不能离开实际生活而在头脑中抽象虚无的、孤立的事实和理论，我们学习的是已知事物之间的关系及其人类确立的信念。只有这样，我们的学习行为才可能清晰，学习是活动的和社会性的观点才可能成为一种必然的推论。总之，人类的学习不能离开生活而存在。

（6）个体学习需要先前知识的支持。如果个体没有先前形成的知识结构的基础是不可能吸收新知识的。我们知道的越多，我们能够学习的就越多。因此施教者必须尽量创设同学习者当前状态相联系的问题情境，必须为学习者提供基于先前知识的路径。

（7）学习需要花费一定的时间。学习不是瞬间完成的，对于知识来说，需要学习者多次复习、思考及其应用，这一过程不可能在5～10分钟内完成①。

（8）学习是一种意义获取。因此，学习必须围绕个体将要从事的意义建构（Construct Meaning）开始。

（9）部分的理解有利于整体意义的理解。部分必须纳入整体关系中理解，因此学习过程集中于原始概念而非孤立的事实。

（10）学习的目的是建构个体自己的意义，而非重复它人的意义获得"正确"答案②。

总体来看，建构主义认为，学习是学习者在原有知识经验基础上，在一定的社会文化环境中，主动对新信息进行加工处理，建构知识的意义（或知识表征）的过程。下面从学习的过程、学习的结果与学习的条件三个方面阐述建构主义关于学习实质的观点。

（一）关于学习过程

建构主义认为，学习是学习者主动地建构内部心理表征的过程。学习者不是被动地接受外来信息，而是主动地进行选择加工，学习者不是从同一背景出发，而是从不同背景、角度出发，教师不是统一引导，完成同样的加工活动，而是在教师和他人的协助下，通过独特的信息加工活动，建构自己的意义的过程。这一建构过程不是传统认知派的社会建构过程，而是一个个人建构的过程，建构起对现实世界的意义。

对学习过程的理解方面，与传统认知主义学习理论相比，建构主义强调了这个过程的独特性与双向建构性。

与认知主义学习理论一样，建构主义也认为学习是学习者进行复杂的信息加工活动过程，两者主要分歧在于，学生在学习过程所进行的信息加工活动是否一致。但是，认知主义学习理论强调在相同经验的学习过程所进行的信息加工活动的共同性，该理论看来，在学习相同知识的过程中，学习者所进行的信息加工活动应该是相同的，如何引导学习者进行有效的信息加工活动模式，形成认知结构，是教师的主要工作。而建构主义则强调学习过程中学习者进行的信息加工活

---

① 译自："Constuctivist Learning Theory"，CECA Conference，Prof. George E. Hein，Lesley College，Massachusetts USA，Jerusalem srael，15～22 October 1991.

② 译自："Constructivisim" Jacqueline and Martin Brooks，The Case for Constructivist Classrooms.

动的独特性，它认为，学习者要建构关于新事物及其过程的表征，是通过已有的认知结构对新信息进行加工而建构成的。外部信息的意义是学习者通过新旧知识经验间反复的、双向的相互作用过程而建成的，而且原有知识又因为新经验的进入而发生调整和改变。所以学习过程并不是简单的信息输入、存储和提取，它同时包含由于新旧经验的冲突而引发的观念转变和结构重组，是新旧经验之间的相互作用过程（Spiro，1991）[1] 学习者并不是空着脑袋走进教室的，在日常生活中，他们已形成了丰富的生活经验以及基于这些经验基础之上的一系列的认知结构，对一些问题都有自己的看法，因而在学习过程中，人脑并不是被动地学习和记录信息，而是主动地建构对信息的解释，学习者不是被动地在教师指导下对知识进行接收、加工和储存，而是根据自己的知识背景，并且需要借助于贮存在长时记忆中的事件和信息加工策略[2]，对信息进行主动的选择和加工，在教师或他人协助下，形成一种独特的信息加工过程，建构自己关于知识的意义。如威特罗克在其生成学习模式中就特别强调，学习过程是学习者原有认知结构与从环境中接受的感觉信息相互作用，主动建构信息意义的生成过程。

同时，建构主义认为，学习过程同时包含两方面的建构：（1）对新信息的理解是通过运用已有经验，超越所提供的新信息而建构的；（2）从记忆系统中所提取的信息本身，也要按具体情况进行建构，而不单是提取。所以，"建构一方面是对新信息的意义的建构，同时又包含对原有经验的改造和重组。"[3]这种双向建构意义的学习，使学习者得到更为灵活的知识。

（二）关于学习结果

首先，从学习所获得的经验的性质来看。传统的认知主义与联结派学习理论在知识的问题上都持客观主义的立场，认为知识是客观的、是对客观世界的反映。认知主义认为存在着有关世界的可靠知识。由于客体的基本特征是可知的和相对不变的，所以知识是稳定的。世界是真实的，是具有结构的，因此学习者可以建立有关世界结构的模式。认知主义认为，人们通过学习可以获得对客观世界各种事件的认识，了解真实世界，从而在他们的思维中复制世界的内容和结构。

建构主义却认为，知识并不是对现实的准确表征，它只是一种解释、一种假设，它并不是问题的最终答案，相反，它会随着人类的进步而不断地被"革命"掉，并随之出现新的假设；而且知识并不能精确地概括世界的法则，在具体问题

---

① In T. M. Duffy & D. H. Jonasse (Eds), Constructivism and the Technology of Instrution: A Conversation. (pp. 57 - 75), Lawrence Erlbaum Associates, Inc.

② 张建伟、陈琦：《从认知主义到建构主义》，载《北京师范大学学报（社会科学版）》1996年第4期。

中需要针对具体情境进行再创造。认知主义倾向于把知识看成是由外部输入的，认为知识由语言来表征，通过由教师讲授的方式把知识准确地传递给学生。建构主义反对客观主义的外塑论，它把知识看成是主体与客体相互作用的结果，而不是单由哪一方面产生的，学习者并不是把知识从外界搬到记忆中，而是以已有的经验为基础，通过与外界的相互作用来建构新的理解。学习要建构关于事物及其过程的表征，但并非外界的直接翻版，而是通过已有的认识结构（原有知识经验和认知策略）对新信息进行加工而建构。在外部信息的输入与学习者内部生成的知识建构中，更强调学习者内部的生成作用。

其次，更为重要的是，从学习者形成的认知结构的构成来看，传统认知派学习理论认为，学习的结果是形成认知结构，它是高度结构化的知识，是按概括水平高低层次排列的。然而，建构主义认为，知识结构不是加涅所指的直线结构或如布鲁纳、奥苏贝尔等人所提倡的层次结构，而是围绕关键概念而建构起来的网络结构的知识，既包括结构性知识，也包括非结构性知识，学习结果应是建构结构性与非结构性知识意义的表征。该理论认为，学习可以分为低级学习和高级学习。低级学习属于结构良好领域，要求学生懂得概念、原理、技能等，所包含的原理是单一的，角度是一致的，此类学习也叫非情境化的或去情境化的学习。高级学习属于结构不良领域，每个任务都包含复杂的概念，各种原理与概念的相互作用很不一样，是非结构化的、情境性的学习。在此领域，直线结构或层次结构已无能为力。建构主义认为学习应是抽象与具体、结构与非结构、情境与非情境的结合。传统学习领域，混淆了低级、高级学习的划分，把原理等作为学习的最终目的，而真正的学习目的应是要建构围绕关键概念组成的网络结构，包括事实、概念、策略、概括化的知识，学习者可以从网络的任何一点进入学习。网络结构的知识是打通的，而认知主义的层次结构的知识是封闭的。

三、建构主义教学理论的基本观点

在其学习理论的基础上，建构主义提出了系统的教学理论与模式，对以往的教学理论产生了巨大的冲击。

（一）建构主义关于教学的基本思路

1. 注重以学生为中心进行教学

建构主义认为，学生是信息加工的主体、是意义的主动建构者，而不是外部刺激的被动接受者和被灌输的对象。学生被看成形成有关现实理论的"思想家"。学习是由学习者内部控制的过程。鼓励和接受学习者的自治与主动。将学习者看作有意志和目的的人，鼓励学习者质讯、培养学习者的好奇心。因此，该理论认为，教学目标具有很大的灵活性，它不应该强加给学习者，而是同学习者商量决定，或由学习者在学习过程中自由调整。同时，建构主义理论认为，教师不应被看成"知识的授予者"，而应成为学生学习活动的促进者。教师是学生意义建构的帮助者、促进者，而不是知识的传授者与灌输者。教师应善于引起学生观念上的不平衡，高度重视对于学生错误的诊断与纠正，充分注意各个学生在认识上的特殊性，努力培养学生的自觉意识和元认知能力，努力调动学生的学习积极性，并很好地发挥教学活动组织者和"导向"的作用。此外，教育者是解决问题的教练和策略的分析者，应十分注意对于自身科学观和教学观的自觉反省和必要更新。教师的职责在整个教育体制与教育对象之间发挥了一个重要的"中介"作用。

2. 注重在实际情境中进行教学

建构主义强调开发围绕现实问题的学习活动，尽量创设能够表征知识的结构、能够促进学生积极主动地建构知识的社会化的、真实的情境，让学生在结构不良领域中进行学习的重要意义，认为结构良好领域不能提供生动性、丰富性，只能使学生获得低级的单一的知识。建构主义者强调创建与学习有关的真实世界的情境，注重让学生解决现实问题，强调提供复杂的、一体化的、可信度高的学习环境的重要性，这种教学情境应具有多种视角的特性。将学习者嵌入到现实和相关情境（真实世界）中，作为学习整体的一部分为他们提供社会性交流活动。

3. 注重协作学习

建构主义认为，学习者以自己的方式建构对于事物的理解，从而不同人看到的是事物的不同方面，不存在唯一的标准的理解。但是，我们可以通过学习者的合作而使理解更加丰富和全面。目前的课堂教学形式不适合学生进行高级学习，而高级知识的教学应该提倡师徒式的传授以及学生之间的相互交流、讨论与学习，教学过程需要围绕亟待解决的重要问题进行，并对学生的问题解决过程给予高度重视，在该过程中，鼓励学习者同其他学生和教师进行对话与协商。因此，建构主义指导下的教学组织形式有小组学习、协作学习等，主要在集体授课形式下的教室中进行，提倡在教室中创建"学习社区"。随着网络环境的优化（互联网、校园网、城区网等），网上建构主义的教学组织形式也得到了较快的应用与发展。

4. 注重提供充分的资源

建构主义强调要设计好教学环境，为学生建构知识的意义提供各种信息条件。

（二）建构主义提倡的主要教学设计

建构主义者提出了许多体现了上述教学思路的教学方法与模式，主要有如下几种：

1. 随机通达（Random Access）教学设计

建构主义代表人物斯皮罗等人提出了认知灵活性理论（Cognitive Flexibility Theory）（Spiro，1988），该理论认为，学习者在学习的过程中对信息意义的建构可以从不同角度入手，从而获得不同方面的理解。据此，他们提出了"随机通达教学"。所谓随机通达教学，是指学习者可以随意通过不同途径、不同方式进入同样教学内容的学习，从而获得对同一事物或同一问题的多方面的认识与理解。它认为，传统的教学设计只适合于低级学习（主要涉及结构良好领域），而对于高级学习（主要涉及结构不良领域）是无能为力的。根据知识是由围绕关键概念的网络结构所组成的观点，这种教学设计主张，真正的学习可以从网络的任何部分随意进入或开始，而且这种进入可以是多次的，这种多次进入，不是像传统教学中那样，只是为巩固一般的知识、技能而实施的简单重复，而是伴随新知识的建构，学习者每次进入都有不同的学习目的，每次的情境都是经过改组的，都有不同的问题侧重点，从不同的角度入手，分别着眼于同一问题的不同侧面，形成对同一概念的多维度的理解，同时能够与具体情境联系起来，产生与丰富的背景经验相关的大量的复杂图式。因此多次进入的结果，是使学习者获得对事物全貌的理解与认识上的飞跃。

2. 支架式（Scaffolding）教学设计

根据欧共体"远距离教育与训练项目"（DGXIII）的有关文件，"支架式教学应当为学习者建构知识的理解提供一种概念框架（Conceptual Framework）。这种框架中的概念是为发展学习者对问题的进一步理解所需要的，为此，事先要把复杂的学习任务加以分解，以便于把学习者的理解逐步引向深入。"

支架式教学思想来源于苏联著名心理学家维果茨基的"最邻近发展区"理论。维果斯基认为，在儿童智力活动中，对于所要解决的问题和原有能力之间可能存在差异，通过教学，儿童在教师帮助下可以消除这种差异，这个差异就是"最邻近发展区"。换句话说，最邻近发展区定义为，儿童独立解决问题时的实际发展水平（第一个发展水平）和教师指导下解决问题时的潜在发展水平（第二个发展水平）之间的距离。可见儿童的第一个发展水平与第二个发展水平之间的状态是由教学决定的，即教学可以创造最邻近发展区。因此教学绝不应消极地适应儿童智力发展的已有水平，而应当走在发展的前面，不停顿地把儿童的智力从一个水平引导到另一个新的更高的水平。

支架式教学设计基于建构主义关于概念框架的观点，它借用建筑行业中使用的 "脚手架"（Scaffolding）作为概念框架的形象化比喻，利用概念框架作为学习过程中的脚手架，该教学设计主张，为了更好地促进学生对知识意义的建构，教学应围绕和结合当前的学习主题，按维果茨基 "最近发展区"（Zone of Proximal Development）的要求为学生提供一种概念框架，而不是具体的学习内容，框架中的概念可以启动并引导学生对问题作进一步的理解。这种概念框架在学习过程中如同建筑行业的脚手架，学生可以沿此支架由最初的教师引导多一些逐步过渡到自己调控而一步步攀升，不断进行更高水平的认知活动，最终完成对所学知识的意义建构，同时其智力水平也得以不断提高。这样，通过这种脚手架的支撑作用（或曰 "支架作用"）不停顿地把学生的智力从一个水平提升到另一个新的更高水平，真正做到使教学走在发展的前面。并且，通过支架（即概念框架）把管理调控学习的任务逐渐由教师转移给学生自己，最后撤去支架。"教师引导着教学的进程，使学生掌握、建构和内化所学的知识技能，从而使他们进行更高水平的认知活动"（Slavin，1994）。

3. 抛锚式教学（Anchored Instruction）设计

抛锚式教学设计也称情境性教学设计，建构主义认为，学习者要想完成对所学知识的意义建构，即达到对该知识所反映事物的性质、规律以及该事物与其他事物之间联系的深刻理解，最好的办法是让学习者到现实世界的真实环境中去感受、去体验（即通过获取直接经验来学习），而不是仅仅聆听别人（例如教师）关于这种经验的介绍和讲解。因此，教学应使学习在与现实情境相类似的情境中发生，以解决学生在现实生活中遇到的问题为目标（Cunningham，1991），教学过程与现实的问题解决过程相类似。这种教学要求建立在有感染力的真实事件或真实问题的基础上，学习的内容要选择真实性的任务，确定这类真实事件或问题被形象地比喻为 "抛锚"，因为一旦这类事件或问题被确定了，整个教学内容和教学进程也就被确定了（就像轮船被锚固定一样）。建构主义认为，教学应创设与真实任务类似的问题情境，呈现真实性任务、案例或问题给学生（即 "抛锚"），尽可能让学生在一个完整、真实的问题情境中产生学习的需要和兴趣，并通过亲身体验和感受，主动识别、探索、发现和解决问题。

由于抛锚式教学要以真实事例或问题为基础（作为 "锚"），所以有时也被称为 "实例式教学" 或 "基于问题的教学"。该教学设计主张弱化学科界限，强调学科间的交叉，因为具体问题往往同时与多种概念原理相关；另外，教学过程要求教师在课堂上提供解决问题的原型，并指导学生探索；并且，情境性教学不需要独立于教学过程的测验，而是采用融合式测验，因为学习中对具体问题的解决过程本身就反映了学习的效果。目前在这方面已有大量的研究，特别是利用多媒体进行的计算机辅助教学可以提供与现实更加类似的问题情境，达到真实性任务的目的。

4. 自上而下（Top-Down）的教学设计

建构主义者批判传统的自下而上的教学设计，认为它是使教学过程过于简单化的根源，主张自上而下的教学设计模式，即首先呈现整体性的任务，同时提供用于更好地理解和解决问题的工具，让学生尝试进行问题的解决，在这个过程中，学生可以自己发现完成任务所需首先完成的子任务，以及完成各级任务所需的各级知识技能，在掌握这些知识技能的基础上，最终使问题得以解决（Slavin，1994）。因为在教与学的活动中，知识是由围绕着关键概念的网络结构所组成的，因此不必要组成严格的直线型层级，学习可以从网络的任何部分进入或开始，教师既可以从要求学生解决一个实际问题开始教学，也可以从给一个规则入手等，当然在实际操作中这些都必须适应一定的教学目的，根据具体的教学目的和条件而确定。

总之，建构主义的教学设计强调以学生为中心，认为学生是知识意义的主动建构者，教师只对学生的意义建构起帮助和促进作用，注重发挥学生的首创精神，让他们在不同情境下应用所学的知识并实现自我反馈，无论是随机通达教学，还是抛锚式或支架式教学，都非常支持和鼓励学习者的自主学习（Autonomic Learning）和他们之间的协作学习（Meta-Learning）。同时，都强调"情境"对意义建构的作用，重视教学中教师与学生以及学生与学生之间的相互作用，倡导协作学习与交互式教学；强调对学习环境（而非教学环境）的设计；强调利用各种信息资源来支持学生的自主学习和协作式探索；强调学习过程的最终目的是完成意义建构而非完成教学目标。这些与传统的教学设计大相径庭。建构主义的教学设计一般包含下列内容与步骤：（1）教学目标分析；（2）情境创设；（3）信息资源设计；（4）自主学习设计；（5）协作学习环境设计；（6）学习效果评价设计；（7）强化练习设计。他们认为每个人都在以自己的经验为背景建构对事物的理解，因此只能理解到事物的不同方面，不存在对事物唯一正确的理解。教学要使学生超越自己的认识，而通过协作和讨论，可以使他们相互了解彼此的见解，形成更丰富的理解，以利于广泛的迁移。

四、对建构主义学习与教学理论的评价

建构主义学习理论对当今教育理论与实践产生广泛的影响，该理论主张学习是通过信息加工活动建构对客体的解释，个体是根据自己的经验建构知识的，强调学习过程中学习者的主动性、建构性，强调学习与教学的中心是学习者（学

425

生）而非指导者（教师），学生是信息加工的主体以及知识意义的主动建构者，并提出了知识结构的网络模式。这些见解丰富和深化了学习理论的研究。建构主义学习理论对初级学习和高级学习进行了区分，批评了传统教学中把初级学习的教学策略不合理地推及到高级学习的失误，提出了随机通达教学、自上而下教学、抛锚式教学、支架式教学等富有创见的教学设计模式。按照建构主义理论，教师传授的知识对学习者来讲不是主要的，它们仅仅是学习者学习环境中的一个影响因素（环境变量）而已，教师的知识是否为学习者所掌握，完全看学习者是否对其加工及其加工的深度如何；学生处于教学的中心位置，教师是学生学习的指导者、帮助者和促进者，在学生的学习过程中，教师所做的是如何为学生提供良好的学习环境，为学习者提供知识建构的丰富资源环境，以有利于学习者对信息进行加工处理。这些观点对于教育实践有重要的启示。

总的来看，建构主义理论对于进一步推动学习与教学理论的发展有重要的意义，对于指导教育实践也具有积极的作用。

然而，建构主义学习与教学理论过于强调知识的相对性，否认知识的客观性；过于强调学生学习过程即个体知识再生产过程的信息加工活动的个别性，而否认其本质上的共同性；过于强调学生学习知识的情境性、非结构性，完全否认知识的逻辑性与系统性；这显然又走进另一个极端。当然，任何理论都不是十全十美的，作为一种行之有效的学习理论，建构主义学习理论在教育实践中正在发挥着积极的指导作用。我们必须清楚建构主义学习理论中存在的不足之处，并注意在教育实践中采取相应的策略予以消除。

第十章

学习双机制理论关于学生能力
培养的本源性教学模式

关于教学过程中学生的知识学习与能力培养问题，一直是学术界与教育界关注与探讨的核心问题，不同的学习与教学理论对于学生应该掌握什么知识、应该如何在掌握知识过程培养能力尤其是创造力等等这些重大问题的看法有很大的不同。哪一派理论更能科学地反映学生学习的本质？尤其在当今强调培养学生创造力、提倡创新教育的形势下，哪一派学习与教学理论更能符合这个需要？

本章结合对西方当代关于培养学生能力的各派理论的分析，从人类知识生产过程与个体知识再生产过程的高度分析了学生学习的本质，提出了学习双机制理论关于在教学过程发展学生能力尤其是创造力的基本观点。学习双机制理论认为，人类知识生产过程是知识形成与能力形成统一的过程，而个体的知识再生产过程应该遵循人类知识生产过程，才能实现知识获得与能力发展的同步性。这种按照人类知识生产过程来进行教学设计，称为"本源性教学"。本源性教学主要解决教学过程应该根据知识的不同性质引导学生进行不同的智力活动，在知识掌握过程中实现能力尤其是创造力的发展这个重大问题。本源性教学的基本框架主要包括两方面：第一，对人类知识生产过程优选式全程重复的教学设计；第二，按照人类知识生产性质进行知识分类，将知识分为联结性知识与运算性知识，并根据知识类型提出教学模式与教学策略。

第一节 个体知识再生产过程的知识获得与能力培养

一、人类知识生产过程不同环节的知识与能力形态分析

我们认为，为了科学地认识学生知识学习过程的能力培养的规律，首先应该考察人类知识生产过程的知识形成与能力形成的实质。在人类认识发展过程中，知识是以两种形式存在：一个是本源系统形式；另一个是学科系统形式。

所谓知识的本源系统，是人类在实践过程中为了解决实践问题而将各种相关的知识组合，成为与该实践过程相对应的知识系统，即按照改造客观世界的实践过程形成的，关于实践过程所作用的现实客观世界的本来的、实在存在的系统的认识，这种系统是根据各种具体实践活动所涉及的对象及其关系构建起来的，是一种综合的、各方面属性与关系交错的知识系统。

所谓知识的学科系统，是科学家为了更好地说明客观世界的现象与规律，人为地将相互交织、相互联系的现象与规律分离开来、割裂开来，按照一定的规则维度进行分类组织而形成的知识系统，如数学、物理、化学之类。这种系统是按照纯化的现象与规律组织起来的、以关键概念为核心组成的学科结构，亦即布鲁纳提出的学科基本结构。

在人类进行各种实践活动过程中，为了解决实践的一系列问题，首先要由已有知识组成的本源性系统，在这个本源系统的基础上对实践问题进行探索，一方面解决实践的各种问题，推进实践活动取得成功；另一方面在这个过程中在原来的知识体系基础上产生新的认识，这就是基于实践过程的知识生产的第一个环节：新知识的生成环节。

新的知识形成后，人类从两个方向对新知识进行整合：

第一个方向是新知识的逻辑整合。新知识产生后，人类将这个新的认识与其他知识的联系与关系组织进某个学科体系，不断构成系统的学科知识系统。这样构成了人类知识生产的第二个环节，即知识整合的环节。

第二个方向是新知识的本源组合，即新知识的迁移。人类又根据新的实践问题的需要将这个新知识与其他知识组合起来形成新的本源系统解决新的问题，此时，新的知识就被整合进新的本源系统，这个新的本源系统，一方面指导人们常规性地解决新的同类问题；另一方面又会由于新问题的解决而导致新的认识产

生，因此，新知识的迁移与本源组合，既是该新知识生产过程的延续，又是下一个新认识产生的起点或基础。可以说，某一新知识的自然整合环节同时也就是下一个新知识的生成环节。

人类知识的生产过程各环节分析见图 10－1。

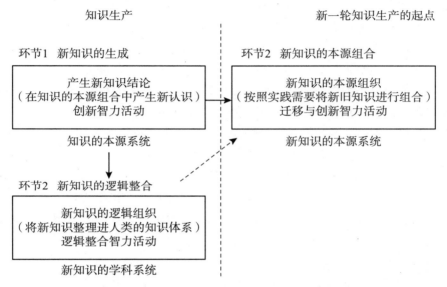

图 10－1　人类知识的生产过程各环节分析

总的来看，人类知识生产过程目的在于获得对客观世界的新认识，是一个从无到有的过程，因此，要获得新认识，唯一道路就是在先前认识的基础上创新。第一个环节"知识的生成"，就是一个以问题为中心、在先前认识的基础上探索、产生新认识的过程，是一个原创性的过程，这个过程在获得原创性的新知识的同时，也形成人类原创能力，这个环节的知识是以本源系统的形式存在。第二个环节"知识的逻辑整合"目的在于将知识按照内在联系进行整理，主要是为了将知识保存下来，更便于代代相传，这是一个融会贯通的过程，形成人类对知识的把握能力。而这个环节的知识，是以科学系统的形式存在。从人类知识生产的角度来看，某项具体的知识从产生环节到整合环节，便可以说是基本完成，然而，随着人类实践的发展，新知识在实践中进行新的组合运用，这就是与新知识逻辑整合同时发生的新知识迁移与本源组合环节，在这个环节中，同样是以问题为中心，一方面在实践过程中发挥新知识的作用，解决实践问题，这个过程在形成新知识的新本源系统的同时，也形成人类的知识运用与组合创新能力；另一方面是在实践解决问题过程中又发现下一个新知识，即生成新一轮知识。因此，严格来说，本轮新知识本源组合与新一轮知识生产的第一环节是交叠或重叠的。

429

人类知识的生产过程的知识生成环节与新知识整合环节，在知识系统与智力活动的性质方面有实质性的差异：

首先，从知识系统来看，人类生产知识过程的两个环节相应的知识构成系统不同。人在知识生产过程中，第一个环节生成环节，是以实践问题为中心构建知识系统，知识体系是以本源系统的形式存在；而在第二个环节知识整理环节，是以学科关键概念为中心，知识体系是以科学系统的形式存在。人类是在原来的本源系统中、在实践过程中为了解决问题而探究形成新的认识，然后一方面将这个新的认识与其他知识的联系与关系组织进某个学科体系，形成了系统的经验总结；另一方面又根据新的实践问题的需要将这个新知识与其他知识组合起来解决新的问题。此时，新的知识就被整合进新的本源系统，这个新的本源系统，一方面指导人们常规性地解决新的同类问题；另一方面又会由于新问题的解决而导致新的认识产生，因此，每一个本源系统既是原先形成的新知识的新组合，又是新的认识产生的基础。

其次，更为重要的是，从智力活动的性质来看，知识生成过程所进行的是创新性的智力活动，知识整理过程所进行的是逻辑整合的智力活动，这两类性质不同的智力活动形成不同的能力。生成性智力活动是以创造思维为主的智力活动，这种智力活动形成的是以创造思维为核心的创新能力，也就是说，这类活动形成的是人类创造力的"种的经验"；而整合性智力活动主要是常规的思维活动，这种智力活动形成的是以逻辑思维为核心的一般能力，也就是说，这类活动形成的是人类一般能力的"种的经验"；对于人类的能力发展来说，这两种能力都是必不可少的。这样，人类实践过程中不断进行认识活动（即知识的生产活动），一方面获得对客观世界的认识即生产出作为信息意义的知识；另一方面由认识活动概括化而逐步形成与发展相应的创造力与一般能力；因此，作为人类知识的载体实际上就以静态的形式蕴含了知识信息与机能信息（包括创造力与一般能力）。不同类别、不同层次的认识活动会生产出相应类别级别的知识结论并形成相应类别级别的创造力与一般能力。由此可见，人类对客观世界一定层次的认识的实现过程，也必然是相应水平的创造力与一般能力的形成过程，其知识的信息意义的生产与知识的智能意义的生产是完全一致、严格同步的，人类对客观世界认识的程度跟人类智力发展的高度是同步的。应该强调的是，人类的智力发展过程，主要是通过知识生成过程智力活动来实现的。知识生成过程所进行的智力活动，是对原来智力活动水平的超越，只有这种超越，才能产生新的认识，因此，这种创新性的智力活动，导致了人类智力从质的方面得到提高。

因此，从认识的角度来看，知识生成是知识生产过程最重要的方面，没有知识的发现，没有形成对客观世界的新认识，也就不存在知识的整理；从智力发展的角度来看，发现知识过程所进行的创新性智力活动，对于人类智力的发展是最为重要的，它相当于个体认知过程的"顺应"，而知识整理过程的组织性智力活动，基本上是在原来智力活动平台上所进行的对新知识的"丰富化"活动，相当于个体认知过程的"同化"。

二、个体知识再生产过程不同环节的知识与能力形态分析

如上所述，人类知识生产过程经过三个环节，形成了两类经验，一类是知识经验，另一类是能力经验，进一步，知识经验采取两种形态，一种是本源系统形态，另一种是学科系统形态；而能力经验也分为两类，第一是创新能力，包括原创能力与组合创新能力；第二是一般能力。

个体的学习过程，是一种知识的再生产过程，学生学习的知识载体，具有双重意义，一是信息意义，即揭示了客体对象一定的性质、属性或规律，知识的这种信息意义，是以显性的形式存在，亦即以符号为载体的知识结论的形式存在着；二是智能意义，它同时以静态的形式蕴含了人们形成该知识的智力活动方式，知识的这种智能意义，是以隐性的形式存在，它只蕴含在知识结论之中，需要人们把它由静到动将它阐发出来。也就是说，知识再生产过程的知识载体，凝聚了信息经验与智能经验，知识信息经验是以显性形式，而能力经验则是以隐性的形式存在。个体知识再生产过程，应该是在社会传递下与人类形成的知识载体交互作用，实现其凝聚的信息、智能（创造力与一般能力）的过程。从知识获得的角度来看，是将显性的社会经验转化为个体知识经验的过程，是从未知到知的过程；从能力形成的角度来看，就是将外部的、以知识形态客体化存在的人类社会机能转化为个体的机能的过程。

根据人类知识生产过程分析个体的知识再生产过程，可以将学生知识学习过程分为以下三个环节：发现新知识的环节、理解与整理新知识的环节与新知识迁移应用的环节。

学生学习过程即知识再生产过程见图 10-2。

然而，个体的知识再生产，要在十几年时间将人类千百年形成的知识、机能转化为自己个人的经验，如果每一项知识的学习都完全重复前人知识生产的全程，按照这三个环节进行，那是不可能的。与知识生产过程相比较，知识再生产过程在目的、途径、方式与程序等四个方面有重要不同：

首先，从目的来看。人类知识生产的目的是为了发现客观规律以指导实践，完全取决于实践的进程与需要；而个体知识再生产过程目的在于让个体获得知识

的信息意义与智能意义，而不是要生产新知识。从"种的经验"的获得的角度来看，知识再生产过程，是与客体化的知识载体相互作用，实现其信息意义与智能意义的过程。因此，个体学习过程目的就是：获得新知识的意义，在头脑中形成知识表征，并形成蕴含在该知识载体的人类智能，包括创造能力与一般能力。

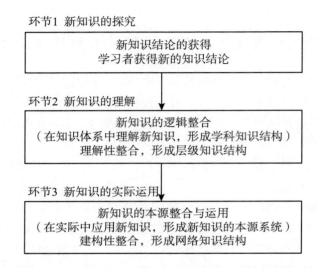

环节1 新知识的探究

| 新知识结论的获得 |
| 学习者获得新的知识结论 |

环节2 新知识的理解

| 新知识的逻辑整合 |
| （在知识体系中理解新知识，形成学科知识结构） |
| 理解性整合，形成层级知识结构 |

环节3 新知识的实际运用

| 新知识的本源整合与运用 |
| （在实际中应用新知识，形成新知识的本源系统） |
| 建构性整合，形成网络知识结构 |

图 10 – 2　学生学习的知识再生产过程各环节分析

学生的学习过程，即知识的再生产过程，是将客体化存在的知识载体转化为个体机能的过程，不仅要获得知识载体中以显性的形式蕴含的关于客观世界的认识即知识的信息意义，而且要获得知识载体中以隐性的形式蕴含的人类进行认识过程形成的智能，因此，知识的再生产，不仅获得前人对世界的认识，而且获得前人进行这些认识过程所形成的智能，包括创造力与一般能力。

其次，从实现途径来看。人类知识的生产过程是从未知到已知，因此，新知识的生成是"自古华山一条路"，必然要进行发现该知识的创新性的智力活动，从而生产出这个知识，因此，人类知识生产的第一个环节，是以解决实践问题为中心展开的知识创造的过程。然而，学生知识的学习是知识再生产过程，尽管这个知识对于学习者来说是未知的，但对于人类整体、对于教学者（教师）来说却是已知的，实际教学中个体知识的掌握就可以有两种实现途径：第一种途径是按照人类知识生产过程的实质，以问题为中心设计教学过程，引导学生大致重复人类生产该知识时的创造性为主的智力活动去探索并"发现"或"创造"出知识结论；另一个途径是按照科学知识体系为中心设计教学过程，由传授者指导学生通过积极的思维活动掌握新的知识结论，形成学科的知识结构。这样，由于知识结论的已知性，而使知识再生产的第一个环节即知识生成环节的进行方式就有了多种可能。同时，人类对新知识的整理也可以有不同的体系，可以按照不同的体系来理解知识，这样，在知识再生产过程，学习者所进行的智力活动就可以有多样性，就会形成多种学习知识的方式。

再其次，从实现方式来看。我们认为，人类知识的生产过程与个体知识的再生产过程有重要的不同，知识生产过程的知识信息产品的生产与能力产品是严格同步的，而知识再生产过程的知识信息产品与能力产品既可以是同步的，也可以是非同步的。人类在实践过程中不断进行认识活动（即知识的生产活动），一方面获得对客观世界的认识即生产出作为信息意义的知识；另一方面由认识活动概括化而逐步形成与发展相应的智力。不同类别、不同层次的认识活动会生产出相应类别级别的知识并形成相应类别级别的智力活动方式及智力。由此可见，人类对客观世界一定层次的认识的实现过程，也必然是相应水平的智力活动方式及智力的形成过程，其知识的信息意义的生产与知识的智能意义的生产是完全一致、严格同步的。然而，个体掌握知识的过程则有其特殊性，个体要掌握的知识是前人已总结出来的现成的知识结论，而且是在教师的指导下进行的，这样，个体掌握知识的过程就不像人类生产知识过程那样"华山一条路"，而是有两种可能性。一种可能学习者是在教师的正确引导下，大致重复人类生产该知识时的智力活动去获得知识结论，这样，一方面获得了知识结论，实现该知识的信息意义；另一方面，由于进行了该知识所蕴含的智力活动形成了相应的智力活动方式从而使智力得到提高，这样就能在掌握知识的同时使智力得到同步的发展。而另一种可能则是由于教学不得法，教师在引导学习者掌握知识时没有引导他们进行该知识蕴含的智力活动，而是让学生以联结学习的方式将知识结论接受下来，这样，学生虽然也获得了知识结论，也能理解它，但是，该知识所蕴含的智力活动方式并没有被学习者所大致进行，学生在获得知识结论的同时并没有得到应有的智力训练，这样，则只实现了该知识的信息意义，而无法实现其智能意义，从而会造成知识的掌握与智能的发展的失同步。

最后，从实现程序来看：人类知识生产是以实践的发展为基础展开的，生产何种知识，先生产什么知识，第二步生产什么知识，完全取决于实践的进程与需要，是实践的展开与发展过程；而个体知识再生产过程目的在于让个体获得知识的信息意义与智能意义，而不是要生产新知识，个体学习过程目的就是：获得新知识的意义，在头脑中形成知识表征，并形成蕴涵在该知识载体的人类智能，包括创造能力与一般能力。因此，知识再生产的程序，第一步学什么，第二步学什么，可以有多种程序，只要能够达到让个体实现知识载体蕴含的社会机能的目的，可以调整不同环节的次序，可以侧重其中一个环节而浓缩甚至取消其他环节，可以根据不同的知识载体选择不同的程序等。

正是由于个体知识再生产过程的这些特点，决定了学生学习过程不必要也不可能完全重复前人知识生产的全程，知识再生产过程必须也完全可能具有简约性、浓缩性。然而，如何简约，如何浓缩，具体来说，个体知识再生产应该如何进行，应该注重哪个环节或者将哪一个环节作为关键环节，应该让个体如何实现知识的信息意义与智能意义，人们会有不同的关注点，有不同的角度，产生各种不同的观点，从而形成不同的学习与教学理论。

主要的关注点有两个方面：

第一，个体知识再生产应该通过何种途径获得知识的信息意义，也就是说，个体应该建立学科的知识系统还是建立本源的知识体系。

结合人类知识生产不同环节的性质与特点，上述的知识再生产三个不同环节，是从不同的角度或者不同的系统中实现知识的信息意义，第一个环节是在知识的本源系统中实现知识的意义，个体建立的是本源性知识系统。这种知识系统最具有生态性，主要形式是产生式系统，个体知识的本质来说，实际上就是一个个产生式系统。但是，这种知识系统缺乏清晰的组织与逻辑。第二个环节是在知识的学科系统实现知识的意义，个体建立的是学科性的知识系统，主要形式主要是学科概念范畴建立起来的层级结构，这种知识系统比较清晰，逻辑性强，它会使知识意义的实现更为深刻与严密，但是，它最大的局限是缺乏生态性。第三个环节与第一个环节相似，也是在知识的本源系统中实现知识的意义。

个体可以通过不同的途径、从不同的角度、从不同的联系与关系中获得知识的意义。第一种是在知识发现系统中获得知识的本源意义，也就是在实践过程中，在原来知识自然组合的系统中探究知识。形成新的知识结论，该新的知识结论的意义就是在与本源的知识组合中形成的。第二种是在知识科学系统中获得知识的意义，也就是按照人类对知识整理的体系纳入新知识，使该新知识在与系统的其他知识的关系的把握中获得意义。第三种是在知识实际运用系统中获得知识的运用意义，这种意义实质上也是知识的本源性意义，个体通过某种解决实际问题的活动将新知识与原来知识组合为解决当前问题的知识系统，在解决问题的活动系统中获得该知识的意义。对于同一项知识来说，在不同的系统所获得的意义的性能是不同的。

也就是说，对新知识的获得，个体可以从不同角度、进行不同的智力活动，组成不同的知识结构，形成不同系统化的知识；对同样的知识，可以有进行不同的组织与整合，将知识放在不同的参照系之中从不同的角度形成它们的意义，形成不同的知识结构。但是，在实际的学习中，个体不可能全方位地从该知识的许许多多的联系与关系中来把握该知识的意义，而是根据传授者的见解引导学习者从最重要、最必要的联系或角度来把握该知识的意义。由此而引发了各种不同的理论观点，有的理论注重本源系统实现知识的意义，如杜威的"做中学"，建构主义的围绕关键知识形成的"网络结构"；更多的理论强调的是知识的逻辑系统，在学科系统中实现知识的意义，如布鲁纳、奥苏贝尔的"层级结构"等。

第二，更为重要的，个体知识再生产应该注重进行哪一个环节的智力活动，也就是说，个体主要应该形成何种能力。

在知识再生产的三个不同环节中，个体进行的智力活动不同，形成的能力也不相同。第一个环节是新知识的探索环节，通过这种发现新知识的途径，个体会形成知识的生成能力，这种能力是以创造力为核心的能力体系。第二个环节是新知识的理解整合环节，通过这种整合新知识的途径，个体会形成知识的把握能力，也就是将以原来的知识基础上纳入新知识并融会贯通掌握知识的意义的能力，包括在学科知识领域内运用知识的能力，因为，学科知识体系内运用知识解决学科问题的智力活动，本质上与在知识的学科系统内的理解新知识的过程是一样的，都是与逻辑思维为核心的智力活动，而不同于在现实情境中运用知识解决实践问题的智力活动，其所形成的是知识的把握能力，是以逻辑思维核心的一般能力。第三个环节是新知识在实际情景中的迁移应用环节，通过这种组合新知识解决问题的途径，个体会形成在实践中运用知识的组合创新能力，这也是一种以创新思维为核心的能力体系。

个体无论采用哪一种途径获得知识意义，都要进行以思维为核心的智力活动，都会形成相应的能力。

也就是说，对新知识的获得，个体可以通过不同的途径或环节，进行不同的智力活动，形成不同的能力体系。但是，在实际的教学过程中，个体不可能全程地充分地进行该知识生产过程的三个环节，而是根据传授者的见解引导学习者只经历或主要经历一个环节（即一种途径）来获得知识，从最重要、最必要的联系或角度来把握该知识的意义，由此也引发了各种不同的理论观点，有的理论注重培养学生探索、发现知识的能力，即创新能力，如布鲁纳，就必然将第一个环节作为知识再生产的关键环节，而有的心理学家更注重培养学生融会贯通的掌握知识的能力，这样，他们势必注重第二环节，如奥苏贝尔。也有的心理学家注重的是学生在实际中运用知识的组合创新能力，因此更为注意第三个环节，如建构主义的学习与教学理论。

第二节　基于学习双机制理论的本源性教学理论

一、对西方当代主要教学理论派别的分析

前面一节对人类知识生产过程与个体知识再生产过程的异同分析的基础上，明确指出，正是因为对于知识再生产过程中知识意义与智能意义的实现的看法不同，从而形成了不同的学习与教学理论。当前，西方影响最大的学习与教学理论主要是布鲁纳的认知－发现学习理论与发现法教学模式，奥苏贝尔的认知－同化学习理论与先行组织者教学模式，以及当前最热门的建构主义的学习理论与情境教学模式。下面对西方这三大学习与教学理论流派的见解与课堂教学模式做出深入的分析。

（一）对布鲁纳的发现学习与教学理论的分析

布鲁纳认为，学习知识的最佳方式是发现学习。所谓发现学习，是指学生利用教材或教师提供的条件自己独立思考，自行发现知识，掌握原理和规律。据此，他提出了知识是过程而不是结果的论断，强调让学生自己"发现"知识，将探索知识结论的认知活动作为学生学习知识智力活动的主程序，从而形成了其以"发现"为核心的学习与教学理论。

布鲁纳的学习与教学理论实际是重视了学生学习过程的知识生成环节，他强调指出，学生学习过程的智力活动性质应该与人类发现该知识的智力活动相似，也就是应该进行与知识生产过程相似的认知活动，布鲁纳的教学理论注重学生学习过程的发现知识活动，将它提到核心的地位，对一直注重学生学习过程的知识掌握与理解的传统观点是个重大的冲击，其倡导的发现法教学确实给予人们重要的启示，因此，该理论的提出在当时引导了一场全球性的教学改革浪潮。然而，布鲁纳的学习与教学理论有三方面局限：

第一，我们认为，学生学习过程既要进行发现知识的创新性智力活动，也要进行知识编码的组织性智力活动，后者是个体新知识进入后形成新的认知结构的重要环节，对于学生学习来说，也有不容忽略的重要意义，通过这个过程，可以使学生所获得的知识得到巩固与融会贯通，并且，更重要的是使他们在进行组织性活动中形成对知识的编码能力，这是学习能力的核心。应该指出，布鲁纳以发现知识为核心的学习与教学理论忽略了知识整理的过程与相应的组织性智力活

436

动，有一定程度的片面性。后来的实践结果确实表明，完全按照布鲁纳学习理论的思路进行教学改革，学生的双基掌握不牢，教学质量出现滑坡。

第二，我们认为，从人类知识生产的性质来看，学生所学习的知识有两种类型：一种是规律性知识，它来自人类对客观世界规律的发现，是一种有逻辑必然性的知识，如牛顿的三大定律；另一种是事实性知识，它来自对客观世界有关事实的认识，如珠穆朗玛峰的高度等。前一类知识的获得，需要全程进行发现知识的智力活动与整理知识的智力活动，并在活动过程中形成相应的能力；而对于后一种知识来说，其获得主要是进行整理知识的智力活动。因此，学生进行不同类型的知识学习，应该有不同的进程，因此，没有必要也不可能对于任何一项知识的学习都必须进行知识生成过程，都运用发现法。

因此，许多教育心理学家诸如奥苏贝尔等非常中肯地指出，没有必要任何知识都要"发现"，发现知识结论的技能或能力不是学生唯一的能力。

第三，值得注意的是，在对于教学的结果的问题上，他强调的是要让学生形成关于学科的系统的认知结构，这与他强调将知识生成环节的思路是矛盾的。因为，知识生成的环节不是以学科体系为中心在学科知识系统内的操练，而是以问题为中心在问题情境中产生不同于原有知识的新认识，因此，其形成的知识系统应该是知识的本源性系统。也就是说，运用发现法进行教学，是难以实现建立学科知识系统的目的。然而，布鲁纳认为，学生学习要形成的是学科的"类目编码系统"，也就是根据从一般到具体将学科的范畴、原理组成的层级结构，他进而认为，"类目编码系统"主要是通过"自下而上"地发现新知识的上位类目从而逐步形成。可见，这种发现活动本质上并不是以问题为中心的活动，即使采用了"发现法"，让学生发现新的知识结论，但本质上还是以学科体系为中心进行的知识理解或整理的活动，这就与他所提倡让学生大致经历知识的生产过程，像科学家发现知识的那样获得知识结论的基本观点产生矛盾。

（二）对奥苏贝尔有意义接受学习与教学理论的分析

奥苏贝尔认为学生的学习主要是利用已有认知结构将新知识纳入的接受过程，为了使学生有效地进行有意义的学习，应该以教授法为主，注重运用先行组织者的策略，按照逐渐分化和整合协调的教学原则，引导学生形成层级的知识体系。

奥苏贝尔的学习与教学理论也是很有意义的。第一，他正确地指出了布鲁纳学习与教学理论中对发现法强调的片面性，因为，首先，并不是学生学习的所有知识都是要经过人类创新性的智力活动而发现的，有关客观世界的本质与规律的认识，固然要经过创新性的智力活动，但是，人类的知识有相当一部分是来自人类对客观世界有关事实的确定，例如，"中国的首都是北京"等，对于后者来说，学生当然没有必要也不可能重复前人生产该知识的发现过程；其次，即使是经过人类创新性的智力活动而发现的知识，如果学生在先前的学习中已经进行过类似的发现活动，那么，从教学的效益原则考虑，也不一定要进行发现活动而获得该知识，而只需要注重进行知识整理过程的组织性智力活动，让学生形成新的知识结构。因此，奥苏贝尔提出的有意义的接受学习理论是有价值的。第二，他对学生学习过程的知识理解整合过程及其智力活动给予高度的重视，并系统提出以"先行组织者"为核心、以逐步分化、整合协调为原则的引导学生有效地进行知识整理的组织性活动，这对于深入探讨知识理解整合过程的智力活动实质有重要的作用。

然而，奥苏贝尔只注重学生学习的第二个环节即知识理解与整合环节及其相应的智力活动，而不注意知识的探索过程。按照奥苏贝尔的学习与教学理论进行教学，个体的知识再生产过程主要进行的就是知识的理解与整合活动，这个过程中更多的是发展了他们的理解知识的能力，这样，尽管学生可以融会贯通地理解知识，形成清晰的知识结构，同时也发展了融会贯通把握知识的能力，但是，由于忽略了学生学习中知识生成过程及创新性智力活动的进行，个体没有进行知识产生的探索过程，因此其以创新为核心的能力系统就无法很好地实现，造成创新能力不足。这是奥苏贝尔教学理论的主要缺陷。

（三）对建构主义学习与教学理论的分析

建构主义学习与教学理论对学习过程的智力活动性质的看法在一定程度上与布鲁纳的理论相一致，该理论强调让学生通过在实际情境中运用知识以把握知识，实质上是注重了知识的本源系统，这与布鲁纳是一致的。但与布鲁纳的理论相比，建构主义理论显著的不同点是：从知识的再产生过程来看，布鲁纳虽然注重知识探索环节，强调教学的任务主要是引导学生大致经历前人发现该知识的过程而发现这个知识结论，但是，他注重的是让学生形成学科的层级结构体系，而不是知识生产过程应该形成的本源性知识系统。建构主义强调的是知识的组合运用环节，该理论认为，在知识组合应用过程中，学生是根据实际任务自己进行知识的组合与建构，形成以问题解决为中心的、多学科的网状结构，也就是知识的本源系统，而不是布鲁纳那种层级的学科知识结构。可以说，建构主义教学理论是将重视知识本源系统的观点贯穿到底。正因为如此，建构主义心理学家强调学生的主体作用，强调教学要像师徒传授的方式进行，强调学生的自我探索、同学间合作学习的重要意义。

然而，建构主义教学理论主要问题，首先是强调知识的组合应用环节，而不重视其他环节尤其是知识理解与整理环节对学生学习的意义，按照其教学模式，必然会造成知识理解与整理环节的缺失，而造成学生基本知识不成体系，理解不深刻，基础不扎实；同时也导致学生对知识的理解与把握能力无法很好地形成。其次是过于强调所形成的知识结构的独特性，而不注意知识的共同性。从认识论的高度来看，客观事物的属性、规律是确定的，不会因不同的主体而不同，但是相同的客体可以与各种不同的客体发生联系与关系，在不同的关系系列中表现出不同的意义，因此，当不同主体将同一客体与其他不同的客体构成联系，就会对这个同一客体产生不同的知识组块，从而形成不同的知识系列，但不能因此而否定了客观的、共同的知识的存在，否认不同的个体在构建知识时的共同性。

根据上面对当代西方主要的学习与教学理论的分析，可以认为，这些教学理论的主要分歧在对于以下两个问题的解答：第一，应该以问题为中心还是以学科体系为中心，应该使学生形成什么样的知识结构，是以本源系统形态的知识结构还是基于科学体系系统形态的知识结构？第二，应该使学生形成什么样的能力，是知识的实际运用与创新能力还是知识的理解把握能力？这两个重大问题集中表现为：选择哪一个环节作为知识再生产的关键环节。

布鲁纳的学习与教学理论将知识生成的环节作为学生获得新知识意义的主要途径，强调教学的关键环节是"发现知识"，其教学模式让学生大致重复知识生产过程的知识生成的活动，有利于形成学生创造性的能力体系；然而，由于知识整合过程的缺失，使学生对知识掌握缺乏系统性，尽管他也注重让学习者建立起层级的学科知识结构，但是这种知识结构的在知识生成过程是不可能建立的。

奥苏贝尔的学习与教学理论将知识的逻辑整合的环节作为学生获得新知识意义的主要途径，强调教学的关键环节是让学生理解知识，形成层级的学科知识结构，这种教学模式有利于形成学生融会贯通的逻辑思维的能力体系，并有利于学生建立起学科知识的层级结构，扎实地理解与掌握知识。但是，按照这种教学模式，由于知识生成过程与知识组合应用过程的缺失，使学生无法发展创新思维，也无法发展起组合运用知识的组合创新思维，这样培养出来的学生尽管基础扎实，理解能力强，但是缺乏创造性。

建构主义学习与教学理论将新知识的组合运用环节作为学生获得新知识的意义的主要途径，强调教学的关键环节是让学生在实际情景中组合应用知识，建构自己的网络知识结构。这种教学模式有利于形成学生综合应用知识解决问题的组合创新能力，形成与实际问题解决相对应的程序型网络知识系统，但是，由于缺失了知识的理解与整合的环节，学生对知识的把握的系统性、理解的深度都会受到影响，并且也不利于充分发展学生理解把握知识的能力。

这三派学习与教学理论对于教学的关键环节的选择及其对学生形成知识培养能力的关注点见表 10 - 1。

表 10 – 1 　　　　　各派学习与教学理论的关键环节及其智力活动分析

派别	获得新知识关键环节	形成何种知识表征	主要形成何种能力
发现学习与教学	知识的生成环节（通过自下而上探索发现知识意义）	层级知识结构	创新能力（原创能力）
接受学习与教学	知识的逻辑整合环节（通过知识关系的逻辑整合获得知识意义）	层级知识结构	融会贯通学习能力（一般能力）
建构学习与教学	知识的生态整合环节（通过知识组合运用建构知识意义）	网络知识结构	问题解决与创新能力（组合创新能力）

　　实际上，任何一种学习与教学论，都可以在上述问题上归为不同的流派。更多的理论是将知识再生产的知识的理解整合环节作为主要环节，奥苏贝尔是这派理论的典型代表，还有如斯金纳的程序教学理论、加涅学习与教学理论、布卢姆的掌握学习与教学理论等，都属于这个派系，它们的内部分歧只是在于让学生形成学科知识的哪一种结构，以及如何让学生形成这种学科知识结构。布鲁纳则将第一个环节即知识的生成环节作为教学的核心环节，因为，布鲁纳注重的是让学生形成科学家探讨、发现知识的能力即创新能力，但是，他同时主张让学生形成层级的学科的知识结构，这实际上与他主张的发现法教学矛盾的。第三种如建构主义为代表的学习与教学理论，包括杜威的实用主义教学理论等，它们注重知识再生产的第三个环节即知识自然组合与运用环节，注重学生知识应用与组合创新能力的培养，主张让学生在各自不同的活动中建构知识的本源系统。

　　纵观国际上学习与教学理论的发展，可以明显地看到这样一条发展路线，当社会发展突出地对创新人才的需求，出现了注重创新能力培养的派别占主导地位，然而，就会造成学生的基础知识与基本技能不扎实，受到人们的质疑；而当注重学科知识、注重学生一般能力的派别占据主导地位，又会造成学生负担过重、创新能力不够；如果三个环节同时注重，实际上又是不可能的。应该如何解决这个矛盾，是整个教育界必须认真思考的根本性问题。

二、基于学习双机制理论的本源性教学的基本观点

　　根据前面对国际学术界关于教学过程学生知识的掌握与能力的培养的各种派

别的总结与分析，学习双机制理论提出了基于人类知识生产过程进行教学理论观点与思路，主张遵照知识生产本来的活动方式进行教学设计，使学生在获得知识过程同步实现人类生产知识活动所形成的各种能力，这个教学理论可以称为"本源性教学模式"。

本源性教学模式主要观点包括以下两大方面：

（一）基于人类知识生产过程的优选式全程重复的整体教学设计

个体知识再生产过程，从本质来看，是将人类千百万年形成的社会机能与经验转化为个体的机能与经验的过程，因此，应该大致重复前人知识生产过程，充分考虑这个过程的特点与规律，这样，使整个教学过程与人类知识生产过程相一致。但是，这个相一致不等于全程回归，因为，知识的再生产过程的根本目的是让个体在短短的十几年掌握人类千百万年形成的知识，这就决定了这个过程必须是浓缩的、简略的过程，如果每项新知识的教学都要让学生经历新知识的探索过程与新知识的理解整合过程，实际上是不可能的。但是，人类的全部经验（包括知识经验与能力）是在整个过程中形成的，在重复前人知识生产中的任何一个环节缺失，都有可能造成知识载体的机能不能完全实现。这样，就形成了这样的矛盾，一方面，如果缺失了人类知识生产的任何一个环节，就可能造成对种的经验的继承的不完整；另一方面，如果全程重复前人知识生产过程，在时间上又不可能。如何解决这个矛盾，是解决各派学习与教学理论分歧的关键。

对于这个核心问题，学习双机制理论认为，应该按照人类知识生产过程考虑学生学习与教学的整体设计，按照人类知识生产能力形成的模式考虑教学过程学生能力的培养，但是，不能够也不必要简单地全程重复人类知识生产过程，根据个体知识再生产的目的性与条件的特殊性，应该采用一种优选式的全程重复的思路。每项知识是特异性的，必须逐一进行教学，然而，能力的培养有比较大的非特异性，多项知识实际上培养的是同一的能力，因此，不是每个学科每项新知识的学习都经历知识的探索、知识的理解与整理、知识的组合与运用三个环节，而只需要在整个学科知识教学中让学生经历这三个环节，就可以形成该学科知识蕴含的各种能力。由此可见，在学科整体知识教学上必须让学生经历三个环节，但是，就每一项知识来说，并不需要一定经历这三个环节，而应该根据知识的性质与特点，确定该知识的教学应该进行哪一个环节的活动。这样，就学科的整体教学来看，学生全程经历了人类知识生产三个环节，保证了生产过程各个环节能力的实现；同时，又不是每项知识的教学都需要经过三个环节，而是选择性地只需要经历一两个环节；这种教学活动的设计，可以称为对人类知识生产过程优选式全程重复的教学设计。

上述关于按照知识产生的过程实现知识的再生产，遵照知识生产全程进行整体的教学设计的思想，是学习双机制理论的本源性教学模式的核心观点。如何按照知识生产过程的环节进行优选式教学设计，下面第四节准备专门阐述。

（二）基于人类知识生产过程的性质的知识分类与课堂教学模式

本源性教学理论认为，教学过程要按照人类知识生产过程进行设计，不仅要求要注重人类知识生产过程的环节，而且要求注重人类知识生产过程的性质。

根据实践的任务、客体的性质不同，人类知识生产过程有不同的性质，人类实践过程会遇到各种不同的客体及其属性与联系，对有的客体、属性或联系的认识的产生过程，主要是通过联结性的认识活动，如乌鸦是黑色的之类的知识。这类生产过程产生的知识，我们称为联结性知识，也可以称为事实性知识。而有的客体、属性或联系的认识的产生过程，要进行复杂的运算性活动，如牛顿的三大定律之类的知识。这类知识生产过程产生的知识，称之为运算性知识，也可以称为规律性知识。我们认为，人类高级的心理机能主要是来自运算性知识的生产过程。

根据知识生产过程的性质对知识类型进行分类，将知识分为联结性知识与运算性知识，对于课堂教学过程的设计与教学策略的选择，具有重要的意义。

学校课堂教学的设计与教学策略的选择，应该根据知识的类型确定，联结性知识的教学，就应按照人类生产联结性知识的智力活动过程设计教学活动；对于运算性知识的教学，则需要按照人类生产运算性知识的智力活动过程设计课堂教学程序。两类不同知识的教学进行过程是不一样的。

进一步，不同性质的知识，其理解、保持的进行过程与促进条件也不同，因此，在教学过程中运用的教学策略也不同。

应该如何根据知识的不同类型进行课堂教学模式的设计，应该如何根据不同类型的知识采用合适的教学策略，在下面第四、第五节会专门进行阐述。

第三节　本源性教学的优选式全程重复的教学设计

一、对前人知识生产过程的优选式全程重复的基本思路

作为知识再生产过程，其知识载体的基本系统可以有两种：第一种是以解决

实际问题为中心的本源性系统；第二种是以学科为中心的分门别类的学科系统，应该选择哪一种体系作为知识再生产的基本体系？

本源性教学理论认为，教材应该主要以学科系统定向，按照学科体系来组织编排。前人在知识生产过程的第二个环节即知识整合的环节，是将本源性知识系统转换为学科性知识体系，这种转换，主要不仅是为了保存知识，更重要的是为了有利于传递知识，因为，实践问题是千变万化的，同一个问题所涉及的知识，难度深浅不一；不同的问题涉及的知识，往往会部分重复、或者关联性高低不一、无法形成循序渐进的知识系列。而作为知识整理而形成的学科知识体系，将各种知识按照其内在联系进行了分门别类、由浅到深逐层推进。因此，从有利于学生更好地理解、把握知识的角度来看，学科体系定向无疑会更有优势，因此，教材应该按照学科体系进行编排，知识教学应该按照学科体系进行，这样才能有利于学生理解知识、系统地掌握知识。

但是，如前所述，作为人类能力核心的创造力、组合创新能力却不是在知识整理环节中形成的，而是在解决实践问题的知识生成环节与知识组合应用环节中形成的，这两个环节中，知识载体是以本源性系统组织起来的，如果纯粹地按照学科体系进行知识传授，尽管可以使学生很好地理解知识、掌握知识，也能形成学生逻辑思维为核心的能力系统，但是，不利于形成学生创造力与组合创新能力。

这样，一方面为了全面实现人类蕴含在知识载体的"种的经验"，个体的知识再生产过程应该全程重复人类知识生产的过程，每项知识都应该经历"知识发现"、"知识整理"与"知识组合运用"三个环节，实现知识载体的信息意义及智能意义；另一方面，个体知识的再生产过程只有短短的十几年，如果每项知识的再生产都全程重复人类该知识的生产过程，那是不可能的。尤其在当今知识爆炸的年代，非常尖锐地向教育界心理学界提出这个问题。

为了解决这个矛盾，学术界提出了两大应对策略：第一是优化知识体系，提倡传授各学科最重要的、框架性的知识，而不需要让学生全盘接受所有的知识，如布鲁纳提出要按照学科的基本范畴组成的基本结构作为学生学习的内容，这个应对策略已经形成了共识。然而，作为优化知识体系，只能在一定程度上缓解而无法真正解决个体在短时间内要全程重复人类千百万年生产知识过程的矛盾。第二个应对策略是提倡延长个体知识再生产的时段，包括继续教育，终身学习等。显然，再延长个体知识再生产时段，纵然延长到终身也不过数十年，还是无法从根本上解决问题。

为了从根本上解决这个矛盾，不同的学者实际上都是采用了选择性重复的方法构建教学理论，形成了不同的教学论流派之争，从杜威的做中学，布鲁纳的发

443

现教学，到建构主义教学理论，它们注重或聚焦于知识生产过程的知识生成环节或知识的组合运用环节，强调培养学生创新能力或组合创新能力；而从斯金纳的程序教学理论，布鲁姆的掌握学习教学理论，到奥苏贝尔的先行组织者教学，它们是定向在知识生产过程的知识整理环节，强调培养学生的学习能力或智力。

基于学习双机制理论的本源性教学理论，采用的是对人类知识生产过程"优选式全程重复"的思路，本源性教学理论认为，作为人类知识的生产过程，每一项新知识都要经过知识的生成、知识的整理与知识的组合运用等三个环节。而根据学生知识再生产过程的基本目的与知识再生产过程的基本特点，不需要也不可能完全重复前人知识生产过程的三个环节，而应该采用优选式全程重复的方法。优选式全程重复的方式，就是要求每一项新知识都要经过知识整理环节，而其中一部分重要的知识，则可以经历知识的生成环节或知识的组合创新环节。这样，在每门学科的教学过程中，可以根据各门知识的具体情况进行统筹安排，保证在整个学科知识的教学过程中，学生都会经历知识的生成、知识的整理与知识的组合运用三个环节。这就是本源性教学理论的优选式全程重复前人知识生产过程的基本思路。

按照这个思路，一方面要按照人类知识生产能力形成的模式考虑教学过程学生能力的培养；另一方面不要简单地全程重复人类知识生产过程，不是每个学科每项新知识的学习都经历知识的探索、知识的理解与整理、知识的组合与运用三个环节，而只需要在整个学科知识教学中让学生经历这三个环节，就可以形成该学科知识蕴含的各种能力。

二、优选式全程重复的教学方式类型

在实际的教学过程中，为了使每门学科知识的教学都优选式全程重复前人知识生产过程，可以采用三类教学设计：

第一类型是问题定向的发现学习教学设计。该类型教学设计可以分为两种或两个亚型：第一种是现实情境中问题定向的发现学习教学设计，这种设计与人类知识生产第一个环节"知识的生成"环节相对应。第二种是课堂情境中问题定向的发现学习教学设计，该类型的教学设计也是与人类知识生产过程的第一个环节"知识的生成"环节相对应，只不过它是在课堂中进行。

第二类型是问题定向的建构学习教学设计。该类型教学设计也可以分为两种或两个亚型：第一种是现实情境中问题定向的建构学习教学设计，这种教学设计与人类知识生产过程的第三个环节"知识的组合运用"环节相对应；第二种是课堂情境中问题定向的建构学习教学设计，这种设计也是与人类知识生产第三个环节"知识的组合运用"环节相对应，只不过它是在课堂中进行。

本源性教学理论认为，这种在现实情境中与问题为中心组织的，引导学生在活动过程通过解决问题发现知识或者是组合运用知识的教学途径，是非常重要的，是形成学习者创新力或组合创新能力的关键，因此，它在整个教学过程中是不可或缺的。但是，由于这种在实际情境中重复前人知识生产过程需要花费大量的时间与精力，因此不可能过多地运用。由于知识再生产的特殊性，因此，可以在课堂上模拟现实情境，同样是问题定向组织学生通过发现法获得知识结论。这样就形成了课堂情境中以解决实际问题组织的发现法教学与建构教学。

第三类型是学科定向的理解学习教学设计。该类型教学设计只是在课堂情境中进行，它与人类知识生产过程的第二个环节"知识整理"环节对应。

以上三个类型的教学设计包括五种具体的教学方式：第一种是现实情境中问题定向的发现学习教学方式；第二种是课堂情境中问题定向的发现学习教学方式；第三种是现实情境中问题定向的建构学习教学方式；第四种是课堂情境中问题定向的建构学习教学方式；第五种是课堂情境中学科定向的意义学习教学方式。下面具体进行介绍。

（一）第一类型：问题定向的发现学习教学设计

第一类型的教学设计，主要是对应人类知识生产过程的第一个环节"新知识的发现"环节，作为人类知识生产的"新知识的发现"环节，必须在实践中进行，然而，由于作为学生学习的知识再生产过程的特殊性，因此，这个环节既可以在现实情境中进行，也可以在课堂情境中进行。这样，该类型教学设计可以分为两个亚型，即现实情境中问题定向的发现学习教学方式与课堂情境中问题定向的发现学习教学方式。

1. 第一种，现实情境中问题定向的发现学习教学方式

这种教学设计，是让学生走出课堂之外，在现实情境中进行现实问题的解决，按照发现法设计教学，引导学生进行创新思维活动，大致经历前人发现知识的过程获得知识结论，从而让学生形成该学科领域的思维方式尤其是创新思维方式，培养学生的创造力。一般来说，这种让学生在问题情境中大致经历前人发现知识的过程来发现知识，应该在现实情境中进行，类似建构主义教学理论提出的在"结构不良情境"中进行的教学。

从学习者所获得的知识的性质来看，这种教学方式所形成的是知识本源性系统，是以解决问题为中心形成的、围绕新知识形成的多学科、多层次知识的网络结构，它具有生态性，程序性与动态性。所谓"生态性"，是指该知识结构是与现实活动相对应，它不对应某个学科的知识，而往往是多个学科的知识按照活动的要求组织起来，是与现实活动相对应的活生生的知识体系。所谓"程序性"，是指以程序性知识为核心或联结纽带，将整个知识系统组织起来，正是由于它是以程序性知识为核心组织起来的知识体系，因此，它具有程序性知识那种自动化，不容易遗忘。所谓"动态性"，是指根据不同活动建立的知识结构是不断变化的，某种活动相应的知识结构建立之后，随着与该活动相关的新活动的进行，原来建立的知识结构可能会与新活动的建立的知识结构发生融合或重组，形成新的覆盖面更广的知识结构。这样，这种本源性知识系统并不是与一个个活动对应的一个个知识结构，而是在一个个活动中形成的、不断变化、不断优化的产生式系统。这种产生式系统既有一定的特异性，又有非特异性，即多种活动之间的产生式系统是部分或者大部分是交叠的。

从学习者所获得的智能的性质来看，由于通过这种教学方式所进行的知识再生产，与人类知识生产过程第一个环节"知识的生成"过程基本一致，都是在实际情境中问题定向进行活动从而探究发现知识结论，因此，这种教学途径所实现的就是创新能力，就是实现以创新能力为核心的能力系统。

2. 第二种，课堂情境中问题定向的发现学习教学方式

由于个体知识再生产过程的特殊性，因此，这种经历前人生产知识的过程来发现知识，也可以在课堂中模拟情境进行。

这种教学设计，与前面第一种不同，它不是在现实情境中进行，而是在课堂情境中进行。然而，与前者相同的是，这种教学设计也是问题定向，让学习者在问题情境中发现知识结论，因此，它也可以在一定程度上让学生大致经历前人发现知识的过程获得知识结论，有利于学生创新能力的形成。

在课堂情境中引导学生重复知识生产过程而发现知识的教学设计，实际上就是布鲁纳所提倡的"发现法"教学。尤其在当前教育现代技术的发展，可以通过计算机等模拟现实，设置任务等，为在课堂情境中模拟任务提供良好的条件。这种课堂情境下的发现教学与现实情境下的问题中心的教学设计，有两个基本点相同：一是定位相同，都是以现实问题的解决为中心组织进行，而不是以理解知识或者解决学科问题为中心组织进行；二是所培养的能力相同，都是注重让学生大致重复前人从无到有的生产知识的过程发现知识，尤其是课堂情境中的发现教学方法，如果通过周密的设计，可以在较短时间内引导学生进行发现知识，促进学生创新能力的培养。然而，这类课堂情境中进行的知识发现，毕竟与现实情境中的发现教学不同，首先，它时间短，要在课堂 45 分钟之内完成，因此，整个任务情境必须也只能比现实情境更为简化，因此，在课堂情境中重复前人生产该知识的过程，就其真实程度与有效程度而言，是不能与在现实情境中重复前人知识生产过程相比，因此，在现实情境中问题定向的发现学习教学设计还是不可或缺的。

（二）第二类型：问题定向的建构学习教学设计

第二类型的教学设计，主要是对应人类知识生产过程的第三个环节"新知识的组合与运用"环节，然而，作为人类知识生产的"新知识的组合与运用"环节，是在现实的实践情境中进行的；而作为学生学习的知识再生产过程，由于其特殊性，因此，这个环节既可以在现实情境中进行，也可以在课堂情境中进行，因此，该类型教学设计可以分为两个亚型，即"第三种现实情境中问题定向的建构学习教学方式"与"第四种课堂情境中问题定向的建构学习教学方式"。

1. 第三种，现实情境中问题定向的建构学习教学方式

这种教学设计与第一种的思路基本相同，同样是让学生走出课堂之外，在现实情境中进行现实问题的解决，但是，它不是要学生发现知识结论，而是让学生运用已学习的新的知识结论到新情境中去，根据问题解决的需要，以新知识为核心将已有的相关知识进行组合，在解决问题过程中建构起学生个人的关于解决该情境问题的网络知识结构。这种教学设计与人类知识生产的第三个环节"新知识的组合运用"相对应。在这个过程中，学生根据问题情境对知识进行组合，实现问题的解决，这主要是组合创新的过程。

从学习者所获得的知识的性质来看，这种教学方式与第一种教学方式一样，学生所形成的也是知识本源性系统，是以解决问题为中心形成的、围绕新知识形成的多学科、多层次知识的网络结构。

从学习者所获得的智能的性质来看，由于通过这种教学方式所进行的知识再生产，与人类知识生产过程第三个环节"知识的组合运用"过程基本一致，都是在实际情境中问题定向进行活动，组合知识解决问题，所实现主要是组合创新能力。

2. 第四种，课堂情境中问题定向的建构学习教学方式

同样，由于个体知识再生产过程的特殊性，因此，这种问题定向的建构学习教学也可以在课堂中模拟情境进行。

这种教学设计同样是问题定向，让学习者在问题情境中对相关的知识进行组合，与前面第三种不同的是，它不是在现实情境中进行，而是在课堂情境中，由教师通过各种方式设置问题情境，让学生组合新旧知识寻求解决方法，实现问题的解决。因此，它也可以在一定程度上让学生经历类似前人知识生产

过程中的组合知识解决问题的环节，有利于学生获得新知识的意义并形成组合创新能力。

同样，与在现实情境进行的建构学习教学相比较，在课堂情境中进行这种教学更为简化，所花费的时间与资源更少。但是前者更有真实性，在培养学生组合创新能力方面更有效。因此，不能以课堂情境的建构学习教学完全取代现实情境的建构主义教学。

实际上，上述第三种现实情境中问题定向的建构学习教学方式与第四种课堂情境中问题定向的建构学习教学方式，就是当前建构主义提倡的建构主义的教学模式。前面已谈到，建构主义就是将这种在现实情境或课堂情境中问题定向的建构学习教学设计作为学生学习新知识的主要方式，主张让学生在组合新旧知识解决问题的过程构建新知识的意义，同时形成组合知识解决问题的能力。因此，这两种教学设计，可以认为是保留了建构主义教学理论的精髓。

（三）第三类型：学科定向的意义学习教学设计

第三类型的教学设计，主要是对应人类知识生产过程的第二个环节"新知识的逻辑整合"环节，这个类型的教学设计是在课堂情境中进行，因此只有一个亚型，即"第五种课堂情境中学科定向的意义学习教学方式"。

第五种，课堂情境中学科定向的意义学习教学方式。学科定向的意义学习是在课堂情境中进行的，要以学科体系为中心设计的教学，它以理解把握新知识的意义为目的，以课堂讲授与练习为主，运用各种方式启发学生的思维，让学生通过积极的认知活动，从整个学科知识系统的角度理解把握新知识，理解新知识，融会贯通，并建立学科知识的基本结构，同时促进学生以逻辑思维能力为核心的学习能力的发展。

应该认为，课堂情境中学科定向的意义学习教学方式是学校教学运用最普遍的，最主要的教学方式，这是由知识再生产的目的与特点决定的。因为，从学校的基本任务即知识再生产的目的就是要使学生在尽可能短的时间内掌握人类千百年生产出来的知识，形成"种的机能"即能力。前面已多次强调指出，作为能力，其形成有比较大的非特异性，多项知识的掌握实际上培养的是同一的能力；但是，作为"知识"的掌握，每项知识都是特异性的，需要让学生掌握的知识，必须逐一进行教学，因此，学生面临的理解、掌握知识的任务，是相当巨大的。而以学科定向构建起来的知识体系，是人类将实践过程所发现的各种各样知识从本源系统分离出来，按照这些知识的内在的、本质的联系进行组织整合，形成按照纯化的现象与规律组织起来的、以关键概念为核心组成的学科系统，这种通过按照知识本质联系而整理出来的学科系统，更有利于知识的保存、传播与世代相传。从知识再生产的功效角度来看，这些学科知识体系，将各种知识按照其内在联系进行了分门别类、由浅到深逐层推进，有利于学生更好地理解、把握知识，因此，学生在学科定向的知识系统中理解知识、实现知识的意义，是最为有效的。据此，我们认为，课堂情境中学科定向的意义学习教学，是学校教学最主要的方式。

三、优选式全程重复的知识分析

采用优选式全程重复方法进行教学设计，要就应该对各个学科知识进行系统分析，确定哪些类型的知识适合采用哪些方式进行教学。

第一类，学科支柱性知识点，即学科中最重要、最能体现学科思维方式的知识，主要应该以问题为中心，按照发现法设计教学，引导学生进行创新思维活动，大致经历前人发现该知识的过程发现知识结论，从而让学生形成该学科领域的思维方式尤其是创新思维方式，培养学生的创造力。

第二类，学科一般性知识点，这类知识在整个学科中占大部分，应该以进行课堂讲授与练习为主，要以学科体系为中心设计教学，指导学生进行逻辑思维活动，从整个知识系统的角度理解把握新知识，以更好地理解新知识，融会贯通，并建立学科的基本结构，同时促进学生逻辑思维能力的发展。

第三类，学科中组合应用性知识点，这类知识点既可能是第一类支柱性知识点，也可能是第二类一般性知识点，其基本特点是最能与其他知识组合解决实际问题。这种知识点可以按照知识组合应用的活动进行教学，以问题为中心，设计任务情境，让学生按照实际问题的需要组织相关知识进行活动，通过协作、自主探索等途径将新知识与原来的知识在主题下进行新的组合，并发展其知识运用与组合创新的能力。

四、实际教学过程中各种教学方式的结合运用

前面介绍了知识再生产过程即学校教学过程的五种教学方式，在各种不同的学科教学中，应该根据学科教学内容、学生实际情况、教学条件、投入时间等因素合理地选择运用这五种教学方式进行教学。

首先应该明确，第五种"课堂情境中学科定向的意义学习教学方式"是最基本的、使用最多的教学方式，通过这种方式进行的教学，使学生在整体有序的学科知识体系中获得知识的意义，有利于学生对知识的理解与把握。然而，学生在学科系统中把握知识的意义，并不等于要求他们必须按这个系统构建并保持这

449

个知识系统，因为，作为学科知识体系系统，是一种静态的系统，保持这个系统需要大量的记忆资源，如果学生要保持所学习的各科知识系统，需要付出的巨大的努力，并且，维持所学的各个学科的学科系统，对于学生来说并不是必须的，在以往对专家与新手的知识结构的研究结果表明，专家的专业领域的知识结构，并不是该学科领域的知识体系系统，而是类似知识的本源系统的多学科联系的网络结构。由此可见，在教学过程中学生需要以学科知识系统为参照系获得新知识的意义，但不一定要求学生保持整个学科知识系统，也就是说，要将构建系统化的学科知识体系作为学习理解新知识的过程或工具，而不是将这种系统化的学科知识体系的保持作为学生学习的目标，这样就会大大减轻学生学习的负担。

以问题定向的发现学习教学设计，对于学生形成该学科领域的思维方式，形成以创造能力为核心的能力体系，是非常必要的。但是，由于这种教学需要较多的教学时间，尤其是在现实情境中问题定向的发现学习教学方式耗费的时间与资源更多，因此不能大量运用，要精选知识点进行认真设计，以取得高成效；同时，这种教学方式主要是使学生在知识的本源系统中获得新知识的意义，这个知识系统最大的优势是保持知识的生态性，对于人们在实际中解决问题、创新知识是有重要意义的，但是，作为学科系统的知识体系，它将相关领域的知识按照其最本质、最重要的联系构建成为高紧密度、高清晰度的逻辑体系，如果缺失了以学科系统为参照系把握新知识的意义，这种把握常常会限于表层与局部，难以深入全面，因此，运用问题定向的发现学习教学设计，学生在本源系统中发现知识获得知识的意义后，还需要适当结合进行简约的学科定向的意义学习教学方式，让学生在学科知识系统中获得新知识的意义。

同样，以问题定向的建构学习教学设计尤其是在现实情境中问题定向的建构学习教学方式，对于学生形成知识组合创新能力是不可或缺的，但是，这种教学方式同样存在两个问题，第一是需要时间也是比较多，尤其是在现实情境中问题定向的建构学习教学方式耗费的时间与资源更多，因此不能大量运用，要精选知识点进行认真设计，以取得高成效；第二是运用这种方式进行的教学，学生主要是在知识的本源系统中获得新知识的意义，如果缺失了以逻辑关联紧密的学科系统为参照系，往往会使学生对新知识意义的把握难以深入全面，因此，学生通过组合运用知识在本源系统中获得新知识的意义后，还需要适当结合进行简约的学科定向的意义学习教学方式，让学生在学科知识系统中把握新知识的意义，才能使学生深刻理解知识。

由此可见，在实际教学中上述五种教学方式需要有机结合，以取得最佳的教学效果。图 10-3 标示出它们在实际教学中结合的基本形式。

450

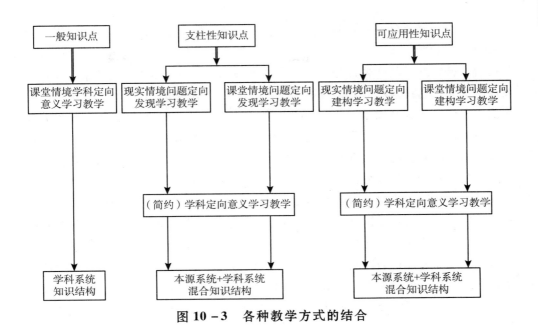

图 10 - 3　各种教学方式的结合

第四节　本源性教学的知识分类与课堂教学模式

　　知识有两种意义：一种是作为人类的认识成果，以物化或客体化形式（主要是符号记载的形式）存在于人类个体之外；另一种是作为个体的认识结果，是将客体化的人类的知识转化为个体的心理表征存在于个体头脑之中，这是主体化形式的知识。学生的学习过程，主要就是将人类的客体化的知识（主要是书本知识）转化为自己的心理意义的知识的过程。从这个意义来说，知识是学习过程的结果，学习是获得知识的过程，教学则是根据知识获得过程的规律促进主体获得知识的过程。由此可见，"知识"这一范畴，涉及了学习与教学两个方面，是教育与心理学科领域的重要范畴，如何思考知识，如何对知识进行划分，如何给知识定位，在相当大程度上影响了教育学家、心理学家对学生学习过程及教学过程的思考与分析，形成了对学习理论或教学理论的重大问题的不同见解。

　　教育心理学领域传统对学生学习的书本知识的分类意见较多，如有人根据知识的层次将它分为感性知识与理性知识；有人根据知识的形成过程将它们分为直接知识与间接知识；有人根据知识的形式将它分为概念、规则与高级规则（推理）等。影响比较大主要有两种分类：第一种是按照学科领域来分，将知识分为数学知识、语文知识、物理知识、生物知识等，然后阐述不同领域知识学习的心理过程与规律；第二种则是根据知识的性质将它分为知识（狭义）与技能，然后分别阐述知识的掌握过程与技能的形成过程，并阐述知识技能的掌握与智力发展的关系。传统这些对知识分类的观点，实际上都是建立在对客体化形式的知识的性质的分析的基础上，这种分析角度对于教育与心理学领域来说，虽然有意义，但是还是不完整的。为了把握个体学习与教学过程的规律，关键在于要根据主体化形式的知识的性质进行分类，也就是说，要从知识学习过程的心理实质或特点的角度对知识进行分析。

学习双机制理论根据对人的学习的理解，按照知识的形态与按照知识生产过程的性质两个维度对知识进行分类：第一个维度是按照知识的形态将它分为陈述性知识与程序性知识，这个分类是现代认知派心理学家提出的；第二个维度是基于人类生产知识过程的性质，将知识分为联结性知识与运算性知识，这个分类维度是本源性教学理论提出的，这个维度的分类对于把握知识的学习与教学过程具有重要的意义。下面分别阐述这两个维度的分类。

一、基于知识形态的分类：陈述性知识与程序性知识

现代认知心理学家安德森等从知识的形态维度出发，将学生学习的知识分为两类，第一类是陈述性知识，另一类是产生式知识，也称为程序性知识。

陈述性知识是指关于事实的知识，而程序性知识则是指关于进行某项操作活动的知识，这两类知识获得的心理过程、它们在个体头脑中的表征、它们的保持与激活的特点有重要的不同。现代认知派心理学家关于知识的类型的划分，是根据对人们学习知识的信息加工过程的研究结果而提出，正因为如此，这种划分的提出尽管时间不长，但已经被教育与心理学界广泛接受，并对学习心理学、教学心理学的研究与实践产生了重大的影响，直接启动了大量的相应的研究，例如自20世纪80年代中期以来对程序性知识的迁移所进行的一系列大规模的研究。同时，它促进了新的教学理论的提出与教学实验的进行，例如"事例—演练"教学理论的提出，就是建立在这种知识分类的基础上；又如我国心理学工作者也根据这种知识分类的理论提出了"知识分类教学论"，并进行了大范围的教学实验，取得一定成果。目前，这种知识的分类对教育心理领域的影响作用越来越显示出来。

关于陈述性知识与程序性知识的获得、保持与激活问题，在前面介绍现代认知派学习理论时已经作了系统的介绍，这里不再重复。总而言之，陈述性知识与程序性知识的获得过程有不同的过程与规律，在教学过程中应遵循不同的知识的

学习规律进行教学设计。如果在教学过程中不懂得这两类知识的区别，用陈述性知识的教学模式来进行程序性知识的教学，只讲不练，或者用程序性知识的教学模式来进行陈述性知识的教学，不注意引导学生进行精加工或组织，盲目地强调练习，那么势必会影响教学效果。应该指出，我国教育界一贯以来也将学习的内容分为知识与技能，也注意了知识学习与技能学习的不同规律。但是，我们认为，我国传统关于知识技能的划分还是不够科学的，因为，我们提出的"技能"范畴仅仅是大致相当于程序性知识中的行动序列方面，而将程序性知识相当大的一个部分模式辨别方面归为"知识"范畴，这实际上是不恰当的。现代认知派心理学家经大量的研究表明，模式辨别（包括概念行为）知识的学习、保持、激活等过程与行动序列知识是相同的，这表明模式辨别与行为序列实际上是同类知识，而与语言信息的知识（陈述性知识）则有重要的区别，以学习概念为例，掌握概念定义的知识的学习过程（陈述性知识的学习）与掌握概念行为的知识（亦即模式辨别，能辨别出属于该概念的实例）的学习过程（程序性知识的学习）有重要的不同。如果按照我国教育界知识技能的划分，将两者都归为"知识"，那么，就难以作出恰当的教学设计。

二、基于人类知识生产过程的性质分类：联结性知识与运算性知识

本源性教学理论认为，人类知识生产过程中所进行的智力活动可以分为运算性活动与联结性活动两种类型，这是两种不同性质的智力活动，不同性质的智力活动会形成不同性质的知识产品。根据人类知识生产过程智力活动的性质，可以将知识分为联结性知识与运算性知识。

首先是运算性智力活动，人类在解决实践问题过程中不断进行以思维为核心的高级的智力活动，形成了揭示客体的内部的、本质的性质与联系的知识结论，这种经过高级的运算性活动而生产出来的知识，称为"运算性知识"，按照皮亚杰的术语，这是"具有逻辑必然性"的知识。这种运算性知识，包括揭示事物内在性质与联系的各种知识结论，或根据事物内在性质形成的各种规则。

其次是联结性智力活动，人类在解决实践问题过程中也不断进行观察等认知活动以获得客体的外部的、表层的性质与联系的信息，形成了关于客体的外部的性质与联系的知识结论，这种主要经过联结性认知活动而生产出来的知识，称为"联结性知识"，它包括揭示事物外部性质与联系的各种知识结论，或根据事物外部性质形成的各种规则。

这样，学生在知识再生产过程或学习过程，就面临两类不同性质的知识载

体：一种是联结性知识，一种是运算性知识，学生在大致重复前人知识生产过程进行知识再生产时，对不同性质的知识就应该进行不同性质的智力活动而获得知识。就联结性知识来看，个体获得这类知识时只是经过联结活动而不是经过复杂的认知操作活动，这类知识在智能方面只是蕴含了联结活动，并没有蕴含了复杂的、高级的认知操作或运算，因此，它主要是具有信息意义，智能意义则比较低。就运算性知识来看，个体获得形成这类知识时需要经过了复杂的认知操作活动，它凝聚了人类的复杂的认知操作活动或智力活动。因此，运算性知识对于人类个体来说，则既有信息意义，又有较高的智能意义。

学生对联结性知识主要是通过联结性学习来掌握的，也就是在工作记忆中让所学命题的有关节点联结起来形成新的命题（陈述性知识的学习）或使所学的程序的有关步骤联结起来形成产生式（程序性知识的学习）。尽管这类学习的整个过程中也会有复杂的运算活动，如形成新知识后的精加工活动中新旧知识的整合、融会等，都是复杂的运算，但是这些运算不是新知识本身所内含的，因此，这类学习的主程序（即直接形成新知识的过程）是联结的过程，不需要进行运算思维活动，就获得新知识的过程本身来说，其智能意义是不高的。而运算性知识主要是通过运算性学习来掌握，学习者通过进行该知识所蕴含的运算方式或智力活动方式从而获得新的命题（运算的陈述性知识）或获得新的程序（运算的程序性知识），尽管这类学习的过程的最后环节也是通过联结来形成命题或程序，亦即其最后的一个环节是联结性学习，但是，其整个程序的主要环节是运算过程，需要进行复杂的思维活动或信息加工活动，对学习者有重要的智能意义。

对于不同的智能意义的知识，应该有不同的教学目标，对于联结性知识，教学的主要目标是实现知识的信息意义，而对于运算性知识，在教学过程中就需要引导学生通过进行该知识所蕴含的智力活动来获得知识结论，既实现知识的信息意义，又实现知识的智能意义。教师在教学过程中，对不同类型的知识，就应采用不同的教学策略与教学方法，做出不同的教学设计。西方不少的学习与教学理论在这个方面往往缺乏一个全面的、辩证的认识，20世纪六七十年代风靡一时的布鲁纳的教学理论，强调知识是一个过程，提倡用发现法进行教学，让学生经历知识的形成过程而获得知识结论，这对人们有重要的启示。但是，他没有认识到其所提出的发现法教学实际上只适合运算性知识的教学，而联结性知识的学习是无须也不应该用发现法的，否则会无谓地浪费时间，造成教学的低效。而另一位教育心理教育心理学家奥苏贝尔则强调接受学习，要求教师引导学生利用自己的知识结构的原有观念来固定、同化新知识，他认为，只有这种建立在知识同化基础上的接受学习，才能使学生获得大量的知识。同时指出，布鲁纳的发现法适用范围是有限的，这种教法的运用在许多情况下会造成费时费力，因而会使学生难以完成掌握大量知识的这个基本任务。应该承认，奥苏贝尔对布鲁纳的批评是有道理的，他提出的以接受学习为核心的教学理论也有许多合理因素，但是，该理论只注重如何让学生获得知识的信息意义，而忽略了运算性知识的智能意义及如何让学生实现其智能意义，因此，这种教学理论也有一定的片面性。

总而言之，我们认为，学生的学习方式、教师的教学方法，应该根据知识的类型而确定，从联结—运算的维度上考虑，联结性知识应该按照联结学习的规律进行教学，而运算性知识则应该按照运算学习的规律进行教学。假如教学方法或教学设计不符合所教的知识的类型，则会造成不利的效果。显然，如果按照运算学习的方式教授联结性知识，例如用发现法去教历史知识，就会造成时间的浪费与教学的低效。更重要的是，如果我们按照联结学习的方式讲授运算性知识，例如让学生直接理解"三角形内角和等于180°"的命题，会造成知识的智能意义无法实现，并且其信息意义的实现也是不彻底的。

当然，以上关于对联结性知识与运算性知识教学的不同要求，只是一般的、通常的情况，在某些特殊情况下，则要灵活处理。首先，如果所教学的某运算性知识所蕴含的运算方式或者进行该运算所必需的背景知识是学习者目前还不可能掌握的，但是，该知识对学生而言又有重要的信息意义，必须掌握。这样，就可以引导学生用联结学习的方式就它接受下来。例如，小学生学习许多自然现象、科学常识等，就可以而且应该引导他们以联结学习的方式进行学习。其次，在教学过程中如果某些运算性知识所蕴含的运算方式已为学生熟练掌握，无须再反复锻炼，此时，为了教学的经济性，可以引导学生用联结学习的方式将该运算性知识接受下来。例如，对中学生讲授概念时，由于学生对于形成概念的运算如分析综合、抽象概括等已经比较熟练了，因此在通常情况下，教师可以运用直接让学生领会定义的教学方法，而不必引导学生进行这些运算活动而再领会定义，也就是用奥苏贝尔的"概念同化"的教学方法，而不必用布鲁纳的"概念形成"的教学方法。

三、知识类型的综合分析

根据知识的形态（陈述—程序）与知识形成的活动性质（联结—运算）这两个维度，可以将学生学习的知识作一个综合的分析。陈述性知识（或称命题）可以分为联结与运算两类型，在人类的知识宝库中，有的命题只是表述了某些存在的事实，或者某些规定等，它们的获得不需要经过复杂的认知操作活动，这些命题主要是具有信息意义，可以称为"联结—陈述性知识"或"联结性命题"，例如，"中国的首都是北京"这个命题，就是联结性命题。而有些命题表述了事

455

物普遍的规律或者逻辑必然性的东西，这类命题的获得则要经过复杂的认知操作活动，它们既有信息意义，又有智能意义，可以称为"运算－陈述性知识"或"运算性命题"，例如，"三角形的内角和等于180°"就是运算性命题。同样，程序性知识也可以分为"联结－程序性知识"（或称"联结性程序"）与"运算－程序性知识"（或称"运算性程序"）。前者是不需要经过复杂的认知操作活动而获得的，只有信息意义的程序，如书写汉字的笔划程序"先上后下，先左后右，先中间后两边，从内到外，先里头后封口"，这种程序只是给予人们如何书写汉字的信息，只有一定的信息意义，可称之为"联结－程序性知识"。而运算－程序性知识的获得，则需要经过复杂的认知操作活动，这类知识也是表述了普遍规律或者逻辑必然性的东西，它们不仅有信息意义，而且也有智能意义。例如，计算"$1+2+3+4+5+\cdots+100=?$"之类等差数列之和，计算公式是（首项＋末项）×项数÷2，即首项加末项之和乘以项数再除以2，这是完成这类计算题的计算程序，然而，这个计算公式或程序的得出，却需要经过分析、综合、推理等运算活动，个体要领会这个计算程序，就必须进行上述的运算，因此，这项程序性知识既有一定的信息意义，也有一定的智能意义，可称之为运算－程序性知识。

据此，可以把学生学习的知识分为四类：联结－陈述性知识、联结－程序性知识、运算－陈述性知识与运算－程序性知识。我们认为，对知识这样一个划分，对于学生学习过程规律的把握、课堂教学的设计与教学方法的运用有重要的启示。

联结性命题（即联结－陈述性知识）的获得只需要运用联结性学习的机制来进行命题的学习，例如，形成"中国的首都是北京"这个命题（即获得这个经验），只需要在工作记忆中将几个词的节点（假定个体过去已形成了这些节点）联结起来即通过联结学习就可以实现，没必要也不可能进行思维运算。而运算性命题（即运算－陈述性知识）的获得则要求运用运算性学习的机制来进行命题的学习，例如学习"三角形内角和等于180°"这个命题，个体应该通过进行这个命题所蕴含的复杂的认知操作（推理活动）而获得这个命题，从而获得该知识的信息意义与智能意义，这是教师设计与实施教学的基本依据。然而，正如前述，在不能科学地进行教学的情况下，教师也有可能引导学生运用联结性学习的机制接受这个命题，亦即仅仅引导学生在工作记忆中将该命题的这些节点联结起来形成新命题，从而获得新的经验。如果是后一种情况，那么，尽管个体过去在形成"三角形"等节点时（或者说是掌握"三角形"等概念时）可能是运算性学习，但他现在在学习"三角形内角和等于180°"这个命题时还是联结性学习。

同样，联结性程序（即联结－程序性知识）的获得只需要运用联结性学习的机制来进行程序性知识的学习。例如学习汉字书写的程序，只需要在工作记忆中将这一系列操作步骤联结起来，并经练习加强这个联系使之熟练化自动化就可以了，即通过联结学习就可以实现，没必要也不可能进行思维运算。而运算性程序（即运算－程序性知识）的获得则要求运用运算性学习的机制来进行程序的学习，如前面求"$1+2+3+4+\cdots+100=?$"之类等差数列之和的计算公式或程序的学习，个体应该通过进行这个程序所蕴含的复杂的认知操作而获得这个程序，即通过大致重复前人获得这个程序的思维操作活动而掌握这个公式程序并使之熟练化，从而实现该知识的信息意义与智能意义，这是教师设计与实施教学的基本依据。同样，在不能科学地进行教学的情况下，教师也有可能引导学生运用联结性学习的机制接受这个程序，亦即仅仅引导学生在工作记忆中将该程序的各个步骤联结起来而获得并使之熟练化，在前一种情况下，个体既实现了该知识的信息意义，又实现了它的智能意义，而在后一种情况下，个体则没有实现该知识的智能意义，而只是实现了该知识的信息意义，并且其信息意义的实现也是不完善的。

综合上面的分析，我们认为，不同类型的知识，其掌握、保持、迁移等都可能有不同的规律，因此，课堂教学也应有不同的模式，以往不同的教育心理学家提出不同的学习理论及相应的教学模式，可能他们着眼点是不同类型的知识的学习。而在以往的研究中，关于知识的理解、迁移、保持等方面的实验研究也常常得出不同的结果与结论，原因也可能就在这里。

四、不同类型知识的课堂教学模式

由于不同类型知识的学习过程不同，教学的基本要求或达到的基本目标不同，因此，课堂教学的设计与方法也不同。对于联结－陈述性知识的教学，其主要教学目标应是使学生高质量地获得以命题形式表征的知识结论，实现知识的信息意义，因此，在教学中着重考虑的问题是：如何使学生清晰地辨别出所要建立联结的各个激活点的模式，如何在一个最佳的知识背景中形成所要形成的联结，如何将已形成的联结（知识）组织进原有的知识结构中。

对于联结－程序性知识的教学，其主要教学目标应该是使学生熟练地掌握进行某项活动的一系列操作，也是实现知识的信息意义，在教学中着重考虑的问题是：如何使学生清晰完整地将整个程序的各个操作步骤联结起来，如何使学生能正确地在相应的任务情境中进行这一系列操作以实现目标，如何使学生整个程序的进行成为自动化，如何使学生将这个已形成的操作程序组织进原有的知识结构中去。

对于运算类知识的教学（包括运算－陈述性知识的教学与运算－程序性知识的教学），教学的基本目标是，既要使学生获得知识结论，即形成命题或形成有关的操作程序及将所获得的知识组织到一定的结构中去，这与上述两类的要求相同，但它又要使学生进行该知识所蕴含的运算，同时获得知识的智能意义。根据按照人类知识生产过程的进程进行教学活动设计的要求，在教学活动的设计中，要将运算性知识分为两类：第一类是关键性、支柱性的、最能体现学科思维方式的运算性知识；第二类是学科的一般的运算性知识。对于第一类知识，可以让学生重复前人生产知识的智力活动，以"发现"新知识，形成学生创新能力；对于第二类知识，可以让学生通过知识理解与整理的智力活动以获得该知识，形成学生常规的逻辑思维。因此，在教学中首先要考虑的问题是：如何将学科运算性知识分为关键性的运算性知识与常规性的运算性知识；对于关键性的知识，如何引导学生进行探索活动，在探索过程中"发现"知识，同时形成创新思维为核心的能力体系；对于常规运算性知识，则如何引导学生进行理解并整合，形成逻辑思维为核心的能力体系。然后再考虑联结性陈述知识与联结性程序知识的教学所要考虑的问题。

根据学习双机制理论关于知识分类的基本观点，我们提出了课堂教学的基本模式，具体过程（步骤）如下：

第一步，明确教学目标，引起学生的定向注意。

第二步，定向激活原有相关知识。

第三步，在原有知识的基础上设置教学情境。根据下一步的知识类型与教学途径，设置不同的教学情境，教学情境可能是呈现知识结论，也可能是设置问题情境，也可能是设置任务情境等。

第四步，如果是联结性知识的教学，则不需要第四步，直接进入第五步。如果是运算性知识，则按照不同的知识类型，采用不同的方式进行教学：其中第一类型支柱性知识，进入步骤（1）；第二类型一般性知识进入步骤（2）；第三类型应用性知识进入步骤（3）。

（1）如果是第一类型支柱性知识，则进入步骤4.1"问题定向的发现学习教学"，主要是设计知识探索过程，指导学生大致进行人类生产该知识的运算活动，发现知识结论，然后进入第五步。

（2）如果是第二类型一般性知识，则进入步骤4.2"学科定向的意义学习教学"，主要根据新知识所在的体系及其与其他知识的联系关系设计教学活动，引导学生进行知识整合活动，获得新知识意义，然后进入第五步。

（3）如果是第三类型应用性知识，则进入步骤4.3"问题定向的建构学习教学"，主要是设计问题情境，引导学生组合新旧知识进行解决问题，获得新知识的意义，然后进入第五步。

第五步，局部的知识组快的建立，则根据新知识是陈述性知识还是程序性知识，采用不同的做法：

（1）如果是陈述性知识，则指导学生找出新旧知识之间的联系，进行精加工，组成最佳的知识组块；

（2）如果是程序性知识：将其分解成"IF…THEN"的序列，使知识清晰化。

第六步，整体的知识系统的建立，根据新知识是陈述性知识还是程序性知识，采用不同的做法：

（1）如果是陈述性知识，则指导学生将新知识及形成的组块放到整体知识结构中去。

（2）如果是程序性知识，则指导学生进行变式练习并提供反馈，使学生形成自动化和简约化操作程序。

第七步是知识的巩固、提取与应用，根据新知识是陈述性知识还是程序性知识，采用不同的做法。

将上述课堂教学的七个步骤做成一个模型，如图 10-4 所示。

这个基于本源性教学的教学模式，为中小学各科的教学设计提供一个基本的框架，教师在实际教学中首先必须明确自己的教学目标，即确定所教内容的知识类型，然后再根据知识类型来进行和规划教学设计。

五、学生的学科认知结构的构成

广义的认知结构是指个体已形成的应付与处理学习情境或问题情境的内在经验系统。广义的认知结构包括两方面：一方面是知识经验系统，亦即知识结构，它是获得新经验的信息基础；另一方面是运算经验系统，亦即已有的智力活动方式或认知操作方式，它是获得新经验的操作基础。而狭义的认知结构特指运算经验系统，即认知活动方式。

学生进行各学科的学习，学科的知识内容及相应的运算方式在学生的头脑中会按照一定关系或联系形成一个紧密联系的系统，称为该学科的认知结构。根据学习双机制理论对学习过程及机制的理解，可以提出关于学生学科认知结构的构成模式或表征方式。

前面第五章中我们已经阐述了学习双机制理论关于两类不同机制的学习形成的经验表征进行了阐述。根据学习双机制理论的基本观点，我们认为，学生通过学习获得的知识经验的表征可以分为两个层面：第一层面是关于学习对象之间联系或关系的表层表征，这个表层表征可以细分为两类，第一是命题，第二是程

459

序；第二层面是学习对象之间联系形成过程所进行的各种运算及其阶段结果构成的深层表征，所谓运算，是指获得命题或程序的一系列智力活动或运算活动。不同的学科尽管内容有很大的差异，因此所形成的认知结构各不同，但从形式上都是由上述两个层面构成，其中联结性学习获得的知识经验所形成的认知结构只是由表层表征构成，而运算性学习获得的知识经验所形成的认知结构则由表层表征与深层表征构成。下面分别对学生科学知识学习形成的两个层面的表征进行阐述。

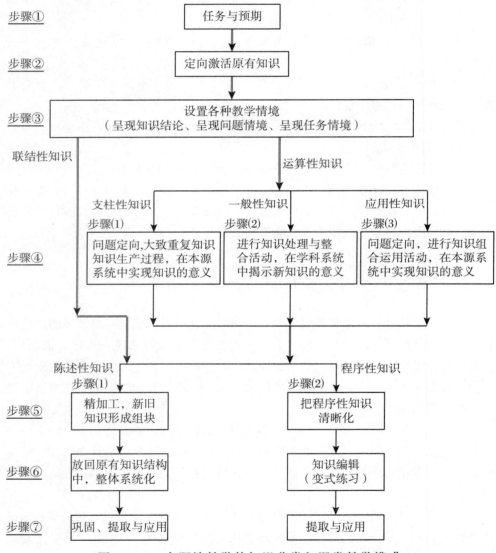

图10-4 本源性教学的知识分类与课堂教学模式

第一，学科认知结构的表层表征。学科认知结构的表层表征是由陈述性知识（命题与命题网络）与程序性知识（程序）构成，它们体现了学习对象之间的联系或关系。

这个层面表征的外层是陈述性知识的命题网络，由该类知识的各种命题相互联系构成，从水平面来看，该层面的各种命题、概念节点在平面上又按照一定的关系、联系组织排列起来，构成陈述性知识的命题网络。值得注意的是，命题有不同的类型，命题按其扩展性来分，可以分为非操作性命题与操作性命题，非操作性命题是指无法或不需要转换为操作性程序或产生式知识的命题，例如，"中国的首都是北京"这个命题，就是一个事实的命题，不可能转化为一个产生式程序；而操作性命题是指可以转换为程序或产生式知识的命题，例如，有关直角三角形的概念，理解它的定义是命题层面的知识，而能识别一个三角形是否是直角三角形则是程序性知识，前者称为掌握了"概念的定义"，后者称为形成了"概念行为"，两者紧密结合，构成了对"直角三角形"这个概念的掌握。这样，在知识结构的构成上，非操作性命题与第二层面没有直接的纵向联系，而操作性命题则与第二层面有直接的纵向联系。

该层面表征的里层由程序性知识的各种程序构成。现代认知派心理学家认为，人们解决问题主要是运用程序性知识。程序知识的各种程序又按照一定的关系、联系组织排列起来，构成程序性知识的网络。同时，与外层的陈述性知识相同，程序性知识也有不同的类型。首先，程序性知识按其拓展性分，可以分为纯程序与混程序，纯程序是指自为一体的没有与相应的命题结合的程序，例如，进行乘法运算，这个程序就没有与第一层面的命题结合在一起作为知识团；混程序是指与第一层面有关的操作性命题紧密相联构成一个知识单元或知识团的程序，如上例"直角三角形"的概念行为，就是一个混程序。纯程序与外层的命题没有直接的纵向联系，而混程序则与外层的命题有直接的纵向联系。

命题按其形成过程或者获得过程来分，可以分为联结性命题与运算性命题，联结性的命题是指只需要运用联结的学习机制便能获得的命题；运算性的命题是指需要进行相应的运算才能获得的命题。同样，程序性知识也可以按其形成过程或者获得过程分为联结性程序与运算性程序，联结性的程序是指只需要运用联结的学习机制便能获得的程序，例如，查新华字典的程序；另一类是运算性的程序，这类程序或者在条件认知方面就需要进行复杂的运算才能把握，例如，要获得判断"三角形的高"的程序模式，就需要进行分析综合抽象概括等运算，才能正确、准确地把握该模式的条件；或者在行动序列方面，其每步进程都蕴含着相应的运算，例如进行分数的加法，要先通分，然后分母不变分子相加，这里每一步都需要进行相应的运算才能把握其逻辑必然性。不管哪一种情况，运算性程序的获得都需要进行相应的运算。因此，联结性学习所形成的学科认知结构的表征，就是由联结性命题与联结性程序构成的表层表征；而运算性学习所形成的学科认知结构的表征，不仅包括由运算性命题与运算性程序构成的表层表征，而且包括形成运算性命题或运算性程序的一系列运算活动及其阶段结果的深层表征。下面进一步介绍学科认知结构的深层表征。

第二，学科认知结构的深层表征。学科认知结构的深层表征是由各种运算及其阶段结果构成。当学生进行运算性学习，形成体现对象逻辑性联系的命题或程序，构成表层表征的同时，其所进行的一系列运算活动及其阶段成果就构成了认知结构的深层表征。这个深层表征与表层表征纵向地联系着，构成运算性学习的学科认知结构。表层表征是显性的，它相当于我们前面提到的知识（或信息）经验系统，可以直接地显示出来；而深层表征是隐性的，它相当我们前面提到的运算经验系统，它不能直接地显示出来。

高质量的学科整体认知结构必须符合三个条件，第一，结构性。从平面上它必须是相应学科或学科某方面的基本框架，它能有序地、清晰地体现了知识的基本结构。第二，定桩性。从立体上，作为学科运算性知识的表层表征必须有由高水平的运算性活动构成的深层表征为支撑，这个深层表征是一般的运算方式在该学科或领域的具体化，体现了该领域的特殊的思考方式。第三，经济性。它要在保证个体能符合要求地掌握学科知识的前提下最大限度地减轻个体的运载负荷。

为了形成学生各学科的最佳认知结构，应该研究与解决各个具体学科以下三个基本问题。

第一，该学科各种知识应以什么方式联系起来成为整体。研究各个具体学科的知识结构，首先是确定该学科应该在学生头脑中按照一个什么样的框架将知识组织起来，各种知识应以什么样的形式储存，也就是说，应研究出该学科在个体头脑中的整体框架。其次是研究该学科中的各局部知识的结构，任何一个学科总是由许多块知识组成，这些局部的知识的教学，既根据学科整体的知识结构为参照系确定其宏观位置，又应根据该知识的自身特点研究其自身的构成、形式、组合等。

第二，该学科各种知识的获得应进行何种运算方式。任何一个学科，要完成其运算性的知识的学习，都有其具体的运算方式，而不应是简单化地称为思维、推理、理解之类。学习双机制的教学理论的第二个重大问题是探索出各具体的学科适应面最广的运算方式。一般来说，任何一个学科，都很难或者说是不可能找到几个运算将整个学科的知识学习过程的运算包括在内，但是，要尽量找到该学科适应广的那些运算方式，这些运算方式能盖涵该学科的重要的、核心的知识掌握所要进行的运算。这些运算方式，要具体地分析研究该学科的各种知识的学习过程才能概括出来，它要符合三个原则：一是覆盖性，即尽可能大范围地盖涵该学科知识学习过程的运算；二是纵高性，与覆盖性相应，这些运算方式，不仅对平面的（或者说是同一水平的）知识的学习有广泛的覆盖性，同时，更重要的是对不同层次的知识学习也有广泛的覆盖，这样，就要求我们在探讨研究基本的运算方式时要吸收布鲁纳关于以高级阶段的知识结构来统帅初级阶段的知识的学习的思想的合理因素，将初级阶段的知识学习的运算方式尽可能与高级阶段知识学习的运算贯通起来，这样就可能将学科高级阶段的知识的基本思想渗透、统帅初级阶段知识的学习，使初级阶段知识的学习有更大的纵向迁移。三是特殊性，即要具体地、充分地符合该领域具体的知识的掌握，不要用诸如"分析综合"、"推理"、"抽象概括"、"理解"之类一般化的运算名称。

第三，该学科知识学习与问题解决的基本策略。学习与运用知识的策略，简称为学习策略，是属于"元认知"范畴，从更广的意义来说，它也属于知识结构的组成部分，但在位置上，它属于"执行控制"那一块。

对学习策略的研究，已经成为当代教育心理学最热门的研究课题之一。所谓学习策略，是指学习者调节自己的理解、记忆与思维过程的各种技能，不同的学科，不同的知识领域，有不同的学习策略。因此，为了形成学生各学科领域最佳的知识结构，必须探索该学科的高效的学习策略，然后在学科教学过程中有计划有目的地使学生形成这些策略，用以调节自己对该学科的知识的领会、记忆与运用。

第五节 本源性教学的基本教学策略

上一节已谈到，学生所学习的知识可以分为四类：联结的陈述性知识、联结的程序性知识、运算的陈述性知识与运算的程序性知识。对于不同类型知识或不同的知识学习类型，教学的基本要求或达到的基本目标不同，课堂教学的模式与方法也不同。然而，无论哪一类型的知识学习，一般都包括知识的掌握、知识的编码储存、知识的迁移运用等三个环节。本节准备从这三方面阐述教学的基本策略。首先应该明确，不同的教学策略覆盖范围不同，覆盖方位不同，有的教学策略覆盖范围大，普遍适用于不同的类型的知识的教学与不同的学习环节，例如系统化策略，它既能促进学生对各类知识的领会掌握，又是促进知识编码储存的重要措施，同时也是有效地促使学生知识迁移与运用的手段，因此，下面各个环节的策略都有它；有的教学策略覆盖面小，只适用于某类知识的某个环节的教学，

463

如辅助辨别策略，就只适用于联结学习的知识掌握环节；有的教学策略的覆盖范围则介于二者之间。在实际教学过程中，教师应根据学生知识学习的类型与学习的环节，选择好相适合的教学策略。

一、有效地促进学生知识掌握的教学策略

（一）动机性策略

所谓动机性策略，是指教师在新知识的教学过程中，要运用各种手段激发学生的长期保持的动机，使其明确新知识的意义与保持价值。心理学大量研究表明，学生学习时的心向对其保持知识的效果有重要的作用，学生如果确定了长期保持的学习动机，他就会自觉或不自觉地对新知识采用深层框架式的编码，高质量地进行精加工，并将新知识组织进原有知识系统中去，从而能更有效地长期储存与提取；反之，如果学生对新知识缺乏长期保持的学习动机，或者只是一种临时性保持的学习动机，他就会自觉或不自觉地对知识采用表层联结式的编码，很容易出现机械学习，而不利于长期储存或保持。教师在即时的课堂教学中常以组织学生注意的策略来调动学生的学习动机。新颖变化的实物、模型、挂图、幻灯等教具、教师生动形象的比喻和讲述、合适的手势、教材中的插图、漫画，等等，都是学生容易注意的刺激。此外也常以学习新知识之前告之其目的、意义等方法唤起学生关注和重视。

应该指出，各种不同的教学理论都非常重视学生学习动机的激发，例如，在先行组织者教学策略中，教师在讲授新知识之前，先给学生呈现比新知识更概括的原有知识，作为学习新知识的组织者，其目的不仅是为新知识找到已有认知结构中的有关观念，使学习者将新知识与原有知识建立实质的、非人为的联系，促进新知识的掌握，而且还有利于学生对新知识引发兴趣，激起学习新知识的动机。而布鲁纳更倾向内部动机的激发和维持。布鲁纳注意到，学生在学习过程中如果形成一种将新知识与以往知识联系起来并根据原有认知结构对新知识加以组织的积极的观念和相应的心理准备状态（定势），则会较之那种认为学习内容是没有结构的、与以往学习无关的态度，更能有效地提高学习和理解新知识的效果。最好的学习动机莫过于对所学习的知识本身具有内在的兴趣，有新发现的自豪感和自信心，这是知识学习成功的关键。

（二）变式策略

464　　变式是促进学生有效地进行模式辨别学习、促进学生理解概念与公式法则的

重要手段。所谓变式，是指提供感性材料或例证时，要不断变换呈现的形式，以使其本质属性保持恒定，而非本质属性得到变动，成为可有可无的东西。

心理学研究表明，当具有共同属性的若干事物同时在个体的工作记忆中出现时，个体会自动地产生概括，寻求共同条件而保留，淘汰非共同条件。当我们呈现同类事物的若干例证时，其本质属性（共同条件）固然保持恒定而为个体头脑中保留，但如果这些例证同时都存在某种非本质属性的话，那么，这种非本质属性因为是共同的而也会为个体保留下来作为本质属性（共同条件）。这样便导致了概念的内涵不恰当地扩大（或模式的共同条件的不恰当地增多），而造成其外延不恰当地缩小。例如，我们要使学生理解"直角三角形"这个概念，如果教师出示的例证是""，那么，学生固然会将"一个角是直角"这个本质属性作为共同条件保留下来，但是，由于教师所出示的三个例证中都是两条直角边水平垂直，这个本来是非本质属性，但由于在所举的例证中得不到变异，因此它也会被学生作为本质属性或共同条件保留下来，影响其对"直角三角形"这个概念的理解及对直角三角形的模式识别。假如教师注意了变式策略，出示的例证是""，那么学生掌握这项知识就不会出现这个缺陷。

（三）过程性策略

所谓过程性策略，是指在运算类知识（包括运算性陈述知识与运算性程序知识）的教学过程中，应注意分析这些知识的所蕴含的运算活动，然后引导学生通过进行相应的运算活动过程而获得知识结果。例如，在进行勾股定理的教学时，教师可以让学生画一个直角边为 3cm 和 4cm 的直角 △ABC，再画一个直角边是 5.8cm 和 4.6cm 直角 △ABC，用刻度尺分别量出 AB 的长。学生很容易量出直角边为 3cm 和 4cm 的直角 △ABC，AB 的长是 5cm，直角边是 5.8cm 和 4.6cm 直角 △ABC 斜边为 7.4cm。然后引导学生观察两条直角边和斜边的数量关系，学生就会得出"直角三角形两直角边的平方和等于斜边的平方"这样的结论。这样，一方面使学生充分把握了知识的信息意义，不仅懂得该知识是什么，而且懂得其"所以然"，即懂得为什么会这样，只有达到这种境界，才是完整的意义学习；另一方面，这种获得方式不仅获得知识结果，实现了该知识的信息意义，而且大致经历该知识结果的形成过程，也就是说同时得到了应得的智力训练，因此，也实现了该知识的智能意义。这样，过程性策略既促使学生高质量地把握知识结果，同时保证了其知识的掌握与智能的发展的同步。这是本源性教学过程最重要的策略之一。

465

（四）比较策略

当某类事物或模式的各个具体样例的某些非本质属性也是共有而无法变异时，或者其某些非本质属性十分引人注目，在学生过去形成的前科学概念中已纳入了本质属性之中时，教师就必须运用比较策略以促使学生对该类事物的本质属性的分化与精确化。这是在教授联结性陈述知识常用的教学策略之一。所谓比较，是指在呈现感性材料或例证时，与正例相匹配呈现一些较易混淆的反例，使正例所反映的本质属性更为精确。有目的地与正例匹配而呈现一些反例，这些反例具有与正例相同的某些突出的非本质属性，但本质属性不同。这样，会促使学生更准确地把握住事物的本质属性。例如，当我们要向学生提供"鱼"的具体样例时，"会游水"这个非本质属性也是无法变异的，我们无法用变式策略加以消除。这种情况下，就应用比较策略，可以将正例"黄鱼、刀鱼"之类与反例"鲸"匹配出示，这样，学生就不会再将"会游水"作为鱼的本质属性，即不再将"会游水"作为理解或判别鱼的共同条件。

（五）开展性策略

所谓开展性策略，是指在教学过程中将知识所包含的各个步骤或将获得知识的智力活动所包含的各项操作详尽地展现出来，引导学生完整地进行这些步骤或操作从而获得知识。显然，开展性策略适合于两种教学情境：第一是程序性知识的教学，程序性知识本身的掌握需要一个展开的过程，因此，当进行程序性知识的教学时，为了使学生充分地掌握知识，在设计教学时应完整地、详尽地将整个程序知识包括的各个步骤展现出来，引导学生按照这个展开的操作过程一步一步地进行，使他们完整地详尽地掌握该程序性知识。第二是运算性知识的教学，前面已提到，运算性知识教学应该让学生进行该知识所蕴含的智力活动过程而获得知识结果，这样才能实现该知识的智能意义，而学生进行该知识蕴含的智力活动的过程应该是展开的，否则，就不能很好地实现知识的智能意义，尤其是如果学生的学习是以顺应为主的情况下（即主要是运算方式学习的情况下），展开性地进行智力活动就更为重要。因此，当进行运算性知识的教学时，要将该知识所蕴含的运算过程详尽地展开，形成一步一步的运算环节，然后引导学生按照这种展开的、详尽的过程进行相应的运算活动而获得知识结果。例如，在进行"圆锥的体积"的教学时，可以在课前准备一些中空的、等底、等高的木质有底的圆柱体和圆锥体，上课时发给学生。首先，让学生将圆锥体套入圆柱体中，观察二者的底、高的关系，当学生能够得出"圆柱和圆锥等底等高"这个结论之后，引导学生将圆锥盛满水，再将水倒入圆柱体中，让学生探索用同样的方法倒几

466

次，才能将圆柱体盛满水。最后，通过动手操作和观察，学生得出了"圆柱的体积是与它等底等高圆锥体积的 3 倍"这个圆锥体体积公式。该策略充分体现了本源性教学在教学过程发展学生能力的基本思想。

（六）多表层策略

人类的语言是其思想的表达，而人的思想也要以语言作为工具或载体，在交往过程中，以语言形式所体现的人们的思想，称为深层语言；而表达这种思想的各种形式的语言称为表层语言。所谓多表层策略，是指在教学过程中，教师对于同一个思想，即同一个深层语言，可以用多个表层语言来表达，或者引导学生用多种表层语言来表达。例如，关于"$4 \times 3 =$"的意义，可以表述为"求三个四是多少"，也可以表述为"求四的三倍是多少"，还可以表述为"求三个四相加是多少"。多表层策略不仅使学生能灵活地从各种角度来理解新知识，进行精加工，也能使学生真正掌握新知识的深层含义，不停留在字面的，机械的，固定的理解上，在运用的时候更加灵活，易于迁移，是运算性陈述知识运算性程序知识学习的常用教学策略。比如对菱形的理解可以与其他许多图形联系起来：菱形是邻边相等的平行四边形；它还是两个共底的全等等腰三角形；它也是对角线互相垂直的平行四边形；它还是以任意椭圆的长轴和短轴为对角线的四边形；它和长方形一样既是中心对称图形，也是轴对称图形；除了它的特例正方形之外，任何菱形的四个顶点都不可能位于同一个圆上，但一定可以位于同一个椭圆上。

（七）辅助辨别策略

所谓辅助辨别策略，是指教师在教学过程中运用一些独特的、给人印象深刻的方法使学生能清楚地辨别出新知识的物理模式，从而正确地形成相应的联结。

辅助辨别策略主要是用于非命题的联结学习，如符号识别（认字、学拼音）、音调识别等。当进行这类知识的教学时，教学的主要矛盾就在于使学生辨别出要建立联系的客体对象的模式，教师除了要注意引导学生观察外，同时应注意运用比较、类比、突出特征、形容等方法，使学生牢固地分辨出对象的模式。例如教拼音"t"和"f"时，其教学任务是使学生形成字母的字形与读音的联结，主要矛盾是使学生辨别出这两个字母的形状而不要混淆，否则上述联结就不能形成，某特级教师为了使学生更好地辨别出字母的模式，她带了一把有弯钩伞把的雨伞，利用伞正立与倒立的形状，并编了两句顺口溜："直立是't'，倒立是'f'"，这样，使学生一下子把握了这两个字母的模式，并印象深刻，难以遗忘。

（八） 精加工策略

所谓精加工策略，是指教师在教学过程中有计划地引导学生进行一些信息加工活动，使学生通过这些活动将新学习的知识与头脑已有知识联系起来的教学策略。它既有促进学生理解知识的效能，更主要的是有促进学生将新知识合理地编码，使之更有效地储存保持的效能，因此，是一种非常重要的教学策略，西方认知心理学家非常注重这个策略。

精加工策略主要分为两类，一是人为联想策略。所谓人为联想策略，是指教师在教学某些意义性不强的学习材料时，引导学生巧妙地将它与某些非常容易记忆的有意义的材料人为地联系起来，从而有效地记住知识。例如，化学上金属元素活动的顺序是：钾、钙、钠、镁、铝、锌、铁、锡、铅、铜、汞、银、铂、金，有位教师在教学时将它编成一句话："加盖那美丽新铁丝，钱通共一百金"，学生很快就能记住。又如一教师教学生背圆周率的值（3.1415926535897932384626……）时，编了个顺口溜："山巅一寺一壶酒，尔乐苦煞吾，把酒吃，酒杀尔，杀不死，乐尔乐"，这样也使学生很快地记住了。利用人为联想，使本来无意义的学习材料被人为地赋予意义，和学生头脑中的已有知识经验人为地取得联系，从而易于编码与储存。

第二类策略是生成策略，或称为内在联系策略。所谓的生成策略，是指教师在教学意义性较强的材料时，引导学生进行一定的智力活动，在新旧知识之间生成一些新的思想或联系，从而促进学生对新知识的理解与编码。例如，某教师在教给学生"维生素C可以增加白血球"这个命题时，学生过去的知识结构中已经有了"白血球可以消灭病毒"，"病毒引起感冒"这两个命题，现在学了这个新命题，教师可以引导学生经过推理得出"维生素C增加白血球，因此能抵抗感冒"这个新命题，这个新命题能将个体的新旧知识联系起来，使新知识更易被学生理解与记住。这就是内在生成策略。

（九） 系统化策略

所谓系统化策略，是指在教学过程中教师应注意引导学生将当前所学的知识纳入原有的知识体系中去，使之系统化。前面第二节谈到，任何一门学科的教学，都要注重让学生形成最佳的知识结构，在知识的理解阶段，系统化策略就是按照该学科应形成的知识结构引导学生将知识组织进知识结构中去，使之形成良好的知识结构。

系统化策略与上一个精加工策略不同，精加工策略主要作用是使新知识与已有的知识取得联系，但这种联系是局部性的，它不解决新知识如何与原来知识相互联系构成一个整体的问题，而系统化策略则主要解决这个问题。如何使学生知识系统化，心理学家奥苏贝尔提出八个字：不断分化，融会贯通。"不断分化"是解决新知识在原有的知识结构中与上下位知识的关系与联系问题，要将新知识恰当地放在它的上位知识之下，下位知识之上，形成一个正确的层层分化的结构系统；"融会贯通"是解决新知识与原有知识结构中已有的同一层次或系列的旧知识的关系与联系问题，要将新知识与同一层次的相关的原有知识的区别与联系揭示出来。这样，新知识就能放进原有的知识结构中去，形成一个知识系统。

二、有效地促进学生对新知识进行储存与保持的教学策略

（一）通道性策略

所谓通道性策略，是指教师在新知识的教学过程中，注意引导学生尽可能多地建立通往新知识的途径与通道，使新知识可供利于提取的线索更多，可供精加工的角度和信息更广泛，保持得更全面、更完整。如让学生在学习中多种感官分析器协同活动，"口到，眼到，耳到，手到，心到"就是典型的多通道策略的实例。心理学的研究表明，个体获得一个新知识后，如果通往这个新知识的路径或通道越多，该知识就越容易提取而不易遗忘。因此，教师在传授知识的过程中，要努力引导学生建立多条通往新知识的路径。如传授知识时让学生多种感官分析器协同活动，使多种感受器都能通往新知识，这样会提高记忆效果。心理学工作者作了一个实验，在实验中要求三组学生记住 10 张画的内容。第一组只是听别人说画上的内容，第二组只是看那 10 张画的内容，第三组边听边看，过一段时间考察他们的记忆效果，结果是第一组只记住 60%，第二组记住了 70%，而第三组记住了 89%。由此可见，运用多种感官对知识进行编码，可以更多地在大脑中留下通道或线索，从而提高保持效果。又如在学习新知识时，以具体形象的东西作为抽象知识的标记或支柱，使具体形象的东西与抽象的东西有机结合；或者将新旧知识按其内在联系组织起来形成组块，使原来通往旧知识的通道可以用于通往与之结成块的新知识；如此等等，总的原则就是建立起通向新知识的各种途径，使进入该知识的道路畅通。从储存的角度来看，前面提出的精加工策略、多表层策略等都兼有建立多通道的意义。

（二）系统化策略

在促进学生的知识掌握的环节中，已提出了系统化策略。系统化策略是指在

教学过程中教师应注意引导学生将当前所学的知识纳入原有的知识体系中去，使之系统化。系统化策略，首先是一个促进学生掌握知识的重要策略，同时从知识的保持与储存的角度来看，它又是促进学生牢固地保持、有效地提取知识的重要教育策略。心理学家认为，知识遗忘的一个重要原因就是检索失败，也就是说，学生学习了知识之后，没有将它放置到恰当的位置，因此，这项知识虽然没有消失，但是由于位置不恰当，结果无法提取，这样导致了遗忘。正如图书管理员将一本书放到图书馆的书架上，如果他没有按一定的规则将这本书放到恰当的位置，以后他需要找这本书时，虽然该书还在图书馆，但他却无法将它找出来，这种情况就类似检索失败而导致的遗忘。由检索失败而产生的遗忘在学生学习中是非常普遍的，为了防止这种遗忘，教师在教学新知识时，应按照该学科的知识结构引导学生将知识组织进知识结构中去，使之形成系统，以促进学生对该知识的保持与提取。

（三）科学复习策略

所谓科学复习策略，是指教师在学生掌握新知识之后，应注意科学地指导学生通过练习与复习以巩固知识，使之能长期保持。

通过复习与练习使学生巩固新知识，这是促进新知识的保持的最常用的、最基本的教学策略，心理学家桑代克就将练习律列为学习的三大定律之一。然而，我们所主张的不是简单的机械的重复，而是科学的练习与重复，这种练习是建立在保持与遗忘的心理规律之上。根据心理学研究结果，科学的练习重复策略应注意以下几个方面。

一是及时复习。根据心理学家艾宾浩斯对遗忘规律的研究结果，遗忘进程是先快后慢，因此，教师在重复练习的时间安排上，首先要做到及时，特别是对于那些字母符号、公式、外语单词等意义性不强的学习材料，一定要及时复习，及时抢在遗忘"大塌方"之前加固。学习新知识以后的几小时之内复习 10 分钟可能比 5 天 10 天后复习 1 小时的效果好。

二是分散复习。心理学研究表明，一般来说，用同样多的时间复习某项知识，一次性的集中复习的效果不如将这个时间分成几段进行复习的效果好。例如，准备用 2 小时复习英语单词，上午集中安排 2 小时复习，就不如上午安排 60 分钟，下午安排 30 分钟，晚上再安排 30 分钟的效果好。

三是过度复习。复习新近学过的知识，如果复习的程度是刚刚能背诵就停止，那么，保持效果一般不会太好。应该在刚能背诵的程度上再学习若干遍，即"过度学习"，效果就会大大提高。一般来说，过度复习要保持在超过 50% ~ 100% 之内，例如，读 10 遍刚好能背出某篇课文，那么最好再读 5 ~ 10 遍，因为，超过了50%～100%这个最佳限度，时间精力消耗得多，效果并没有得到相应的提高。

四是多样性复习。如果在复习中只是用一种方式反复练习，就会显得单调，使学生感到厌烦。因此，教师要采用多种不同的形式去练习同样的内容，这样不仅使学生感到新鲜，复习时更专心持久，而且有利于他们从多角度全面理解知识内容。

五是调整性复习。学生在学习新知识过程中，可能会因为各种原因而没有形成最佳的知识结构，这既不利于他们对知识的理解，也不利于他们对知识的保持。因此，在复习过中，教师要善于利用复习帮助学生调整好他们的知识结构，使之更具框架性、有序性、清晰性，从而更好地储存与提取知识。

三、有效地促进学生对新知识的迁移与运用的教学策略

掌握知识的目的在于应用，因此，学生能否将学到的新知识运用到新的情境中去解决问题，这是至关重要的。掌握了新知识，并不意味着能够运用这个新知识去解决相应的问题，有时即使头脑中具备解决某个问题所需的全部知识，也不能保证这个问题就能得到解决。于是在我们面前就提出了这样的问题：教师怎么进行知识教学，怎么引导学生掌握知识，才能有效地促进学生将新知识迁移与运用到新的情境，顺利地解决有关问题。

知识的运用是多方面的，我们这里谈的知识的运用，主要指的是将所学的一般性的知识（原理、公式、定律、概念等）用于新的具体的问题情境中去解决问题。知识的迁移也叫学习的迁移，一般指前一种学习对后一种学习的影响，这种影响有积极的也有消极的，我们这里讲的迁移，指的是产生积极影响作用的正迁移。知识的迁移在学生学习知识的不同阶段都表现出来并发挥作用，在知识运用阶段的迁移，主要是指一般性的知识原理向具体的问题情境的迁移，是一种下位迁移。在知识运用的过程中，知识的迁移就表现为对当前新课题的类化，即顺利地辨别出当前具体的问题情境隶属于先前学习的哪一种概括性的规则或原理，从而能应用先前学习的该规则或原理去解决当前的新课题。可以说，知识迁移是知识运用的关键或实质。

为了促进学生对所学的新知识的迁移与运用，在教学过程中应注重以下的教学策略。

（一）条件化策略

任何知识的学习最终目的是为了在适当的条件下正确运用。要使所学知识在

需要时能迅速、顺利、准确地提取和执行，就必须为所学的知识建立一个"触发条件"，使之随时处于良好的备用状态。

所谓条件化原则，是指教师在传授知识过程中，注意将学生的陈述性知识转化为产生式知识（即程序性知识），建立起知识的"触发条件"，使之处于预备应用状态。

这个教学策略是非常重要的。我们认为，有的知识只能是陈述性知识的状态，如"中国位于亚洲东部"，它只能是命题形式；有的知识只需要产生式状态，如何查字典，虽然这个操作序列在形成过程可能首先要采用陈述命题的形式，但一旦形成产生式知识后，陈述性的形式则没有必要存在了；而值得注意的是有相当一部分重要的知识，既要有陈述性的形式，又要有产生式形式，如许多科学概念，我们既要懂得它们的定义（陈述性知识），又要能判断出对象是否属于该概念范畴，即获得概念行为，许多定理、公式等都是如此，对于这类型知识，我们可以称为两栖性知识。心理学研究表明，在运用知识解决问题时，我们主要运用的是产生式知识，因此作为两栖性的知识，在教学过程中，我们不仅要使学生理解和把握它的陈述性形态，而且要按照产生式知识形成的规律进一步引导学生掌握它的产生式形态，也就是形成"如果……那么……"的产生式，这种形式就是将"触发"条件与行动序列结合起来的条件化知识，或者称为"活性知识"。只有这样，学生所掌握的新知识才是处于应用状态，随时可以调用出来解决问题。传统教学将学习的内容分为"知识"与"技能"两类，其所谓的知识，大致相当于我们所说的陈述性知识，而所谓的技能，也与我们所说的产生式知识有一定的相同，但是，它的技能的范围太小，而将所有的两栖性的知识都归为"知识"范畴。这种分类的结果就会使教师在传授这类知识时只注重将它们作为陈述性知识来传授，而不是同时也有意识有目的地将它们作为产生式知识来传授，这样，造成这类知识缺少产生式状态或缺少优化的产生式状态，其结果，学生头脑中的这类知识主要就是静态的陈述性知识状态，缺少条件化的知识状态，知识缺乏活性，不易于运用以解决问题。因此，条件性策略对于促进学生知识的运用是非常重要的。

（二）原型变异策略

所谓原型变异策略，是指教师在教学新的原理、公式及概念时，所列举的具体例证、例题要与原型有足够大的差异，以提高学生掌握的新知识的概括程度。换句话说，就是要求教师注意让学生在变异的条件模式中获得或者操练新的产生式知识。从认知心理学的观点来看，学生掌握某个原理、公式、概念，实际上是掌握某个产生式操作程序，这个操作程序是由条件模式与操作处理两个部分组成，掌握了这个产生式，也就是学会了在某种特定的条件或问题情境中采取特定的操作方式。我们所说的知识的运用，就是指在新的问题情境中能识别出该问题情境的条件模式，从而能运用与这种条件模式相应的特定的操作进行处理。由此可见，能否正确地认知问题情境的条件模式，是能否正确地运用知识解决问题的关键。

学习者形成的特定的产生式时的条件模式，是该产生式典型的条件模式，我们称之为条件原型。一般来说，当问题情境中的条件模式与条件原型差异很小时，个体对条件的认知就会很顺利地实现；然而，当解决复杂的问题时，情境的条件模式与条件原型则有较大的"变异"，这种变异有两种情况：第一种情况是横向变异，即情境中的条件模式是条件原型在同一水平上的形式上的变异，例如二项平方和公式 $a^2 + 2ab + b^2 = (a + b)^2$，其条件原型是 $a^2 + 2ab + b^2$，而 $c^4 + 2c^2 d + d^2$ 则是横向变异了的条件原型。第二种情况是纵向变异（或称覆盖变异），即情境中的条件模式是条件原型表层被若干其他条件模式所覆盖的表现，要经过一系列的操作才能达到条件原型或横向变异的条件原型。还以上面二项平方和的公式为例，$-y^2 + 2a(x^2 - y)(x^2 + y) + a^2 + x^4$ 就是覆盖变异了的条件原型，要经过一系列操作才能达到条件原型 $(x^2 - y)^2 + 2a(x^2 - y) + a^2$。为了使学生能在复杂的变异情况下认知出条件完型，就要在学习原理、公式、概念等新知识时，教师要注重设计好例证或例题，增大条件模式的变异性，使学生所把握的条件原型概括程度更高，心理视野就更广，这样，当运用该知识解决问题时，就能复杂的情境中辨别出条件原型的模式，从而寻找到解决问题的方法。

条件变异教学策略的科学运用，就能使学生所获得的产生式知识的条件部分形成条件模式组块，从而具有概括性与灵活性。所谓形成条件模式组块，也就是在所形成的产生式知识中，它的条件部分要以条件原型为核心，将各种横向或纵向的条件变异的模式组成条件模式组块，这样，无论问题情境的条件模式发生何种变异，发生多么复杂的变异，也能一下子辨别出该问题情境所属的问题原型。

反之，如果不注意让学生在变异的条件模式中获得或操练新的产生式，学生所形成的产生式的条件部分很小，或者只由单一的条件原型构成，这种产生式知识缺乏概括性与灵活性，学生只有在与当初知识获得时的条件相同的情况下才能认知问题的条件模式，稍有变异，就束手无策，心理视野不广阔。

心理学的研究表明，是否形成大范围的条件模式的组块，这是该领域的专家老手与新手的重要差别。某学科领域的老手的产生式的条件部分已形成了以条件原型模式为核心的包容各种条件变异模式的大组块，这样，在新的问题情境中，该问题变异了的条件模式可能实际上也包含在老手的条件模式组块中，在这种情况下，老手能一下子就辨别出该问题的模式，从而马上寻求出解决问题的方法，表现出解决问题加工过程的浓缩性，在另一种情况下，一些复杂的纵向变异的新问题的条件模式虽然没有包含在组块的模式之中，但与组块所包含的条件模式距离较近，而在这种情况下，老手虽然不能一眼就看出问题的解答方法，但是，由于两种模式距离较近而产生较大的引力，使老手容易有效地解决问题的定势或心向，从而能采用"顺向分析法"，即从已知条件到未知条件的推理分析的方法，得出问题的解答。而新手的产生式的条件部分很小，或者只由单一的条件原型构成，这样，在新的问题情境中，条件模式稍有变异，新手就需要进行一系列信息加工活动，才有可能辨别出该变异了的模式的原型，表现出解决问题加工过程的开展性，尤其是当面临一些复杂的纵向变异的问题的条件模式时，由于新手的产生式的条件部分小，问题的条件变异模式与新手的产生式包含的条件原型模式会有较大的距离，两种模式之间无法产生明显的引力，这样，新手则无法形成有效地解决问题的定势，因而不能采用根据按一定方向分析已知条件，一步一步推向未知的顺向分析法，而只能采取"逆推法"，即按照"目标－手段"分析，从解决问题的目标出发，一步步逆向分析达到目标的条件或手段，最后达到问题情境的条件，从而实现问题的解决，这种"逆向法"是新手常用的解决问题的策略，并不是高效的解决问题的思维方式；而在许多情况下，新手则会采用尝试错误的方式来寻求问题的解答，这种尝试错误的解题方法，实际上是无有效的定势的情况下顺向法的乱用。新手这两种解决问题的方法都是低效的，并常常导致无法寻求出解答问题的方法。

概而言之，原型变异的教学策略的合理运用，就会形成学生高质量的产生式知识，这种产生式知识的条件部分是以条件原型模式为核心的包容各种条件变异模式的大组块，这种知识能够使学生顺利地实现知识的迁移，运用知识解决问题。原型变异教学原则是最重要的教学原则之一，也是教育心理研究中理解与探究知识的迁移、新手向老手转化等重要问题的关键。

（三） 专家模式策略

所谓的专家模式策略，是指教师在指导学生运用知识解决问题的过程中，教师本身要把握好该知识领域的专家解决同类问题的思维模式与策略，然后引导学生按照专家的思考模式去解决问题，从而使学生形成本领域专家的解决问题的思路与模式。

现代认知心理学家一个研究热点就是分析每一学科专家或"老手"解决问题思维模式，找出老手与新手的差异，然后训练新手形成老手的思维模式。许多心理学家对促使新手向专家转变的过程进行了许多的研究，这方面研究对我们教学有重要的启示。教师在教学过程中应根据有关的研究成果或根据自己的经验与摸索，把握好老手解决问题的思路模式，引导学生按照专家的模式运用知识解决问题，这样就能促进学生对新知识的迁移与运用。

（四）分解性策略

所谓分解性策略，是指教师在教学过程中注意将完成某类任务的完整的思维过程分解成为几个阶段，总结出每个阶段上的最佳运作，然后训练学生分别掌握各阶段的最佳运作，然后再将它们连贯起来，使学生把握整个过程的运作。

例如，解应用题可以分为理解题意、分析问题、解答问题、总结思路四个阶段，每阶段各有最佳的运作。相应地，在训练学生时，也应分阶段进行，即训练学生掌握第一阶段的运作之后，再训练他们掌握第二阶段的运作，练习了各个"分解动作"之后，再进行"组装"，练习"连贯动作"。心理学研究表明，这种分解式的训练比传统的综合的笼统的训练能更有效地使学生形成运用知识解决问题的运作。

（五）系统化策略

在促进学生的知识掌握与知识的保持这两个环节中，我们都提出了系统化策略。系统化策略不仅是促进学生掌握知识、保持知识的重要策略，同时从知识的迁移与运用的角度来看，它还是促进学生有效地运用知识解决问题的重要教育策略。心理学家认为，当学生运用知识解决问题时，首先要对头脑中相应的知识库进行搜索，在许许多多的知识组块的"触发条件"中找到与当前问题相同的条件，从而提取出解决当前问题所需的知识。如果学生头脑中的知识组块没有按照一定的联系组成一个系统，那么，在解决问题时，其搜索知识效率会低，并且混乱无序，严重地影响问题的解决。心理学家通过实验发现，解决问题的"老手"与"新手"之间在知识表征上具有明显的差异，老手头脑中的知识按层次排列，新手则采取水平排列，是零散和孤立的。因此，为了使学生有效地运用知识，教师在教学新知识时，应按照该学科的知识结构引导学生将知识组织进知识结构中去，使之形成系统。

（六）发散性策略

所谓发散性策略，是指教师在指导学生运用知识解决问题的过程中，应提倡学生思维的发散性，鼓励学生从多个角度看问题，从多种独特的途径寻求问题的解答。

在教学过程中注重发散性策略的运用是非常重要的，它不仅可以培养学生的发散思维，发展他们的创造性，同时从运用知识的角度来看，它也能促进学生能克服不利的定势，寻找到解决问题的路径。所谓不利的定势，是指在解决问题的过程中，只考虑一种思路，一旦这种思路走不通时，也无法跳出来，而是陷在里面不能自拔。如果注重培养学生的发散性，就能避免他们在运用知识时陷于不利定势。

第五编

总结与展望

第十一章

学习过程与机制研究的总结与展望

自桑代克提出试误－联结学习理论以来，从行为主义的联结学习到认知主义的认知学习，学习理论研究走过了一百多年的历史，人们从关注动物的学习到关注人的学习，从关注人的学习到直接研究学生的学习，对学习过程和机制的探讨不断深入。无论是西方关于学习过程与机制的各种派别的理论与实验，还是我国的学习双机制理论与实验，发展至今，已经取得了大量的研究成果，认真分析总结这些成果与理论，可以从整体上把握学习过程与机制理论的发展演变过程与趋势，从而可以对未来学习过程研究的发展进行展望。

一、学习过程与机制研究的总览

学习是有机体在后天生活过程中获得经验的过程，作为人类个体的学习过程，本质上就是人类"种的成就"的获得过程，人类种的成就分为两个方面：第一方面是知识经验；第二方面是心理机能，因此，学习的研究，应该包括：第一，个体获得人类已形成的知识经验的过程的研究；第二，对个体获得人类已形成的心理机能的过程的研究。这两大问题的研究在学术界分为三个重大领域：第一个领域是教育心理学的学习理论领域，探讨个体获得人类已形成的知识经验的过程；第二个领域是涉及心理学、生物学、哲学、逻辑学等多个领域的个体发生认识论领域，探讨个体心理机能尤其是思维的发生的过程，也就是探讨个体从无到有地获得人类已形成的心理机能的过程；第三个领域是涉及教育学、心理学等领域的学生能力培养领域，探讨个体心理机能基本形成后如何进一步发展与提高的过程，也就是探讨如何在教学过程培养学生能力的过程。

因此，作为广义的关于学习研究的理论，应该是包括对上述三个领域的研究的理论，可以称为研究学习过程与机制的理论。

（一）探讨知识经验获得过程的学习理论领域

关于对个体如何获得或形成新的知识经验的过程的研究，即对学习的认知过程研究，是教育心理学科的研究主题。

从 20 世纪二三十年代开始，直至五六十年代，心理学家一直力图通过系列的研究提出一个总体的学习理论来解释各种学习过程，因此，关于学习理论的提出与争论成为当时心理学界关于学习心理研究的主题。论争的一方是联结派学习理论，以桑代克的联结理论、华生的经典性条件反射理论和斯金纳的操作性条件反射理论为典型代表，论争的另一方是认知派学习理论，以格式塔完型理论、托尔曼的符号学习理论、布鲁纳的发现学习理论与奥苏贝尔的接受学习理论为典型代表。联结学习理论和认知学习理论的相互论争，构成了数十年心理学发展的主旋律。

自 20 世纪五六十年代以来，学习理论的研究与发展出现了两个方面的变化，对学习理论的研究与论争渐趋平缓：第一，由于两派学习理论都认为对方无法真正解释学习过程的机制，而双方也都无法盖涵对方因而取消其存在的价值，因而出现了企图融合两大派的折中主义理论，如加涅的累积学习理论和罗杰斯的人本主义学习理论；第二，由于人们对这种似乎是毫无结果的论争逐步不感兴趣，人们越来越感觉到学习的过程是一个非常复杂的过程，不可能采用一种综合的方式从而得出一个能够盖涵各方面学习的学习理论，因此，对学习理论的研究更多地指向具体的对学生学习过程的特点与规律的探讨，研究的重点也转移到探讨各种领域的学习过程的研究，并形成了若干个研究热点，主要是阅读学习的认知过程研究、类别学习的认知过程研究、推理学习的认知过程研究、问题解决与迁移的认知过程研究等。心理学界对以上述几个重要领域的具体学习过程也进行了系列研究，取得了大量成果，形成了各种关于不同领域的学习过程的学说。

然而，我们认为，第一，折中主义趋势导致论争的平缓，并不意味着学习实质这个问题的研究已经得到解决，实际上，折中主义的学习理论只是简单地将两大派合并起来，并不能真正解决两派的论争从而科学地对学习实质作出解答。可以说，关于学习过程的探讨至今还没有达到共识。第二，西方关于具体学习过程的研究尽管已经取得了大量的成果，但是，这些研究都只关注局部的学习过程，缺乏一个一般的学习理论为支撑，因此，各个过程的研究还缺乏内在联系。同时，尽管人们对局部领域学习的过程与机制的理解逐渐加深，但是，在总体上对学习的总体机制或者说学习最本质的过程的解答还悬而未决。

因此，要进一步推进学习心理的研究，还是需要在一个总体的理论框架的指导下，开展对各个具体领域的学习过程的研究，随着对学习各种具体的局部过程与机制的理解逐渐深入，逐步形成系统的、整体的学习理论，从而对学习的认知过程作出全面、科学的揭示。

我们在总结与分析国内外有关的学习理论的基础上提出了"学习双机制理论"。学习双机制理论认为，人有两类学习机制：一类是联结性学习机制；另一类是运算性学习机制。联结学习机制是指个体将同时出现在工作记忆的若干客体的激活点联系起来而获得经验的机能；运算性学习机制指有机体进行复杂的认知操作（即运算）而获得经验的机能。个体运用不同的学习机制去获得经验，则形成不同类型的学习。因而，有机体的学习也相应地分为联结性学习与运算性学习。所谓联结性学习，是指个体通过将同时出现在工作记忆中的若干客体联系起来而获得经验的学习，所谓运算性学习，是指个体通过复杂的认知操作而获得经验的学习，较高等的动物也具备一定的运算性学习的机能，但只是较低级的，并且也不是它们主要的学习机制。运算性学习主要是人获得经验的学习方式，体现了人的学习的主要特点。

学习双机制理论是我们研究学习的认知过程的基本设想。我们认为，学习的过程是一个非常复杂的过程，不可能采用一种综合的方式证明上述的双机制学习理论。如前述，关于学习问题的研究，国际心理学界已经由通过研究提出一个总体的学习理论来解释学习过程的途径，转移到探讨各种具体领域的学习过程的研究，当前，国际心理学界关于学习过程的研究形成若干热点领域，如阅读理解的信息加工过程研究，类别学习的信息加工过程研究，推理学习的信息加工过程研究，问题解决学习的信息加工过程研究等。根据学习双机制理论，阅读学习是典型的、重要的联结性学习之一，而类别学习则是典型的、重要的运算性学习之一，对这两个具体领域学习过程的研究，有助于窥见学习的全域，因此，我们以学习双机制理论设想为指导，系统地对阅读学习与类别学习的认知过程进行研究，力图推进这两个重要领域的研究并验证学习双机制理论的基本观点。

首先是文本阅读认知过程的研究。我们在该领域的研究历时多年，完成了近百个实验研究，在这个基础上形成了"文本阅读双加工理论"，该理论提出，文本自然阅读过程是连贯性阅读与建构性阅读交织进行的过程，也就是联结性学习与运算性学习交织进行的过程，不同的阅读过程会表现出不同的特点与规律。关于文本阅读学习过程这个系列的研究，验证了学习双机制理论的核心观点。

其次是类别学习的认知过程研究。我们在该领域进行了三方面系统研究：第一方面是类别形成的加工过程实验研究；第二方面是类别学习的两种策略作用机制的实验研究；第三方面是类别学习的阻碍效应研究。研究结果表明，类别学习过程也是运算性学习与联结性学习交织进行的过程，不同的条件会引发不同的学习过程，而不同的学习过程会表现出不同的特点与规律，以往关于类别学习的研究产生的分歧，可能是由于不同的研究涉及了不同的学习情境，因而引发了不同的学习过程。关于类别学习过程这个系列的研究，也验证了学习双机制理论的核心观点。

（二）探讨心理机能形成的发生认识论领域

该领域探讨个体心理机能尤其是思维的发生的过程，也就是探讨个体从无到有地获得人类已形成的心理机能的过程。

学术界学界对个体心理机能发生或形成问题，历来有不同的观点与理论，唯心主义的天赋论认为个体的心理机能来自先天，或与生俱来，或来自成熟。哲学家莱布尼兹、康德，心理学家彪勒、霍尔等，都主张天赋论。机械唯物论的经验论认为个体的心理机能是来自后天，是个体在后天生活过程中获得，来自对客体的把握，来自对客体的经验。该派别在总体上承认个体的心理机能来自后天，这个基本观点是正确的，但就个体的心理机能尤其是高级的心理机能如何来自后天这个重大问题上，其二项图式是难以正确解答的。活动内化理论则持外部活动内化的观点，认为个体的高级心理机能来自于外部活动的内化，尤其是苏联维、列、鲁学派提出了"主体－活动－客体"的三项图式，以活动为中介，力图解答个体高级心理机能形成问题。应该承认，学术界对个体心理机能的发生问题的理论观点是很有启发性的，但是，对于个体心理机能的发生问题的看法，实际上就是关于世界三大难题之一"思维的起源"或"逻辑的起源"问题的解答，研究难度之大、探讨问题之深、涉及学科之广，都是难以想象的。正因为如此，学术界关于个体心理机能发生的各种理论，主要还是建立在理论思辨的基础上。

学习双机制理论从一个新的角度对这个重大问题进行解答，该理论认为，个体心理机能包括联结性机能与运算性机能两个基本类型。联结学习机制是指个体将同时出现在工作记忆的若干客体的激活点联系起来而获得经验的机能；运算性学习机制指有机体进行复杂的认知操作（即运算）而获得经验的机能。

心理机能的形成，需要主体在机能形成的关键期与机能载体交互作用从而实现，联结性学习机能与运算性学习机能是在关键期中由主体与机能载体交互作用从而形成相应的机能，但是由于这两种机能性质不同，因此，它们形成的条件、过程有重大的差异。联结性机能是知觉水平的机能，其载体是以显性的、物理属性的形式直接蕴含着机能信息，个体与机能载体相互作用的过程，是一种直接的过程。个体只需要在关键期中通过感知运动过程直接与载体的物理属性交互作用，直接接触机能载体，就可以形成相应的机能。而运算性机能是思维水平的机能，其载体则是以隐性的、静态的方式蕴含了人类千百年智力活动的机能信息，是一种客体化的社会机能。个体需要在社会传递下，将载体以静态形式蕴含的机能"转译"为动态的活动，个体在外部进行这些活动的过程中，将人类千百年形成的社会机能内化为自己的内部机能。由此可见，学习双机制理论关于个体学习机能形成的理论观点，力图整合学术界的经验说与外部活动内化说，对个体心理机能形成问题做出更为科学的解释。

根据这个理论构想，学习双机制理论提出者系统地设计并进行了两大系列的教育实验研究，探讨儿童书面语言机能与科学思维机能的形成过程，初步验证了学习双机制理论关于个体心理机能形成的构想。对幼儿书面认字阅读机能（主要是联结性机能）的培养的实验研究结果表明，作为联结学习为主的认字阅读书面语言的机能，主要是通过个体直接与载体交互作用实现的，符合"主体 - 客体"二项图式；对幼儿科学思维运算性机能的培养的实验研究结果表明，作为运算性学习为主的科学思维机能，需要个体在社会传递下进行载体所蕴含的智慧活动然后内化而实现，符合"主体 - 活动 - 客体"三项图式。

（三）探讨教学过程能力培养的教学论领域

在学生的能力培养尤其是创造力的培养方面，长期以来都是心理学界与教育学界关注的热点。

许多研究者进行了大量的教学实验研究，提出了各种培养模式或方式。从克劳福德的"属性罗列法"、奥斯本的"头脑风暴法"，到符尔斯坦的工具强化训练、米克尔的能力训练方案、斯腾伯格和韦尔的流体智力训练方案等，然而，这类培养训练模式，基本上都是在脱离学生学科教学过程的"知识贫乏"领域中进行，这种脱离儿童青少年主导活动的培养方案，作用是有限的。

更多的研究者认为，学科知识学习是学生的主导活动，学生的能力培养主要途径就是课堂的学科知识教学，他们提出了各种各样的关于如何在传授知识过程培养学生的能力的观点与学说，形成了各种不同教学理论。当前，西方影响最大的学习与教学理论主要是布鲁纳的教学论，奥苏贝尔的教学理论与建构主义的教学理论。布鲁纳注重学生发现知识的能力实际上是创新能力的培养，强调教学过程要基于发现法进行，让学生通过"发现"知识结论而获得知识，从而培养其像科学家探索知识那样的能力即创新能力。奥苏贝尔注重的是让学生真正领会掌握大量的知识，强调以"先行组织者"的方式组织教学，让学生融会贯通，实现有意义的学习，其注重的是学生融会贯通的逻辑思维能力的培养。而建构主义则强调让学生在实际情景中进行各种运用知识的活动，构建知识的意义，其着眼于学生组合运用知识解决问题的能力。总体来看，这些不同的教学理论还未能真正建立在对学生学习的认知过程的分析之上。

我们认为，对个体心理机能的形成问题的解答与对个体能力的培养问题的解答，应该是相通的。长期以来，学术界在探讨教学过程学生的能力培养问题时，基本上是没有将这个问题与学习机能的形成问题联系在一起。实际上，个体学习机能的形成解答的是从无到有的问题，而能力的发展培养解答的则是从有到优的问题，本质上都是探讨个体心理机能的发展系列问题，整体的解答思路应该是一致的。

学习双机制理论提出，人类知识生产过程是"种的经验"包括知识形成与能力形成统一的过程，而个体的知识再生产过程应该遵循人类知识生产过程，据此，学习双机制理论提出了"本源性教学理论"，主张遵照人类知识生产本来的活动方式进行教学设计，使学生在获得知识过程同步实现人类生产知识活动所形成的各种能力。本源性教学模式主要观点包括两大方面：

第一方面，基于人类知识生产过程进行优选式全程重复的整体教学设计。本源性教学理论认为，应该按照人类知识生产过程考虑学生学习与教学的整体设计，按照人类知识生产能力形成的模式考虑教学过程学生能力的培养，但是，不能够也不必要简单地全程重复人类知识生产过程，而应该采用一种优选式的全程重复的思路，在学科整体知识教学上必须让学生经历知识的探索、知识的理解与整理、知识的组合与运用等三个环节，这样，就学科的整体教学来看，学生全程经历了人类知识生产三个环节，保证了生产过程各个环节能力的实现；同时，又不是每项知识的教学都需要经过三个环节，而是选择性地只需要经历一两个环节；这种教学活动的设计，可以称为对人类知识生产过程优选式全程重复的教学设计。

第二方面，基于人类知识生产过程的性质进行知识分类并设计课堂教学模式。本源性教学理论认为，人类知识生产过程有不同的性质，人类实践过程会遇到各种不同的客体及其属性与联系，对有的客体、属性或联系的认识的产生过程，主要是通过联结性的认识活动，如乌鸦是黑色的之类的知识。这类生产过程产生的知识，我们称为联结性知识，也可以称为事实性知识。而有的客体、属性或联系的认识的产生过程，要进行复杂的运算性活动，如牛顿的三大定律之类的知识。这类知识生产过程产生的知识，称之为运算性知识，也可以称为规律性知识或逻辑性必然性知识。我们认为，人类高级的心理机能主要是来自运算性知识的生产过程。

本源性教学理论根据知识生产过程的性质将知识分为联结性知识与运算性知识，并提出，教学过程应该遵循人类生产这两类知识的过程的性质设计教学活动，应该根据知识的不同性质引导学生进行不同的智力活动：联结性知识的教学，就应按照人类生产联结性知识的智力活动过程设计教学活动；对于运算性知识的教学，则需要按照人类生产运算性知识的智力活动过程设计课堂教学程序；从而促进学生在知识学习过程中形成以创造思维能力为核心的能力体系。

二、学习过程与机制研究的前瞻

对西方关于学习过程与机制的理论与实验和我国的学习双机制理论与实验的分析和总结，使我们可以从整体上把握了学习过程与机制理论的发展演变过程与趋势，从而在此基础上对未来学习过程与机制研究的发展特别是学习双机制理论与研究进一步发展做出展望。

（一）西方学习理论发展的动向与趋势

1. 研究范式的发展：从延时范式到实时范式，并向认知神经科学拓展

学习理论研究之初，研究者主要采用的研究范式是实验心理学范式，这种范式的基本特点是通过研究设计，从研究的结果推断内部认知过程，即延时考察的范式。各种延时考察方法的共同点是所有对学习过程的考察都不是实时进行的，而是在学习发生之后对学习结果进行分析，从而对学习加工的历程进行推论而得出结果。例如，桑代克设计的猫逃出迷箱的实验，是让猫从设置机关的箱子里逃出来，记录猫从每一次进入箱子到通过尝试错误逃出箱子的时间，观察发现，随着放入箱中次数的增加，猫每次从箱子里逃出的时间逐渐缩短，然后研究者根据这个观察结果推知猫在试误过程中进行了学习活动。这种从结果到过程的推断是一种间接推断，其中介就是研究者本身的主观因素。因此，研究结果推断心理过程受到研究者主观因素的影响，研究者从不同的理论倾向出发对结果进行分析，就可能得出不同的内部过程，这种从结果推断过程的模糊性、非确定性、不唯一性直接导致这种研究方式难以科学地探讨人的内部加工过程，而越是探讨复杂的、高级的内部加工活动，这种主观随意性就越突出。例如，同样是对动物学习进行的研究，格式塔学派用完形来解释黑猩猩的学习，提出学习是顿悟过程而非试误过程。

从 20 世纪六七十年代开始，在研究技术上，随着认知心理学，认知实验心理学的实时研究范式与技术进入心理学研究，使得用实时研究范式研究有机体的学习成为可能；在研究对象上，一方面由于认知心理学和人本主义心理学的兴起，研究者从关注动物学习到关注人的学习；另一方面是由于人们逐渐认识到长久以来的两大派别的论争似乎没有结果，20 世纪六七十年代研究者对学习理论的研究更多地指向具体的对学生学习过程的特点与规律的探讨，因而对学习理论的研究兴趣渐减，对学生具体学习过程的研究兴趣大增，特别是到了 80 年代，计算机技术的飞速发展为研究者研究学生的学习过程与机制提供了极大的便利。而研究学生具体学习过程的载体有多种，其中阅读理解的信息加工过程研究、归类与推理学习的信息加工过程研究，问题解决学习的信息加工过程研究成为认知心理学家对学习问题研究的重要方面，而对信息加工过程的研究必然要求实时研究技术运用。例如，20 世纪 80 年代，在文本阅读研究中逐步出现了用实时（On-Line）探测范式与技术代替原来传统实验心理学的延时考察，来对文本阅读的认知过程进行探讨。认知实验心理学的实时研究方式与传统实验心理学范式最根本的区别就是，它不是设计条件，通过结果来推断人的认知过程，而是直接设想出人的认知过程，然后设计出证实或证伪这个过程的条件，一旦出现证实的结果，就直接证明了这个内在过程，而一旦出现证伪的结果，也就直接否证了这个过程。因此，运用认知实验心理学实时探测的范式，就可以在很大的程度上避免了从结果推断过程的不唯一性与主观随意性，使人们设计研究客观地科学地探讨文本阅读的信息加工过程成为可能，因此大大促进了文本阅读领域研究的进展，使文本阅读研究步入迅速发展的新阶段。

应该承认，认知实验心理学实时探测的范式对学习过程的研究的促进是巨大的，但是，严格来说，认知实验心理学范式还不能完全解决从结果推导过程的唯一性问题，需要有一种更为科学的、可靠的方法；同时，有的问题的研究很难设计行为研究来完成。因此，最近十几年来，认知神经科学的迅速发展，为学习研究提供了更高级的研究方法和技术。例如，目前，文本阅读心理学家在先前采用的认知实验心理学行为研究范式的基础上，进一步采用认识神经科学的研究方法和技术对文本阅读过程中的大脑机制进行探讨，近年来已经取得了一定的成果，尽管由于文本阅读加工过程研究的复杂性，运用认知神经科学的范式研究文本阅读的信息加工过程还没有全面地、大规模地开展，但是，已经表现出其独特的优越性并显示了巨大的潜力。

用认知神经科学研究手段研究人的学习，目前还处于起步与发展阶段，研究结果还不能形成新的理论，但这种先进方法的使用，为沉寂了多年的学习理论的发展提供了新的发展契机，因为认知神经科学研究主要有两大方面：一是阐明认知活动的脑机制，即人类大脑如何调用其各层次上的组件，包括分子、细胞、脑组织区和全脑去实现自己的认知活动，这也是认知神经科学需要研究的重大问题；二是借助于认知神经科学的技术优势，设计一些传统行为学难以完成的实验，利用其结果来修正、完善已有的认知理论甚至提出新的认知加工理论。认知神经科学的主要研究途径有两个：一是以认知能力异常的患者为研究对象，在应用传统的神经心理测验和神经检查方法的基础上，结合认知心理学的精细实验方法，研究脑损伤病人认知障碍与脑损伤定位和性质之间的关系，通过他们特异性损伤和保留的认知结构和功能来推知人类正常的认知结构和加工方式；二是利用现代认知神经科学先进的技术（事件相关电位技术、功能磁共振技术等）直接地、实时地观察正常人在认知加工过程中的脑功能状态。借助这种方法，人们可以更直接地把握学习过程中人脑的变化和进行的加工，使得从根本上完善已有的学习理论或提出新的学习理论成为可能。可以预计，随着认知神经科学的研究方法与技术进入学习研究领域，随着研究学习领域的认知神经科学方法与技术的成熟，必将为学习加工过程与机制的研究带来新的发展，必将推动学习信息加工领域的研究进入新的高度。

2. 研究对象的发展：从动物到人，聚焦到学生

纵观 20 世纪以来学习认知过程研究历程，在研究对象上，展现了从研究动物到研究人，从研究成人到研究学生，研究方向聚焦到学生的学习认知过程与机制这样一个发展脉络。

尽管一些学习理论研究者没有明确指出自己的理论针对的对象，但他们在理论的提出和实验验证方面都体现出该理论所指的对象。即使是同一派别的心理学家，他们在具体探讨学习问题时可能有不同的论域或侧重点，有的可能从一般意义上的学习入手，探讨有机体学习的全域；有的或者侧重探讨学习的典型领域即学生的学习问题，主要探讨学生课堂学习与教学问题；也有的则既包括一般的学习问题，也进一步深入到课堂知识学习与教学问题。这些理论从不同角度、用不同方法进行了大量的研究，取得了许多有意义的研究成果，并形成了各自的特色。在把握学习理论的各派学说时，除了要把握它们从哪些方面促进了联结主义的规范，把握其作为该规范的分支所具有的合理因素及存在价值，而且还要注意它们讨论学习问题的重点与范围，把握它们对于具体问题的合理见解与局限。同样，在展望学习理论发展时，这个问题同样重要。下面表 11 - 1 和表 11 - 2 列出了联结派和认知派学习理论各种学说所重点讨论的范围或论域。

表 11 - 1   联结派学习理论内部各流派讨论的范围

	讨论有机体全域的学习	讨论学生的学习
桑代克试误学习理论	▲---------------------------►	
巴甫洛夫、华生经典性条件反射学习理论	▲---------------------------►	
斯金纳操作性条件反射学习理论	▲	▲
班杜拉社会学习理论	◄---------------------------▲	

从表 11 - 1 可见，联结派学习理论中，桑代克的试误学习理论，巴甫洛夫、华生的经典性条件反射学习理论，重点是解释有机体学习的全域，因此要以低层次的动物学习为主，然后延伸说明学生的学习；斯金纳操作性条件反射学习理论既探讨了有机体学习的全域，也直接探讨了学生的学习；班杜拉的观察学习理论则主要涉及学生的学习。

表 11 - 2   **认知派学习理论内部各流派讨论的范围**

	讨论有机体全域的学习	讨论学生的学习
格式塔完型学习理论	▲----------------------------►	
托尔曼符号学习理论	▲----------------------------►	
布鲁纳发现学习理论	◄----------------------------	▲
奥苏贝尔同化学习理论	◄----------------------------	▲
建构主义学习理论	◄----------------------------	▲

从表 11 - 2 可见，认知派学习理论的几种主要学说中，格式塔的完形学习理论，托尔曼的符号学习理论主要涉及了学习的全域，而布鲁纳的发现学习理论，奥苏贝尔的同化学习理论，建构主义的学习理论，只是探讨了学校学生学习方面。

从学习理论发展的年代来看，早期的学习理论更多地涉及学习的全域，稍晚的学习理论更关注学生的学习，因此，未来学习理论关注的对象仍然是学生，探讨的仍然是学生的认知过程与机制，这一点是毋庸置疑的。

（二）学习双机制理论与研究发展展望

学习双机制理论提出以来，研究者用系统的实验研究验证该理论的基本观点，同时不断对其进行发展和完善，目前已形成系统的理论体系。然而，一个好的理论必定是可以不断发展的理论，综合分析学习双机制理论以及以验证该理论设计的实验研究的基础上，可以对未来几年学习双机制理论发展趋势进行展望。

1. 进行联结性学习与运算性学习的认知神经科学研究，为学习双机制理论提供直接证据

学习双机制理论认为，根据工作记忆加工处理的不同方式，可以将人的学习机制分为两大类型：一类是联结学习机制；另一类是运算学习机制。所谓联结学习机制，是指个体将同时出现在工作记忆中的若干激活点联结起来而获得经验的机能；所谓运算学习机制，是指个体在工作记忆中进行复杂的信息加工活动（运算）而获得经验的机能。相应地，人的学习可以分为联结性学习与运算性学习两个基本类型，它们的实现过程、条件与规律都不同。学习双机制理论把学习机制分为联结学习机制与运算学习机制是该理论的核心所在，但是这种划分主要是建立在认知心理学研究基础上的，还没有取得认知神经科学研究的证据。因为认知神经科学研究可以阐明认知活动的脑机制，借助于认知神经科学的技术优势，设计一些传统行为学难以完成的实验，人们可以更直接地把握联结学习过程和运算学习过程中人脑的变化和进行的加工，为学习双加工理论提供认知神经科学研究的证据，也就是脑机制的证据。例如，可以设计研究考察个体在进行连贯性阅读与在进行焦点阅读条件下的不同脑区，以验证学习双机制的存在；也可以研究发现学习过程与意义学习过程的不同脑区，以验证本源性教学的科学性，等等。

2. 实施基于学习双机制理论的本源性教学，使学生形成以创新思维为核心的能力体系

基于学习双机制理论提出的本源性教学理论认为，人类知识生产过程是知识形成与能力形成统一的过程，而个体的知识再生产过程应该遵循人类知识生产过程，才能实现知识获得与能力发展的同步性。知识生产过程必须是创新活动过程，而知识再生产过程可以有多种途径，按照知识产生的过程实现知识的再生产，是一种创造性的再生产过程。这种学习途径称为"本源性学习"，是获得性、领悟性与创造性三位一体的过程。因此，在教学过程中，应该让学生获得知识的过程重演人类获得知识的过程，实现知识的再生产。这种按照人类知识生产过程来进行教学设计，称为"本源性教学"。本源性学习的学习活动本身就带有创造活动的性质，学生进行这种学习活动来获得知识，同时就会形成了以创新能力为核心的能力系统。本源性教学主要解决教学过程应该根据知识的不同性质引导学生进行不同的智力活动，在知识掌握过程中实现能力尤其是创造力的发展这个重大问题。

本源性教学理论只是提出了系统的观点与思路，在实际的教学过程中如何践行本源性教学理论，是一个更为艰巨的系统工程：在宏观层面，要按照本源性教学理论的理念与要求审视、修改与解释我国当前中小学各科教学的大纲、课程标准与教材；在中观层面，需要组织学科教学研究人员与中小学教学人员进行一系列的应用研究，对中小学各年级、各学科的教材进行分析，对各项知识的教学过程提出具体的教学建议与要求；在微观层面，要组织学校进行实施，在课堂实践中不断检验与修正相关的教学建议与要求，由点到面逐步推广。通过将本源性教学理论推进到学校教育的实践，促进中小学生能力培养尤其是创新能力的培养，为在中小学课堂教学中解决中国儿童青少年创新能力培养问题作出贡献。这就是学习双机制理论的研究者未来应用研究的主要方向。

参 考 文 献

1. 阿·尼·列昂节夫：《苏联心理科学》，科学出版社 1962 年版。

2. 阿·尼·列昂节夫：《活 动 意 识 个 性》，上海译文出版社 1982 年版。

3. 毕华林、尹鸿藻：《学习能力学》，中国海洋大学出版社 2000 年版。

4. 超英：《学习策略》，湖北教育出版社 1999 年版。

5. 陈宝国等：《语言习得的关键期及其对教育的启示》，载于《心理发展与教育》，2001 年第 1 期。

6. 陈帼眉：《学前心理学》，北京师范大学出版社出版 2000 年版。

7. 陈琦、刘儒德：《当代教育心理学》，北京师范大学出版社 1997 年版。

8. 成媛：《夸美纽斯"泛智论"教育思想及现代启示》，载于《西北第二民族学院学报（哲社版）》，2000 年第 1 期。

9. 范向阳：《关于智力开发几个问题的思考》，载于《贵州师范大学学报（社会科学版）》，2001 年第 2 期。

10. 桂诗春：《新编心理语言学》，上海外语教育出版社 2000 年版。

11. 郭法奇：《儿童观转变与教师教育——杜威的思考及给我们的启示》，载于《教师教育研究》，2005 年第 1 期。

12. 侯怀银：《杜威的课程观述评》，载于《课程·教材·教法》，1999 年第 10 期。

13. 教育部基础教育司组织编写：《〈幼儿园教育指导纲要（试行）〉解读》，江苏教育出版社 2002 年版。

14. 吉尔福特，J. P.：《创造力与思维新论》，载于《华东师范大学学报（教育科学版）》，1990 年第 4 期。

15. 蒋京川：《斯腾伯格的智力理论及其应用研究》，南京师范大学 2007 年博士学位论文。

16. 揭水平：《论中小学教学模式建构》，载于《武汉教育学院学报》，2001 年第 5 期。

17. 李辉：《学前及初小儿童中文识字量表的编制与初步效应检验》，载于《心理发展与教育》，1999 年第 3 期。

18. 李红：《论大学生智力开发的理论与实践》，载于《西南师范大学学报（人文社会科学版）》，2001 年第 3 期。

19. 李麦浪：《2～3 岁婴幼儿阅读的特点及影响因素的分析》，载于《学前教育研究》，1999 年第 4 期。

20. 李其维、谭和平：《再论思维的可训练性》，载于《心理科学》，2005 年第 6 期。

21. 李沂：《评列昂节夫活动内化理论》，载于《心理学报》，1982 年第 1 期。

22. 冷英、莫雷：《文本阅读过程中目标焦点的预期推理》，载于《应用心理学》，2006 年第 12 期。

23. 冷英、莫雷：《长时记忆中目标信息的即时性通达》，载于《心理科学》，2006 年第 29 期。

24. 冷英、莫雷：《长时记忆中文本目标信息的激活机制》，载于《心理发展与教育》，2006 年第 22 期。

25. 冷英、莫雷、吴俊等：《目标包含结构的文本阅读中目标信息的激活》，载于《心理学报》，2007 年第 39 期。

26. 冷英、莫雷、吴俊等：《读者追随目标信息建构情境模型》，载于《心理学报》，2008 年第 40 期。

27. 冷英、张莉：《文本阅读中焦点信息与非焦点信息的激活》，载于《人类工效学》，2009 年第 3 期。

28. 李剑：《昔日裴斯泰洛齐与当今素质教育》，载于《比较教育研究》，1999 年第 5 期。

29. 利有泰：《一项具有世界意义的创举——谈"婴幼儿科学汉字教育"》，载于《基础教育研究》，1999 年第 4 期。

30. 林崇德：《发展心理学》，人民教育出版社 1995 年版。

31. 林崇德：《学习与发展》，北京师范大学出版社 2002 年版。

32. 林云：《萨奇曼探究教学思想解读》，载于《文史博览》，2007 年第 4 期。

33. 刘电芝、黄希庭：《学习策略研究概述》，载于《教育研究》，2002 年第 4 期。

34. 刘丽红、王才康、莫雷：《认知心理学归类理论述评》，载于《心理科学》，1998 年第 21 期。

35. 刘育明、张绪扬译：《思维工具强化——弗斯坦智力开发课》，春秋出版社 1989 年版。

36. 刘志雅、莫雷：《两种学习模式下类别学习的结果：原型和样例》，载于《心理学报》，2009 年第 41 期。

37. 刘志雅：《不同维度特征的共存对归类不确定性特征推理的影响》，载于《心理学报》，2008 年第 40 期。

38. 刘志雅、莫雷：《类别学习中两种学习模式的比较研究：分类学习与推理学习》，载于《心理学报》，2006 年第 38 期。

39. 刘志雅、莫雷、佟秀丽：《选择作业中证伪思维的启发因素》，载于《心理学报》，2005 年第 37 期。

40. 刘志雅、莫雷：《三水平特征的家族相似性类别结构的分类和推理学习》，载于《心理科学》，2008 年第 2 期。

41. 刘志雅、莫雷：《基于规则的类别学习和基于信息整合的类别学习》，载于《心理科学》，2007 年第 30 期。

42. 刘志雅、莫雷：《类别研究中基于解释的观点》，载于《心理科学》，2005 年第 28 期。

43. 卢慧萍：《培养大班幼儿阅读能力的途径和方法》，载于《早期教育》，2000 年第 15 期。

44. 楼必生：《我国幼儿语言教育纲要的变革与评述》，载于《学前教育研究》，1995 年第 2 期。

45. 莫雷：《个体思维发生述评》，载于《哲学研究》，1986 年第 2 期。

46. 莫雷：《教育心理研究》，广东高教出版社 1990 年版。

47. 莫雷：《论学习理论》，载于《教育研究》，1996 年第 6 期。

48. 莫雷：《论学习迁移研究》，载于《华南师范大学学报》，1997 年第 6 期。

49. 莫雷：《教育心理学研究》，广东人民出版社 1997 年版。

50. 莫雷：《知识类型与学生的学习》，载于《课程教材教法》，1998 年第 5 期。

51. 莫雷：《论人的学习的基本类型与机制》，载于《教育研究与实验》，1999 年第 1 期。

52. 莫雷：《论学习的基本类型与教学设计》，载于《心理学探新》，1999 年第 3 期。

53. 莫雷：《学习双机制理论的教学策略（上）》，载于《广东教学研究》，1999 年第 3 期。

54. 莫雷：《学习双机制理论的教学策略（下）》，载于《广东教学研究》，1999 年第 5 期。

55. 莫雷：《西方两大派别学习理论发展过程的系统分析》，载于《华南师范大学学报》，2003 年第 4 期。

56. 莫雷等：《婴幼儿书面语言机能发展研究》，暨南大学出版社 2005 年版。

57. 莫雷等：《幼儿科学创造思维微观发生法培养》，暨南大学出版社 2007 年版。

58. 莫雷：《教育心理学》，广东高等教育出版社 2005 年版。

59. 莫雷：《教育心理学》，教育科学出版社 2007 年版。

60. 莫雷、陈战胜：《规则策略和样例策略在归类过程中的运用》，载于《心理学报》，2003 年第 35 期。

61. 莫雷、冷英：《目标焦点监控下目标信息的建构与整合》，载于《心理学报》，2005 年第 37 期。

62. 莫雷、王瑞明、何先友：《文本阅读过程中信息的协调性整合》，载于《心理学报》，2003 年第 35 期。

63. 温红博：《特征概率对类别学习信息加工过程的影响》，华南师范大学 2008 年博士论文。

64. 潘宝清：《小班幼儿阅读能力的培养》，载于《教育评论》，2000 年第 6 期。

65. 皮连生：《智育心理学》，人民教育出版社 1997 年版。

66. 皮连生：《学与教的心理学》，华东师范大学出版社 1997 年版。

67. 皮亚杰：《发生认识论》，傅统先译，载《教育研究》，1979 年第 3 期。

68. 皮亚杰：《发生认识论原理》，胡士襄译，商务印书馆 1981 年版。

69. 皮亚杰：《儿童智力的起源》，教育科学出版社 1990 年版。

70. 林崇德、辛涛：《智力的培养》，浙江人民出版社 1996 年版。

71. 钱含芬、陈冬菊：《认知策略训练课对小学生智力发展的影响》，载于《安徽师大学报》，1996 年第 4 期。

72. 邱云：《幼儿阅读的心理特点及其教育策略》，载于《福建师范大学学报》，2003 年第 2 期。

73. R. M. 加涅著：《学习的条件和教学论》，皮连生等译，华东师范大学出版社 1999 年版。

74. 史耀芳：《二十世纪国内外学习策略研究概述》，载于《心理科学》，2000 年第 1 期。

75. 山内光哉著：《学习心理学》，李蔚译，教育科学出版社 1986 年版。

76. 邵瑞珍主编：《教育心理学》，人民教育出版社出版 1995 年版。

77. 邵瑞珍主编：《学与教的心理学》，上海教育出版社出版 1990 年版。

493

78. 谈亦文：《创造力培养从幼儿开始》，载于《家庭教育》，2000 年第 3 期。

79. 唐淑主编：《幼儿园语言和科学教育》，南京师范大学出版社 2004 年版。

80. 万云英：《学习心理学》，吉林教育出版社 1990 年版。

81. 王立波：《零岁开始的婴幼儿英汉双语教育》，载于《学前教育研究》，1994 年第 3 期。

82. 王立非等：《第二语言习得关键期假设研究的新进展——兼评〈第二语言习得与关键期假设〉》，载于《上海外国语大学学报》，2002 年第 2 期。

83. 王成全译：《多元智能教与学的策略》，中国轻工业出版社 2001 年版

84. 王美岚、王琳：《布鲁纳的发现学习及其启示》，载于《当代教育科学》，2005 年第 21 期。

85. 王瑞明、莫雷、李莹：《知觉符号系统理论探析》，载于《科学·认知·意识——哲学与认知科学国际研讨会文集》，2004 年。

86. 王瑞明、莫雷：《文本阅读中协调性整合的条件》，载于《心理学报》，2004 年第 36 期。

87. 王瑞明、莫雷、贾德梅、冷英、李利、李小健：《文本阅读中情境模型建构和更新的机制》，载于《心理学报》，2006 年第 38 期。

88. 王瑞明、莫雷、吴俊、崔磊：《文本阅读中背景信息的加工过程：激活与整合》，载于《心理学报》，2007 年第 39 期。

89. 王瑞明、莫雷、李利、金花：《文本阅读中协调性整合的发生机制》，载于《心理学报》，2008 年第 11 期。

90. 王瑞明、莫雷、王穗苹、罗漫：《工作记忆中阅读信息的协调性整合》，载于《心理科学》，2009 年第 1 期。

91. 王亚南、刘昌：《工作记忆、加工速度与流体智力的发展》，载于《心理科学》，2004 年第 2 期。

92. 吴放：《幼儿园要不要教幼儿阅读》，载于《山东教育》，2003 年第 3 期。

93. 辛自强、林崇德：《微观发生法：聚焦认知变化》，载于《心理科学进展》，2002 年第 1 期。

94. 叶绪江：《对布鲁纳结构主义课程论的再认识》，载于《教育探索》，2002 年第 3 期。

95. 赵春音：《当代西方创造力研究的考察》，载于《科学学研究》，2003 年第 21 期。

96. 曾渝红：《早期阅读对幼儿影响的实验研究》，载于《教育导刊》，2002 年第 6 期。

97. 张必隐：《阅读心理学》，北京师范大学出版社 1992 年版。

98. 张大均：《教育心理学》，人民教育出版社 1999 年版。

99. 郑蓓末等：《小班幼儿自主阅读的指导策略》，载于《早期教育》，2002 年第 7 期。

100. 周兢：《早期阅读教育的关键——幼儿自主阅读》，载于《早期教育》，2002 年第 5 期。

101. 邹娟：《浅述夸美纽斯的泛智教育思想》，载于《山西广播电视大学学报》，2006 年第 3 期。

102. Adams, M. J. (1990). Beginning to read: Thinking and learning about print. Cambridge, MA: MIT Press.

103. Anderson, A. L., Ross, B. H., & Chin-Parker, S. (2002). A further investigation of category learning by inference. Memory & Cognition, 30, 119 – 128.

104. Albrecht, J. E., O'Brien, E. J. (1993). Updating a mental model: Maintaining both local and global coherence. Journal of Experimental Psychology: Learning, Memory & Cognition, 19: 1061 – 1070.

105. Albrecht, J. E., Myers, J. L. (1995). Role of context in accessing distant information during reading. Journal of Experimental Psychology: Learning, Memory and Cognition, 21: 1459 – 1468.

106. Albrecht, J. E., Myers, J. L. (1998). Accessing distant text information during reading: Effect of contextual cues. Discourse Processes, 26: 87 – 107.

107. Aitken, M. R. F., Larkin, M. J. W. & Dickinson, A. (2001). Re-examination of the role of within-compound associations in the retrospective revaluation of causal judgements. The Quarterly Journal of Experimental Psychology, 54, 27 – 51.

108. Ashby, F. G. & Maddox, W. T. Stimulus categorization. In M. H. Birnbaum (Ed.), Measurement, judgment, and decision making: Handbook of perception and cognition San Diego: Academic Press. 1998, pp. 251 – 301.

109. Aydin, A. & Pearce, J. M. (1994). Prototype effects in categorisation by pigeons. Journal of Experimental Psychology: Animal Behavior Processes, 20, 264 – 277.

110. Beckers, T., De Houwer, J., Pineno, O. & Miller, R. R. (2005). Outcome additivity and outcome maximality influence cue competition in human causal learning. Journal of Experimental Psychology: Learning, Memory, and Cognition, 31, 238 – 249.

111. Bakker, D. J. (1981). A set of brains for learning to read. In K. A. Diller (Ed.), Individual differences and universals in language learning aptitude (pp. 65 –

71). Rowley, MA: Newbury House.

112. Barron, R. W. (1986). Word recognition in early reading: A review of the direct and indirect hypotheses. Cognition, 24, 93 – 119.

113. Barsalou, L. W. (1983). Ad hoc categories. Memory & Cognition, 11, 211 – 227.

114. Beeman, M. (1998). Coarse semantic coding and discourse comprehension. In M. Beeman & C. Chiarello, (Eds.), Right hemisphere language comprehension: Perspectives from cognitive neuroscience, pp. 255 – 284. Mahwah, NJ: Lawrence Erlbaum Associates.

115. Beckers, T., De Houwer, J., Pineno, O. & Miller, R. R. (2005). Outcome additivity and outcome maximality influence cue competition in human causal learning. Journal of Experimental Psychology: Learning, Memory, and Cognition, 31, 238 – 249.

116. Billman, D. & Knutson, J., (1996). Unsupervised concept learning and value systematicity: A complex whole aids learning the parts. Journal of Experimental Psychology: Learning, Memory and Cognition, 22, 458 – 475.

117. Bjoklund, D. F., Coyle, T. R. & Gaultney, J. F. Developmental difference in the acquisition and maintenance of an organization strategy: Evidence for utilization deficiency hypothesis. Journal of Experiment Children Psychology, 1992, 54, 434 – 438.

118. Bloom, C. P., Fletcher, C. R., van den Broek, P. W., Reitz, L., & Shapiro, B. P. (1990). An on-line assessment of causal reasoning during comprehension. Memory & Cognition, 18: 65 – 71.

119. Blair, M. R., Watson, M. R. & Meier, K. M. (2009). Errors, efficiency, and the interplay between attetention and category learning. Cognition, 112, 330 – 336.

120. Bott, L. & Murphy, G. L. (2007). Subtyping as a knowledge preservation strategy in category learning. Memory & Cognition, 35, 432 – 443.

121. Bower, G. & Morrow, D. (1990). Mental models in narrative comprehension. Science, 247: 44 – 48.

122. Carroll, D. W. (1999). Psychology of Language. Brooks/Cole Publishing Company.

123. Chen, Z., Sanchez, R. P. & Campbell T. The rudiments of analogical problem solving in 10 – and 13 – month-olds. Developmental Psychology, 1997, 33: 780 – 801.

学习过程与机制研究

124. Chen, Z. & Klahr, D. All other things being equal: Acquisition of the control of variable strategy. Child Development, 1999, 70 (5), 1098 – 1120.

125. Chen, Z. & Siegler, R. S. Across the great divide: Bridging the gap between understanding of toddlers' and oler children's thinking. Monographs of the Society for Reasearch in Child Development, 2000, 65: 261.

126. Cohen, J. D., Schooler, J. W. (Eds.). (1996). Scientific approaches to consciousness. Hillsdale, NJ: Erlbaum.

127. Deak, G. O. & Bauer, P. J. The dynamics of preschoolers' categorization choice. Child Development, 1996, 67: 740 – 767.

128. De Houwer, J., Beckers, T. (2002a). A review of recent developments in research and theories on human contingency learning. The Quarterly Journal of Experimental Psychology, 55B, 289 – 310.

129. De Houwer, J. & Beckers, T. (2002b). Higher-order retrospective revaluation in human causal learning. The Quarterly Journal of Experimental Psychology, 55B, 137 – 151.

130. De Houwer, J., Beckers, T. (2002c). Second-order backward blocking and unovershadowing in human causal learning. Experimental Psychology, 49, 27 – 33.

131. De Houwer, J. & Beckers, T. (2003). Secondary task difficulty modulates forward blocking in human contingency learning. Quarterly Journal of Experimental Psychology, 56B, 345 – 357.

132. De Houwer, J., Beckers, T. & Glautier, S. (2002). Outcome and cue properties modulate blocking. Quarterly Journal of Experimental Psychology, 55A, 965 – 985.

133. De Houwer, J., Vandorpe, S. & Beckers, T. (2005). On the role of controlled cognitive processes in human associative learning. In A. J. Wills (Ed.), New directions in human associative learning (pp. 41 – 63). Mahwah, NJ: Lawrence Erlbaum Associates, Inc.

134. Erickson, M., Kruschke, J. Rules and Exemplars in Category Learning. Journal of Experimental Psychology: General. 1998, 127, 107 – 140.

135. Estes, W. K. Array models for category learning. Cognitive Psychology, 1986, 18, 500 – 549.

136. Flavell, J. H., Green, F. L. Development of Children awareness of their own thoughts. Journal of Cognition and Development, 2000, 1: 97 – 112.

137. Feist, G. J., Gorman, M. E. The psychology of science: Review and inte-

gration of a nascent discipline. Review of General Psychology, 1998, 2: 3 – 47.

138. Filoteo, J. V. , Maddox, W. T. , Salmon, D. P. & Song, D. D. (2005). Information-integration category learning in patients with striatal dysfunction. Neuropsychology, 19, 212 – 222.

139. Gluck, M. A. & Bower, G. H. (1988). From conditioning to category learning: An adaptive network model. Journal of Experimental Psychology: General, 117, 227 – 247.

140. Goswami, U. & Brown, A. Melting chocolate and melting snowmen: Analogical reasoning and causal relations. Cognition, 1989, 35: 69 – 95.

141. Graesser, A. C. , Lang, K. L. & Roberts, R. M. (1991). Question answering in the context of stories. Journal of Experimental Psychology: General, 120: 254 – 277.

142. Graesser, A. C. , Singer, M. & Trabasso, T. (1994). Constructing inferences during narrative text comprehension. Psychological Review, 101: 371 – 395.

143. Heit, E. & Bott, L. (2000). Knowledge selection in category learning. In D. L. Medin (Ed.), Psychology of learning and motivation (pp. 163 – 199). San Diego: Academic Press.

144. Hoffman, A. & Murphy, G. L. (2006). Category dimensionality and feature knowledge: When more features are learned as easily as fewer. Journal of Experimental Psychology: Learning, Memory, and Cognition, 32, 301 – 315.

145. Hoffman, A. B. , Harris, H. D. & Murphy, G. L. (2008). Prior knowledge enhances the category dimensionality effect. Memory & Cognition, 36, 256 – 270.

146. Holcomb, P. J. & Neville, H. J. (1990). Auditory and visual semantic priming in lexical decision: A comparison using event-related brain potentials. Language and Cognitive Processes, 5, 281 – 312.

147. Holyoak, K. J. , Junn, E. N. & Billman, D. O. Developmental analogical problem solving skills. Child Development, 1984, 55, 2042 – 2055.

148. Hood, B. M. Gravity does rule for falling events. Development Science. 1998, 1: 59 – 63.

149. Jin, H. , Liu, H. L. & Mo, L. , et al. (2008). Involvement of the left inferior frontal gyrus in predictive inference making. International Journal of Psychophysiology, doi: 10. 1016/j. ijpsycho. 2008. 08. 009.

150. John W. Flohr; Daniel C. Miller; Roger deBeus. EEG studies with young

学习过程与机制研究

children. Music Educators Journal, 2000, 87 (2), 28 – 32.

151. Karmiloff-Smith A., Inhelder B., If you want to get ahead get a theory. Cognition, 1975, 3, 195 – 212.

152. Kintsch, W., van Dijk, T. A. (1978). Toward a model of text comprehension and production. Psychological Review, 85: 363 – 394.

153. Kintsch, W. (1988). The Role of knowledge in discourse processing: A construction-integration model. Psychological Review, 95: 163 – 182.

154. Kintsch, W. (1993). A comprehension-based approach to language and understanding. The Psychology of Learning and Motivation, 30: 165 – 213.

155. Klar, D., Fay, A. L., Dunbar, K. Heuristics for scientific experimentation: A developmental study. Cognitive Psychology, 1993, 25, 111 – 146.

156. Klahr, D., Simon, H. A. Studies of scientific discovery: Complementary approaches and convergent findings. Psychological Bulltetin, 1999, 125: 524 – 542.

157. Knight, C. C. & Fischer, K. W. (1992). Learning to read words: Individual differences in developmental sequences. Journal of Applied Developmental Psychology, 13, 372 – 404.

158. Kruschke, J. ALCOVE: An examplar-based connectionist model of category learning. Psychological Reverw. 1992, 99, 22 – 44.

159. Kruschke, J. K. & Johansen, M. K. (1999). A model of probabilistic category learning. Journal of Experimental Psychology: Learning, Memory, and Cognition, 25, 1083 – 1119.

160. Kuhn, D., Schauble, L., Garcia-Milla, M. Cross-domain development of scientific reasoning. Cognition & Instruction, 1992, 9: 285 – 327.

161. Kuhn, D., Garcia-Mila, M., Zohar, A., Anderson, C. Strategies of knowledge acquisition. Monographs of the Society for Research in Child Development, Serial No. 245, 1995, 60: 1 – 128.

162. Kuhn D., Perarsall, S., Development origins of scientific thinking. Journal of Cognition and Development, 2000, 113 – 129.

163. Labov, W. The boundaries of words and their meanings. In C. J. N. Bailey, & R. W. Shuy (Eds.), New ways of analyzing variation in English (pp. 340 – 373). Washington, DC: Georgetown University Press, 1973.

164. Le Pelley, M. E., Oakeshott, S. M. & McLaren, I. P. L. (2005). Blocking and unblocking in human causal learning. Journal of Experimental Psychology: Animal Behavior Processes, 31, 56 – 70.

165. Long, D. L. & Baynes, K. (2002). Discourse representation in two cerebral hemispheres. Journal of Cognitive Neuroscience, 14: 2, 228 – 242.

166. Lorch, R. F. & van den Brook, P. (1997). Understanding reading comprehension: Current and future contributions of cognitive science. Contemporary Educational Psychology, 22: 213 – 246.

167. Lovibond, P. F., Been, S. L., Mitchell, C. J., Bouton, M. E., & Frohardt, R. (2003). Forward and backward blocking of causal judgment is enhanced by additivity of effect magnitude. Memory & Cognition, 31, 133 – 142.

168. Lutz, M. F., & Radvansky, G. A. (1997). The fate of completed goal information in narrative comprehension. Journal of Memory and Language, 36: 293 – 310.

169. Mackintosh, N. J. (1975). A Theory of Attention: Variations in the Associability of Stimuli with Reinforcement. Psychological Review, 82, 276 – 298.

170. Maddox, W. T., & Ing, A. D. (2005). Delayed feedback disrupts the procedural-learning system but not the hypothesis-testing system in perceptual category learning, Journal of Expeimental Psychology: Learning, Memory and Cognition, 31, 100 – 107.

171. Markman, A., Ross, B. Category use and category Learning. Psychological Bulletin. 2003, 129 (4): 592 – 613.

172. Medin, D. Concepts and conceptual structure. American Psychologist, 1989, 44, 1469 – 1481.

173. Medin, D., Lynch, E. B., Coley, J. D. et al. Categorization and reasoning among tree experts: Do all roads lead to Rome? Cognitive Psychology. 1997, 32: 49 – 96.

174. Medin, D., Wattenmaker, W., Hampson, S. Family resemblance, conceptual cohesiveness, and category construction. Cognitive Psychology, 1987, 19, 242 – 279.

175. Medin, D., Smith, E. Concepts and concept formation. Annual review of psychology. 1984, 35, 113 – 138.

176. Magliano, J. P., & Radvansky, G. A. (2001). Goal Coordination in Narrative Comprehension. Psychonomic Bulletin & Review, 8: 372 – 376.

177. Mandler, J. M. &. McDonough, L. Studies in inductive in inference in infancy. Cognitive Psychology. 1998, 37: 60 – 96.

178. McDaniel, M. A. & Schlager, M. S. Discovery learning and transfer of problem-solving skills. Cognition and Instruction, 1990, 7, 129 – 159.

179. Mark, C. , Samuels John McDonald. Elementary school-age children's capacity to choose positive diagnostic and negative diagnostic tests. 2002, 73 : 857 – 866.

180. McKoon, G. & Rateliff, R. (1992). Inferences during reading. Psychological Review, 99: 440 – 466.

181. McKoon, G. , Gerrig, R. J. & Greene, S. B. (1996). Pronoun resolution without pronouns: Some consequences of memory-based text processing. Journal of Experimental Psychology: Learning, Memory, and Cognition, 22: 919 – 932.

182. McKoon, G. & Ratcliff, R. (1998). Memory-based language processing: Psycholinguistic research in the 1900s. Annual Review of Psychology, 49: 25 – 42.

183. Medin, D. , Shoben, E. Context and structure in conceptual combination. Cognitive Psychology. 1988, 20, 158 – 190.

184. Minda, J. , Smith, J. Comparing Prototype-Basted and Exemplar-Based accounts of category learning and attentional allocation. Journal of Experimental Psychology: Learning, Memory, and Cognition. 2002, 28, 275 – 292.

185. Mitchell, C. J. & Lovibond, P. F. (2002). Backward and forward blocking in human electrodermal conditioning: Blocking requires an assumption of outcome additivity. Quarterly Journal of Experimental Psychology, 55B, 311 – 329.

186. Molfese, D. (1983). Neural mechanisms underlying the processing of speech information in infants and adults: Suggestions of differences in development and structure from electrophysiological research. In U. Kirk (Ed.), The neuropsychology of language, reading, and spelling (pp. 109 – 128). New York: Academic.

187. Morrow, D. G. , Bower, G. H. & Greenspan, S. L. (1989). Updating situation models during narrative comprehension. Journal of Memory and Language, 28: 292 – 312.

188. Murphy, G. L. , Medin, D. L. , (1985). The role of theories in conceptual coherence. Psychological Review, 92, 289 – 316.

189. Murphy, G. L. & Allopenna, P. D. (1994). The Locus of Knowledge Effects in Concept Learning. Journal of Experimental Psychology: Learning, Memory, and Cognition, 20, 904 – 919.

190. Myers, J. L. & O'Brien, E. J. (1998). Accessing the discourse representation during reading. Discourse Processes, 26: 131 – 157.

191. Nosofsky, R. Exemplars, prototypes, and similarity rules. In Healy A, Kosslyn S, Shiffrin R (Eds.), From learning theory to connectionist theory: Essays in honor of William Estes K. (pp. 149 – 167) Hillsdale, NJ: Erlbaum. 1992.

参考文献

192. Nosofsky, R. M. , Palmeri, T. J. & McKinley, S. C. （1994）. Rule-plus exception model of classification learning. Psychological Review, 101, 53 – 79.

193. Otero, J. , & Kintsch, W. （1992）. Failures to detect contradictions in text: What readers believe versus what they read? Psychological Science, 3: 229 – 235.

194. Penner, D. E. , Klar, D. When to trust the data: Further in investigation of system error in a scientific reasoning task. Memory & Cognition, 1996, 24: 655 – 668.

195. O'Brien, E. J. , Rizzella, M. L. , Albrecht, J. E. & Halleran, J. G. （1998）. Updating a situation model: A memory-based text processing view. Journal of Experimental Psychology: Learning, Memory, and Cognition, 24: 1200 – 1210.

196. O'Brien, E. J. , Cook, A. E. , Peracchi, K. A. （2004）. Updating situation models: Reply to Zwaan and Madden. Journal of Experimental Psychology: Learning, Memory, and Cognition, 30: 289 – 291.

197. Pazzani, M. J. （1991）. Influence of prior knowledge on concept acquisition: Experimental and computational results. Journal of Experimental Psychology: Learning, Memory, & Cognition, 17, 416 – 432.

198. Pearce, J. M. （1987）. A model for stimulus generalization in pavlovian conditioniong. Psychological Review, 94, 61 – 73.

199. Rehder, B. （2003a）. A causal-model theory of conceptual representation and categorization. Journal of Experimental Psychology: Learning, Memory, and Cognition, 29, 1141 – 1159.

200. Rehder, B. （2003b）. Categorization as causal reasoning. Cognitive Science, 27, 709 – 748.

201. Rehder, B. （2007）. Essentialism as a generative theory of classification. In A. Gopnik & L. Schultz （Eds. ）, Causal learning: Psychology, philosophy, and computation （pp. 190 – 207）. Oxford, England: Oxford University Press.

202. Redhead, E. S. & Pearce, J. M. （1998）. Some factors that determine the influence of a stimulus that is irrelevant to a discrimination. Journal of Experimental Psychology: Animal Behavior Processes, 24, 123 – 135.

203. Rattermann, M. J. & Gentner, D. More evidence for a reational shift in the development of analogy: Children's performance on a causal-mapping task. Cognitive Development, 1998, 13: 453 – 478.

204. Reed, S. K. & Bolstad, C. A. Use of examples and procedures in problem

solving. Journal of Experimental Psychology: Learning, Memory, and Cognition, 1991, 17, 753 – 766.

205. Ross, B. H. & Kikbane, M. C. Effects of principle explanation and superficial similarity on analogical mapping in problem solving. Journal of Experimental Psychology: Learning, Memory, and Cognition, 1997, 23, 427 – 440.

206. Richards, E. & Singer, M. (2001). Representation of complex goal structures in narrative comprehension. Discourse Processes, 31: 111 – 135.

207. Rinck, M., Williams, P., Bower, G., Becker, E. S. (1996). Spatial situation models and narrative understanding: Some generalizations and extensions. Discourse Processes 21: 23 – 55.

208. Rips, L. Similarity, typicality and categorization. In S. Vosniadou & A. Ortony (Eds.), Similarity and analogical reasoning, 1989.

209. Rosch, E. Cognitive representations of semantic categories. Journal of Experimental Psychology: General, 1975, 104, 192 – 233.

210. Rosch, E. Mervis, C. Family resemblances: Studies in the internal structure of categories. Cognitive Psychology. 1975, 7, 573 – 605.

211. Ross, B. H. & Murphy, G. L. (1999). Food for thought: Crossclassification and category organization in a complex real-world domain. Cognitive Psychology, 38, 495 – 553.

212. Roth, E. & Shoben, E. The effect of context on the structure of categories. Cognitive Psychology. 1983, 15, 346 – 378.

213. Ruffman, T. K., Perner, J., Olson, D. R., Doherty, M. Reflecting on scientific thinking: Children's understanding of the hypothesis-evidence relation. Child Development, 1993, 64: 1617 – 1636.

214. Ryan, A. G., Aikenhead, G. S. Students' preconceptions about the epistemology of science. Science Education, 1992, 76: 559 – 580.

215. Schauble, L. Belief revision in children: The role of prior knowledge and strategies for generating evidence. Journal of Experimental Child Psychology. 1990, 32: 102 – 119.

216. Schauble, L., Glaser, R., Raghavan, K., Reiner, M. Causal models and experimentation strategies in scientific reasoning. Journal of the Learning Science, 1991, 1: 201 – 238.

217. Schauble, L., Glaser, R., Raghavan, K. Reiner, M. Students' understanding of the objectives and procedures of experimentation in the science class-

room. Journal of the Learning Science, 1995, 4: 131 – 166.

218. Schauble, L. The development of scientific reasoning in knowledge-rich contexts. Developmental Psychology, 1996, 32: 102 – 119.

219. Siegler, R. S. , Crowley, K. The microgenetic method: A direct means for studying cognitive development. American Psychologist, 1991, 46: 606 – 620.

220. Siegler, R. S. , Stern, E. Conscious and unconscious strategy discoveries: A microgenetic analysis. Journal of Experimental Psychology: General, 1998, 127: 377 – 397.

221. Smith, E. , Medin, D. Categories and concepts. Cambridge, MA: Harvard University Press. 1981.

222. Smith, J. , Minda, J. Thirty categorization results in search of a model. Journal of Experimental Psychology: Learning, Memory, and Cognition. 2000, 26, 3 – 27.

223. Spalding, T. L. & Murphy, G. L. (1996). Effects of background knowledge on category construction. Journal of Experimental Psychology: Learning, Memory, and Cognition, 22, 525 – 538.

224. Sodian, B. , Zaitchik, D. , Carey, S. Young children's differentiation of hypothetical beliefs from evidence. Child Development, 1991, 62: 753 – 766.

225. Suh, S. Y. , & Trabasso, T. (1993). Inferences during reading: Converging evidence from discourse analysis, talk-aloud protocols, and recognition priming. Journal of Memory and Language, 32: 279 – 330.

226. Trabasso, T. , Suh, S. Y. (1993). Understanding text: Achieving explanatory coherence through on-line inference and mental operations in working memory. Discourse Processes, 16: 3 – 34.

227. van den Broek, P. , Young, M. , Tzeng, Y. & Linderholm, T. (1999). The landscape model of reading: inferences and the on-line construction of memory representations. In H. van Oostendorp and S. R. Goldman (Eds.), The construction of mental representations during reading. Mahwah, NJ: Erlbaum.

228. Vandorpe, S. , De Houwer, J. & Beckers, T. (2007a). Outcome maximality and additivity training also influence cue competition in causal learning when learning involves many cues and events. The Quarterly Journal of Experimental Psychology, 60, 356 – 368.

229. Vandorpe, S. , De Houwer, J. & Beckers, T. (2007b). The role of memory for compounds in cue competition. Learning and Motivation, 38, 195 – 207.

230. Vosniadou, S. Brewer, W. F. Mental models of the earth: A study of con-

ceptual change in childhood. Cognitive psychology, 1992, 24: 535 – 585.

231. Voss J. F. , Willey J. , Carretero M. Acquiring intellectual skills. Annual Review of Psychology, 1995, 46: 155 – 181.

232. Waldmann, M. R. & Holyoak, K. J. (1990). Can causal induction be reduced to associative learning? In Proceedings of the Twelth Annual Meeting of the Cognitive Science Society (pp. 190 – 197). Hillsdale, NJ: Erlbaum.

233. Waldmann, M. R. & Holyoak, K. J. (1992). Predictive and diagnostic learning within causal models: Asymmetries in cue competition. Journal of Experimental Psychology: General, 121, 222 – 236.

234. Yamauchi, T. , Markman, A. Category learning by inference and classification. Journal of Memory and language, 1998, 39, 124 – 149.

235. Yamauchi, T. , Markman, A. Inference using categories. Journal of Experimental Psychology: Learning, Memory, and Cogition. 2000, 26 (3), 776 – 795.

236. Yamauchi, T. , Love, B. , Markman A. Learning nonlinearly separable categories by inference and classification. Journal of Experimental Psychology: Learning, Memory, and Cognition. 2002, 28, 585 – 593.

237. Zeithamova, D. & Maddox, W. T. (2006). Dual task interference in perceptual category learning. Memory & Cognition, 34, 387 – 398.

238. Zwaan, R. A. (2004). The immersed experiencer: toward an embodied theory of language comprehension. The Psychology of Learning and Motivation, 44: 35 – 62.

参考文献

教育部哲学社會科學研究重大課題攻關項目
成果出版列表

书　名	首席专家
《马克思主义基础理论若干重大问题研究》	陈先达
《马克思主义理论学科体系建构与建设研究》	张雷声
《马克思主义整体性研究》	逄锦聚
《人文社会科学研究成果评价体系研究》	刘大椿
《中国工业化、城镇化进程中的农村土地问题研究》	曲福田
《东北老工业基地改造与振兴研究》	程　伟
《全面建设小康社会进程中的我国就业发展战略研究》	曾湘泉
《自主创新战略与国际竞争力研究》	吴贵生
《转轨经济中的反行政性垄断与促进竞争政策研究》	于良春
《中国现代服务经济理论与发展战略研究》	陈　宪
《当代中国人精神生活研究》	童世骏
《弘扬与培育民族精神研究》	杨叔子
《当代科学哲学的发展趋势》	郭贵春
《面向知识表示与推理的自然语言逻辑》	鞠实儿
《当代宗教冲突与对话研究》	张志刚
《马克思主义文艺理论中国化研究》	朱立元
《历史题材创新和改编中的重大问题研究》	童庆炳
《现代中西高校公共艺术教育比较研究》	曾繁仁
《楚地出土戰國簡册［十四種]》	陳　偉
《中国市场经济发展研究》	刘　伟
《全球经济调整中的中国经济增长与宏观调控体系研究》	黄　达
《中国特大都市圈与世界制造业中心研究》	李廉水
《中国产业竞争力研究》	赵彦云
《东北老工业基地资源型城市发展接续产业问题研究》	宋冬林
《转型时期消费需求升级与产业发展研究》	臧旭恒
《中国民营经济制度创新与发展》	李维安
《中国现代服务经济理论与发展战略研究》	陈　宪
《中国转型期的社会风险及公共危机管理研究》	丁烈云
《面向公共服务的电子政务管理体系研究》	孙宝文

书　名	首席专家
《中国加入区域经济一体化研究》	黄卫平
《金融体制改革和货币问题研究》	王广谦
《人民币均衡汇率问题研究》	姜波克
《我国土地制度与社会经济协调发展研究》	黄祖辉
《南水北调工程与中部地区经济社会可持续发展研究》	杨云彦
《产业集聚与区域经济协调发展研究》	王　珺
《我国民法典体系问题研究》	王利明
《中国司法制度的基础理论问题研究》	陈光中
《多元化纠纷解决机制与和谐社会的构建》	范　愉
《中国和平发展的重大国际法律问题研究》	曾令良
《中国法制现代化的理论与实践》	徐显明
《农村土地问题立法研究》	陈小君
《生活质量的指标构建与现状评价》	周长城
《中国公民人文素质研究》	石亚军
《城市化进程中的重大社会问题及其对策研究》	李　强
《中国农村与农民问题前沿研究》	徐　勇
《西部开发中的人口流动与族际交往研究》	马　戎
《中国边疆治理研究》	周　平
《中国大众媒介的传播效果与公信力研究》	喻国明
《媒介素养：理念、认知、参与》	陆　晔
《创新型国家的知识信息服务体系研究》	胡昌平
《数字信息资源规划、管理与利用研究》	马费成
《新闻传媒发展与建构和谐社会关系研究》	罗以澄
《数字传播技术与媒体产业发展研究》	黄升民
《教育投入、资源配置与人力资本收益》	闵维方
《创新人才与教育创新研究》	林崇德
《中国农村教育发展指标体系研究》	袁桂林
《高校思想政治理论课程建设研究》	顾海良
《网络思想政治教育研究》	张再兴
《高校招生考试制度改革研究》	刘海峰
《基础教育改革与中国教育学理论重建研究》	叶　澜
《公共财政框架下公共教育财政制度研究》	王善迈

书　名	首席专家
《中国青少年心理健康素质调查研究》	沈德立
《处境不利儿童的心理发展现状与教育对策研究》	申继亮
《学习过程与机制研究》	莫　雷
《WTO 主要成员贸易政策体系与对策研究》	张汉林
《中国和平发展的国际环境分析》	叶自成
*《改革开放以来马克思主义在中国的发展》	顾钰民
*《西方文论中国化与中国文论建设》	王一川
*《中国抗战在世界反法西斯战争中的历史地位》	胡德坤
*《近代中国的知识与制度转型》	桑　兵
*《中国水资源的经济学思考》	伍新林
*《京津冀都市圈的崛起与中国经济发展》	周立群
*《中国金融国际化中的风险防范与金融安全研究》	刘锡良
*《金融市场全球化下的中国监管体系研究》	曹凤岐
*《中部崛起过程中的新型工业化研究》	陈晓红
*《中国政治文明与宪法建设》	谢庆奎
*《地方政府改革与深化行政管理体制改革研究》	沈荣华
*《知识产权制度的变革与发展研究》	吴汉东
*《中国能源安全若干法律与政府问题研究》	黄　进
*《我国地方法制建设理论与实践研究》	葛洪义
*《我国资源、环境、人口与经济承载能力研究》	邱　东
*《产权理论比较与中国产权制度变革》	黄少安
*《中国独生子女问题研究》	风笑天
*《当代大学生诚信制度建设及加加强大学生思想政治工作研究》	黄蓉生
*《农民工子女问题研究》	袁振国
*《中国艺术学科体系建设研究》	黄会林
*《边疆多民族地区构建社会主义和谐社会研究》	张先亮
*《非传统安全合作与中俄关系》	冯绍雷
*《中国的中亚区域经济与能源合作战略研究》	安尼瓦尔·阿木提
*《冷战时期美国重大外交政策研究》	沈志华

……

＊为即将出版图书